井上泰至・湯浅佳子［編］

関ヶ原合戦を読む

慶長軍記 翻刻・解説

勉誠出版

序言——「関ヶ原」の解明はすべてここから始まる

関ヶ原の戦いの主要なプレーヤーは、周知のように、豊臣の天下を奪おうとする徳川家康と、これを守ろうとする石田三成である。この戦いがその後の長い江戸時代の基本的な枠組みを成す契機になったことも、よく知られている。

しかし、この戦いで、豊臣家の縁戚である福島正則が、積極的に東軍の先鋒の役割を果たし、居城清須を前線基地とし、岐阜城の攻略や関ヶ原での奮戦をしなかったとしたら。あるいは、北政所の甥であった小早川秀秋が、関ヶ原で東軍に寝返らなかったとしたら、この戦いの行方は、西軍の勝利となっていた可能性も高い。

歴史に「もしも」は禁物とよく言われるが、こう仮定してみると、豊臣家に近い二人の武将の役割は決定的であったことに改めて気づかされる。従って、通説の「関ヶ原」像では、福島正則が小山評定で真っ先に東軍参加を宣言した話と、徳川家康の鉄砲威嚇で小早川秀秋が裏切る、いわゆる「問鉄砲」の話は、象徴的なエピソードとして、一般にもよく知られている。

しかし、このドラマチックな場面が語られ始め、「関ヶ原」総体の中で位置づけられるようになるのは、ほぼ『慶長軍記』からであったと言える。今日、この二つの話は「説話」であって、史実ではないという議論がなされ出しているが、この「歴史」と「文学」の間の問題を考える上で、本書は避けて通れない資料でありながら、ほとんど知られてこなかった。

そもそも「歴史」は史実だけを指すのではない。長く「歴史」として語り伝えられてきたものも、人々の歴史へのイメージを成してきたという意味で、二次的な「歴史」だということが可能である。

現在関ヶ原町で二〇二〇年オープン予定の古戦場ビジターセンターが準備されつつあるが、スタッフの方々と接する機会を得て、こんな話をした。

物語化され視覚化され、あるいは武士の生き方や戦略のモデルとして関心を引いてきた、通説の「関ヶ原」像を排除してしまったら、この町の文化資源としての魅力は半分以下になってしまうだろう。端的に言って関ヶ原の名前を全国区にしたのは、史実だけではない。その後膨らんだ「物語」としての関ヶ原なのである。史実でないから、切り捨てるという発想では、地域に潜在的にある可能性を殺すことになってしまうだろう、と。

その意味で本書は、一般の読者にとっては、通説の「関ヶ原」の原型を確認しつつ、通説には見られない内容（石田三成・大谷刑部等の男色など）をも楽しめる部分が多い。

さらに、より本格的に通説の生成と、そこから逆算される史実を解明するためにも、本書は必要不可欠な存在である。より具体的に本書翻刻紹介の理由と意義を挙げておこう。

1　本書は日本国内の合戦では、全国規模にわたる最大のものであるこの事件の全体を叙述した、初めての軍記である。

2　細川ガラシャの悲劇的死、大谷刑部の西軍参加、小山評定、小早川秀秋の裏切りを誘発する「問鉄砲」など、主要なポイントとなる「事件＝説話」が、本書にはほぼ網羅されている。中には本書がその始発とおぼしいものも多い。

3　『関ヶ原軍記大成』や『日本戦史　関原役』のような、今日知られる「関ヶ原」のイメージを広めた書物の、原型をなしたものである。

4　本書は「関ヶ原」の虚像の成立を考える上で欠かせないと同時に、史実としての「関ヶ原」を見定める上でも必須の書物である。具体的には本書が利用した記録・覚書を確認する作業は、虚像の成立過程と同時に、何層にも重なる虚像を剥がし、実像を洗い出すことにもつながる。

以上のような重要性に照らして、本書は『慶長軍記』の決定版を志した。写本二種を二段組みで比較対照できるよう活字化し、本書の性質を解題で記し、近世軍記の生成・近世小説への影響・武士道論・軍記と絵画など、重要な問題解明のヒントや読みどころをコラムで案内した。さらに、後の軍記との説話内容の対照や、現在判明している取材資料の一覧を表で示し、併せて戦国・織豊期主要人物索引を付して利用の便に配慮した。

今後「関ヶ原」のことを調べ、考えようとする時、本書抜きに始まらないことは、大げさな宣伝文句では決してないことをここに明記しておきたい。

最後に、共編の湯浅佳子さんはじめ、翻刻・索引づくりにご協力いただいた方々のお名前は、凡例に挙げたのでここに一々紹介しないが、深甚なる感謝の意をここに表したい。また、本書の企画は、堀新さんが主宰される共同研究「戦国軍記・合戦図屏風と古文書・古記録をめぐる学際的研究」（科学研究費B）の成果の一部でもある。本書の重要性は十年余り前から認識していたものの、この労多い仕事を短期間に達成できたのは、この共同研究への参加なしにありえなかったことも明記しておきたい。

二〇一八年十一月

井上泰至

目次

コラム　慶長軍記を楽しむために

凡　例

一　本書は、関ヶ原軍記の最初の作である『慶長軍記』の二種の写本の本文を翻刻・刊行するものである。

二　底本は、国立公文書館内閣文庫所蔵の寛文三年本（五巻九冊、請求番号：一六八―一二三）と寛文八年本（九巻九冊、巻九欠、請求番号：一六八―一二七）を使用した。ただし寛文三年本の脱落は津市立図書館本（有三一九五―九、十九巻五冊）で補った。また、寛文八年本の巻九（寛文三年本の巻十六・十七に相当）は欠けているので、和歌山大学図書館紀州藩文庫本（二十巻二十冊、請求番号：二一四―二四）で補った。また和歌山大本には一部脱落があるので、臼杵市立臼杵図書館本（十九巻六冊、請求番号：四門―軍―五二）でこれを補った。

三　翻刻については、上段に寛文三年本、下段に寛文八年本を掲載した。また各巻章題の下に、巻・章の通し番号を（　）で示した。なお（和）は和歌山大本、（臼）は臼杵図書館本の巻章番号である。

四　底本には総目録および各巻目録があるが、目次をもってこれに代えた。目次は寛文三年本の章題に基づき作成し、下に寛文三年本本文の頁数を付けた。各巻の巻数表記は省略した。なお、寛文三年本の巻九本文には最終章題名「壁書百箇条事」がないため、同本の総目録に拠り、（　）で示した。

五　校訂については、読みやすさを考慮し、次の方針を用いた。

1　原本の面目を保つことにつとめ、原則として本文は全て原本どおりとした。
2　漢字は、通行の字体に改めた。
3　誤字・脱字・仮名遣いの誤りなども原則として原本どおりとし、（ママ）或いは（……カ）と傍注を施した。
4　見せ消ちについては、訂正後の文字を用いた。
5　破損等で判読不能の文字・脱字については、他本で補い〈　〉で示した。
6　適宜句読点「。」「、」「・」を加えた。
7　会話文等には「　」を付けた。
8　底本の改行以外に、文脈に応じて適宜改行した。

9　文書・和歌の引用は、二字下げの独立とした。
10　平闕字については、一字空けとした。
11　文中の城取図・絵図は、本文に対応する箇所に配し掲げた。
12　頭注は、本文に割注で示した。

六　翻刻作業は以下の分担で行ない、井上と湯浅とで全体の統一をはかった。

序	湯浅佳子
巻一・二	陳　羿秀
巻三・四	網野可苗
巻五・六	熊　慧蘇
巻七・八	森　暁子
巻九・十	湯浅佳子
巻十一・十二	丸井貴史
巻十三・十四	井上泰至
巻十五・十六	木越秀子
巻十七	目黒将史
巻十八	山本　洋
巻十九	曽根勇二

七　巻末の解題は井上が行い、底本の書誌、諸本の状況、著者の略歴、成立・内容の特徴と関ヶ原軍記における位置づけを記した。

八　巻末表2の本書の出典については井上が原稿を作成、湯浅がこれを補った。索引については井上・湯浅と山本洋でこれを作成した。

寛文三年本

慶長軍記序

聖人の春秋を作り給ふは、時戦国にして、乱臣・賊子の世をみたす事をにくみ、筆刪して乱臣の不忠を誅し、賊子の不孝を貶す。専忠孝の道を立となり。

今聖将軍の御代にあふて、しらぬひのつくしより、みちのくのはてまて一統におさまり、外には朝鮮・琉球・蝦夷等の藩国まて、おのおの懇歎心服して貢献の船を催し、内には有徳の臣を撰て政務をとらしめ、賦欽を落して万民其所をたのしみ、諸侯卿太夫も君の法を感して、各よく国家を治しむ。

此時にや儒業世におこなはれ、濂洛関閩の学を貴み、黄呂亮李の陣の根元をさとし、いやしき賤山かつまても三綱五常の教あるをしる事になれりける。蓋此はしめを

寛文八年本

慶長軍記序

聖人の春秋を作り給ふは、時戦国にして、乱臣・賊子《ゾクシ》の世を乱る事をにくみ、筆刪して乱臣の不忠を誅し、賊《ゾク》子《シ》の不孝を貶《ヘン》《ヲトス》す。専忠孝の道を立となり。

今聖将軍の御代にあふて、しらぬひの筑紫より、みちのくのはてまて一統《トウ》に治る。政道正しく、大丈士も君恩にほこる。

治平日久しきに従ひて、身豊かに財多くて、今やうの翫《モテアソビ》　事を巧《タクミ》に美《ヒ》を尽し、或は沈湎冒色《チンメンホウショク》に財を費《ツイヤ》し、善士を愛する事をしらす。或は至て鄙悋《ヒリン》《イヤシクヲシム》にして一銭を惜み、義をかき恥をおもはす、民を貪て倉廩《サウリン》に充満する事をのみ好みて、財を散して士を養ひ、窮士を賑《ニキハ》して匱《キ》人を恵みて、香餌《ジ》にて魚を釣り、兵を強ふし、忠義を立る

尋るに、太祖　東照宮寛仁大度にして武勇世にすくれ給ひけれは、慶長年中諸国の戦をやめしめ給ひ、乱臣を誅し、或は放ち、忠功のかたかたに国郡それそれに班《ワカ》ちあたへ、今三宗《ソウ》につたはり、いよいよ徳風正しく、群臣草のことく平伏して、世のしつかなる事、月日にまさりぬ。たとへは岷山の清きなかれの江河となるかことし。

しかれとも忠臣のすゑすゑ、其子むまことなりて、先の家を立し事をわすれ、身豊に宝ををくて、今やうのもてあそひ事をたくみに美を尽し、或は沈湎冒色《チンメンボウショク》に財《タカラ》をついやし、忠功のすゑすゑの士卒をなやまし、善士をゑらむ事をしらす、あるいは、いたつて鄙悋にして一銭をもおしみ、義をかき、はちをおもはす、民をむさほりて、倉廩に充《ジウ》満する事をのみ好みて、財を散して士をやしなひ、窮士を賙《ニキハシ(ママ)》し、匱人をめくみて、香餌にて魚をつり、兵を強し、忠義を立る事をしらす、我一生子の世まても軍はあらしとさとりて、武士の業を失ふのみ。

我若年の比は、慶長の兵乱にあひぬる人おおし。彼老の物語、耳に触けるか、次第におもしろくなりて、反古の裏に書とゝむ。又人の覚書なとをかりあつめ、写しぬ。

事をしらす。吾れ一生子の世まても軍はあらしとさとりて、武士の業《ケウ》を失ふのみ。

我若年の比は、慶長の兵乱にあひぬる人多し。彼老の物語、耳に触けるか、次第におもしろくなりて、反故の裡に事とどむ。また人の覚書なとをかり集め、うつしぬ。或は家の記録なとを所望申て、漸に筥に満けれは、三余の折をうかかひて、此あつめんと思ひけれと、悋勤の身不レ安ことなれば、年月を経ぬ。

今林中に閑居して徒然なれは、清書して同志子弟に読せんと思ひ、一葉二葉と心のうつるにしたかひ行ほとに、早全部しぬ。春秋に准ふるはかたはらいたき事なれとも、聖賢を希ふも学ふは人の為なれは、あとさきとりつつりぬ。

此事を他人の見給はば、三の難《ナン》あらむ。一には、本功の有人、事洩《モラ》しぬといふ人も有へし。二には、あしき事の有人は、何となく此書になくて有なんとおもふへし。三には、所と人の名なれと違たるを、さにはあらすといはん。然ともまた左いふ人の云は、私より出るも有へけれは信しかたし。しかし古記を証とし三人の言は二人の

或は家の記録なとを所望申て、漸く箱に満けれは、三余のおりをうかかひて書あつめんとおもひけれと、恪勤《カクゴ》身安からぬことなれは、年月経ぬ。

今林中に閑居してつれつれなれは、清書して同志子弟に輩に読せんとおもひ、一葉二葉と心の移にしたかひ行ほとに、はや全部しぬ。春秋に准ふるは、かたはらいたき事なれとも、聖賢を希ふも人の為なれは、あとさきとりつつりぬ。

此書を他人の見給はは、三のなんあらん。一には、武功の有人、書洩しぬと云人も有へし。二には、あしき事のある人は、何となく此書なくて有なんとおもふへし。三には、所と人の名なとちかひたるを、さにはあらすといはん。然れとも、又さいふ人の言、私より出るも有へけれは、是又信しかたし。しかじ古記を証とし、三人の言は二人の言にしたかひ、知をはしるし、不㆑識をは不㆑記には、礼曰、「戦陣ニ無㆑勇非㆑孝」と。

蓋し戦陣に心臆るる人は、身を失ひ、家をほろほし、父母・妻子を路頭にまよはする、是不孝の至にあらすや。諡《シ》法に曰、「危㆑テ身ヲ奉㆑上曰㆑忠」と。蓋し敵をみて一

言にしたかひ、知を記し、不㆑識をは不㆑記には、礼に曰「戦陣無㆑勇非㆑孝」と。

蓋戦陣に心臆るる人は、身をうしなひ、家をほろほし、父母妻子を路頭に迷はする、是不孝の至にあらすや。諡《イツ》法《ホウ》云、「危㆑身奉㆑上曰㆑忠」。蓋敵を見て一命を委て、進んて人の先をあらそひ、強敵を退けて主君の威勢を益、忠是より大なるはなし。此勇によりて厚禄を請て、父母妻子を楽ましめ、先祖を祭り、名を後世に揚るは、忠孝の全く備るもの也。

此事の本意は、同志・子輩の輩、世之遊興のみに心をうつさすして、唯偏に忠孝の二を思ひ、勇者の軍に功を立て、誉をとり、禄を受、子孫さかへぬるをうらやみ、怯弱の能場を退て君の言をやふり、世上のにくみを受て、天下身の置所なくして家をも身をもほろほすをにくみ、太平の世にも安楽ながれさるは、やすけれとも、「不㆑忘㆑危」謂也。あひかまひて心をいましめつつしみ、此事を再拝して読誦信仰《トクシュシンカウ》すべし。

願くは、後世実学の信士ありて、此書の誤を記し、闕《ケツ》略《リヤク》を補ひ、若き人々に読習はして、忠孝の志しを立る《(しカ)》め

命を委《ステ》て、進て人の先をあらそひ、強敵をしりそけて主君の威勢をます、忠是より大なるはなし。此勇によりて厚禄を受、父母妻子を楽しめ、先祖を祭り、名を後世に揚るは、忠孝の全備るもの也。

　此書の本意は、同志・子弟の輩、世の遊興に心を移さすして、只ひとへに忠孝の二をおもひ、勇者の軍に功を立て、誉をとり、禄を受、子孫さかへぬるをうらやみ、怯弱の能場《バ》を退て君の兵をやぶり、世上の悪みを受て、天下身の置所なくして家をも身をも亡ほすを悪み、太平の世にも安楽になかれさるは安けれとも、「不レ忘レ危」いひなり。相かまへて心をいましめつつしみ、此書を再《サイ》拝《ハイ》して読誦信仰《カウ》すへし。

　ねかはくは後世実学信士ありて、此書のあやまりを正し、闕略を補ひ、若《ワカ》き人々に読習はして、忠孝の志を立しめ給へ。猥に他見して是非のさたを受しめ給へからす。

　寛文三年正月日　後学植木悦謹テ

　書二于駒《コマゴメ》池林中一

給ひ、猥りに他見して是非のさたをうけしめ給ふへからす。

　寛文八年正月日

　東林耕人書レ之

1　関白豊臣秀吉公御治世事　（一―一）

嘗聞、天地ハ万物ノ父母、惟人ハ万物ノ霊、亶《マコトニ》聡明ナルヲ作二元后一ト。元后ハ作二ス民父母一ト。所三以元后ノ之為二民父母一者ノハ何ゾ哉《ヤ》。能事二上帝・神祇一、能修二五行・三正一ヲ、能佑二下民一ヲ、代二天地一ニ作レフ之ヲ。故、天下ノ君子、貴レ天者、慕二其徳一ヲ、帰シテ而輔レ之ヲ。故ニ、元后之治レ世ヲ、与二天地一久而変世不レ易《カハラ》。若有二乱臣・賊子、犯レ上虐レ民、則不レ得レ已起兵教レ戦ヲ、以レ律ヲ出而禁レシ暴ヲ、撥レ乱、又帰二ス之ヲ正一ニ。是ヲ謂二天授君一ト。何ゾ不二ン長久一哉《ヤ》。或ハ恃《タノンテ》二己カ勇一ヲ而制レシ敵ヲ、奪二ヒ人之国一ヲ、抜二城塁一ヲ、雖レ得二国家一ヲ而違二背上帝・神祇一、威二侮《ヲコナイアナトリ》五行一ヲ、怠二棄《ヲコタリスツ》三正一ヲ、流二毒ヲ国民一ニ、則必受二天之罰一ヲ、離二人之心一。雖レ有二百万之衆一、只一人之身也。故、奸賊臣、爰ニ会シテ迎レヘ悪ヲ、進レ暴ヲ、凶人、為二不善一ヲ、惟日不レ足《タラ》、日月《ヒゝく》ニ勦《キウ》絶二天命一ヲ。是所所下以喪二汝ノ社稷一ヲ、亡中ス汝子孫上也。是謂二天罰ノ君一ト。何ゾ長久ナラン哉《ヤ》。

爰ニ後陽成院御宇、関白豊臣秀吉公者、本ハ尾州中村

1　関白秀吉公治世事　（一―一）

嘗《カツテ》レ聞、天地者万物之父母、惟人万物之霊、亶聡明、作二元后一ト。元后ハ作二民ノ父母一。所三以元后ノ之為二ル民ノ父母一者何哉。能事二上帝・神祇一、能修二五行・三正一、能佑二ク下民一、代二天地一ニ行レフ之。故ニ天下ノ君子、貴レ天者ノ、慕二其ノ徳一、帰シテ而輔レク之。故ニ、元后ノ之治レ世、与二天地一ト久シテ而変世不レ易《カハラ》。若シ乱臣・賊子、犯レ上虐レ民、則不レシテ得レ已起レ兵教レ戦、以レ律出而禁レシ暴、撥《ハラフ》レ乱。又帰二ス之ヲ正一、是ヲ謂二天授君一ト。何ゾ不二長久一哉。或ヒハ又、恃二己之勇一ヲ而制レシ敵ヲ、奪二人之国一ヲ、抜二城塁一、雖レ得二国家一ヲ違《キ》二背《ハイシ》上帝・神祇一、威侮二五行一、怠棄二三正一、流二毒国民一、則必受二天罰一、離二人ノ心一ニ。雖レ有二百万衆《シウ》一只一人之身也。故ニ奸賊ノ臣、爰会シテ迎レ悪、進レム暴、凶人ノ為二不善一、惟《コレ》日ヲ不レ足、日々月々勦二絶フ天命一。是レ所下以喪二汝ノ社稷一、亡中ス汝子孫上也。是ヲ謂二フ天罰ノ君一ト。何ゾ長久乎《ナランヤ》。

爰ニ後陽成院ノ御宇、関白豊臣秀吉公者ハ、本尾州中村之人也。其家、世々早ヒ賎而甕牖縄枢《コウヨウシヤウスウ》之子、雖下躡二

ノ人也。其家、世《ヨ》早賤ニ而《シテ》、甕《コウ》牖縄枢之子、雖下トモ躡《フンテ》二足ヲ行伍之間一ニ、俛中起スト阡陌之中上ニ、其性《ヒトナリ》有二鳳鸞之志一、抜二ヅ燕雀ノ之群一ヲ。武勇強剛ニ而《シテ》、奇才超《コヘ》レ人タリ。可レ謂二ツ乱世之英雄一ト。眼中常ニ欲レ呑二ト天下一ヲ。起二テ於漢高ノ灃沛一ヨリ、撥二ヒ天下ノ暴一ヲ給ヒシニ似タリト云トモ、イマタ寛仁・大度ハマシマサス。以二陳渉散卒一ヲ禁二シ国家ノ乱一ヲタルニハ、超ツヘキ人ナリケリ。初、織田ノ信長公ニ事ヘテ、退二ケ強敵一ヲ、抜二城塁一事不レ知二幾多一ト云コトヲ。一日信長公被トキハレ弑セ、則卒イ二大軍一ヲ忽誅二戮シ逆臣一、追レ年追レ日而猛威振レテ世ニ、天下ノ諸侯・大夫・士・庶人ニ至ルマテ、如クニ風偃スカレ草ヲ帰順ス。信長公ノ宗庶・氏族有ト云トモ、不レ能レ立コト而、既ニ鞭二撻ス天下一ヲ。西ハ朝鮮国主、称シテ二外臣一ト而纔二献貢大船一ニシテハ、神功皇后《マウ》ノ昔ヲカヘシ、臣伏懇款《クワン》シテ来リ、東ハ蝦夷藩人苞ニ二国産一シテ来ル。日本武尊《ヤマトタケノミコト》ノフルコトタツネテ拝伏交易ス。九州四海、悠々ノ蓋壊《カイシヨウ》、扶桑ノ間、一統ノ世トナリ、開二四門一ヲ、朝二八紘《クワウヲ》一セシメ、専ラ執二万機之柄一ヲ、自ラ称二シ殿下一ト、妻ヲ曰二北政所一ト。宗族・親戚、公卿・大夫ノ重任ニ昇リ、温袍《ヲンハウ》・鉛《エン》刀ヲ捨テ、忽

足行伍之間一、俛中起阡陌之中上、其性、有二鳳鸞之志一、抜二燕雀之群一、武勇強剛而奇才超レ人。可レ謂二乱世ノ之英雄一。腹中常ニ欲レ呑二天下一。漢高ノ起二於灃沛一、撥二天下ノ暴一給シニ似タリト言トモ、未寛仁・大度ハマシマサス。陳渉以二散卒一禁シ二国家ノ乱一タルニハ、超ツヘキ人也。初メ織田信長公ニ事《ツカ》ヘテ、退二強敵一、抜二城塁一事不レ知二幾多一。一日信長公被レ弑、則卒二大軍一忽チ誅二戮逆臣一、追ヒレ年遂レ日而猛威振レ世、天下ノ諸侯・大夫・士・庶人ニ至ル迄、如二風偃一レ草ヲ帰順《キジュン》ス。信長公ノ宗庶・氏族アリト云トモ、不レ克レ立而既鞭二撻天下一ヲ。西朝鮮国主、称二外臣一ト而纔二献貢大船一ニ、神功皇后ノ昔シヲカヘシ、臣伏懇款シテ来リ、東ハ蝦夷ノ藩人苞二国産一来ル。日本武尊《ヤマトタケミコト》ノ古事ヲ尋ネテ拝伏交易ス。九州四海悠《ユウ》々トシテ、益壊《カイシヤウ》・扶桑《フサウ》ノ間、一統ノ世トナリ、開二四門一、朝二セシメ八紘《クハウ》一、専執二万機之柄《ヘイ》《カラ》一ヲ、自殿下ト称ス、妻ヲ曰二フ北ノ政所一ト。宗族・親戚・公卿・大夫ノ重任ニ昇《ノホ》リ、温袍・鉛刀ヲ捨テ、忽衣冠・帯剣シテ、鑾台《ランタイ》・鳳闕《ホウケツ》ノ雲上ニ交ル事、誠ニ是人間ノ及所ニ非ス。然レトモ、秦皇《シンワウ》ノ敗《ハイ》二横縦連衡一而幷二六国一事ヲノミ

チ衣冠・帯剣シテ、鸞台・鳳闕ノ雲ノ上ニ交ル事、誠是レ人間ノ及フ所ニアラサリケリ。

然レトモ、秦皇ノ敗二リ横縦連衡一ヲ而幷二スル六国一ヲ事ヲノミ学ヒ給ヘトモ、頭《トウ》会箕斂ノ煩ヲ安シ給ハス、新室ノ漢祚ヲ奪ウ事ヲ好ミ給ヘトモ、光武《クワウフ》ノ賢ヲ招キ、国ヲ治ル事ヲハ知給ハス、偏ニ奢驕・好色ヲ事トシ、諸侯ノ妻・妾ヲ犯シ、有ルトキハレ罰則氏族ニ及ホシ、民事ヲ不レ思、只戍役《シウエキ》賦斂、日ニ長シケレハ、天下暫クモ静ナル事ナシ。

天正十九年臘月、以二殿下《テンガ》ノ職一ヲ、与二奪御姪《ヲイ》豊臣秀次公一ニシ給ヒテ、御身ハ大閤ト称シケレトモ、翌年文禄元正月ヨリ、朝鮮征伐ノ事ヲ触ラレテ、日域ノ騒動、異《コトナリ》レ他《タ》ニナリ、既ニ天下ノ乱停テ、未レ超二三年一ヲ、又率二テ廿余万人一ヲテ万里ノ波濤ヲシノク事、ソモ何事ソヤ。「千里ニ餽レル粮ヲ、内外之費、賓客ノ之用、膠漆ノ之材、車甲之奉、日ニ費二千金一ヲ、然シテ後ニ十万之師挙矣、攻レ城ヲ久暴ストキハレ師ヲ、則国用不レ足、諸侯乗二其弊一ニ而起ル、雖レ有二ト 智者一、不レ能レ善二スルコト其ノ後一」ト、孫将軍ノ云レシ、知給ハサルコソウタテケレ」ト、心アル人ハツブヤキケリ。

学ヒ給ヘトモ、頭会箕斂ノ煩ヲ安ンジ給ハズ、親室ノ漢祚ヲ奪フ事ヲ好ミ給ヘトモ、湯武ノ招レ賢、国ヲ治ル事ハ知給ハス、偏ヘニ奢驕冒色ヲ事トシ、諸侯ノ妻妾ヲ犯シ、有レ罰則及二氏族一、不レ思二民事一。只戍役《シウエキ》賦斂日ニ長シ、天下暫クモ静ナル事ナシ。

天正十九年臘月、以二殿下職一与二奪御姪豊臣秀次公一給テ、御身ハ大閤ト称シケレトモ、翌年文禄元正月ヨリ、朝鮮征伐ノ事ヲ触ラレテ、日域ノ騒動、異レ他ニ。既ニ天下ノ乱停《トマツ》テ、未レタ超二三年一、又率二廿余万人一千里ノ波濤《ハトウ》ヲ凌《シノ》グ事、ソモ何事ゾヤ。「千里ニ餽《オクル》レ粮《カテ》、内外ノ費《ツケヘ》、賓客《ヒンカク》ノ之用、膠漆之材、車甲之奉、日々費二千金一、然後、十万ノ師《イクサ》挙《アク》矣。攻レ城久暴《ヲカス》レ師、則国用不レ足、諸侯乗二其ノ弊一而超《ヲコル》、雖レ有二智者一、不レ能三善二其後一」ト、孫将軍《子孫也》ノ云レシヲ、知給ザルコソ方見《ウタテ》ケレ」ト、心有人ハツブヤキケリ。

然レトモ、大坂・伏見ニハ、五人大老・三人ノ中老・五人ノ奉行トテ、各歴々大名・小名ヲ撰テ、政務ヲ掌ドラシム。故ニ普《フ》天ノ下、和平シテ指《ユビサ》ス人モナシ。

先大老トハ、第一、内大臣源ノ家康公領二上総・下野・武蔵・下総・伊豆・相

然レトモ、大坂・伏見ニハ、五人大老・五人奉行・三人ノ中老トテ、各歴々ノ大名・小名ヲ撰テ、政務ヲ掌シムル故ニ、普天ノ下和平ニシテ、手指人モナシ。

先五人ノ大老トハ、第一、内大臣源家康公者、領二上総・下野・武蔵・下総・伊豆・相模・上野一ヲ、都テ其税《ゼイ》、二百五拾万石余也。第二、加賀大納言豊臣利家卿者、領二能登・加賀・越中一ヲ、都テ其ノ税、一百万石余。第三、備前中納言秀家卿者、領二備前・播摩・美作一ヲ、都テ其税四拾七万石余也。第四、会津中納言景勝卿者、領二奥州之内、会津・伊達・信夫・庄内・佐渡三郡一ヲ、都テ其税、一百万石也。第五、安芸中納言大江輝元卿者、領二安芸・周防・長門・石見・因幡・備後・備中一ヲ、都其税、百二拾万石余也。

五人奉行者、第一、石田治部少輔三成、領二近江国内一ヲ二拾五万石。第二、浅野弾正少弼長政、領二甲斐国二拾壱万四千石一ヲ。第三、増田右衛門長盛、二拾万石。第四、前田徳善院玄以法印、領二因幡内、五万石一ヲ。第五、長束大蔵大輔正家、水口城主、五万石也。

三人中老、第一、生駒雅楽頭、六万石。第二、中村式

模・上野一ヲ、都其税、二百五十万石余也第二、加賀大納言豊臣ノ利家卿、領二能登・加賀・越中一ヲ、都其税、一百万石余第三、備前中納言秀家卿領備前・播磨・美作、都其税、七十四万石余第四、会津中納言景勝卿領奥州之内、会津・伊達・信夫・庄内・佐渡三郡、都其税、一百万石余第五、安芸中納言大江輝元卿領安芸・周防・長門・石見・因幡・備後・備中、都其税、百二十万石余

三人中老ハ、第一、生駒雅楽頭親正十六万石余第二、中村式部少輔一氏駿河国之内、十四万石余第三、堀尾帯刀先生吉晴遠州浜松城主、十一万石余。

五人之奉行者、第一、石田治部少輔三成領近江国之内、二十万石余第二、浅野弾正少弼長政領甲斐国、廿一万四千石第三、増田右衛門尉長盛領大和国郡山、二十万石第四、徳善院玄以法印領因幡ノ内五万石第五、長束《ナツカ》大蔵大輔正家水口城主、五万石。

徳善院ハ、経学ヲ好事年久シ。紘才ノ聞有ケレハ、所司代職ヲ掌テ、左右京中洛外雑事、神社仏閣ニ至ル迄、悉ク以テ兼知リタリ。長束《ナツカ》ハ初メ丹羽ノ長秀カ家人也。議論弁明、算勘通達ノ人也トテ、諸国貢賦・粗税ノ事ヲ掌ケル。

長政・三成ハ、惣二管天下諸事一評論二是非一悪者糾レ之、善者挙レ之、有二大事一、則五人相議而定レム之、小事ハ其掌ル者一人シテ決レ之。何モ劣ヌ重任也。如レ此ノ幾内ノ政

部少輔一氏、駿河ノ国内、拾四万石余。第三、堀尾帯刀先生吉時、浜松城主、拾壱万石余也。

徳善院玄以者、経学ヲ好ム事年久敷、紘《コウ》才ノ聞《キコヘ》アリケレハ、所司代職ヲ掌テ、左右京中洛外ノ雑事、神社仏閣ニ至ルマテ、悉ク以兼《カネ》知タリ。長束者、初丹羽ノ長秀カ家人也。議論弁明、算勘通達ノ人ナレハトテ、諸国ノ貢賦・粗税ノ事ヲ掌ケル。

長政・三成者、総管二シ天下諸事一ヲ、評二論シ是非一ヲ悪者糾シレ之、善者挙レ之、有二大事一則五人相議而定レ之ヲ、小事者、其掌者ノ一人シテソ決シケル。何モ劣《ヲト》ラヌ重任《テウジン》也。如此幾内ノ政務ハ正シケレトモ、朝鮮ノ乱、肥後ノ一揆ニ取合セテ、西国ノ騒動、止事ナシ。

文禄二年ノ冬、秀吉ノ妾《セウ》浅井長政カ女、平産シテ若君誕生シ給、秀頼ト申奉ル。自レ是御母堂ノ権貴イヤマシ、大閤ノ愛愍モ深カリケレハ、世ニ淀殿ト申テ恐ルル事、呂大后ノ思ヲナセリ。関白秀次ハ、京都聚《ジュ》楽城ニマシマス。大閤ハ大坂ノ城、秀頼ハ伏見城ト、三足ノ宝鼎ノ如ク、建ナラヒ給。

同四年七月、幾内又何トナク物騒シク成テ、流言更止

務ハ正シケレトモ、朝鮮ノ乱、肥後ノ一揆ニ取合テ、西国ノ騒動止事ナシ。

文禄二年ノ冬、秀吉ノ妾浅井長政之娘平産シテ若君誕生、秀頼ト後ニ申奉ル。自レ是御母堂ノ権貴イヤマシ、大閤ノ愛愍モ深カリケレハ、世ニ淀殿ト申テ恐ル事、呂大后ノ思ヒヲナセリ。関白秀次ハ京都聚楽城、大閤ハ大坂ノ城、秀頼ハ伏見ノ城ニ御座マシ、三足ノ鼎ノ如建並給。

同四年七月、幾内又何トナク物騒ク成リ、流言止時ナシ。然ニ何事ニカ在ケン、大閤ト関白殿、御中悪ク成セ給テ、既ニ殿下ハ高野山ニ遷《ウツ》サレ、無レ程御自害セサセ玉フ。左右ノ諸臣・寵妾《チヤウセウ》ニ至迄、刑戮殺ノ罪ニ行ナハル。嗟嘆《アヽ》悲哉、昨昔《キノフ》ハ博陸執柄《ハクリクシツヘイ》ノ止ンテ事ナキ職ニ登用シ、今日ハ江南山上ノ土ニ埋レ給フ。彼ノ大唐ノ曹松カ「憑《ヨリテ》レ君ニ無シレ話《カタルコト》封侯《ホウコウ》事、一将功成万骨枯」ト言シモ実理リ也ト、今コソ思ヒ知レタリ。

昔シ天智天皇御子マシマサズ。御弟天武ニ御譲位ノ事アリシカ、大友ノ皇子誕生マシマシ、天智則大友ヲ皇太子ニ仰《アヲ》ギ給シガ、猶モ行末不審ニ思召叡慮ヲ天武悟リ給ヒ、遁レ世、芳野山ニ入給フ。天智無二幾程一崩御アリ。

時ナシ。然ルニ、何事ニカ有ケン、大閤ト関白殿下、御中悪ナラセ給テ、既ニ殿下ハ高野山ニ遷サレ給ヒシカ、無レ程御自害セサセ給フ。左右諸臣・寵妾等ニ至ルマテ、誅殺ノ罪ニ沈ミケル。嗟嘆悲哉、昨昔ハ博陸執柄ノ止コトナキ職ニ登用シ給ヒ、今日ハ江南山上ノ土埋マレ給フ。彼大唐ノ曹松カ「憑レ君ニ無レ話封侯事、一将功成万骨枯」ト云シモ実断也ト、今コソ思シラレタリ。

昔シ天智天皇御子マシマサス、御弟天武ニ御譲位ノ事アリシカ、又大友ノ皇子誕生マシマス。天智則大友ヲ皇太子ト仰奉リ給シカ、猶モ行末不審《イフカシク》思食叡慮ヲ天武サトリ給ヒ、遁レ世テ吉野山ニ入給フ。天智ハ無二幾程一崩御ナリテ、大友猶モ天武ヲ疑ヒ、失ヒ奉ラントシテレハ、此事吉野ニ聞ヘテ、「如何可レ有」ト評議シケルカ、天武ノ皇子高市親王ヲ始、左右ノ臣一同ニ憤怒ヲナシ、天武潜ニ山中ヲ出テ、伊勢路ヲ回リテ美濃国不破関ニ陣取テ、東国ノ兵ヲ招キ、大常ノ御旗指上テ、終ニ近江都ヲ攻給フ。大友皇子ハ天武退治ノ兵ヲ催促ノ為ニ東国・西国ヘ節度ヲ遣シ給ヒテ、イマタ御答モナカリケレハ、六軍人少ニシテ、御自身勢田ノ橋ノ辺ニ陣取テ、互ニ合戦、

大友猶モ天武ヲ疑《ウタカヒ》テ、失ヒ奉ント謀リ給フ。此事芳野ニ聞、評議有ケルカ、天武ノ皇子高市親王ヲ始メ、左右ノ臣憤怒《フンド》ヲナシ、天武潜《ヒソカ》ニ山中ヲ出、伊勢路ヲ回リ、濃州不破関ニ陣取、東国ノ兵ヲ招キ、太常ノ御旗指上テ、終ニ近江ノ都ヲ攻給フ。大友ハ天武退治ノ兵ヲ催促ノ為メ東国・西国エ節度《セツト》ヲ遣シ給。未御答モ匆リケレハ、六軍人少ナフシテ、御自身勢田ノ橋ノ辺ニ陣取給フ。互《タカイ》ニ合戦、時ヲ移シケルガ、終ニ大友ノ兵討負、天武天皇ノ治世トナル。

今マ天下御思慮深クハ天武ノ昔シヲ思ヒ給ヒ、早ク身ヲ退玉ハハ大閤ノ御心ニモ叶ヒ、諸人ノ思込モ深カルベキ、大閤モ、道理ニハ強屈伏シ給御行状ナレハ、還テ御恵《メクミ》モアルヘシ。又秀頼モ御成長ノ後、父ノ如ク思給ヘシ。其時呉ノ太伯《タイハク》ヲ学テ隠居シ給フヘシ。秀頼、若悪心有、大友ノ振舞マシマサハ、其ノ時天武ヲ学玉ハンニ、天下ノ義士、関白ノ徳ニ帰服セスト言事有ヘカラス。然ルニ、謙譲《ケンジャウ》・孝行ノ志シモマシマサス、大侈《シ》《ヲコリ》甚シク、一人ノ御身ニテ、北野エ夜中ニ出テ辻切ナトシ給故、父ノ御疑モ弥増《イヤマシ》ケルモ断リナリ。

時ヲ移シケルカ、終ニ大友ノ兵打負テ、天武天皇ノ治世トナリケリ。

　殿下今御思慮フカクマシマサハ天武ノ昔ヲ思食、早ク身ヲ退給ハハ父大閤ノ御心ニモカナヒ、天下ノ人ノ憐モ深カルヘキ、大閤モ、道理ニハ強ク屈伏シ給御行状ナレハ、還テ御恵モアルヘシ。又秀頼御成長ノ後モ、父ノ如思給ハン。此時ハ呉ノ太伯ヲ学テ隠居シ給ヘシ。若、秀頼悪心有テ、大友ノ振舞マシマサハ、其時天武ヲ学ヒ給ハンニ、天下ノ義士、関白ノ徳ニ帰服セスト云事有ヘカラス。秀頼ノ不徳ニ背カスト云事有ヘカラス。然ルニ、謙譲・孝行ノ御志モマシマサス、奢驕甚シク、一ノ人ノ御身ニテ、北野ヘ夜中ニ出テ辻切ナトヲシ給故、父ノ御疑弥《イヤ》増ケルモ断ナリ。

2　太閤薨御事　（一―二）

慶長元年ニ、天地ノ変異多カリキ。或天ヨリ土ヲフラシ、或毛ヲフラス。

閏七月十二日ニハ大地震山崩、地裂事夥シ。京都ノ城

2　大閤薨去事　（一―二）

慶長元年ニハ、天地ノ変異《ヘンイ》多カリキ。或ヒハ天ヨリ土《ツチ》降《フリ》、或ヒハ毛《ケ》ヲ雨ス。

閏七月十二日ニハ、大地震山崩レ、地裂《サクル》事夥シ。京

塁・殿舎・寺社・民屋、多クハ破倒ス。逾レテ月ヲ不レ止。東山大仏モ崩。此時、大明ノ正使《シンス》楊方亨・副使《フス》遊撃沈惟敬、伏見ノ城ニ来ル。

九月二日、拝二謁ス大閤一。「夫日本上古ヨリ以来、或ハ三韓・任那《ミマナ》ノ人、或ハ中華ノ僧俗、来朝ノ例多シト云トモ、中華帝王ノ正使・副使来ル二本邦一ニ事ハ例スクナキ事也」ト、大閤威風感スル人モアリ。又旁ニハ、「イヤイヤサニハアラス、古人ノ語ニモ、「進求二ヨリハ於其魚一ヲ、不レ如《シカ》二退テ結ハン綱《アミ》(ママ)一ヲ」ト云ル如ク、先日域ヲ平安ニシテ、其余暇ヲ以テ藩国ヲ治ヘキ事ナルニ、国家草昧、人民不レ安カラニ、何ソ異邦ニ及フヘキ、是破タル網ニテ魚ヲトルニ異ラス、深レシ根ヲ堅スルレ帯ヲ政ニアラス」ト、眉ヲヒソムル人モ多カリケリ。

同三年八月十八日、前関白太政大臣豊臣秀吉薨御シ給。御年六十三。病中ニ顧命アリテ、家康公ヲ若君ノ御後見、利家卿ヲ御守ト定ラル。則「各諸侯・大夫、秀頼公ニ奉対、二心有ヘカラス」ト、誓盟其文云、

敬白天罰霊社上巻起請文前書ノ事

都ノ城塁《ルイ》・殿舎・寺社・民屋、多転倒《テンタウ》ス。愈《コエテ》レ月不レ止。東シ山大仏モ崩ル。此時、大明ノ正使楊方亨《ヤウホウカウ》・副使《フシ》遊撃《ユケケキ》沈惟敬《チンキケイ》、伏見ノ城ニ来ル。

九月二日、拝二謁《エツス》大閤一ニ。「夫レ日本上古ヨリ、或ヒハ三韓《カン》・任那《アマナ》ノ人、或ハ中華《クハ》ノ僧俗、来朝ノ例多シト言トモ、中華ノ帝王ノ正使・副使来ル二本邦一ニ事ハ、例《タメシ》スクナキ事也」ト、秀吉ノ威風ヲ感スル人モ有。又傍《カタハ》ラニハ、「イヤイヤサニハ非ス、古人ノ語ニモ、「進ンテ求二於其魚一ヲ、不レ如二退結レ網」ト云リ、先ツ日域ヲ平安ニシテ、其余暇《ヨカ》ヲ以テ藩国ヲ治ムヘキ事ナルニ、国家草昧《マイ》ノ人民不レ安、何ソ異邦ニ及フベキ。是、破レタル網ニテ、魚ヲ取ルニ不レ異、深レシ根ヲ堅レ帯政ニ非」ト、眉《マユ》ヲヒソムル人モ多カリケレ。

同三年八月十八日、前関白太政大臣豊臣ノ秀吉薨去シ給。御年六十三。御病中ニ顧《コ》命セラレシハ、「幼君秀頼今六歳、成長ノ程無二覚束一、内大臣家康公ヲ若君ノ御後見トシ、加賀大納言利家卿ヲ御守《モリ》トシテ、周公ノ成王ヲ扶《タスケ》奉リ、霍光《クワツカウ》ノ宣《セン》帝ヲ守奉ル如ク、成長ノ行末、両人ノ心ニ在リ」ト頼ミ思召コソ哀レナレ。

一　奉レ対二秀頼様一、御奉公之儀、大閤様御同前、不レ可レ存二疎略一事、附二表裏・別心二、毛頭存間敷事

一　御法度。御置目之儀、今迄如レ被二仰付一弥不レ可二相背一、各相談之儀、多分ニ可二相付一事

一　公儀御為存上対二朋輩一、私之企・遺恨、不レ可レ及二存分一事

一　朋輩中不レ可レ在二徒党一候、公事辺喧嘩・口論儀、自然雖レ有レ之、親子・兄弟・縁者・親類・知音・奏者成共、依怙贔屓不レ存、如二御法度一可レ致二覚悟一事

一　御知行方之儀、秀頼御成人之上、為二御分別一、不被仰付已前、不レ依誰々御訴訟、雖レ有レ之一切不レ可レ申二次之一候、縦被下候共、拝領仕間敷候

一　対二御奉公之衆一、誰々説々言之子細雖レ有レ之、同心不レ可レ申、何時モ直ニ申届、可レ随二其意一、自然不二相届一儀於承候者、無二隔心一可レ令二異見一候、因レ事同心無レ之共、遺恨存間敷事

一　公私共ニ以二隠密一申聞儀、一切不レ可レ有二佗言一事

一　此方一類幷家来之者共、自然背二御法度一、不二相届一族有レ之者、無二隔心一於レ被二申聞一者、可レ為二祝著一

此外、三人大老・五人ノ奉行・三人ノ中老ヲ召シ、「各々吾存生ノ如ク、天下ノ政道正ク、以二私儀一不レ可レ致二贔屓之沙汰一、相共ニ心ヲ一ニシテ、幼君ヲ守護シ、天下ヲ長久スベシ、是各所二頼入一也」ト被レ仰。各々一々拝二君命一、違背有マジキ旨、以二霊社上巻起請文一進上。其外、諸侯・大夫、奉レ対二秀頼一、不レ可レ有二二心一之旨誓盟右同前、過当《クハタウ》ノ遺物《ユイモノ》各々有レ差、既ニ及テ二属纊《ソククワウ》ノ節一ニ有レ命曰、「我死ハ暫ク可シレ秘スレ之ヲ、石田治部・浅野弾正二人ハ到リ二筑紫一ニ、当時在ル二朝鮮一ニ諸将等称シ二秀吉之使一ト、可シレ令ム二帰朝一、若シ二臣ノ計ヒニ難レ叶ヒハ、違二家康・利家一ニ早速可レ令二帰国一」ト言畢ツテ薨シ給。昵《ジツ》近ノ臣ハ涙痕《ルイコン》乾《カワ》クマモナク、徨《クワウ》々トシテ如クレ喪二父母一ナレトモ、外臣ハ、「未御病中」ト計リニテ八音ヲ竭《トトム》ル事モナク、御一族ノ面々モ錫紵《シヤクチヤウ》明衣ヲ身ニ纏《マトフ》人モナシ。程経テ後、東シ山阿弥陀カ峰ニ御葬礼ヲナシ奉リ、甲冑・兵器・諸侯大夫ノ誓紙不レ残棺郭《クハンクワク》ノ中ニ入テ、坑《カウ》《アナ》中ノ共ニシ給ケル。

翌年四月十八日勅アリテ、其廟号ヲ豊国大明神ト崇敬シケル。

事
右条々、若私曲偽於レ有レ之者、忝此霊社起請文之
御罰、深厚可レ罷レ蒙者也、仍二前書一如レ件
慶長三年八月五日　　江戸内大臣 家康
徳善院玄以法印
浅野弾正少弼殿
増田右衛門尉殿
石田治部少輔殿
長束大蔵太輔殿
加賀大納言 利家　息肥前守 利長　上杉中納言 景勝　毛利中納言 輝元　備前中納言 秀家　江戸中納言 秀忠卿
以右之文言　各別紙ニ被レ書レ之云云

敬白天罰霊社上巻起請文前書事
一　奉レ対二秀頼様一、御奉公之儀、大閤様御同然不レ可二
疎略存一、附二表裏・別心一、毛頭存間敷事
一　御法度・御置目等、可レ為レ如二今迄一儀勿論候、幷
公事辺之儀、為二五人一難二相究一儀、家康・利家得二御
意一、以二其上一急度窺二上意一可レ随二其旨一事
一　朋輩中、不レ可レ立二徒党一候、公事辺、喧嘩・口論

慶長軍記を楽しむために①

三成をめぐる光と影

関ケ原の主役は、徳川家康と石田三成であり、この戦いが徳川体制への転機である以上（最近の史家は関ケ原で全てが変わったとは見ないのだが）、家康は「善」、三成は「悪」という図式は、江戸時代を通じてあった見方である。『慶長軍記』もご多聞にもれず、家康は慈悲深く、正しい判断力と決断力をもつ、「知仁勇」兼備の大将として描かれている。

一方、三成はといえば、朝鮮の役の武将の褒賞に関わって依怙贔屓があり、豊臣恩顧の武将から恨まれ、秀頼の権威を利用して専横を極め、戦の判断においては見通しに暗く、決断力もない「愚将」として語られてはいる。

しかし、三成については、そのような一方的な見方だけがなされているわけではない。関ケ原における三成の行動で、最も問題となるのは、敗戦の後も自害せず、潜伏して、結果捕縛され、六条河原で斬首となったその出処進退である。決戦の朝、三成の陣を見て回った盟友大谷刑部は、小早

之儀、自然雖レ有レ之、親子・兄弟・縁者・親類・知音・奏者成共、依怙贔屓不レ存、如二御法度一可レ致二覚悟一事

一　対二諸朋輩一、私以企二遺恨一、不レ可レ及二存分一事

一　五人之間之儀、互ニ無二隔心別一而令二入魂一、公儀御為可レ然様、可二申談一候、自然中絶於レ有レ之、以二直談一可二相済一事

一　諸事申二談儀一付、多分可二相究一候、但五人中不二私子細一候而相違者、残衆中可二相究一候、至レ時参会之衆中、小分而相究儀雖レ有レ之、不二私相違之上一者、存分有間敷事

一　公私共ニ以二御隠密一被二仰聞一儀、一切他言、不レ可レ仕事

一　此方一類幷家来之者共、自然背二御法度一、不二相届一族於レ有レ之者、無二隔心一被二仰聞一候者、可二忝存一事

右条々、若私曲偽於二申上一者、忝此霊社起請文之御罰、深厚可レ罷レ蒙者也、仍二前書一如レ件

慶長三年八月五日　長束大蔵大輔正家

増田右衛門尉長盛

川秀秋らの裏切りを予感しながら、所詮この戦いは負けと決まっているのだから、互いに討ち死にしようと言葉をかけている（55、以下括弧内の数字は章段数）。それにもかかわらず、三成は戦場を脱出して生きる道を選んだ。大坂城になんとかたどりついて再起を図ろうというのである。

　しかし、領内での東軍の探索は厳しく、岩屋で生米を食べるしかなかった三成は、腹を下し、逃亡を幇助した古橋村の与次郎大夫に迷惑をかけるのを嫌って、再起を諦め、自分を突き出すように決断する（70）。三成は卑怯な男ではなかったことになる。

　果たして、大坂まで家康に連行された三成は、福島正則以下東軍の武将たちから、なぜ戦場で自害せず生き恥をさらしたのか詰問されて、次のように論駁する。大将としては後日の再起にかけて命を惜しむものであり、大坂に出て再起を図ったに過ぎないから、「臆病」ではない。そのような問いをする諸将こそ、むしろ「弓箭の道」を知らない、と。福島正則も三成の言を認め、ふつう三成の立場になったら死にたくなるものだ、彼の行動は「恥辱」ではないとする（72）。

石田治部少輔三成
浅野弾正少弼長政
徳善院法印玄以
家康公
利家公
同八日、家康公・利家、重而被レ書二起請文一如レ左
敬白天罰霊社起請文前書事
一　今日御直被二仰出一趣、少不二存忘一　秀頼様エ御奉公可レ仕事
一　武蔵守ニ御諚ノ通具ニ申聞候、是又秀頼様エ御奉公疎略不レ可レ存事
一　以二御隠密一被二仰出一儀、不レ可レ致二他言一事
右条々、若私曲偽於二申上一者、忝霊社起請文御罰深厚可レ罷レ蒙者也、仍二前書一如レ件
慶長三年八月八日　江戸内大臣 家康
徳善院法印
浅野弾正少弼殿
増田右衛門尉殿

また、これより先、三成を捕縛した田中吉政の家来たちに対し、三成は幼少より秀吉に取り立てられた恩に報いるための戦であったことを述懐してもいる(70)。

前半の驕った三成の描き方からは対極をなすが、『慶長軍記』の筆者植木悦は、それなりに三成を評価しているのだ。その証拠に、関ケ原を総括する章(82)では、西軍の旗揚げは秀頼の催促によるものであり、やむなく義を守って戦い、勇に励んだものだとして、三成の名前を、上杉景勝・島津義弘・真田昌幸・真田信繁・大谷刑部・立花宗茂らの中に加えて挙げている。

筆者植木悦は、こう結ぶ。一旦頼まれた約束をたがえず、懸命に働く者を勇士といい、義を通す者を志強き侍というのであり、晩秋になって全ての草木が色を変えても、一人咲き匂う菊の花のような生き様の人々だったのだとして、その中に三成も入れていた。

同じ西軍でも、内通をした増田長盛・小早川秀秋・吉川元春、まともに戦わなかった毛利輝元・長束正家・安国寺恵瓊らは、そこから外れている。植木は、たとえ負けても勇名をはせた武士の子孫

石田治部少輔殿
長束大蔵太輔殿
利家モ如レ此、肥前守ニ申聞候ト、被レ書云云
同十一日、如レ左

敬白　天罰霊社上巻起請文前書事

一　秀頼様エ御奉公之儀、最前以二誓紙一雖二申上一、猶以今度重畳御直何カ度被二仰聞一通、不二存忘一無二油断一御奉公可レ仕事

一　今度如レ被レ成二御諚一、対二五人奉行衆一、不レ可レ存二隔心一候、如何様ノ中説申候共、御直御理申入可二相済一候、其上、切々得二御意一、秀頼様御為可レ然様、可レ奉レ抽二忠功一事

一　此方五人之間之儀、是亦致二入魂一無二隔心一、切々致二参会一、諸事可二申談一事

右条々、若私曲偽於二申上一者、忝此霊社起請文、御罰深厚可レ罷レ蒙者也、仍二前書一如レ件

慶長三年八月十一日　長束大蔵太輔　正家
増田右衛門尉　長盛

は、取り立てられるのであって、若者はそれをよく心得ておくようにと結んでいる。本書中に頻出する「武の道」「侍の道」「男道」こそが、植木の主張の核であったとみるべきなのだろう。

　本書の序文には、その執筆意図として、太平の世の安楽に流されるのも時世ではあるが、危機を忘れず、忠孝の志を立てるよう喚起することが強調されていた。一見すると敵役である三成にすら、そういう役目を負わせるところに、本書の真意は隠れていたとみるべきであろう。

　もちろんこのような三成への高い評価は、統制の厳しい版本では難しかった。それに比べて自由度の高かった（井上『江戸の発禁本』角川選書、二〇一三年）写本ならではの魅力が、本書をはじめとする関ケ原関係の軍記の多くには見出せるのである。

石田治部少輔　三成
浅野弾正少弼　長政
徳善院法印　　玄以

家康公
利家公

如此ニ誓約言上セシカハ、秀吉公御機嫌ヨリ猶周公ノ成王ヲ扶奉リ、霍光ノ宣帝ヲ崇メラルル如ク、行末頼敷思召テ、「若君成長ノ行末、両人ノ心ニアリ」ト、頼給ケレハ、左右ノ人感涙襟ヲ湿シケリ。

此外、五人大老・五人奉行・三人ノ中老ヲ召テ、「天下政道正ク、私ノ儀ヲ以、不レ可レ致ニ贔負一之沙汰、相共ニ心ヲ一ニシテ、幼君ヲ守護スヘシ」ト、仰ラル。各一々君命違背有、幷三言上ス。過当ノ御遺物、各有レ差。已ニ属纊ニ望テ又命アリ、「吾死ハ暫可レ秘レ之、石田・浅野ハ筑紫ニ至リ、当時朝鮮ニアル諸大名、帰朝サスヘシ。若両人ノ力ニ不レ及ハ、家康・利家ニ達シテ、速ニ可レ令ニ凱旋一」ト言畢テ空ク成給ケリ。昵近ノ臣ハ涙痕乾クマモナク彷徨トシテ、如レ喪ニ父母一ナレトモ、外臣ハ、「イマタ御不予」ト計ニテ八音ヲ竭ムル事モナク、御一族ノ面々モ錫紵明衣ヲ身ニ纏フ人モナシ。
程歴テ後、東山阿弥陀カ峰ニ葬リ奉ケル時、甲冑・兵器・諸侯・大夫ノ誓紙不レ残棺郭ノ中ニ入テ、坑中ヲ共ニシ奉リケリ。

翌年四月十八日ニハ勅命アリテ、其廟ヲ豊国大明神ト号シケル。勅使宣命ノ声イト哀ナル法事ナリ。

爰ニ不思儀ナルハ、慶長三年正月二日、内府公霊夢ノ事アリテ石清水へ参詣、其故ハ知人ナシ。シカルニ米津清右衛門カ妻ハ江戸ニ在ケルカ、正月二日夜夢ニ、「サカリナル都ノ花ハ散果テアツマノ松ノ世ヲハ継ケル」ト、和歌ヲ見テ則便リニ夫ノ方へ書送レハ、亦内府公へ言上セシカ、果シテ大閤ノ喪有ケリ。

3　伏見騒動之事幷秀忠関東下向事　(一—三)

是ヨリ先、七月十六日ノ夜、伏見中何トナク物騒カシ。内大臣殿ハ井伊兵部少輔直政・榊原式部太輔康政・本多中務少輔忠勝・水野和泉守忠重等ヲ召テ尋給フニ、「子

3　伏見騒動幷秀忠公関東御下向事　(一—三)

同三年七月十六日ノ夜、伏見中、以ノ外騒動ス。内府公ハ井伊兵部少輔直政・榊原式部太輔康政・本多中務大輔忠勝・水野和泉守忠重等ヲ召テ、騒動ノ事ヲ尋給ニ、

細ハイマタ承ハリ候ハネトモ、諸大名ノ家人トモ、東西南北ニ馳違、往還駱駅(絡繹カ)トシテ足ヲ空ニ惑ヒ候」ト申。「何事ニカ有ラン」ト思処ニ、八月十八日、「秀吉公薨御ノ事、隠密トハ申セトモ、不例シキリニセマリ給ヌ」ト聞ヱケレハ、内大臣殿、登城アリ。石田三成ハ、八十島ト云者ヲ使トシテ、潜ニ大閤薨逝ノ事ヲ告申也。其状ヲ見給テ、途中ヨリ宿所ニ帰リ、仰ニ曰、「大閤治世ノ昔、浅野弾正少弼長政カ家人、似金ヲシテ潜ニ世ニ広メケルハ、大ニ逆鱗アリテ、其家人ハ言ニ及ハス。偏ニ長政カ家不斉ニアリトテ加賀ノ利家ニ預ラレ、已ニ世帯ヲ没収セラレントス。此時吾潜ニ肩輿ニ乗テ長政カ所ニ行テ、其故ヲ尋求メテ、長政カ過ニアラヌ事トモ始終ヲ穿鑿ヲ遂テ、大閤トカメ給フ処ノ咎マテヲ思案シ、相二議安否一、則到二大閤御前一、種々申成ニ依テ蒙二厚免一也。自レ其シテ、年来懇志異ナリレ佗ニナリ(ママ)。然ルニ薨御ノ事、吾ニ知セス。石田三成今ノ志不レ可レ忘」ト、一人ヲ怨ミ、一人ヲ称美セラレケル。

サルホトニ如二例年一ノ、自二大閤一為二御口切茶壺一、被レ進。上使ハ浅野長政也。家康公対面アリ、御顔色替テ、

各申ケルハ、「子細ハ未レ承候ヘトモ、諸大名ノ下人共、東西南北《ホク》騒違ヒ申事、夥ク候」ト申。

同八月十八日、秀吉薨逝ノ事、隠蜜トハ申セトモ、御不例、以ノ外ト聞エケレハ、内大臣殿、御登城也。石田三成ハ、八十島《ヤソシマ》ト云者ヲ使トシテ、潜《ヒソカ》ニ大閤薨逝ノ事ヲ告ク。於二途中一ニ、其状御披見、則御帰館、仰ニ曰、「浅野長政ハ頃年有テ二家人似金ノ罪一、蒙二勘気一ヲ、被レ頼二利家一ニ于レ時、我潜ニ来二肩輿一、行二長政カ家一、相二議シ安否一ヲ、則大閤ノ前ニ到リ、種々申成スニ依テ、蒙リ二赦免一、従レ夫レシテ年来懇志《コンシ》異リレ他。然ルニ此事我ニ知セス。石田今ノ志不レ可レ忘ル」ト、一人ヲ怨《ウラ》ミ、一人ヲ称美セラレケル。

去程ニ如二例年一、自リ二大閤一為シテ二御口切一、茶壺ヲ被レ進。使ハ浅野長政也。家康公、御対面有テ、御顔色替リ、「是ハ何事ゾヤ」「其壺《ツホ》ハ庭上ニ可レシ捨」ト被レ仰。長政、ト申ス。家康公ノ曰、「大閤ハ薨去也。是ハ各ノ御志サシ也、其計略不レ可レ用ユ、其ノ上ヘ、貴方ハ昔年《ソノカミ》御勘気ヲ我レ申直シタル事ヲ忘レテ、隔ル心ロ有リ。石田三成ハ其日我レニ知セタリ」ト、情ケナク被レ仰ケレハ、長

「其壺ハ庭上ニ可レ捨」ト被レ仰。長政、「是何事ソヤ」ト申。家康公ノ云ク、「大閤ハ薨御也。是ハ各ノ御志也。其計略不レ可レ用。其上、貴方ハ昔年御勘気ヲ我等申直タル事ヲ忘テ、隔ル心アリ。石田三成ハ、其日我ニ知セタリ」ト、情ナク被レ仰ケレハ、浅野長政云ク、「扨ハ石田方ヨリ案内ヲ啓ケルソヤ。命ノ如、旧恩ノ忝キハ胆《キモ》ニ徹シテ、何ノ世ニカ忘ルヘキ。然レトモ御遺言ニ、「堅ク可レ秘二薨御一ヲ」トアリテ、近臣ニ致《イタル》マテ誓紙ヲ奉ケル。何ソ旧恩ヲ以テ君命ニ替《カエ》ンヤ。三成ハ忽チ背二君ノ遺命一ヲ、神罰ヲ不レ顧者也。神ト君トニ背ヌル徒《イタツラ》者、侍トハ云ヘカラス」ト申ケレハ、内府公御気色直《ナヲ》ツテ、「誠ニ貴方ノ言ノ如ク、皆理ニ当レリ。神妙ニ候」、トノタマヒテ、其後ハ又如レ元、互ニ交語アリケル也。

扨内大臣殿ハ御息秀忠卿ヲ召テ、仰ニ云ク、「幼君ノ輔弼ヲ見ニ、各争二権威一ヲ。其上、関東此ノ変ニ乗テ、如何アランニ不審《イフカシ》。速ニ下向シテ国家ヲ守護スヘシ」ト也。

則明レハ八月十九日、秀忠ハ関東御下向也。

政カ云、「扨ハ石田方ヨリ案内ヲ啓シケルカヤ。如レク命ノ旧恩ノ忝ナキハ胆《キモ》ニ徹シテ、何《イツ》ノ世ニカ可レ忘。然レトモ、御遺言ニ、「堅薨御ヲ可レシ秘ス」ト、近臣ニ致迄誓紙ヲ奉ケル。何ゾ旧恩ヲ以テ君命《クン》ニ代ンヤ。三成ハ忽君ノ遺命ヲ背キ、神罰ヲ不レル顧者也。神ト君トニ背《ハイ》スル徒ラ者、侍ヒトハ不レ可レ言」ト申ケレハ、内府公御気色有テ、「誠ニ貴方ノ詞ハ皆ナ理《リ》ニ当レリ。神妙ニ候」ト宣《ノタマヒ》テ、其後ハ又如レク元、互イニ交語有ケル。

扨　内府公ハ御家督ク秀忠公ヲ召、仰ニ曰、「幼君《クン》ノ輔弼ヲ見ルニ、各争二フ権威一ヲ。其上、関東此変《ヘン》ニ乗シテ、如何有ンモ不審《イフカ》シ。速ヤカニニ下向シテ国家ヲ可レ有二守護一」ト也。

則翌レハ八月十九日、秀忠公ハ関東御下向也。

4　朝鮮諸将帰朝并御遺物之事　（一―四）

九月十日、石田治部少輔三成・浅野弾正少弼長政、任二御遺言一、九州筑前ニ下向ス。

其ヨリ朝鮮ニ使簡ヲ飛シテ云送リケレハ、諸将城々放火シテ引取、数千艘ニ取乗テ、十二月初ニ帰朝ス。石田三成・浅野長政、名古屋マテ出向テ、数年ノ労役ヲ謝シテ後、大閤薨御并ニ各御遺言之趣申達ケレハ、各悲哀之涙襟ニ濡ケル。諸将皆手ヲ失タル心地シテ、茫然トシテ、暫ハ兎角ニ及サリケル。

昔垂仁天皇ノ御宇カトヨ、田道間守《タミチマモリ》ノ臣ヲ常世ノ国ニ使シテ、橘《タチハナ》ノ樹ヲ求《モトメ》サセ給ヒケルニ、十年ヲ経テ橘ヲ取テ帰リタレハ、天皇ハ崩御マシマスナリ。田道間守ハ君命ノ重キヲ守テ、万里ノ波瀾ヲ渉テ不思議ノ命ナカラヘテ帰ケレトモ、君崩御ナレハ十年ノ労空クナリ、余リノ悲サニ御廟ノ前ニ跪テ、勅答ヲ申テ自害シ果ケルト也。

今、朝鮮ノ諸将武命ヲ請テ、万里ノ海上ヲ越テ大敵ヲ退治シ、或城塁ノ堅固ヲ破リ、或ハ兵船ノ強キヲ挫キ、力戦・防闘ニ苦ム事已ニ七年、適《タマタマ》帰朝ニ趣テ君ノ慰労

4　朝鮮諸将帰朝并御遺物事　（一―四）

九月十日、石田治部少輔三成・浅野弾正少弼長政、任二ス御遺言《ユウコン》一、九州筑前下向。

従レ夫レ、朝鮮使簡ヲ以言送リケレハ、諸将、城々放火シテ引取リ、数千艘ニ取乗テ、十二月初メニ帰朝ス。三成・長政、名古屋《ナコヤ》迄出向フテ、数年ノ労役《ロウエキ》ヲ謝《シヤシ》テ後、大閤御事并各御遺言ノ赴《ムキ》申シ達シケレハ、各悲哀《ヒアイ》ノ涙タ、袖ニ満《ミチ》ケル。諸将皆力ヲ失アヒ茫然《ホウセン》トシテ、暫クハトカクニ及ハサリケル。

昔シ垂仁《スイニン》天皇ノ御宇、田道間守《タミチノマモリ》ノ臣ヲ常世ノ国ニ使シ、橘ノ樹《キ》ヲ求メサセ給ケルニ、十年ヲ経《ヘ》テ橘ヲ取テ帰リケレハ、天皇ハ崩御マシサス也。田道ノ間守ハ君命ノ重キヲ守ッテ、万里ノ波瀾ヲ渉《ワタツ》テ不思議ノ命存《ナカラ》ヘテ帰リケレトモ、君崩シ給ヘハ十年ノ労空ク成リ、余リノ悲サニ御廟ノ前ニ跪《ヒサマツイ》テ、勅答ヲ申テ自害シケルト也。

今マ朝鮮エ赴シ諸将武命ヲ受テ、万里ノ海上ヲ越ヘテ大敵ヲ退治、或城塁《ルイ》ノ堅キヲ破リ、或ヒハ兵船ノ強キヲ挫《トリヒシク》。刀戦防闘《ハウトウ》《フセキタ、カウ》ニ苦ム事既ニ七年、適《タマタマ》帰朝ニ赴キテ君ノ

ニ預リ、恩賞ノ等ヲ蒙テ妻子一家ノ喜悦ヲモ開ント思シニ、サハナクテ、天下ノ喪ニアヒ、愁傷ノ世ニヒルカヘル事、諸将・士卒ノ心ノ中推量ラレテ、惻隠セヌ人ハナシ。

稍《ヤヤ》アリテ両人云、「我モ人モ愁嘆ハ同前ナレト、其ハ先置ヌ。自レ是大坂へ着岸、秀頼君へ拝謁候ハ、定テ早々御暇可レ賜。則各本国ニ可レ有二休息一」又治部少輔カ云ルハ、「来年各参勤アラハ、秋ニ至テ茶湯ヲシテ互ニ愁ヲ可レ慰」トナリ。其時、浅野左京大夫云ヤウハ、「我々無事ニ罷帰ヲ、治部殿ハ不レ快可レ被レ思」ト荒言ス。亦加藤主計頭云、「治部殿ハ、心安大名ナレハ茶湯シ給ヘシ。某シ者、七年ノ間朝鮮ニ在陣、国虚ク糧尽タリ。茶湯ノ勢《イキヲイ》ナケレハ、稗《ヒエ》ノ粥、藜ノ羹《アツモノ》ニテ饗応申サン」ト咍《ワラヒ》ケリ。

同十二月廿八日、大坂ニ着岸シ、翌日伏見ニ来ル。任二御遺言一ニ、加賀ノ亜相ノ亭ニテ大刀・刀・金銀・器財等班《ワカチ》給アリ。其後、御暇賜テ帰国シケル。

慰労恩賞《イロウヲンシヤウ》ニ預ラント思シニ、左ハナクテ、天下ノ喪《モ》ノニアイ、愁傷ノ世ニ飜《ヒルカ》ヘル事、諸将・士卒ノ心ノ中推量レテ、惻隠《ソクイン》セヌ人ハナシ。

稍《ヤヤ》有テ両人言、「我モ人モ愁嘆ハ同前ナレトモ、其レハ先ツ差置。自レ是レ大坂エ着岸シ、秀頼君拝謁候ハヽ、定テ早々御暇可レ給。各本国エ下、可レ有二休息一」治部少輔又云、「来年各参勤アラハ、秋ニ至ッテ茶ノ湯《ユ》ヲシテ互愁ヲ可レ慰」ト也。其時、浅野左京大夫カ云フヤウハ、「我レ々ハ無事ニ帰ルヲ、治部殿ハ不快可シレ被レ思」ト荒言ス。又加藤主計頭カ云、「治部殿ハ、心安キ大名ナレハ、茶ノ湯シ給ヘ。某シ等ハ、七年ノ間朝鮮ニ在陣シ、国虚シ、糧尽《カテツキ》タリ。茶ノ湯ノ勢ヒナケレハ、稗《ヒエ》ノ粥《カエ》、藜ノ羹《アカサアツモノ》ニテ饗応《キヤウヲウ》申サン」ト咍《アサワラ》ヒケリ。

同十二月廿八日、大坂ニ着キ、翌日伏見ニ来ル。任セ二御遺言一ニ、加賀ノ亜相ノ亭ニテ、太刀・刀・金銀・器財等、班給《ハンキウ》アリ。其後、暇給テ帰国シケル。

5　石田治部少輔与二諸将一確執之事

（一―五）

右浅野左京大夫・黒田甲斐守、石田三成ト不和ノ濫觴ヲ尋ルニ、或時大閤ヨリ朝鮮ニ在陣ノ三奉行、増田右衛門尉・石田治部少輔・大谷刑部少輔方へ、浅野弾正少弼・黒田如水ヲ御使トシテ令二渡海一、三奉行方へ使ヲ立、多年海上ノ労ヲ述《ノヘ》ケルニ、弾正ト如水トハ囲碁ニカカリテ、恍惚《コワウコツト》シテ不レ入レ聞。増田・大谷・石田、不興シテ互ニ立去ヌ。碁終テ三人ノ衆ニ君命ヲ述ントスレハ、座ニ人ナシ。驚テ左右ノ小性ヲ召テ問ニ、「三人トモ先程御立也」ト申。重テ使ヲ遣《ツカハシ》テ、「君命ヲ述ン」ト、再三ニ及ヘトモ不レ来。因レ茲、弾正・如水、亦大閤ノ怒ヲ恐、又ハ人口ノ嘲哢ヲ恥テ、逗留シテ種々ニ断ケレトモ、三人不二出会一。此故ニ、弾正・如水ハ大閤ノ命ヲ諸将ニ告テ帰朝ス。弾正子左京大夫、如水子甲斐守、深ク憤《イキトヲ》リテ、三奉行ヲハ、如二冠讎一思ケル也。

加藤主計頭ハ、石田ニ対シ、サノミ有隙トニハアラサレト、石田ト小西摂津守ト、水魚ノ交ヲナス。小西ト加

5　石田三成与諸将不和事

（一―五）

浅野左京大夫・黒田甲斐守、与二石田治部少輔一不和ノ濫觴《ランシヤウ》ヲ尋ルニ、或ル時、大閤ヨリ朝鮮在陣ノ三奉行、増田右衛門尉・石田治部少輔・大谷刑部少輔方エ、浅野弾正少弼・黒田如水ヲ御使ニテ令ム二渡海一、三奉行方エ使ヒヲ立ツ。三奉行、其侭来テ、海上ノ労ヲ述ケルニ、弾正ト如水、囲碁《キキ》ニカカリテ恍惚トシテ不二聴《キ、》入一。三人者不興シテ立去ヌ。碁終テ三人ノ衆ニ君命ヲ述ントスレハ、座ニ人ナシ。驚テ左右ノ小姓ヲ召テ問ニ、「三人トモニ先程御立也」ト申ス。重テ使ヲ遣シ、「君命ヲ述ン」ト、再三ニ及ベトモ、終ニ不レ来。因レ茲ニ弾正・如水、又大閤ノ怒リヲ恐《ヲソ》レ、又人口ノ嘲哢《テウコウ》ヲ恥テ、種々断ハリケレトモ、三人不二出会一。此ノ故ニ、弾正・如水ハ大閤ノ命ヲ諸将ニ告ケテ帰朝ス。弾正息左京大夫、如水子甲斐守、深ク憤《イキトウ》リ、三奉行ヲ如ク二冠讎《コウシウ》一思ヒケル也。

加藤主計頭ハ、石田ト対シ、サノミ有レ隙《ヒマ》トニハアラサレトモ、石田ト小西摂津守、水魚ノ交リヲナス。小西

藤、朝鮮ニテ確執シケル故ニ、石田ハ大閤ノ御前ニテ、加藤事ヲ浸潤ス。此事加藤伝ヘ聞テ石田ヲ怨ケルナリ。此石田朝鮮ニテ忠功モナキ故ニ、朝鮮勲功ノ人々ハ欺キサミシケルコソウタテケレ。因レ茲ニ加藤主計頭・羽柴左衛門・羽柴越中守・加藤左馬助・黒田甲斐守・浅野左京大夫・池田三左衛門、七人ノ衆ハ石田ニ遺恨アリ。

　カクテ其年モ暮ケレハ、明レハ正月ニ、御遺言ニ任セテ秀頼君ハ大坂ノ城ヘ移リ給フ。比ハ早春十日、御成ノ供奉、五人ノ御家老・五人ノ奉行・三人ノ中老、守護シ奉テ、供奉ノ行荘魏々トシテ頼敷ソ見ニケル。内府公ハ、伏見ニ居住、利家卿ハ、御守ナレハ大坂ニ居住、伏見ノ城ハ、五奉行交代ノ番ヲ勤ム。

　十一日ニハ、諸侯・大夫、各年頭ノ御礼、加賀利家卿、幼君ヲ抱《イタ》キ奉テ南面ニ座ス。内府公一番ニ拝伏、次第々々ニ拝礼也。

　秀吉公ノ北政所ハ、大坂西ノ丸ニ年月ヲ送給ヒシカ、何トカ思シケン、住ナレシ大坂ヲ立出給テ、洛陽三本木ノ城へ移ラセ給。此所ハ秀吉公天下草創《サウサウ》ノ功成テ、始テ縄張セラレケル所ナリ。阿古瀬ケ《アコセガ》池ト云淵ヲ、一方ノ堀

ト加藤、朝鮮ニテ確執《クハク》《カクシツ》シケル故、石田ハ大閤ノ御前ニテ、加藤事ヲ浸潤《シンジュン》ス。此事加藤伝エ聞テ石田ヲ怨ケル也。石田朝鮮ニテ武功ナキ故ニ、朝鮮勲功《クハンコウ》ノ人々ヲ欺《アザム》キサミシケルコソ方見《ウタテ》ケレ。因テレ茲レニ加藤主計頭・羽柴左衛門・羽柴越中守・黒田甲斐守・加藤左馬助・浅野左京大夫・池田三左衛門、七人ノ衆ハ石田ヲ悪ミケル。

　斯《カク》テ其年モ暮レケレハ、明レハ正月、御遺言ニ任セテ秀頼君大坂ノ城エ移リ給フ。比ハ早春十日、御成ノ供奉、五人ノ大老・五人ノ奉行・三人中老、守護シ奉ル。行粧《カウサウ》魏《キ》々トシテ、頼母敷ゾ見ケル。内府公ハ、伏見ニ御居住。利家ハ御守リナレハ、大坂ニ居住。伏見ノ城ハ、五奉行交替シテ番ヲ勤ム。

　十一日ニハ、諸侯・大夫、各々年頭ノ御礼、利家卿、幼君ヲ抱テ奉ッテ南面ニ座ス。内府公一番ニ御礼、次第々々ニ拝伏也。

　秀吉公ノ北ノ政ン所ロ、大坂西ノ丸ニ年月ヲ送リ給ヒシカ、何トカ思シケン、大坂ヲ出給テ、洛陽三本木ノ城エ移リ給フ。此ノ所ハ秀吉公天下草創《サウサウ》《ハジメノコト》ノ功成テ、始メテ縄張リセラレケル所也。阿古瀬《アコゼ》カ池ト云淵《フチ》ヲ、一方ノ堀

ニ構テ、物寂シケナル御住居也。

6　家康公利家卿五人ノ奉行確執事　（一—六）

同正月十九日、有馬法印ハ家康公ヲ饗応ス。酒杯数度、献酬ノ礼アリテ、互ニ懽《ヨロコヒ》ヲ合セヌル。境節《ヲリフシ》藤堂佐渡守高虎、不図座席ニ来テ、内府ノ御前ニテ暫私語《ササヤキ》ケルカ、内府已ニ杖ヲトリ給ヘハ、相伴ノ面々退散ス。其夕ヨリ流言区《マチマチ》ナリ。

廿一日、奉行衆幷ニ利家卿ノ使トシテ、大崎少将正宗・羽柴左衛門大夫正則・蜂須加長門守家政ニ到テ云ケルハ、「各家康公ト潜《ヒソカ》ニ縁座ノ契約アリトナン風聞ス。是ハ故大閤ヨリ御制禁ナルニ違背セラルルハ、不実ナル」由ニテ、台長老・生駒雅楽頭両人、彼四人ノ宿所ニ行テ子細ヲ述。正宗・家政答テ云、「此儀、摂州堺ノ町人、今井宗群、才覚仕ラントテ云ケレトモ、サシテ治定ノ事ハ無レ之候」ト也。正則云、「縁組ノ事、内府存ラル事ニアラス。我ハ秀頼公ノ御一属ナレハ、内府ト親属

リニ構ヘテ、物寂《サビシ》シ(ママ)ケナル御住居也。

6　家康公利家卿五人奉行確執事　（一—六）

同正月十九日、有馬法印ハ　家康公饗応《キヤウヲウ》シ奉リ、献酬《ケンシヤウ》ノ礼数度ニ及ンテ、互イニ懽《ヨロコヒ》ヲ合ヌル。折リ節シ藤堂佐渡守高虎、不図《フト》座席ニ来ツテ、内府公御前ニテ暫ク私語《ササヤキ》ケルカ、内府、既ニ杖《ツエ》ヲ取リ給ヘハ、御相伴《ヲシヤウバシ》ノ面々退散ス。従リレ夫流言区《マチマチ》々也。

廿一日、奉行衆幷利家卿ノ使ヒトシテ、生駒雅楽頭親正・台《タイ》長老両人、大崎少将政宗・羽柴左衛門大夫正則・蜂須賀長門守家政三人ノ宅エ来テ云ケルハ、「家康公ト各潜カニ縁家ノ契約《ケイヤク》アリト風聞ス。是ハ大閤ヨリ御制禁ナルニ、被二違背一セ、不届キナル由」ヲ述ヘ、正宗・家政答テ曰、「此ノ儀、摂泉堺《セツセンサカイ》ノ町人、今井宗薫《クン》才覚仕ラント云ケレトモ、サシテ治定ノ事ニ無クレ之候」正則又云、「縁組ノ事、内府御存シノ事ニアラズ。吾レハ秀頼ノ御一族ナレハ、内府公ト親属《シンゾク》ニ成候ハハ、以来幼君御為ニ

トナリ候ハ、以来ハ幼君ノ御為ニモ可レ然ト存スレハ、此内談仕候。冀クハ於二内府ノ許容一ニ者、此催相定度」ト也。内府公ハ、何ノ無レ障御答也。

然レトモ衆口嗷々ノ世上ナレハ異説区々ニシテ、諸大名ノ屋形ニハ思々ニ打寄テ、「何事モアラハ一所ニ」ト語合ケル。内府公ノ御館ヘハ池田三左衛門輝政一族・羽柴左衛門正則・黒田如水・藤堂佐渡守高虎・森右近大夫忠政・有馬法印則頼・金森法印・織田有楽・新庄駿河守、其外小身衆数多、毎日毎夜参謁、門前ニ市ヲ成、座上ノ賓客、如二土墻一ナリケル。

石田三成ハ兵ヲ聚テ心懸タル。奉行各ハ備前中納言秀家ノ宿所ニ聚テ評議、灯ヲ以、継レ晷ニニケルカ、退出ノ時、石田庭中ニ於テ云ケルハ、「何時モ我等人数ハ、早速可二引卒一」ト也。増田右衛門尉申ハ、「治少ハ大事ノ儀、卒忽之至也。必不レ可二倉卒ノ言一アル」トテ立去ヌ。是ヲ又伝聞輩、取々ニ流言ス。伏見・大坂騒動シテ、町中ノ男女・貴賎ハ負レ子、携レ老テ、深山・遠里ニ退去事数ヲ不レ知。

扨又藤堂佐渡守・黒田如水ハ、内府ノ水魚ノ味方ナ

モ可レ然ル候ヘハ、此ノ内談仕候。冀《コヒネカハク》ハ内府御許容《キヨヨウ》ニ於テ《テ(ママ)》ハ、此催相定メ度」ト也。家康公ハ、何ノ無障御答ナリ。

然トモ衆口嗷々《ゴウゴウ》ノ世上ナレハ異説区々《マチマチ》ニシテ、諸大名ノ屋形ニハ思ヒ々ニ打寄テ、「何事モアラハ一所ニ」ト語合ケル。　内府公ノ御館《ミタチ》エハ池田三左衛門輝政一族・羽柴左衛門正則・黒田如水・藤堂佐渡守・森右近大夫忠政・有馬法印則頼・金森法印・織田有楽《ウラク》・新庄駿河守、其外小身衆数多、日毎夜参謁《エツ》、門前ニ市ヲ成シ、座上ノ賓客《ヒンカク》、如二シ土墻《トシヤウノ》一。

又、石田三成ハ兵ヲ聚《アツメ》、心懸ケケル。奉行各々ハ備前中納言秀家ノ宿所ニ集マッテ評議、灯《トモシ》ヲ以テ継《ツキ》レ晷《ヒカケニ》ケル。退出ノ時、石田於二庭中一云ケルハ、「何時モ我等人数ハ、早速可二キ引卒《インゾツス》一」ト也。増田申スハ、「治少ハ、大事ノ儀、卒ッ忽《コツ》ノ至リ也。必倉卒《サウソツ》ノ言ハ不レ可レ有ル」トテ立去ヌ。是レヲ又伝エ聞ク輩、取リ々ニ流言ス。伏見・大坂騒動シテ、町中ノ男女・貴賎、負《ヲヒ》レ子ヲ、携《タツサヘ》レ老、深山・遠里ニ退キ去ル事数ヲ不レ知。

扨又藤堂佐渡守・無《(黒カ)》田如水ハ、　内府公水魚ノ味方ナ

レハ、此両人取入テ内府公へ参謁シ御味方ヲスル人多アリケリ。内府公宿所ハ伏見ノ町続ニテ、表ノ門一重ナルカ、此時大竹ヲ以、菱垣ヲ結、升形ノ如ニセラレテ、二ノ門ヲ付ラレタレハ、見人毎ニ「心アリケル古人カナ」ト申ケル。

榊原式部少輔ハ番替ニテ上リケルカ、熱田ニ於テ此事ヲ聞、本田佐渡守ハ為二御勘定一、代官等召連上リケル。共ニ此儀聞ヨリモ昼夜ヲ不レ分馳付ル。醍醐・狼谷ノ道中ハ尺寸ノ地ヲ開《アケ》ス、関東勢如二雲霞一ナリ。

榊原、乱髪立《タチ》付ニテ御前ニ出。内府御機嫌ニテ、自ラ熨斗《ノシ》鮑ヲ取テ賜ハル。其次ニ本多佐渡守正信・御代官伊奈熊蔵忠正・大久保十兵衛・長谷川七左衛門、其外小代官共、追々ニ拝伏ス。本多佐渡守ヲ召テ、今度ノ一巻被二仰聞一。佐渡守申上ルハ、「浅野弾正ハ参リ候カ」「イヤ、弾正ハ不通也」ト被レ仰。佐渡守、重テ申ケルハ、「大閤ノ喪ヲ知セ奉ラヌハ、一旦御恨ハサル事ナレトモ、君命ヲ守リタルハ、弾正カ信也。何ソ深ク御憤ノ可レ有。急被二召寄一、御談合有カシ」ト申ス。内府、「サアラハ汝行テ、弾正ヲ誘引スヘシ」トアリケレハ、佐州御座ヨ

レハ、此両人エ取入テ　内府公エ参謁《エツ》シ、御味方ヲスル人多カリケリ。　内府公御宿所ハ伏見ノ町続《ツヅキ》ニテ、表テ門一重ナルガ、此時大竹ヲ以、菱垣ヲ結、升形ノ如ニセラレテ、二ノ門ヲ付ラレタリケレハ、見ル人毎ニ、「心アリケル古人哉」ト、奉レ讃《ホメ》ル。

榊原式部大輔ハ番替リニテ登リケルガ、熱田《アツタ》ニテ此騒キヲ聞《キキ》、本多佐渡守ハ為二御勘定一代官衆ヲ召シ連レ登ケルガ、共ニ此事ヲ聞クヨリモ不レ分二昼夜一ヲ馳著ル。醍醐・狼谷ノ道中ハ尺寸ノ地ヲ開《アケ》ズ、関東勢如二ク雲霞一ノ也。

榊原、乱髪立チ付ケニテ、御前ニ出ツ。内府公、御機《キ》嫌ニテ、御手自、熨斗鮑ヲ取テ賜ル。其次本多佐渡守正信・御代官伊奈熊蔵忠正・大久保十兵衛・長谷川七左衛門、其外小代官共、追々ニ拝伏ス。本多佐渡守ヲ召テ、今度ノ一件《イチマキ》被二仰聞一。正信申上ルハ、「浅野弾正ハ参リ候ヤ」「イヤ、ケ様ノ事ニテ、弾正ハ不通也」ト被レ仰セ。佐渡守重ネテ、「大閤ノ喪《モ》ヲ知セ奉ラヌ事、一旦ン御恨ミハ去ル事ナレトモ、君命ヲ守タルハ、弾正カ信也。何ゾ深ク御憤《イキトウリ》可レ有。急キ被二召寄一、御談合アレカシ」ト申ス。内府公、「左アラハ汝チ行キテ、弾正ヲ可二誘

リ直ニ弾正カ宿所ニ行テ対面シ、旅中ノ雑談畢テ、「今度ハ世上騒敷候カ、弾正殿ハイカテ内府へ御出入候ハスヤ。旧好ノ由緒モ候ニ」ト佐渡云ケレハ、弾正云ケルハ、「サレハトヨ。内府公へハ参ラテ不レ叶者ニ候ヘトモ、今程ハ出来出頭多クテ、吾等ハ心ナラス。疎遠ニ成行也」ト申サル。「古キ事ハ棄捐セラレ、向後ハ御入魂候へ。内府モ其内意也」ト云ケレハ、「サラハ貴殿ヲ御奏達ニ頼入ン」トテ、則内府公ノ御宿所ニ参ケレハ、主人ノ馳走他ニ異ニシテ、其後ハ古ヘノ如ク互ニ申合レケル。

カカリケル処ニ、羽柴越中守利長ノ宿所ニ参テ申シケルハ、「老中・奉行、内府ヲ亡サント企ル儀、全別ノ儀ニ非ス。愚按ヲメクラスニ、今天下ノ両虎ハ内府ト利家也。利家殿ヲ大将トシテ内府ヲ失ヒ申サン。利家卿ハ老人ニシテ疾病ナレハ、頓テ逝去アルヘシ。利長ハ若輩ナレハ、仕安カルヘシトノ謀也、「鷸蚌《イツホウ》相争ヲ我乗二其弊一」ト云例《タメ》シ非スヤ。只冀クハ利長ノ一謀ニ有」ト云ケレハ、利長、「サラハ貴殿ノ思慮承ラン」ト也。越州申ケルハ、「利家卿内府へ和睦有ヘシ。内府ハ海道第一ノ老将、其上、朋友トスル大名ハ日域ノ英雄也。然ルニ

引ス二」ト有ケレハ、佐州御座ヨリ直クニ浅野宿所ニ行テ対面シ、旅中ノ雑談畢ツテ、「今度世上騒敷候カ、弾正殿何トテ　内府公エ御出入候ハズヤ。旧好ノ由緒モ候ニ」ト佐州言ケレハ、弾正、「サレハトヨ。内府公エハ参テ不レ叶者ニ候ヘトモ、今程ハ出来出頭多クテ、我等ハ心ナラス。疎遠ニ成行也」ト云。佐州、「古キ事ハ棄捐《キエン》《ステ》セラレ、向後ハ御入魂候へ。内府モ其内意也」ト云ケレハ、「サラバ貴殿奏達ニ頼入」トテ、内府公ノ御館参ニ参ケレハ、主人ノ御馳走異《コト》レ他《タニ》ニシテ、其後ハ古ヘノ如ク出入アリ。

蒐《カカ》ル処ニ、羽柴越中守忠興ハ、加賀利長ノ宿所ニ参ッテ申ケルハ、「老中・奉行、内府公ヲ亡ホサント企ル儀、全ク非ス二別儀一。愚案ヲ廻スニ、今ニ天下ノ両夫ハ　内府公ト利家也。利家殿ヲ大将トシテ　内府公ヲ失ナヒ申サン。利家卿ハ老人ニテ疾《シツ》病アレハ、頓テ可レ有二逝去一。利家(長カ)ハ若輩ナレハ、可トシ二仕安カル一謀コト也。「鷸蚌《イツハウ》《シギハマクリ》相争ヒ、我レ乗ル二其ノ弊《ツイヘニ》一」ト云例《タメシ》ナラズヤ。只冀《ネガハク》ハ利長ノ一謀ニ在リ」ト云ケレハ、利長「サラハ貴殿ノ思慮承ラン」ト也。越中申ケルハ、「利長(家)卿　内府エ和睦《ホク》有ルへ

一旦ノ私ヲ以、老中・奉行等是等ヲ亡サントセン事、蟷螂遮レ車レヲ、精衛《セイエイ》填《ハカラント》レ海ヲトスルニ異ラス。今利家卿、彼等ニ餌ニカワレ給ハン事、謀ノ拙キ所也。然ラハ、吾等使トシテ内府へ可二申達一。貴殿ハ父利家卿へ諫言アレカシ」ト申ケレハ、「利家日来頼敷交リ候故ニ、今深切ノ良薬難レ忘候。サラハ大坂へ参、父ニ可二申聞一」トアリテ出ラルレハ、越州ハ引別レテ内府公へソ参ケル。内府公不レ斜感悦アリテ、両将ハ内々無二別条一リケレハ、生駒協律郎・中村吏部・堀尾帯刀、扱ニ入テ、双方ノ確執ヲ止ラレ、二月五日互ノ誓紙取替シ、帯刀先生預リ置。

同廿九日、加賀亜相利家、老病不楽ノ体ナレトモ、大坂ヨリ船ニ乗テ、内府公ノ館ニ到ル。主人大悦シ給テ小船ニ乗テ迎ニ出、河中ニテ対面。先立テ御帰アレハ、利家ハ御屋敷ノ下ニテ船ヨリ上テ、袴羽織ヲ着、乗物ニテ御玄関マテ参ラル。加藤主計・羽柴越中守・浅野左京大夫ハ歩ニテ内府公ノ館ニ入。御馳走他ニ異ニテ、小性長袴ニテ陪膳ス。三献ノ酒通リケレハ、内府公神谷信濃守ヲ召出、御杯ヲ賜ハル。是ハ亜相ノ家人也。

利家曰、「内府公ノ屋敷要害悪故、乱臣虚ヲ窺候。公

シ。内府公ハ海道第一ノ老将、其上、懇志《コンシ》ノ大名ハ日域《ジケイキ》ノ英雄《エイユウ》也。然ルニ一旦ノ私ヲ以テ、老中・奉行等是ヲ亡サントセン事、蟷螂遮《サヘキリ》レ車、精衛《セイ》填《ウメント》レ海スルニ不レ異。今利家卿、彼レ等《ラ》ニ餌《エバ》ニカワレ給ハン事、謀コトノ拙《ツタナ》キ所也。然ラハ我等、使トシテ　内府公エ可二申達一。貴殿ハ利家卿エ諫言アレカシ」ト申ケレハ、利長ノ曰、「日来頼母敷交ハリ候故、今深切《シンセツ》ノ良薬難《カタク》レ忘レ候。サラバ大坂エ参リ、父ニ可二申聞一」トテ出ラルレハ、忠興ハ　内府公エソ被参ケル。　内府公不斜御感悦アリ、両将ハ内々別条勿《ナカ》リケレハ、生駒協律郎《ケウリツラウ》・中村吏部《リホフ》・堀尾帯刀曖《アツカヒ》ニ入、二月五日互イノ誓紙取替シ、帯刀預リ置ク。

同廿九日、加賀ノ亜相利家、老病不楽ノ体ナレハ、大坂ヨリ船ニ乗ッテ　内府公御館ニ到ル。主人有二御悦一ヒ、小舟ニ召御迎ヒニ出フ(出給フカ)給、河中ニテ御対面。先立テ御帰。利家ハ御屋敷ノ下ニテ舟ヨリ上、袴羽織ヲ著シシ(ママ)、乗物ニテ玄関迄参ラル。加藤主計・羽柴越中・浅野左京ハ、歩《カチ》ニテ　内府公御館ニ入ル。御馳走美ヲ尽サレ、小姓衆、長袴ニテ陪膳《ハイゼン》ス。三献ノ酒通リケレハ、亜相ノ家人、神

ト我等大閤ノ遺命ヲ守、幼君ヲ守立申コソ君々タリ、臣々タルニテ候ヘハ、急向島へ経営シテ移リ給ヘカシ」、ト申サレケレハ、内府公、「我モサハ存ツレトモ、人口ヲ憚リ候キ」トテ、青眼シ給ヒ、亜相ハ大坂へ帰ラルレハ、五奉行各モ内府公へ拝謁シケル。一両日畢テ、向島へ移リ給フ也。

同三月十一日、内府公ハ利家卿へ返謝ノタメニ、河船ササメキ立テ押下ス。御船已ニ着岸ノ時、捨乗物アリ。内府公ノ怪シミ思召タルニ、藤堂佐渡守不図出来タリ。内府公ノ御前ニ参テ申ケルハ、「路次ノ程窺ヒ申者アル由風聞申候。乍レ憚此肩輿ニ召シテ、御肩輿ハ人ノ存候ヘハ、私ヲ乗給ヘカシ」ト申ケレハ、「尤」トソ被レ仰ケル。利家卿ハ病悩不レ快ケレトモ、喜悦ノ思ヲナシ饗応美尽セリ。

此時亜相ノ家人ニ、中条流ノ兵法ノ芸ヲ家ニ伝ル者アリ。内府公兵法御所望ニ依テ、富田越後守・山崎内匠・同次郎兵衛三人、於二御前一ニ撃レ剣。「以レ短入レ長ニ、手足応シレ心ニ、膚不レ撓《タユマ》、目不レ逃《マジロカ》、一人撃レ剣ヲテ万人無レ不二ト云フ辟易セ一」トハ此太刀ヲヤ申ヘキ。此一流ハ尊氏

谷信濃守ヲ召出、内府公、御杯キヲ賜ル。

利家ノ曰、「内府公ノ御屋敷悪キ故、乱臣虚ヲ伺ヒ候。公ト我等大閤ノ遺《ユイ》命《イ》ヲ守リ、幼君ヲ守立申シテ社《コソ》君々タリ、臣々タルニテ候ヘハ、急キ向フ島エ経営シテ移リ給ヘカシ」ト被ルレ申ケレハ、内府公、「我レモ左ハ存ズレトモ、人口ヲ憚リ候キ」トテ、青眼シ給。亜相ハ大坂エ帰ラルレハ、五奉行モ各　内府公へ拝謁シケル。一両日有ッテ、向フ島エ移リ給フ。

同三月十一日、内府公ハ利家エ為二返謝一、川船ニテ大坂エ下給。御船既ニ着岸ノ時、捨テ乗物アリ。怪ミ思召ケルニ、藤堂佐渡守不図出来リ、御前ニ参申ハ、「路次ノ程窺奉ル者アル由致二風聞一候。乍ラレ憚カリ此肩輿《ケンヨ》ニ召テ、御乗輿ハ人ノ存知候ヘハ、私ヲ乗セ玉ヘヨシ」ト申上ル。「尤」ト、被レレ仰ケル。利家ハ病気不レ快ケレトモ、喜悦ノ思ヲナシ、饗応甚タ結構ヲ尽。

此時亜相ノ家人ニ、中条流ノ兵法ノ芸ヲ家ニ伝ル者アリ。

内府公兵法御所望ニ依テ、富田越後・山崎内匠・同次郎兵衛三人、於二御前一撃《ウツ》レ剣《ケンヲ》。「以レ短入レ長、手足応レ心ニ、膚不レ撓、目不レ逃、一人撃レ剣、万人無レシ不二

将軍ノ御時ヨリ教ヘ伝ケルトナン。内府公御感アリテ、「彼一流ノ弟子、召抱ラレン」ト有テ、桜井六郎右衛門ト云者ヲ被二召出一、御稽古有リケルト也。

　然ルニ石田三成座中ヘ参ケルカ、各気色ハミテ座席不レ快体ヲ見テ、頓テ帰ケル。其晩景、内府公ハ藤堂佐渡守ノ中島ノ亭ヘ駕ヲシテクラサレテ、其夜ハ佐州ノ亭ニ一宿アリ。翌日モ御逗留、御遊興、晤言及二深更一。

　此亭ハ四方河ニテ、要害堅固ナル故ニヤ、御心モトケテ御機嫌也。然ルニ石田・小西等打寄テ、「トテモ仕損シタル事ナレハ、今宵ノ旅宿ヘ夜討スヘシ」ト評シケレトモ、彼亭ニハ池田三左衛門・羽柴越中守・黒田甲斐守・堀尾帯刀・加藤主計頭、此外、小身衆御相伴、或ハ夜直ツトメテ用心厲《ハケ》シカリケレハ、虚ヲ窺隙モナシ。

　然ルニ浅野弾正少弼ハ、亜相ノ使ニ頼レテ参リ、家臣徳《トコノ》山五兵衛ヲ相添テ、内府公ヘ申ケルハ、「子息利長、御取立頼奉リ候。吾等ハ老衰日ニセマリヌレハ、今生ノ御対面、今般《コノタヒ》計ト覚候」トアリケレハ、内府公、御心能許容シ給ヒテ、「永ク疎略有マシ」トテ御誓書賜リケル。

辟易二」トハ此太刀ヲヤ可レキ申ス。此一流ハ尊氏将軍ノ御時ヨリ教伝ケルナン。内府公御感有テ、彼一流ノ弟子召抱ラレント有テ、桜井六郎右衛門ト云者ヲ被二召出一、御稽古有リケルト也。

　然ルニ石田三成座中エ参ケルカ、各気色バミテ、座席不ルレ快《ヨカラ》体ナレハ、頓《ヤカ》テ帰ケル。其晩景、内府公ハ藤堂佐渡守ガ中ノ島ノ亭エ駕《カ》ヲ廻《メグラ》サレ、其夜ハ御一宿有。翌日モ御滞《タイ》座、御遊興及二深更一。

　此亭ハ四方河ニテ、要害モ堅固ナル故ニヤ、御心モ解テ、御機嫌也。然ルニ石田・小西等打寄テ、「トテモ仕損タル事ナレハ、夜討ニスヘシ」ト、評定シケレトモ、彼ノ亭ニハ池田三左衛門・羽柴越中守・黒田甲斐守・堀尾帯刀・加藤主計頭、此外、小身衆御相伴、或宿直勉テ、用心稠《キビ》シカリケレハ、虚《キョ》ヲ伺フ隙《ヒマ》ナシ。

　然ルニ浅野弾正少弼ハ、亜相ノ使ニ頼マレ、家臣徳山五兵衛ヲ相添、内府公エ被レ申ケルハ、「子息利家（長カ）、御取立奉リレ頼ミ候。吾レ等《ラ》ハ老衰日ニ勝《マサ》リヌレハ、今生ノ拝顔、今度計リト覚ヘ候」ト有ケレハ、内府公御快許十三日、御帰路、供奉ノ行列、御先ハ榊原式部少輔組ノ面々、御跡者、井伊兵部少輔組、同前打囲テ、無レ程伏見ニ着給ケル。

三月十九日、向島ノ営作玉成ケレハ御徙移《ワタマシ》ナリ。此亭ハ二町四方ニシテ四壁堀深ク、重塁堅固ノ地也。自レ是日々ニ威光弥益、拝謁ノ大名・望塵大夫、門外ノ肩輿・馬蹄絶ル隙コソ無リケル。徳善院、帯刀ニハ利家ノ一属ト云、向島へ移シマイラセヌル事、取持タルヲ御感アリテ、御誓書被レ下ント有ケルカ、御辞退申タレハ、為二名代一井伊兵部誓紙ヲ遣シケリ。

7　兵法之事　（一—七）

按ルニ昔葛天盧之山発而《ヒライテ》出レス金ヲ。蚩尤受テ而制レ之、以為二剣鎧一ヲ、此剣之始也。周ノ世ニ、桃氏為レ剣ヲ。臘《モロハ》ノ広サ二寸有半両従《シノギ》半レニス之ヲ。以二其臘広一ヲ為二之茎囲《ナカコノカコミ》一。長サ倍《ハイス》レ之ニ。中二ニシテ其茎一ヲ設《ヲヽイニス》二其ノ後一。身ノ長五二其茎ノ長一、重キコト九鏘《サウ》謂二之上制一ト。上士服一ス之。

容シ給ヒ、「永ク疎略有マジ」トテ御誓書賜リケル。

十三日、御帰路、供奉《グブ》ノ行列、御先キハ榊原式部大輔組ノ面々、御跡ハ、井伊兵部少輔組ノ衆、打囲テ、無レ程伏見ニ著キ給ヒケル。

三月十九日、向フ島ノ御屋形玉成ケレハ御従移《ワタマシ》也。此亭ハ二町四方ニシテ四壁《ヘキ》堀深ク、重塁堅固ノ地也。自リレ是レ日々ニ御威光弥《イヤ》増《マシ》、拝謁《エツ》ノ大名・望塵《ボウチン》ノ大夫、門外ノ肩《ケン》輿・馬蹄、絶ル隙コソ勿リケレ。徳善院、帯刀ニハ利家ノ一属《ソク》ト云ヒ、向島エ移シ進ラセヌル事、取持タルヲ御感有ツテ、御誓書被レ下ト有ケルガ、辞《ジ》退申シケレハ、為二御名代一井伊兵部誓紙ヲ遣シケルト也。

7　兵法之事　（一—七）

按ニ昔シ、葛天盧之山発而、出レス金ヲ。蚩尤《シユウ》受《ウケ》而制レ之、以テ為二剣《ケン》・鎧《カイ》一。此レ剣ノ始也。周ノ世ニ、桃《トウ》氏、為《ツクル》レ剣ヲ。臘《モロハ》ノ広《ヒロサ》二寸有半両従半レス之。以二テ其ノ臘広一ヲ為《ナス》二之茎囲《ケウキ》一。長サ倍レ之。中二其ノ茎一ヲ、設二其ノ後《アト》一。身ノ長サ、五二其茎長一、重コト九鏘、謂二之上制一。上士服レ之ヲ。身身ノ長四二シテ其ノ茎長一ヲ、重七鏘、謂二之ヲ中制一ト。中士服レ之。身長三二其莖ノ長一、重五鏘、謂二之下制一ト。下士服レ之。其後、楚有二竜泉一。秦ニ有二太阿・上市一、呉有二干將・鏌耶・属鏤一。越有二純鈎・湛盧・豪曹・魚腸・巨闕ノ諸剣一。至レ漢ニ有二高祖ノ斬蛇剣一。魏ニ有二文帝ノ飛景・流彩・華鋒ノ三剣一。呉ニ有二白虹・紫電・辟邪・流星・青賞・百里ノ六剣一。皆当レ敵、則斬二於甲盾一ヲ。此天下ノ名器也。

古者天子二十而冠帯レ剣ヲ。諸侯三十而冠帯ス剣ヲ。大夫四十而冠帯レ剣。隷人不レ得レ冠。庶人有レ事得レ帯レ剣、無事不レ得レ帯レ剣ヲ。剣之在レ左、青龍象也。刀之在レ右ニ、白虎象也。是古ヘノ剣ノ所二自テ起一ル也。

然ルニ、大明ノ茅子カ『武備志』ヲ撰テ、刀法ヲ以倭奴ノ芸トシテ新影ノ兵法ヲ載タリ。是所レ考浅キ也。『初学記』ニ曰ク、「黄帝採二首山之金一ヲ、始鋳為ル刀ヲ」然ラハ何ソ昔ショリ無二ン刀法一乎。亦晋ノ王濬《ジュン》カ三刀ヲ夢ルハ、正ニ是兵ノ刀也。刀ハ到也。斬伐志ス処ニ到テ断スル故ニ、到ノ音ヲ訓セリ。

日本ニハ上古ヨリ已来多ク剣刀ヲ用ユ。村雲ノ剣ハ神

ノ長四二ツ其茎長一、重キコト七鏘、謂二之中制一。中士服スレ之。身長三二其ノ茎長一、重五鏘、謂二フ之ヲ下制一ト。下士服レ之。其ノ後チ、楚ニ有二竜泉《レウセン》一。秦ニ有二リ太阿・上市《シ》一。呉《コ》有二リ干將《カンシヤウ》・鏌耶《バクヤ》・属鏤《ショクル》一。越《エツニ》有二リ純鈎《シュンコウ》・湛盧《タンリヨ》・豪曹《カウサウ》・魚腸《キヨテウ》・臣闕《コケツ》諸剣一。至レツテ漢《カン》ニ有二リ高祖斬蛇剣《ザンシヤケン》一。魏《ギ》ニ有二文帝ノ飛景《ヒケイ》・流彩《リウサイ》・華鋒《クハホフ》ノ三剣《ケン》一。呉《ゴ》ニ有二リ白虹《ハツコウ》・紫電《シデン》・砕《サイ》邪《シャ》(辟カ)・流星《リウセイ》・青賞《セイシヤウ》・百里《ハクリ》六剣一。皆当レ敵、則斬《キル》二於甲盾《カウシュン》《ヨロヒタテトン》一ヲ。此レ天下ノ名器也。

古ヘ者天子、二十ニ而《シテ》冠シ、帯《タイス》レ剣《ケン》ヲ。諸侯、三十ニ而《シテ》冠シ、帯レ剣ヲ。大夫四十ニ而《シテ》冠シ、帯レ剣、隷人《レイジン》ハ不レ得レ冠。庶人《ショシン》有レハ事《コト》、得《ウ》レ帯フヲ剣ヲ。無レハ事、不レ得レ帯レ剣。剣ノ之在ルハレ左リ、青龍象《セイレウシヤウ》也。刀ノ在レ右、白虎象也。是レ古ヘ之剣ノ、所二ロ自起一也。

然ルニ、大明《ミン》ノ茅子《テイシ》『武備志《ブビシ》』ヲ撰ンテ、刀法ヲ以テ倭怒(奴カ)ノ芸トシテ新影ノ兵法ヲ載《ノセ》タリ。是所レ考浅キ也。詩ニ曰ク、「執二其鸞刀《ランタウヲ》一、以啓二其毛《モウ》一、取二リ其血骨一」ト云ハ、解《トク》レ牛刀也。晋ノ王濬《ジュン》ガ三刀ヲ夢ミルハ、正サニ是レ兵ノ刀也。刀ハ到也。斬伐《サンハツ》志ス処ニ到ッテ断《ダン》スル故ニ、到《タウ》ノ音《コエ》ヲ訓《クン》ゼリ。

代ヨリ伝タル宝物也。武家ニハ北条ノ時政鬼丸ヲ得テ九代ノ天下ヲ平均シ、摂州源ノ頼光ハ、鬼切ヲ得テ国家ヲ鎮護ス。此鬼丸ハ奥州ノ真国カ三年精進シテ作タリ。鬼切ハ伯州大原安綱カ作也。何モ源平両家ノ衛リトシテ利㆓スル国民㆒ヲノ宝器タリ。

楚項羽学㆑剣ヲト云。則剣術ノ法、自テ来ル事久シ。又或ル記ニ云、「源ノ義経善㆓刀法㆒ヲ、入陰・虎乱・飛鳥ノ翻《カケリ》ノ秘術ヲ尽セリ」ト。蓋、此手今ノ富田《トタ》山崎カ兵法ノ手ナリ。但中条ト云者、古キ兵法ヲ伝テ、室町公方ノ家人ナルカ、此流ヲ山崎伝テ早世ス。富田一人印可シテ中興ノ上手タリ。其比順《シタカフ》ト云者兵法ニ名アリ。太刀ノ健《スクヤカ》ナル者ニテ大太刀也。富田ト仕合ス。富田小太刀ヲ持テ順ヲ打事数ケ度、以㆑小入㆑大ニノ芸名高シ。山崎カ二子又富田ニ学フ。富田死シテ子幼少ナリ。又山崎ニ習。此子二人、盛玄・治部左衛門ト云。盛玄執行シテ美濃国主義辰《タツ》ノ家ニ到ル。此時新当流兵法者、鹿島梅津ト仕相所望也。則盛玄勝テ梅津ヲ打。治部左衛門ハ関白秀次ノ師トナル。治部左衛門ハ加賀利家ノ家人也。男子ハ志津カ嶽ニテ討死シテ、其娘ヲ山崎六左衛門ニ嫁シメ給。六

日本ニハ上古ヨリ已来《コノカタ》多ク剣刀《ケントウ》ヲ用ユ。叢雲《ムラクモノ》ノ剣ハ神代ヨリ伝ヘタル宝物也。武家ニハ北条ノ時政カ鬼丸ヲ得テ九代ノ天下ヲ平均《ギン》シ、摂州源ノ頼光ハ鬼切リヲ得テ国家ヲ鎮護《チンコ》ス。此ノ鬼切ハ伯州大原安綱カ作、鬼丸ハ奥州真国カ三年精進シテ作タリ。何レモ源平両家ノ衛《マモリ》トシテ利㆓国家㆒ヲ宝器《キ》タリ。

楚ノ項羽《コウウ》学㆑剣ト云。則剣術ノ法、自来ル事久シ。又或ル記ニ曰、「源ノ義経刀法ヲ、入陰・虎乱・飛鳥ノ翻《カヘシ》ノ秘術《ヒシュツ》ヲ尽セリト。蓋《ケタシ》此手、今マノ富田山崎カ兵法ノ手也。但中条ト云者、古キ兵法ヲ伝ヘテ、室町公方ノ家人ナルガ、此流ヲ山崎伝ヘテ早世ス。富田一人印可《インカ》シテ中興ノ上手也。其ノ比、順ト云者兵法ニ名アリ。大刀ノ健《シタタ》カナル者ニテ大太刀也。富田ト仕合ス。富田小太刀ヲ以順ヲ打事数ケ度、以テ㆑小ヲ入㆑大ノ芸《ケイ》、名高シ。山崎ガ二子又富田ニ学フ。富田死シテ子幼少也。又、山崎ニ習。此子、盛玄《セイケン》・治部左衛門ト言。盛玄執行シテ美濃ノ国主義竜《ヨシタツ》ノ家ニ到ル。此時新当流兵法者、鹿島梅津ト仕合所望ス。則盛玄勝テ梅津ヲ打。治部左衛門ハ関白秀次ノ師トナル。治部左衛門ハ加賀利家ノ家人也。男子ハ志津嶽

左衛門末森城攻之時、一番鎗也。戦功ヲ以、知行壱万三千五百石ヲ領ス。改レ名ヲテ富田越後守ト云。　台徳院殿ノ御時、越後守ヲ江戸ヘ召テ兵法御覧、則御稽古アリケル。

扨山崎左近将監カ子三人、兄ハ内匠、弟ハ小右衛門、其弟次郎兵衛也。左近ハ越前義景家人、刀根《トウ子》山合戦ニ立帰テ働ク。後五郎右衛門ト号シテ、大納言利家ニ事フ。

或時、五郎右衛門寝入テアルヲ、河合源内ト云者首ヲ刎ントス。忽起テ源内ヲ刺殺ス。源内カ親属、多囲ム二彼ノ家一。兄弟三人馳加テ、斬抜テ越前ヘ退去ス。其後、召還シテ利長ニ事ヘケル。三人兵法、治部左衛門見テ美スレ之ヲ。三人ハ越後守カ甥也。小右衛門ハ加州ヲ去テ参河守秀康ニ事フ。参州卒逝、子息宰相ニ事フ。

又小野典膳ト云者、冨〈田〉(富カ)盛玄カ打太刀、伊藤一刀斉ト仕相シテ、典膳負テ一刀斉カ弟子トナリ、彼カ秘術ヲ伝ヘテ、終ニ一刀斉ヲ殺シテ、己カ名ヲ主張ス。上田城攻ノ時、能鎗ヲシケレハ、世ニ真田七本鎗ト云。典膳其一人也。其子孫芸ヲ伝テ、公方幕下ニ事ヘケリ。又新当流ト云ハ、中条ヲ当流ト云ニ付テ、新法ヲ工夫シケ

ニテ討死ス。其娘メヲ、山崎六左衛門ニ嫁セシメ給フ。六左衛門末森城攻ノ時、一番鎗ノ戦功ヲ以テ、知行壱万三千五百石ヲ領ス。名ヲ改メ、富《ト》田越後守ト言。　台徳院殿ノ御時、江戸エ召テ兵法御上覧、則御稽古アリ。

扨山崎左近将監カ子、兄ハ内匠、次男ハ小右衛門、其次ハ次郎兵衛也。左近ハ越前義景家人、刀根山合戦ニ立帰テ働ク。後五郎右衛門ト改メ、大納言利家ニ事フ。

或時五郎右衛門寝入テ居ルヲ、河合源内ト云者首ヲ刎《ハネ》ントス。忽起キテ源内ヲ刺殺ス。源内カ親族多囲ム、彼ノ家兄弟三人馳加ッテ、切抜テ越前エ退去。其後召返テ利長ニ事ヘケル。三人ハ越後ガ甥也。小右衛門ハ加州ヲ去ツテ参河守秀康主ニ事フ。参州逝去、御子息宰相小右衛門ヲ召テ、仕相《シアヒ》御所望也。

有馬流ノ阿月次左衛門ト一度、又新影流田山木工左衛門ト二度、小右衛門子兵右衛門立テ、両人ヲ打、又次郎兵衛ハ大聖寺ノ城責ニ小太刀ヲ執テ、城中ニ入、武功アリ。其ノ後、大坂五月七日ノ合戦、肥前守、小姓番頭ニテ左リ備ヘニ在ツテ、備ヘノ立様ヲ承セラル。城エ蒐《カカ》リケルニ、等用丸ニ付ク。其時秀頼ハ桜ノ門ニ出給。先手

レハ、新ヲ加タリ。新影ハ上泉伊勢守諸国修行シテ、教ヘ広メケル。

今ハ此流繁昌シテ、柳生但馬守其術ニ長セリトテ、被二召出一、大猷院殿ノ御師タリ。沢庵和尚ニ会テ、禅語ヲ以、太刀ノ法ト理会シテ教レ之ヲ。今ノ飛騨守又芸ヲ伝テ、当大樹君ニ指南シ奉ル。此外行流・卜伝《ホクテン》・宮本・吉岡等、各其代ニ名アル。種類繁多、不レ可二勝計一。

斯故アル事ナレハ、富田・山崎トテ、其比世ニモテハヤシケレハ、内府公ノ御覧シケルト聞エシ。『武備志』ニハ刀法ト云、日本ノ俗、皆兵法ト云。刀ハ兵器ナリ。又奇兵・正兵ノ心ニ叶ヒ、変化臨機ニ通スル故ニ、兵法ト云習セル成ヘシ。

市ノ正丸ヨリ弓鉄炮ニテ強ク防グ。寄手支テ不レ進。次郎兵衛カ云、「只今向フノ屏《ヘイ》ニ一番ニ付ゾ、見備テ語ルヘシ」トテ馳出ル。矢部孫右衛門、後ロヨリ捕ヘテ、「箇様《カヤウ》ノ取ヘハ不レ出モノゾ、若気也」ト云。次郎兵衛留マレハ、矢部放ス。又駆《カケ》出ル。山崎家人大津久大夫続ク。又小姓傍輩、佐分利《フリ》義兵衛続ク。道中《ナカ》程ニ伏シテ暫ク息ヲ継《ツキ》テ、山崎立上処ニ、城中ヨリ来ル鋏炮ニ、兜《カブト》ノ目庇ニ中ル。然レトモ不レ通、「是ト両度ゾ」ト勇ミ、励《ハケマシ》詞ハヲ替シ、三人トモニ市ノ正丸ノ屏裏ニ付ク。義兵衛矢疵ヲ被リテ退ク。次郎兵衛、「先陣」ト呼ハツテ、鎗ヲ以テ狭間《サマ》ヲ閉《トツ》。大津ハ鎗手負テ退ク。鶴見《ツルミ》左門来ッテ狭間《サマ》ヲ閉《トツ》。其《ソレ》ヨリ敵モ引色成ケルガ、肥前守、惣勢寄来ルト也。

又小野典膳《テンセン》ト言者、富田(イ二戸田)盛玄カ打太刀、伊藤一刀斉ト仕相シテ、典膳負テ一刀斉カ弟子ト成ル。彼ガ秘術ヲ伝ヘテ、終ニ一刀斉ヲ殺シテ己レガ名ヲ主張ス。信州上田城攻ノ時、能キ鎗ヲシテ、世ニ真田カ七本鑓ト云。典膳其ノ一人也。其子孫芸《ゲイ》ヲ伝ヘテ、公方ノ幕下《バツカ》ニ事フ。又新刀流ト云ハ、中条ヲ当流ト云ニ付テ、新術ヲ工夫シケ

8　朝鮮軍功訴訟事　（一一八）

小西摂津守行長ハ、寺沢志摩守ト相談シテ、朝鮮在陣ノ遺恨アリトテ、訴状ヲ認テ、内府・利家・輝元・景勝・秀家、五大老ヘ献ス。相手ハ、加藤主計頭・黒田甲斐守・鍋島加賀守・毛利壱岐守也。則訴状ヲ写シテ、四

レハ、新ヲ加エタリ。新影ハ、上泉伊勢守、諸国修行シテ教弘ケリ。

今ハ此流繁昌シテ、柳生但馬守其ノ術ニ長セリトテ、被二召出一、大猷院殿家光公御師也。沢庵《タクアン》和尚ニ会シテ、禅語ヲ以テ太刀ノ法ト理会シテ教レ之。今ノ飛騨守モ亦芸ヲ伝ヘテ、当　大樹君ニ指南シ奉ル。此外、行流・ト伝《ホクデン》・宮本《ミヤモト》・吉岡、名アル種類繁多、不レ可二勝計一。

斯故ヘアル事ナレハ、富田山崎《ト》トテ其ノ世ニモテハヤシケレハ　内府公ノ御覧シケルモ理リ也。『武備志』ニハ刀法ト言、日本ノ俗、皆兵法ト云。刀《タウ》ハ兵器也。又奇兵正兵《キヘイセイヘイ》ノ心ニ叶ヒ、変化《ヘンクハ》ノ臨《リン》レ機ニ通ル故ニ、兵法ト云習セルナルヘシ。

8　朝鮮軍功訴訟事　（一一八）

小西摂津守行長ハ、寺沢志摩守ト相談シテ、朝鮮在陣ノ遺恨止サリケルニヤ、訴状ヲ認、五人ノ大老エ捧《ササケ》ケル。相手、加藤主計頭・黒田甲斐守・鍋島加賀守・毛利壱岐守也。則訴状ヲ写シテ、四人ノ方エ賜ハル。四人ノ衆、

人ノ方ヘ賜ハレハ、四人各一通ノ返答ノ牒文アリ。五大老、双方ノ詮議ヲ決断シ、已ニ小西カ偽ル処多ケレハ、負ニ成タリ。小西ト石田トハ水魚ノ朋ナリ。殊ニ大閤ヘ御取次、石田シケレハ、両人潜ニ内府ヲ恨ケル張本ナリ。
　此小西ト云シ人ハ、元来摂泉堺ノ商價ノ子ナリ。大閤ヘ御小性ニ仕ヘテ、後出身ス。其父ハ異朝ヘ商價ノ為ニ渡リケレハ、彼国ノ案内知ツラントテ、一方ノ武将トナシ給ヘリ。行長元来智勇アリ。利口ナル者ナレハ、宗対馬守ニ婚姻ノ約ヲ結テ親ミ寄、朝鮮海陸又ハ通事ノ者ヲカリテ、渡海シケレハ、路次ノ便リ事ノ調ル事、他人ニ超越セリ。肥後国宇土ノ城主ナレハ、兵糧・器械ノ運送モヨキ故ニ、高麗《ライ》ノ都ヘ先登シ、城隍数ケ所ヲ攻抜、彼韓信カ、忽チ将軍ノ印綬ヲ帯テ、田横ヲ挫キシ勢アリ。サレトモ其性偽多ク、我君ヲ欺キ、己カ欲ヲタクマシク、諸将トノ誓幻(約カ)ヲタカヘ、軍用ヲ以テ国用ニ及フ。後日、関ケ原合戦ニモ一支モナク敗北シ、吉利支丹ノ宗門ナレハ、自害ヲハ忌テ、終ニ土民ノ虜トナル。

各々返答書一通ニ認メテ差シ上ル。
一　今度、朝鮮在陣ノ軍勢、不レ残可ノ二引取一旨上意ノ由ヲ、石田・浅野方ヨリ申越ニ付、加藤主計・浅野左京・鍋嶋加賀・毛利壱岐・黒田甲斐、相談仕リ、致シ二放火一、陣払ヒ仕候ヲ、拙者共、釜山浦《フサンカイ》陣払仕候ニ、其手筈相違仕、ムサト罷リ成ルノ旨、小西言上所、何モ偽リニテ候。其ノ子細ハ、此ノ条数ノ内、証拠《シャウコ》相立可レ申候。其ノ上先年御無事相済候由ニテ、遊撃幷官人等渡海ノ時、「上様エハ大明ヨリ佗ヒ事申上ル」トテ、言上候ヘトモ、大明ヨリ申シ分ニ、「大閤様御所望ニ付テ、大明ヨリ位ヲ勅許ノ綸《リン》旨ノ勅使トシテ、日本国ノ王ニ被レ任」トノ綸旨、進上申シ候。彼ノ綸旨ヲ御取出、御覧アルヘク候。如レ斯ノ上ニモ御不審ニ候ハハ、主計ノ頭所ニ、大明ヨリノ証文トモ在レ之事ニ候ヘハ、大閤様、御存生御時、小西、数年偽申シ候段、依レ被二聞召届一、大明トノ御無事ノ扱ヒ、主計頭ニ取扱ヒ申候ヱノ由、被二仰出一候。
　小西事ハ、向後彼ノ扱ヒニ於テ二罷リ出ルニ一ハ、曲事

慶長軍記を楽しむために②

儒学・兵学・武家故実
――『慶長軍記』の政治思想

『慶長軍記』は、北は上杉・伊達・最上の争いから、西は九州諸将の戦まで全国に拡がる関ケ原の戦いの全体を扱う軍記の始発といっていい。しかし、その記述は、関ケ原の戦いの後始末にとどまらず、秀頼と家康の二条城対面から、大坂の陣の始発にまで及んでいる。

つまり本書は、慶長五年（一六〇〇）の関ケ原の合戦を軸にしつつ、慶長十九（一六一四）年の大坂冬の陣までを視野に入れた、表題の通り「慶長」の軍記となっているのである。言い換えれば、それは豊臣政権の瓦解と、豊臣家の末路を主題とした、長い時間を扱った書物であったということを意味する。

西軍の勇将・義臣がいかに活躍しようとも、豊臣家の命運は既に一代で尽きており、天下は家康の掌握するところとなっていく必然性があったのであれば、本書はその「天運」の行方を大きな背景としつつ、武将たちの出処進退と興廃をつづっ

ノ旨、被二仰出一候。則御成敗可レ被レ成候ヘトモ、朝鮮引口ノ様子ニ仍テ、可レ被二仰セ出一ノ旨ニ候。然ル間、御掟ニ任セ、大明エ御無事ノ儀、主計方ヨリ申シ遣候ト云ヘトモ、主計方ヨリハ、正直ニ申遣故、無二同心一候。小西、表裏計リヲ申扱ニ付、大明人モ、其ノ赴ヲ(ママ)度々出シ抜申候。今度引口ノ様子、能々御分別被二仰付一専一ノ事。

一　壱岐守申分釜山浦ノ城、寺沢志摩守仕候。為二加勢一ト壱岐守被二仰付一候。然ル処、十一月十六日、丸山打明、西目エ被レ越由、承候。同名左衛門ヲ使ニシテ、「丸山明ケラルル事、如何ニ候哉。左アラハ拙者一人残ルヘキ儀ニ非ス。同前ニ打明、可二相働一哉」ト申遣候処ニ、志摩守儀ハ、「小西、同前ニ最前ヨリ無事ノ扱ヒヲ仕候間、罷越」ノ由申候。然ニ、早ヤ此表ヘモ、敵物見ヘ相見、殊ニ順天篭城ノ上ハ、御無事ノ義ハ事成ル間敷候間、「主計頭・甲斐守、明日ハ可レ被レ越間、被二待付一、以二相談一後巻ノ儀、丈夫ニ可レ然」ト申候ヘトモ、「無事ニ可二相済一」ト申サレ西目エ被レ越候間、「此ニモ御無事

た物語ということになる。

具体的に見て行こう。全く架空の小説であろうと、歴史に基づいた通俗歴史読み物であろうと、「物語」はその「始め」と「終わり」に、語り手の世界観が示され、読者はそれに沿って物語と今の現実との間に橋を架けて読むようにしつらえてあるものである。本書冒頭は、秀吉の治世の濫觴から語り始めるが（1）、まずは天地と人世の相関を説いて、たとえ一度力によって他国を支配しても、徳がなければ、天によってその子孫が罰を受けるという、儒教を背景にした天運の思想が漢文で展開されている。

果たして秀吉は、武勇に優れ、奇才に恵まれて天下を一旦は統一するが、「寛仁・大度」に欠ける人物として描かれる。驕奢・好色をほしいままにし、天下統一後も朝鮮に侵攻して、諸侯の疲弊を顧ず、秀頼の誕生を受けて、秀次一家を粛正した事件をその例として挙げる。その死（2）においても、二年前の慶長元年の伏見を襲う大地震から語り始め、その後の戦乱を予兆するかのように描く。

物語の「終わり」はどうであろうか。二条城

於二相済一ハ、日本御外聞ニ候間、其外次第」一ト申遣候。如レ此時分、何レノ道モ相抱候ヘハ、御忠節ト存候。丸山モ請取、両城御番仕リ候。其節、御預被レ成城ヲ開渡スノミナラス、剰《アマツサヘ》無事ヲモ不二相済一、結句、小西、善悪ヲモ不二見届、番船ニハ追散サレ、南海ノ城ヲ開退、三十里余、其日ニ逃退候事ハ、前代未聞カト存候。其上、釜山浦《フサンカイ》へ各打入、一両日モ逗留ノ内ニ、御兵糧在レ之候。上様ノ御船三百艘、渡海候間タ、可二積来一儀ニ候。御為ヲモ存候ハハ、縦其身、御無事ノ扱ニマサレ候トモ、外ニ在レ之兵糧ヲモ、丸山ノ城ニ可二被入置一儀ニ候儀ニ候処ニ、結句、城中ニ在ル御兵糧サヘ、悉ク船ニ積、御上米ノ儀一糧モ、拙者不レ存候。

次ニ、釜山浦《フサンカイ》引取刻、放火候義ハ、四人令二談合一、各西目衆ヘモ相談ノ使ヒヲ遣候処ニ、何モ船ニ乗浮シテ、此方ノ使ニ無二対面一候間、此上ハ、陣払可レ然ト相談仕、致シ二放火一帰朝仕候事。

連判中申分

小西摂津守、御無事仕由ニテ、九月十九日、大明

での家康と秀頼の対面（84）では、成人後天下の預かりを秀頼に返す約束であったが、関ヶ原の一件は秀頼よりの約定違反であって、国家の大権はあいにく返せない。ただし、秀吉の旧恩を忘れてはいないので、家康は秀頼を今後も厚遇するが、大坂へ伺候する大名は、隔年で駿府にも伺候するよう命じている。さらに、徳川・豊臣の決定的な手切れとなる、秀頼の「謀反」の計画（86）は、かつて秀吉によって所領を奪われ、浪人の身をかこっていた、主筋の織田信雄に、大坂方からの与力の依頼があり、これが徳川方に通報されることで発覚している。その時の信雄の言葉はこうである。長久手の家康の「義戦」によって、一命をとりとめ、関ケ原でもやむなく西軍についたのに、死一等を許してくれた家康の恩と、秀吉が自分を流浪の身に追い込んだ恨みは忘れるものではない、と。信雄に限らず、家康は、秀頼の命に従っただけの勇将には、命を助け、再起の機会を与える「寛仁・大度」の武将としてたびたび描かれている。

従って、そのような家康には、天が味方をしていたのだ、という記述もしばしば本書には見出せる。例えば、大野治長・土方雄久や加賀井弥八郎

人対面ノ為、罷リ出テ候処、摂津守返リ云事被ニ申懸一、敵撃掛申候。其身サヘ居城ヘ取入カネ、軍兵ヲ数多打取レ、剰ヘ対面所ニ付置候雑兵以下ヲモ捨殺シ、沙汰ノ限リナル仕合ニテ篭城仕候。然処、同廿一日、蔚山ニ敵人数万押寄候。同日夜中付、先手一陣打崩候ニ付、翌廿二日、城際ノ陣ヲ、其身用心ニ、陣所ノ廻リニ土手柵ヲツケ、明廿三日辰刻ヨリ総勢ヲ以、総構ヘ推寄候条、柵際ニテ引付、鉄炮ニテ打立、其崩口ヲ見合、諸口ヨリ切出、首数千討捕候。其外、手負死人其数不レ知。然候間、味方モ矢手ヲ負、本ノ陣エ引入、在陣仕、色々武略イタシ候ヱトモ、別ニ行モナク、同廿九日、諸陣ヲ令ニ放火一、五里程ノ間エ引入、毎日、足軽武者候ヲ出候。同廿七日、羽柴兵庫頭抱ヘ泗川《リテン》ノ出城エ敵押寄、彼出城取入刻、敵勝利ヲ得、就レ夫敵利ニ乗シ、泗川《リテン》城へ、十月朔日ニ押寄候処、兵庫頭衆切テ出、被ニ追崩一候。如レ斯敵ヲ所々ニ於テ打果候故、順天ヲ取巻海陸ノ敵モ、十月十日、引取候事。

連判衆中申分

による暗殺計画も未遂に終わった「不可思議」を強調している(41)。

こうした、本書の「語り」は、今日の史学の成果から見て、江戸の体制を前提に置いたご都合主義の歴史解釈として一蹴されるべきものだろう。徳川政権の確立という「事実」に対する興味からすれば当然である。

しかし、歴史は事実のみを追いかけるものではない。歴史が言葉でなされる以上、その「語り」は、語られた時の政治的立場を反映した「解釈」にならざるを得ない。戦争の当時は、「太平洋戦争」「大東亜戦争」と各々名付けて戦った日米両国だったが、戦後日本は、アメリカの占領を経て日米安保体制に入るや、「太平洋戦争」の名を採用して、「敗戦」よりも「終戦」という言葉で歴史を語る。こうした歴史のレトリックの政治性に気づいてみれば、歴史とは過去の解釈であることを運命的に逃れ得ないことに思い至るだろう。かつて事実にこだわった歴史学も、「歴史認識」の問題をテーマとするに至っていることは、この間の事情を語って余りある。

さて、視点を変えて、本書が書かれた寛文期の

一　右ノ如ク敵引取候上ハ、主計存候ハ、「兎角大閤様甍御被レ為成候由、有増相聞候間、朝鮮表ヲ無二越度一引取候ヘハ日本ノ御為ニ候間、引取候テモ可レ然カ」ト甲斐守迄令二相談一候ヘハ、「尤ニ被レ存候間、御使、徳永法印・宮城長次マデ、逗留ノ内可レ令二相談一」ト甲斐守申候テ、クチヤンニ於テ出合、志摩守談合ノ所、「尤ニ候間、西目衆中エ可二申渡一」由ニ候テ、御注進状「以下、志摩守指図ヲ以、西東同然ニ仕候ヘ」ト、甲斐守硬申合候テ、其注進状ノ文言モ申合、筋目ニ相違候故、表裏ノ段、御使衆御存ノ前ニ候。然処ニ、「御無事重テ取扱申」ノ由、小西申越ノ旨、寺沢触状十月廿五日ノ日付ニテ被二申越一候。「又々返公事タルヘク候ヘトモ、分別次第」ト、返事仕候。左候テ、霜月十二日ノ日付ニテ、又々小西ヌカレ候テ、羽柴兵庫頭・羽柴左京大夫、居城引払、注進状、寺沢方ヨリ指越候。「如レ此状ノ上ハ、諸状《（城カ）》引払、釜山浦ヘ指出ラレ、可レ有二相談一」由被申越候。主計頭・甲斐守、返事仕候ハ、「十五日夜半ノ義ニ候ヘハ、翌日引払候儀、

政治思想という興味に立てば、本書は興味深い問題をいくつもはらんでいることに気づかされる。各所で見出せる儒書の引用に一貫して見られる、天人相応の倫理的政治思想は、まず林家のそれを受け継いだとみるべきであろう。88で日本における漢学の歴史をおさらいした後、林羅山に言及するのは何よりその証左であろうし、83で秀吉が征夷大将軍への任官を望んで、足利義昭の養子になろうとして失敗し、関白に任官したという記事は、羅山編『豊臣秀吉譜』（寛永一九年〈一六四二〉成立）にあったからで、その影響関係の決定的な根拠となるだろう。

この一件は、今日、秀吉の出自の低さを強調し、その天下人としての地位を貶める目的で羅山が捏造したものと考えられている（堀新「徳川史観と織豊期政治史」『民衆史研究』八九、二〇一五年五月）。植木悦が捏造を意識していたかどうかはともかく、こうした公定的な史観に沿っていたことはこの一事からも知れるのである。

植木は、江戸で浪人しており、この時期、儒学を学んだとしてもおかしくはない内容を本書は持っているが、彼は儒者ではない。甲州流の軍学

不二罷成一候間、十七日ニ引払、書中ニ任セ談合セシムヘキ」ト、申遣候。右ノ首尾ニ罷出候処、主計頭・甲斐守ヲモ不二相待一、釜山浦、丸山打明、出船ノ由ニ候。依レ然、同十八日、西目テダテニ可レ及ト存、出船候。加徳鍋嶋ニ於テ、令二相談一候内ニ、十九日ノ暁、西目衆出テ、船手敗軍ノ由、其聞候ニ付、早船ヲ以、相尋ル処ニ、「唐嶋瀬戸口迄引入候。左候時ハ、順天善悪如何候ヤ、順天相果ニ於ハ、各早々、加徳辺モ可レ被二打入一候半乎。若シ又小西善悪ヲモ不二聞届一候ハ、是迄後詰トシテ志出候間、善悪可二承届一」之旨、羽柴兵庫・羽柴左京、寺沢志摩方エ、十九日ニ申遣処ニ、「早々唐嶋ニ至リ差越候ヘ。令二談合一。小西善悪ヲ承届度」ノ由、志摩守方ヨリ申越候。羽柴兵庫・羽柴左京、返事ニ委曲、「志摩守ヨリ可レ被レ申」ト、在レ之儀ニ候。

如レ此ノ処ニ、「小西、廿日ノ暁、南海ノ浜ヲ廻リ、唐嶋瀬戸口ニ至リテ、相差《(支イ)》」由、寺沢志摩、注進候。「如レ此候ヘハ、此衆中、油断ノ様ニ被二申上一処モ、被レ遂二御穿鑿一候ハ、無二油断一」通、小

者であり、当時の軍学者には必須の武家故実の学者でもあった。そうした彼の学問は、この公定的な史観にどう「偏差」をもたらしているのだろう。大きく言って、どのように儒学が日本に伝播しようとも、科挙によって集権の官僚制を敷いた中国・朝鮮と、分権（封建）で世襲の武士による軍事的支配が核であった日本とでは、政治思想も異なる。むしろ、儒学を学べば学ぶほど、彼我の体制を意識せざるを得なくなってくる。植木と世代が重なる山鹿素行が、儒学を経由しながら、軍学に傾いたのは象徴的である。植木も、儒書のみならず兵書の引用を行い、家康が『武経七書』を刊行したことを激賞している（82）。本来儒者ならば、忌避するはずの、武将同志の衆道の約や、刃傷喧嘩、殉死といった武家固有の習俗を頭から否定することもしない。むしろそれらの多くは「士気」の表れとして表彰されるべき事例として扱われている。

　武家故実の知識の披露も、本書にはまま見出せる。典型的な例は、征夷大将軍任官の前例を列挙したり（83）、儒書の延長線上に、『職原鈔』のような武家故実書を位置づける（88）点である。特に後者については、植木悦自身が記した『職原鈔

西、墨付御座候。然処、「小西、善悪可レ承タメニコソ行ニ可レ及ﾌトハ存寄候へ。此上ハ、早々釜山浦へ被二打入一可レ然」由申遣、「此方衆中ハ、釜山浦へ国一城ノ義ニ候。其上、東目ノ敵、悉指向ノ由、相聞候。左候へハ、一日モ無二心元一候間、先様相越」由遣。霜月廿二日、釜山浦ニ至テ、指越候。

　翌廿三日、西目ノ衆中、釜山浦ノ瀬戸迄、相着レ候。同日ノ晩ニ、「可レ有二相談一」由、志摩守、申越候。就レ夫、廿四日ノ朝、「相談」トアル義ニ候。「如何様ノ義ニ候哉。内々承度」ノ由、志摩守所迄、申遣候処、「一ツニハ、シイノ木島瀬戸口ニ、番船ノ押ヘトシテ、アタケヲ懸候ハンヤニハ、唐人西目ニ於テ質出シ候。此取入様、日本エ可レ被レ遣候哉。又ハ、成敗モ可レ有レ之候哉。大明エ送可レ遣哉。様子如何タルヘキヤ」ト、寺沢内、三井角衛門ヲ以、申越候。此赴ハ、「此方、組衆不レ能二分別一、番船押ヘノアタケハ、番船待付候テ、不レ入事ニ候間、此談合ニ不レ及候哉。人質片付ラレ候事ハ、其ノ方被レ任二分別一儀ニ候条、此方相談ニ不レ及候」

引事大全』の出版事情に触れているくらいで、「職原士」という名すらあった当時の軍学者の営みから、学問の一つとして位置づけられているのである。寛永譜以降、武家の家格とそれに対応した儀礼こそが、重要な政治の論理となっていった十七世紀後半、本書は純粋な儒学からみれば、恐ろしく雑多な、兵学や有職故実の世界を持ち込んでいた。しかし、武家による分権支配という江戸時代の体制を考える時、この雑多なあり方こそが、広い意味での「政治思想」としては、現実的なあり方であったことになる。

この後の世代で、儒者として唯一政権にかかわった新井白石は、儒学的な統治観を徹底する一方で、武家故実書と武具書を本格的に整備し、天人相関の循環史観を説き、身分格式でなく、武の礼と忠誠によって秩序を保とうとした。白石同様、浪人から仕官した植木も、主君が英邁であれば、侍は古参・新参の別なく登用すべしと訴える。このあたりの両者の意外な近さに、儒学と兵学の二分法ではとらえきれない、江戸前期の政治課題とそれに対処しようとした政治思想の問題を、我々は見ることができるのではなかろうか。

ト返事申シ、兎角、程遠候テハ、談合難レ成リ間タ、丸山エ打寄可レ然存シ、志摩守所エ、小西・羽柴兵庫・羽柴左京、被二打寄一候ハヽ、「其エ可レ参」ト、申遣候ヘハ、「不レ及二打寄一間、以レ使可二申承一ト」返事ニ候。其上ニテ、「従二彼方一相談ノ義ハ、此朱印ニテ分別仕候ヘ」トテ、徳永法印・宮城長次郎、渡海ノ時、指渡サルル御朱印、最前ハ双方エ令二隠蜜一、彼時相越レ候、其返事、「此方《コノ》ヨリ申候様子、此御朱印ハ、御無事ニ相済上ヘヲ以ノ御仕置ト相聞候。左候ヘハ、博多《ハカタ》ヨリ浅野弾正・石田治部、被二差越一書中ノ赴カ。又ハ、伏見ヨリ 内府公・大納言殿ヨリ被二仰下一筋目カ、此両条ノ内ニ可レ然ト存候」由、申遣候。

然時ニ、彼ノ方ヨリ、「右ノ両条ノ内ニ分別候ヘハ、相談ハ不レ入候」由、小両《(西カ)》申候。重テ申遣候ハ、「釜山浦ノ城、被二請取一度ノ由ハ、御無事ノ筋目モ候哉。自然釜山浦ニ於テ、各御自分ノ隙入義モ候哉」ト、申遣候ヘハ、小西被レ申候ハ、「不ルレ謂人ノ心中ヲ探リ候ヤ」ト申候処ニ、此方ノ使者共、申スハ、「左様ニ被レ仰候ヘハ、御談合ニテハ無レ之候」ト申ス。有無ノ返事モ無レ之ニ付、「別ニ被レ仰分モ無レ之カ」ト、再三使者共申候処ニ、志摩守ノ云、「今マ一往御朱印ヲ能ク頂戴有テ可レ然」旨申由、右ノ使者共罷滞申聞候ニ付、重テ御朱印取リニ遣レ、種々様々拝見仕候。

上ヲ以、令二談合一候ヘトモ、右ノ赴ニカハル様子ノ分別、不レ被レ致候間、其通申遣シ、御朱印返進候処ニ、早寺沢・小西・羽柴左京、船ニ乗浮メラレ候由ニテ、御朱印ヲ請取手モ無レ之様子ニ候ツル間、寺沢内、梶原六兵衛ト申者ニ尋合、右御朱印相渡候旨、使ノ者共申候ニ付テ、「此上ハ各出船可レ仕」条、「城中ノ義ハ陣払可レ然」旨、令二談合一、其上ヲ以、放火仕候事。

加賀守申分

「順天表テ、番船着《ツケ》出スニ付テ、談合可レ申条、中（早カ）船ニテ急度可ノ二罷出一」由、寺沢志摩守被二申越一候間、九月廿五日、同城エ罷出候処、翌日、寺沢、南海ヨリ被レ参候様子、承リ候ヘハ、「番船、如何ニモ弱キ体」ニ被レ申、「急キテダテニ可レ及」ノ由、被レ申候。其存候ハ、大明・朝鮮相催シ、海・陸取詰タル事ニ候間、日本衆、後巻モ可レ有レ之ト、敵可レ致レ覚悟一令二推量一候。殊ニ、小西、「城堅固ニ被二相抱一ヘ候」由、被二申越一候間、然時ハ、聊爾ニ被二仕懸一、自然越度モ候ヘハ、結句、小西難義可レ被レ及候。公儀ノ御為モ不レ可レ然候間、諸城、各相談ノ上ヲ以、「丈夫ニ支度候テ、被二仕懸一候ハハ可レ然」旨、令レ申候ヘトモ、同心無レ之、「先取《トラ》レ難義ニ於テハ、可二引取一ノ」由、被レ申候ヘハ、「可レ為二敗軍一体候間、不届義トハ乍レ存、不レ及二是非一、拙者モ可二罷出一」ノ由、「然レハ、日限ヲ承候テ、竹島ニ置候船人数十人、可二召寄一」ト申候ヘハ、「三日二可相待一」ノ由ニ候。「左候テモ、順天・竹島ノ間、凡海路片道サヘ、五・六日迄候間、今少被レ延候ヘ」ト重々断リ候ヘトモ、無二承引一候。「然ル時ハ、見懸ナキ所ニ、早船二三艘ノ体ニテ罷出テモ、御用ニ罷立義、無レ之候間、自身ノ儀ハ不二罷出一、親類ノ三人、鉄炮相副出シ候ヘトモ、最前急カレ候旨ニ相違シ、被二指延一」ノ由、二・三日過候テ承候間、「手前ヱ於テモ、両城相抱候条、猶以、我等者トモ於二指延一ハ可レ戻」ノ由、申遣候。指義モ無レ之所、色々被二申上一候義、不レ及二是非一候。申上度義トモ候ヘトモ、先以、指置候。尚被二聞召一候ハヽ、可二申上一候事。

甲斐守申分

一　小西、朝鮮中、粉骨仕候由、書上之旨ニ付、各可レ為二御存一候ヘトモ、先年、道ヱ相働、河端ニ陣取候処ニ、小西、先手ヘ、敵朝懸リ来リ、手者トモ、被二追立一候ヱトモ、其身スケヲモ不レ仕所ニ、甲斐守懸合、大明人、悉討捕候。此等《コレラ》モ彼仁手柄ニテ、可レ有二御座一ヤ。又、晋州攻ノ刻モ、小西ハ何モヨリ遅候テ、攻落申日、参候テ、片桐市正家来ノ者、取候テ、鼻ヲカキ捨置候首ヲ討捕ノ由候テ出シ。剰一番乗仕手柄ヲ致タル様ニ言上段、珍敷義ニ存候事。

甲斐守申分

一　小西、平安敗軍刻、大友ヘノツタイニ、甲斐守家礼、小河伝左衛門ト申者入置、シヨホンノ城迄、正月九日ノ晩ニ逃来候ヲ、彼城主甲斐守所迄、致二注進一候ニ付、甲斐守、迎ニ参、小西召連罷越、五六日モ休息サセ候内ニ、都ニ御坐候。備前宰相殿・石田治部・増田右衛門・大谷刑部迄、「此表ニ於テ、可レ被二相抱一ヤ」ト、令二注進一候処ニ、開城府《カセンホ》トト甲斐守間ノ伝《ツタイ》ノ城ヲモ無レ届引払、開城府ヲモ可二引入一ニ相定候。第一、開城府ト都ノ間ニ、大河御坐候、水（水カ）解テヨリハ、人数引取事ナラス候間、兎角早々可二撃入一旨返事、其上、大谷刑部迎トシテ、開城府迄罷越候間、此上ハ不レ入義ト存、小西幷大友召連、都エ罷出候。寒天ノ時分ニ御座候。一日ニ逃来候ヲ、小袖以下、其外遣、膚へ迄隠サセ、都エ召連候テ、結句悪様ニ於二名護屋一ニ申上ノ由、斯様ノ義、幸御座候間、御穿鑿被レ成候テ可レ被レ下候。何モ墨付在レ之候事。

主計頭申分

一　小西事、平安表無事、以下失レ手ニ付テ、重テ都ニ於テ御無事ノ取扱仕、敵方エ懇望セシメ、王子ヲモ都ニ至テ可二返遣一ノ由候テ、遊撃ヲ呼越、其侭遊撃ニ釜山浦ノ城、可二相渡一由、偽候テ召連、大閤様エハ、「此王子、御返シ忝奉レ存、高麗ノ義ハ不レ及レ申、大明迄モ属可レ申」由、就二申上一、偽トハ不レ被二思召一、王子ヲ返シ被レ遣候。如レ斯偽申上、大閤様、御外聞悪仕成、剰王子返シ候義、主計頭モ人数ニ仕候テ、大明人ノ方申合、証文唐人方ニ在レ之事ニ候。然バ、重テ御無事ノ義、仰出サレ候。王子ヲ日本エ指渡シ候事、第一ニ被二仰下一ノ由、小西被二書上一ノ由、左様ニ候ヘハ、左程王子一人サエ、日本エ渡度被二思召一候ニ、王子兄弟、并王子ノ女房・王ノ舅、其外、高官人等、余多虜候ヲ、色々偽申上、返遣事、如何可レ有二御座一候ヤ。其上、又々御無事取哢(扱カ)時モ、日本エ様々偽申上、唐人ニハヌカレ、数度越度ヲ取、日本御外聞悪仕成事、前代未聞ニ候。又此度御無事取曖《アツカヒ》候ニテヌカレ、是レヲ始、度々ノ義ニ候。申ニ不レ及、今度ノ引定ニハ、羽柴兵庫・羽柴左京ヲ餌ニ飼、其身ハ其間ニ南海ノ沖エ廻リ、逃来テ手柄ノ様ニ申分、不審ニ存候事。

壱岐守申分

一　南門ノ城、八月十三日ニ推寄、十四日、取巻候テ、仕寄ノ様子、談合ノ為、蜂須賀阿波守所エ、各打寄有レ之内ニ、其暁、小西使トシテ、太田飛騨守・楢村監物ヲ以、城中ニ在レ之、「大明人共、先年以来、御無事ノ取扱仕者共ニ候。今度被二打果一候ヘハ、御無事ノ手切仕儀ニ候間、御助候様ニ」ト、被二申越一候。大閤様ヨリ諸手エ、御朱印ヲ以、「向後、大明ト御無事取扱仕者、可レ為二曲事一」旨、御触ニ候。然トモ小西、「大明トノ御無事、御内意ヲ被レ得事候ハハ、諸手エ一札ヲモ不レ出、任二其意一被二助置一」ト、返事被レ申候ヘハ、不レ及二是非一旨ニテ、城中被二助置一義ニテ被レ止候、御朱印御触ヲ相背、如レ此ノ段、可レ為二越度一候事。

甲斐守申分

一　去々年、甲斐守、ウンシユヨリ先エ相働、則唐人チクサン郡同勢在レ之。テンナン都エ罷出、相抱候ヲ追崩、則同勢居候。チクサンノ館ヲ追払、アマタ討取候。其外、都ヨリ遊撃使ヲ出、都迄推入候ヘハ、其身相果候。小西ト堅申合ノ子細アルノ由候テ、使者ヲ相越候。然ルニ返事不レ仕、「跡エ相談候ハン」ト、致二注進一候。逗留中ニ、又遊撃両使ヲ差シ越候。然レハ、「主計頭・甲斐守迄ニテ都エ押候事、如何」ノ旨、御目付衆中、就レ被レ申、任二其意一、遊撃《ユウケキ》両度ノ使召連、主計頭一手ニ罷成。夫ヨリ小西、指物并書状写仕、両度二三人ノ唐人ニ使者ヲ相添、小西方エ遣候処ニ、使ノ唐人ヲ留置、甲斐守方ノ返事ハ無レ之候。右ノ如クニ御朱印ヲ相背、重々盗ニ在レ之段、如何可レ有二御座一候哉ノ事。

連判中申分

一　羽柴兵庫父子・羽柴左京・同組衆并対馬守・志摩守、「今度於二番船一不二似合一見合ニテ、其上、順天繋ギノ南海ヘサヘ不二取篭一、剰三十里余南海エ引払、相退《ノカ》レ候事、各御分別ニモ可レ有二御座一候」ト雖二申上候一、先年大友事、小西就二敗軍一、歴々諸侍ニケ失、小西相果候由、再三申ニ付、陣所ヲ開退候。「其義所存不レ成」ト被二仰出一、国ヲ被二召上一、「日本一ノ臆病者」ト、御勘当ノ御朱印ヲ被レ下、関東エ

召失ハレ候。如レ此、御法度有レ之事ニ候。此旨、
能々可レ被レ聞二召届一ケ候事。
右条々、能々可レ被レ遂二御吟味一候。朝鮮在陣中、表裏迄ヲ申扱、越度ヲ取、日本失二御外聞一候様ニ仕候事、誠ニ前代未聞ニ候。秀頼様、御法度初タルヘク候間、早速被レ成二御糾明一、被二仰付一可レ被レ下候。以上

三月廿二日

加藤主計頭
鍋島加賀守
毛利壱岐守
黒田甲斐守

家康公
利家卿
景勝卿
輝元卿
秀家卿　御奏者御中

如レ此返答書ニテ、小西弥失二面目一、秀吉公御前取次ハ、石田治部タル故ニ、両人身ノ過ヲハ、不レ改憤リ思

9　利家卿逝去事幷石田三成大坂退去之事

（二一一）

同年閏三月三日、加賀大納言利家、病痾相積、匕箸《チョ》既尽テ、捐館セシム。春秋六十二トソ聞ヘシ。哀憐ノ叡慮ヲ蒙テ、贈従一位ニ叙セラル。

ケルコソ方見ケレ。

小西行長ハ、元来摂泉ノ堺ノ商賈ノ子ナリケルカ、若年ノ比、商売ノ為ニ、異朝エ渡ケル故ニ、故（ママ）ニ彼国案内ヲ知シ故ニ、一方ノ武将ニ被ル二仰付一。行長、勇力ニシテ利口ナル者ナレハ、宗対馬守ニ婚姻ノ約ヲ結テ親ミ寄、朝鮮ノ海陸幷彼国通事ノ者ヲ召寄ケル故ニ、路次ノ便宜事ノ調所、他人ニ超越セリ。或高麗ノ都エ先登シ城隍、数ケ所ヲ抜取、其勇猛ハ、韓信カ斉田横ヲ挫シニモ異ナラス。秀吉公ノ如レ此ノ将ヲ取立給ハ、高祖ノ韓信《カンシン》ヲ擢給ニ類スヘキ。然トモ、其用レ兵、多クハ無二忠実一、吾君ヲ欺《アサム》キ奉リ、又ハ諸将ト誓約ヲ違ヘ、軍用ヲ以国用ニ及フ事、嗚呼、彼人亡ヒン事、宜《ムヘナル》哉。

9　利家卿逝去幷石田三成大坂退去事

（二一一）

同年閏三月三日、加賀ノ大納言利家卿、病痾相続、匕《ヒ》箸《チョ》既ニ尽キテ、捐館シ玉フ。年六十二。于レ時御哀憐ノ叡慮ヲ蒙テ、贈従一位ニ叙シ給フ。

利家卿ハ菅原苗裔、初メ織田信長公事ヘテ、前田又左衛門ト号ス。弘治二年、織田勘十郎誅戮之時、其ノ臣等乱ヲナス。宮井勘兵衛所レ射ノ矢、利家ノ面ニアタル。則鎗ヲ以突臥テ、其首ヲ得テ信長公献ス。十六歳ノ時也。永録(禄カ)三年五月十九日、今川義元ノ合戦、利家自ラ首二級ヲ得タリ。翌年、永井氏誅罰ノ時、卿自ラ首一級ヲ捧ク。此時、先登ヲナス。公是ヲ感シ給テ、赤縨ヲ賜ハル。同八年九月十三日、江州佐々木箕作山城ヲ攻。秀吉先陣タリ。卿御使ニ参テ、直ニ城門ニ付、敵出ノ時一番ニ首ヲ得タリ。其後長篠合戦、卿鎗ヲシテ、右ノ脚ニ疵ヲ蒙ムル。同九年、上杉喜平次ノ端城《ハジヤウ》魚津ノ城ヲ攻抜時、卿一方ノ将タリ。同十年、能登石動山一揆、卿ト合戦、大ニ勝利ヲ得テ首ヲ斬事千余級。天正十二年、佐々内蔵助一万人ヲ卒シテ末森ノ城ヲ攻。利家ノ家人奥村、堅ク守テ防ク。翌日、急ヲ金沢ノ城ニ告。卿一鞭ヲハセテ、三千人後詰ヲナス。内蔵助陣ヲ解テ退去ス。其後、秀吉越中ヲ攻給フ。内蔵助降参、則越中ノ国ヲ卿ニ賜フ。天正十八年、秀吉小田原ノ北条ヲ征伐ス。于レ時卿ト子息利長ト、信州臼井《ウスキ》峠ヨリ道ヲ回ツテ、関東ノ城々東征セシ

利家ハ菅原苗裔ニシテ、初織田信長公ニ事ヘテ、前田又左衛門ト号ス。弘治二年、織田勘十郎誅戮《チウリク》ノ時、其臣等乱ヲナス。宮井勘兵衛所レ射ノ矢、利家ノ面ニ中ル。則鎗ヲ以テ突臥、其首ヲ取テ信長ニ献ズ。十六歳ノ時也。永禄三年五月十九日、今川義元ノ合戦、利家、自首二級ヲ得タリ。翌年、永井氏誅罰ノ時、先登ヲナシ、首一級ヲ捧ク。公是ヲ感シ、赤縨ヲ賜ル。同八年九月十三日、江州佐々木ノ箕作山城ヲ攻。秀吉先陣タリ。卿御使ニ参テ、直ニ城門ニ付、敵出ル時一番ニ首ヲ獲タリ。其後長篠合戦ニ、卿鎗ヲシテ、右ノ足ニ疵ヲ被ル。同九年、上杉喜平次ノ端城、魚津城ヲ攻抜時、利家、一方ノ将タリ。同十年、能州石動山一揆ト卿戦テ、大ニ利ヲ得テ首ヲ斬《キル》事千余級。天正十二年、佐々内蔵助一万人ヲ卒シテ末森城ヲ攻。利家ノ家人奥村、堅守テ防ク。翌日、告二急ヲ於金沢一ニ。卿一鞭ヲ馳テ、三千人後詰ヲナス。佐々、陣ヲ解テ退去。其後秀吉公、越中国ヲ卿ニ賜フ。天正十八年、秀吉公、小田原北条ヲ征罰ス。于レ時卿ト子息利長ト、信州臼《ウス》井峠《トウケ》ヨリ道ヲ回テ、関東城々ヲ攻、八王寺・松枝等城塁ヲ抜取。其外、甲冑ヲヌイテ降人ト成城々多

ム。八王寺・松枝等、城塁ヲ抜取。其外、甲冑ヲヌイテ降人トナル城々多シ。官位年々昇進シテ、慶長二年三月十一日、任二大納言一ニ。可レ准二清花一ニ之命アリ。其性順正ニシテ勇威アリ。内ニ慈仁フカク、外ニ礼譲ヲアラハス。惜哉、此人高徳院ト号ス。卿ノ嫡子利長ハ、中納言従三位ニ昇進シ、慶長十九年卒ス。贈大納言正二位、号二瑞竜院一。利長卿ノ弟利常、家督ヲ継。二十二歳、摂州・大坂・岡山ノ先陣タリ。寛永三年、中納言従三位ニ昇進。其長子、筑前守光高、早世、今ノ三位中将綱利ニ至ルマテ五代、数国ヲ領シケル。是偏ニ利家卿、徳風ノ遠ク及ヘルナルヘシ。カラハ越路《コシヂ》ニ送リテ、加賀国野田山ニ葬リケル。

　サル程ニ石田三成ハ、大将ト頼タル亜相ニ離レマイラセテ、喪家ノ犬ノ如ク、頼方ナキ有様ナル折節、年来、石田ト隙アリテ、動レハ鉾楯《ムジュン》ニ及フホトノ諸将ハ、加藤主計頭清正・羽柴越中守忠興・浅野左京大夫幸長・羽柴左衛門大夫正則・黒田甲斐守長政・加藤左馬助・池田三左衛門ナリ。此七人、一列シテ治部少輔カ旧悪ヲ数ヘテ、既ニ確執ニ及ヘリ。

シ。官位年々昇進シテ、慶長二年三月十一日、任二シ大納言一ニ、可レ准《シユン》二清花一ノ命アリ。其性順正ニシテ、勇威アリ。内ニ慈仁深ク、外ニ礼譲ヲ顕ハス。惜哉、此人戒名高徳院ト号ス。卿ノ嫡子利長ハ、従三位中納言ニ昇進シ、慶長十九年ニ卒ス。贈二大納言正二位一、号二瑞竜院一。利長卿ノ弟利常、家督ヲ継。廿二歳、大坂・岡山ノ先陣タリ。寛永三年、中納言従三位ニ昇進。其長子、筑前守光高早世。今三位中将綱利ニ至ル迄五代、数国ヲ領シケル。是レ偏ニ利家卿徳風ノ遠ク及ヘルナルベシ。カラハ越路ニ送テ、加州野田山ニ葬ムリケル。

　去程ニ石田三成ハ、大将ト頼ヌル亜相ニ離レ、喪家ノ犬ノ如ク、憑《ヨル》方ナキ有様也。折節年来、石田ト隙アリテ、動レハ鉾楯《ムシュン》ニ及ブ七人ノ諸将、一列シテ石田旧悪ヲ数ヘテ、既ニ及二確執一ケル。

　閏二月十三日、使者ヲ以、三成方エ云ヤリケルハ、「我々於二朝鮮国一ニ各々粉骨ヲ尽シ、相働キ、順天蔚《ウル》山ノ両城ノ将、及二難儀一、特ニ蔚山城ヲハ、大明人、十重《トエ》廿《ハタ》重《エ》ニ囲《カコミ》ケルヲ、太田飛騨守・浅野左京大夫、篭城シテ防兼、難儀スル処ニ、加藤主計ノ頭、セツカイヨリ蒐《カケ》付、閏三月十三日、使者ヲ以テ、三成方ヘ言ヤリケルハ、「我々於二朝鮮国一ニ各粉骨ヲ尽、昼夜相働キ、南天蔚山《ウルウサン》ノ両城ノ将及二難儀一ニ。殊蔚山ノ城ヲハ、大明人、十重廿重ニ打囲タレハ、立花飛騨守・浅野左京大夫、篭城シテ防カネ、難儀スル所ニ、加藤主計頭、セツカイヨリ蒐著《カケツケ》、番船少々切取、無レ恙入城スルニ依テ、城モ堅固ニシテ、敵モ空ク散乱ス。其趣ヲ、福原右馬助・筧和泉守・熊谷内蔵允ヲ使節トシテ帰朝サスル。誠ニ抜群ノ働、他ノ知所ナレハ、恩賞ニモ預ルヘキニ、三使申ナシ悪ヤ有ケン、委細上聞ニ不レ達コト遺恨ナリ。右三使ヲ腹ヲ切セ申サルヘシ」ト也。

治部少輔返答ニハ、「被二仰越一条、不二存寄一次第也。各朝鮮ノ働ハ、三人ノ使、直ニ達二台聞一義ニアラス。又軍功ノ次第ハ、御感状被二成下一上ハ、恩賞ノ事ハ、上ノ御心ニ有ヘシ。吾知処ニ非ス」ト也。

七人衆弥憤リテ、石田三成カ悪事共ヲ言立テ、加賀ノ利長ヘ訴ケレトモ、父ノ喪ノ中ナレハ、是非ノ沙汰ニ及ハス。七人衆、石田ヲ殺サント謀ケルカ、爰ニ、石田カ寄親ニ、桑島次左衛門ト云者、知行千石ヲ領ス。石田ハ

番船少々切取、無レ恙入城スルニ依テ、城モ堅固ニシテ、敵モ空ク散乱ス。其赴キ、福原右馬助・筧和泉守・熊谷内蔵允ヲ使節トシテ注進、誠抜群ノ働、他ノ知所ナレハ、恩賞ニモ可レ預ニ、三使申成悪クヤ有ケン、委細不レ達二上聞一事、遺恨也。右三使ニ腹ヲ切セラルヘシ」ト也。

三成返答ニハ、「被二仰越一条、不二存寄一次第也。各朝鮮ノ働ハ、三使、直ニ達二台聞一儀ニ非ス。又軍功ノ次第ハ、御感状被二成下一ルタ上ハ、恩賞ノ事ハ上ノ御心ニ在ルヘシ。我知所ニ非」ト也。

七人ノ将弥　憤《イキトウリ》テ、石田三成ガ悪事共書立テ、利長エ訴タエケレトモ、父ノ喪ノ中ナレハ、是非ノ沙汰ニ不レ及。七将、石田ヲ殺サント謀ケルカ、爰ニ、石田カ寄親ニ、桑島次左衛門ト云者、知行千石ヲ領ス。石田ハ次第ニ立身シテ、廿万石ニ及ケレハ、度々桑島ニ合力シケルヲ、人ハ不レ知、「何サマ桑島ハ、石田ニ恨アランハ、石田出頭中ニ我ヲ可二キニ取立一、始ニ不レ替ハ口惜思ラン」ト、人々推量シテ、密ニ桑島ヲ語ラヒケル。

則桑島ハ石田カ宿所ニ行、隠謀ヲ悉ク語聞セ、「急用意有ヘシ。我等ハ　貴殿ノ寄親ナルニ、御取立ナキヲ可

次第ニ奉公ツノリテ、廿万石ニ及ケレハ、度々桑島ニ合力シケルヲ人ハ不レ知、「何サマ此桑島ハ、石田ニ恨アランハ、石田出頭ノ中ニ我等ヲ取立ヘキニ、始ニ不レ替ハ口惜ク思ラン」ト、人々推量シテ、密《ヒソカ》ニ桑島ニ語イ合セケル。

　則桑島ハ、石田カ宿所ニ行テ、隠謀ヲ悉語キカセ、「我等ハ貴殿ノ寄親ナルニ、御取立ナキヲ恨ニ思ラント、各推量シテ、カク大事ノ儀ラハ聞セタリ、急其用事シ給ヘ。某ハ年来恩情有事ナレハ、一所ニ討死仕ラン」ト云。石田驚テ、平生語ヒケル人々ヘ告ケレハ、佐竹義宣・上杉景勝・浮田秀家ヲ始トシテ、人々参リ聚也。

　爰ニ義宣申サレケルハ、「内府公ハ、諸事穏便ニマシマセハ、人ノ頼事ヲハ扶助シ給御事ナレハ、内府ヘ申談ヘシ。乍レ去、爰ハ居所モ浅々シ。伏見ヘ先打越申サルヘシ」トアリケレハ、則石田カ舎兄木工助ヲ招寄、此事談合シテ、大坂ノ留守ヲハ木工助ニ預置テ、自ラハ佐竹ト打連テ、伏見ヘソ上リケル。路次中、三千人ノ供奉ノ武士打囲ケレハ、無レ恙伏見ニツク。治部少輔ハ、御本丸ノ次、少高所ニ屋敷アリ。三ノ丸ニハ、浅野弾正、其

レ恨ト、各推量シテ、大事ヲ我レニ知セタリ。某年来恩情アル事ナレハ、貴殿ト死ヲ共ニセン」ト云。石田驚《ヲトロ》キ、日比語ヒケル人々エ告ケレハ、佐竹義宣・上杉景勝・浮田秀家ヲ始トシテ、人々来聚ケル。

　義宣被レ申ケルハ、「内府ハ、諸事穏便ニマシマセハ、人ノ頼事ヲハ扶助アル事ナレハ、内府エ申談スヘシ。乍《ラ》レ去、爰ハ居所モ浅々シ、伏見エ先越サレヨ」ト有ケレハ、則石田カ舎兄木工助ニ大坂ノ留守預ケ置、自ラハ佐竹ト打ツレ、伏見エゾ上リケル。路次中、三千ノ武士打囲ミケレハ、無レ恙伏見ニ着。三成ハ、御本丸ノ次、少シ高キ所ニ屋敷アリ。二ノ丸ニハ浅野弾正、ソノホカ大名ノヤシキ有ケル。

伏見城ノ図左ニ記レ之。

文禄三年正月三日、御普請、南ノ方ハ宇治川ニツヅキ、北方ハ洛外ニツク。東ハ町、巽《タツミ》ハ山ニテ林木茂《モ》ス。二月ノ初メハ、二十五万人御普請初也。聚楽《シュラク》ヲハ関白殿ニワタサレ、大閤此城ニ御隠居也。

伏見城図

大閤之縄張也。

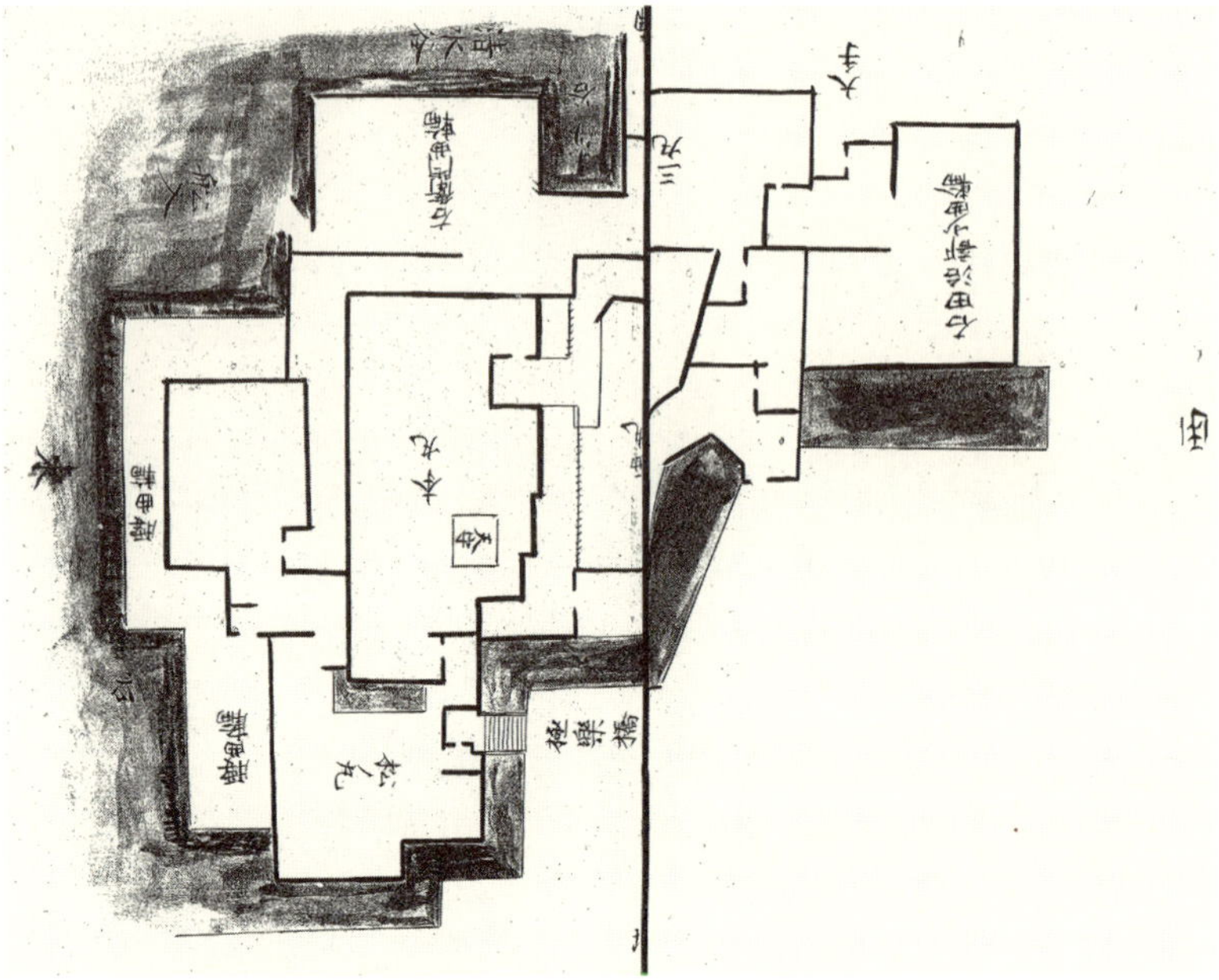

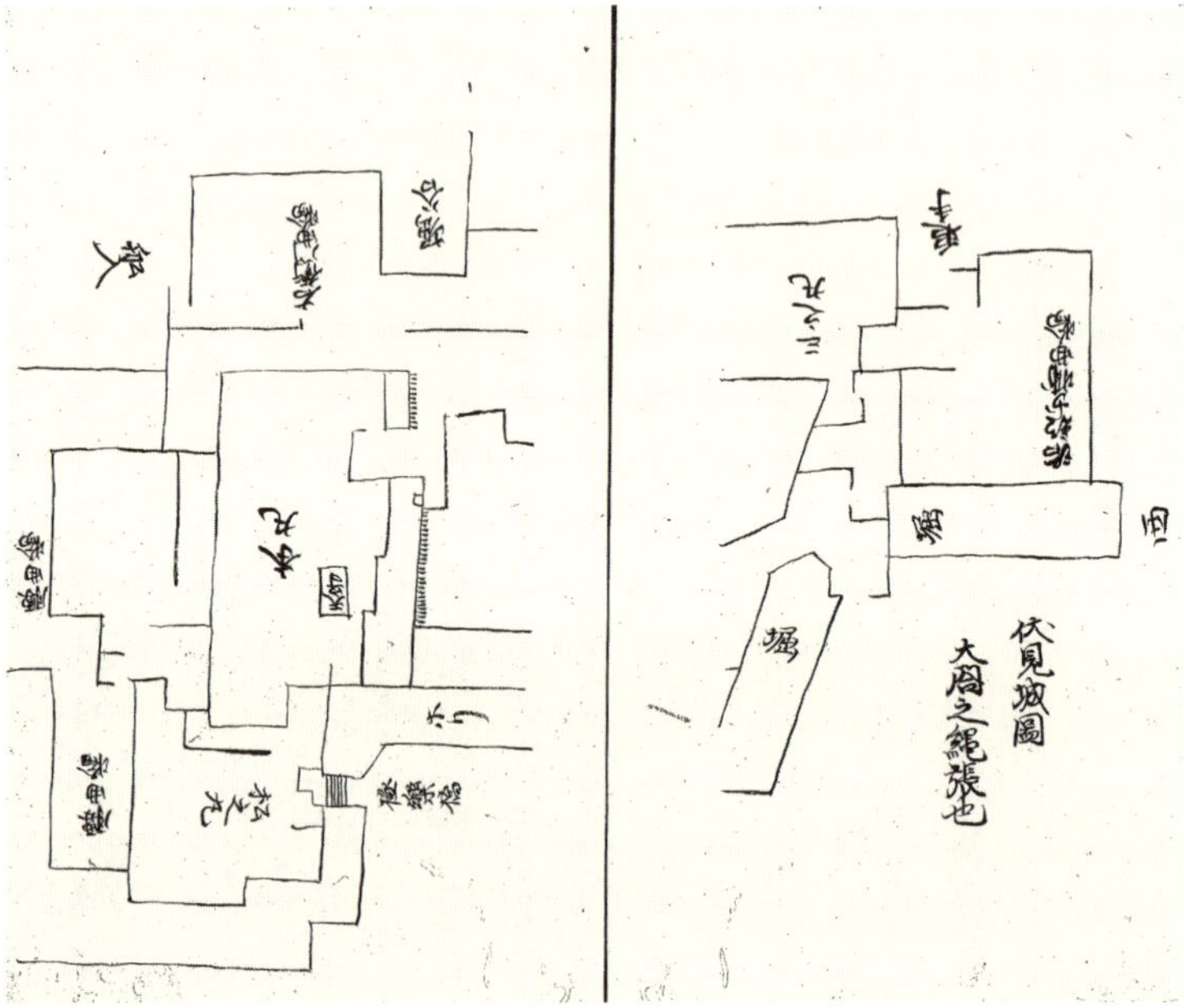
伏見城圖
大閤之縄張也

外大名ノ屋敷多アリ。
伏見城図　大閤ノ縄張ナリ。
文禄三年正月三日、伏見城御普請、南方ハ宇治川ニツツキ、北方ハ洛外ニツヅク。東ハ町、辰巳ハ山ニテ林木茂ス。二月ノ初、廿五万人御普請初也。聚楽ヲ関白殿ニ渡サレ、大閤此城ニ御隠居也。

10　石田与㆓諸将㆒確執内府公御扱事

（二―二）

サル程ニ石田治部少輔三成ハ、大坂ヲ落テ伏見ノ城ノ宿所へ入ヌト聞ケレハ、七人ノ将打寄テ、「イサヤ伏見へ推寄ン」トテ、大坂ヲ進発シテ、数万ノ軍兵、伏見向嶋ニ陣トリ、先内府公へ案内ヲ啓ス。然ルニ、治部少輔ハ兼テ用意ノ事ナレハ、吾館ノ要害ヲ拵へ、弾正少弼ノ屋敷ニ火ヲカケ、向嶋家康公ノ家ニ火矢ヲ射懸ント支度スル。

内府公ハ諸臣ヲ集テ評論アリ。区々ノ詮議一決シカタキ処ニ、本多佐渡守申ケルハ、「昔、呉王欲㆑伐㆑荊、

10　石田三成与諸将確執内府公御曖事

（二―二）

去ル程ニ石田治部少輔三成ハ、大坂ヲ落テ伏見ノ城宿所エ入ヌト聞ケレハ、七人ノ将打寄テ、「イサヤ伏見エ推寄ン」迚《トテ》、大坂ヲ進発シテ、数万ノ軍兵、伏見向ㇷ嶋ニ陣取リ、先内府公エ案内ヲ啓《ケイ》シケル。然ニ、治部少輔ハ兼テ用意ノ事ナレハ、我館ノ要害ヲ拵へ、弾正少弼ノ屋敷ニ火ヲカケ、向島　家康公ノ館ニ火矢ヲ射カケント支度スル。

内府公ハ諸臣ヲ集評論アリ。区々《マチ》ノ僉議難㆓一決㆒処ニ、本多佐渡守申シケルハ、「昔、呉王欲㆑伐《ウタン》㆑荊《ケイヲ》、

有二レハ諌ル者一ノ死ス。舎人少孺子懐レテ九(丸カ)ヲ操ル二弾於後園一、露沾レ衣ヲ、主拵レ之ヲ、対テ曰、「園有レ楡、上ニ有レ蝉、蝉高ク居テ悲鳴飲レ露、不レ知三蟷螂在二其後一、蟷螂之捕レ蝉而不レ知三黄雀在二其後一、臣執二弾丸一欲レ取二黄雀一ヲ、不レ覚二露沾レ衣一、如レ此、皆務レ得二於前一ニ不レ顧二於後患一ヲ」呉王聞レ之、伐コトレ荊ヲ乃シ罷《ヤム》。今思フニ、コレニ不レ異。三成元来悪人ニシテ、今度利家ト御不和ノ時モ、皆三成カ私ノ謀ヨリ出タリ。今般幸ニ誅戮有度ハ思食レンツレトモ、天下偏ニ三成ヲ悪ンテ、他ノ沙汰ニ及バズ。今三成亡ヒナハ、諸将奢驕ノ志ヲ発シテ、我君ノ悪ヲ挙ヘシ。是黄雀ヲ取ントテ、吾衣ノ沾スヲ不レ知所ニアラスヤ。「唇尽テ歯寒シ」ト云類ナレハ、大刑一等ヲ宥メラレテ可レ在二御扱一コソ誠ノ御思量トハ存候へ」ト申ケレハ、内府公、御怒忽ニ緩ンテ、「汝カ申所ノ諌言、図ニ当レリ。サラハ扱ヲ入ヨ」トテ、諸将へ御使者ヲ給ハル。「今、天下御幼稚、其ノ上、大閤ノ御他界モ無レ程、喪服ノ姿ヲ飜シテ、甲冑矛戟ノ有様、無礼ノ至極ナリ。某扱申上ハ、先軍勢ヲ引取給へシ。悪キ計ハ致マシ」ト仰ラレケレハ、諸将サスカ勇敢ニホコリタル事ナレハ、

有二レハ諌死(者カ)一死《コロス》。舎人少孺《ジュ》子懐レ丸操二蝉(弾カ)於後園一、露沾レ衣、主拵ムレ之ヲ、対テ曰、「園《ソノ》有レ楡、上有レ蝉、々《セミ》高ク居、悲鳴飲《ノム》レ露ヲ、不レ知三蟷螂《タウロウ》在ルコトヲ二其後一ニ、蟷螂捕レ蝉而不レ知三黄雀《クワウシヤクノ》在コトヲ二其後一、臣執二蝉(弾カ)丸一欲スレトモレ取二黄雀一不レ覚二露沾《ウルホスコト》レ衣一ヲ、如クレ此ノ皆務レ得二於前一不レ顧二於後患一ヲ」呉王聞レ之、伐レ荊乃罷《イマシイヤム》。今《イマ》思フニ、是レニ不レ異。三成元来悪人ニシテ、今度利家卿ト御不和ノ儀モ、皆三成カ私ノ謀ヨリ出タリ。今般幸ニ誅戮アリ度ハ、思召ンツレトモ、天下偏ニ三成ヲ悪ンデ、他ノ沙汰ニ不レ及。今三成亡ヒナハ、諸将奢驕ノ志ヲ発シテ、我君ノ悪ヲ挙ヘシ。是黄雀ヲ取ントテ、我衣ノ沾スヲ不レ知所ニ非ヤ。「唇ル尽テ歯寒」ト云類ナレハ、大刑一等ヲ宥ラレ、可レ有二御噯《アツカイ》一コソ誠ノ御思量トハ存候へ」ト申ケレハ、内府公、御怒緩メ、「汝カ諌言、図ニ当レリ。サラハ扱ヲ入ヨ」トテ、諸将エ御使ヲ給ル。「今、天下御幼稚、其上、大閤ノ御他界モ程ナシ。喪服ノ姿ヲ飜《ヒルカヘ》シテ、甲冑矛戟ノ有様、無礼ノ至極也。某噯申上ハ、先軍勢ヲ引取玉へシ。悪キ計ハ致スマシ」ト被レ仰ケレハ、諸将、流岩(石カ)勇ミカカリタル事ナレハ、「如

「如何可レ有」ト猶予シケルカ、暫ハ憤リヲ息メタリ。

サレハ内府ヨリハ中村式部少輔・酒井雅楽頭両使ヲ以、石田カ館ヘ仰ラレケルハ、「今天下騒動、偏ニ貴殿ノ一身ニアリ。殊天下ノ喪ト云、秀頼御幼少ト云、彼是無礼ノ甚也。暫ク憤ヲ止テ、先佐和山ヘ下テ、一両年モ隠居致サレ候ヘ。息男石田隼人ヲモ、拙者守立、貴殿ノ職ヲツカセ、五奉行ノ内ヘ入置、跡ノケシメ無ヤウニ計ヘシ」ト也。石田返答ニハ、「御諚、寔以忝奉レ存候。乍レ去、我々知音ノ者トモト申談、自レ是御答可レ申」ト也。

扨石田ハ上杉景勝・佐竹義宣ヲ招請シ、評議ス。石田礼部カ云ク、「吾今隠居セハ、内府公ハ幼君ノ御後見トハ申ナカラ、日々権威弥増テ、終ニハ幼君ヲ捨テ、天下ヲ奪ヒ給ヘシ。嗚呼悲哉。身命ヲ捨テ、幼君ヲ守護セントスレトモ力ラ不レ足、豊臣ノ社稷ヲ亡サン事、此内府ニアリ」ト云。

景勝ノ云、「其儀ニ相極ナラハ、先御同心アルヘシ。吾ハ御暇申上帰国シテ、内府ノ振舞ヲ見届、仮令召共参勤セズハ、我等退治ニ下ルヘキ者ハ、内府ナラデハナシ。其跡ニテ、上方諸将評シ合テ、跡ヨリ責下リ給ナラハ、

何アルヘキ」ト猶予シケルカ、暫ハ憤ヲ止メケル。

サレハ　内府公ヨリハ中村式部少輔・生駒雅楽頭両人ヲ使ニテ、石田方エ仰ケルハ、「今々天下騒動、偏ニ貴殿ノ一身ニ在リ。今天下ノ喪ト云、秀頼御幼少ト云、彼是無礼甚也。暫憤ヲ止テ、先佐和山エ下リ、一両年モ被レ致二隠居一候ヘ。息男隼人ヲモ、拙者守立、貴殿ノ職ヲ継セ、五奉行ノ内エ入置、跡ノケシメナキヤウニ可レ計」ト也。石田返答ニハ、「御諚、寔以忝奉レ存候。御請ハ従レ是可二申上一」由也。

扨石田ハ佐竹・上杉ヲ招、評議ス。三成云、「吾レ今隠居セハ、内府ハ幼君ノ御後見トハ申ナカラ、日々権《ケン》威《井》弥増《イヤマシ》テ、遂ニ幼君ヲ棄、天下ヲ奪給ヘシ。嗚呼悲哉。身命ヲ捨、幼君ヲ守護セントスレハ力不レ足、豊臣《トヨトミ》ノ社稷ヲ亡ホサン事、此内府ニ在」ト云。

景勝曰、「其儀ニ相極ナラハ、先同心有ヘシ。我ハ御暇申帰国シテ、内府ノ振廻ヲ見届、喩召トモ不二参勤一ハ、我等退治ニ下ルヘキ者ハ、内府ナラテハナシ。其跡ニテ、上方諸将評シ合テ、跡ヨリ責下玉ヒ、前後ニ支テ合戦セハ、内府ヲ退治セテハ不レ可レ有」ト云。

前後ニ支ヘテ合戦セハ、内府ヲ退治セテハ有ヘカラス」ト云。

　義宣ガ云、「両将ノ言最ナリ。其ノ時節ハ、吾等モ常陸国ニテ手ヲ合可レ申。先今度ハ内府ノ一言、理ニアタリ候ヘハ、被レ任二其意一ニ、佐和山ヘ御引篭、暫ク世上ノ成行様ヲ見計給ヘカシ」ト被レ申ケレハ、其外ノ人々、一度ニ「最ナリ」ト一決シテ、内府ヘ使者ヲ遣シ、「御意忝存ル上ハ、追付佐和山ヘ可二罷下一候。隼人事ハ、被二仰下一通、奉レ頼也」

　内府公喜悦ニテ、右両使、石田礼部ヘ参ル。又大坂ヨリ寄来ル七将ヘ御使立テ、「石田ハ各ニ対シテ、「只今隠居仕、佐和山ヘ引篭、セガレ隼人ニ代ヲ渡可レ申」ノ旨ナリ。此上ハ憤リヲ止、怒ヲ抑《ヲサ》ヘテ、早御引入有ヘシ。最前申如ク、天下幼君ニ対シ狼籍《ロウセキ》ナリ。各守立給テコソ可レ然事ナルニ、被レ任二我意一ノ条、無二其謂一。此上若無二許容一ハ、我等モ石田ト一味ニ成テ、可レ及二合戦一」ト被二仰下一ケレハ、諸将是ヲ承テ、「石田佐和山ヘ引篭ハ、味方ノ面目アル所ナリ、其上仰争テカ可レ背」ト、何モ大坂ヘト帰陣スル。


　義宣曰、「両将ノ言尤也。其時節ハ、我等モ常陸国ニテ手ヲ合可レ申。先此度ハ内府ノ一言、理ニ当リ候ヘハ、被レ任セ二其意一、佐和山エ御引篭、暫世上ノ成行様ヲ見計給ヘシ」ト被レ申ケレハ、其外ノ人々モ、「尤」ト決シテ、内府公エ使者ヲ遣シ、「御意忝存上ハ、追付佐和山エ可二罷下一。隼人事ハ、被二仰下一通奉レ頼」ト也。

　内府公御喜悦有ッテ、則チ右両使石田方エ被レ遣。又大坂ヨリ寄来ル七将エ御使アリ。「石田ハ各々ニ対シテ、「只今隠居シ、佐和山エ引篭、倅子隼人ニ世ヲ渡可レ申」由也。此上ハ憤ヲ止メ、早々可レ被二引入一。最前申如ク、天下幼君ニ対シ狼籍也。各守立玉フコソ可レ然事ナルニ、被レ任二我意一ノ条、無《ナシ》二其謂一。此上若無二許容《キヨヨウ》一ハ、我等モ石田ト一味ニ成、可レ及二合戦一」ト被二仰遣一ケレハ、諸将承レ之、「三成、佐和山ヘ引篭レハ、味方ノ面目有所也。此上、争カ仰ヲ可レ背」ト、何レモ大坂エ帰ケル。

　扨石田、既佐和山エ発足スル催シアリケルニ、家人島左近申ケルハ、「一　内府公ノ為レ体、隠謀アルカト見及候。其上、秀家モ最前ハ味方ナルカ、敵方ニ組スルト見エテ、大坂エ引返ス。又嶋津モ、運ヲ両端ニ掛タリト覚

扨石田已ニ佐和山へ発足スル催アリケルニ、家人嶋左近申スハ、「内府ノ為レ体、隠謀有カト覚候。其上、秀家モ最前ハ味方ナルカ、敵方ニ組スルト見テ、大坂へ引帰。又嶋津カ体ヲ見ニ、運ヲ両端ニ懸タルト覚ヘテ、家人居住院江閑、内府公へ手入ヲスルト聞ヘタリ。今佐和山へ引篭給テハ、窮兵トナリテ、月日ニ随テ惰気相生ヘシ。何時カ御運ヲ開給ヘキ。此時機変ヲ廻サレ候ハヽ、童子モ戟ヲ曳テ追レ之ヲ。蜂万入レ袖ニハ、壮夫モ彷徨シテ、失レ色ト云スヤ。御勢堅ク壱万人ハ可レ有レ之ハ急佐和山へ人ヲ遣サレ、千騎ヲ残シ、九千ノ人数ヲ、吾等二千、蒲生・備中ニ弐千、舞兵庫ニ弐千、御旗本ニ三千ト手分シテ、先目ノ下ナル浅野カ家ニ火ヲ懸、其外大名ノ家弐三軒、火ヲ懸ル程ナラハ、伏見中ハ猛火ヲ輝シ可レ申。其時、弐百・三百程ニ、組ノ備ヲ数多拵ヘテ、小路々々ニ不意ニ掛廻リ、相印ヲ以テ味方討ナキヤウニシテ、百・二百トモ集者ヲハ、追立々々討散ヘシ。其外、三頭ノ大将ハ、向嶋ヘ可レ向。我等ハ豊後橋ヨリ魁シテ、内府公向嶋ノ御屋敷へ押寄、火矢ヲ放懸、鯨波ヲ上テ攻闘ハ、備中・兵庫モ口口へ押寄ン。敵方ノ勢ハ動転シテ、

テ、家人伊集院江閑、内府公エ手入スルト聞ユ。今佐和山エ引篭給テハ、窮兵ト成テ、月日ニ随テ惰気生ジ、何ノ時カ御運ヲ開キ給ヘキ。御勢堅ク一万人ハ有ヘシ。急佐和山エ人ヲ被レ遣、千人ヲ残シ、九千人ノ人数ヲ、我等ニ二千、蒲生備中ニ二千、舞兵庫ニ二千、御旗本ニ二三千ト手分シテ、先目ノ下ナル浅野カ家、其外大名ノ家二三軒《ケン》ニ火ヲカクル程ナラハ、伏見中ハ猛火ヲ輝《カカヤク》ヘシ。其時、二百三百程ニ、組ノ備ヲ数多拵テ、小路々々ニ不意ニ掛廻リ、相印シヲ以テ味方討ナキヤウニシテ、百二百トモ集アラハ、追立々々可二討散一。其外、三頭ノ大将ハ、向嶋エ可レ向。我等ハ豊後橋ヨリ魁《サキカケ》シテ、内府公向島ノ屋敷エ火矢ヲ放シカケ、鯨波《トキノコエ》ヲ揚テ攻戦ハ、備中・兵庫モ口々エ押寄ン。敵方ノ勢ハ動転シテ、義理ラモ不レ知、東夷等、主ヲ失、親ヲ棄、猛火ヲ遁ント馳出所ヲ、口々ニテ弓・鉄砲ヲ放ナラハ可二騒動一。然所エ突テカカル程ナラハ、家康公、喩天魔鬼神成トモ可二討取一ル。若　家康公、功者ノ弓取ナレハ、落行給事モ有ヘシ。大和路エ引ハ、宇治ノ辺ニテ追付可二シ討捕一ル。又山科エカカリ玉ハハ、備中ニ先ヲサセ、木幡越《コハタコエ》ナラハ、舞

義理ヲモ不レ知、東夷《アユエヒス》等、主ヲ失ヒ、親ヲ捨、猛火ヲ逃ント馳出ル処ヲ、口々ニテ弓・鉄砲ヲ射放ナラハ、騒動スヘキヲ突テ懸程ナラハ、家康タトヘ天魔鬼神ナリトモ可二討捕一、若家康、功者ノ弓取ナレハ、落行給事モ可レ有。大和路へ引ハ、宇治ノ辺ニテ追付可二討捕一、亦山科ヘカカラハ、備中ニ先ヲサセ、小幡越ナラハ、舞兵庫ニ先手ヲサセ、若仕損候ハ、御殿ニ火ヲ懸、腹十文字ニ切テ、故大閤ノ旧恩ニ報給ヘシ。「人ハ一代、名ハ末代也。死ヘキニ当テ不レ死ハ、却テ死ルヨリ大ナル禍アリ」ト申候ハスヤ。今足長ニ佐和山ヘ引入給フハ、御分別ヲクレサセ給ヘル也」ト、折檻《セッカン》シテ諫ケレハ、石田ハ漸アツテ、「汝カ申戻《(所カ)》モ最ナリ、景勝・義宣ト弥談合セン」トナリ。

左近重テ中《(申カ)》ケルハ、「夫兵ハ拙クトモ、速ナルヲ貴ム。巧ニテモ遅キヲ忌ケルハ、孫子カ軍法也。誰談合モ入ズ、実否ハ只御心中ニアリ。早思召立給ヘ」ト申ケレハ、治部少輔申ケルハ、「イヤイヤ、卒爾ノ思案シテ事ヲ仕損タランハ、末代マテノ恥辱也」トアレハ、此上ハ、「兎モ角モ、命ハ君ニ奉ルナレハ、始終ノ事ハ御思案ニ過ヘ

兵庫ニ先手ヲサセ、若仕損ル物ナラハ、御殿ニ火ヲカケ、腹十文字ニ押切テ、大閤ノ旧恩ニ報シ玉フヘシ。「人ハ一代、名ハ末代、死ヘキニ当テ不レ死ハ、却テ大ナル禍有」ト、中候ハズヤ。今足長ニ佐和山エ引入給ハ、御分別ヲクレサセ玉ヘル也」ト、折檻シテ諫ケレハ、石田ハ暫有テ、「汝カ申所モ尤也。景勝・義宣ト弥々談合セン」ト也。

左近重テ申ケルハ、「夫兵ハ拙クトモ、速ナルヲ貴ブ。巧ニテモ遅ヲ忌ハ、孫子カ軍法也。誰ト談合モ入ズ。実否ハ只御心中ニ在。早ク思召立玉ヘ」ト、中ケレハ、治部少輔、「イヤイヤ、卒爾ノ思案シテ事ヲ仕損タランハ、末代迄ノ恥辱也」トアレハ、此上ハ、「トモ角モ、命ハ君ニ奉ルナレハ、始終ノ事ハ御了簡ニ不レ可レ過」トテ立去ケリ。

石田ハ佐和山エ下向ニ究テ、景勝・義宣・増田・大谷・長束・徳善院、其外、彼是呼請、暇乞ヲスルニ、各名残ヲ惜ミ、力ヲ落ス有様也。島左近、末席ヨリ進出テ申ケルハ、「今ノ時節、人ノ心難レ計候。佐和山ヨリ人数ヲ被二召寄一、醍醐・山科ノ辺・又鏡野辺ニ一手ニ備、

カラス」トテ、罷立ケル。

一扨亦、石田ハ佐和山へ下向ニ極テ、景勝・義宣・増田・大谷・長束・徳善院、其外、彼是呼請、暇乞ヲスル。各名残ヲ惜ミ、力ヲ落ス有様ナリ。嶋左近、末席ヨリ進出テ申ケルハ、「今ノ時分、人ノ心難レ計候。佐和山ヨリ人数ヲ被二召寄一、醍醐・山科ノ辺、又鏡野ノアタリニ弐手ニ備、其上ニ御立ノ日限ヲモ内府公へ仰入ラレ可レ然」ト申セハ、「此義尤」トテ、何モ退散セラレケル。

是故ニ、舞兵庫・高野越中・大場土佐・大山伯耆、佐和山ヨリ呼寄、都合三千、醍醐・山科ニ隠置。蒲生備中・同大炊助・北川平左衛門、其外三千ハ、江州鏡野ニ陣ヲ取。石田ハ使者ヲ内府公へ進シテ曰、「幼君ノ御為、可レ然儀トアル上ハ、弥罷下候」ト也。内府公御満足不レ斜、則御使ヲ添ラレ、閏三月廿七日、治部少輔伏見発足ナリ。

然ル処ニ、内府公、又御使有テ、「此度御帰国、神妙也。我等送リ申サントモ、老人ニ候へハ、名代トシテ参河守秀康ヲ申付ルナリ。中村式部太輔・生駒雅楽助両人モ、旧友ノ事ナレハ、参河守ト一所ニ被二見送一可レ然旨

其上ニ御立ノ日限ヲモ　内府公エ被二仰入一可レ然」ト申セハ、「此儀尤」トテ、何レモ退散セラレケル。

是故ニ、舞兵庫・高野越中・大場土佐・大山伯耆、佐和山ヨリ呼寄、都合三千。醍醐・山科ニ隠置。蒲生備中・同大炊・北川平左衛門、其外三千ハ、江州鏡野ニ陣ヲ取。石田ハ　内府公エ使者ヲ以曰、「幼君ノ御為、可レ然儀ト有上ハ、弥罷下候」ト也。　内府公御満足不レ斜、則御使ヲ被レ添、閏三月廿七日、治部少輔伏見ヲ立。

然所ニ、内府公、又御使有テ、「此度帰城、神妙ニ候。我等送申へケレトモ、老人ナレハ、為二名代一ト参河守秀康ヲ申付也。中村式部少輔・生駒雅楽頭両人モ、旧友ナレハ、一所ニ可レ被レ送」ト也。参州ニ安藤帯刀ヲ副テ被レ遣。

然処、醍醐ノ辺ニテ、何方トモナク人音物騒ク見エ、送衆モ不審ナル体也。島左近申ハ、「定テ御迎ノ者ナルへシ」迚走出、頓テ立帰、「御迎ノモノ共各々参リタリ」ト云。醍醐・山科ヨリ三千人ノ者共、半分ハ先、半分ハ見送衆ノ跡ニ押テ行。

醍醐ニテ治部少輔、馬ヨリ下《ヲリ》リ、生駒・中村ニ申ケル

ニテ、右両人モ送ラルル」ト也。参州ニ安藤帯刀ヲ添被レ遣ケル。

然処ニ、醍醐ノ辺ニテ、何方トモナク人音物騒ク。見送ノ衆モ不審ナル体也。嶋左近申ハ、「定テ御迎ノ者ナラン、吾等参テ見可レ申」トテ乗出ケルカ、頓テ立帰テ、「御迎ノ者各参タリ」ト云。醍醐・山科ヨリ三千人ノ者共、半分ハ先ニ押、半ハ三人ノ見送衆ノ跡ニ押テ行。

治部少輔、醍醐ニテ馬ヨリ下、中村・生駒ニ申ケルハ、「参州内府ノ御名代トシテ御送、幷ニ両人是マテ御見送、返々モ忝奉レ存也。天下ノ外聞ヲススキタル事、御礼能内府公へ被二仰上一給候へ。迎ノ者共数多参タレハ、自レ是御帰アレ」ト云。中村・生駒云ルル、「内府公、参州へ仰ラルルハ、「佐和山マテ送リ奉ヘシ」トナリ、シカルニ自レ是御帰アル事ハ、中々申トモ、御承引有ヘキトモ覚ス」トテ、打連テ行。

既ニ追分辺ニ至ケレハ、又石田、馬ヨリ下テ、「是非ニ、参州御帰候様ニ頼入」旨ナリ。両人参州へ申ケレハ、参州被レ申ハ、「各モ聞給コトク、「佐和山迄送届ヨ」トノ、内府ノ言也。第一、内府ハ律儀ナル者ニテ、一言モ

ハ、「参州内府公ノ為、名代御送、幷両人モ是迄御見送、返々モ忝奉レ存候。天下ノ外聞ヲススキタル事、御礼能々被二仰上一給候へ。迎ノ者共数多参リタレハ、自レ是御帰アレ」ト云。生駒・中村云ルハ、「内府公、参州エ被レ仰ハ、「佐和山迄送申ヘシ」ト也。然ニ自レ是御帰有事ハ、中々申トモ、御承引有ヘキ由不レ覚」トテ、打連テ行程ニ、追分辺ニ至リケレハ、又石田、馬ヨリ下テ、「是非ニ、参州御帰候様ニ憑入」ト云。両人参州エ申ケレハ、「各モ聞玉フ如ク、「佐和山迄送届ヨ」ト、内府ノ申付也。第一、内府ハ律義成者ニテ、一言モ違ヌレハ、大ニ怒ヲ請候。我等自レ是帰リナバ、不実ノ名ヲ得ノミナラス、永勘当ヲ可レ蒙。然ハ、孝ヲ空シテ、天下ノ嘲哢《テウロウ》《アサケリ》ヲ受ルナレハ、帰ル事ハ成マシ」トアレハ、両人衆立帰、石田ニ其由申ケレハ、無二為方一、関山ヲ越、大津・松本ヲ過ル。

膳所《セセ》ノ大木ノ本ニテ、石田、馬ヨリ下《ヲリ》、敷皮《シキカワ》ヲシキ、両人エ申ケルハ、「参州ヲ同道ニテ御帰給候へ。左マクハ幾日モ此所ニ野陣可レ仕」ト達テ申ケレトモ、「参州ハ、父命ナレハ、何トアルトモ帰ルマシ」ト也。両人云、

違ユレハ、大ニ怒ヲ請候。吾等自是帰リナハ、不実ノ名ヲ得ノミナラス、永ノ勘当ヲ可レ蒙。然ラハ、父ノ孝ヲ空シテ、天下ノ嘲弄ヲ請ルナレハ、帰ル事成マシ」トアレハ、両人衆立帰テ、石田ヘ被レ申ケレハ、無二為方一、関山ヲ越、大津・松本ヲ過ル。

膳所ノ大木ノ本ニテ、石田、馬ヨリ下、敷皮ヲ敷、両人衆ヘ申ケルハ、「御両人、参州ヲ同道ニテ御帰給候ヘ。左無クハ幾日モ此所ニ野陣可レ仕」ト、達テ申ケレハ、「参州ハ、父命ニ候ヘハ、何アルトモ帰マシ」ト也。両人云、「仰最ニ候ヘトモ、幾日モ是ニ御立アリテモ、如何ニ候。其上、迎ノ者大勢ナレハ、無二御心元一事モマシマサス。内府公ノ御前ハ、「両人無理ニ御供申帰ル」ト可二申上一、平ニ御帰候ヘ」トテ、三人打連帰ラルレハ、石田ハ引チカヘテ、勢田ヲ越テ行程ニ、鏡野ニテ、又三千余人迎ノ者来テ、前後左右ヲ打囲テ、江州佐和山ヘ帰城ナリ。其後、世上暫ソ静《(クカ)》謐ナリケル。

「御尤ニ候ヘトモ、幾日モ是ニ御立アリテモ、如何ニ候。其上、迎ノ者大勢ナレハ、無二御心元一事モマシマサス。内府公ノ御前ハ、「両人無理《ムリ》ニ御供申帰リタル」ト可レ申上、平《ヒラ》ニ御帰リ候ヘ」トテ、三人打連還ラルレハ、石田ハ引違テ、勢田ヲ越テ行程ニ、鏡野ニテ又、三千余人迎ヒノ者来テ、前後左右ヲ打囲テ、佐和山エ帰城ス。其后《ノチ》、世上暫ラクハ謐ナリケル。

11　豊国造営幷伏見城内府公御移事　（三―一）

同四年ニハ大閤ノ御廟建立ノ事夥シク、諸大名思々ニ、堂社・仏閣綺羅耀レ天、丹柱・花表彫鐫巧ヲ尽シ、穆々閟宮、香煙熏レ頭《ホトリ》ヲ、烝々燈籠、昼夜ニ陸離《リクリ》タリ。木食興山上人、経営ノ事ヲツトメ、陵墓ヲ築、其峰ニ祠祭ヲ構、其麓、重樹緑陰天日ヲ蔽ヒ、晴沙玉石錦繍ヲシク。恰天子七廟ノ粧トモ云ツヘシ。

卜部神職、荻原為二神主一、其外、祢宜・祝巫ニ至ルマテ、浄衣《エ》・烏帽子ヲ刷テ、昼夜ノ勤務止時ナシ。幼君ヨリ社領壱万石ヲ封セラル。今上皇帝ノ勅額、楼門ニ掛タリ。大門ヨリ楼門ノ間ニハ、諸大名ノ石燈籠、左右ニ立並テ、桜木ヲ其間ニ植タリ。洛外第一ノ勝地、見人、奇異ノ思ヲナセリ。大閤ノ御忌日ニハ、伶人舞楽、庭ニ舞シ、其外、師子・田楽マテ見物ノ壮観、前代ニモ稀ナル祭礼ナリ。又、妙法院ヲ門主トテ、此社ヲ掌シム。毎月十八日ニハ、諸宗ノ僧侶ヲ供養シテ、法事ヲナス。同四月十八日ニハ、謚二豊国大明神一ヲ。其日ハ、内府公ヲ奉

11　豊国造営並伏見城江内府公御移事　（二―三）

同四年ニハ大閤ノ御廟建立ノ事夥シ。諸大名思々ニ、堂社・佛閣綺羅《キラ》輝レ天、丹柱・花表《トリヰ》彫《ホリモノ》鐫巧《サクカウ》ヲ尽シ、穆々《ボクボク》タル閟宮《ヒキウ》香煙リ薫《クン》レジ頭《ホトリ》、蒸々《シヤウシヤウ》タル燈籠《トウロウ》昼夜ニ陸離《リクリ》タリ。木食興山《モクシキコウ》上人、経営ノ事ヲ勤メ、陵墓《レウボ》ヲ築キ、其峰ニ祠祭ヲ構へ、其麓《フモト》重樹緑陰《テウシユリクイン》天日ヲ蔽《ヲホ》ヒ、晴砂玉石錦《キン》繍《シウ》ヲ敷。恰《アタカ》モ天子七廟ノ粧《ヨソヲヒ》トモ云ツヘシ。

卜部《ウラベ》ノ神職萩原為《タリ》二神主一、其ノ外、祢宜・祝巫《ホウリカンナキ》ニ至ル迄、浄衣・烏帽子ヲ刷《カイツクロ》ヒテ、昼夜ノ勤務止時ナシ。幼君ヨリ社領一万石ヲ封ゼラル。今上皇帝《キンシヤウクヮウテイ》ノ勅額《テヨクカク》、楼門ニ掛タリ。大門ヨリ楼門ノ間ニハ、諸大名ノ石燈篭、左右ニ立並テ、桜木ヲ其間ニ植タリ。洛外第一ノ勝地、見人、奇異ノ思ヲナセリ。大閤ノ御忌日ニハ、伶人舞楽、庭ニ舞シ、其外、獅子・田楽迄、見物之壮観、前代ニモ稀ナル祭礼也。又、妙法院宮ヲ門主トシテ、此社ヲ掌シム。毎月十八日ニハ、諸宗ノ僧侶ヲ供養シテ、法事ヲナス。同四月十八日ニ、謚《ヲクリナス》二豊国大明神一ト、其日ハ　内

レ初、諸大名社参也。内府公ハ、其ヨリ照高院へ被レ成二御座一、天台論議御聴聞ナリ。

昔、新田義貞、叡山合戦打負テ、北国へ趣給ケルニ、日吉ノ社へ参詣シテ、「我子孫、後代ニ至テ天下ノ武将ニ備給へ」トテ、家ニ伝ル剣ヲトキテ籠ラレケルカ、内府公ハ其苗裔ナレハ、天台宗ヲ殊ニ崇敬有ケルトナリ。惣シテ此御方ハ、寛仁大度ノ気象アリテ、儒仏神トモニ敬礼シ給フ。足利ノ学校ハ、古シ往、小野皇(篁カ)勅ヲ奉テ、春秋ノ二仲ニ釈尊(奠カ)ヲナシ、六経ヲ講読スルト云伝侍ルカ、近世禅僧、其社ヲ領シテ、年々交代ニハ経籍ヲ盗ミ取、己ニ退転シケルヲ、此内府公聞召、再興シテ社領ヲ付ラレ、或ハ廃壊神祠ヲ建興シ給事、幾多ト云数ヲ不レ知。此御志故カ、月ヲ追、日ヲ重テ繁昌シ給事、誠ニ自ラナス所ニハアラス。天授ノ君トモ云ツヘシ。

カクテ諸大名、御法事過テ、各御暇ヲ被レ下、帰国スル。加賀中納言利長ハ、其身若年トハイヘトモ、父利家幼君ノ御守ナレハ、在レ大坂ト心得ケルニ、サハナクテ、「是モ加州一揆国ナレハ、在国シテ預シメ、防キ守ルヘシ」トテ、御暇ヲ賜ケルヲ、是偏内府公ノ所為ト憤リケ

府公ヲ奉レ始、諸大名社参也。内府公ハ、其ヨリ照高院エ被レ成二御座一、天台ノ論議、御聴聞也。

昔、新田義貞、叡山合戦ニ打負、越国エ赴キ玉ヒケルニ、日吉社エ参詣シテ、「我子孫、後代ニ至テ、天下ノ武将ニ備玉へ」トテ、家ニ伝ル剣《ケン》ヲ解《トイ》テ篭ラレケルカ、

内府公ハ其苗裔《ヒヤウエイ》ナレハ、天台宗ヲ殊ニ崇敬アリケルト也。惣シテ寛仁大度ノ御気象有テ、儒仏神トモニ敬礼シ玉フ。足利ノ学校ハ、古往小野篁《タカムラ》勅ヲ奉テ、春秋ノ二仲ニ釈奠ヲナシ、六経ヲ講読スト云伝シカ、近世禅僧、其社ヲ領シテ、年々交代ニハ経籍ヲ盗取、既ニ退転シケルヲ、内府公聞召、再興シテ社領ヲ付ラレ、或廃壊ノ神祠ヲ建興シ玉フ事、幾多ト云数ヲ不レ知。御志故カ、月ヲ追、日ヲ重テ繁昌シ玉フ事、誠自ナス所ニハ非ス。天授ノ君トモ云ツヘシ。

斯テ諸大名、御法事過テ、各御暇ヲ被レ下、帰国スル。加賀中納言利長ハ、其身若年トハ云トモ、父利家、幼君ノ御守ナレハ、在二大坂一ト心得ケルニ、左ハナクテ、「是モ加州一揆国ナレハ、在国シテ預シメ、防キ守ヘシ」迚、御暇《イトマ》ヲ給ケルヲ、是偏ニ　内府公ノ所為ト憤ラレケ

ル。諸大名ハ帰国シテ、内府公只一人、伏見ニ居住シ給。

然処ニ、前田徳善院・堀尾帯刀ハ五人奉行・三人中老ニ申ケルハ、「伏見ノ御城、吾等御番ヲ勤申モ退屈ナル事ソカシ。人少ニテハ御用心モ悪シ。内府公ヲ入奉リテハ如何」ト有ケレハ、各、「是ハ内府ノ御内意ナリ」ト察シケレハ、偏恐懼シテ、イナト云人モナク、「可レ然」ト同シケル。堀尾・生駒・中村、三使トシテ内府公ニ申上ケレハ、大ニ悦ヒ給ヒテ、徳善院当番ノ日、城中へ入御アレハ、其ヨリ後ハ威光弥益リテ、朝陽不レトモレ犯、衆星自ラ滅光ツツ、五奉行ヲ始トシテ、徳善院・帯刀ヲハ不忠ノ者トハ思ケレトモ、口ヲ閉ツツ、内府公ヲハ拝趨スル事、家人ノ如クニソ成ニケル。

内府公ハ、徳善院カ志ヲ感シ給テ、子息半右衛門ヲ被二召出一、関ケ原以後ニモ丹波ニテ先知ヲ安堵ス。帯刀ハ家ヲ起シ、大名ト成ケレトモ、心アル人人ハ羨カラヌ事ニ思ケル。

カクテ加藤主計頭清正ハ、諸事家康公ニ属シ、御馳走申サレケレハ、家康公、水野和泉守娘ヲ御養子トシテアリケルヲ、清正方へ被レ遣、是ヨリ一入御心安出入申ケ

ル。諸大名ハ帰国シテ　内府公只一人、伏見ニ居住シ玉フ。

然処ニ、前田徳善院・堀尾帯刀ハ五奉行・三人中老ニ申ケルハ、「伏見ノ御城、我等御番ヲ勤ルモ退屈ナル事ゾカシ。人少ニテ用心モ悪シ。内府公ヲ入奉テハ如何」ト有ケレハ、各々「是レハ内府公ノ御内意也」ト察シケレハ、恐怖シテ、否ト云人モナク、「可レ然」ト同シケル。堀尾・生駒・中村、三使トシテ　内府公ニ申上ケレハ、大ニ悦給テ、徳善院当番ノ日、城中エ入御アレハ、其レヨリ後弥益御威光盛也。朝陽不レ犯、衆星自滅レ光ツツ、五奉行ヲ始トシテ、徳善院・帯刀ヲハ不忠ノ者トハ思ケレトモ、口ヲ閉ツツ、　内府公ヲ拝趨《ハイスウ》スル事、家人ノ如ニゾ成ニケリ。

内府公ハ、徳善院カ志シヲ感シ給テ、子息半右衛門ヲ被二召出一、関原以後ニモ丹　波（イニ後ト在）ニテ先知ヲ安堵ス。堀尾ハ家ヲ起シ、大名ト成ケレトモ、心有人ハ不レ羨《ウヤヤマ》トカヤ。

又加藤主計頭清正ハ、諸事　家康公ニ属《ショク》シ、御馳走申サレケレハ、　家康公、水野和泉守娘ヲ御養子トシテ有ケルヲ、清正方エ被レ遣、是ヨリ一入御心安出入申ケル。

リ。和泉守ハ内府公ノ叔父ナリ。

12　於ニ伏見城ニ訴訟事幷利長隠謀事　（三―二）

同年夏、目付ニハ竹中右衛門尉・毛利伊勢守両人ヨリ、大老奉行衆ヘ訴申ケルハ、「高麗表ニテ、福原右馬助・太田飛騨守・筧和泉守・熊谷内蔵丞、私ノ威儀ヲ立テ、諸大名ノ憤怒ヲ挟マセケル」其罪数条ヲ言上ス。伏見城内府公ノ御方ニ各集会アリ。徳善院・浅野弾正少弼・増田右衛門尉・長束大蔵、判者ニテ対決アリケルカ、目付二人ノ公言ニ、四人ノ人々其理屈シケレハ、四人共ニ改易セラレケル。右馬助ハ、石田三成カ聟ナリケレハ、佐和山ヘ浪人シ行ケル也。

又九鬼大隅守喜隆ト、稲葉蔵人ト決断アリ。「稲葉蔵人、領内ノ材木・薪等ヲ川ヘ流シ下スニ、路次ハ九鬼大隅守カ領知也。秀吉公、御他界前後ヨリ、九鬼、路ニテ奪取テ不レ出之条、暴虐ノ至也」〈ト〉云。九鬼カ曰、「川流ノ儀、大閤ノ御時、制禁ニ仰付ラルル条、各所知給也。然ルニ稲葉、推テ流ス条、狼藉ハ稲葉カ身ニア

和泉守ハ　内府公ノ叔父也。

12　於伏見城訴訟幷利長隠議事　（二―四）

同年ノ夏、目付ニハ竹中右衛門尉・毛利伊勢守両人ヨリ、大老奉行衆エ訴ヘ申ケルハ、「高麗表ニテ、福原右馬助・太田飛騨守・筧和泉守・熊谷内蔵允、私ノ威儀ヲ立、諸大名ノ憤怒ヲ挟マセケル」其罪数条言上ス。伏見城　内府公御方ニ各集会アリ。徳善院・浅野弾正・増田右衛門・長束大蔵、判者ニテ対決有ケルカ、目付弐人ノ公言ニ、四人ノ人々ノ理屈シケル《（レカ）》ハ、四人共ニ改易セラレケル。右馬助ハ、石田三成カ婿《ムコ》也ケレハ、佐和山エ浪人シ行ケル。

又、九鬼大隅守嘉隆ト稲葉蔵人決断アリ。「稲葉カ領内ノ材木・薪等ヲ川エ流下ニ、路次ハ九鬼カ領地也。秀吉公、御他界前後ヨリ、路ニテ九鬼、奪取テ不レ出レ之条、暴虐ノ至也」ト云。九鬼カ云、「川流シノ儀、大閤ノ御時、制禁ニ被ニ仰付一ノ条、各所ニ知給一也。然ルニ稲葉、推テ流ス条、狼藉ハ彼カ身ニ在」ト云。奉行衆ノ

リ」ト云。奉行衆申サレケルハ、「先規御制禁ノ所、分明也。罪、稲葉ニ在」ト云ケレハ、内府公仰ニハ、「イヤトヨ、宇治・淀ノ運送ハ、先規御停止ナレトモ、勢州ノ御制禁ハイマダ承ラス。其上遠国ナレハ、其御沙汰モナキ内ニ薨御ナレハ、稲葉カ出ス処、罪ト云カタシ。今以出ストモ、無用トモ云ヘカラス」トアリケレハ、蔵人勝テ喜悦ノ思ヲナセハ、大隅ハ一座ノ面目失テ、内府公ヲ恨奉リケリ。

其比京童ノ習トテ、爰彼ノ辻ニ落首シケル。

アラソヒニ負ルモ道理右馬助
動カセモセヌ森ノ竹中

徳川ノ厲シキ波ニアテラレテ
石田浮田ノ名ヲ流ス哉

治部少ニ過タル物カ二ツアル
島左近衛ニ佐和山ノ城

カクテ加賀中納言利長ハ在国シテ、大坂伏見ノ御仕置伝聞ケルニ、内府ノ権威日月々ニ弥増ツツ、五奉行ノ者モ媚諂ノミ多ク、表ヘハ幼君輔弼ノ政務職ナレトモ、内心ハ偏ニ内府ノ青眼ヲ仰、掃レ門、望塵ノ意地ニテ、終

云、「先規御制禁、分明也。罪、稲葉ニ在」ト也。内府公仰ニハ、「イヤトヨ、宇治・淀ノ運送ハ、先規御停止ナレトモ、勢州ノ御制禁ハ未ダスレ聞。其上遠国ナレハ、其沙汰モナキ内ニ薨去ナレハ、稲葉カ出ス処、罪ト云カタシ。今マ以出ストモ無用トモ不レ可レ謂」ト有ケレハ、蔵人勝テ、喜悦ノ思ヲナセハ、大隅ハ一座ノ面目失ヒテ、内府公ヲ奉レ恨ケリ。依ニ此遺恨一、大隅ハ関原御陣ノ節、御敵ヲシケルトカヤ。

其比京童ノ習ヒトテ、爰彼《ココカシコ》ノ辻ニ落首ヲシケル。

あらそひにまくるも道理むまのすけ
うこかせもせぬもりの竹中

徳川のはけしきなみにあてられて
石田うき田の名をなかすかな

治部少に過たるものか二つある
島の左近に佐和山の城

斯テ加賀中納言利長ハ在国シテ、大坂伏見ノ為レ体ヲ伝聞クニ、内府公ノ権威日々月々ニ弥増《イヤマシ》ツツ、五奉行モ媚諂《コビヘツラヒ》ノミ多ク、表《ウエ》ハ幼君輔弼ノ政務職ナレトモ、内心ニハ偏ニ　内府公ノ青眼ヲ仰キ、掃《ハラヒ》レ門、望《ノソム》レ塵リノ意地

ニ伏見ノ御城へ移シマイラセ、御心ニ随者ハ登庸シテ、不レ従者ハ疎斥シケレハ、天下ヲ奪給ヘキ事、已日久カルヘカラズトテ、浅野驒(弾カ)正少弼・大野修理・土方勘兵衛方へ、潜ニ言送リケレハ、各「尤」ト一味シテ、時節ヲ得テ、内府ヲ討奉ラントシケリ。

然ルニ、近日重陽ノ祝儀ニ大坂へ狂駕アル由聞ケレハ、右三人潜ニ語ヒケルハ、「浅野ハ御迎ニ出テ御手ヲ取ヘシ。大野修理・土方勘兵衛、左右ヨリ立双テ刺殺シマイラスヘキ」ト内談究ケル。何トシテカ洩聞ヘケン、増田・長束参テ、内府へ告ケル、誠御運ノ厚キ所也。

其翌晩、増田カ館へ入御、其後、増田・長束・大谷ハ内府へ参テ御密談ニテ、九日ニハ大坂御登城有ケレトモ、右三人、左右ニ立テ警固シ奉リ、其外家老臣小性マテ次ノ御座敷マテ付ソヒ参ケレハ、隠謀相違シテケリ。其後、何トカ思シケン、大坂石田カ屋敷ヲ明サセテ居住シ給ヒ、伏見ノ城ニハ秀康御留守居タリ。其後木工屋敷へ御移リ、同九月十一日ニハ西ノ丸へ入御アリテ居住アリケレハ、増田・長束、弥御懇切ナルニ忝トテ諂テ、西ノ丸ニ大広間ト天守ヲ建テ奉リケル。

ニテ、終ニ伏見城エ移シマヰラセ、御心ニ隋フ者ハ登庸シ、不レ従者ハ疎斥《ソセキ》《ウトミシリゾケ》シケレハ、天下ヲ可二奪《ハイ》給一事、既日久カルヘカラス迚、浅野驒正少弼・大野修理亮・土方《ヒチカタ》勘兵衛方エ、潜ニ言送シケレハ、各「尤」ト一味シテ、時節ヲ得テ　内府ヲ討奉ントシケル。

然ニ、近日重陽ノ祝儀ニ大坂エ狂駕アル由聞ヱケレハ、右三人密ニ語ラヒケルハ、「浅野ハ御迎ニ出テ御手ヲ取ルヘシ。大野・土方、左右ヨリ立双テ刺殺マヰラスヘキ」ト内談究ケルニ、何トシテカ洩《モレ》聞エケン、増田・長束参テ、此由　内府公エ告ケル、誠ニ御運厚キ所也。

其翌晩、増田カ館エ入御、其後、増田・長束・大谷ハ内府公エ参テ御密談ニテ、九日ニハ大坂御登城有ケレトモ、右三人、左右ニ立テ警固シ奉リ、其外家老臣扈従《コシヤウ》迄次ノ御座敷迄附副参ケレハ、隠謀《インボウ》相違シテケリ。其後、何トカ思シケン、大坂石田カ屋鋪ヲアケサセテ居住シ給ヒ、伏見城ニハ秀康主御留守居タリ。其后、木工屋鋪エ御移、同九月十一日ニハ西丸エ入御アリテ居住有ケレハ、増田・長束ハ弥々御懇《ネンコロ》ナル事ヲ忝シト諂《ヘツラヒ》テ、西ノ丸ニ大広間ト天守ヲ建テ奉リケル。

増田・長束カ不忠ハ、皆己カ身ノ垣ノ為ニ、幼君ヲナイカシロニシ奉ルハ、侍ノ道ニハ非サリケル。カク諸将共ノ御機嫌ヲ取ヌルモ、偏ニ内府公ノ権威ノ強キ故也。是程ニ物毎御心ノ侭ナレトモ、秀頼ヲ捨テ、天下ヲ奪ハントアル御憤ハマシマサス。只偏ニ大閤ノ遺命ヲ守テ、諸大将ノ乱ヲ静メテ幼君ヲ守護アラントノ御心ノミ也。

13　浮田中納言家中確執幷土方・大野・浅野被二配流一事　（三—三）

十月ノ比、大仏供養ノ有ケルニ、不受不施ノ日蓮衆、仏場ヘ不レ出、其外諸宗僧侶残人ナ《（カカ）》アリケレハ、奉行衆大ニ怒テ、「凡天下大閤ノ御仏事ヲ尊崇セヌ人有ヘカラス。今、日蓮出合サル事ハ、前代未聞ナリ」トテ、各被レ所二流罪一。

同極月ニハ、内府公摂津茨城ノ郷ヘ御鷹狩ナリ。所ノ代官、河尻肥前守前駆奔走ス。其外、郷民等、簞食壺漿シテ御迎ニ出ケル。佐々淡路守・堀田若狭守幷秀頼公ノ御鷹師、供奉ナリ。御咄ノ衆ニハ、織田有楽・細川幽

増田・長束カ不忠ハ、己カ身ノ垣ノ為ニ、幼君ヲ蔑《ナイカシ》ロニシ奉ハ、侍ノ道ニハ非リケル。斯諸将トモノ御機嫌ヲ取ケルモ、偏ニ　内府公ノ権威ノ強キ故也。是レ程ニ物毎御心ノ侭ナレトモ、秀頼ヲ捨テ、天下ヲ奪ハントアル御憤《イキトヲリ》ハマシマサス。只偏ヘニ大閤ノ遺命ヲ守テ、諸将ノ乱ヲ鎖メ幼君ヲ守護有ントノ御心ノミ也。

13　浮田家中確執幷浅野・大野・土方配流事　（二—五）

十月ノ比、大仏供養有ケルニ、不受不施ノ日蓮宗、仏場《シヤウ》エ不レ出、其外諸宗僧侶残人勿リケレハ、奉行衆大ニ怒テ、「凡天下太閤ノ仏事ヲ尊崇セヌ人不レ可レ有。今、日蓮宗不二出合一事ハ、前代未聞也」トテ、各々被レ所二流罪一ニ。

同極月ニハ　内府公摂州茨木《イハラキ》ノ郷エ御鷹狩也。所ノ代官、河尻肥前守、前駆奔走ス。其ノ外、郷民等、簞食《タンシイ》壺漿《コシヤウ》シテ御迎ニ出ケル。佐々淡路守・堀田若狭守幷秀頼公ノ御鷹師《タカゼウ》供奉也。御伽衆ニハ、織田有楽・細川幽斉・

斉・有馬法印・金森法印・青木法印・道阿弥半入、其外、記ニタラス。

其比、浮田黄門ノ家中騒動鉾楯ス。大谷刑部少輔、肝煎榊原式部大輔ヲ語ヒ、種々扱ヘトモ不㆓和睦㆒。河尻肥前守・浮田左京・岡ノ越前守・花房志摩守等ハ、家人共ヲ悉ク髪ヲソラセタリ。是ハ敵来ラハ討テ出ン時ノ相印ノ為トナリ。家康公聞給テ、「式部少輔ハ他家中ノ儀ヲ取持、殊ニ富家へ出入ノ衆ニハ、疎略仕事、不届之至也」ト御気色ヲ蒙テ、榊原ハ関東へ下向ス。刑部ハ是ヲ聞テ、「式部ヲ語タルハ我致ス処ナリ」トテ、又内府ヲ恨奉リ、其ヨリ出入隙アリケル也。

斯テ大野修理・土方勘兵衛ヲハ常陸へ配流、「弾正ハ甲州知行所へ参ラレヨ」ト有ケレハ、内府公ノ御憤リヲ恐テ、武蔵府中ニ止宿シテ日ヲ送ケル。是ハ最前殿中ノ狼藉、露見スル故也。

扨、加州黄門利長ハ、隠謀ノ張本ナレハ、可㆑在㆓退治㆒トテ、加州小松ノ城主、羽柴加賀守長重ヲ西丸へ召テ、「御辺近所ナレハ、征罰ノ御先手可㆑仕」トテ、節刀ニ准シテ、吉光ノ御脇差ヲ賜リケル。又同国大正寺居

有馬法印・金森法印・青木法印・道阿弥半入、其外、シルシニ不㆑足。

其比、浮田黄門ノ家中騒動鉾楯ス。大谷刑部大輔、肝煎榊原式部大輔ヲ語ヒ、種々扱ヘトモ不㆓和睦㆒。河尻肥前守・浮田左京・岡越前守・花房志摩守等ハ、家人共ヲ悉ク髪ヲ剃セタリ。是ハ敵来ラハ討テ出ン時ノ相印ノ為ト也。内府公聞召テ、「式部ハ他家中ノ儀ヲ執持、殊ニ富家エ出入ノ衆ニハ、疎略仕ル事、不届ノ至也」ト御気色ヲ蒙テ、榊原ハ関東エ下向ス。刑部ハ是レヲ聞テ、「式部ヲ語ラヒタルハ我致ス処也」トテ、又 内府公ヲ恨奉リ、其ヨリ出入隙アリケルト也。

斯テ大野修理・土方勘兵衛ヲハ常陸エ配流《ハイル》、「弾正ハ甲州知行所江参ラレヨ」ト有ケレハ、内府公ノ御 憤《イキトヲリ》ヲ恐テ、武蔵府中ニ止宿《シシュク》シテ日ヲ送リケル。是レハ最前殿中ノ狼藉露顕《ロケン》スル故也。

サテ、加州黄門右三人、異見ノ張本ナレハ、可㆑有㆓対治㆒トテ、加州小松ノ城主、羽柴加賀守長重ヲ西丸エ召テ、「御辺近所ナレハ、征罰ノ御先手可㆑仕」トテ、准《ナツラヘ》㆓節刀《セツタウ》㆒、吉光ノ御脇差ヲ賜ケル。又同国大聖寺ノ居

城山口玄蕃頭ヲ召テ、長重ニ差添テ、御先手被㆓仰付也。其ヨリ堀尾帯刀吉晴ヲ召テ、「御辺ハ老年ナレハ隠居スヘシ」〈ト〉、浜松拾壱万石ハ子息信濃守ニ被㆑下、越前府中拾弐万石ノ内、六万石ハ帯刀ニ被㆑下、残六万石ハ公領ナリ。則帯刀代官ス。羽柴越中守ハ丹後ニテ拾壱万石ハ先知ナリ。御加恩トシテ豊後木付ノ城、三万五千石ヲ差添賜リケル。越中守家老松井佐渡守・有吉四郎左衛門ヲ遣シテ、城ヲ守シムル。一方ニハ左遷悲歎ノ眉ヲ蹙ムレハ、一方ニハ登用厚禄ヲ受テ、喜歓ノ思ヲナス事限ナシ。世ノ盛衰、人ノ栄枯、定ナキ世中ナリ。

　老人ノ云ク、「増田・長束ハ内府公へ御為ヲスル事、至テ大ナリ。然レトモ侍ノ道ヲ論セハ、又至テ不忠ノ人ナリ。大坂西ノ丸へ入マイラセ、天守ヲ立テ進上シ、或土方・大野・浅野カ隠謀告マイラスル。此御恩ニハ、後ニハ一国守護ニモ預ルヘキニ、却テ長束ハ切腹シ、増田ハ流浪ノ身トナル。又土方・大野ハ被㆓召出㆒、浅野ハ五奉行ノ内ト云ナカラ、秀吉公ノ御台所ノ兄弟也。大閤ノ遺命ヲ守テ、御逝去ヲ隠セル時、一度内府公ヨリ御気色ヲ蒙リ、今又内府公ヲ刺殺サントスル。何ナル刑罰ニモ

城山口玄蕃頭ヲ召テ、長重ニ差添テ、御光鋒被㆓仰付㆒。其ヨリ堀尾帯刀吉晴ヲ召テ、「御辺ハ老年ナレハ隠居スヘシ」〈ト〉、浜松十一万石ハ子息信濃守ニ被㆑下、越前府中十二万斛ノ内、六万石ハ帯刀ニ被㆑下、残六万石ハ公領也。則帯刀代官ス。羽柴越中守ハ丹後ニテ十一万石ハ先知也。御加恩トシテ豊後杵築城、三万五千石ヲ差副賜リケル。越中守家老松井佐渡・有吉四郎左衛門ヲ遣テ、城ヲ守シム。一方ニハ左遷悲歎ノ眉ヲ蹙ムレハ、一方ニハ登用厚禄ヲ受テ、喜歓ノ思ヲナス也。盛衰《セイスイ》人ノ栄枯、無㆑定世ノ中也。

　老人ノ云、「増田・長束、内府公エ御為ヲスル事、至テ大也。然トモ侍ノ道ヲ論セハ、又至テ不忠ノ人也。大坂西丸エ入マキラセ、天守ヲ立テ進上シ、或土方・大野・浅野カ隠謀ヲ告マイラスル。此御恩ニハ一国ノ守護ニモ可㆑預ニ、後ニ却テ長束ハ切腹シ、増田ハ流浪ノ身トナル。又土方・大野ハ被㆓召出㆒、浅野ハ五奉行ノ内ト云ナカラ、秀吉公ノ御台所ハ兄弟也。太閤ノ遺命《ユイメイ》ヲ守リ、御薨逝ヲ隠セル時、一度　内府公ヨリ御気色ヲ蒙リ、今又　内府公ヲ刺殺サントス。何ナル刑罰ニモ可㆑被㆑行ル

行ハルヘキ処ニ、還テ後ニハ大名トナリ、紀伊国ヲ賜リ、子息浅野紀伊守、大坂御陣、樫ノ江ノ合戦、忠功有ニ依テ、安芸国広島ノ城ヲ恩賜シテ、所領四拾弐万六千五百石、子息但馬守、但馬守子息、今ノ安芸守ニ至テ、代々繁昌スル事、此偏ニ主君ヘ誠忠ヲ尽シタルヲ、サスカ天下ヲ知召程ノ名将ナレハ、御心ノ内ニハ感シ給ヒケルニヤ、又ハ天ノ祐モ有ケルニヤ、斯ハサカヘケリ。堀尾帯刀一旦伏見城ヘ移シマイラスルハ、内府公ヘハ大ナル御為ナレトモ、主君ノ城ヲ人ニ売タル也。信濃守子息山城守、出雲ノ松江ノ城ニ在ケルカ、無子息シテ跡絶タリ。「歳寒シテ松柏ノ凋ニ後ル事ヲ知」トハ、此人々ヲ申ヘキ」。

14　景勝謀叛事　（三―四）

慶長五年元日、諸大名旗本、不レ残秀頼公ヘ元朝ノ御礼拝謁ス。各官位相応ノ制服・衣冠・差貫《サシヌキ》・大紋・烏帽子ノ装束、誠ニ上古周漢ノ大平、文武延喜ノ和風思ヤラレテ、治国ノ礼法斯《カク》アラマホシキ事カナト、人ノ心モ尭

所ニ、還テ後ニハ大名ト成、紀伊国ヲ賜リ、子息紀伊守、大坂御陣、樫井ノ戦功有ニ依テ、安芸国広島城ヲ恩賜有テ、所領四十弐万六千五百石、子息但馬守、今ノ安芸守ニ至ツテ代々繁昌スル事、此偏ニ主君エ誠忠ヲ尽シタルヲ、遉カ天下ヲ知召程ノ名将ナレハ、御心ノ内ニハ感シ給ヒケルニヤ、又ハ天ノ祐モ有ケルニヤ、罪ヲ免《マヌカ》ルルノミナラス、子孫斯《カク》ハ栄ケリ。堀尾一旦伏見城エ移シマイラスルハ、内府公エ大成御為ナレトモ、主君ノ城ヲ人ニ売タル也。信濃守子息山城守、出雲松江ノ城ニ在ケルカ、無二子息一シテ跡絶タリ。「歳寒《トシサムフ》シテ松柏《ハク》ノ凋《シボ》ミニ後ル事ヲ知」トハ、コノ人々ヲヤ申ヘキ」。

14　景勝謀叛事　（二―八）

慶長五年元日、諸大名旗本、不レ残秀吉（頼カ）公エ年始ノ御礼拝謁《エツ》ス。各々官位相応《ワウ》ノ制服・衣冠・差貫・大紋・烏帽子ノ装束《シヤウソク》、誠ニ（ママ）ニ上古ノ周漢ノ大平、文武延喜ノ和風思ヤラレテ、治国ノ礼法斯クアラマホシキ事哉ト、人

風淑気ニ和セラレ、黄鳥谷ヲ出、白梅含レ咲、列座ノ諸侯、巍々堂々トシテ、座席静リカヘリ、奉行・役人、左右ニ勝（膝カ）行シテ礼拝ス。御祝儀畢テ、各西丸ヘ参入シ、大広間ニテ礼儀如二本丸一。只各家人ノ思ヲナシテ恐懼シケリ。

然処ニ、長尾景勝・佐竹義信ハ参勤セラレス。景勝ハ藤田能登守ヲ以、年頭之祝儀幼君ヘ申上ル。其時、内府公御対面、宮島ニテノ事ヲ被二仰出一、旧思于レ今不二忘置一之旨謝セラレテ、「アレ引出物」ト有ケレハ、青江直次ノ御腰物・銀子百枚・御小袖ヲ被レ下、「汝早ク帰国シテ、景勝ヘハ、「天下ノ政務、御談合モ候間、急上洛可レ然。次ニハ豊国御宮社参可レ有レ之」旨、能々可二申達一」ト也。

斯リケレハ、越後国堀監物方ヨリ急飛脚到来シテ告ケルハ、「会津景勝、武具夥シク用意、新地ニ城塁ヲ築キ、又ハ他国ヘノ道ヲ作リ、橋梁ヲ構ル之条、謀叛無二其疑一。事隠便セラレハ大事可出来。早討手ヲ被レ下候ヘカシ。我国ハ累代景勝領知故ニ、国中会津ト内通シテ能存タリ。殊我等国民共モ、会津ヲ慕モノモ数多候ヘハ、寝《イヌレ》

ノ心モ堯《キヤウ》風淑《シク》気和《クハ》セラレ、黄鳥谷ヲ出、白梅含レ咲《エミ》ヲ、列座ノ諸侯、巍《ギ》々堂々トシテ、座席静マリ返ヘリ、奉行・役人、左右ニ膝行シテ礼拝ス。御祝儀畢《ヲワツ》テ、各々西ノ丸エ参入シ、大広間ニテ礼義如二本丸一。只各家人ノ思ヲナシ恐懼《ケウク》シケリ。

然処ニ、長尾景勝・佐竹義宣ハ参勤セラレス。景勝ハ藤田能登ヲ以、幼君エ年頭ノ嘉儀申上ル。其時　内府公御対面、宮島ニテノ事ヲ被二仰出一、旧思今ニ不二忘置一ノ旨謝セラレ、青江直次ノ御腰物・銀子百枚・御小袖ヲ被レ下、「汝早ク帰国シテ、景勝エハ、「天下ノ政務、御談合モ有レ之間、急上洛可レ然。次ニハ豊国御宮社参可レ有レ之」旨、能々可二申達一」ト也。

蒐《カヽ》リケル処、越後堀監物方ヨリ飛脚到来シテ告《ツゲ》ケルハ、「会津景勝、武具夥シ〈ク〉用意シテ、新地ニ城塁ヲ築キ、又ハ他国エノ道ヲ作リ、橋梁ヲ構ルノ条、叛逆無二其疑一。事穏ン便セラレハ大事可二出来一。早討手ヲ被レ下候ヘカシ。我国ハ累代景勝カ領地故、国中会津ト内通シテ能存タリ。殊ニ我等国民トモモ、会津ヲ慕フ者共数多《アマタ》候ヘハ、寝《イヌレ》トモ不レ解《トカ》レ帯《ヲヒ》、気遣仕也」ト申上ケレハ　内

トモ不レ解レ帯ヲ、気遣仕也」ト申上ケレハ、内府公ハ偏ニ、「此事如何可レ有」ト議定区々ナリ。

又藤田能登守ハ同年三月景勝家中ヲ立退テ、武州江戸参シテ、弥会津ノ間者ト成ケルト也。斯テ北国ニハ利長叛逆シ、奥州ニハ景勝敵ヲナス事ナレハ、「又天下動乱、此時ニアリ」ト、人々片時モ心安カラス。

然ル処ニ、内府公ハ本ヨリ弓箭ノ道、孫呉ニ髣髴タル御事ナレハ、少モ動転シ給気色モナク、先黄門利長ノ方ヘ能知音ヲ以懇ニ御内証アリケレハ、利長恐悦シテ、数通ノ誓紙ヲ上テ、「秀頼君ヲサヘ御守立候ハ何国マテモ御味方可レ仕」則人質ニハ利家ノ北方芳春院ハ、利長ノ母ナリケルカ、上マイラセラル。内府公大歓喜アリ。則秀忠公ノ御姫君ヲ利長ノ息犬千代丸ニ嫁マイラセラレテ、御輿加州ヘ下向。犬千代後ニ中納言利常ト云ケル。斯《カク》一方ハ和睦忽ニ調テ、婚姻親戚ノ御一族トナシ給御思量ノ程、人倫ニ超タル所也。「景勝ハ北国ノ乱ヲ一方ノ扶助ト思ケルニ、義勢モユルマリヌヘシ」ト、人沙汰シアヘリ。

扨景勝方ヘハ伊奈図書ヲ御使トシテ委細ニ仰遣サレケ

府公ハ偏《ヒトヘ》ニ、「此事如何可レ有」ト議《ギ》定《シヤウ》区《マチ》也。

又藤田能登ハ同年三月景勝家中ヲ立退テ、武州江戸ニ参シテ、弥々会津ノ間者ト成ケルト也。斯テ北国ニハ利長叛逆シ、奥州ニハ景勝敵ヲナス事ナレハ、「又天下ノ動乱《トウラン》此時ニ在リ」ト、人々片時モ心安スカラス。

然処ニ　内府公ハ本《モト》ヨリ弓箭ノ道、孫呉ニ髣髴《ホウホツ》《サモニタリ》タル御事ナレハ、少シモ動転《テン》シ玉フ御気色モナク、先黄門利長ノ方エ能キ知音ヲ以懇《ネンコロ》ニ御内証有リケレハ、利長喜悦シテ、数通ノ誓紙ヲ上ケテ、「秀頼君ヲサヘ御守立候ハハ何国迄モ御味方可レ仕」則人質ニハ利家ノ北方芳春院ハ、利長ノ母ナリケルカ、上マイラセラル。　内府公大ニ歓喜アリ。則秀忠公ノ姫君ヲ利長ノ息犬千代丸ニ嫁シ進ラセレテ、御輿加州エ下向。犬千代後ニ中納言利常ト云ケル。斯テ一方ハ和睦忽ニ調テ、婚姻親戚ノ御一族トナシ給フ御思量ノ程、凡下ノ所レ不レ及也。「景勝ハ北国ノ乱ヲ一方ノ扶助ト思ケルニ、義勢モ緩マリヌヘシ」ト沙汰シアヘリ。

偖景勝方エハ伊奈図書ヲ御使トシテ委細ニ仰遣サレケレトモ、素ヨリ石田ト申合タル事ナレハ、命ニ応セス咎

レトモ、景勝ハ本ヨリ石田ト申合タル事ナレハ、命ニ応セス答ケルハ、「吾等越後ヲ国替ノ時、大閤仰ニハ、「累代ノ国ヲ去テ他国ニ移ル事、国民ノ政道、家中ノ安堵、彼是閙シカルヘキ条、三年ノ間ハ参勤御免」トノ儀也。唯今上リ候ヘハ、国家難レ治之条不二罷上一」ト也。其後、数度ノ御使ナレトモ、且テ承引セサ〈リ〉ケリ。

然処ニ、仏光寺ハ、年来景勝ト交友ナレハ、此僧ヨリ委細ニ諫言ヲ述サセラル。直江山城守方ヨリ返札アリ。

今朔日之尊書、昨十三日下著、拝見多幸々々。

一　当国之儀、於二其元一、種々雑説申ニ付、内府様御不審之由、尤無二余儀一候。併京・伏見サヘ色々無二正儀一候。況遠国之景勝、若輩ト云、為二似合一雑説ト奉レ存候。少モ不レ苦事候条、可レ被レ安二尊底一候。以二連々一重而可レ被二聞召届一候事

一　景勝上洛延引ニ付テ、何角申回候由、不審ニ候。去年無レ程上洛仕、亦去年九月ニ下国、当正月之時分、上洛被レ申候テハ、何日之間ニ仕置可レ被二申付一候哉。就レ中、当国ハ雪国ニテ、十月ヨリ三月迄ハ、何事モ不二罷成一候。当国案内者ニ御尋有ヘ

ケルハ、「我等越後ヲ国替ノ時、大閤ノ仰ニ、「累代ノ国ヲ去テ他国ニ移ル事、国民政道、家中ノ安堵、彼レ是レ可レ忙《イソカシカル》条、三年ノ間ハ参勤御免」トノ儀也。只今上リ候ヘハ、国家難レ治ノ条、不二罷上一」ト也。其後数度ノ御使ナレトモ且テ承引セス。

然所ニ、豊《イニ仏》光寺ハ、年来景勝ト交友ナレハ、此僧ヨリ委細ニ諫言ヲ述サセラル。直江山城守ヨリ返札アリ。

今朔日之尊書、昨十三日下着、拝見多幸々々。

一　当国之儀、於其元、種々雑説申に付、内府様御不審之由、尤無二余儀一候。併京・伏見に而さへ無二正儀一候。況遠国之景勝、若輩と云為二似《サル》合一雑説と奉レ存候。少も不レ苦事候条、可レ被レ安二尊意《底イ》一候。以二連々一重而可被二聞召一届候事

一　景勝上洛就二延引一、何角と申廻候由、不審に候。去々年国替仕、無レ程上洛いたし、去年九月に下国、当正月之時分、上洛被レ申んは、何之間《イツノマ》に仕置可レ被二申付一候。就中、当国は雪国に而、十月より三月迄は、何事も不罷成候。当国案内者に可レ有二御尋一候。然者、正月中より雑説は、上洛延引故にあ

ク候。然者、正月中ヨリ雑説ハ、上洛延引故ニ可レ有候。何者乎、景勝逆心トハ申成候哉ト存候。於二景勝一別心〈無〉ハ、誓紙ヲ成、可レ申之由、去年以来、数通之起請文、無ニ成候ハハ、重而起請文ハ不レ可レ入事

一　大閤様以後、景勝律儀仁ト思召候ハハ、今以別儀不レ可レ有レ之候。世上之変、莫レ他候。相違之事

一　景勝心中、毛頭別心無レ之候ヘトモ、讒人之儀無二糺明一、逆心ト思召候由、不及二是非一候。兼亦無二御等閑一験ニハ、讒人ヲ引合、是非共御尋可レ然候。左様ニ無レ之候ハ、内府様、御表裏ト可レ存候事

一　北国肥前守殿之儀、思召侭ニ被二仰付一候由、御威光不レ浅奉レ存候事

一　増田右衛門・大谷刑部少〈輔〉御出頭之由、珍重候。自然之儀候ハハ、可二申起一之由ニ候。榊原式部大輔ハ、景勝表向之取継ニテ候。然トモ、景勝逆心歴然ニ候ハハ、一往ハ及二異見一テコソ侍之筋目、又内府様御為ニ可二罷成一候処ニ、左様ノ分別社不二相届一候トモ、讒人ノ堀監物、奏者ヲ被レ仕、種々

るへく候。何者乎《カ》、景勝逆心とは申成候哉と存候。於二景勝一無二別心一は、誓紙を以可レ申之由、去々年以来、数通之起請文、無に成候はは、重而起請文は不レ可レ入事

一　太閤様以来、景勝律儀仁と思召候はは、今以異儀不レ可レ有レ之候。世上朝《アシタ》に変《ヘン》し暮《クレ》に化《クハ》するの義、存合候事

一　景勝心中、毛頭無二別心一候得トモ、讒人之儀無二御糺明一、逆心と思召候由、不レ及二是非一候。兼又無二御等閑一験《シルシ》ニ候はは、讒人を引合、是非共御尋可レ然候。左様に無レ之候者　内府様、御表裏と可レ存候事

一　北国肥前守殿之儀、思召侭に被二仰付一候よし、御威光不レ浅奉レ存候事

一　増田右衛門・大谷刑部少輔、御出頭之由、珍重候。自然之義候はは、可二申越一之由候。榊原式部太輔は、景勝表向之取次にて候。然者、景勝逆心歴然候はは、一往ハ被レ及二異見一而社、侍之筋目、又は内府様御為にも可罷成処に、左様之分別こそ不二相

以二才覚一サマタケラルヘキ事ハ無レ之儀ニ候。忠臣カ、佞人カ、御分別次第ニ候。重而可二頼入一候事

一　雑説ハ、第一、上洛延引故ニ候。御使者如二申含一候

一　第二、武具集候事、上方武者ハ、今焼茶碗・炭斗瓢・竹之引切ナトヲ翫ヒ給、人タラシ道具所持候。田舎武者ハ、弓・鑓・鉄炮ノ支度仕候。其国ノ風俗ト被二思召一、御不審有間敷候。仮令《タトヒ》世上ニ無レ之支度、不二似合一道具、用意被レ申トモ、景勝分際、何程ノ事可レ在レ之候哉。天下不二似合一御沙汰ト存候事

一　第三、道作リ、舟橋ヲ被二申付一候ハ、往還ノ旅人候故、御抱国役ニ候条、如レ斯候。為二遠国旅人一、船橋道作リ候。然ハ、隣国往還ノ者共、大慶ニ可レ在レ之候。淵底、堀監物可レ存候。当国へ被二相移一、新仕置申付上者、諸事政数多在レ之。越後之儀ハ本国ト云、久太郎フミツフシ申ニ、何ノ手間可レ入候哉。道作迄モ行タタス候。景勝領分、越後ノ儀ハ不レ及レ申、上野・下野・岩城・相間、正宗領、最上・

届一候共、讒人堀監物、奏者者（ママ）被レ仕、種々以二才覚一可レ被レ妨事者、無レ之儀候。忠臣歟、佞人か、御分別次第に、重而可二頼入一候事

一　雑説は第一、上洛延引故に候。御使者に如二申含一候事

一　第二、武具集候事、上方武士者、今焼《ヤキ》の茶碗・炭《スミ》斗瓢《トリフクベ》・竹之引切などを翫《モテアソビ》給ひ、人たらし道具御所持候。田舎武士は、弓・鑓・鉄炮之支度仕候。其国之風俗と被二思召一、御不審有レ之間敷候。仮令世上に無レ之支度、不二似合一道具、用意被レ申とも、景勝分際、何程之事可レ有之候哉。天下に不二似合一御沙汰と存候事

一　第三、道作、舟橋を被二申付一事は、往還之旅人のため、御抱への国役に候条、如レ此候。於二越国一も旅人のため、船橋道作候。然者、隣国往還之者共、大慶に可レ有レ之候。淵底、堀監物可レ存候。当国へ被二相移一、新仕置申付上者、諸事政数多有レ之候。越後之儀は本国と云、久太郎踏潰《フミツフシ》候に、何の手間可レ入候哉。道作迄も不二行立一候。景勝旧領、越後

由利・仙台相境、何ニテモ国(同カ)前道作候。自他ノ衆ハ何トモ不レ申候。其堀監物計、道作ニ、ヲチ候而在レ之儀、大キニ申成候。能々不レ知二弓箭一無分別者ト可レ被二思召一候。景勝、対二天下一逆心於レ在レ之者、諸方境目ヲ堀切塞キ、攻戦之支度モ社可レ被レ仕候ヘトモ、十方ヘ道作付、逆心ノ上、自然人数取向候ハ、一方ノ便サヘ罷成間数(敷カ)候。況十方ヲ攻戦罷成者ニ候哉。縦ヒ他国ヘ罷出候トモ、一方ヘ社、景勝相当ノ出勢ハ可二罷成一候。中々不レ及二是非一候。上《カミ》口共ニ、如何トシテ可二罷成一候哉。虚気《ウツケ》者ト存候。景勝領分道作申付様体ハ、従二江戸一節々御使者、白川口之体可レ為二御見聞一候。其外、奥州ヘモ御使致二上下一候条、御尋尤ニ候。猶御不審候ハヽ、御使者下、所々境目之体、御見セ候ハヽ、御合点可レ参候事

一　無二御等閑一之間ニテモ、以後虚言ニ成様之処、為二自他一被レ仰間敷候ヘトモ、「高麗降参不レ申候ハハ、来々年ノ御人数遣」ト御究候ハヽ、偖モ可レ為二虚説一候乎、一咲。

之儀は不レ及レ申、上野・下野・岩城・相馬、政宗領、最上・由利《ユリ》・仙台相ひ境、何れも同前道作候。自余之衆は何とも不レ被レ申候に、堀監物はかり道作候に、おぢ候て、色々之儀申成候。能々不レ知二弓箭一ヲ無分別者と可レ被二思召一候。景勝、対二天下一逆心於レ有レ之は、諸方境目を堀切塞《フサキ》、攻戦《コウセン》之支度社可レ被レ仕候得、十方へ道作付、逆心之上、自然人数被レ向候はは、一方之防さへ罷成ましく候に、況十方の防戦罷成ものに候哉。縦他国へ罷出候とも、一方社、景勝相当之出勢は可二罷成一候。二口共に如何にとして可二罷成一候哉。中々不レ及二是非一、虚《ウツ》気《ケ》者と存候。景勝領分、道橋申付候様体、従二江戸一切々御使者、白川口之体可レ為二御見分一候。其外、奥筋江も御使者致二上下一候条、御尋尤候。尚御不審候はは、御使被下、所々際目之体、御見せ候ははは、御合点可レ参候事

一　無二御等閑一間にても、以後虚言に成候様之儀者、自他之為、被レ仰間敷由候得とも、「高麗降参不レ申候はは、来々年御人数可レ被レ遣」と被レ究者、可レ為二虚説一候乎、一咲。

一　景勝、当年三月ハ、謙信ノ追善ニ相当候条、左様ノ隙ヲ明候テ、夏中ニハ為㆓御見廻㆒、上洛可㆑被㆑仕ト存候。人数ノ武具已下ハ、国々ノ諸士、覚悟ノ為仕置候間、在国中、急度相調候様ニト用意被㆓申付㆒処、増田右衛門・大谷刑部少輔ヨリ被㆓申越㆒候ハ、「景勝逆心不㆓隠便㆒候間、猶無㆓別心㆒ハ、上洛尤ニ候由、内府様御内証之由」ニ候。迚モ無㆓御等閑㆒候ハハ、讒人ノ申分、在様ニ被㆓仰聞㆒、急度御乳(糺カ)明候而コソ可㆑為㆓御懇切㆒之儀、無㆓意趣㆒、「逆心」ト申唱候条、「無㆓別心㆒、上洛在㆑之候ヘ」ナトトハ、乳呑子ノアイシライ、不㆑及㆓是非㆒候。昨日迄企㆓逆心㆒候衆モ、其行ハツレ候ヘハ、不㆑知顔ニテ上洛仕、或新知行ヲ取、恥有㆑之トモ不㆑顧、人ノ交ヲ成候。当世風ニハ、景勝身上不相応ニ候。心中無㆓別儀㆒候エトモ、逆心天下ニ無㆑隠ハ、ムサト上洛仕、累代律儀ノ名、弓箭之覚迄失候条、讒人ヲ引合、無㆓御乳(糺カ)明㆒者、上洛罷成間敷之由ニ候。右之趣、景勝理カ非カ、不㆑可㆑過㆓尊慮㆒候。就㆑中、景勝家中、藤田能登ト申者、去月半ニ当国ヲ引切、

㆑為㆓虚説㆒候か、一笑。

一　景勝、当年三月は、謙信追善に相当候条、左様之隙を明候て、夏中には為㆓御見廻㆒、上洛可㆑被㆑仕と存候。人数武具以下は、国々諸士、覚悟の為仕置候間、在国中、急度相調申様にと、用意被㆓申付㆒候処、増田右衛門・大谷刑部少輔より被㆓申越㆒候者、「景勝逆心不㆓隠便㆒候間、於㆑無㆓別心㆒、被㆓上洛㆒尤にて候〈と〉、内府様御内証之旨」、迚も無等閑候はは、讒人之申分、有様に被㆓仰聞㆒、急度御糺明候て社、可㆑為㆓御懇切㆒之処、無㆓其意趣㆒、「逆心」と申唱候条、「無㆓別心㆒者、上洛有㆑之候得」なとと、乳呑子《チノミコ》のあいしらひ、不㆑及㆓是非㆒候。昨日迄も企㆓逆心㆒候衆も、其行《テダテ》はつれ候得者、不㆑知顔にて上洛仕、或縁者に成、或は新知行を取、恥有㆑之とも不㆑顧、人の交を成候。当世風には、景勝身上には不相応に候。心中無㆓別儀㆒候得共、逆心天下に無㆑隠候条、むさと上洛仕んは、累代律儀之名、弓箭の覚迄失候之間、讒人を被㆓引合㆒、無㆓御糺明㆒は、上洛罷成間敷之由に候。右之趣、景勝、理歟非

江戸へ罷移候而、其ヨリ上洛仕之由ニ候。万事シレ可レ申候。景勝ノ違候カ、又ハ内府様御表裏カ、世上ノ御沙汰次第ニ候。

一　千万モ不レ入、景勝別心、毛頭無レ之候処、上洛不二罷成一候様ニ御仕置候条、不レ及二是非一候。此上モ内府様御分別次第ニ上洛可レ仕候。縦此侭遠国居住候トモ、大閤様置目ヲ相背、数通之起請文、反故ニ成候。御幼少之秀頼様ヲ見放被レ申、内府様無首尾被レ仕、此方ヨリ手出被レ申候テハ、天下ノ主ニ被レ成候テモ、悪人之衆、不道ニ候条、末代可レ為二恥辱一候。此処、無二遠慮一、何事ヲ可レ被レ仕候哉。可二御心安一候。但讒人ノ申成ヲ実儀ト思召、無二御改一ハ、不レ及二是非一候条、誓紙堅約モ入間敷候事

一　於二其元一、「景勝逆心」ト御申成候。「於二隣国一会津働」トテ触廻、或城主加勢人数ヲ入、兵糧迄支度、或境目ノ人質ヲ取、女ノ人質ハ滞留仕、族ノ雑説共候ヘトモ、無分別者共仕事ニ候条、不レ入処候事

一　内々、内府様以二使者一成トモ御見舞可二申上一候ヘトモ、隣国ヨリ讒人打詰、種々申レ成、家中ヨリ

か、不レ可レ過二尊慮一候。就中、藤田能登と申者、去月半、当国を引切、江戸へ罷越、夫より上洛仕由之条、万事知れ可レ申候。景勝之違候歟　内府様御表裏歟、世上之御沙汰次第事

一　千万も不レ入、景勝別心毛頭無レ之候。上洛ハ不二罷成一候様に御仕懸候条、不レ及二是非一候。此上にも内府様御分別次第に上洛可レ被レ仕候。縦此侭遠国に居住候共、太閤様置目を相背、数通之起請文を反故になし、御幼少之秀頼様を見放し被レ申、内府様へ無二是非一被レ仕、此方より手出し被レ申候ては、天下の主になられ候ても、悪人の名、不レ遁候条、末代之可レ為二恥辱一候。此所を無二遠慮一、何事を可レ被レ仕候哉。可レ被二御心易一候。但讒人之申成を実儀と思召、無二御改一は、不レ及二是非一候条、誓紙堅約も入間敷候事

一　於二其元一、「景勝逆心」と申成候ごとく、「於二隣国会津一働」とて触廻、或ハ城主加勢人数を入、兵糧迄支度し、或境目之人質を取、女之人質は滞留仕、族之雑説共候得とも、無分別者共仕事ニて候条、聞

藤田能登守、引切候条、「逆心歴然」ト被二思召一所ニ、御音信ナト仕候ハ、「表裏ノ者第一」ト沙汰可レ在レ之候条、先無二御糺明一内者、罷上間敷由ニ候。全無二疎意一候通、折節ハ御取成、於レ在レ之者、我等モ可レ奉二畏入一、忝存候事

一　何事モ乍二遠国一無事支度候条、何様ノ儀モ可二仰越一候哉。当世様ノ余勢カマシキ事ニ候ヘトモ、自然実ノ事モ偽ノ様ニ罷成候。申迄モ無レ之候ヘトモ、被レ懸二御目一候儀ト候ヘハ、天下ノ黒白ノ御存ノ儀ニ候間、被二仰越一候処ハ、実儀ニ可レ存候。御心易ムサト書進候。慮外不レ過レ之候ヘトモ、愚意ヲ申達、為レ問二得尊意一、不レ顧二其憚一候。侍者奏達、恐惶敬白

慶長五年卯月十四日　直江山城守　兼続

仏光寺侍者御中

不レ入候事

一　内々　内府様江以二使者一成とも、御見舞可二申上一候得とも、従隣国讒人打続、種々申成、家中より藤田能登、引切と（ママ）候間、「逆心歴然」と被二思召一候所江、御音信なと仕候者、「表裏者第一」と沙汰可レ有之候条、先無二御糺明一内候。罷上間敷由に候。全無二疎意一候通、折節は御執成、於レ有レ之ハ、我等も可レ奉二畏入一、忝存候事

一　何事も乍二遠国一無事支度候条、何様之儀も可レ被二仰越一候哉。当世様の余勢《ヨセイ》かましき事に候へハ、自然実の事も偽候様に罷成候。申迄も無レ之候得共、被レ懸二御目一儀に候へは、天下之黒白を御存之儀候間、被レ仰越候所は、実儀に可レ存候。御心易存、むさと書進候。慮外不レ過レ之候得とも、過意申達、為《為》レ問《奉ウケタマハランイニ》二尊意一、不レ顧二其憚一候。侍者奏達、恐惶敬言

慶長五年卯月十四日　直江山城守　兼続

豊《イ仏》光寺

侍者御中

15　会津表御発向事　（四—一）

カクテ佐竹義信ヘモ、景勝同事ニ使ヲ立ラレケレハ、返答ニハ、「景勝一味逆心ノ事、不レ存レ寄事也。但当春ヨリ病痾、于レ今加二療治一候ニ付テ、参勤延引ハ所存ノ外也」ト、障リナキ報謝也。

既ニ同年五月ニ至レハ、会津表ヘ内府公御発向ニ治定ス。加藤主計頭ハ、山岡道阿弥ヲ以諫言ヲ入奉リケルハ、「承候ヘハ、近日、会津御発向ト風聞仕候。乍レ憚、此御思召立ヲ停止セラレテハ如何候哉。愚案ヲメクラシ候ニ、第一、内大臣ノ重任ニテ、遠国ヘ御自身鞭撻セラルル儀、余ニ軽々敷奉レ存候。第二、御老体、旅宿ノ憂苦、難レ計。第三、五奉行ノ者共、景勝ニ語ヒ、御発向ノ跡ニテ、上方勢ヲ駈催シ候ハハ、前後ノ敵、容易難二退治一覚候。遠国ノ敵ヨリモ、禍蕭墻ノ中ニ可レ有ト存候間、景勝征罰ニハ、羽柴越中守、羽柴左衛門大夫、黒田甲斐守、池田三左衛門、藤堂佐渡守、以下ノ者共ヲ被二仰付一、其上ニモ無二御心元一思召候者、隣国伊達正宗、最上出羽守、堀久太郎等ヲ被二差副一ハ、仮令天魔鬼神

15　会津表御発向事　（三—一）

斯テ佐竹義宣エモ、景勝同事ニ使ヲ立ラレケレハ、返答ニ、「景勝一味逆心ノ事、不二存寄一儀也。但シ当春ヨリ病痾《ア》、于レ今加二療治一候ニ付テ、参勤延引ハ所存ノ外也」ト、障《サハリ》ナキ報謝《ホウシャ》也。

既ニ同年五月ニ至レハ、会津表エ内府公御発向ニ治定ス。加藤主計ノ頭ハ、山岡道阿弥ヲ以テ諫言ヲ入レ奉リケルハ、「近日、会津表御発向ト風聞仕候。乍レ憚、此思召立ヲ止メラレテハ如何候ハンヤ。愚按ヲ廻シ候ニ、第一、内大臣ノ重任ニテ、遠国エ御自身鞭撻セラルル儀、余ニ軽《カル》々敷奉レ存候。第二、御老体、旅宿ノ憂苦《ユウク》、難レ計。第三、五奉行ノ者共、景勝ヲ語ヒ、御発向ノ跡ニテ、上方勢ヲ駆催シ候ハハ、前後ノ敵、容易《タヤスク》難二退治一覚申候。遠国ノ敵ヨリモ、禍蕭墻《シヤウ〳〵》ノ中ニ在ヘクト存候間、景勝征伐ニハ、羽柴越中守、羽柴左衛門大夫、黒田甲斐守、池田三左衛門、藤堂佐渡守、以下ノ者共被二仰付一、其ノ上ニモ無二御心許一思召候ハハ、隣国伊達政宗、最上出羽守、堀久太郎等ヲ被二差副《サシソエ》一ハ、仮令《タトヒ》天魔《マ》鬼神

ノ景勝ナリトモ、碬ヲ以推二鶏卵一ヨリモ最易ク候へキ」ト申ケレハ、内府公仰ニハ、「委細承届畢。然ルトモ、我幼少ヨリ戦場ヲ業トセシカ、大閤ノ御代ニハ執事ノ職ヲ勤テ、久忘二合戦ノ術一候。今般征罰ハ老後ノ慰ト存候。其上、兵道ハ拙クトモ、事ヲ速ニスルカ古ヘノ教ニ候。謀反人ノ初軍、争テカ勿緒《ユルカセ》ニシ候へキ。タトヒ敵後ニ充満シヌトモ、景勝サへ退治候ハ、諸国ノ敵ハ破竹ノ如ク、一時ニ甲冑ヲヌイテ降参候へキソ。心安ク被レ存候へ。貴辺ハ知謀ト云、武勇ト云、天下ニ無レ隠事也。殊吾等トハ縁者ナレハ、伏見ニ置テ帝都ヲ守護サセ度候へトモ、九州第一無二心元一候間、急キ帰国セラレヨ」ト仰ラル。主計頭重テ申上ルハ「御思量、愚人ノ及所ニアラス候。左アラハ、私モ御発向ノ御先手被二仰付一被レ下候へ」ト、再往申ケレトモ不レ叶。故ニ秀頼君ヨリ御暇賜テ、肥後国へソ帰ケル。

　五月七日ニハ、六人ノ奉行、長束大蔵大輔・増田右衛門尉・前田徳善院・中村式部少輔・生駒雅楽頭・堀尾帯刀先生、連判ノ書状ヲ奉ル。「第一ニハ、秀頼公御若年、世上騒動仕候へハ、御在府サへ諸事無二心元一候。唯今

ノ景勝成リトモ、碬《イシ》ヲ以推二鶏卵一ヲヨリモ最安《イト》ク候へキ」ト申シケレハ、内府公仰ニハ、「委細承届畢。然トモ、我レ幼少ヨリ戦場ヲ業《ケウ》トセシカ、大閤ノ御代ニハ執事ノ職ヲ勤テ、久忘二合戦術《シュツ》《テダテ》一候。今般ヒ征伐ハ老後ノ慰ト存候。其上、兵道ハ拙《ツタナ》クトモ、事ヲ速《スミヤカ》ニスルガ古へノ教へニ候。謀叛《ムホン》人ノ初軍サ、争デカ忽緒《イヽルカセ》ニシ候へキ。縦《タトヒ》敵後ニ充満ストモ、景勝サへ退治候ハハ、諸国ノ敵ハ如レ破レ竹、一時ニ甲冑ヲ脱テ降参候へキソ。心易ク被レレ存候へ。貴辺ハ智謀ト言、武勇ト云、天下ニ無レ隠レ事也。殊ニ我レ等トハ縁者ナレハ、伏見ニ置テ帝都ノ守護サセ度候エトモ、九州第一無二心元一候間、急帰国セラレヨト」被レ仰。主計頭重テ申上ルハ、「御思量、愚人ノ非レ所レ及候。左アラハ、私モ御発向ノ御先手被二仰付一候へ」ト、再往申ケレトモ不レ叶。故秀頼公ヨリ御暇賜テ、肥後国へソ下ケル。

　五月七日ニハ、六人ノ奉行、長束大蔵・増田右衛門尉・前田徳善院・中村式部少輔・生駒雅楽頭・堀尾帯刀先生、連判ノ書状ヲ奉ル。「第一ニハ、秀頼公御若年、世上騒動仕候へハ、御在府サへ諸事無二心元一候。只今

御出馬候者、幼君ヲ御見捨候様ニ風聞候間、当年之儀ハ御遠慮候ヘカシト奉レ存事。第二ニハ、御兵糧、東山道者、先年ヨリ不作仕。殊更一両年ハ飢饉ニ候間、兵糧運送如何ニ候。且亦、雪前之働及二難渋一候乎。旁以来春ヘ被二差延一可レ然候」ト、各一同ニ被二申上一ケレトモ、無二御同心一。

或時、南軒ニ望マセ給ヒ、納涼ノ御遊興ノ折カラ、御伽ノ衆ヲ召寄ラレテ、世間ノ取沙汰ヲトハセ給フニ、答ル人ナシ。爰ニ、米津清右衛門申上ケルハ、「何ノ御仕置モナキ御出馬也ト、沙汰仕候」内府公御意ニハ、「其ハ何ト云事ソ」トアリケレハ、清右衛門申上ハ、「五奉行ヲ始、敵共味方共難レ弁、君御進発ノ跡ニテ上方表ニ大軍ヲハ催候ハ、勇々敷御大事ニテ候間、五奉行ヲ始、人質ヲ御取被レ成、又ハ諸国ノ大名ヲモ被二召上一、伏見城ヘモ御加勢ヲ被レ遣候テコソ可レ然御事ナルニ、左様ノ御仕置モ無レ之故ニ申カト、乍レ恐奉存候」ト、憚ル心モナク申上ケリ。「アツハレ能御伽カナ」ト、人感シケル。兎角ノ御意モナク、常ノ御機嫌ナリ。

斯テ、会津表攻口議定、既ニ極リケレハ、七月廿一日、

御出馬候者、幼君ヲ御見棄候様ニ風聞候間、当年ノ儀ハ御遠慮候ヘカシト奉レ存事。第二ニハ、御兵糧、東山道ハ、先年ヨリ不作仕。殊更一両年ハ飢饉《キキン》ニ候間、兵糧運送如何ニ候。且又、雪前ノ働及二難渋ニ一候ハン乎。旁以来春エ被二差延一可レ然候」ト、各一同ニ被二申上一ケレトモ、無二御同心一。

或時、南軒望マセ玉ヒ、納涼ノ御遊興ノ折柄、御伽《トキ》衆ヲ被二召寄一テ、世間ノ取沙汰ヲ問玉フニ、答ル人ナシ。爰ニ、米津清右衛門申上ルハ、「何ノ御仕置モナキ御出馬也ト、沙汰仕候」内府公御意ニハ、「其レハ何ト云事ソ」ト有ケレハ、清右衛門申シ上ルハ、「五奉行ヲ始、敵トモ味方トモ難レ弁、若シ御進発ノ跡ニテ上方表ニ大軍ヲ催シ候ハハ、勇々敷御大事ニテ候間、五奉行ヲ始、人質ヲ御取被レ成、又諸国ノ大名ヲモ被二召上一、伏見城エモ御加勢ヲ被レ遣テコソ可レ然御事ナルニ、左様ノ御仕置モ無レ之故ニ申カト、乍レ恐奉レ存候」ト、憚ル心モナク申上ケル。「天晴《アツハレ》能御伽哉」ト、人々感ケル。兎角ノ仰モナク、常ノ御機嫌也。

斯テ、会津表攻口議定シテ極リケレハ、七月廿一日、

大手・搦手一同ニ乱入シテ可㆓征罰㆒由、催促セラレケル。先会津ヨリ廿里程ヲ隔テ、白河ノ関ナリ。此表ヘハ、御大将家康公・黄門秀忠卿、信夫口ヘハ大崎宰相正宗、米澤口ヘハ山形出羽守義光、律《ツ》川口ヘハ中納言利長・同弟羽柴孫四郎・羽柴久太郎秀治・村上周防守義明・溝口伯耆守宣勝也。扨又、伏見城在番ニハ、御本丸ハ鳥井彦右衛門尉元忠、大手門ハ松平生殿守家忠、西ノ丸ハ若狭少将、其外、内藤弥次右衛門家長・同小一郎・松平五左衛門近正等也。

　慶長五年六月十六日、摂州大坂御出馬ナリ。御旗本供奉ノ輩ニハ、酒井宮内大輔家次・同右兵衛大夫忠重・大久保加賀守忠常・同次右衛門忠佐・本多美濃守忠政・同内記忠朝・奥平美作守信昌・同大膳大夫家昌・平岩主計頭親吉・小笠原信濃守長政・同兵部大夫秀政・松平玄蕃頭家清・戸田左門一西・同采女正氏鉄・本多上野介正純・青山常陸介忠成・同伯耆守忠俊・松平和泉守忠次・阿部備中守正次・本多豊後守康重・高力左近大夫長房・菅沼大膳亮定利・大須加出羽守忠政・内藤三左御門信成・松平内膳正忠慶・天野三郎兵衛康景・石川長門守康

追手・搦手一同ニ乱入シテ可㆓ノ征罰㆒由、催促セラレケル。先会津ヨリ廿里程ヲ隔テ、白川ノ関也。此表エハ、御大将　家康公・黄門秀忠公、信夫口エハ大崎宰相政宗、米沢口エハ　山形出羽守義光、津川口エハ中納言利長・同弟羽柴孫四郎・羽柴久太郎・村上周防守・溝口伯耆守也。扨又、伏見ノ城在《ザイ》番ニハ、御本丸ハ鳥井彦右衛門尉、大手門ハ松平主殿助、西ノ丸ハ若狭少将、其外、内藤弥次右衛門・同小一郎・松平五左衛門等也。

　慶長五年六月十六日、摂州大坂ヲ御出馬アツテ到㆓玉伏見ノ城㆒。十七日、伏見ニ御逗留。十八日、大津ニテ京極宰相御膳ヲ上ラル。石部ノ御旅館ニ着給。其晩、水口城ニテ、長束大蔵父子、御膳ヲ献ス。其夜、戌刻ニ御立。十九日、関地蔵ニ御舎。廿日ハ、四日市。従㆑是船ニ召レテ、廿一日、参州作島ニ著岸有テ、田中兵部御膳ヲ献ス。此日、堀尾帯刀、越前府中ヨリ来テ拝謁ス。仰ニハ、「石田三成隠謀其疑アリ。汝ハ府中ニ帰テ佐和山ノ体追テ可㆓注進㆒。同苗信濃守ハ供奉スヘシ」ト也。帯刀申ケルハ、「貴命謹ンテ畏入候。但浜松ニテ饗応《キヤウヲウ》ノ用意仕ル」トテ、其ヨリ御先エ参リケル。

通・本多縫殿助康俊、其外、少身或ハ番組ノ人々、雲霞ノ如シ。旌旗林ヲナシ、弓矢花ヲ荘《カサ》ル。武夫前ニ呵シ、従者塞ルレ塗ニ。供給之数万、各其物ヲ執テ夾レ道テ疾馳ス。先陣既ニ伏見城中ニ入ハ、後陣ハイマタ大坂ヲ不レ出ケリ。其日ハ伏見ノ城ニ宿シ、十七日ハ逗留。十八日、大津ニテ京極宰相高次御膳ヲ進メ、石部ニ著給。翌朝、水口ノ城ニテ、長束大蔵父子、御膳ヲ献セントスレド、如何思シケン、御刀ヲ賜リ、饗応ハ御辞退也。其夜、戌ノ刻ニ御立。十九日、関ノ地蔵ニ御館。廿日ハ、四日市。自レ是楼船ニ召レテ柱ノ櫂蘭ノ檠旗旌ハ、万頃ノ波ヲ蔽テ、廿一日、参州作ノ島着玉、田中兵部膳ヲ奉ル。

此日、堀尾帯刀、越前ノ府中ヨリ来テ拝謁ス。仰ニハ、「石田治部少輔内心難レ計。汝ハ府中ニ帰テ佐和山ノ変異追テ可二註進一。同信濃守忠氏ハ供奉スヘシ」帯刀謹テ、「畏入候。但浜松ニテ饗応ノ用意仕候」トテ、其ヨリ御先ヘ参ケル。

廿二日、吉田ニテ羽柴三左衛門、御膳ヲ献シ、白須加ヘ宿。廿三日、浜松ニテ堀尾御膳ヲ献ス。中泉一宿。廿四日、中山ニテ山内対馬守、昼ノ御膳ヲ献ス。島田ニ御

廿二日、吉田ニテ羽柴三左衛門、御膳ヲ献ス。白須加御旅宿。廿三日、浜松ニテ堀尾御膳ヲ献ス。中泉御舎。廿四日、中山ニテ山内対馬守、昼ノ御膳ヲ上ル。島田ニ御舎也。廿五里(日カ)、駿府ニ着御。中村式部少輔病悩故、家老横田内膳、二丸ニ在テ御膳ヲ献ス。式部、肩輿ニ助ラレテ出拝謁ス。内府公御哀憐、旧功ノ事トモ被二仰出一、御涙満レ襟シメ玉フ。于レ時仰曰、「鞠子ヨリ先ヱ人数不レ可レ進」此日、清見寺御舎。廿六日、中村彦右衛門、沼津ニテ御膳ヲ上ル。此日、本多佐渡守・大久保相模守ヲ始トシテ御旗本ノ面々、御迎ニ参ル。三島ニ一宿シ給。廿七日、小田原。廿八日、藤沢。

廿九日、鎌倉ノ鶴岡八幡宮ヱ御社参、潜ニ祈念セサセ給ヒテ、則壊社悉ク御造営、丹柱玉ヲ鏤メタリ。此社ハ、昔田村丸征東夷時、始テ建立也。其后、源頼義誅二安倍《アヘ》ノ貞任《サダトウ》ヲ一時、又当社ヲ造営ス。源頼朝ヨリ以来、源氏重代ノ尊崇如在ノ祀祭、不レ可二勝計一。如レ此ノ吉例ヤ被二思召出一ケン、過当ノ社領ヲ付、社人・祢宜・僧房、巍々堂々タリ。朔日、金沢竜源寺御舎。二日、江戸御帰城也。

斯テ　内府公会津御征罰トシテ、大坂既御首途《カトイテ》有ケル

舎。廿五日、駿府ニ着御。中村式部少輔病悩故、家老横田内膳、二ノ丸ニアリ、御膳ヲケンス。此時、中村式部老衰ト云、病中肩輿ニ乗テ参テ拝謁ス。内府公山中ノ事ナト被二仰出一、「汝健勇ナラハ、今般召連ラルヘキ人ナルニ」ト、慇懃ニ仰ラル。于レ時仰出サルルハ、「鞠子ヨリ先ヘ人数進ヘカラス」此日、清見寺御舎、廿六日ニハ式部名代中村彦右衛門一栄、沼津ニテ御膳ヲ奉ル。此日、本多佐渡守正信・大久保相模守忠隣ヲ始トシテ、御旗本ノ面々御迎ニ参リテ、三島ニ一宿シ給フ。廿七日、小田原也。廿八日、藤沢。

廿九日ニハ鎌倉鶴岡八幡宮ヘ御社参、東夷征罰ノ御祈祷。別当社僧、奔走シ、幣帛ヲ献シ、御神楽・祝《ノット》寿ナトアリ。壊社御造営ノ儀、仰出サル。久シク荒果タル古宮ナレハ、祢宜・巫祝《カンナキホフリ》モ散々ニ成テ、或田ヲ耕シ、或ハ商価ノ業ニ他国シケルヲ召集ラレ、古ヘノ如ク祭奠不レ惰シテ、玉殿終ニ玉ヲ鋟ム。右大将家ノ敬威再興シケルハ、上下皆感歎シテ、「寔ニ天下ノ主タルヘキ伎倆備リ給」ト言アヘリ。此社ハ、昔坂上田村麿東夷征罰ノ時、始テ此社ヲ建立セラル。其後、源頼義誅二安倍貞任一時、ト、諸国ニ聞エケレハ、東海道・畿内・西国ノ諸大名、思々ニ出立テ、一鞭馬ヲ早メテ、如二雲霞一追々ニ馳加ケル。サシモニ広キ東海道一面ニ打塞テ、昼夜ヲ分タズ夥シ。

先其人々ニハ、尾州清須ノ城主羽柴左衛門大夫二十万石・同子息刑部少輔・伊勢長島ノ掃部頭一万石・吉田ノ城主羽柴三左衛門・同弟池田備中守・同吉左衛門・丹後田辺ノ城主羽柴越中守丹後十一万石豊後三万五千石・子息細川輿一郎・甲斐ノ浅野左京大夫父ハ廿一万石・岡崎城主田中兵部大輔十万石、子息民部少輔・伊豫加藤左馬ノ助十五万石・従従（ママ）京極修理大夫・浜松ノ城主堀尾信濃守十一万二千石・掛川ノ城主山内対馬守五万石・駿府中村式部少輔十四万五千石病中ナレハ、舎弟中村彦右衛門、名代トシテ人数ヲ召具タリ。伊予松山城主藤堂佐渡守七万石・同国名張養息宮内少輔・参州刈屋水野日向守・黒田甲斐守・有馬法印一万石・子息玄蕃頭・伊勢阿濃ノ津富田信濃守五万石・徳永法印尾州六万石・子息左馬助・九鬼長門守三万五千石・古田織部松坂四万五千石・同幡鳥取宮部兵部太輔廿四万石・花房志摩守・宇喜多左京亮・戸川肥後守、此三人ハ、備前中納言ノ家人ナルカ、家中口論ノ事有テ、引分レテ御供ス。生駒讃岐守・寺澤志摩守・古田兵部少輔四万五千石・稲

当社ニ詣テ造営アリ。其後、源頼朝、島ヨリ出テ後、源氏重代ノ尊崇、如在ノ祝祭、不レ可二勝計一。如レ斯ノ吉例ヤ思召出サレケン、過当ノ社領ヲ付、社人・祢宜・僧房、巍々堂々タリ。朔日、金沢竜源寺ニ御舎。二日、江戸御帰城也。

斯テ内府公会津御征罰トシテ、大坂已ニ御首途アリケルト、諸国ニ聞ケレハ、東海道・畿内・西国ノ諸大名、思々ニ出立テ、一鞭馬ヲハヤメテ、如二雲霞追々一ニ馳加ケル。サシモノ広キ東海道一面ニ打塞テ、昼夜ヲ分タス夥シ。

先其人々ニハ、尾州清須ノ城主羽柴左衛門大夫正則弐拾万石・同子息刑部少輔・伊勢長島ノ福島掃部頭正頼壱万石・吉田城主羽柴三左衛門輝政池田・同弟池田備中守長吉・同吉左衛門・丹後ノ羽柴越中守忠興拾壱万石豊後三万五千石・子息細川与一郎・甲斐ノ浅野左京大夫幸長父ハ弐拾一万石・岡崎城主田中兵部大輔長正拾万石・子息民部少輔長顕・伊予国ニ加藤左馬助喜明拾五万石・侍従京極修理ノ大夫高（ママ）・浜松ノ堀尾信濃守忠氏拾壱万弐千石・懸川ノ山内対馬守一豊五万石・駿河国中村式部少輔拾四万五千石ハ病中ナレハ、舎弟中村彦右衛門、名代トシテ葉蔵人二万五千石・分部左京亮伊勢上野・羽柴伊賀守筒井伊賀上野九万石・織田有楽・子息河内守・飛騨金森法印三万五千石・子息出雲守・松倉豊後守四万五千石・市橋下総守・桑山相模守・亀井武蔵守一万石・小出遠江守・一柳監物三万五千石・津田長門守三万石・子息小平次・佐藤三河守・山城宮内・天野周防守・奥平藤兵衛・石川玄蕃頭・同伊豆守・船越五郎右衛門・大島雲八・三好新左衛門・平野九左衛門・三好為三・神保長三郎・秋山右近・赤井五郎作・堀田権八・伊丹兵庫頭・山岡修理・岡田少五郎・岡田助左衛門・野間久右衛門・野尾喜太郎・仙石式部少輔・佐々喜三郎・中川半左衛門・兼松又四郎・池田備後守・子息弥右衛門・佐々淡路守・堀田若狭守・長谷川甚兵衛・森宗兵衛・能勢宗左衛門・岡田藤五郎・簀尾半左衛門・川村助左衛門・柘植平右衛門・鈴木越中守・別所孫四郎・落合新八・清水小八郎・佐久間久右衛門・同源六・祖父江法斎・水野河内守・村越兵庫・山岡道阿弥・佐久間河内守・山名禅幸・尼子刑部、石川玄蕃允・丹羽勘助・平田若狭守・世楽院・極楽院・中村又蔵・同孫右衛門・田中清太・三好新左衛門・平九右衛門・前田半右衛門、此外人数ヲ召具タリ。伊予松山城主藤堂佐渡守高虎八万石・伊予今張養息宮内少輔高貞・刈屋水野日向守・黒田甲斐守長政・有馬法印・同子玄蕃頭豊氏・蜂須加長門守至鎮・冨田信濃守信高五万石・徳永法印六万石・子息左馬助寿昌・九鬼長門守守隆三万五千石・古田織部正重勝・宮部兵部大輔十九万石・花房志摩守・宇喜多左京亮成正・戸川肥後守正則、此三人ハ備前中納言ノ家老ナルカ、口論以後引分テ御供人。生駒讃岐守正俊・寺沢志摩守広高・古田兵部少輔信勝四万四千石・稲葉蔵人道茂弐万五千石・分部左京亮政寿・羽柴伊賀守本名筒井九万石・織田有楽長益・子息河内守長孝・金森法印三万五千石・子息出雲守重頼・松倉豊後守・秋田城介実季・佐藤駿河守信元・本多若狭守重氏・津田小平次・市橋下総守・桑山相模守一貞・亀井武蔵守政直・小出遠江守旨豊・一柳監物三万五千石・津田長門守三万石・山城宮内・天野周防守景俊・奥平藤兵衛・石川玄蕃頭貞政・同伊豆守・船越五郎右衛門・大島雲八・三好新右衛門・平野九左衛門・三好為三・神保長三郎・秋山左近・赤井五郎作・堀田権八・伊丹兵庫頭・山岡修理・岡田少五郎・岡田助右衛門・野間久右衛門・野尾彦大郎・仙石式部少輔・本多代官、小給人等馳参テ、既江戸ニ着セ玉ヘハ、都合五万五千八百余人ノ着到《チヤクトウ》トゾ聞ヘケル。

慶長軍記を楽しむために③

三成の刺客――歌舞伎者加賀井弥八郎

刺客。東アジアでは、『史記』にその列伝が立てられて以来、肯定的に受け取られてきた存在である。

17に取り上げられる加賀井弥八郎も、秦の始皇帝の命を狙ってすんでの所で失敗した荊軻に比定された「刺客」である。確認できる加賀井説話の初出『武者物語』下（一六五六年刊）では、家康に味方するという加賀井は堀尾忠晴から越前への同道を誘われ、池鯉鮒で宴会の中、水野忠重を殺した後、堀尾に討たれるが、その遺骸からは三成から送られた、水野・堀尾の暗殺指令の手紙が見つかるという落ちとなっている。

本書では、上杉征伐のため東下する途中の家康が、堀尾に対し、越前で三成の動静を監視するよう依頼する（15）。一方、石田の命を受けて、秀頼

因幡守正武・溝口源太郎・佐々喜三郎・中川半左衛門・兼松又四郎・他《イケ》田備後守知政・子息弥右衛門・佐々淡路守行政・堀田若狭守・長谷川甚五兵衛・森宗兵衛・能勢宗左衛門・岡田庄五郎・箸尾半左衛・門川村助左衛門・柘植平左衛門・鈴木越中守重愛・別所孫次郎・落合新八・清水小八郎・佐久間久右衛門・同源六・祖父江法斉・水野河内守清忠・村越兵庫・山岡道阿弥・佐久間河内守政実・山名禅幸・犯子刑部・石川玄蕃允・丹羽勘助氏信・平田若狭守・世薬院・極楽院・中村又蔵・同孫右衛門・田中清六・三好新左衛門・平九右衛門・前田半右衛門、此外代官、小給人等、馳参テ、既ニ江戸ニ着セ給ヘハ、都合五万五千八百余人ノ着到トソ聞ヘシ。

一説、都合六万九千三百騎任先例、榊原為魁首先陣、佐久山大田原ニ至ル、後陣ハ古河栗橋ニササエ。タリ

からの使者と称して、家康に対面してこれ暗殺しようとした加賀井は、江戸で家康との対面はならず、逆に加賀井と出会った堀尾は、三成と親しい彼からその動静を知ろうとして、共に水野の居宅を訪ねることとなる。伏線はそれだけではない。16で大谷刑部が、三成から挙兵の密談を持ちかけられた際、事前に知っておれば、水口で家康を不意に襲う手があったが、今となっては遅い、残る手は、秀頼の使者という名目で刺客を送るしかないと言われ、三成と「刎頸」の友だった加賀井に白羽の矢が立つ構成となっている。

加賀井は本書では、家康の命を狙う大物の刺客と化し、その後、江戸後期の実録『慶長中外伝』や、稿本で残る読本『慶長軍記』（京都府立京都学歴彩館蔵）まで、そのイメージが膨らんで語り継がれてゆく。中でも注意を要するのは、井原西鶴の『好色一代男』冒頭に、世之介の父で歌舞伎者の夢介の一味として、「加賀の八」の名があがっている点である。軍記類での伝えが、世之介の誕生に絡んでいたとすれば、本書は、西鶴の小説作りと読者層の問題にも一石を投じるものであることになる。

16　大谷《タニ》刑《ギヤウ》部《ブノ》少《セウ》輔佐《サ》和《ワ》山江立寄《ヨル》事　（五―一）

大谷刑部ノ少輔ハ年来内府《ダイフ》公ヘ入魂《ジュツコン》ノ事ナレハ、今般《コノタヒ》征東ノ幕下《バツカ》ニ属《ゾク》セントテ、甥《テイ》ニ木下《キノシタ》山城・木ノ下大学ヲ召連《ツレ》テ、伏見ヲ立テ下リケルカ、石田治部トハ成童《セイドウ》ノ古ヘヨリ秀吉公ノ左右《サウ》ニ扈従《コシヤウ》シテ、金蘭《ラン》ノ友ト云、殊若《コトニニヤク》道《ダウ》ノ婉佞《エン〈ネ〉イ》ヲ契《チキ》リケレハ、暇乞《イトマコヒ》トシテ佐和山ヘ立寄《ヨリ》ケルカ、治部少輔大ニ悦《ヨロコン》テ、奔走《ホンソウ》シケル事不《ス》二尋常《ヨノツネナラ》一。

座《ザ》既《ステ》ニ定ツテ思ヒ立ケル叛逆《ホンギヤク》ノ意趣《シユ》ヲ潜《ヒソカ》ニ語《リ》ケレハ、刑部少輔ハ面《カホ》ヲ歃《ソハタテ》テ、暫《シハシ》ハ物モ不レ言ケルカ、治部ヲツクツクト見テ云ヘルハ、「是程《ホト》ノ大事ヲ思ヒ立給ハハ、兼日ヨリ何ソ吾ニ不ルレ知セ乎《ヤ》」治部カ云ク、「貴方ハ何ン時ニテモ申聞ハ、我ヲ捨《ステ》ラレマシキ人ト思、先指当ル大事ト存スル方ヲ取繕《ツクロフ》故ニ、延引スル」大谷カ云ク、「兼日吾ニ知セハ謀略《ホウリヤク》有ヘキニ、今ニ至テハ味方勝利有ヘカラズ」答云《コタヘテ》ク、「負《マク》ヘキ儀有ヘカラス。東ハ景《カゲ》勝・佐竹、西ハ毛利・島津《ヅ》ヲ始メ、大名・小名数ヘカタシ。急《イソキ》　内《ダイ》府ノ支配《シハイ》ノ城共ヲ攻落、畿内西国一統《トウ》ニ秀頼君《ヒテヨリクン》ヲ守護《ゴ》シ、政《セイ》道堅固《ケンコ》ナラハ、家康上洛ハ不二思ヒ寄一事也。

16　大谷刑部少輔佐和山江立寄事　（三―二）

大谷刑部少輔ハ年来　内府公エ入魂ノ事ナレハ、今般東征ノ幕下《バツカ》ニ属セントテ、甥木下山城・木下大学ヲ召連レテ、伏見ヲ立テ下リケルカ、石田治部トハ成童ノ古ヨリ秀吉公ノ左右ニ扈従《コセウ》シ、金蘭《ラン》ノ友ト言、殊若道ノ知音ヲ契《チキリ》ケレハ、暇マ乞トシテ佐和山エ立寄ケル。治部少輔大ニ悦テ、奔走シケル事不二尋常《ヨノツネ》一。

既ニ定テ思立ケル叛逆ノ意趣ヲ潜《ヒソカ》ニ語ケレハ、刑部面ヲ歃テ、暫ハ物モ不レリ云ケルカ、治部ヲ一尽《ツクヅク》トミテ云ケルハ、「是程ノ大事ヲ思立玉ハハ、兼日ヨリ何ソ我ニ知セサルヤ」治部云、「貴方ハ何時ニテモ申聞ハ、我レヲ棄ラレマジキ人ト思ヒ、先指当大事ト存ル方ヲ取繕フ故ニ、延引スル」ト云。大谷云、「兼日我レニ知セハ謀略有ヘキニ、今ニ至テハ味方勝利不レ可レ有」ト云。治部答云、「可レ負儀不レ可レ有。東ハ景勝・佐竹、西ハ毛利・島津ヲ始トシテ、大名・小名計ヘカタシ。急　内府ノ支配ノ城共ヲ攻落シ、畿内西国一統ニ秀頼君ヲ守護シ、政道堅固ナラハ、家康上洛ハ不二思寄一事也。若奥州発向

若《モシ》奥州発《ハツ》向アラハ、跡ヨリ東征《セイ》シ、海道筋《スチ》留守《ルス》ノ城々抜《ヌキ》取テ向ナラハ江戸へ可㆓引入㆒。然ラハ景勝威《イ》ヲ振《フルフ》テ切《キツ》テ出、前後ヨリ武《ブ》州ヲ攻《セムル》ナラハ、家康ヲ討捕《トラ》ン事、如㆑指《サスカ》㆑掌《タナココロヲ》也」

刑部カ云ク、「御辺《ヘン》ノ云所ロ理《リ》アルニ似《ニ》タレトモ、只知《シツテ》㆑彼《カレヲ》不㆑知㆑己《ヲノレヲ》ナリ。今我問《トハン》㆑之ヲ、答《コタヘン》乎《カ》」「諾《ダク》、可㆑答《コトフ》」「夫武士ノ高位《イ》ハ、於《ヲイテ》㆓天下㆒ニ誰乎《タレソヤ》」答テ云、「家康也」「天下ノ武将、勲功《クンコウ》ノ多キハ誰乎《タレソヤ》」曰ク、「家康ナリ」「天下ノ勇《ユウ》士、多ク持《モチ》タルハ誰乎《タレソヤ》」曰ク、「家康ヨ」「慈悲アツテ、家人《ケニン》思ヒ付タルハ誰乎《タレソヤ》」曰ク、「家康ヨ」「海内ノ勇士、下風慕《カフウシタイ》、余光《ヨクハウ》ヲ望《ノソム》、誰乎」曰ク、「家康也」「此五者、一トシテ御辺《ヘン》ノ身ニ及《ヲヨ》バス。是無㆓勝利㆒シルシ也」治部カ云ク、「イヤイヤ左ニハアラス。天下ノ尊者ハ秀《ヒテ》頼君也。臣トシテ君ヲ犯サントスルハ、家康ノ不忠ニアラズヤ。彼《カレ》ハ不忠ノ名アリ。我ハ忠ヲ以ス。天下ノ人タレカ不忠ニ与センヤ。我秀頼ノ命ヲ蒙《カウム》テ、義兵《ヘイ》ヲ揚《アクル》ナラハ、天下シタカハスト云事有へカラス」ト云。

刑部カ云ク、「夫《ソレ》兵、校《ハカルニ》㆑之、以㆑計《ハカリコトヲ》而、索《モトム》㆓其ノ情ヲ㆒、曰、「主孰《イツレカ》有ル㆑道、将孰《イツレカ》有㆑能《ノウ》、天地孰《イツレカ》得タル、法

アラハ、跡ヨリ東征シ、海道筋留守ノ城々抜取テ向ナラハ江戸エ可㆓引入㆒。然ハ景勝威ヲ震ヒ切出、前後ヨリ武州ヲ攻ナラハ、家康ヲ討捕ン事、如㆑指㆑掌ヲ」

刑部云、「御辺ノ云処理アルニ似タレトモ、只知テ㆑彼不㆑知㆑己也。今我問㆑之、答ンカ乎」「諾、可㆑答」大谷言、「今夫レ武士ノ高位ハ、於㆓天下㆒、誰乎」答云、「家康也」「天下ノ武将、勲功ノ多キハ誰乎」曰ク、「家康也」「天下勇士多ク持タルハ誰乎」曰ク、「家康ヨ」「慈悲有テ、家人思付タルハ誰乎」曰ク、「家康ヨ」「諸国大名・小名思著タルハ誰乎《カ》」曰ク、「家康也」「此五ノ者、一トシテ御辺ノ身ニ不㆑及。是レ無キ㆓勝利㆒験シ也」治部云、「イヤイヤ左ニハ非ス。天下ノ尊者ハ秀頼君也。臣トシテ君ヲ犯サントスルハ、家康ノ不忠ニ非スヤ。彼ハ不忠ノ名有。我ハ以㆑忠。天下ノ人誰カ不忠ニ与センヤ。我秀頼ノ命ヲ蒙テ、義兵ヲ揚ルナラハ、天下不㆑従ト云事不㆑可㆑有」ト云。

刑部云、「夫兵、校㆑之、以㆑計而、索㆓其情ヲ㆒、曰ク、「主孰有㆑道、将孰有㆑能、天地孰得、法令孰行、兵衆孰強キ、士卒孰練、賞罰孰明。以㆑此知㆑彼知㆑己、可㆑知㆓

令孰《イツレカ》行ハル、兵衆孰《イツレカツヨキ》強、士卒孰《イツレカネル》練、賞罰《バツ》孰レカ明ナル。以レ此ヲ知ルレ彼ヲ、知レ彼ヲ知レ己《ヲノレ》ヲ、可レ知二勝負《ブ》一ヲ者也」是古へ之道也。昔義《ヨシ》貞ハ勅《チヨク》命ヲ蒙《カフム》テ高氏ヲ誅《チウ》セントスレトモ、終《ツイニ》不レ得二勝利一ヲ者ハ何ゾヤ。天下ノ英雄《エイユウ》高氏へ思ヒ付テ、勢《イキヲイ》及フヘカラサル故也。今御辺《ヘン》義兵ト称《セウ》ストモ、鷹揚《アウヨウ》ノ勢ヲイヲハ挫《トリヒシ》キ難《カタ》カルヘシ。始ヨリ此事、我ニ知シ給ハハ、家康在二伏見《フシ》一ニノ時、討捕《トル》ヘキニ、今関《クワン》東へ下テ魚ノ水ヲ得タル如ク、三百万石ノ大名、天下ノ勇士ヲ集《アツメ》持タリ。其方纔《ワツカ》ノ身上ニテ、何ソ同日ニ言《イハ》ンヤ。大閤《カウ》ノ御代ニサへ、此人ヲ討捕事叶カタシ。長久《ク》手《テ》合戦以後、扱《アツカイ》ニ成テ、和睦《ワボク》ナリ。況《イハンヤ》今幼君、何ソ彼《カレ》ヲ制《セイ》センヤ。若《モシ》合戦ニ及フトモ、寄《ヨリ》合勢ハ評《ヒヤウ》議不レ定、下知ヲ不レ聞、是又敗北《ハイボク》ノ幾《キ》也。家康ハ大名人多ク持、小身ノ時ヨリ士卒ヲ愛《アイ》シ、新参古参ヲ云ズ、腹ノ内ノ子ニモ跡《アト》ヲ立、禄《ロク》ヲ世《ヨヨ》ニシテ、知行モ劣《ヲト》サス、或ハ長病・狂《キヤウ》人ニテモ所領不二取上一、慈悲第一ナル故ニ、侍共、主君ヲ思テ死ヲ忘《ワス》ル。殊切々合戦ニナレテ功アル軍兵ナリ。今其方一味ノ衆モ、大名ハ下知ニ付ヘカラス。思々ノ再拝ナルヘシ。家康在《サイ》伏見ノ時、露《ツユ》此ノ事知ナラハ、

勝負一者也」是古ノ道也。昔義貞蒙二勅命一テ尊氏ヲ誅セントスレトモ、終ニ不レ得二勝利一者ハ何ソヤ。天下ノ英雄、尊氏エ思付テ、勢不レ及故也。夫御辺ハ義兵ト称ストモ、鷹揚ノ勢ヲハ挫キ難カルヘシ。始ヨリ此事、我ニ知セ玉ハハ、家康伏見ニ在時、可二討捕一。今関東ニ下玉ヒ、魚ノ水ヲ得タル如ク、三百万石ノ大名、天下ノ勇士ヲ集持タリ。其方纔ノ身上ニテ、何ソ同レ日云ンヤ。大閤ノ御代ニサヘ此人ヲ討捕事難レ叶。長久手合戦以後、曖ニ成テ和睦也。況今幼君、何ゾ彼ヲ制センヤ。若合戦ニ及ブトモ、寄合勢ハ評議不レ定、下知ヲ不レ聞、是レ敗北ノ柷《キ(幾カ)》也。

家康ハ、大名人多ク持、小身ノ時ヨリ士卒愛シ、新参・古参ヲ不レ云、腹ノ内ノ子ニモ跡ヲ立、禄ヲ世ニシテ、知行モ減サス、或ハ長病・狂人ニテモ所領不二取上一、慈悲第一ナル故ニ、侍共、主君ヲ思テ死ヲ忘ル。殊ニ切々合戦ニナレテ功有軍兵也。今其方一味ノ衆ニ、大名ハ下知ニ付ヘカラス。思々ノ再拝ナルヘシ。

家康在伏見時、露此事ヲ知ナラハ、以レ謀討ヘキ品多シ。殊、伏見出馬ニ石部ニ泊ラレタル時、佐和山ヨリ纔七里ナレハ、宵ヨヨ(ママ)リ人数ヲ出シ押寄ハ、夜半過ニハ石

謀《ハカリコト》ヲ以討ヘキ品《シナ》多シ。殊ニ伏見出馬ニ石辺《ベ》ニ泊《トマ》ラレタル時、佐和山ヨリハ纔《ワズカ》七里ナレハ、宵ヨリ人数ヲ出シ押寄《ヨセ》ハ、夜半過ニ石部ニ着ヘシ。吾モ見送《ヲクリ》ノ様ニテ石部マテ参リ、相図《ヅ》ヲ定テ、両勢ヲ以不意ヲ撃《ウタ》ハ、家康ヲハ討洩《モラス》マジ。今無レ恙《ツツカ》本国へ参ラレ、各跡ヨリ武蔵国へ出馬セハ、味方ハ長途《ド》ニツカレ、勝利有ヘカラス。喩《タトヘ》ハ、囲《イ》碁《ゴ》ヲ打ニ下手ノ心ニ能《ヨシ》ト思テスレトモ、上手ニ合テハ、案ニ相違シテ負《マク》ル如ク、其道ヲ得ヌ人ハ、常ノ知恵《エ》ハ賢《カシコ》クトモ、兵ノ道ハ知ヘカラス。是ト云モ、家康ノ運《ウン》ノ強《ツヨ》キ故也。某《ソレカシ》、固疾《シツ》ノ病アリテ、目ハ不レ見、人半分ノ身ナレハ、用ニ立ホトノ事ハナクトモ、御辺ヲ見捨《ステ》テハ、男道ノ闕《カク》ルナレハ、義ノ重キ所也。殊ニ幼君ノ命《メイ》トアルカラハ、一命《メイ》ヲハ奉《タテマツ》ルヘシ。乍レ去、只今ニ至テ一ツノ謀《ハカリコト》アリ。秀頼ノ使者トシテ慰労《イラウ》ノ御口上アラハ、家康出テ対面《タイメン》有ヘシ。其時刺殺《サシコロス》ヨリ外ハ有ヘカラス。是モ家康、上方気遣《ツカイ》アラハ、名代ヲ立テ、自身ハ会《アウ》ヘカラス。万一蒼卒《サウソツ》ニシテ会ナラハ、第一ノ謀也」

　治部カ云、「先以御同心、芳恵《ハウケイ》、返々《カヘス》モ大慶ナリ。向《キヤウ》後《コウ》ハ御辺ト吾等ト心ヲ一ニシテ、計策《ケイサク》ヲメクラサハ、何

部ニ着ヘシ。我モ見送ノ様ニテ石部迄参リ、相画ヲ定テ、両勢ヲ以テ不意ヲ撃ハ、　家康ヲハ討洩スマジ。今無レ恙本国エ参ラレ、各跡ヨリ武州エ出馬セハ、味方ハ長途ニ疲レ、不レ可レ有二勝利一。喩ハ囲碁ヲ打ニ、下手ノ心ニ、善ト思テスレトモ、上手ニ逢テハ、案ニ相違シテ負ル如ク、其道ヲ得ヌ人ハ、常ノ智恵ハ賢クトモ、兵ノ道ハ不レ可レ知ル。是レト云モ　家康ノ運ノ強キ故也。某、固疾ノ病アリテ、目ハ不レ見、人半分ノ身ナレハ、用ニ立程ノ事ハナクトモ、御辺ヲ見捨テハ男道ノ闕ルナレハ、義ノ重所也。殊幼君ノ命ト有カラハ、一命ヲハ可レ奉。乍レ去、至二于只今一一ノ謀アリ。秀頼ノ為《シテ》二使者一慰労ノ御口上アラハ、　家康出テ対面有ヘシ。其時刺殺ヨリ外ハ不レ可レ有。是モ　家康、上方気遣アラハ、名代ヲ立、自身ハ不レ可レ会。万一倉卒ニシテ会ナラハ、第一ノ謀也」

　治部カ云、「先以御同心、芳恵ハ返々モ大慶也。向後貴辺ト我等、心ヲ一ニシテ、計策ヲ廻サハ、何ゾ運ヲハ開サランヤ。江戸エエ(ママ)使者尤也。加賀野井弥八郎ハ、心剛ナル侍、手早ナル者也。此人ヲ可レ遣。扨此間、随分

ソ運ヲハ開《ヒラカ》サランヤ。江戸へ使者尤也。加賀ノ井弥八郎ハ心ノ剛《カウ》ナル侍、手《テ》早ナル者也。此人ヲ可㆑遣《ツカハス》。此ノ間、随分城ノ要害《ヨウガイ》ヲ堅固《ケンゴ》ニ拵《コシラヘ》候。御目ニ掛申サン」トナリ。

刑部カ云ケルハ、「城取堅固ニスルハ、サノミ用ニ不㆑立事也。子細ハ、敵国ノ境目ナトニ一端敵ヲ押《ヲサ》ヘテ、後日ニ本城ヨリノ後詰《ヅメ》ヲ待ニハ、縄張《ナハハリ》堅固ニ、馬出《ダシ》全ク用意ス。御辺ハ出テ働《ハタラ》ク大将ナリ。籠《ロウ》城ノ覚悟《ゴ》ナキ事ナレハ、サノミ要害ハ有ヘカラス。大将ノ要害ハ徳義也。徳ノアル所、天下ノ人帰順《キシュン》ス。「地ノ利ハ人ノ和《クハ》ニ不㆑知《(如カ)》」ト云所也。乍㆑去、要害一覧申サン」トテ、打連テ出ケルニ、北方ハ湖水漫々タレトモ、三方ハ平地ニツツク。山城切通、松原ノ虎口堅ス。誠ニ天府《フ》ノ要害ナリ。馬出シ折屏《ヲリ》・櫓矢《ヤクラヤ》・狭間《サマ》、所々ニ気ヲ付テ帰《カヘリ》ケレハ、主人モ大悦シテ、「弓箭ニ賢キ賓客《ヒンカク》カナ」ト感セヌ人ナシ。

治部云ク、「近年、諸浪人、武功ノ侍共召抱《カカヘ》タリ。刑部殿ニ目見《ミエ》サセ申サン」ト云テ、島左近・蒲生《カマウ》備中ヲ初《ハシメ》トシテ、次第々々ニ拝謁《エツ》ス。刑部ハ盲《モウ》目ナレハ、小性ヲ両人、左右ニ置《オイ》テ私諾《ササヤカ》セテ、ソレソレニ詞ヲカケ、二

城ノ要害ヲ堅固ニ拵候。御目ニ懸ン」ト言。

刑部云、「城取堅固ニスルハ、サノミ用ニ不㆑立。子細ハ、敵国ノ境目ナドニ一端敵ヲ押エテ、後日ニ本城ヨリノ後詰ヲ待ニハ、縄張堅固、馬出全ク用意ス。御辺ハ出テ働ク大将、籠城ノ覚悟ナキ事ナレハ、要害ハ徳義也。徳ノアル所、天下ノ人帰順ス。「地ノ利ハ人ノ和ニ不㆑如」ト云所也。乍㆑去、要害一覧申サン」トテ、打連《ツレ》テ出ケルニ、北ノ方ハ湖水漫々タレトモ、三方ハ平地ニ続キ、山城切通、松原ノ虎口堅ス。誠ニ天府ノ要害、馬《ムマ》出《タシ》・折屏《ヲリヘイ》・櫓矢《ヤクラヤ》・狭間《サマ》、所々ニ気ヲ付テ帰レハ、主人モ大悦シテ、「弓箭ニ賢キ賓客哉」ト、感セヌ人ハナシ。

治部云、「近年、諸浪人、武功ノ侍共召抱タリ。刑部殿ニ目見エサセ申サン」ト云テ、島左近・蒲生《カマフ》備中ヲ初メトシテ、次第々々ニ拝謁ス。刑部ハ盲目ナレハ、小姓ヲ両人、左右ニ置テ私語セテ、ソレソレニ詞ヲカケ、二日逗留シテ、居城越前敦賀《ツルガ》エ帰ケル。

日逗留シテ、佐和山ヲ立テ、居《キ》城越前国敦賀《ツルガ》エ帰ケル。

17　加賀野井弥《ヤ》八郎事　（五―二）

美濃《ミノノ》国ノ住人加賀ノ井弥八郎ハ、石田ト刎頸《フンケイ》ノ友《トモ》ナリケルカ、招《マネ》キ寄テ、シカシカノ事ヲ語リケル。弥八郎カ云ケルハ、「吾、昔《ムカシ》大閤ノ御前ヲ背ケルニ、御辺ノ関説《クハンセツ》ニテ御免《メン》ヲ蒙《カウム》リケレハ、此厚恩《カウヲン》ヲ忘《ワスレ》カタク候。此度一命ヲ進《タテマツ》ランハ、一ツハ秀頼ヘノ忠節ナレハ安キ事也」ト領掌ス。

石田大ニ悦《ヨロコン》テ、「サラハ、秀頼公ノ慰問《キモン》ノ御使トシテ江戸ヘ下向シ、家康対面ノ処ヲ刺《サシ》殺ヘシ」ト懇《ネンコロ》ニ言聞《イヒ》セケレハ、弥八重テ云ケルハ、「静謐《セイヒツ》ノ時節ナラハ、幼《ヨウ》君ノ御使ニ対面ナキ事ハ有ヘカラス。此騒動《サウトウ》ノ時至テハ、老功ノ大将ナレハ対面ハ不定ナリ」ト云。

石田云ルハ、「家康対面ナクハ無二是非一事也。若シ近寄ヘキ時節アラハ、頼入ヘシ。サアラハ、子息ニハ一国守護《ゴ》相違有ヘカラス」トテ、起請《キシヤウ》文ヲ書テ渡シケレハ、弥八打ウナツイテ座敷ヲ立、則江戸ヘ下向スル。

17　加賀野井弥八郎事　（三―三）

美濃国住人加賀野井弥八郎ハ、石田ト刎頸《フンケイ》ノ友ナルカ、招寄テ、シカシカノ事ヲ語リケル。弥八郎カ言ケルハ、「我、昔大閤ノ御前ヲ背《ソムキ》ケルニ、御辺ノ取合ニテ御免ノ蒙リケレハ、此厚恩ヲ難レ忘候。此度一命ヲ奉ランナ、秀頼公エノ忠節ナレハ安キ事」ト領掌ス。

石田大ニ悦テ、「サラハ、秀頼公ノ慰問ノ御使トシテ江戸エ下向シ、家康対面ノ時、刺殺シ玉ヘ」ト懇ニ言ケレハ、弥(八郎カ)重テ云ケルハ、「静謐ノ時節ナラハ、幼君ノ御使ニ無二対面一コトハ不レ可レ有ル。此ノ騒動ノ時ニ至テハ、老功ノ大将ナレハ対面ハ不定也」ト云。

石田云、「家康対面ナキハ無二是非一事也。若可二近寄一時節アラハ、頼入也。左アラハ、子息ニハ一国ノ守護不レ可レ有二相違一」トテ、起請文ヲ書テ渡シケレハ、弥八打諾キテ座敷立、則江戸エソ下向スル。

日数ヲ経テ至二于江城一ニ、而御使者ノ案内ヲ云入ケ

日数ヲ経《ヘ》テ江城《コウジヤウ》ニ至ツテ、御使者ノ案内ヲ言入ケレトモ、家康御対面ナク、近習一人奏者シテモテナシ返《カヘシ(ママ)》シケレハ、弥八郎、専諸《センシヨ》・荊軻《ケイカ》カ勢ヲ失テ、忙《バウ》然タル消息《アリサマ》ナリ。秋ノ草葉ノカレカレニ、事問《トウ》人モナカリケレハ、力ラ及ハスシテ、スゴスゴト帰リ上リケル。

爰ニ堀《ホリ》尾帯刀先生《ジヤウ》ハ、内《ダイ》府公ノ命《メイ》ヲ請テ、越前ヘト用意シテ、越路《コシヂ》ノ旅ニ出立ケル。然ル処ニ、刈屋《カリヤ》ノ城主水野和泉守ハ、先生ト年来睦《ムツマ》シケレハ、池鯉鮒《チリウ》ノ駅《エキ》ニ出向テ、饗応《フルマイ》セント待居タル。

弥八郎ハ、先生ニ行合ヒテ御使ノ由ヲ語リケレハ、先生思ケルハ、「此人ハ、石田ト水魚《キヨ》ナレハ、何トナク上方ノ事ヲ問《トハ》ン」トテ、云ケルハ、「路次ニ和泉守、吾ヲ馳《チ》走セントテ、出向ハレケル。幸誘《ユウ》引セン」トナリ。弥八悦テ、「サラハ御供申ン」トテ、行向。

七月九日ノ事ナレハ残暑《ザンチヨ》甚シク、南面ノ障《シヤウ》子打開《ヒラ》キ、茶ノ湯ノ用意ト見エテ、ソラ焼《タキ》物ノ香《ニホヒ》、釜《カマ》ノ湯ノ音《ヲト》、清風ノ松ニアタル如ク、床ノ墨跡《ボクセキ》・砂《スナ》ノ物、ヤサシキ主人ノモテナシナリ。前栽ノ草木ニ水ヲ洒《ソソ》キ、座席ノ壁《カベ》ニ屏風引マハシ、左右ノ近臣、遠《トヲ》侍、済《セイ》々トシテ魏《ギ》々タリ。

〈レ〉トモ、家康公、無二御対面一、近習一人奏者スルモノモ無返シケレハ、弥八郎、専諸・荊軻カ勢ヲ失テ、忙然タル消息《アリサマ》也。秋ノ草葉ノカレカレニ、事問人モ勿リケレハ、力及ハスシテ、スゴスゴト帰リ上リケル。

爰ニ堀尾帯刀先生ハ、内府公命ヲ請テ、越前エト用意シテ、越路ノ旅ニ出立ケル。然処ニ、刈谷ノ城主水野和泉守ハ、先生ト年来睦シカリケレハ、池鯉鮒《チリウ》ノ駅ニ出向テ、饗応《キヤウヲウ》セント待居タル。

弥八郎ハ、先生ニ行向テ御使ノ由ヲ語ケレハ、堀尾思ケルハ、「此人ハ、石田ト水魚ナレハ、何トナク上方事ヲ問ン」ト思、云ケルハ、「路次ニ和泉守、我ヲ馳走セン迚、出向ハルル幸《サイハイ》誘引セン」ト也。弥八郎悦テ、「サラハ御供申サン」迚、行向フ。

七月九日ノ事ナレハ残暑甚ク、南面ノ障子打開キ、茶ノ湯ノ用意ト見エテ、ソラ薫物ノ香ヒ、茶ノ湯音、清風ノ松ニアタル如ク、床ノ墨跡・砂物、ヤサシキ主人ノモテナシ也。前栽ノ草木ニ水ヲ洒キ、座席ノ壁ニ屏風引廻シ、左右ノ近臣、遠侍、済々トシテ、巍々トシテ並居タリ。

此和泉守ハ、父ハ水野左衛門尉ナリ。参州刈屋《カリヤ》ノ城主ニテ有ケルカ、息女ヲ徳川廣忠ヘ嫁《カ》シテ、御子一人誕生ス。今ノ家康公也。広忠、後ニ夫妻中悪成テ、刈屋ヘ送リ出サレケレハ、左衛門尉其娘《ムスメ》ヲ久松佐渡守ヘ再嫁《サイカ》セラル。又久松男子ヲ産スル事三人、一人ハ松平因幡守也。一人ハ松平源三郎也。是甲州ヘ人質《シチ》ニ行シ人也。今一人ハ松平隠岐守也。左衛門尉卒去《ソツキヨ》、嫡子水野下野守ハ信長ヘ内通シテ、家康公トハ年来中悪カリキ。素《モト》ヨリ叔父《ヲヂ》ノ事ナレハ、諸事宥免ハマシマセトモ、年月経テ、下野守ニ遺恨《イコン》深カリケレハ、平岩七之助ト間宮権左衛門ニ潜《ヒソカ》ニ仰有テ、下野守鷹狩ニ出タルヲ、見付ノ町ハツレニテ、両人走寄テ刺殺ス。

弟《ヲトト》水野惣兵衛、家康ヘ兼テ別心ナカリケレハ、其跡無二相違一賜イヌ。後ニ受領シテ和泉守ト云。下野守、此時二歳ノ子アリ。乳母《メノト》懐テ逃《ニケ》テ、参州土井ノ百姓ニ与《アタ》ヘテ、養子トシ育フ。後ニ被二召出一、土井甚三郎トテ、御小性ナルカ、稟性《ヒンセイ》世ニ勝《スグレ》テ智徳アリ。寛仁ノ器量ナレハ、終ニハ土井大炊頭トテ、天下ノ政務《ム》ヲ執行ヒケル。

斯テ賓客・主人対面、礼儀清談畢《ヲワツ》テ、食膳方丈ノモテ

此ノ和泉守、父ハ水野右衛門大夫也。参州刈谷城主ニテ、息女ヲ徳川広忠公ニ嫁シテ、御子一人誕生有。今ノ家康公也。広忠君、後ニ夫妻中悪ク成セ、刈谷エ送返サル。右衛門大夫、其娘ヲ久松佐渡守ニ再嫁シテ、男子ヲ産ス。是今ノ松平隠岐守也。右衛門大夫卒シ、嫡子下野守ハ信長エ内通シ、　家康公トハ年来中悪カリケル。素ヨリ叔父ノ事ナレハ、諸事宥免ハマシマセトモ、年月経テ、下野守ニ遺恨有ケレハ、平岩七之助ト間宮権左衛門ニ潜ニ仰有テ、下野守鷹狩ニ出タルヲ、見付ノ町迯レニテ、両人走寄テ刺殺ス。

下野守弟水野惣兵衛（後日フ二和泉守ト一）ハ、家康公エ兼テ別心勿リケレハ、其跡無二相違一請取ケル。下野守、此時三歳ノ子アリ。乳母懐抱シテ参州土井ノ百姓ニ与エタレハ、養子トシテ育ケルカ、後ニ被二召出一、土井甚三郎トテ、御扈従《コセウ》ナルカ、稟性世ニ勝《スク》レ、智徳アリ。寛仁ノ器量ナレハ、後土井大炊頭トテ、天下ノ政務ヲ執行ヒケル。

斯テ賓客・主人対面、礼義畢ッテ、食膳方丈モテナシ、八珍三性ノ饗応、三献酒通テ、藍尾笑語《ランビセウコ》ニ及ヘリ。日西ニ斜《ナナメ》ナレハ、日没《イリアヒ》ノ鐘秋ノ夕暮ヲ催シ、小姓立騒テ秉燭

ナシ、八珍三性ノ饗応《キヤウヲウ》、三献《ゴン》酒通《トヲ》ツテ、藍尾《ランビ》笑語《シヤウゴ》ニ及ヘリ。日西ニ斜《ナナメ》ナレハ、入相ノ鐘秋ノ夕暮ヲ催《モヨヲ》シ、小性立騒《サワイ》テ秉《トツテ》レ燭《シヨク》ヲ留連《リウレン》シ、互《タカイ》ニ沈酔《チンズイ》シテ眠《ネムリ》居タルニ、弥八不図《フト》立テ、和泉守ヲ斬殺《キリコロ》ス。先生「意得タリ」ト云儘《ママ》ニ、脇指ヲ抜《ヌイ》テワタシ合、弥八郎ヲ則座《ソクザ》ニ斬殺ケル。素《モト》ヨリ思ヒ儲《マウケ》ヌ事ナレハ、和泉守家人共、驚《ヲトロキ》乱ツツ、物具《モノノク》・太刀・鑓ヲ取テ座敷ヘ込入ケルカ、燭《シヨク》灯皆消《キエ》テ実否《ジツフ》ヲシラス。

爰ニ一人、燭台ヲ持テ入ミレハ、和泉守殿ト弥八ヲハ、先生コソ切タル体ナレハ、先生ニ切テカカル。先生、左ノ手ニ燭台ヲ取テ請ナカシ、呼ハリケルハ、「狼藉《ラウセキ》シテ、後日ニ汝ラ三族《サンゾク》ノ罪ニシヅムナ。和泉守ヲハ弥八カ斬《キツ》タルソ。我ハ弥八ヲシトメタル」ト云レケレハ、此時、和泉守家人鈴木与八郎進《ススム》テ、「弥八ハ不審《シン》ノ人ナレハ、初ヨリ無二心元一カリツルソ。卒爾《ソツジ》スナ」トテ制止ス。

カクテ、帯刀モ数ケ所疵蒙《キスカウム》テ、家人トモヲ呼寄、乗物ニテ出ケルカ、和泉守家人等、猶モ不審ニヤ思ケン、門前ニ立囲《カコ》ム。先生旅宿ヘ入テ、云出シケルハ、「疵数多《アマタ》ナレハ、養生シテ越前ヘ下向スヘシ、サアラハ苅屋ヘ罷

留連、互ニ沈酔シテ眠居タルニ、弥八不画立テ、和泉守ヲ斬リ殺ス。先生「心得タリ」トテ、脇指ヲ抜テ、ワタシ合、弥八郎ヲ即坐ニ切リ殺シケル。素《モト》ヨリ思設ヌ事ナレハ、和泉守カ家人共、驚乱レツツ、物具・太刀・鎗ヲ取テ坐敷エ込入ケルカ、燭灯《シヨクタイ》皆消テ実否《シツフ》ヲ不レ知。

爰ニ一人、燭台ヲ持テ入テ見レハ、和泉守殿ト弥八ヲ、先生コソ切殺タル体ナレハ、先生ニ斬テカカル。堀尾、左ノ手ニ燭台取テ請流シ、呼ハリケルハ、「狼藉シテ、後日ニ汝等、三族ノ罪ニ沈《シツム》ナ。泉州ヲハ弥八カ切タルソ。我レハ弥八ヲシトメタル」ト云レケレハ、此時、和泉守家人鈴木与八郎進ンテ、「弥八ハ不審ノ人ナレバ、初メヨリ無二心元一カリツルソ。卒爾スナ」ト制シケル。

斯テ、帯刀モ数箇所疵ヲ蒙テ、家人共ヲ呼、乗物ニテ出ケルカ、和泉守カ家来等、猶モ不審ニヤ思ヒケン、門前ニ立囲ム。先生旅宿エ入テ、云出シケルハ、「疵数多ナレハ、養生シテ越前エ下向スベシ。サアラハ刈屋ヘ罷越、医療《イレウ》ヲ頼入ヘシ。坐席ノ次第ヲモ子息達エ可二申談一。各々ハ先エ参リ、其旨ヲ可レ被レ申」ト有ケレハ、家人共、立去ケリ。其夜、子息信濃守ノ居城浜松エ引入

越、医療《イレウ》ヲ頼入ヘシ。座席ノ次第ヲモ子息達へ可二申談一ス。各ハ先へ参リ、其旨可レ被レ申」ト有ケレハ、家人共、立去タリ。其夜、子息信濃守ノ居城浜松《ハマ》へ引入ケル。

カクテ、和泉守子息良等ヨリ飛脚到来シテ、堀尾帯刀反逆《ホンギヤク》ヲ企《クハタ》テ、水野和泉守・加賀井弥八郎ヲ殺害《ガイ》仕ル由訴《ウツタヘ》ケレハ、内府公大ニ怒《イカツ》テ、「子息信濃守ヲ御成敗アラン」ト有タレハ、秀忠卿宣《ノタマ》ヒケルハ、「彼ハ幼少ヨリ慎《シン》謹《キン》ナル者ニテ、犯《ヲカサン》レ上ヲト好ム事ハナキ器ニテ候。帯刀モ我嫡子ヲ捨《ステ》テ、逆《キヤク》心スル事モ不審《シン》ニ候。今一左右待セ給ヘカシ」ト有ケレハ、「サラハ」トテ、池田三左衛門ニ御預《アツケ》ナリ。信州、齒《ヨワヒ(ママ)》ヒ二十三歳ナリ。思ヒ儲《マウ》ケヌ事ニ、更ニ是非ヲ弁《ワキマ(ヘ)》ス。

翌《ヨク》日、又飛脚書状ヲ奉テ、「加賀野井弥八コソ逆心ヲ挟《ハサン》テ、和泉守ヲ刺《サシ》殺シ候。帯刀ハ早ク取合テ弥八ヲシトメ候へ」ト申ケレハ、内府公ヨリ使者ヲ以、父カ勇《ユウ》力ヲ感《カン》シ、又ハ昨日預ラレシ事、尉《イ》問セサセ給テ、則日ニ帯刀へモ御使アリ。信州大ニ悦テ御礼ニ参《マイ》リ、秀忠卿ニ参テ、「前日ノ御一言、何世《イツレノ》ニカ忘レ奉ヘキ」ト感涙ヲ催シケル。此時ハ、イマタ弥八カ所意ヲ知人ナシ。

ケル。

斯テ、和泉子息郎等ヨリ飛脚到来シテ、堀尾帯刀反逆ヲ企テ、水野和泉守・加賀野井弥八郎ヲ殺害仕由、訴ヘケレハ、内府公大ニ怒給テ、「子息信濃守ヲ御成敗アラン」ト仰ケレハ、秀忠公宣ヒケルハ、「彼ハ幼少ヨリ慎《シン》謹《キン》ナル者ニテ、犯レ上好事ハナキ器ニテ候。帯刀モ我カ嫡子ヲ捨テ、逆心スル事モ不審ニ候。今一左右待セ玉ヘカシ」ト有ケレハ、「サラバ」トテ、池田三左衛門ニ御預ケ也。信州、年齒《シ》《ヨハヒ》廿三歳、思ヒ儲ヌ事ナレハ、更ニ是非ヲ不レ弁。

翌日、又飛脚到来シテ、「加賀野井コソ逆心ヲ挟テ、和泉守ヲ刺殺シ候。帯刀ハ早ク取合テ、弥八ヲ討留候」ト申上ケレハ、内府公ヨリ信濃守ニ使者ヲ以テ、父カ勇ヲ御感、又ハ昨日御預ノ事、尉問《ヰモン》セサセ給テ、則日ニ帯刀エモ御使有リ。信州大キニ悦シテ御礼ニ参リ、秀忠公エ参テ、「前日ノ御一言、何ノ世ニカ可レ奉レ忘」ト感涙ヲ流シケル。此時《トキ》ハ、弥八カ所意《為イ》ヲ知ル人ナカリシ。

18　上方筋軍兵駆催《カリモヨヲス》事　（五―三）

斯テ石田ハ大谷ト潜ニ談合シケルカ、安国寺ヲ御用アリトテ、呼ヒ下シタリ。既《ステ》ニ佐和山ノ近所へ参ケレハ、石田迎《ムカヒ》ニ出テ誘引ス。路次ノ馳走《チソウ》、城中ニテノ饗応《フルマイ》、不レ可二勝計《アケテカソフ》一。

献酬《ケンシウ》事畢テ、申出スハ、「今度家康、諸事任《マカセ》二我意一ニ、偏《ヒトヘ》ニ眼《ガン》中天下ヲ呑《ノム》志也。若《モシ》景勝、義信《ヨシ》　退《タチ（イカ）》治シテ罷《マカリ》上ルナラハ、猛威《モウイ》弥《イヤ》増テ、終《ツイ》ニハ天下ヲ領シ、「舐《ネブツテ》レ糖《ヌカ（糠カ）》ヲ《（ママ）》テ及レフ米ニ」手ニ立大名ヲハ、自然ヲ以、国ヲ奪《ウバヒ》、我親属《ゾク》ヲ国候・大夫ニ任《ニン》シテ、大閤譜第《ダイ》ノ大夫・士ハ、次第ニ消果《キエハテ》ン事、嘆哉《ナケカシキカナ》。御辺ハ幼君至《シ》忠ノ人ナレハ談合申也。如何思ハルルソ」ト有ケレハ、「仰ノ如ク、吾モ存也。此上ノ思案《アン》ハ御身ニアリ」ト。

石田云ケルハ、「輝《テル》元卿ハ、弓箭ノ道家ニ伝へ、大閤以前ヨリ天下ニ無双《ブソウ》大名ナリ。加州利《トシ》家ハ君命ヲ以御守《ヲモリ》ニ付給ヘトモ、卒《ソツ》シテ、子息利長ハ早、家康ノ幕下《バツカ》ニ属《ゾク》シテ、故《コ》君ノ恩ヲ忘タリ。今ハ天下ニ輝元卿ノ外、幼君ヲ守《モリ》立ヘキ人ナシ。十五歳ニナラセ給マテハ天下ノ政務

18　上方筋軍兵駆催事　（三―四）

斯テ石田ハ大谷ト潜《ヒソカ》ニ談合シケルカ、安国寺ヲ御用有トテ、呼ヒ下シタリ。既ニ佐和山ノ近所エ参リケレハ、石田迎ニ出テ誘引ス。路次ノ馳走、城中《イニ越川》ニテ、饗応不レ可二勝計一。

献酬《ケンシウ》事畢《ヲハツ》テ、石田申ケルハ、「今度　家康、諸事任二我意一ニ、偏ニ腹中天下ヲ呑《ノム》志シ也。若シ景勝、義宣《ノフ》退治シテ罷上ナラハ、猛威《モウイ》弥増《イヤマシ》テ、終ニハ　天下ヲ領セン。「舐《ネブツテ》レ糖《アメ（糠カ）》ヲ及レフ米ニ」カ如シ、手ニ立ッ大名ヲ、自然ヲ以、国ヲ奪《ウバ》ヒ、我親属《シンソク》ヲ国候・大夫ニ任シテ、大閤譜第《フダイ》ノ大《タイ》夫《フ》・士《シ》ハ、次第ニ消《キエ》果シ事、嘆哉《ナケカシキ》。御辺ハ幼君ノ至忠ノ人ナレハ談合申也。如何被レ思ソ」ト有リケレハ、「如レ仰、我レモ左様ニ存ル也、此上ノ思案ハ御身ニ在」ト云。

石田云、「輝元卿ハ、弓箭ノ道家ニ伝エ、大閤以前ヨリ天下無双ノ大名也。加州利家ハ君命ヲ以、御守ニ付玉ヘトモ、卒シテ、子息利長ハ早　家康ノ幕下ニ属シテ、古君ノ恩ヲ忘タリ。今ハ天下ニ輝元卿ノ外、幼君ヲ可二

ヲ任セ奉リ、吾等ト増田右衛門トハ、輝元卿ノ御代官トシテ仕置《ヲキ》ヲ申付、十五歳ノ後ハ天下ヲ帰シ賜ラハ、是周公ノ成王ヲ負《オヒ》、孔明カ後主ヲ守立シ志シニモ弥《イヤ》増テ、天下末代ノ御眉目《ヒモク》タルヘク候」ト詞ヲ尽シ、慇懃《インキン》ニ申ケレハ、安国寺、「尤能御思案也。輝元へ此由可二申入一」ト許諾《キヨダク》シテ、則輝元へ参リケルカ、又思案シテ、家老島十郎左衛門ヲ召寄、件ノ状ヲ潜《ヒソカ》ニ告テ遣《ツカハ》シ、佐和山へト急ケル。

石田ハ対面シテ、「安国寺ノ念ハ、サル事也」トテ、島立帰先言ヲ又書立、誓紙血判シテ、島ニ渡シケレハ、島立帰テ反命ス。則誓書ヲ以輝元へ申ケレハ、イマタトカクノ返事ナシ。其后《ノチ》、石田方ヨリ郡《コホリ》次左衛門ヲ使者トシテ、安国寺へ来テ、右ノ趣頼入。安国寺、郡ヲ召連テ、輝元へ再三申ニ依テ、領掌セラレテ、石田カ方へ会盟《クワイメイ》ノ誓紙ヲ遣シケル。

サル程ニ、石田・増田ハ、秀頼ノ命ト称《セウ》シテ、家康ノ陰謀《インボウ》・悪意ヲ、十一箇条書立テ、上方国々へ触廻シケル。其ノ詞云、

一　五奉行之内、羽柴肥前守ハ、偏へニ幼君守護ヲ存

守立一人ナシ。十五歳ニ成セ給フ迄ハ天下ノ政務ヲ任セ奉リ、我等ト増田トハ、輝元卿ノ御代官トシテ仕置ヲ申付、十五歳ノ後ハ天下ヲ復《カヘ》シ賜《タマハ》ラハ、是レ周公ノ成王ヲ負《ヲヒ》、霍光《クハツカウ》カ宣帝ヲ守立シニモ弥増テ、天下末代ノ御眉目タルヘキ」ト、詞ハヲ尽シ、慇懃《インキン》ニ申ケレハ、安国寺、「尤ヨキ御思案也。輝元エ此由可二申入一」ト称唯シテ、則輝元エ参リケルガ、又思案シテ、家老島十郎左衛門ヲ召寄、件《クタン》ノ状ヲ潜《ヒソカ》ニニ(ママ)告《ツケ》テ、佐和山エ遣シケル。

石田対面シテ云ク、「安国寺ノ念ハ、サル事也」トテ、島立チ先言ヲ又書立、誓紙血判シテ、島ニ渡シケレハ、島立チ帰リ、反命ス。則誓書《セイショ》ヲ以テ輝元エ申ケレトモ、兎角ノ返事ナキ内、石田方ヨリ郡次左衛門ヲ使者トシテ、安国寺エ来テ、右ノ赴頼入。安国寺、郡ヲ召連、輝元エ再三申ニ依テ、領掌セラレ、石田方エ会盟《メイ》ノ誓紙ヲ遣シケル。

去程ニ、石田・増田ハ、秀頼ノ命ト称シテ、家康ノ隠謀・悪意ヲ、十二(一カ)箇条書立テ、上方国々エ触廻《フレマワツ》シケル。其ノ詞ニ云、

一　五奉行之内、羽柴肥前守ハ、偏へニ幼君守護ヲ存処ニ、還ッテ　家康叛逆《ホンギヤク》旨申懸、度々以二誓紙一ヲ

所ニ、家康還《カヘテ》テ叛逆《ホンキヤク》之旨申懸、度々以二誓紙一ヲ申分
ト云トモ、無二承引一、身上既ニ可レ果之処、景勝征
東ニ付テ、暫優《シハラクユウ》免之事
一 景勝、幼君守護之外無二他念一之処、還《カヘツ》テ反逆《キヤク》ト
シテ令二誅罰一之条、各其断ヲ申ト云トモ、不レ被二
承引一、既ニ出馬事
一 知行方ノ儀、存分ニ被二召置一事ハ不レ及レ申、知
行之儀取次ヲモ在レ之間敷之処、三巻之誓紙ヲ背《ソム》キ、
何ノ忠節モ無レ之者、過分ニ所領被二出シ置一事
一 十人之外、諸事取次在レ之間敷旨、三巻ノ誓紙差
上之処、取次之人多出来之事
一 政《マン》所様御座所ニ被レ致二居住一事
一 西ノ丸ニ如二御本丸一被レ上二殿《テン》主ヲ一事
一 諸侍ヒノ妻子、贔屓《ヒイキ》々々ニ国本へ被レ帰事
一 嫁聚結レ縁《カシウムスフエン》ヲ、毎度令レ違《イ》二背《ハイ》御法度一ヲ、各其断雖二
申達一ト、一端合点《テン》ニテ、又任二私意一、結二縁辺一ヲ、不
レ知二、其ノ数一事
一 五人ノ御家老、只一人ニテ令二判形一事
一 内縁ヲ以申入、八幡ノ検《ケン》地、私ニ赦《シヤ》免事

以テ申分ルト言ヘトモ、無ク二承引一、身上既ニ可レ果之
処、景勝征東ニ付テ、暫宥免《ユウメン》之事
一 景勝、幼君守護之外無キ二他念一処、還ツテ反逆ト
シテ令ル二誅罰一之条、各々其断ヲ申ト云トモ、不
レ被二承引一、既ニ出馬事
一 知行方ノ儀、存分ニ被二召置一事ハ不レ及レ申、執《トリ》
次ヲモ在レ之間敷《ジキ》旨、三巻之誓紙ヲ背、何之忠節モ
無レ之者、過分ニ所領被二出置一事
一 十人之外、諸事執次有レ之間敷旨、三巻之誓紙差
上処、取次多ク出来事
一 政所様御座所ニ被レ致二居住一事
一 西ノ丸ニ如二御本丸一被レ上二殿主一事
一 諸侍之妻子、贔屓《ヒイキ》々々国許江被レ帰事
一 嫁娶締《カシユムスフコト》レ縁ヲ、毎度令シテ三違背二御法度一、各其断
雖二申達一ト、一端合点ニテ、又任二私意一、結二縁辺一、
不レ知二其数一事
一 五人之御家老、只一人ニテ令二判形一事
一 以二内縁一申入、八幡検地《ケンチ》私ニ赦免事
一 伏見城ハ大閤様被二召置一、留守居衆ヲ追出、別ノ

一　伏見城　大閤様被二召置一、留守居衆ヲ追出、別ノ
　人数ヲ被二入置一事
　右十一ヶ条　大閤様相二背御仕置一ヲ之条、逆心至極也、如レ此一人ツツ討果、可レ奪《ウハウ》二秀頼様之御代一ヲ之謀也。従《シタカフ》レ己《ヲノレ》ニ者ノハ則登用シ、不レ従レ己ニ者、疎斥《ソセキ》ス。権威《イ》日月ニ長シテ、僭《セン》上之情発覚《ハツカク》ス。今不ンハレ誅セ、則必有二後日ノ殃《ワサワイ》一乎《カ》。
　ト申テ、七月七日ノ廻文、已ニ諸国ニ達シケレハ、大坂ニ於テ我モ我モト馳集テ、上方一面ニ同心シテ、慶長五年子ノ七月十二日、着到《チヤク》ヲ付ケルニ、都合九万三千七百人トソ聞ケル。其人々ニハ、安芸中納言輝元・同宰相秀元甲斐守・備前中納言秀家・筑前中納言秀秋・島津兵庫頭義弘・同舎弟中務少輔昌久・同又七郎忠恒・吉川《キツ》駿河守広家・堅田《カタ》兵庫広澄・安国寺慧瓊・松浦法印・長曽我《ガ》部宮内少輔盛親・柳川侍従立花(頭注)立花侍従／宗茂／毛利壱岐守／勝信同豊前守勝永・高橋右近太夫長行・有馬修理大夫正純・相良宮内少輔頼定・秋月三郎種宗・久留目侍従包長・五島大和守盛房・鍋島加賀守宗茂・伊藤民部宗祐隆・対馬侍従義忠・筑紫上野介義冬・関長門守・堅田兵部少輔・増田右衛門尉・長束大

　人数ヲ被二入置一事
　右十二(一カ)条、大閤様相二背ノ御仕置一ヲ之咎、逆心至極也。如此一人宛討果、可レ奪二秀頼様之御代一ヲ之謀也。従レ己者、則登用、不レ随レ己者、疎斥《ソセキ》。権威日々月々ニ長シテ、僭《セン》上之情発覚。今不レ誅、則必有二後日 決《ワサワヒ》一乎。
　廻文既ニ諸国ニ達シケレハ、我レモ我モト大坂ニ馳集、上方一面ニ同心シテ、慶長五年子七月十二日、着到ヲ付ケルニ、都合九万三千七百人トゾ聞ヘケル。其人々ニハ、安芸中納言輝元・同宰相秀元甲斐守・備前中納言秀家・筑前中納言秀秋・島津兵庫頭・同舎弟中務少輔・同又八郎・吉川駿河守元春・堅田兵部・安国寺・松浦法印・長曽我部宮内少輔・柳川侍従・高橋右近大夫・有馬修理大夫・相良宮内少輔・秋月三郎・久留米侍従・五島大和守・鍋島加賀守・伊藤民部・対馬侍従・筑紫上野介・関長門守・増田右衛門尉・長束大蔵・平塚因幡守・戸田武蔵守・脇坂中務少輔・小川左馬助・朽木河内守・南条中務少輔・木下備中守・原隠岐守・石川掃部・高田小左衛門・増田作左衛門・小西攝津守・生駒雅楽頭・小野木縫殿助・池田伊予守・氏家内膳・谷出羽守・木村宗左衛

蔵・平塚因幡・戸田武蔵守・脇坂中務少輔・小川左馬助・朽木河内守・南条中務少輔・木下備中守・原隠岐守・石川掃部・高田小左衛門・増田作左衛門・小西摂津守・生駒雅楽頭・小野木縫殿・池田伊予守・氏家内膳・谷出羽守・木村宗左衛門・九鬼大隅守・藤懸参河守・高田豊後守・別所豊後守・小出大和守・杉原伯耆守・野村肥後守・丸茂三郎兵衛・高木十郎右衛門・伊藤彦兵衛・河尻肥前守・大谷刑部少輔・赤沢土佐守・木下山城守・木下宮内・奥山雅楽助・上田主水・青木紀伊守・山口玄番頭・羽柴加賀守・筧和泉守、此外、嫡子・庶子・小身、侍等、不レ可二勝《アケテ》計一フ。都合九万三千七百騎。

19　羽柴越中守簾中自害《カイ》之事　（六一二）

同ク七月十九《セイ》日、関《クワン》東下向ノ諸大名ノ人質《ジチ》、大坂御本丸へ可二執入一ト評定《ヒヤウジヤウ》アツテ、「先羽柴越中守忠興《ヲキ》、御城近辺ナレハ、妻子ヲ城中ニ入申ヘシ」トノ使立ケレハ、留守居申ケルハ、「御構《カマヘ》ノ中ニ有上ハ、御気遣（ママ）ノ事モ候ハス。同ハ御免候へ」ト、再三詫《ワヒ》ケレトモ不レ叶。近日、

門・九鬼大隅守・藤懸三河守・高田豊後守・別所豊後守・小出大和守・杉原伯耆守・野《ノ》村肥後守・丸茂三郎兵衛・高木十郎右衛門・伊藤彦兵衛・川尻肥前守・大谷刑部少輔・赤沢土佐守・木山（下カ）山城守・木下宮内・奥山雅楽助・上田主水・青木紀伊守・山口玄蕃頭・羽柴加賀守・筧（イ垣見）和泉守等也。

19　羽柴越中守簾中自害事　（四一二）

同七月十九日、「関東下向ノ諸大名ノ人質、大坂御本丸エ可二取入一」ト評定有テ、「先羽柴越中守忠興、御城近辺ナレハ、妻子ヲ城中ニ可レ申」トノ使者立ケレハ、留守居申ケルハ、「御構ノ内ニ在上ハ、御気遣ナル事モ候ハス。同ハ御免候へ」ト再三侘ケレトモ不レ叶。近日

多勢ニテ押寄奪《ヨセウバヒ》取ル由聞ヘケレハ、忠興留守居ニハ、河北石見・稲富《イナドミ》伊賀・小笠原勝斉・同子息与一郎内室《シツ》ノ家老寄合評《ヒヤウ》議シテ、「菟《ト》角城中ニ入ンハ無二本意一事ナレハ、何方ヘモ落行、世上ノ体ヲ見合可レ申。然レトモ大勢ニテハ却テ顕《アラハ》ルヘキ」トテ、家老、与一郎内室ヲ御供シテ、先京都ヘ落テ行。

忠興簾中ヘモ此由語ケレハ、簾中大ニ怒テ云、「夫《ソレ》女ハ夫《ヲツト》ニ従《シタカ》フ習ソカシ。忠興此屋敷ヲ我ニ預《アツ》ケ給ヒ、吾モ又留守ヲ勤《ツト》テ、タトヒ年月経トモ、待得マイラスルコソ女ノ道ナルヘキニ、今夫《ヲツト》ノ下知モナキニ、何方ヘ行テ、イカナル目ニアフヘキ。汝等《ナンチラ》能々分別セヨ」ト有ケレハ、其時三人ノ家老彷徨《サマヨヒ》トシテ談合区《マチマチ》ナリ。

伊賀守ハ稟性《ヒンセイ》物ニ臆《ヲク》スル者ナレハ、思ケルハ、「今モヤ敵寄来ラハ、如何スヘキ」ト、恐懼《キヤクク》ノ心ヲコリケレハ、申ヤウハ、「敵早寄来事モ候ヘキ。吾等ハ出向テ防《フセキ》申ヘキ」ト門外ヘ出ルト見シカ、何地トモ不レ知退《ニケ》行ケル。

此有様ヲ簾中聞給ヒ、「左右ノ翼《ツハサ》ト頼ミタル郎等共、己《ヲノレ》カ命ヲ助カラント、落行上ハカナシ。此度落行テ、何ノ面目アツテ再《フタ》タヒマミヱ申ヘキ。其上、女ノ身ニテイ

大勢ニテ押寄、奪取由聞ヘケレハ、忠興留守居ニハ、河北石見・稲富伊賀・小笠原勝斎、幷子息与一郎内室ノ家老、寄合評議シテ、「兎角城中ヘ入ンハ無二本意一事ナレハ、何方エモ落行、世上ノ体ヲ見合可レ申。然トモ大勢ニテハ却テ可レ顕《アラハル》」トテ、家老、与一郎内室ヲ御供シテ、先京都エ落テ行。

忠興《ヲキ》ノ簾中エモ、此由申ケレハ、簾中大ニ怒テ、「夫女ハ夫ニ従フ習ソカシ。忠興、此屋鋪ヲ我ニ預ケ給ヒ、我モ亦留守ヲ勤テ、縦ヒ年月経トモ、待得マイラスルコソ女ノ道ナルヘキニ、今夫《ヲツト》ノ下知モナキニ、何方エ行テ、イカナル目ニカアフヘキ。汝等能々分別セヨ」ト有ケレハ、其時三人ノ家老、彷徨《ハウクハウ》シテ談合区々《マチ》也。

伊賀ハ稟性物ニ臆スル者ナレハ、「今モヤ敵寄来ラハ、如何スヘキ」ト、恐懼《ケウク》ノ心発リケレハ、申ス様ハ、「敵早寄来事モ候ヘキ。吾等ハ出向テ拒キ申ヘキ」ト門外エ出ルト見エシカ、何地トモ不レ知落行ケル。

此有様ヲ簾中聞給、「左右ノ翼《ツバサ》ト頼ミタル郎等トモ、己命助ラント、落行上ハ叶ハシ。此度落行テ、何ノ面目有テ、再ヒ見エ申ヘキ。其上女ノ身ニテ、イカナル憂目

カナル優目《ウキ》ニアヒ、夫《ヲツト》ヤ子トモノ恥辱《チチヨク》ヲアラハシ、又亡《ボウ》父《フ》明知殿ノ御名ヲハ、ナキアトマテモ汚《ケガ》シ申サンモハツカシ。弓馬ノ家ニ生レテハ、節義ヲ守テ死スル習、女也トテナドカ替リアルヘキ。父明知殿モ白刃《ジン》ニカカリテ死給ヘハ、我モ又父ヲ学ハン」トテ、抜《ヌケ》ハ玉チル御守刀ヲ右ニ執テ、己ニ突立ントシ給カ、又立帰リ、忠興ト与一郎ハ東《アツマ》ノ方ニマシマセハ、戦場《センヂヤウ》ニ望《ノソン》テ、イカナル事ニカマシマシケン、此左右ヲ今一度聞テ死《シスル》ナラハ、如何ニ嬉《ウレ》シクモ侍ランニ、「敵早乱入」ト告《ツク》ルナレハ、「今ハ時尅ヲ移シテ叶マシ」ト宣《ノタマヒ》ツツ、執タル刀ヲ胸《ムナ》モトニ立テ、ムナシク成給フ。

倩《サテ》二人ノ家老、河北・小笠原懸付、涙ニムセンテ、暫《シハシ》ハ忙《ホウ》然タルカ、斯テハ叶マシトヤ思ケン。諸道具・薪ヲ御死骸《カイ》ノ上ニ取積テ火ヲ付テ、両人ハ腹十文字ニ掻《カキ》切テ、猛火ノ中ニ入ニケル。召使ハレケル局《ツホネ》、抱添女房達ニ至ルマテ、「コハ、何事ソ」トアハテツツ、啼《ナキ》悲ム声サハカシク、表ニハ両臣死シ、火ノ手ハ已ニ四方ニ見ル程ナレハ、遠《トヲ》侍共、子細ハシラヌ事ナレハ、「スハ敵忍《シノヒ》入ケル」ト心得テ、馬物具トヒシメキテ、鎗ヲ取テ門外ヲ見

ニ遭、夫子トモノ恥辱ヲアラハシ、又亡《ボウ》父明智殿ノ御名ヲ無キ跡ト迄モ汚シ申サンモ恥カシ。弓馬ノ家ニ生レテハ、節義ヲ守テ死ル習、女ナリトテナトカ替リ有ヘキ。父明智殿モ白刃ニカカリテ死給ヘハ、我モ又父ヲ学ハン」トテ、御守刀ヲ右ニ執テ、既ニ突立ントシ給カ、又忠興ト与一郎ハ東ノ方ニマシマセハ、「戦場ニ臨《ノゾン》テ、イカナル事カマシマシケン、今一度此左右ヲ聞テ死ン」ト思シケルカ、「敵早乱入」ト告ケレハ、「今ハ時尅移シテ叶マシ」ト宣ツツ、取タル刀ヲ胸《ムナ》元ニ立テ、空ク成玉フ。

扨二人ノ家老河北・小笠原駈付、驚涙ニ咽テ、暫クハ忙《ボウ》然《セン》タルカ、「斯テハ叶マシ」トヤ思ケン、諸道具・薪ヲ御死骸ノ上ニ取積テ火ヲ付、二人共ニ腹十文字ニ掻切テ、猛火ノ中ニ入ニケル。局《ツホネ》・介添《カヘソエ》女房達ニ至迄、「何事ソ」ト周章《アワテ》テ、泣悲ム声騒カシク、表ニハ両臣死テ、焔已天ニ昇《ノホ》リケレハ、侍共、子細ハ知ス、「スハ敵忍入ケル」ト心得テ、馬物具トヒシメキテ、鎗ヲ取テ門外ヲ見レトモ、敵一人モナシ。「是天魔ノ諸行ナルカ、又ハ稲富カ臆病付テ、早ク逃去故ソカシ」ト悪ミ罵《（ノノシリ）（シカ）》ヌ人ハナシ。

ケレトモ、敵一人モナシ。「是天魔《マ》ノ所行ナルカ、又ハ伊賀守カ不覚付テ、早クニケ去故ソカシ」ト悪ミ詈《ノノシ》ラヌ人ハナシ。

此簾中ハ、明知日向守ノ息女二人アリ。一人ハ織田七兵衛ニ嫁シ、一人ハ細川越中守カ妻《メ》也。大閤ノ御時、猿楽能ヲ被レ成、「諸大名ノ簾《レン》中、見物サセヨ」ト触ラレケルニ、天下ノ閨《ケイ》門、君命ニ応《ヲウ》セスト云事ナシ。然ルニ此簾中被レ申ケルハ、「吾亡父日向守ハ大閤ニ殺サレタレハ、天ヲ不ルレ戴《イタヽカ》敵也。父ノ讎《アタ》ヲ目ノ前ニ見テ不ンハレ報《ムクヒ》ハ、女ナカラモ無念ナリ。所詮《セン》病ト称《シヤウ》スルニシカシ」トテ登城セラレズ、世ニ無レ類《タクヒ》賢女ナリ。

関ケ原合戦平治シテ、与一郎内室ハ北国へ落行テ舎兄加州ノ肥前守へ行ケルニ、折々与一郎へハ文ノ通ヒ有ケルヲ、忠興聞テ云ケルハ、「我閨《ケイ》中、節義ヲ守テ死タル事、返々モ惜《ヲシ》キ次第也。汝《ナンチ》カ内、サスカ国守ノ娘《ムスメ》ナルニ、ナトテ姑《シウトメ》ヲステテ出タルソ。死トモ生トモ姑ノ命ニ任スヘキニ、此遺恨《イコン》ハ忘カタシ。然ルニ汝ハ、越路《コシジ》ノ便リヲナストキク。是内室ニ似タル夫婦カナ」ト、一度ハ笑ヒ、一度ハ落涙《ルイ》シテ申サレケレハ、与一郎トカクノ答ナシ。

此簾中ハ、明智日向守ノ息女二人アリ。一人ハ織田七兵衛ニ嫁ス。一人ハ細川越中守妻、則此ノ簾中也。大閤御時、猿楽能ヲ被レ成、「諸大名ノ簾中、見物有ヘシ」ト触ラレケルニ、天下ノ閨門、君命ニ応ゼスト言事ナシ。然ニ此簾中云、「我亡父日向守ハ大閤ニ殺サレタレハ、同ク天ヲ不レ戴《イタヽカ》敵也。父ノ讐《アタ》ヲ目前ニ見テ不レ報《ムクヒ》ハ、女ナカラモ無念也。所詮病ト称スルニシカシ」迚登城セラレス。世ニ無レ類賢女也。

関原合戦平治シテ、与一郎内室ハ北国エ落行舎兄加賀肥前守エ行ケルニ、折々与一郎エハ文ノ通ヒ有ケルヲ、忠興聞テ、「我閨中《ケイチウ》節義ヲ守テ死タル事、返々モ惜キ次第也。汝ガ室、サスカ国守ノ女《ムスメ》ナルニ、何トテ姑《シウトメ》ヲ棄《ステ》テ出タルソ。死モ生トモ姑《シウトメ》ノ命ニ任スヘキニ、此遺恨ハ忘カタシ。殊汝ハ越路ノ便リヲナスト聞ク、是似タル夫婦哉」ト、一度ハ笑、一度ハ落涙シテ被レ申ケレハ、与一郎兎角ノ答ナシ。良有テ、「若キ人ハ、心ノ不レ届所モ有ソカシ」ト被《レ》レ申ケレハ、「向後ハ不通ニセヨ」ト也。与一郎申ケルハ、「仰ニテハ候ヘトモ、三人ノ家老共参テ、「母公ハ早落行給ソ、急玉へ」ト謀リタレハ、女ノ

ヤヤ有テ、「若キ人ハ、心ノ不ルㇾ届《トトカ》所モ有ソカシ。向後ハ不通ニセヨ」ト有ケレハ、与一郎申シケルハ、「貴命ニテハ候ヘトモ、三人ノ家老共参テ、「母公ハ早落行給ソ、急給へ」トタハカリタレハ、女ノ事ニ候ヘハ、家老ノ詞ヲ誠ト存タルニテ候。母ノ残ラセ給事ハ、夢ニモ不ㇾ存事ナレハ、女ノ咎《トカ》ト申難《カタ》シ」越中重テ申サレケルハ、「女ノ、人ノ詞ヲ誠ト存ハサモ有ヘシ。汝ハ母ヲ見捨タル女房ニ通路ノ成ヘキ事ニアラス」ト被ㇾ申ケル。与一郎ハ器量父ニヲトリテ、侍ノ法ヲ知ヌ人ナレハ、父ニ隠シテ文ヲ通シケリ。父ノ越中、終ニ与一郎ヲハ追《オヒ》出シ、三男内記ヲ宗領トシケル。後ニ越中守ト云、是也。与一郎ハ法体シテ、京都ニ隠《カクレ》居ケルト也。

彼稲富《ドミ》伊賀守ハ天下ニ無双ノ鉄炮ノ上手、下針貫虱《サケハリクワンシツ》ヲ得、人ノ所望スレハ手拭《ヌクヒ》ニテ目ヲ包マセテ的《マト》ヲ打ニ、百発《ハツ》百中ス。茅屋《ボウヲク》ノ上ニ鳥ノ声スルニ、家ノ中ヨリ打テ中ル。前代未聞ノ妙術《ジユツ》ナリケレハ、内府公、聞食《メシ》及ハレテ、忠興へ達テ御託言《ワヒ》アリテ、被㆓召出㆒ケル時モ、「彼カ不覚モ天下ニ隠ナキ事、芸トツリ合ナルヘシ。然レトモ、此妙術ヲ天下ノ人ニ習ハセテ、鳥銃ノ教ヲ興隆

事ニテ候ヘハ、家老ノ詞ヲ誠ト心得タルニテ候。母ノ残ラセ給ヲハ、夢ニモ不ㇾ知事ナレハ、女ノ科ト申難シ」忠興重テ申サレケルハ、「女ノ、人ノ詞ヲ誠ト存ハサモ有ヘシ。汝ハ母ヲ見棄タル女房ニ、可㆓通路㆒事ニ非ス」ト被ㇾ申ケル。与一郎ハ器量父ニ劣テ、侍ノ法ヲ知ヌ人ナレハ、父ニ隠シテ文ヲ通シケレハ、忠興終ニ与一郎ヲ追出シ、三男内記ヲ宗領トシケル。後越中守ト云、是也。与一郎ハ法体シテ京都ニ隠居シケルト也。

又、彼稲富伊賀ハ天下無双ノ鉄炮ノ上手ニテ、可針貫《サゲハリヌキ》虱《シラミ》ヲモハヅサズウツ。人ノ所望スレハ手拭ニテ目ヲ包マセテ打ニ、百発《モモタヒハナツ》テ百中《モモタヒアタ》ル。茅屋《バウヲク》ノ上ニ鳥ノ声スルニ、家ノ中ヨリ打テ中ル。前代未聞ノ妙術也ケレハ、内府公被ㇾ及㆓聞召㆒テ、忠興エ達テ御侘言有テ、召出レケル時モ、「彼カ臆病モ天下ニ隠ナキ事、芸トツリ合ナルヘシ。然トモ此妙術ヲ天下ノ人ニ習ハセテハ、臆病《ヲクヒヤウ》ハ弟子ニ移ル事ニ非ス」トテ御照覧アリ。後ニハ所領ヲ拝領シテ、尾州エ附ラレケリ。加程ノ名人ナレトモ、朝鮮国ノ合戦ニ打ケル鉄炮、一ツモ敵ニ中ラサリケリト也。禀性《ヒンセイ》ノ臆病、浅マシキ次第也。

サセン」トテ御照覧アリ。後ニハ所領ヲ拝ス。芸ハ勝レテ工夫モ有トモ、忠ヲ忘タル過ナリ。

其比、天下ニ三人ノ名人ト云ハ、田付宗鉄・稲富伊賀・安見隠岐守トソ聞ヘシ。内府公一芸アル者ヲ用給故ニ、稲富カ罪ヲモ許シ給ヘリ。田付モ後ニ被㆓召出㆒。

20　池田三左衛門妹《イモフト》勇力《ユウリキノ》事　（六―二）

爰ニ池田三左衛門妹ニ、天久院トテ勇力ノ女性アリ。骨フトク、顔《カホ》大ニ、手足肥、アラアラシ、極テ悪女ナリケル。若年ノ時ニ、山崎左馬助カ妻トナリケルカ、左馬助モスサマシクヤ思ケン、常ニ睦《ムツマ》シキ言葉モナク、又中タカフテ離《リ》別セン事モ、咎《トカ》ナキ身ナレハ、只踈《ウト》々敷テ有ケル。別墅《シヨ》ニ妾《ワキメ》ヲ置テ、男子モウケテ、彼妻ニハ隠置ケルヲ、妻モ此事ヲ聞テ嫉《シツ》妬《ト》ノ心日ニ長シケレトモ、サラヌ体ニソモテナシケル。

此時在《サイ》大坂ナレハ、「人質《シチ》ヲ城内へ入ヨ」ト使立タリ。山崎左馬ハ、素《モト》ヨリ内府ノ御味方ナレトモ、病悩ノ事ニテ関《クワン》東へ下向セスシテ、大坂ニ居ケルカ、「彼妻ヲ入ン」

其比、天下ニ三人ノ名人ト云レシ、一人ハ田付宗鉄、一人ハ稲富伊賀、一人ハ安見隠岐守也。安見ハ子孫不㆑知、稲富ハ子孫尾州大納言殿ニ在。田付ハ御旗本エ㆑被㆓召出㆒、其子兵庫、父ニ替ラヌ上手也。其子四郎兵衛也。

20　池田三左衛門妹勇力事　（四―二）

爰ニ池田三左衛門妹ニ、天久院トテ勇力ノ女性アリ。骨太ク顔大ニ、手足肥、アラアラシク、極テ悪女也。若年ノ時、山崎左馬助ガ妻トナリケルカ、左馬助モスサマシクヤ思ケン、常ニ睦キ詞モナク、又離別セン事モ、科ナキ身ナレハ、只踈々敷テ有ケル。別墅《シヨ》ニ妾ヲ置テ男子ヲ儲ケ、彼妻ニハ隠シ置ケルヲ、妻モ此事ヲ聞テ嫉妬ノ心日々ニ長シケレトモ、サラヌ体ニモテナシケル。

此時在大坂ナレハ、「人質ヲ城へ入ヨ」ト使立ケル。左馬助ハ素《モト》ヨリ　内府公ノ御味方ナレトモ、病悩ノ事ニテ関東エ下向セス、大坂ニ在ケルカ、「彼妻ヲ入ン」ト議定シテ、閫中《ケイチウ》ニ入テ云ケルハ、「諸大名ノ人質ヲ城中

ト議定シテ、闈《ケイ》中へ入テ言ケルハ、「諸大名ノ人質、城中へ入ル間、御辺モ其意得アレ」ト云捨《ステ》テ外へ出ントシケルヲ、「左馬助殿、少申度事アリ。是へ入セ給へ」トテ、手ヲ取テ帳内へ引入。左ノ手ニテ左馬助カ左右ノ手ヲシカト握《ニギ》リケレハ、骨髄《コツズイ》へ通テ、微塵《ミチン》ニクタクル心地シケル。右ノ手ニハ池田勝入ヨリ伝リケル吉光ノ守脇差《ワキサシ》ヲ抜《ヌキ》持テ云、「君ハ我ヲ人質ニヤラントヤ。本来御情アリテ、セメテハ和カナル御詞ニモ預ラハ、君ノ為ニ一命ヲ奉ランハ、最安《イト》キ事也。一度父母ノ深闈ヲ出テ、嫁スル人ノ死ニ至ルマテ二心ナキハ、婦《フ》ノ道ナレハ、情《ナサケ》ナキ御志ニ、常ニ涙ノカハク間モナキ。ウラメシサヲ、イツノ世ニカ忘ルへキ。然ルヲ又城中へ入テ我ヲ餌《ヱ》ニカハントヤ、其儀ニハ応《ヲウス》マシ。君カ隠置タル妾《ワキメ》ト子後日甲斐守トヲ人質ニ入ラレヨ。疾《トク》ニモ聞テ侍ルソ。若我ヲ餌《ヱ》ニカハントナラハ、爰ニテ言切レヨ。差《サシ》殺シテ同枕ニ死へシ」ト云ケレハ、左馬助恐《ヲソロシ》クヤ有ケン、「サラハ、妾ト子トヲ、ヤラン」ト云。重テ曰ク、「侍ノ偽《イツハリ》ハ有マシケレトモ、我ハ外ヲシラヌ身ナレハ、誓言アレ」ト也。左馬助大ニ誓辞《ジ》アリケレハ、放《ハナ》チヤリケル。

ニ入ル間、御身モ其意得アレ」ト云捨テ外エ出ントシケルヲ、「左馬助殿、少申シ度事アリ」ト手ヲ取リ、帳内エ引入。左ノ手ニテ左馬助カ左右ノ手ヲ矴握リケレハ、骨髄《コツスイ》ニ徹《トヲ》リ、微塵《ミヂン》ニ砕《クタ》クル心地シケル。右ノ手ニ池田勝入ヨリ伝リケル吉光ノ守脇指ヲ抜持テ云、「君ハ我ヲ人質ニヤラントヤ。本来御情有テ、セメテ和ナル御詞ニモ預ラハ、一命ヲ奉ランハ最《イト》安キ事也。一度父母ノ深ッ闈《ケイ》ヲ出テ、嫁スル人ノ死ニ至迄二心ナキハ婦ノ道ナレトモ、情ナキ御志シ故、常ニ涙ノ乾クマモナキ恨メシサ、何ッノ世ニカ可レ忘。然ルヲ今又城中エ入テ我ヲ餌ニカハントヤ。其儀ニハ応スマジ。君カ隠シ置タル妾ト子後日二甲斐守一トヲ人質ニ入ラレヨ。疾ニモ聞テ侍ルゾ。我ヲ餌ニカハントナラハ、爰ニテ云切玉へ。刺殺テ同枕ニ死へシ」ト云ケレハ、左馬助恐クヤ有ケン、「左アラハ、妾ト子トヲ入ン」ト云。重テ云、「侍ノ偽ハ有マジケレトモ、我ハ外ハ知ヌ身ナレハ、誓言アレ」ト也。左馬助太ニ誓辞アリケレハ、放ヤリケル。

夫ヨリ吉田エ飛脚ヲ立テ、「カクアイソウヲ竭タレハ、夫婦一所ニモ居難シ、迎ヲ可レ被レ越」ト云送。三左衛

夫ヨリ吉田へ飛脚ヲ立テ、「斯《カク》アイサウヲ竭《ツキ》タレハ、夫婦一所ニモ居カタシ、迎ヲ可レ越ト」云送ル。三左衛門、留守居兄弟衆モ有ナレハ、頓テ吉田へ引取ケル。

或時、孀婦《ヤモメ》住《スミ》ニテ、天久院ト申テ居ケルニ、狼藉《ラウセキ》者ノ不計《フト》出来テ、抜《ヌキ》刀ニテ家ノ中へ駆《カケ》入。台所ニ番ノ者取合ケルヲ、早二人共ニ斬《キリ》殺シテ、闈《キ》門ノ中ニ入。女子トモ、「コハ、恐《オソロ》敷」ト呼《ヨハハ》テ、局《ツホネ》々へ退《ニケ》隠ケル。

カクテ天久院ハ鳴《ナリ》音ヲ聞ヨリ早ク、長刀取テ待居ラレタル。狼藉者血刀振《チガタナフツ》テ奥へ入、天久院ニ渡リ合ケルカ、叶ハシトヤ思ケン、引違《チカヘ》テ、高キ縁《エン》ヨリ飛下テ、屏ヲ乗《ノリ》タレハ、天久院、「何方へニクルソ。遁マシ」ト云儘ニ、サシモノ肥ヒラミタル大女房、高欄ヨリ安々ト飛テヲリ、走リ懸テ高股切テ落シ、逆ニ倒ル処ヲ頸ヲ刎テ、左ノ手ニ持、番ノ侍ヲ呼寄、「此面汝等カ見知タルカ」トテ投出サレケル力ハ、「古ノ板額《ハンカク》ヤ、巴《トモヘ》ニモ劣マシキ人ナリ」ト、其比沙汰シアヘリ。

門、留守居兄弟衆モ有ケレハ、頓テ吉田エ引取ケル。

或時、孀婦《サウフ》《ヤモメ》住ニテ、天久院ト申テ居ケルニ、狼藉者不《フ》画《ト》出来テ、抜刀ニテ家ノ中エ駆入。台所番ノ者取合ケルヲ、早二人斬殺テ闈門《ケイモン》ノ中ニ入。女子トモ「コハソモ、怖《ヲソロ》シ」ト呼テ、局《ツホネ》々へ逃隠《カク》ル。

天久院ハ鳴リ音ヲ聞ヨリ早ク、薙刀取テ待処ニ、狼藉者、血刀振テ奥エ入、天久院ニ渡合ケルカ、叶ハジトヤ思ケン、引違《チカヘ》テ、高キ縁ヨリ飛下テ、屏ヲ乗ケルヲ、天久院、「何方エ逃ルソ、遁スマシ」トテ、サシモ肥《コヘ》ヒラミタル大女房、高欄ヨリ安々ト飛テ下リ、走カカテ高股切テ落シ、逆《サカサマ》ニ倒《タヲ》ル所ヲ、頸《クビ》ヲ刎《ハネ》テ、左リノ手ニ持チ、番ノ侍ヒヲ呼、「此面、汝等見知タルカ」トテ投《ナゲ》出サレケル。「古ノ坂額《ハンカク》御前ニモ劣ルマシキ」ト沙汰シ合リ。

21　加藤左馬助留守《ルス》ノ事

（六―三）

伊予国正木城ハ、昔大森彦七、化物《ハケ》ニ逢シ古鎮《チン》。其ヨリ代々守護人、当城ニ居ケル。海上ヘ張出、要害堅固ナリ。左馬助城主トシテ居タルカ、今度内府公ノ御供シテ、東征ニ加ハル。遠国ト云、留守ノ不虞《グ》無二心元一トテ、能家人共多ク残シテ、自身ハ小勢ニテ下向ス。城代ニハ佃《ツクダ》次郎兵衛・堀部主膳也。佃ハ元来内府公ノ小性、加藤ニ事ヘテ数度ノ高名アリ。大剛ノ侍ナリ。堀部ハ加藤カ叔父《ヲチ》也。然ルニ大坂ノ人質、城中ヘ召入ルト聞ケレハ、「主君ノ妻子ヲ殺サレテハ叶マシ」トテ、堀部ハ予州ヲ出船シテ大坂ヘ参ケルカ、川口・天王寺、所々関所厳《キビ》シケレハ、終ニ不レ能二通路一空ク帰ケル。

川村権七進出テ申ケルハ、「左馬殿ハ内府ノ御味方ナレハ、妻子城中ヘ入給ハハ殺サンハ治定ナリ。我大坂ヘ参リ守護スヘシ」ト。城代、「サラハ、御辺大坂ヘ上リ可レ成程、関番ヲ忍通ラレヨ」ト云ケレハ、「此度関ヲ不レ通ハ、二度各ヘ対面スマシ」ト云捨テ、急湊《ミナト》ヲ漕出ニ、無レ難大坂ノ屋敷ヘ参ケリ。七月中旬ニハ、今日城

21　加藤左馬助留守事

（四―三）

伊予国正木城ハ、昔大森彦七、化物ニ逢シ古鎮。夫ヨリ代々守護人、当城ニ居ケル。海上エ張出シ、要害堅固也。左馬助城主トシテ居タルカ、今度　内府公ノ御共シテ東征ニ加ル。遠国ト云、留守ノ不慮無二心許一トテ、ヨキ家人共多残シテ、自身ハ小勢ニテ下向ス。城代ニハ佃《ツクダ》次郎兵衛・堀部主膳也。佃ハ、元来家光公ノ小姓也。加藤ニ事ヘテ数度ノ高名有ル大閤《剛》ノ侍、堀部ハ加藤カ叔父也。然ニ、大坂ニ人質、城中エ召入ルト聞ヘケレハ、「主君ノ妻子ヲ殺サレテハ叶マジ」トテ、堀部ハ予州ヲ出船シテ大坂エ上リケルカ、川口・天王寺、所々ノ関所厳シケレハ、終不レ能二通路一空ク帰リケル。

川村権七進出申ケルハ、「左馬殿ハ　内府公ノ御味方ナレハ、妻子城中エ入玉ハハ殺サンハ治定也。我大坂エ参テ守護スヘシ」城代、「更ハ御辺ハ大坂エ行可レ成程ハ、関番ヲ忍通ラレヨ」ト云ケレハ、「此度関ヲ不レ通ラハ、再ヒ各ニ対面スマシ」ト云棄、急キ湊ヲ漕出シ、無レ難大坂ノ屋鋪ニ参ケリ。七月中旬ニハ、今日城中エ召

中へ召捕、明日ト責ケレハ、権七ハ要害ヲ拵テ防戦支度ス。

羽柴越中守簾中自害シ給フ後ハ、城中又評議シテ、「イヤイヤ諸大名ノ妻子ヲ捕ントテ多ノ味方ヲ損シテハ悪カリナン」トテ、人質ノ沙汰ハ止ニケリ。

又伊予国ニハ芸州毛利輝元郷ヨリ宍戸《シシト》（備前弟）善左衛門・曽根兵庫・村上掃部等（能島内匠）、軍兵ヲ卒テ、兵船数十艘、正木ノ城ヲ攻ントス。先以二使者一ヲ可レ開レ城之旨ヲ述ケレハ、左馬助舎弟内記・叔父堀部主膳・家老佃次郎兵衛（中島庄右衛門・安達半右衛門）等評議決定シテ、「守死テ防戦スヘシ」ト返答シケレハ、毛利ノ兵士三津ノ浦ヨリ上テ陣取。又、平岡平兵衛ト云者毛利家へ内通ス。加藤内記（左馬弟）軍兵ヲ発シテ三津表ニ働。敵ハ不二出合一。内記ハ其ヨリ紀ノ山ニ陣ス。毛利兵士、江原ヨリ軽卒ヲ出シテ刈田シケレハ、正木勢出向テ追レ之。

毛利兵三百余、九月十九日、宍戸等、久米如来寺ニ入テ正木勢ト合戦ス。佃次郎兵衛裏ヨリ攻入、黒田九兵衛魁シ表ヨリ攻入、鉄砲ニ中テ死。飛松兵助・川合九郎兵衛進テ戦、微勢不レ叶討死ス。荒川甚左衛門、宍戸ト鑓ヲ合討死。井上加之助、同所戦死ス。能島、其首ヲ捕。

捕、明日城へト責ケレハ、権七ハ要害ヲ拵テ防戦支度ス。

羽柴越中守簾中自害シ給後ハ、城中又評議シテ、「イヤイヤ諸大名ノ妻子ヲ捕ントテ多ノ味方ヲ損シテハ悪カリナン」トテ、人質ノ沙汰ハ止ニケリ。

又伊予国ニハ芸州毛利輝元ヨリ宍戸善左衛門・曽根《ソネ》兵庫・村上掃部等、軍兵ヲ卒シテ、兵船数十艘、正木《マサキ》ノ城ヲ攻ントス。先ッ以テ二使者一可二囲城一ノ旨述ケレハ、左馬助舎弟内記・叔父堀部主膳・家老佃次郎兵衛等評議シテ、「守レ死防戦スヘシ」ト返答シケレハ、毛利ノ兵士三津ノ浦ヨリ上テ陣取。又平岡平兵衛ト云者毛利家エ内通ス。加藤内記、軍兵ヲ発シテ三津ノ表ニ働ク。敵ハ不二出合一、内記ハ其ヨリ紀ノ山ニ陣ス。毛利ノ兵士、自リ二江原一軽卒ヲ出テ刈田シケレハ、正木勢出向テ追レ之。

毛利兵三百余、九月十九日、久米如来寺ニ入テ正木勢ト合戦ス。佃次郎兵衛ハ裡ヨリ攻入、黒田九兵衛魁シテ表ヨリ押入ントテ、鉄炮ニ中リ死ス。飛松兵助・川合九郎兵衛等戦死ス。佐藤十右衛門進テ高名ス。

爰ニ、平岡平兵衛カ兄平岡孫右衛門ハ弟ノ難ヲ救ン為ニ三津ヨリ江原ニ入、正木勢遮《サヘキ》リ留ントス。暫ク対陣シ

毛利方、曽根・村上・能島、終ニ討死ス。佃モ疵ヲ蒙ル。

佐藤十右衛門、高名ス。

平岡平兵衛加《（カカ）》兄ノ孫右衛門ハ弟ノ難ヲ救為ニ三津ヨリ江原ニ入。正木勢遮留トス。暫対陣シケルカ、夜ニ入、平岡兄弟江原ノ後ノ山ヲ廻テ三津ヘ引取タリ。毛利ノ兵三津ヲ引揚テ、湊山ニ登テ陣城ヲ構フ。斯テハ城中危キ所ニ、濃州敗北ヲ聞テ、数百艘ノ敵船、解㆑纜テ引去ケリ。城中勇悦事限ナシ。

関ケ原終テ、川村権七、大坂妻子守護ノ功アリ。佃ハ大敵ト戦、互ニ其勲功ヲ争ケリ。左馬助或時権七ニ申サレケルハ、「佃ハ家ノ老臣、汝ハ吾一族ナレハ、身退キ、佃ヲ先トセヨ」ト有ケレハ、権七答云、「佃ハ老臣ナリ。今度ノ忠ハ我先タルヘシ。城ハ多勢ノ力ヲタノム。吾ハ只一人、函谷ヲ越テ救ヘリ」ト云、終ニ立退。

左馬助大ニ怒テ、往所ヲ極メ構ヘハ、身ノ置所ナシ。大坂陣ニ式部少輔出陣ト聞テ、案内ヲ不㆑経、左馬助前ニ来ル。川村権七カ、「珍ヤ」ト有ケレハ、「我等是ヘ参事、別ノ儀ニ候ハス。今度式部殿御出陣ト承候。若キ殿ニ付ラルヘキ者ナシ。古キ者ハ皆死、或ハ立退候ヘハ、

ケルカ、夜ニ入、平岡兄弟、江原ノ後ノ山ヲ廻テ、三津エ引取ケリ。毛利カ兵三津ヲ引上テ湊山ニ登テ、陣城ヲ構タルカ、濃州敗北ヲ聞テ、各纜ヲ解テ退去。正木勢勇悦事限ナシ。

斯テ関ケ原終テ、川村権七、大坂妻子守護ノ功アリ。佃次郎兵衛、「留守ノ敵ヲ追退《シリゾケ》シ」ト、互ニ争ケルカ、左馬助或時権七ニ被㆑申ケルハ、「今度留守ノ働キニ、汝ト佃ト、争ト聞、佃ハ家ノ老臣、汝ハ我一族ナレハ、身退テ佃ヲ先トセヨ」ト有ケレハ、権七申ケルハ、「仰ノ如ク、佃ハ老臣ナレトモ、今度ノ忠節ハ我先タルヘシ。城ニハ多勢ノ力ヲ恃ム。我ハ只一人難《ナン》関ヲ越テ守タル」ト云ケルカ、遂ニ立退。

左馬助大ニ怒テ、往所ヲ極テ構ケレハ、身ノ置所ナシ。大坂陣ニ、式部少輔出陣ト聞テ、案内ヲ不㆑経、左馬助前ニ来ル。「権七カ、珍シヤ」ト有ケレハ、「我等、是ヘ参事、別ノ義ニ候ハズ。今度、式部殿御出陣ト承候。若キ殿ニ可㆑被㆑附者ナシ。古キ者ハ皆死、或ハ立退候ヘハ、今ノ般ヒ若殿ノ御供申サン為、是迄参リ候。旧《キウ》年ノ御勘気、蒙㆓御免ヲ㆒候ハ、老後ノ御恩ニ候」ト云。左馬

今般《タビ》若殿ノ御供申サンタメ、是マテ参候。旧年ノ御勘気、蒙㆓御免㆒候ハ、老後ノ御恩ニ候」ト有。左馬助大ニ悦テ、「汝カ云如ク、諸士若手《ワカテ》計ニテ、無㆓心許㆒カリシ。今日是へ来ル事、何ヨリ以悦入タリ。汝ハ親属ナレハ、式部少輔ヲ守護スヘシ」トテ、権七ニ添テ、堀主水両人家老ニテ、大坂へ供シテ働アリケリ。

左馬助ハ弓箭ニ武キ人ニテ、能人ヲ持テ数度ノ忠功ヲ立、世上ニ誉アル事ナリ。若年ノ時大閤ノ御小性ニテ、志津岳ノ鎗ヨリ度々ノ合戦ニ勇ヲ振スト云事ナシ。関ケ原没落帰国ノ時、家人《ケニン》老若出向テ祝《コトブ》キケルニ、船付ニテ床几ニ腰ヲ懸、軍ノ批判、合戦ノ場所、一々尋問《トハ》レケリ。然レトモ短慮《タンリヨ》ナル人ニテ、一戦功成モノヲハ禄ヲ賞スレトモ、重ノ合戦ニ功ナケレハ、強《ツヨ》ク咎メテ浪人ス。或ハ、少ノ罪ニテ切腹《フク》シ、判《ハン》ノ団右衛門・藪《ヤブ》与左衛門・川村等ノ旧功ノ侍ヲ始如㆑此ノ。況《イハン》ヤ其余《ヨ》ヲ乎《ヤ》。

子息式部少輔極テ吝嗇《リンシク》、庫蔵ニ金銀財宝充満《シウマン》シ、国民ノ困窮《コンキウ》・士卒ノ疲労《ヒラウ》日々月々ニ長シケレハ、家中口論出来テ、堀主水立退、大猷院殿御時、江戸へ来リ、君ノ悪ヲ訴《ウツタヘ》、一旦式部利潤《シユン》ニテ、堀主水ヲ被㆑下ケリ。犯《ホン》上ノ

助大ニ悦テ、「汝カ申如ク、諸士若手計ニテ、無㆓心元㆒カリシニ、今日是エ来ル事、何ヨリ以悦入タリ。汝ハ親属《ソク》ナレハ、式部少輔ヲ可㆓守護㆒」トテ、権七ニ堀主水ヲ添、両人家老ニテ大坂エ供シテ働アリ。

左馬助ハ、弓箭ニ猛人ニテ、能人ヲ持テ数度ノ忠功ヲ立、世上ニ誉アリ人也。若年ノ時大閤ノ御小姓ニテ、志津岳ノ鎗ヨリ度々ノ合戦ニ勇ヲ不㆑震《フルハ》ト云事ナシ。関原没落ノ帰国ノ時、家人老若出向テ祝《シユク》シケルニ、船着ニテ床几《シヤウキ》ニ腰ヲ懸、軍ノ批判、合戦ノ場所、一々尋問シケリ。然トモ短慮ナル人ニテ、一戦功成モノヲハ禄ヲ賞スレトモ、重テノ合戦ニ功ナケレハ、強ク咎メテ浪人ス。或ハ少ノ罪ニテ切腹ス。判団右衛門・藪予左衛門・川村等、旧功ノ侍ヲ始、如㆑此。況其余乎。

子息式部少輔極メテ吝嗇《リンシユク》《シワキ》ニシテ、庫《コ》蔵ニ金銀財宝充満シ、国民ノ困窮《クルシミキハマル》・士卒ノ疲労《ヒロウ》《ツカレ》日々月々ニ長シケレハ、家中口論出来テ、堀主水立退《ノキ》、江戸エ来テ君ノ悪ヲ訴フ。其時ハ　大猷院殿家光公ノ御代也。一旦式部利運ニテ、主水ヲ被㆑下ケレハ、犯㆑上ノ罪人ナレハ、子孫ハ申ニ不㆑及、縁者ニ至迄悉大僻《ヘキ》ノ罪ニ行ヒ、三族ヲ夷ケリ。

罪人ナレハ、子孫ハ申ニ及ハス、縁者ニ至ルマテ悉《コトコトク》大僻《ヘキ》ノ罪ニ行ヒ、三族ヲ夷《タイラケ》ケリ。式部モ国治カタクテ会津ヲ差上、僅《ワツカ》ニ壱万石ヲ子息内蔵助ニ賜ケリ。

22　若狭少将伏見城立退事　（六―四）

筑前中納言秀秋ハ、催促ニ任セテ大坂へ来ケレトモ、心中ニハ内府公へ附属《フソク》セント思ケレハ、鷹野・河猟《カリ》ニテ日ヲ送ケル。石田思ケルハ、「此人ハ敵共味方トモ弁《ワキマヱ》カタシ。イサヤ伏見城ヲ攻サセテ、実否《シツフ》ヲ決《ケツ》セン」トテ使ヲ立ケル。

秀秋ハ、「心得候」トテ京都へ上リ、政所《マン》殿ニ此由申ケレハ、政所ハ聞給テ、「御辺何ト思ソ」ト問《トハ》レケル。「サレハトヨ、石田ハ幼君ノ命ト称《シヤウ》シテ西国ヲ催《モヨホ》シ、弥奢驕《シヤキヤウ》ツヨク、内府《ダイ》ヲ敵ニ申ナシ、唯今退治セントナレトモ、胸中ハ石田天下ヲ奪《ウバハ》ン為ナリ。内府ノ天下ニナリテ、其樹《ジュ》下ニ属《ゾク》センハ無㆓是非㆒コトナレト、石田カ下ニ立ンハ無念ノ次第也。所詮内府へ属スヘシト、時節ヲ待処ニ、「唯今伏見城攻ヨ」ト有。今不ンハ㆑攻《ママ》ハ、東方ノ色立

式部モ国治難フシテ会津ヲ差上、僅ニ壱万石ヲ子息内蔵助ニ賜ケリ。

22　若狭少将伏見城立退事　（四―四）

筑前中納言秀秋卿ハ、任セ㆓催促㆒ニ、大坂エ来ラレケレトモ、心中ニハ「内府公エ附属《フソク》セン」ト思ハレケレハ、鷹狩・河猟ニテ日ヲ送ラレケル。石田思ケルハ、「此人ハ敵共味方共、難㆑弁。イサヤ伏見城ヲ攻サセテ、実否ヲ決セン」トテ使ヲ立ケル。

秀秋ハ、「心得候」トテ京都エ上リ、政所殿ニ此由ヲ申ケレハ、政所ハ聞玉テ、「御辺ハ何ト思ゾ」ト問玉フ。「サレハトヨ、石田ハ幼君ノ命ト称シテ西国ヲ催シ、弥々驕奢《キヤウシヤ》ツヨク、内府ヲ敵ニ申シ成シ、只今退治セントナレトモ、胸《ケウ》中ハ、石田カ天下ヲ奪《ウハハ》ン為也。内府ノ天下ニ成テ、其樹下ニ属センハ無㆓是非㆒事ナレトモ、石田カ下ニ立ンハ無念《ムン》ノ次第也。所詮　内府公エ属《シユク》スヘシト、時節ヲ待処ニ、「只今伏見城ヲ攻ヨ」トアリ。今

テ、諸大名ノ為ニ挫《トリヒシカ》レン事ハ案ノ内也。御女儀ヘ申モ如何ナレトモ、御尋ニ依テ申也」政所申サレケルハ、「言詞《ゲンシ》思量サモ有ヘシ。先伏見攻手ニ加リ候ヘ。幸《サイワイ》若狭少将勝俊、城中ニアル事ナレハ、「我城中ヘ入テ、城攻事和睦《ホク》セヨ」ト敵味方ヘ可二申入一。城中ニハ吾来ヲ幸ニ思テ、吾ヲ人質ト可二心得一。又大坂ニハ、「我ヲ出城サセヨ」ト御辺ヘ可レ申。秀頼ハ吾子ニハアラネトモ、今日マテ母トイワレタレハ、我トモニ攻《セメ》殺トハスヘカラス。トカクスル内ニ、内府公ハ上洛有ヘキト、其時幕《バク》下ニ属セヨ」ト仰ケレハ、「尤ニ候」トテ、攻手ニ加リケル。

去程ニ若狭少将ハ内談ヲハイマダ不レ知シテ、舎弟中納言秀秋攻手ニ来ルト聞ケレハ、如何アラント思ハレケルニ、城中ノ諸侍、ハヤ勝俊ヲ隔心《キャクシン》シケレハ、コラヘカタクヤ思ハレケン、窃《ヒソカ》ニ城ヲ忍《シノヒ》出テ、洛陽三本木ノ城ヘ来ル。政所内談相違《ヰ》シケレハ、大ニ怒リテ御対面モナシ。内府公ヘハ政所ヨリ具《クワシ》ク申送ラレケル。

此政所ト申ハ、秀吉公ノ妻女ナリ。政所ノ兄木下肥後守家定ノ子三人、一男ハ若狭少将勝俊、二男ハ木下宮内、三男筑前中納言秀秋ナリ。信長公ノ御時、前田又左衛門

不レ攻ハ、東方ノ色ヲ立テ、諸大名ノ為ニ挫《トリヒシカ》レン事案ノ内也。御女儀エ申上ルモ如何ナレトモ、御尋ニ依テ申候」ト云レケレハ、政所ノ仰ニ、「言詞思量、サモ有ヘシ。先伏見城攻手ニ加リ候ヘ。幸《サイハヰ》若狭少将勝俊、城中ニ在事ナレハ、「吾城中エ入テ、和睦セヨ」ト敵味方エ可シ二申入一。城中ニハ我来ヲ幸ニ思テ、我ヲ人質ト可シ二心得一。又大坂ニハ、「我レヲ出城サセヨ」ト御辺エ可レ申。秀頼ハ、我子ニハアラネトモ、今日迄モ母ト云レタレハ、我共ニ攻殺トハスヘカラス。トカクスル内ニ　内府モ上洛有ヘシ。其ノ時、幕下《バツガ》ニ属セヨ」ト仰ケレハ、「尤ニ候」トテ、寄手ニ加ラル。

去程ニ若狭少将ハ内談ヲハ未レ知シテ、舎弟中納言秀秋、攻手ニ来ト聞ヘケレハ、如何アラント思ケルニ、城中ノ諸士、ハヤ勝俊ヲ隔心シケレハ、難レ堪《コラヘ》ヤ思ハレケン、窃ニ城ヲ忍出テ、各(洛カ)陽三本木城主来ル。政所内談相違シケレハ、大ニ怒テ御対面ナシ。内府公エ政所ヨリ怒テ申送ラレケル。

此政所ト申ハ、秀吉公ノ嫡妻《テキサイ》也。政所ノ兄、木下肥後守家定ノ子三人、一男ハ若狭少将勝俊、二男ハ木下宮内、

ヲ召テ、藤吉郎カ事被二仰出一。前田申ケルハ、「浅野又兵衛、「娘《ムスメ》ヲ木下藤吉郎ニ合セ申度」ト互《タカヒ》ニ願申也。如何アラン」ト有ケレハ、則御免也。利家媒《ナカタチ》シテ、浅野娘ネイヲ嫁ス。此時浅野ハ百石計ノ身上也。其ヲネイハ今ノ政所ナリ。此故ニ、加賀ノ利家モ大閤ヨリ御取立、外戚《セキ》ノ列《レツ》ニナリケル。

或時政所申サレケルハ、「我ハ本下士ノ娘ナルカ、殿《デン》下《ガ》ノ驥《キ》尾《ビ》ニ付テ、北《キタ》ノ政所《マン》トアカメラル。是偏《ヒトヘ》ニ殿下ノ御恵《メクミ》ナリ。然ルニ吾ニ若君ヲモモウケズ、朝夕七珍万宝ヲ前ニツラヌト云トモ更《サラ》ニ楽トモ思ハレス。我舎兄木下肥後守カ子ヲ一人御取立アリテ、大名ニナシ給ナラハ、今生ニ思残事侍ラス」ト、カキクトキ申サレケレハ大閤仰ケルハ、「肥後守カ子ノ内ニ、器量アル者ナシ。末ノ子秀秋ハ物ニ成スヘシ」是ヲ挙《アケ》テ御養子トシ給ケル。

爰ニ小早川《コハイカハ》隆景《カケ》ハ一生妻女ヲ不レ御《キヨセ》、シカル故ニ子ナカリケレハ、秀秋ヲ養子トシテ筑前ヲ領ケル。後ニ備前一国ノ守トナル。然レトモ不行儀ニテ、人ヲ殺事ヲアマナイ、ヤヤモスレハ手討、或ハ放埒《ラツ》ヲ事トシテ、実ナクテ、多ク浪人ヲ召抱カトスレハ、罪ナキニ追出シ、隆景

三男ハ筑前中納言秀秋也。信長公ノ御時、前田又左衛門ヲ召、藤吉郎事ヲ被二仰出一。前田被レ申ケルハ、「浅野亦兵衛、「娘ヲ藤吉郎ニ合セ申度」ト互ニ願申也。如何有ン」ト有ケレハ、則御免ナリ。利家媒《ナカタチ》シテ、浅野娘ネイヲ嫁ス。此時浅野ハ百石計ノ身上也。其オネイハ、今ノ政ン所也。此故ニ、利家モ大閤ヨリ御取立、外戚ノ列ニ成ケル。

或時政所仰ケルハ、「我ハ木下士ノ女メナルカ、殿下ノ驥尾ニ附テ、北政所ト崇ラル。是偏ニ殿下ノ御恵《メク》ミ也。然ニ我若君ヲ儲《マウ》ケズ、朝夕七珍万宝ヲ前ニ散スト云トモ更ニ楽トモ思ワレズ。我舎兄木下肥後守カ子ヲ一人御取立アリテ、大名ニナシ給ナラハ、今生ニ思残事侍ラス」ト、カキ口説申サレケレハ、大閤仰ケルハ、「肥後守カ子ノ内ニ器量アル者ナシ。末子秀秋ハ、物ニ成ヘシ」是ヲ挙テ、御養子トシ給ヒケル。

爰ニ小早川隆景《タカカケ》ハ一生妻女ヲ不レ持、故ニ子ナカリケレハ、秀秋ヲ養子トシ、筑前ヲ領シケル。秀秋不行義ニテ、人ヲ殺ス事ヲ甘ナヒ、動スレハ手討シ放埒ヲ事トシ、実ナクテ、多ク浪人ヲ召拘エ、家老杉原下野ヲ、讒言ヲ

譜第《フダイ》ノ士ヲモ少ノ罪ニ切腹サセ、讒《サン》言ヲ信給《シンシ》ヘハ、大閤大ニ怒《イカリ》給テ、山口玄番ヲ幡摩ヘ遣《ツカハ》シ、秀秋ノ後《ウシロ》見ト成テ、「諫言《カンゲン》セヨ」ト也。玄番言ントスレハ、怒テ却テ殺ントシケル故、此由言上ス。其時備前ヲ被㆓召上㆒、越前北ノ庄ヘ遣シ、禄ヲヲトシ拾六万石ヲ領ス。山口玄番ハ加州大正寺ノ城主トナル。内府公切々御取合アリテ、又本領ヲ安堵《ド》シテ備前ニ帰国。此間一年也。是故ニ内府ヘハ旧恩ヲ思ヒケル。伏見落城ノ後、石田奢侈《シヤシ》ツヨク、殊ニ筑州黄門ヘハ踈略《ソリヤク》ナレハ、怨《ヲン》念止サリケリ。

扨再《亦》、若狭少将勝俊ハ内府ヨリ預リケル西ノ丸ヲ開テ出奔スル。臆病ノ至也。内府公モ始ハサラヌ体ニテ、「政所ノ守護《コ》セラレヨ」トテ在京サセラレケルカ、関ケ原一戦ノ後、又京都ヲ内府ノ指図ヲモ不㆑請、打立テ若狭国ヘ立退《ノ》カレケレハ、内府公御気色ヲ蒙《カウム》テ改易《カイエキ》ナリ。洛陽小原《ヲハラ》ニ閑居《カンキヨ》シテ長嘯《シヤウ》子ト名ヲ改ケル。和歌ヲ好テ誉アリケレトモ、誠ノ道ニハ暗《クラ》キ人ナリ。

老人ノ物語ニ、「木下肥後守始ハ杉原肥後守ト云シ、男子四人アリ、長子ハ若狭少将、次男ハ木下宮内少輔ナリ、三男ハ木下右衛門大夫、四男ハ金吾中納言ナリ。宮

信シテ、村山越中ニ云付テ、殿中ニテ斬リ殺ス。大閤大ニ怒玉テ、山口玄蕃ヲ播磨エ遣シ、秀秋ノ後見ト成テ、「諫言セヨ」ト也。玄蕃、云ントスレハ、怒テ却テ殺ントシケル故、此由言上ス。其時筑前ヲ被㆑㆓召上㆒、越前北ノ庄エ遣シ十六万石ヲ領ス。山口玄蕃ハ加州大聖寺ノ城主トナル。　内府公切々御取合ヲ被㆑仰テ、又本領ヲ安堵シテ筑前エ帰国、此間一年也。是故ニ　内府公エハ旧恩ヲ思ケル。伏見落城ノ後、石田、奢侈《シヤシ》《ヲコリ》ツヨク、殊ニ筑前黄門エハ踈略ナレハ、怨念止サリケル。

偖又、若狭少将勝俊ハ　内府公ヨリ預リケル西丸ヲ開テ出奔スル。臆病ノ至也。　内府公モ始ハサラヌ体ニテ、「政所ヲ守護セラレヨ」ト在京サセラレケルヲ、関原一戦ノ後、又京都ヲ　内府公御指図ヲモ不㆑請、打立テ若狭国ヘ立退レケレハ、内府公御気色ヲ蒙テ改易也。洛陽小原ニ閑居シテ長嘯《チヤウシヤウ》子《シ》ト名ヲ改メケル。和歌ヲ好テ誉《ホマレ》アリケレトモ、誠ノ道ニハ暗《クラ》キ人也。

内ハ後ニ政所ノ養子トナリケリ。政所ヘハ内府公ヨリ三万石賜ケルカ、逝去ノ後宮内其遺蹟ヲ続テ、備中ニテ三万石ヲ拝ス。其子今ノ木下淡路守ナリ。右衛門大夫ハ大閤ノ御時姫路ノ城ニ居ケリ。関ケ原以後ニ政所ノ嘆キヲ以豊後国ニテ参万石ヲ賜ル。是ハ細川越中守聟ナレハ同所ニ拝シケルトソ。此両人ハ今度一戦ニハ出合スト云トモ、政所ハ偏ニ内府公ヘ贔屓セラレケル故ナリ。但淀殿ハ妾ナレトモ冑《曹カ》子秀頼公ノ母ナレハ、天下皆崇敬ス。政所ハ本妻ナレトモ御子ナケレハ、蟄居ノ体ニテ事問人モナシ。此故ニ二人中悪カリケリ。上ニハ秀頼ヲハ政所ノ御養子ト称シケレハ、隠便ニモテナサレケレトモ、内ニハ冠讐ノ如クナレハ、今度内府公ヘ各心ヲヨセケルトナリ。右衛門大夫子今ノ伊賀守ナリ」

23　伏見城攻《セム》事　（六―五）

七月十六日、伏見城攻議定シテ、先大坂西ノ丸家康留守佐野肥後守ヲ追《ヲヒ》出ケレハ、肥州モ多勢ニ無勢、力及ハサル事ナリトテ、伏見城ヘ馳《ハセ》加ハル。大坂ヨリ使ヲ立テ、

23　伏見城攻事　（四―五）

七月十六日、伏見城攻議定シテ、先大坂西丸　家康公留守居、佐野肥後守ヲ追出シケレハ、肥州モ多勢ニ無勢、不レ及力、伏見城エ馳加ル。大坂ヨリ使ヲ立、「城ヲ開

「城ヲ可㆓明渡《アケ》㆒」ト也。伏見城中ニテ各一同ニ云ケルハ、「内府公ヨリ預タル城ヲ秀頼ノ御意ト称《セウ》ストモ可㆓明退㆒儀ニ非ス。鎗ノシヲクヒノアランカキリ働《ハタライ》テ、上方侍ヲ蹴《ケ》チラシ、運《ウン》ツキハ命ヲ主君ニ奉ルノ外ハ無㆑他」ト議《ギ》論決《ケツ》定シテ不㆑渡、還テ近辺《ヘン》ヲ放火シテ敵ノ来ヲ待居タリ。

同廿五日、大坂ニ勢揃《セイソロヘ》シテ打立人々ハ、筑前中納言秀秋・島津兵庫頭義弘・毛利黄門ノ軍勢・増《マシ》田右衛門長盛衆・長束《ナツカ》大蔵正盛衆・備前中納言秀家・鍋島加賀守、大坂弓鉄炮ノ頭指加。

又石田治部少輔ハ、七月十九日、三千五百ニテ佐和山ヲ立テ八幡ニ着《ツキ》、伏見ヲ可㆑攻詮議《センキ》極テ、七月晦日夜半ヨリ四方ノ責《セメ》口、ヒシヒシト打囲《カコン》テ、築《ツキ》山・竹束《タケタバ》・柵《サク》・大鳥銃《イシヒヤ》ヲ押《ヲシ》立々々打懸ル。籠城ノ人数ハ纔《ワツカ》八百余人ナリ。寄手乾《イヌイ》ノ方ハ毛利黄門壱万余、艮《ウシトラ》ノ方ニハ筑前黄門弐万余、北方ヨリ野村肥後守入道父子兄弟・松浦伊勢守、其外御馬廻衆壱万余、西ノ手ハ備前中納言秀家・島津兵庫入道三千余騎、大手南ハ態《ワサ》ト開テ被《レ》㆑置《ヲカ》ケル。

数万ノ寄手三面打囲《カコン》テ、稲麻竹葦ノ如ク、鯨《トキ》ノ波　夥《コヱヲヒタタシク》、

渡スヘキ」ト也。伏見城中ニ、各一同ニ云ケルハ、「内府公ヨリ預リタル城ヲ秀頼ノ御意ト称ストモ可㆓開ケ退㆒儀ニ非ス。鎗ノシホクヒノ有ン限働イテ、上方士蹴《ヒケ》散シ、運竭《ツキ》バ命ヲ主君ニ奉ルノ外ハ無㆑他」ト議論決《ケツ》定シテ不㆑渡、還テ近辺放火シテ敵ノ来ルヲ待居タリ。

同廿五日、大坂ニ勢汰《ソロエ》シテ打立人々ハ、筑前中納言・島津兵庫頭・毛利黄門軍勢・増田右衛門衆・長束大蔵衆・備前中納言秀家・鍋島加賀守、大坂弓鉄炮頭、差加ル。

又石田治部少輔ハ、七月十九日、三千五百石（ママ）ニテ佐和山ヲ立テ八幡ニ着、伏見ヲ可㆑攻詮議極テ、七月晦日夜半ヨリ四方責口ヒシヒシト打囲ミテ、築山・竹束《タケタハ》・柵《サク》・大鳥銃《テウシウ》ヲ押立々々打懸ル。籠城ノ人数ハ僅八百余人也。寄手乾《イヌヰ》ノ方ハ、毛利黄門壱万余、艮《ウシトラ》方ハ筑前黄門二万余、北ノ方ヨリ野村肥後守入道父子兄弟・松浦伊予守、其外御馬廻リ衆一万余、西ノ手ハ備前中納言秀家・島津兵庫入道三千余騎、大手南ハ態ト闕テ被㆑置ケル。

数万ノ寄手三面打囲ミ、稲麻竹葦《トウマチクヰ》ノ如ク、鯨波《トキノコエ》夥、鳥銃ノ音、上天モ落ルカ如ク、大地モ裂ルカ如ク也。町口

鳥銃《テツハウ》ノ音、上天モ落ルカ如ク、大地モ裂《サク》ルカ如クナリ。町口ニテ既《ステ》ニ矢合有ケルカ、雲霞《カ》ノ敵ナレハ、ナシカハタマルヘキ、頓テ町屋ヲ攻《セメ》破リ、三ノ丸ヘ取詰《ツムル》。城中ハ松ノ丸ト本丸トヲ破ラレジト、爰ヲ専《セン》ト防キケル。互《タカイ》ニ一命ヲ天ニ懸テ、敵味方力ヲ尽シ攻戦ケレハ、芥塵掠《カイチンカスメ》レ天ヲ、汗《カン》血地ヲ糢糊《モコ》ス。城中小勢トハ申セトモ、サシモノ弓箭ニ功アル者、命ヲ委《ステ》テ防ケレハ、寄手多ク討レテ、攻アクンテソ居タリケル。

爰ニ石田ハ八幡ヨリ攻手衆ヘ見舞ニ参リ、三千五百ノ人数ヲ卒《ソツ》シテ、攻様、人々ノ働《ハタラキ》慰労《イラウ》シケルカ、大将衆申ケルハ、「是程ノ小城一時攻ニ挫《トリヒシ》カンハ安キ事也。石田殿ハ大坂ヘ御越、幼君守護シ給ヘ」ト有ケレハ、「サラハ其意ニ任《マカ》セン」トテ、大坂ヲ指テ下リケルカ、三千ノ人数ヲ残置、云ケルハ、「敵定テ難レ遁《ノカレ》ヲ知テ、突テ出ヘシ。是窮兵《キウヘイ》也。其ノ勢 甚強《ハナハタツヨ》カリナン。呉子《ゴシ》カ云シ、「一死賊《ゾク》ヲ曠野《クワウヤ》ニ伏《フセ》テ、千人追レ之ヲ、莫レ不二梟視狼《キヤウシラウ》顧《コ》一」トハ此所ヲ云ヘシ。味方ハ、大勢ヲタノンテ死ヲ不レ思、敵ハ必死也。古人ノ云如ク、「一人投《タウシ》レ命ヲ、足《タレリ》レ懼《オソレシムルニ》二千夫ヲ一」トハ是ヲ云ヘシ。若左様ノ事アラハ、

ニテ既ニ矢合有ケルカ、雲霞ノ寄手ナレハ、ナシカハタマルヘキ、頓テ町屋ヲ攻破リ、三ノ丸エ取詰ル。城中ハ松ノ丸ト本丸トヲ破ラレシト、爰ヲ専ト防ケル。互ニ一命ヲ天ニ懸テ、敵味方力ヲ尽シ攻戦ケレハ、芥塵掠《カイジンカスメ》レ天、汗血《カンケツ》血ヲ糢糊《モコ》ス。城中小勢トハ申セトモ、サシモノ弓箭ニ功アル者、命ヲ委《ユダネ》テ防ケレハ、寄手多ク討レ、攻アクンデソ居タリケル。

爰ニ石田ハ八幡ヨリ攻手衆エ見舞ニ来リ、三千五百人ノ数ヲ卒シテ、攻様、人々ノ働慰労《イロウ》シケルカ、諸将申サレケルハ、「是程ノ小城一時攻ニ挫ンハ安キ事也。石田殿ハ大坂エ御越、幼君ヲ守護シ給ヘ」ト有ケレハ、「サラハ其意ニ任セン」トテ、大坂ヲ指テ下ケルカ、三千ノ人数ヲ残置、云ケルハ、「敵定テ難レ遁ヲ知テ、突テ出ヘシ。是窮兵也。其勢、甚強カリナン。呉子云シ、「使二一リノ死賊一伏《フセ》二於曠野《クハウヤ》一ニ、千人追レ之、莫レ不二梟《ケウノ如ニ》視《ミ》狼《ロウ如ニ》顧《コセ》一」トハ此所ヲ云ヘシ。味方ハ大勢ヲ頼ンテ死ヲ不レ思、敵ハ必死也、古人ノ云如ク、「一人投《タウスルハ》レ命ヲ、足レ懼《ヲトサシムルニ》二千夫《フ》ヲ一」トハ是ヲ云ヘシ、若シ左様ノ事アラハ、汝等、堅ク備ヲ立、行伍不レ乱シテ、弓

汝等《ラ》堅ク備ヲ立、行伍不レ乱シテ、弓鉄砲ニテ横《ヨコ》相ヨリ入チカヘテ、一人モ不レ残討捕ヘシ」ト下知シテ、大坂ヘ只五百人ヲ召具シテ下リケル。

然ル所ニ、江州甲賀《カウカ》永原ノ輩、鉄炮ヲ心得タリトテ、深《フカ》尾《ヲ》清十郎鉄炮ノ者、又ハ小頭ナトニシテ拘置《カカヘ》ケルカ、小頭ノ中ニ寄キ《手カ》ニ頼マレテ、敵ヲ松丸ヘ引入ケル。又、筑前中納言手ヨリ火矢ヲ数多射懸テ、御天主炎《エン》上ス。

爰ニテ城主鳥井彦右衛門、不レ叶トヤ思ケン、弐百余人ヲ召具、各心ヲ必死々々ト堅メテ、鍋島カ手ヘ突《ツイ》テ懸リ、面モフラス戦ケル。鳥井サシモノ弓取ナレハ、電《テン》光《クワウ》ノ如レ激《ケキスル》、蜘《カクモ》手《デ》輪違《ワチカヘ》ニ馳違《チカヘ》テ、当ル敵ヲ突《ツキ》臥、透《スキ》間モナクアテケレハ、鍋島カ勢コラヘカネテ敗北ス。

カカル処ニ、石田カ残シ置シ三千ノ遊軍、鯨波ヲ咄《トツ》ト作リ懸テ、行列ヲ乱サス、足音ソロヘテ攻カカリケレハ、鬼神ヲモ挫《トリヒシ》カント見タル。鳥井カ勢二ノ見ノ合戦ニハ手負死人多カリケレハ、纔《ワツカ》ニ討ナサレテ城中ヘ引テ入、一・二ノ門ノ間ニ折敷セツツ来ル敵ヲ待居タリ。治部少輔士卒ハ敵ヲハ城中ヘ追コミ勢《イキヲヒ》ツヨク訇《ノノシリ》ケル。侍大将高野越中下知シケルハ、「敵ハ城中木戸口ニ構《カマヘ》タルソ。乱

鉄炮ニテ横合ヨリ入違テ、一人モ不レ残討捕ヘシ」ト下知シテ、大納言只五百人ヲ召具シテ下リケル。

然所ニ、江州甲賀永原ノ輩、鉄炮ヲ心得タリトテ、深尾清十郎鉄炮ノ者、又ハ小頭ナトニシテ拘置ケルカ、小頭ノ中ニ寄手ニ頼レテ、敵ヲ松ノ丸エ引入ケル。又筑前中納言手ヨリ火矢ヲ数多射懸テ、御天守炎上ス。

爰ニテ城主鳥井彦右衛門、不レ叶トヤ思ケン、二百余人ヲ召具シテ、各心ヲ必死々々ト堅メテ、鍋嶋手エ突テ懸リ、面モ不レ振戦ケル。鳥井サシモノ弓取ナレハ、電光如レ激《ケキスル》、蜘手輪違《ワチカヒ》ニ馳違テ、当ル敵ヲ突臥セ、透間モナクアテケレハ、鍋島カ勢堪《コラ》ヘカネテ敗北ス。

掛ル処エ、石田カ残シ置シ三千ノ遊軍、鯨波《トキノコエ》ヲ咄ト作リ懸、行列ヲ不レ乱、足音ヲ揃ヘテ攻カカリケレハ、鬼神ヲモ挫ント見タル。鳥井カ勢二ノ見ノ合戦ニハ手負死人多カリケレハ、纔ニ討ナサレテ城中エ引テ入、一・二ノ門ノ間ニ折敷セツツ来ル敵ヲ待居タリ。治部少輔士卒ハ敵ヲハ城中エ追入勢ツヨク訇《ノノシ》リケル。侍大将高野越中下知シケルハ、「敵ハ城中木戸口ニ構タルゾ。乱入セハ利ヲ失ヘシ、道ノ両方二行ニ備テ折敷ヘシ。向ニハ対重

入セハ利ヲ失ヘシ、道ノ両方ニ二行ニ備テ折敷ヘシ。向ニハ対重ノ陣ヲハリ待懸ヨ。敵ハ小勢ナルソ。大勢ノ中へ駆籠《カケコマ》ハ味方仕損ヘシ」ト云ケル。

案ノ如ク城ヨリ又突テ出、追崩《クス》サントスルニ、対《タイ》ノ備ニテ戦ハセ、道ノ両方ノ備ヨリ二ノ見、三ノ見ヲ入ケレハ、則時《シ》ニ二百七十四人討捕ケル。此間ニ諸方ノ攻口ヨリ乱レ入テ、松ノ丸ヲモ焼《ヤキ》立テ本丸へ取カクル。城中防《フセク》ニ所ナク、爰彼《カシコ》ニハセチカヘテ、突ツツカレツ、思々ニ討死ス。或ハ猛《モウ》火ニ飛入、又ハ手負テ、腹ヲ切族《ヤカラ》モアリ。

爰ニ宇治ノ茶師上林竹庵、先日城中見舞ニ宇治ヨリ来ケルカ、此時、鳥井・松平主殿、「汝ハ武士ニアラネハ急落ヨ」トアリケレハ、竹庵カ云ケルハ、「假令《タトヒ》身コソ町人ニ生レタリトモ、一心ハ誰ニモ劣《ヲトリ》申マシ。一鎗仕テ一命ヲハ内府公へ奉ラン」トテ、赤手拭《ヌクイ》ニテ鉢《ハチ》巻シ、有合タル茶袋共、竹ノ先ニ結《ユイ》付指物トシ、敵本丸へ攻《セメ》入時、鎗ヲ取テ働《ハタラキ》ケルカ、鈴木善八ト鎗ヲシテ討死ス。「彼カ志ヲ百分一、若狭ノ少将ニ持セタヤ」ト云合ケル。

鳥井カ家人手負テ来リ申ケルハ、「敵ハヤ近所へ押詰《ツメ》

ノ陣ヲ張、待カケヨ。敵ハ小勢ナルソ。大勢ノ中エ駆込ハ味方仕損ヘシ」ト云ケル。

案ノ如城ヨリ又突テ出テ、追崩サントスルニ、対ノ備ニテ戦セ、道ノ両方ノ備ヨリ二ノ見、三ノ見ヲ入ケレハ、即時ニ二百七十四人討捕ケル。此間ニ諸方ノ攻口ヨリ乱入テ、松ノ丸ヲモ焼立テ本丸エ取カカル。城中防ニ所ナク、爰彼ニ馳違テ思々ニ討死ス。或ヒハ猛火ニ飛入、又ハ手負ヲ腹ヲ切族モ有。

爰ニ宇治ノ茶師上林竹庵、先日宇治ヨリ城中エ見舞ニ来ケルカ、此時、鳥井彦右衛門・松平主殿、「汝ハ武士ニアラネハ急去ヘシ」ト有ケレハ、竹庵云、「假令身コソ町人ニ生レタリトモ、一心ハ誰ニモ劣ルマシ。一鎗仕テ一命ヲハ　内府公エ奉ラン」トテ、赤手拭ニテ鉢巻シ、有合タル茶袋トモ竹ノ先ニ結付指物トシ、敵本丸エ攻入時、鎗ヲ取テ働ケルカ、鈴木善八ト鎗ヲシテ討死ス。「彼ガ志ヲ百分一、若狭少将ニ持セタヤ」ト云合ヘル。

鳥井家人手負来テ申ケルハ、「敵早近所エ押詰候。御自害アレ」ト諌ケル。彦右衛門大ノ眼ヲ開テ、「往昔ヨリ、敵ニ囲レテ自害スルハ、武将ノ本意ニ非ス。我先年

候。御自害アレ」ト諫《イサメ》ケル。彦右衛門大ノ眼ヲ開テ、「往昔《ムカシ》ヨリ敵ニ囲《カコマ》レテ自害スルハ、武将ノ本意ニアラス。我先年味方原ノ合戦ニ、天下無双《サウ》ノ弓取信玄ノ先手ト戦テサヘ崩《クツレ》口ノ高名ヲシケルソ。マシテ武勇モシラヌ若者トモ何程ノ事カ有ヘキ。持タル鎗ノツツカンホトハ殺生シテ、心閑ニ討死セン。我ト一心ノ方ハ続ケヤ者共」トテ門ヲ開テ突テ出、窮兵《キウヘイ》ノ一死賊《ゾク》ナシカハタマルヘキ。寄手ノ大勢僅《ワツカ》ノ敵ニ突立ラレテ、散々ニ敗北ス。然レトモ大勢又入替リ懸リケレハ、鳥井ハ鎗ヲ取テ大声ヲ上テ駆《カケ》マハル有様、項王カ漢ノ三将ヲ靡《ナヒカ》シ、魯《ロ》陽カ日ヲ三舎ニ返シテ戦シモ是ニハ過シトソ見タリケル。

松平主殿守モ大手ノ戦ニ手勢皆討死シケレハ、彦右衛門ト一所ニナツテ戦ケルカ、強弩《キヤウド》之末、不《サル》レ能レ穿《ウカツコト》ニ魯《ロ》縞《カウ》一ヲナラヒナレハ、勢ツカレテ暫息ヲツク処ヲ、鈴木孫《秀頼弓頭》三郎太刀打シテ鳥井カ首ヲ捕。岩間兵庫頭モ討死。松平五左衛門首ヲハ筑前中納言ノ侍比奈津角助・田島勘左衛門相討。松平主殿頭首ハ島津内別所ト云者得レ之ヲ。深尾清十郎ハサマヲククリ退ントスルヲ、搦《カラメ》捕テ大坂へ進上ス。シハリ首ヲ刎《ハネ》ラレケル。

味方原合戦ニ、天下無双ノ弓取信玄ノ先手ト戦テサヘ崩口ノ高名シケルゾ。マシテ武勇モ知ヌ若者共何程ノ事カ有ヘキ。持タル鎗ノ続ン程ハ殺生シテ、心閑ニ討死セン。我ト一心ノ輩ハ続ケヤ者共」トテ門ヲ開テ突テ出、窮兵ノ一死賊ナシカハタマルヘキ。寄手ノ大勢僅《ワツカ》ノ敵ニ突立ラレテ、散々ニ敗北ス。然処大勢又入替カカリケレハ、鳥井ハ鑓ヲ取テ大声ヲ上テ駆廻ル有様、項王カ漢三将ヲ靡シ、魯陽カ日ヲ三舎ニ返シテ戦シモ是ニハ過ジトソ見エタリケル。

松平主殿助モ大手ノ戦ニ手勢皆討死シケレハ、彦右衛門ト一所ニ成テ戦ケルカ、強弩之末ル能《タ》レレ穿《ウカツコト》ニ魯《ロ》縞《カウ》一ヲ習ナレハ、勢疲レテ暫息ヲツク処ヲ、鈴木弥《イニ孫》三郎太刀打シテ鳥井カ首ヲ取。岩間兵庫頭モ打死。松平五左衛門首ヲハ筑前中納言ノ侍比奈津角助・田島勘左衛門相討。松平主殿助首ヲハ島津内別所ト云者得レ之。深尾清十郎ハ狭間ヲ潜リ退ントスルヲ搦捕テ大坂エ遣ス。縛《シバリ》首ヲ刎《ハネ》ラレケル。

八月朔日落城ス。同二日、石田伏見ニ来テ首共実検シ、諸将ノ勲功ヲ感シ、其後治部城中ニ入テ見ハ、骸骨《カイコツ》路頭《ロトウ》

八月朔日落城ス。同二日、石田治部少輔ハ伏見ニ来テ首共実検シ、諸将ノ勲功《クンコウ》ヲ感シ、其後治部城中ニ入テ見ハ、骸骨《ガイコツ》路頭ニ満テ不レ通《トヲラレ》ホト也。袖ナシ羽織ニテ焼跡順見シ、カクテ大坂横目衆申ケルハ、「秀頼公へ落城ノ体、各働之様、一々達二上聞一、御機嫌不ルレ浅カラ御事也」ト。各謹テ悦入ケル。石田ハ早奢驕《シヤキヤウ》ノ心出来テ、諸将へモ常ヨリモ無礼ナリケレハ、眉ヲ蹙《ヒソメ》ケル人モ多カリケリ。

カクテ鳥井大ニ働テ討死。無類ノ大将ナレハ大坂ニ到テ供饗《クキヤウ》ニスへ、其外ノ首ヲハ京橋口ニ梟《キヤウ》シケル。

其比伊予国三瀬ト云所ニ一揆蜂起セントス。是ハ三瀬六兵衛トテ地侍ナリケルカ、毛利家ヨリ内通シテ旗ヲ上サセケル。漸《ヤウヤク》人数ヲ駆《カリ》催シケルヲ、松山ノ城主藤堂佐渡守ハ其比内府公ニ属《ゾク》シテ景勝征罰《ハツ》ニ行ケリ。留守ニハ僅《ワスカ》ノ小勢ニテ有ケルカ、聞付テ急キ討手ニ向ヒタリ。六兵衛モ人数イマタ不レ集《アツマラ》内ニ早夜込《コミ》ニ押寄、鉄炮打懸ケレハ、サスカ百姓ノ奴《ヤツ》原ナレハ、散々ニナツテ、シカシカセリ合ニモ及ハサリケリ。カクテ六兵衛不レ叶トヤ思ケン、土蔵ノ内へ入テ、窓ヨリ鉄炮ニテ二三人打殺ケレハ、寄手是ニ僻《ヘキ》易シテ居タリケルカ、侍一人戸板ヲ持

ニ満テ不レ通程也。袖ナシ羽織ニテ、焼跡順見ス。斯テ、大坂横目衆エ申ケルハ、「秀頼公エ落城ノ体、各働ノ様、一々上聞ニ達シ、御機嫌不レ浅事也」ト。各謹テ悦入ケル。石田ハ早奢驕《ジヤキヤウ》ノ心出来テ、諸将エ常ヨリモ無礼ナリケレハ、眉ヲ蹙《ヒソム》ル人モ多カリケリ。

斯テ鳥井大ニ働テ討死。無類ノ大将ナレハ大坂ニ到テ供饗《クゲウ》ニスエ、其外ノ首ヲハ京橋口ニ梟《ケウ》シケル。

古老ノ云、「佐野肥後守ハ、大坂西ノ丸ヲ追出サレ、永正院、養勝院、於阿茶三女中ヲ誘引シテ、大和路ニ退置、其身ハ伏見城ニ入テ討死ス、後ニ内府公ノ仰ニ、「三女中ニ附テ不レ在不レ届」トテ三千石ヲ被二召上一、其子佐野主馬、切米ニテ事エシカ、後五百石ヲ領スト也。罪無シテ患難ヲ受ルハ不《フ》便《ヒン》也」

其比伊予国三瀬ト云所ニ一揆蜂起《ホウキ》セントス。是ハ三瀬六兵衛トテ地侍ナリケルガ、毛利家ヨリ内通シテ旗ヲ上サセケル。漸ク人数ヲ駆催《カリモヨヲ》シケルヲ、松山ノ城主藤堂佐渡守ハ　内府公ニ属《シユク》シ景勝征伐ニ赴キ、留守ニハ僅ノ勢ニテ有ケルカ、聞付テ急ニ討手ニ向ヒタリ。六兵衛モ人数末《タ》ルレ集内、早夜込ニ押寄、鉄炮打カカケケレハ、サ

テ窓ヲフサキタレハ、各蔵ノ壁《カベ》ニ付。六兵衛不㆑叶ト思ヒテ、土戸ヲ開テ突テ出、田ノ縄《ナハ》手ヲ退《ノキ》ケルヲ、蘆《アシ》尾少九郎追懸テ鎗付、首ヲ捕。此少九郎ハ織田七兵衛嫡子ナルカ、七兵衛討死ノ後浪人シテ、佐渡守イタハリテ置ケル。後ニ佐州取合ヲ以被㆓召出㆒、織田主水ト云。今ノ主水ハ其子也。

古老曰、「佐野肥後守ハ大坂西ノ丸ヲ追《ヲヒ》出サレ、永正院・養勝院・於《ヲ》阿《ア》茶、三女中ヲ誘引シテ、大和路ヲ指シテ退置、其身ハ伏見ノ城ニ入テ討死ス。後日ニ内府公仰ニ、「三女ニ附属《フソク》セス、背《ソムケル》㆑命罪」トテ三千石ヲ被㆓召上㆒、其子佐野主馬、切米ニテ事ヘシカ、後ニ五百石ヲ賜ケリ。

時節ノ変《ヘン》ニ会テ殺㆑身シテ雪《ススケ》㆑恥ヲトモ、命ヲ背《ソムク》罪残《ノコ》レリ。鳥井ハ仁勇《ジンユウ》兼備《ソナハル》ノ人也。主殿《トノモ》・五左衛、三人ノ大忠、誰同《タレカオナシウセン》㆑日《ヒ》ヲ乎《ヤ》。孔子ノ曰、「殺㆑シテ身ヲ以テ成《ナスト云》㆑仁ヲ」者ノハ此三士ヲ謂《イウ》ヘキ也。

スカ百姓ノ奴原ナレハ、散々ニ成テ、シカシカセリ合ニモ及ハサリケリ。カクテ六兵衛不㆑叶トヤ思ケン、土蔵ノ内エ入テ、窓《マド》ヨリ鉄炮ニテ二三人打殺ケレハ、寄手是ニ僻易《ヘキエキ》シケルカ、侍一人戸板ヲ以テ窓ヲ塞ギタレハ、各蔵ノ壁ニ付。六兵衛不㆑叶ト思テ、土戸ヲ開テ突テ出、田ノ縄手ヲ退ケルヲ、蘆《アシ》田少九郎追懸テ鎗付、首ヲ捕。此少九郎ハ織田七兵衛カ嫡子ナルカ、七兵衛討死ノ後、浪人シテ、佐渡守労リ置ケル。後ニ佐州執合ヲ以テ被㆓召出㆒、織田主水ト云。今ノ主水ハ其子也。

24　京極高次扱之事　（七―二）

斯テ七月中旬ニ、大津ノ城主京極高次へ「人質《シチ》ヲ被レ渡候へ」ト、使者ヲソ遣《ツカハ》シケル。素《モト》ヨリ内府公へ入魂《コン》ナレハ、不意ニ攻敗ラントスル族《ヤカラ》モ有ケレトモ、又秀頼ノ御一門ナレハ、「先一応可二申入一」トテ、朽木河内守ヲ以云ヒ送リヌレハ、高次被レ申ケルハ、「秀頼公ヲ守立ントノ儀ナラハ、全《マツタ》ク東方ヲ引ヘキニアラス。唯偏《タタヒトヘ》ニ石田三成カ借二公儀一ヲ、己カ宿意ヲ達ントスルト思ナリ。左モアラハ、我ハ東ニ組《クマン》テ此城ニテ討死スヘシ」トノ返事也。重而使者アリケレハ、家老共諫《イサメ》テ、「敵ハ已ニ畿内西国之勢、無二際限一候へハ、何ニ思召トモ叶マシ。殊秀頼守護《ゴ》トアレハコソ諸国ノ勢モ馳　聚《アツマル》事ナレハ、ヤハカ相違《ヰ》ノ有へキ。唯御和睦《ボク》アリテ又時ヲ伺《ウカカイ》給へカシ」ト云ケレハ、「尤」ト同シテ、子息熊若、当年八歳、家老四人共、人質《シチ》ヲ出ス。寺西左衛門ヲ指添テ大坂へ渡サレケル。大坂ニハ、大津ハ和睦、伏見ハ攻落、近辺家康ノ味方ナカリケレハ、大ニ悦アヘリ。

扨諸国ニアル家康ノ属《ソク》城攻亡ヘシトテ各詮議区々《マチ》ナル

24　京極高次曖（扱カ）之事　（四―八）

斯テ七月中旬ニ、大津城主高次エ「人質ヲ被レ渡候へ」ト、使者ヲ遣ケル。元ヨリ　内府公エ入魂ナレハ、「急ニ不意ニ攻破ラン」ト云族モ有ケレトモ、秀頼ノ御一門ナレハ、「先一応可二申入一」トテ、朽木河内守ヲ以云送ケレハ、高次申サレケルハ、「秀頼公ヲ守立ントノ義ナラハ、全ク東方ヲ可レ引ニ非ス。只偏ニ石田三成カ借《カ》リ二公儀一ヲ、己カ宿意ヲ達セントスルト思也。左モ有ハ、我ハ東ニ組シテ此城ニテ討死スベシ」トノ返答也。重テ使者有ケレハ、家老共諫テ、「敵ハ既ニ畿内西国ノ勢、無二際限《サイケン》一、何ト思召トモ不レ可レ叶。殊秀頼公守護トアレハコソ諸国ノ勢モ馳聚事也。ヤワカ相違有ヘキナレハ、御和睦アリテ又時ヲ伺玉へカシ」ト申ケレハ、「尤」ト同シテ、子息熊若八歳、家老四人共ニ人質ニ出ス。寺西左衛門ヲ差添テ大坂エ被レ渡ケル。大坂ニハ、大津ハ和睦、伏見ハ攻落ス。近辺　家康公ノ属《ショク》城ナカリケレハ、大ニ悦合リ。

偖諸国ニ在リ（ルカ）家康公ノ味方城攻亡ヘシト各詮議《センキ》区々《マチマチ》

カ、先勢州安濃《ノ》津ノ城ヲ攻抜《ヌカ》ントテ、安芸ノ宰相ヲ大将トシテ、宍戸《シシ》備前守・長束大蔵・長曽我部宮内少輔・蒔《マイ》田権ノ助・中江式部・山崎右京進・松浦安太夫・彼是都合三万余、近日打立ント用意ス。又美濃表へハ、石田治部少輔・岐阜中納言・高木十郎左衛門・伊藤彦兵衛・丸茂三郎兵衛以下ヲ遣《ツカハ》ス。是ハ近国家康御方ノ城ヲ追討《ツイタウ》ノ為ナリ。丹後口へハ小野木縫殿助・谷出羽守・藤懸三河守・高田豊後守・別所豊後守・小出太（ママ）和守・杉原伯耆守・生駒左近、都合其勢一万余人ナリ。

爰ニ加賀中納言利長ハ、「味方ニセン」ト様々言送ケレトモ不㆓承引㆒、還テ「家康ニ先立テ攻上」ト聞ヘケレハ、北国ノ推《ヲサヘ》ヘトシテ大谷刑部少輔・京極宰相高次・脇坂中務・子息淡路守・小川土佐守・子息左馬助・朽木河内守・赤沢土佐守・戸田武蔵守・平塚因幡守・木下山城守・木下宮内・奥山雅楽助・上田主水・青木紀伊守・羽柴加賀守・山口玄番頭・青山伊賀守、都合其勢、四万余人トソ聞エケル。

石田ハ八月四日、大坂ヲ立テ伏見へ行、仕置等申付。其ヨリ大津ニ至テ京極宰相ノ方へ立寄ケリ。人数ヲハ己《ヲノレ》

ナルカ、先勢州、「安濃津ノ城ヲ攻抜ン」トテ、安芸宰相ヲ大将トシテ、宍戸備前守・長束大蔵・長曽我部宮内少輔・蒔田権佐・中江式部・山崎右京進・松浦安大夫、彼是都合三万余、近日打立ント用意ス。又美濃表エハ、石田治部少輔・岐阜中納言・高木十郎左衛門・伊藤彦兵衛・丸茂三郎兵衛以下ヲ遣ス。是ハ近国　家康公ノ城ヲ追討ノ為也。丹後口エハ小野木縫殿助・谷出羽守・藤懸三河守・高田豊後守・別所豊後守・小出大和守・杉原伯耆守・生駒左近、都合壱万余人也。

爰ニ加賀中納言利長ハ、「味方ニセン」ト様々言送ケレトモ不㆓承引㆒、還テ「　家康公ニ先立テ攻上」ト聞ヘケレハ、北国ノ押エトシテ大谷刑部少輔・京極宰相高次・脇坂中務・子息淡路守・小川土佐守・子息左馬助・朽木河内守・赤沢土佐守・戸田武蔵守・平塚因幡守・木下山城守・同宮内・奥山雅楽助・上田主水・青木紀伊守・羽柴加賀守・山口玄番頭・青山伊賀守、都合其勢、四万余人トゾ聞ヘケル。

石田ハ八月四日、伏見エ行仕置等申付。ソレヨリ大津ニ至テ京極宰相ノ方エ立寄ケル。人数ヲハ己カ宿所ニ残

カ宿所ニ残置、近習一人召連テ登《トウ》城ス。宰相対面、石田カ云ケルハ、「参《サン》議《ギ》君ノ御事ハ輝元ノ計《ハカライ》トシテ北国ノ押ヘニ被二指向一ニ議定候。吾ハ代々御被《ヒ》官筋ノ者ナレハ向後疎《ソ》意ニ存候ハス、又参議君モ其筋目忘不レ給ハ忝可レ存」ト慇懃ニ述ケレハ、宰相悦テ、「古之事、無二失《シツ》却《キヤク》一之条、喜悦ニ存也」ト、互《タカヒ》ニ懐旧《クワイキウ》之物語ニナレリ。

然処ニ安養寺三郎左衛門入道聞斉（ママ）ハ、黒田伊予守ニ向テ、「今三成入城スル事天ノ与《アタフ》ル処也。彼ヲ召捕テ座敷籠《ロウ》ニ獄《ゴク》シテ早ク関東ヘ注進スヘシ。サアラハ内府公急御上洛アラン。是我君ノ名誉《ヨ》タルヘシ」ト云。予州申ケルハ、「ソレハ疎忽《ソコツ》ノ次第也。若其儀ニ及ハ大坂ヨリ大軍押寄ヘシ。又佐和山ヨリ近ケレハ、急馳付、命ヲ捨テ攻ナラハ、城中ハ小勢ナレハ、仮令《タトヒ》一命ヲ限ニ防クトモ、終ニ当家ノ滅亡也。セメテ城中三千程有テ、廿日トモ籠城アラハ、其智略《リヤク》モ有ヘシ。此小身ナルニ、可レ叶ニ非ス」聞斉（ママ）重テ曰、「軍ハ左様ニアラス。治部ヲ取籠タラハ、人々二念出来テ早速ニ取懸ヘカラス。其内ニハ内府公上洛アルヘシ。万一仕損《ソンシ》タラハ、御腹ヲメサルルトモ、御家ハ末代マテノ覚タ〈ル〉ヘキソヤ。年寄トモ押並テ

置、近習一人召連テ城ニ入。宰相ニ対面。石田カ云ケルハ、「参議君ノ御事ハ輝元ノ計トシテ北国ノ押エ被二差向一ニ議定候。我レハ代々御被官筋ノ者ナレハ向後疎意ニ存候ハズ。又参議君モ其筋目忘給ハスハ忝可レ存」ト慇懃《インキン》ニ述ケレハ、宰相悦テ、「古ノ事、無二失却《シツキヤク》一ノ条、喜悦ノ至ニ存也」ト、互ニ懐旧《クハイキウ》ノ物語ニナレリ。

然処ニ安養寺三郎左衛門入道聞斉（ママ）ハ黒田伊予守ニ向テ、「今三成入城スル事天ノ与ル処也。彼ヲ召捕テ座敷牢ニ獄シテ早ク関東エ注進スベシ。左アラハ　内府公忽御上洛アラン。是我君ノ名誉タルヘシ」ト云。予州申ケルハ、「疎忽ノ次第也。若其儀ニ及ハ大坂ヨリ大軍押寄ヘシ。又佐和山ヨリ近ケレハ、急馳付、命ヲ棄テ攻ルナラハ、城中小勢ナレハ、仮令一命ヲ限ニ防共、終ニ当家ノ滅亡。セメテ城中三千程有テ、廿日トモ籠城有ハ、其智略モ有ヘシ。此小身ナルニ、叶ヘキニ非」ト云。問斉（ママ）重テ云、「軍ハ左様ニ非ス。治部ヲ取籠タラバ、人々二念出来テ早速ニハ不レ可二取懸一。其内ニハ　内府公上洛有ヘシ。万一仕損タラハ、御腹メサルルトモ、御家ハ末代迄ノ覚タルヘキゾヤ。年寄トモ押並テ組事ハ、我等ニ任ラレ候

組事ニハ、我等ニ任セラレ候ヘ」ト云。予州無二同心一、聞斉(ママ)セン方ナクテ、赤尾伊豆・今村掃部・山田三郎左衛門ナトヲ呼寄、私語《ササヤキ》ケレトモ、三人モ予州ト同前ナレハ、無二是非一テ止ヌ。

治部少輔ハ宰相ニ暇《イトマ》ヲ乞、「暫《シハラク》饗応《キヤウワウ》ノ支度仕」トアレトモ、「佐和山へ急申」トテ急杯出テ、一献過テソ立去ケル。

25　大垣岐阜ノ城籠城事　（七―二）

美濃国大柿ノ城ハ其比伊藤彦兵衛居城ナリ。石田治部少輔方ヨリ使者ヲ立テ、「城ヲ借《カリ》申度」ト云遣《ツカハ》シケル。彦兵衛ハ、覚悟《カクゴ》ニ及ハス、「成間敷」ト返事也。

依レ茲ニ福原右馬助・平塚因幡守ヲ討手ニ遣《ツカハ》ス。両人共ニ弓箭ニナレタル者ナレハ、一言ノ下ヨリ打立テ、早城ノ西口へ押寄、攻入ケル。城中ニハ兼テ覚悟ハシタレトモ、定テ其催モ有ヘシト油断シテ居ケルニ、敵早攻入ト聞テ彦兵衛大ニ驚テ、手ノ者ニ町人ナトヲ駆加テ防《フセキ》ケレトモ、一支モセス城中へ引入ケレハ、力不レ及シ

ヘ」ト云。予州無二同心一、聞斉(ママ)セン方ナク、赤尾伊豆・今村掃部・山田三郎左衛門ナトヲ呼寄、囁《ササヤ》キケレトモ、三人共ニ予州ト同意ナレハ、無二是非一止ヌ。

治部少輔ハ宰相ニ暇乞テ、「暫ク饗応《キヤウヲウ》ノ支度仕」トアレトモ、「佐和山エ急申」トテ杯出、一献ンスギテ立去リケル。

25　大垣岐阜籠城事　（四―七）

美濃国大垣城ハ其比伊藤彦兵衛居城也。石田治部少輔方ヨリ使者ヲ立テ、「城ヲ借申度」ト云遣シケレハ、彦兵衛ハ、覚悟ニ不レ及、「ナルマシキ」ト返答也。

依レ之福原右馬助・平塚因幡守ヲ討手ニ遣ス。両人共弓箭ニナレタル者ナレハ、一言ノ下ヨリ打立テ、早城ノ西口エ押寄、攻入ケル。城中ニハ兼テ覚悟ハシタレトモ、定テ其催モ有ベシト油断シテ居ケルニ、敵早攻入ト聞テ彦兵衛大ニ驚テ、手ノ者共ニ町人ナトヲ加エ防キケレトモ、一支《ササヘ》モセス城中エ引入ケレハ、力不レ及シテ開渡ス。

テ開渡《アケ》ス。

福原右馬助請取テ本丸ニ在城ス。二ノ丸ニハ秋月長門守・相良宮内少輔・高橋左近大夫、備中丸ニ熊谷内蔵助・筧《カケヒ》和泉・森惣左衛門・同伝蔵、都合七千ノ着到ニテ楯籠ケル。

治部少輔ハ、八月五日佐和山へ著《ツク》。六日・七日滞留、人馬ヲ息ヲツカセ、八日ニ勢ヲ出サレケル。一番ニ島左近・蒲生備中守ヲ大将トシテ其勢二千余ニテ押出。其日ハ垂《タル》井ノ駅《エキ》ニ着。二番ニ舞兵庫・中島宗左衛門ヲ大将トシテ二千余押出、赤坂ニ着。

石田ハ九日ニ出馬セントス。然ルニ丸茂三郎兵衛・川尻与兵衛参リ、「明日ハ悪日ニテ候ヘハ、御首途《カトテ》ハ御遠慮《リヨ》候ヘカシ」ト云ケレハ、石田申ケルハ、「各ニ秀頼公ヨリ知行十万石可レ被レ遣ニ、悪日ナラハ拝領セラレマシキヤ」両人云、「被レ下二知行一ヲ、イカテハ拝セサランヤ」「サレハトヨ、此一大事ハ天下ノ分目、家康ヲ退《タイ》治シテ、幼君へ天下ヲ取進ル事ニ候ヘハ、悪日トテ猶予《ユヨ》スヘキニアラス」両人又申ケルハ、「昔楚《ソ》ノ将公子心カ斉《セイ》ト戦《タタカウ》時ニ、両陣ノ間ニ彗星《ホウキホシ》出ツ。「柄《ヱ》ノ方斉《セイ》ニアリ。

福原右馬助請取テ本丸ニ在城ス。二丸ニハ秋月長門守・相良宮内少輔・高橋左近大夫、備中丸ニハ熊谷内蔵助・筧和泉守・木村惣右衛門・同伝蔵、都合七千ノ着到ニテ楯籠ル。

治部少輔ハ、八月五日佐和山エ着。六日・七日逗留、人馬ノ息ヲ休セ、八月(ママ)ニ人数ヲ出ケル。一番ニ島左近・蒲生備中ヲ大将トシテ其勢二千余ニテ押出。其日ハ垂井ノ駅《エキ》ニ着。二番ニ舞兵庫・中島宇左衛門ヲ大将トシテ二千《タヒヤ》余ニテ押出、赤坂ノ著。

石田ハ九日ニ出馬セントス。然ニ丸茂三郎兵衛・川尻与兵衛来リ、「明日ハ悪日ニ候。御首途ハ御延引候ヘカシ」ト云ケレハ、石田申ケルハ、「各ニ秀頼公ヨリ知行十万石被レ下ニ、悪日ナラハ拝領セラレマシキヤ」両人云、「被レ下二知行一テ、争テ拝セサランヤ」「去ハトヨ、此一大事ハ天下ノ分目、家康ヲ退治シテ、幼君エ天下ヲ取進ル事ニ候エハ、悪日トテ猶予《ユヨ》スベキニ非ス」両人又申ケルハ、「昔楚将公子心カ斉ト戦時ニ、両陣ノ間ニ彗星《ケイセイ》《ホウキホシ》出。「柄ノ方斉《セイ》ニ在。柄ノアル方勝カ法ナレハ、明日ノ合戦ハ無用」ト云ケレハ、公子心カ云、「彗星《ケイセイ》ハ見

柄ノアル方勝カ法ナレハ、明日ノ合戦ハ無用」ト云ケレハ、公子心カ云ケルハ、「彗星ハ見様ヲ汝等ハ知ヘカラス。凡篰《ハウキ》ヲ取テ人ト闘《タタカハン》ンニ、篰ノ方ヲ取テ、柄ヲ以打、明日ハ必勝」ト云テ、斉《セイ》ト戦テ大ニ撃《ウチ》勝ケリ。是ハ、急ナル節ニ臨《ノソミ》、勢ノカレカタキ故也。田単《タン》カ即《ソク》墨ノ城ニ居ケルニ、燕《エン》ノ将騎《キ》劫《キヤウ》攻来テ打囲、已ニ危カリケレハ、田単潜《ヒソカ》ニ一人ニ命シテ、神祠《シ》ノ中ニ入、戦ノ事ヲ祈ケルニ、中ヨリ声ヲ発《ハツ》シテ、「燕ヲハ可二討破一」ト云リ。田単謹テ神托《タク》(託カ)ヲ拝ス。士卒大ニ悦フ。時ニ牛ノ尾ニ一炬《タイマツ》ヲ付テ、角ノニハ刀剣ヲ結付テ、敵陣ニ追入ケレハ、千余走チカフテ陣屋へ火ヲカケ、城ヨリ突テ出テ、燕ヲソ大ニ破ケル。殊太公カ兵法ニ、甲乙丙丁戊巳庚辛壬癸ノ十干ヲ以テ、五行ニ配《ハイ》シ、木火土金水ノ五行ヲ以、角徴《チ》宮商羽ノ五音ニ配シテ、日時ヲ勘《カンカ》へ、方角ヲ考《カンカヘ》ケルソヤ。用ルモ捨ルモ、皆其勢ニヨル事也。明日ノ首途《カトテ》、タトヒ一両日延引ストモ苦カラヌ事ナレハ、吉日ヲ撰《エラン》テ出給ヘカシ」ト有ケレハ、石田ハ、「支度成タレハ、延スヘキニアラス」トテ、六千余人ヲ押立テ、其日ハ垂井ニ着《ツキ》ケレハ、先陣ハ大垣ニ着ニケリ。

様ヲ汝等ハ不レ可レ知。凡節(篰カ)ヲヲ(ママ)取テ人ト闘《タタカハ》ンニ、節(篰カ)ノ方ヲ取テ、柄ヲ以打、明日ハ必勝」ト云テ、斉ト戦テ、大ニ撃《ウチ》勝ケリ。是ハ急ナル節ニ臨《ノゾ》ミ、勢遁レガタキ故也。又、田単《テンタン》カ即墨《シヨクホク》城ニ居ケル、燕将騎劫、来テ打囲ミ、既ニ危カリケレハ、田単《テンタン》潜《ヒソカ》ニ一人ニ命シテ、神祠ノ中ニ入、戦ノ事ヲ祈ルニ、中ヨリ声ヲ発シテ、「燕ヲハ可二討敗一」ト云リ。田単《テンタン》謹《ツツシン》テ神詑(ママ)ヲ拝ス。士卒大ニ悦フ。時ニ牛尾ニ一炬ヲ付テ、角ニハ剣ヲ結付テ、牛千疋余、敵陣エ追入ケレハ、千余牛、走違テ陣屋エ火ヲカケ、城ヨリ突テ出テ、燕ヲ大ニ破ケル。太公カ兵法ニ、甲《カウ》乙《ヲツ》丙《ヘイ》丁《テイ》戊《ホウ》巳《キ》庚《カウ》辛《シン》壬《ジン》癸《キ》ノ十干ヲ以テ、五行ニ配シ、木火土金水ノ五行ヲ以、角徴《チ》宮《キウ》商《シヤウ》羽《ウ》ノ五音ニ配シテ、日時ヲ勘カヘ、方角ヲ考ヘケルゾヤ。用ルモ捨ルモ、皆其勢ヒニヨル事也。明日ノ首途《カドテ》、タトヒ一両日延引ストモ苦シカラヌ事ナレハ、吉日ヲ撰ンテ出給ヘカシ」ト云ケレハ、石田ハ、「支度成タレハ、延引スヘキニ非ス」トテ、六千余人押立テ、其日ハ垂井ニ着ケレハ、先陣ハ大垣ニ著ニケル。

石田其日垂井ニ逗留シ、伊藤彦兵衛カ家老、伊藤伊予

石田其日ハ垂井ニ逗留シ、伊藤彦兵衛カ家老、伊藤伊予ヲ池尻ヘ呼寄、大垣ノ要害申付テ、十一日ニ入城ス。諸方ノ手分ス。伊勢口エハ蒲生備中三千ニテ、河津《カウツ》駒野ヲ打塞《フサク》ク。樫《カシ》原彦右衛門・河瀬左馬允ニ、三千ヲ相添、岐阜ノ加勢ニ遣ス。舞兵庫二千ハ、何方ニテモ見分テ可レ遣ノ用意也。本陣ハ三千ニテ、大垣ニ在城也。

扨亦岐阜ノ城ニハ中納言秀信居城ニテ、千五百三十人ニ過タリ。瑞龍山ノ構《カマヘ》取出三ケ所ニ、柏原彦右衛門父子三千、川瀬左馬允千余人ヲ以、堅メケリ。此秀信ハ信長ノ嫡子、正三位中将信忠ノ子息ナリ。

26　伊勢阿濃津ノ城攻幷近国城攻ノ事　（七―三）

勢州阿濃津ノ城ハ本ハ織田上野介信包《カヌ》ノ居城、境《キヤウ》地ノ要害ヨシ。北ニハ遠瀬《トヲセ》川ノ淵《フチ》瀬遠ク流シカケ、東ハ蒼《サウ》海洋《ヤウ》々トシテ曲輪《クルワ》ノ堀深ク構ヘタリ。昔ヨリ民屋繁昌《ミンヲクハン》シテ万家竈《カマト》ヲナラヘテ賑《ニキハ》ヒケル。

其ノ後富田信濃守信高居城シテ有ケルカ、関東ヘ下向

守ヲ池尻エ呼寄、大垣ノ要害申付テ、十一日ニ入城シテ、諸方ノ手合ス。伊勢口エハ蒲生備中三千ニテ、河津駒野ヲ打塞ク。樫原彦右衛門・河瀬左馬允ニ三千ヲ相添、岐阜ノ加勢ニ遣ス。舞兵庫二千ハ、何方ニテモ見合テ可レ遣ノ用意也。本陣ハ三千ニテ、大垣ニ在城也。

扨亦岐阜城ニハ中納言秀信居城ニテ、千五百三十人ニハ過サリケリ。瑞龍山ノ構砦《トリデ》三箇所ニ、柏原彦右衛門父子三千、川瀬左馬允千余人ヲ以、堅メケリ。此秀信ハ信長ノ嫡子、正《シヤウ》三位中将信忠ノ子息也。

26　伊勢阿野津城幷近国城攻事　（四―八）

勢州阿野津城ハ元ハ織田上野介信包ノ居城、境地ノ要害ヨシ。北ニハ遠瀬川ノ淵瀬《フチセ》遠ク流カケ、東ハ蒼《サウ》海洋々トシテ曲輪ノ堀深ク構ヱタリ。昔ヨリ民屋繁昌シテ万家竈ヲ並テ瞻《ニキハ》ヒケル。

其後富田信濃守居城シテ在ケルカ、関東エ下向スル

スルニ、内府公仰ニハ、「古ヘヨリ東西ノ合戦、潼関《トウクワン》ノ衢《チマタ》多ハ濃《ジヤウ》州ナリ。然ハ勢州ハ隣国ノ要地ナリ。御辺ハ急キ津ノ城ニ帰テ守護セヨ」トアリケレハ、畏テソ上リケル。分部左京亮《政寿》モ、同ク御暇賜ル。

両人相伴《トモナ》ヒ、三州吉田ヨリハ小船百余艘《サウ》ニ打乗《ノツ》テ渡リケルカ、九鬼大隅守カ賊《ソク》船、楯《タテ》板ニ狭間《サマ》ヲ切テ勇々敷カ、富田・分部カ船ヲ目ニ懸テ漕《コキ》来ル。船印ヲミレハ九鬼也ケレハ、先使ヲ立テ味方ノ体ニモテナシケル。九鬼トハ元来旧友ナレハ、富田船ニ鑰《カキ》ヲ掛引付テ、両人対面シテ睦シク語リテ、富田云ケルハ、「某《ソレカシ》ハイマタ、東西ノ分モナシ。御辺ノ所存ヲ聞届テ、一所ニナラン」ト云ケレハ、九鬼大ニ悦テ、家康ノ非ヲ数ヘテ、「幼君ニ味方セラレヨ」ト委細ニ云。「サアラハ大坂ヘノ奏者、御辺ヲ頼入」トテ綱《ツナ》ヲ解《トイ》テ引分ル。

富田ハ船中衣食ノ外、何ノ用意ナシ。大隅ハ兵船・弓・鉄炮・火矢ニ至マテ備タレハ、忽《タチマ》チ討果サルヘキ所ニ、知謀ヲ出シテ不思議ノ命助カリ、津ノ城ヘ着ケリ。又、分部ハ少身ト云、上野ノ城要害悪ク法ナキ人ノ縄張《ナハ》ナレハ、籠城難レ叶テ、富田ト一所ニ成ント、津ノ城ヘ

ニ、内府公仰ニハ、「古ヨリ東西ノ合戦、潼関《トウクハン》ノ衢《チマタ》ハ、多ハ濃州也。然ニ勢州ハ隣国ノ要地也。御辺ハ急キ津城ニ帰テ守護セヨ」ト有ケレハ、畏テ上リケル。分部左京亮モ、同ク御暇玉ハル。

両人相伴ヒ、三州吉田ヨリハ小船百余艘ニテ渡リケルカ、九鬼大隅守カ賊船《ソクセン》、楯板《タテイタ》ニ狭間ヲ切テ、富田・分部カ船ヲ目ニカケテ漕来ル。船印《シルシ》ヲミレハ九鬼也ケレハ、先使ヒヲ立テ味方ノ体ニシナル《（シカ）》ケル。九鬼トハ元来旧友ナレハ、富田船ニ鑰《カギ》ヲ懸テ引付、両人対面シテ睦《ムツマシ》ク語ツテ、富田云ケルハ、「某ハ未、東西ノ分モナシ。御辺ノ所存ヲ聞届テ、一味ニナラン」ト云ケレハ、九鬼大ニ悦ンテ、家康公ノ非ヲ数ヘテ、「幼君ニ味方セラレヨ」ト委細ニ演ケレハ、「左アラハ、大坂エノ取次ハ、貴下ヲ頼入」ト云テ綱ヲ解テ別レケリ。

富田ハ船中旅宿ノ用意迄也。九鬼ハ兵船・弓・鉄炮・火矢ニ至迄支度シケレハ、異儀ニ及ナラハ、悉ク可レ被二討取一ニ、鰐ノ口ヲ遁テ遂ニ津ノ城エ着岸ス。斯テ分部ハ少身ト云、上野城要害悪ク法ヲ知ヌ人ノ縄張ナレハ、籠城難レ叶トテ富田ト一所ニ成、津城エ入、東ノ

入、則城内東ノ虎口《コクチ》ヲ堅メケリ。古田兵部信勝モ、東国ヨリ帰テ、松坂ノ城ヲ守ル。微《ビ》勢ヲ分テ、千余騎ニ軽卒ヲ加ヘテ、津城ヘ加勢ス。南口ヲ堅ム。

斯《カク》テ敵攻来ト聞ケレハ、引田助右衛門ヲ召寄、内府公ヘ此旨註進ス。陸ハ早上方勢、所々ヲ断塞《タチフサイ》テ通路叶難ケレハ、船ニ乗テ急ケリ。海中ニハ九鬼大隅カ賊《ソク》船漫《マン》々タルヲ、引田ハ夢ニモシラス通リヌルニ、忽賊船漕《コキ》付テ、「何方ヘノ使」ト問レテ、「内府公ヘ」ト云ケレハ、「スハ敵ゾ」ト呼テ、弓鉄炮ヲ放懸タリ。引田不レ叶トヤ思ケン、状ヲハヲモリヲ付テ海中ヘ沈メ、自ラ鎗《ヤリ》ヲ取テ出ケルカ、終ニハ海魚ノ腹中ニ葬《ホウムラ》レヌ。

カクテ七月十九日、大坂軍勢次第々々ニ寄来ル。長束《ツカ》大蔵大輔正家・長宗我部宮内少輔盛親・毛利宰相秀元・安国寺恵瓊《エケイ》・宍戸備前守・中江民部少輔直澄《ナヲスミ》・山崎右近進定勝・建部内匠頭、先塔世川ノ辺、山ノ菴ト云処ニ陣取テ、城中ヲ瞰《ミヲロシ》ケル。毛利ノ勢、宰相・宍戸ハ南ヘ回リテ陣取。

城中富田・分部、申合スルハ、「町口ヘ出張テ、敵ヲ防ヘシ。若不レ叶シテ城内ヘ引取ハ、観音堂ニ火ヲ懸ヘ

虎口ヲ堅ケル。

斯テ、敵押寄ト聞ケレハ、引田助右衛門ト云家人ヲ召寄、内府公エ注進ス。陸ハ早上方勢所々ヲ断塞《タチフサイ》テ通路難レ叶ケレハ、船ニ乗テ急ケルニ、海中ニ九鬼大隅カ賊船満《マン》々タルヲ、引田ハ夢ニモ不レ知通ケルニ、賊船漕付テ、「何方エノ使」ト問レテ、「津城ヨリ、内府公エノ使」ト云。「スワ敵ゾ」ト呼テ、弓鉄炮ヲ放カケタリ。引田叶フワシ《(マカ)》ト思ヒ、状ヲハ重リヲ付テ海中エ沈メ、自鑓ヲ取テ出ケルカ、鉄炮ニ中テ死ケリ。

斯テ大坂ノ軍勢次第々々ニ寄来ル。一陣ハ長束大蔵、二陣ハ長曽我部、三陣ハ毛利宰相・吉川侍従。先遠瀬川ノ辺リ、山ノ菴ト云所ニ陣レ取テ、城中ヲ見下シケル。

城中ニハ富田・分部申合ケルハ、「町口エ出張テ敵ヲ防ヘシ。若不レ叶シテ城中ヘ引取ハ、観音堂ニ火ヲカクヘシ」ト約束シテ、富田ハ南口中島ノ町迯《(外カ)》レニ出向テ敵ノ来ヲ待居タリ。分部ハ東口ノ町ニ控テ門ノ左右ニ待居テ、物見ヲ町屋ノ上ニ置テ守ラセケル。

然ルニ山ノ菴ノ敵、町口ノ門密ク打テ難レ通ケレハ、「浜手エ廻ラン」ト思ケレトモ、遠瀬川ノ下足入ナラン

シ」ト約束シテ、八月廿三日、富田信濃守并古田兵部少輔信勝カ加勢侍十余人、足軽、南口中島ノ町ハツレニ出向テ、敵ノ来ヲ待居タリ。分部ハ東口町ハツレ、塔世川ノ堤《ツツミ》ニ、鉄炮ヲ持セテ放ケリ。

山ノ菴ノ敵、川ヲ渡ントテ思々ニ進ケレトモ、鉄炮健ク、死人モ数多出来ケレハ、左右ナク渉《ワタリ》難シ。中ニモ、毛利方宍戸庄次郎河ヘ乗入処ヲ、鉄炮ニテ打倒、其ヨリ面々引入ケリ。

同日、南口ニハ毛利宰相・長束大蔵・池田伊予・松浦安大夫、終ニ南口ヲ攻敗テ二ノ丸ヘ押入、建部内匠内田中甚四郎旗ヲ以塀ヘ乗入、池田内杉山吉右衛門大手ノ門ニ入テ高名ス。北村帥右衛門・深尾左大夫進テ働ク。宍戸ハ再拝ヲ振テ人数ヲ付入ニス。

富田不レ叶シテ引入時、門ヲ立事叶カタシ。上田吉之丞呼《ヨハハ》ルハ、「敵ハ味方ニ紛レテ入タルソ、改テ討捕」ト云。二ノ丸ノ門ノ管貫《クハンヌキ》ヲ鎖《サス》。宰相秀元内、中川清左衛門、紫ノ綵《ホロ》懸テ城中ヘ入ケレハ続ク味方モナシ。城中引包テ防戦、終ニ討死ス。井上清右衛門ハ運ヤ強カリケン、首一級ヲ提《ヒツサケ》テ、翌日城ヨリ出来タリ。諸人驚《ヲトロカス》レ目ヲ。

ト猶予《ユヨ》シケル処ニ、桑名《クハナ》表ノ地士ヒ、津城エ籠ラントト馬ヲ早メケレトモ、早敵来テ難レ通ケレハ、浜手エ廻テ安々ト川ヲ越ハ、寄手是ヲ見テ、「スワ、浅キ川ゾ」トテ、我先ニト打廻ス。

分部ハ跡ヲシキラレテハ不レ叶トヤ思ケン、観音堂ニ火ヲカケテ引取タリ。折節風烈《ハケシク(ママ)》ク吹テ、東口ノ橋モ火付ヌレハ漸ニ取入。寄手、是ヲ見テ追カクル。分部左京・内野石三郎右衛門弓ヲ以テ防ク。討死ノ者多中ニモ何某《ナニカシ》トカ云シ、元ハ朝鮮人ナルガ、大ニ働テ討死ス。此間ニ猛火大ニ焼廻リテ、敵モ味方モ度ヲ失テ、焼死者多シ。又南口ニハ火ノ手ヲ見テ、引入ントシケレハ、寄手大勢追ヒ慕フ。

爰ニ池田伊予守ハ、亀山城ヲ攻ント行向ケルカ、長束大蔵津ノ城ヲ攻ルヲ聞テ、旧友ナレハ見舞ニ来ル。亀山ニ人数ヲ残シ、綵《ホロ》ノ者十人手廻少々ニテ、八月廿三日、津城エ着ケレハ早城攻也。則長束大蔵・松浦安太夫・池田伊予守南口エ攻入。

尼崎住人、建部内匠内田中甚四郎ハ内匠カ馬幟《シルシ》ヲ以、一番ニ塀ヲ乗入。伊予守カ家人杉山吉右衛門進テ大手ノ

同廿四日、東口ヘ出張ス。爰ニ桑名表ノ侍、津ノ城ヘ籠ラントテ、馬ヲ早メケレトモ、早敵来テ通難ケレハ、浜手ヘ回リ安々ト川ヲ越ハ、寄手是ヲ見テ、「スハ川浅キソ」トテ、我先ト打回《マハ》ス。

分部ハ跡ヲシキラレテハ不レ叶トヤ思ケン、観音堂ニ火ヲ懸テ引取処ヲ、安国寺組植木五郎兵衛・田中四郎兵衛・岡三宅・三村弥兵衛・同庄左衛門等、引付テ働ク。植木終ニ二ノ丸ヘ乗入《ノリ》、三浦平蔵塀ヲ乗ントテ討死ス。植木五郎兵衛、首弐討捕、手負タリ。同家人石川七郎兵衛、首壱討捕、石川ハ首三ツ腰ニ付、植木ヲ肩ニ引懸テ帰ル。亶《マコトニ》々、勇々《ユユ》敷侍也。此間ニ、猛火町中炎上ス。本丸ノ門ヲ立引入ケレハ、寄手モ引揚《アケ》ケリ。

同日、南口ハ、富田出テ鉄炮ヲ打セ、セリ合ケルカ、観音堂ノ火ヲ見テ早々引入、迭《タカイ》ヒニ軍ハナシ。

廿五日、寄手竹束《タハ》ヲ用意シ、又双方押寄テ鉄炮セリ合アリ。城ノ堀《ホリ》広クテ容易《タヤスク》可ニ乗取一様モナシ。「竹束ヲ付テ埋草《ウメ》用意シテ乗入ヘシ」ト評定スル処ニ飛脚到来シテ、「内府公江戸出馬、近日美濃国ヘ向ハルルノ条、其許ヲ隙明、ソレヨリ直ニ不破ノ関ヘ来リ給ヘ」ト、石田三成

門ニ入テ高名ス。同家人縨《ホロ》ノ者北村師右衛門・深尾左大夫等進ンテ働ク。毛利宰相先手宍戸備前守再拝ヲ取テ士卒ヲ進メテ、「付入ニセヨ」ト下知ス。

城中ニハ富田内上田吉之丞呼リケルハ、「敵ハ味方ニ紛レテ城中ニ入タルゾ、改テ打捕」ト云フ。佐振《サフリ》猪之助、茶道一人、敵ヲ防キ、三人シテ二ノ丸ノ門ノ貫抜《クハンヌキ》ヲ鎖《トザ》ス。宰相ノ家人中川清左衛門真ッ先ニ進ミ、紫ノ縨カケテ城中エ入ケレトモ、続ク味方ナク、城中引包ンテ戦ケル。討死ス。井上清右衛門ハ運ンヤツヨカリケン、首一級ヲ提テ翌日城ヨリ出ケレハ、見ル人目ヲ驚カセリ。

八月廿四日ハ昨日ノ合戦ニ手負死人多ケレハ、互ニ人馬ノ息ヲ休メケル。廿五日ニ又押寄テ鉄炮セリ合、大地ノ震動《シントウ》ス。

斯リケレハ　内府公江戸ヲ打立玉ヒ、近日上洛ト聞エケレハ、寄手モ闇敷《イツシカ》成テ扱ヲ入ヌレハ、城中ニハ町人以下取込テ兵糧モ乏《トボシ》ク、一両日ノ迫合ニ退屈シテ、八月廿六日城ヲ開渡ス。蒔田権ノ佐・山崎右京進・中江民部（ロニハ中江式部ト有）、入替テ在番ス。富田ハ薙髪《チハツ》シテ高野山ニ入ル。分部ハ浪人ス。天下平均《ギン》之後両人被ニ召出一、富田ハ五万石賜リ、

ヨリ告来ケレハ、寄手始何スヘキト詮《セン》議シテ、「サラハ扱《アツカイ》ヲ入ヨ」トテ、使ヲ以テ言遣《ツカハ》ス。

城中ニハ内府公発《ハツ》向ノ事ハシラス、町人以下取込テ兵糧モ乏《トホシ》ク、二・三度ノ合戦、手負、死人モ多ク、使ナキ折節ナレハ早々同心シテ、八月廿六日城ヲ開渡シケリ。蒔田権之助・山崎右京ノ進、入替テ在番ス。富田信濃守ハ剃髪《テイハツ》染衣ニ成テ高野山へ入ケリ。分部右京ハ浪人ス。天下平均《キン》之後、富田・分部召出サレ、富田ハ宇和島ニテ五万石、分部ハ弐万石賜ケリ。

又伊賀国上野城主筒井伊賀守定次、内府公ノ供ニテ東国下向ス。大坂ヨリ使立テ、「城ヲ開ヨ」ト有ケレハ、留守居ノ者共、恐クヤ有ケン、逃《ニケ》去タリ。新庄越前守請取テ在番ス。伊賀守途《ト》中ニテ此事ヲ聞テ、齘齕《ハキシリ》ヲシテ怒ケレトモ甲斐ナクテ、直《チキ》ニ関ケ原へ御供ス。

此筒井ハ元来南都ノ衆徒《シユト》也。筒井・中坊トテ春日大明神三笠山ニ勧請セシ時ヨリ其名有ケリ。信長公天下ノ乱ヲ平治ノ時、明《アケ》知日向守ヲ召テ、「汝ハ大和国中ヲ斬《キリ》取ニスヘシ」ト仰ケレハ、日向守申ハ、「大和国ハ小給人多クテ容易《タヤスク》治リ難カルヘシ。筒井順慶ハ彼国ニテ年来名

分部ハ弐万石被ㇾ下ケリ。

又、伊賀上野《ウヘノ》城主筒井伊賀守定次ハ、内府公ノ御供シテ、東国ニ下向ス。大坂ヨリ「城ヲ開ヨ」ト使立ケレハ、留守居ノ者共、恐クヤ有ケン、逃去ケレハ、新庄越前守請取テ在番ス。伊賀守途中ニテ此事ヲ聞、齘齕《ハギシリ》ヲシテ怒ケレトモ甲斐ナクテ、直ニ関ガ原エ御供ス。

此筒井ハ元来南都ノ衆徒也。筒井・中ノ坊トテ春日大明神三笠山ニ勧請セシ時ヨリ其名有ケリ。信長公天下ノ乱ヲ平治ノ時明智日向守ヲ召テ、「汝ハ大和ノ国中ヲ伐取ニスヘシ」ト仰ケレハ、日向守申ハ、「大和国ハ小給人多テ容易治難カルヘシ。筒井順慶ハ彼国ニテ年来名アル者ニ候ヘハ、此者ニ被二仰付一候ハハ、早ク帰伏申ヘシ」ト申ケレハ、信長、「汝カ申処理ノ当然也」トテ、筒井ヲ召《メシ》、則被二仰付一ケレハ、国中数多撃従《ウチシタカヘ》テ、俄ニ大名ト成。其ノ后《ノチ》明智、信長御父子ヲ弑《シイ》シテ天下ヲ奪ントスル時、先筒井エ使ヲ立ケレハ、案ニ相違シテ、筒井ハ承引セスシテ云、「日向守ノ旧恩何可ㇾ忘ル、然トモ主君ヲ弑シケル人ニ与党《ヨトウ》セン事、天地ノ罪人ナレハ叶マシ」ト云。日向守モ頼切タル筒井不二同心一ニ、大ニ力

アル者ニ候ヘハ、此者ニ被二仰付一ハ早ク帰伏申ヘシ」〈ト〉申ケレハ、信長公、「汝カ申所理ノ当然ナリ。サラハ筒井ヲ召」トテ、則仰付ラレケレハ、国中数多撃《ウチ》従ヘテ俄《ニワカ》ニ大名トナル。其後明知、信長公父子ヲ弑《コロ》シ奉リ天下ヲ奪《ウハハ》ントスル時、先筒井へ使ヲ立ケレハ、案ニ相違シテ筒井ハ不二承引一。云ク、「日向守ノ旧恩何ソ忘《ワスル》ヘキ。然レトモ主君ヲ弑シケル人ニ与党《ヨタウ》セン事ハ、天地ノ罪人ナレハ叶マシ」ト云。日向守モ頼切タル筒井不二同心一ニ大ニ力ヲ落ス。太閤ノ時、舎弟大納言秀長ニ大和国ヲ賜ケル。筒井順慶ニハ伊賀上野ノ城ヲ賜ナリ。中坊飛騨守ハ、太閤ヨリ御朱印千石ヲ拝領シ、筒井ヨリ弐千石賜リヌ。此人城ヲ守ラハ、ヲメヲメト開渡マシキカ、是ハ伊賀守ニ属シテ、東征ノ供奉ス。

同国松坂ノ城ニハ古田兵部東国ヨリ帰、手勢千弐百ニテ籠ル。鍋島人数一万ニテ押寄攻ケレハ降参ス。

岩手城ハ稲葉蔵人手勢九百六十人楯籠。九鬼大隅旧年公事ノ遺恨有テ、人数ヲ催攻来ル。町口ニテセリ合、大隅討負テ引退也。

ヲ落ス。太閤ノ時、舎弟大納言秀長ニ大和国ヲ賜ケル。筒井順慶ニハ伊賀上ノ野城ヲ賜リ、中坊飛騨守ハ、太閤ヨリ御朱印千石拝領シ、筒井ヨリ二千石賜ハリケル。器量アル侍ナレハ、城代ヲシテ居ナラハ、ヲメヲメト開渡マジキカ、是レハ伊賀守ニ属シテ、東征ノ供奉シケリ。

同国松坂城ニハ古田兵部御暇《マ》賜テ東国ヨリ帰リ、松坂ニ楯《タテ》籠ル。津ト松坂ノ間四里、手勢二千百ニテ居タリケルカ、鍋島加賀守人数一万ニテ押寄攻ケレハ城中降参ス。

同国岩手城ハ稲葉蔵人東国ヨリ帰テ手勢九百六十人楯《タテ》籠《コモ》ルヲ、九鬼大隅守中悪ケレハ、人数ヲ駆リ催シ攻来。蔵人モ町口エ出張テ戦、大隅討負テ引退ケリ。

27　上方衆居城ノ事　（七―四）

江州水《ミナ》口城ハ長束大蔵・弟伊賀両人籠ル。亀山城ニハ岡本下野守在城ス。又福島掃部ハ長島ノ城ヲ守ル。微勢ナレハ山岡道阿弥計《ハカラヒ》ニテ、江州甲賀ノ兵ヲ加勢ス。凶従（徒カ）原隠岐守、是ヲ攻ントス。大田山城ニ陣ス。今尾ノ城ニハ、市橋下総守、東国ヨリ上テ居ケリ。凶徒高木八郎兵衛、是ヲ攻トス。多芸ニ陣取。神戸《カンベ》ノ城ニハ羽柴下総守、桑名城ニハ氏家内膳正・同志摩守・加勢寺西備中守也。海上ハ九鬼大隅守也。来島・菅平右衛門ハ、賊船ニテ津々浦々、勢尾ノ間ヲ放火ス。

又、九鬼大隅守ハ隠居ニテ、子息長門守ニ五万石ノ所帯幷志摩国鳥羽ノ城ヲ渡シ、長州ハ奥州へ御供。然処ニ九鬼イツシカ心カハテ大坂へ内通ス。是ハ先年稲葉ト訴論ノ時、内府稲葉ヲ引レケル遺恨トソ。サレトモ家人ヲ不レ持、毛利ノ人数ヲ招テ鳥羽ノ城ニ入ケレハ、城代富岡五郎左衛門モ、トヤセン、カクヤアラント思ケレトモ、我主君ノ父ナレハ防《フセキ》カタクテ立去ケリ。

彼衛《エイ》ノ出公輒《テウ》カ乱ニ、父蒯聵《クワイグワイ》忍ヒ入テ輒ヲ追出シケ

27　上方衆居城事　（四―九）

江州水口ノ城ハ長束大蔵・弟伊賀守、神戸《カンベ》ノ城ニハ羽柴下総守、桑名城ニハ氏家内膳正・同志摩守・加勢寺西備中守、海上ハ九鬼大隅守也。

爰ニ九鬼大隅守ハ隠居シテ、子息長門守ニ五万石ノ所領幷志摩国鳥羽城ヲ渡ス。長州ハ奥州ェ御供ス。然処ニ上方ヨリ使立テ、「味方ヲ可レ仕」ト有ケレハ、隅州イツシカ心変テ、「可レ致二御味方一」ト領掌ス。是ハ先年訴論アリケルニ、「内府公稲葉ヲ引セラル」ト思ヒ、含二遺恨ヲ一テ也。サレトモ家人ヲ不レ持ケレハ、毛利ノ人数ヲ招キ鳥羽城ニ入ケレハ、城代富岡五郎左衛門モ、如何セント思ケレトモ、我主君ノ父ナレハ防難クテ立退ケリ。

彼ノ衛《エイ》ノ出公輒《シユツカウテウ》カ乱ニ、父蒯聵（聵カ）忍入テ、輒ヲ追出シケルヲ、子路《シロ》ハ非義ト思へハコソ、争テ死タレ。若長州在城ニテ、父ノ大坂方ニ成ント頻ニ告ラレハ、命ハ従《シタガハ》テハ不レ可レ叶。城ヲモ借ントナラハ、参ラスベキ道也。「然トモ富岡ハ大隅ハ主君トハ云難シ。仮令《タトヒ》其城ヲ守テ

ルヲ、子路ハ非儀ト思ヘハコソ、争テ死タレ。若長州在城ニテ、父ノ大坂ヘナラント頻《シキリ》ニ告ラレハ、命ニ従ハテハ叶ヘカラス。城ヲモ借ントナラハ、マイラスヘキ道ナルヘシ。「富岡ハ大隅ハ主君トハ云カタシ。タトイ其城ヲ守テ死トモ、主君長州ヨリ預タル城ヲ可二明渡一ニアラス」ト、心アル人ハ申ケリ。

カクテ大隅ハ城ニ入テ賊船ヲ用意ス。来島《クルシマ》・菅野《スカノ》平右衛門カ水手ノ者ヲカリテ、毛利家ノ侍ヲ乗、津々浦々ヲ放火シ、盗《ヲシ》入狼藉《ラウセキ》ノ働ナリ。

其後、熊野ノ新宮阿波守加勢ニ来テ海辺ヲ塞《フサキ》ケル由江戸ヘ日々注進ス。内府公御気色有テ、「長門守ヲ可二討果一」ト仰ラル。其時成瀬小吉申上ケルハ、「長門コトキノ者蹈ツフサンハ、石ヲ以鶏卵ヲ押カ如シ。先鳥羽ヘ被レ遣、カレカ計ヲ御覧候ヘカシ」ト云ケレハ、「サラハ」トテ、長門ヲ被二召出一、「帰城セヨ」ト仰ラル。長門畏テ申ケルハ、「貴命ニ任テ鳥羽ヘ帰城仕ヘシ。若大隅守ヨセ不レ申候ハ、父ト申トモ討果可レ申」ト也。我勢ヲ引具シテ上洛シケレトモ、鳥羽ヘ直ニハ不レ入シテ、名切ニ陣取テ古城ヲ取立、柵ヲ結本陣トシテ、使者ヲ以

死トモ、主君長州ヨリ預タル城ヲ可二開渡一ニ非」ト、心有人ハ申凫《ケリ》。

斯テ大隅ハ城ニ入テ賊船ヲ用意シ、来島・菅野平右衛門カ水手ノ者ヲ借テ、毛利家ノ侍ヲ乗セ、津々浦々ヲ放火シ、乱入狼藉ノ働キナリ。

其後熊野《マノ》新宮阿波守加勢ニ来テ海辺ヲ塞《フサギ》ケル由江戸エ日々ニ注進ス。内府公御気色有テ、「長門守ヲ可二討果一」ト仰ラル。其時成瀬小吉申上ケルハ、「長門如キノ者蹈潰《ツフ》サレンハ、石ヲ以鶏卵《ケイラン》ヲ押ガ如シ。先ツ鳥羽エ被レ遣ハ、カレカ謀ヲ御覧候ヱカシ」ト申ケレハ、「去ハ」トテ長門ヲ被二召出一、「帰城セヨ」ト仰ラル。長門畏テ申ケルハ、「仰ニ任セ鳥羽ェ帰城可レ仕、若大隅守拒、入不レ申候ハハ、父ト云トモ討果シ可レ申」ト、我勢ヲ引具シテ上リケレトモ、鳥羽エ直ニ不入シテ、名功《(切カ)》ニ陣取テ古城ヲ取立、柵ヲ結本陣トシテ、以二使者一云入ケレトモ、大隅守不二同心一。「加茂エ出張シテ名功《(切カ)》ヲ攻ン」ト支度ス。

長門守元ヨリ陣用意ハ悉シツ、家督取テ何事モ調リ。大隅守ハ隠居シテ、人ハナク、只毛利加勢迄ナレハ、矢

言入ケレトモ、大隅守同心ナシ。「加茂へ出張シテ名切ヲ攻ン」ト支度ス。

長門守ハ本ヨリ陣用意ハアクマテシツ、家督取テ何事モ調リ。大隅守ハ隠居ニテ、人ハナク、只毛利ノ加勢マテナレハ、矢合セリ合シケレトモ、終ニ打負テ、又鳥羽城ニソ引入ケル。長門守モサスカ父ナレハ、鳥羽ヲ攻事モ成カタクテ日ヲ送ケリ。

関ケ原平治ノ後、大隅守ハ鳥羽ヲ出テ、日本丸ト云船ニ乗テ、伊勢ノ御師ヲ頼テ隠居ケルヲ、彼富岡、城ヲ追出サレタルヲ無念ニ思ヒ、「己カ恥《ハチ》ヲススカン」トヤ思ケン、内府公ヨリ「三千石ヲ被レ下、長州ト和睦《ボク》サセ、隠居サセン」ト被二仰出一ケレトモ、「大隅殿ノ御行衛不レ知ハ、不ルレ及レ力事也」ト、人ヲシテ彼御師ニ告ケレハ、大ニ悦テ大隅ニ語リケル。

大隅頓テ長州へ使シケレハ、長州モサスカ父ナレハ、「何トソシテ命ヲ助ン」ト思ヒ、内府公へ御歎《ナゲキ》申ケレハ、内府公仰ニハ、「生テ置ヘキ者ニハアラネトモ、子ノ身ニテ父ヲ助ント歎クモ可レ憐事ナレハ、一命ヲ長州ニ被レ下」トナリ。長州大ニ悦テ、飛脚ヲ以伏見ヨリ山田へ、

合迫合シケレトモ、遂ニ討負テ、又鳥羽城エ引入ケル。長門守モ流石父ナレハ、鳥羽ヲ攻事モ成難テ日ヲ送ル。

関ケ原平治ノ後、大隅ハ鳥羽ヲ出テ、日本丸ト云船ニ乗テ、伊勢ノ御師ヲ頼ミ隠レ居ケルヲ、彼富岡、城ヲ追出サレタルヲ無念ニ思ヒ、「己カ恥ヲススカン」トヤ思ケン、内府公ヨリ「三千石被レ下、長州ト和睦サセ、隠居サセン」ト被二仰出一ケレトモ、「大隅殿ノ御行衛不レ知、力不レ及事也」ト、人ヲシテ彼ノ御師《ヲシ》ニ造(告カ)ケレハ、大ニ悦テ大隅ニ語リケル。

大隅頓テ長州エ使シケレハ、長州モサスカ父ナレハ、「何トゾシテ命ヲ助ン」ト思ヒ、内府公エ御歎申ケレハ、内府公仰ニハ、「生《イケ》テ可レ置者ニハアラネトモ、子トシテ父ヲ助ケント歎クモ可キレ憐ム事ナレハ、一命ヲ長州ニ被レ下」ト也。長門守大ニ悦テ、飛脚《ヒキヤク》ヲ以テ伏見ヨリ山田エ其旨云送リケル処ニ、未タ飛脚不ル二行着《ユキツカ》一ニ、早富岡ハ大隅カ館エ押寄、切腹サセ、頸ヲハ桶ニ入、伏見エ送ケレハ、長州大ニ驚キケレトモ、サラヌ体ニモテナシ、後ニ鳥羽城ヲ拝領シテ、所知入スルトヒトシク、富岡召出シ、縲絏《ルイセツ》ノ中ニ首《クビ》ヲ刎《ハネ》ケリ。

其旨言送《ヲク》リケレハ、イマタ彼ノ館《タチ》へ不㆓行著㆒ニ、早富岡ハ大隅カ館へ押寄、切腹サセ、頸ヲハ桶《ヲケ》ニ入テ、伏見へ送タレハ、長州大ニ驚ケレトモ、サラヌ体ニモテナシ、後ニ鳥羽ノ城ヲ拝領シテ、所知入シヌトヒトシク、彼富岡ヲ召出シ、累紲《ルイセツ》ノ中ニ引スヘテ首ヲ刎《ハネ》ケリ。

夫《ソレ》人間アリテ夫婦アリ。夫婦アリテ後父子アリ。父子アリテ後兄弟アリ。是ヲ三親ト云。是ヨリ九族《ゾク》ニワカルト云トモ、其本ハ三親ヨリ始マル。凡父母ノ子ヲ産《サン》スレハ、赤子ノ時ハ懐中ヲハナタズ、母ハ乳《チ》ヲ以テ内ヲ育《ヤシナ》ヒ、父ハ衣ヲ以外ヲアタタム。既《ステ》ニ成人シテハ、左ニタツサヘ右ニ挈《サケ》テ、食スレハ箸《ハシ》ヲ取テ毒《ドク》ヲヱラミ、遊《アソフ》時ハ帰ルヲ待、寤寐《ゴミ》ニハ同フシ㆑案ヲ、同㆑衾《フスマヲ》、成長ニ至レハ、或ハ是ニ妻《メ》ヲ与《アタ》へ、或ハ是ニ家ヲ譲《ユツ》ル。如㆑此ノ父子骨《コツ》肉《ニク》ノ恩、タトヒ金腸鉄《チヤウテツ》心ノ子ナリトモ、父母ノ恩ヲ忘ルへキカ。

一旦長州、君命ノ身ニセマルヲ恐レテ、父ニ対シテ弓ヲ引ト云トモ、全ク己カ心ニハ有へカラス。然ルヲ富岡大隅ヲ弑《コロ》シテ、「己カ眉目《ヒ》」ト思ヒテ頸ヲ長州ニ送ケル、禽獣《キンシウ》ニモ劣《オトリ》タル心哉。

夫人間有テ夫婦アリ。夫婦有テ後父子アリ。父子有テ後兄弟アリ。是レヲ三親ト言。是レヨリ九族ニ分ト云トモ、其ノ本トハ三親ヨリ始ル。凡ソ父母ノ子ヲ産《ウミ》ヌレバ、赤子ノ時ハ懐中ヲ離サズ、母ハ乳《チ》ヲ以内ヲ育《ヤシナ》ヒ、父ハ衣ヲ以テ外ヲアタタム。既ニニ（ママ）成人シテハ、左ニ携《タツサ》ヱ右ニ挈《サケテ》、食《シヨク》スレハ箸《ハシ》ヲ取テ毒ヲ撰ミ、遊時ハ帰ルヲ待チ、寤《ゴ》寐《モ》ニハ同シ㆑案ヲ、同㆑衾《フスマヲ》、成長ニ至レハ、或ヒハ是レニ妻ヲ与《アタ》エ、或ヒハ是レニ家ヲ譲《ユツ》ル。如㆑此、父子骨肉ノ恩《ヲン》、譬《タトヘハ》金腸《チヤウ》鉄心子ナリトモ、父母ノ恩ヲ可㆑忘カ。

一旦ン長州、君命ノ身ニセマルヲ恐テ、父ニ対シテ弓ヲ引クト云ヘトモ、全ク己《ヲノレ》ガ心ニハ有ベカラス。然ルヲ富岡大隅ヲ弑《シイ》シテ、「己レガ眉目《ミメ》」ト思フテ頸《クビ》ヲ長州ニ送リケル、禽獣ニ劣リタル心ロ哉。

一旦長州ヨリ預ケタル城ヲ、仮令《タトヒ》大隅奪《ウバフ》トモ、死《シ》ヲ守テ門ヲ閉《トツ》ル志シハナクテ、安々ト開ケ渡シ、今又主君ノ父ヲ殺ス。「末代迄、父ヲ殺ノ名ヲ、長州ニアタエケル、極悪ノ賊臣哉」ト、聞人コトニ詈《ノノシリ》ケリ。

一旦長州ヨリ預《アツカ》リタル城ヲ、タトヒ大隅奪《ウハウ》トモ、死ヲ守テ門ヲ閉《トツ》ル志ハナク、安々ト明渡シ、今又主君ノ父ヲ弑ス。「末代マテ父ヲ弑スノ名、長州ニアタヘケル、悪《ニク》キ賊《ゾク》臣カナ」ト、聞人コトニ詈《ノノシリ》ケリ。

長門守、次男大和守ニ世ヲ譲テ卒去ス。家老九鬼数馬等、嫡子式部少輔ヲ立ントス争論アリ。三万六千石ヲ大和守、弐万石ヲ式部ニ賜テ、和州ハ摂津国三田ヘ、吏部ハ丹波ノ綾部ヘ所替ナリ。

28　丹後国田辺ノ城攻事　（八―一）

去程ニ丹後国田辺ノ城ハ羽柴越中守忠興、其身ハ内府公ノ御供シテ、関東ニ下向ス。留守ニハ父細川幽斉玄旨隠居ニテ籠リ居ケル。

此幽斉ハ公方霊陽院義昭ニ事ヘテ忠義ヲ尽シ、義昭京都没落ノ時、逆旅ノ御供申テ、終ニ信長公ヲ頼テ、再《フタタ》ヒ洛陽ニ仕居マイラスル。范蠡カ越王ヲ再タヒ世ニ立シ勲功ニモ類ヘキ。其陰徳ノ陽報ニヤ、信長公、太閤ヘ伝ハテ、愛臣トナリテ子孫繁昌シケルカ、其性多能ニシテ、

28　丹後国田辺城攻事　（五―一）

去ル程ニ丹後ノ国田辺ノ城ハ羽柴越中守忠興、其身ハ内府公ノ御供シテ関東ニ下向ス。留守ニハ父細川幽斉《ユウサイ》玄旨《シ》隠居ニテ籠居ケル。

此幽斉ハ霊陽院義昭《アキ》ニ事ヘテ忠義ヲ尽シ、義昭京都没《ホツ》落《リヤク》ノ時、逆旅《ゲキリヨ》ノ御供申テ、終ニ信長ヲ頼テ、再洛陽ニ仕居進セ、范蠡《ハンレイ》カ越王ヲ再ヒ世ニ立シ勲功《クンコウ》ニモ類スヘキ。其陰徳ノ陽報ニヤ、信長、太閤エ伝テ、愛臣ト成テ子孫繁昌シケルカ、其性多能ニシテ、「天下無双ノ芸、七迄

「天下ニ無双ノ芸ヲ、七マテ知レケル」ト、世人沙汰シアヘリ。

子息忠興ハ厳格ナル人ニテ、家人ノ恐ル事父ニ越タリ。妻ハ明知日向守ノ息女ナルカ、大坂ニテ節義ヲ守テ生害セラレタレハ、天下皆列女ト称シケル。

扨大坂ニハ、丹後征伐トシテ押向ラルル人々ハ、宮津ノ城主小野木縫殿ノ助三万五千石・谷出羽守一万六千石・藤懸三河守・高田豊後守・別所豊後守一万石・小出太(ママ)和守五万三千石・杉原伯耆守・生駒左近大夫等、都合其勢壱万余、大坂ヲ打立テ、七月廿日、田辺ニ着陣ストヒトシク、追手搦手一同ニ打囲《カコン》テ、手イタク攻ケル。

城中ニモ弓鉄炮ヲ屏櫓《ヘイヤクラ》ヨリ打出シ、互ニ震動ノ声止事ナシ。サレトモ城郭堅固ナレハ、寄手モ攻アクンテソ見タリケル。城中ニハ忠興ノ供シテ士卒ハ関東ニアリ。残者トテハ、童老妻婢《サイヒ》ナレハ狭間《サマ》ヲ塞《フサク》ニ便ナシ。幽斉日《ヒ》外《コロ》情ヲ懸タル浪人、水戸谷監物ト云者走廻テ防ク。幽斉ノ妻《メ》、自身馬上ニテ、「鉄炮ヲ放セ」〈ト〉下知ヲスル。

爰ニ、日来《コロ》『源氏物語』、『二十一代集』ヲ相伝シテ、禁裏ニモ其本《ホン》ヲ望思召ケレトモ、イマタ献《ケン》セサル内ニ、

知レケル」ト、世人沙汰シアヘリ。

子息忠興ハ厳格《ケンカク》ナル人ニテ、家人ノ恐ル事父ニ超《コエ》タリ。妻ハ明智日向守ノ息女ナルカ、大坂ニテ節義ヲ守テ生害セラレタレハ、天下皆列女ト称ケル。

偖大坂ニハ、丹後国征伐トシテ押向ラルル人々ハ、宮津城主小野木縫殿助三万五千石・谷出羽守一万六千石・藤懸三河守・高田豊後守・別所豊後守一万石・小出大和守五万三千石・杉原伯耆守・生駒左近大夫等、都合其勢一万余、大坂ヲ打立、七月廿日、田辺ニ著トヒトシク、追手搦手一同ニ打囲テ《カコンテ》、手痛ク攻ケル。

城中ニモ弓鉄炮ヲ塀櫓《イラ》ヨリ打出シ、互ニ震《シン》動ノ声止ム事ナシ。サレトモ城廓堅固ナレハ、寄手攻アグンテソ見タリケル。城中ニハ諸士忠興ノ供シテ関東ニ在。残ル者トテハ、老童妻婢《ヒ》《シモヲンナ》ナレハ狭間ヲ塞ニ便ナシ。幽斉日来情ヲカケタル浪人、三刀谷監物ト云者走廻テ防ク。幽斉ノ妻、自身馬上ニテ、「鉄炮ヲ発セ」ト下知ス。

爰ニ、幽斉日来『源氏物語』『廿一代集』ヲ相伝シテ、禁裏ニモ其本ヲ望思召ケレ共、未タルレ献内ニ此乱出来ケレハ、今般討死シテ城中炎上セハ、此本永ク滅スヘシ。

此乱出来ケレハ、今般《コノタヒ》籠城ニテ討死シ、城中炎上セハ、此本永ク滅スヘシ。サスカ好ム道ナレハ惜思《ヲシミ》フテ、三条大納言マテ、二部ノ書ヲ奉レ献ケル。自ラ一首ツラネテ、文ノ奥ニ送レル。

古ヘモ今モカツ《(ハカ)》ラヌ世中ニ心ノ種ヲノコス言ノ葉

此旨大納言奏聞申サレケレハ、御覚不レ斜。則勅命アリケルハ、「玄旨ハ武家ト云ナカラ、和歌ノ道ニ長セリ。『古今和歌集』ヲモ、彼家ニ伝授ス。此者殺サンハ惜キ事ナレハ、此旨大坂へ可二申聞一」トアリケレハ、亜相《アセウ》則勅使トシテ、大坂へ下向シテ、叡慮ノ旨ヲ述ケレハ、徳善院ニ仰テ、「急丹後へ下向シ扱《アツカイ》ニスヘキ」旨也。貴カラスシテ高位ニマシハリ、武キモノフノ心ヲモ和クトハ此事ヲヤ云ヘキ。徳善院ハ老病ニ犯サレタリトテ、前田主膳正下向シテ其旨ヲ述テ扱ニナリテ、幽斉ハ城ヲ開キケレハ、九月十二日ニ前田主膳、在番シケル。

元徳二年ノ比、二条中将為明《アキラ》卿ハ歌道ノ達者ニテ、月ノ夜、雪ノ朝、褒貶《ホウヘン》ノ歌合ノ御会ニ召レテ、後醍醐天皇ノ幸臣ナリケレハ、指タル嫌疑《ケンキ》ノ人ニハ無リケレトモ、叡慮ヲ尋問ン為ニ召捕レテ、六波羅ニテ既ニ嗷問ノ沙汰

流石好ム道ナレハ惜思テ、三条大納言迄、二部ノ書ヲ献シ奉リケル。自ラ一首ツラネテ、文ノ奥ニ送ラレケル。

いにしへもいまもかはらぬ世の中に
心のほとを残すことの葉

此旨大納言奏聞アリケレハ、叡感不レ斜。則勅命アリケルハ、「玄旨、武家ト云ナカラ、和歌ノ道ニ長セリ。『古今集』ヲモ、彼家ニ伝授ス。此者殺サンハ惜キ事ナレハ、此旨大坂エ可二申聞一」ト有ケレハ、悪《(亜カ)》相勅使トシテ下向シ、叡慮ノ赴ヲ述ラルレハ、徳善院ニ仰テ、「急丹後下リ曖《(ママ)アツカヒ》ニスヘキ」由也。徳善院ハ老病ニ犯サレタリトテ、前田主膳正下向シテ其旨ヲ述テ哆《アツカヒ》ニ成、幽斉ハ城ヲ開キケレハ、九月十二日ニ主膳在番シケル。不レ貴シテ高位ニ交リ、猛キ武士ノ心ヲモ和トハ箇様ノ事ヲヤ申ヘキ。

元徳二年ノ比、後醍醐帝、東夷ヲ征伐セント思召立シニ、漸顕《ヤヤアラハレ》レテ、近臣二条中将為冬六波羅ニ囚レ、既ニ嗷問《ガウモン》ノ沙汰ニ及シ時、「思ヒキヤ」ノ歌ヲ詠給ケレハ、常盤駿河守感歎シテ、水火ノ責ヲ免シケルトナン。

「和歌ハ朝廷ノ翫ヒナレハ、六義ノ業ニ長ケルヲ、人

ニ及ンテ、鑊湯《クハクタウ》炉壇ノ如ニシテ四重五逆ノ呵責ニ及ハントシケルニ、為明、硯、料紙ヲ乞《コウ》テ、一首ノ歌ヲ書レケル。

　思ヒキヤ我敷島ノ道ナラテ浮世ノ事ヲ問ルヘシトハ

常葉駿河守此歌ヲ見テ、感歎肝《キモ》ニ銘シケレハ、為明ハ水火ノ刑ヲ遁《ノガ》レケル。

「但詩歌ハ朝廷ノ翫ナレハ、六義ノ業ニ長ケルヲ、人ノ感ケルハ断《コトハリ》也。是ハ武家、弓馬ノ道ヲ嗜人ナレハ、縦《タトヒ》勅諚下ルトモ、義ヲ守、忠ヲ折《クシ》カスシテ、一両日堅固ニ持レタラハ、寄手ハ内府公ノ先手、江渡ノ合戦ニ撃《ウチ》勝ヌト聞テ、皆二心ニ成テ私語《サヽヤク》折カラナレハ、散々ニ逃失ヘシ。若事急ニシテ死トモ、老後ニ惜キ命ニモ非ス。サアラハ日域《ニツイキ》ノアラン限リハ忠臣ノ名ハ朽ヘカラス」ト、後日ニ忠興ノ深ク悔ケルト也。

29　北国合戦并諸葛孔明事　（八—一）

去程ニ加賀国小松城ニハ中将羽柴加賀守豊臣《トヨトミノ》長重（後、丹羽五郎左衛門ト云）上方一味トシテ、楯籠ケル。是時所領拾弐万

ノ感スルハ理也。是ハ武家ノ弓馬ノ道ヲ嗜ム人ナレハ、縦勅諚下ルトモ義ヲ守、忠ヲ不ㇾ折《クジカ》シテ、一両日堅固ニ持レタラハ、寄手ハ　内府公ノ先手、江渡ノ合戦ニ討勝ヌト聞テ、皆二心ニ成テ私語ク折柄ナレハ、散々ニ逃去ヘシ。若事急ニシテ死トモ、老後惜キ年ニモ非ス。サアラハ日域有ン限ハ忠臣ノ名ハ不ㇾ可ㇾ朽」ト、後日ニ忠興、深ク悔マレケルト也。

29　北国合戦并諸葛孔明事　（五—一）

去程ニ加州小松ノ城ニハ羽柴《イニ中将》加賀守豊臣長重（後、丹羽五郎左衛門ト云フ）上方一味シテ、楯籠ケル。是時所領十二万石、

石、御朱印賜テ付ル。家老ニ坂井与右衛門・江口三郎右衛門、各壱万石ツツ取テ、長重ヲ輔弼ス。同国大聖寺城ニハ、山口玄蕃頭源宗永《正弘イ》、加賀江沼郡、五万三千石、子息右京亮倶弘壱万石、玄蕃舎弟勘右衛門等、楯籠ル。

同国金沢城ニハ中納言羽柴肥前守豊臣利長卿初前田氏。菅原姓也、加賀二郡、越中一国所領、七拾八万八千石余、能登国ニハ舎弟侍従羽柴孫四郎豊臣利政、二拾一万六千八百九拾一石ナリ。

肥前守利長者東征ノ御下《ゲ》知ニテ奥州会津ニ発向セントスル処ニ、上方ノ乱蜂起シケレハ、城郭ヲ完フシテ胥《アヒ》議《ギ》スルニ、「大坂方ヨリ伏見城ヲ攻ル」ト注進アリ。又石田ヨリハ、「秀頼ノ命ヲカツテ、味方ニ成給ヘ」ト頼来ル。然ルニ利長卿ハ家臣ヲ聚テ申ケルハ、「景勝カ叛逆ハ上方ノ蜂起ヲ頼ケル也。上方退治セハ景勝ハ自ラ可ㇾ亡」トテ、急上洛セントス。

兄弟・家老申ケルハ、「小松羽柴加賀守長重ハ父長秀大名ニテ越前若狭ヲ領シ、加賀二郡、近江少ニ手ヲ懸タル人ノ子息ナレハ、能人于ㇾ今多シ。殊ニ近年家康公、当城可ㇾ被ㇾ攻旨ニテ御先手ヲ申請、諸浪人ヲ集タリ。

御朱印賜テ附。家老ニ坂井与左衛門、江口三郎右衛門、各一万石宛取テ、長重ヲ輔弼《ホヒツ》《ヲキナヒタスクル》ス。同国大聖《シヤウ》寺城ニハ、山口玄蕃頭源宗永、加賀江沼郡、五万三千石、子息右京亮一万石、玄蕃舎弟勘右衛門等、楯籠ル。

同国金沢城ニハ中納言羽柴肥前守菅原姓前田氏利《豊臣イ》長卿、加賀二郡、越中一国所領、七十八万八千石余、能登国ニハ、舎弟、侍従羽柴孫四郎利政廿一万六千八百九十一石也。

肥前守利長ハ東征ノ御下知ニテ奥州会津ニ発向セントスル処ニ、上方ノ乱蜂起シケレハ、城郭ヲ完フシテ胥議スルニ、「大坂方ヨリ伏見ノ城ヲ攻」ト注進アリ。又石田ヨリハ、「秀頼ノ命ヲカツテ、味方ニ成玉ヘ」ト頼来ル。然ニ利長ハ家臣ヲ聚メテ被ㇾ申ハ、「景勝カ叛逆ハ上方ノ蜂起ヲ憑ケル也。上方退治セハ景勝ハ自ラ可ㇾ亡」トテ、急上洛セント也。

兄弟・家老申ケルハ、「小松ノ羽柴加賀守長重ハ父長秀大名ニテ越前若狭ヲ領シ、加賀二郡、近江少々手ヲカケタル人ノ子息ナレハ、ヨキ人于ㇾ今多シ。殊ニ近年家康公、当城可ㇾ被ㇾ攻旨ニテ御先手ヲ申請、諸浪人ヲ集タリ。両臣、坂井・江口ハ武功ノ勇士、城ノ要害ハ水

両臣、坂井・江口ハ武功ノ勇士、城ノ要害ハ水ト沼トヲ構ヘテ堅固ナレハ、早速攻落カタシ。先加賀守方へ和睦シテ、長重ヲ前駆トシテ上方へ攻上給ハヽ、上方平治、大軍功ヲ立給ハン事疑有ヘカラス」ト云ケレハ、不破《フハ》斎《イツキノ》　宮助《スケ》ヲ使節トシテ云ヤル。

長重ハ、家老打寄評議スルハ、「内府公仰ニハ、「若《モシ》利長雖レ欲二上洛一、相防ヘシ」トナリ、此度ハ上方御敵ト成テ、利長モ内府公ノ味方ニテ上洛トアレハ、各別トハイエトモ、内府公ノ御思慮《リヨ》如何アランモ難レ計ケレハ、一先東方へ使者ヲ遣《ツカハ》シ、御返事ニヨツテ和睦スルトモ、今度ハ同心有マシ。但利長ハ大軍、味方ハ無勢ナリ。只今者　謀《ハカリコト》有ヘキ事ナレハ、上方一味トナリテ、可レ及二一戦一」ト談合相極テ同心セス。棚《タナ》橋宗兵衛ヲ召テ、東へ使ニ下ス。

八月朔日、山口玄蕃頭小松ニ来ル。長重対面シテ右ノ意趣ヲ申ケレハ、「最」ト同シテ云、「我小勢ニシテ城難レ抱、吾モ小松へ入テ、共ニ防戦セン」ト云。長重曰、「志ハ悦入タリ。サレトモ、敵大軍ニテ出張シヌルニ、早ク当城へ不二押寄一ハ、謀計知カタシ。又俄ノ事ニテ、

ト沼トヲ構エテ堅固ナレハ、早速難二攻メ落一シ、先長重方エ和睦シテ、長重ヲ先駆《センク》《サキカケ》トシテ上方エ上玉ハヽ、上方平治、大軍功ヲ立玉ハン事疑有ヘカラス」ト云ケレハ、不破斉《波イ》宮助ヲ使節トシテ云遣ス。

家老打寄評議スルハ、「　内府公仰ニハ、「若利長雖レ欲レ為ント二上洛一、相防ヘシ」ト也。此度上方御敵ト成テ、利長モ　内府公ノ味方ニテ上洛ストナレハ、各別ナレトモ、　内府公ノ御思慮如何有ンモ難レ計ケレハ、一先使者ヲ東方エ遣シ、御返事ニ依テ和睦スルモ、今度ハ同心有マシ。但利長ハ大軍、味方ハ無勢也。只今ハ謀有ヘキ事ナレハ、上方一味ト成、可レ及二一戦一」ト談合相究、一決シテ同心セズ。棚橋宗兵衛ヲ、東エ使ニ下ス。

八月朔日、山口玄蕃頭小松ニ来。長重対面シテ右ノ意趣ヲ申ケレハ、「尤」ト同シテ云、「我小勢ニシテ城ヲ難レ抱、我モ小松ニ入テ、共ニ防戦セン」ト云。長重曰、「志ハ悦入タリ。サレトモ、敵大軍ニテ出張シヌルニ、早ク当城ニ押寄ハ、謀計知カタシ。又俄ノ事ニテ、兵糧用意モ足サレハ、早ク帰テ籠城シ玉ヘ。若、利長大聖寺エ寄ルト聞ナラハ、無勢ニハ候ヱトモ、後詰スヘシ」ト

兵糧ノ用意モ足サレハ、早ク帰テ籠城シタマヘ。若、利長大正寺ヘ寄ルト聞ナラハ、無勢ニハ候ヘトモ、後詰スヘシ」ト有ケレハ、宗永悦テ云、「日比秀吉公之御恩深ク蒙ケレハ、今度城ヲ枕トシテ骨ヲ曝《サラ》サン」トテ、暇乞ノ杯出ヌレハ、夜半過ルマテ沈酔《シンスイ》ス。長重、指料《レウ》ノ脇指ヲ出ケル。宗永モ満足シテ、「此脇指ニテ切腹スヘシ」ト申、落涙ス。亦一杯受テホシ、長重甥丹羽五郎助ニ脇指ヲ遣シ、「長重ヘハ慮外ニ候ヘハ、御辺《ヘン》ヘ奉ル」トテ出ケル。其ヨリ帰城シテ、籠城之用意専ナリ。

斯テ利長卿ハ小松ノ扱《アツカイ》不レ調ケレハ、「先大聖寺ノ城ヲ攻落シ、片時モ早上洛セン」トテ、三田《サンタ》山ノ古城ヲ拵《コシラヘ》ヘテ勢ヲ籠置テ、小松ノ押ヘトス。但、此三田山ハ小松ノ領知ナリ。金沢ノ城ニハ奥村伊予守ヲ城代トス。

七月廿六日、金沢ノ城ヲ撃立テ、其勢四万余人、段々ニ押出ス。湊《ミナト》川・手取川ヲ越テ三田山ニ至ル。暫此ニ逗留シテ要害ヲ申付。

小松ノ方ニハ坂井与右衛門家人、寺西太左衛門、寺井ノ里ヘ忍入、金沢方小屋カリニ出シ者二人突《ツキ》伏テ、首弐級《キウ》ヲ討捕テ来ル。長重、「物初吉」ト悦ケル。与右衛門

有ケレハ、宗永悦ンテ云、「日来秀吉公ノ御恩深ク蒙リケル。今度城ヲ枕トシテ骸ヲ肆《サラサ》ン」トテ、暇乞《イトマコイ》ノ杯出シケレハ、夜半過ル迄沈酔《チンスイ》ス。長重、差料ノ脇指ヲ出ケル。宗永満足シテ、「此脇差ニテ可二切腹一」ト申、落涙ス。又一杯受テホシ、長重甥丹羽五郎助ニ脇差ヲ遣シ、「長重エハ慮外ニハ候ヘハ、御辺ニ奉ル」トテ出ケル。ソレヨリ帰城シテ、籠城ノ用意専也。

斯テ利長ハ小松ノ扱ヒ不レ調ケレハ、「先大聖寺城ヲ責落シ、片時モ早ク上洛セン」トテ、三田山ノ古城ヲ拵テ勢ヲ籠置テ、小松ノ押ヘトス。但、此三田山ハ小松ノ領地也。金沢城ニハ奥村伊予守ヲ城代トス。

七月廿六日、金沢城ヲ打立テ、其勢四万余人、段々ニ押出ス。湊川・手取川ヲ越テ三田山ニ到ル。暫此ニ逗留シテ要害ヲ申付。

小松方ニハ坂井与右衛門家人、寺西太左衛門、寺井ノ里エ忍入、金沢方小屋ワリニ出テシカ二人突伏テ、首二級ヲ討取テ来ル。長重、「物始ヨシ」ト悦ケル。与右衛門褒美ヲ出ス。与右衛門四男、坂井八右衛門ハ、肥前守利長ニ事ケルカ、暇乞テ云、「日来所領ヲ賜ルハ、箇様

褒美ヲ出ス。与右衛門四男、坂井八右衛門ハ、肥前守利長ニ事ヘケルカ、御暇ヲ乞《コウ》テ云、「日比所領ヲ賜ルハ、加様ノ時ノ御用ニモ、可レ被レ立タメニ候。雖レ然小松ハ小勢、我等普代ノ主人、父与右衛門モ小松ニアリ、素ヨリ父子立別レテ戦ハ、古今軍ノ習ニテ候ヘトモ、自然味方ノ手立、敵方ヘ内通スルナトト悪口ヲ受ルモ口惜事ナリ。御勢少ク候ハ、加様ノ願ハ有マシケレトモ、是ハ各別ノ勢ニ候間、哀《アハレ》御暇恩賜アレカシ」ト申ケレハ、利長卿聞テ、「神妙」ト有テ暇出ケレハ、則小松ニ来テ斯《カク》ト申ニ付、長重大ニ悦テ、知行千石ノ折紙ニ長義ノ刀ヲ賜ケル。

偖《サテ》三田山ノ城普請成就シヌレハ、岡島備中守、其外勢ヲ指添テ小松ノ押トシ、八月三日、大正寺ヘ押通ル。行程七里有ケルカ、其間ニ小松城アリ。利長牀机《シヤウキ》ニ腰ヲ懸テ、小松表ヲ見渡ス。小松方ヨリ寺沢勘右衛門物見ニ出ケレハ、金沢方高山南方、是ヲ見テ、「何ヲモ不レ知物見ノシヤウ也。彼者討取申ン」トテ、家人ヲ召ケレハ、一人馬ヨリ下テ、冑《カフト》ヲ脱テ、高級ニカケテ伺公ス。南方カ曰、「彼ヲ討テ来ヘシ」「畏」トテ立ケルカ、早敵ハ引

ノ時ノ御用ニモ、可レ被レ立タメニ候。然トモ小松ハ小勢、我等譜代ノ主人、父与右衛門モ小松ニ在、素ヨリ父子モ立別テ戦ハ、古今軍ノ習ニテ候ヱトモ、自然味方ノ手立、敵方エ内通スルナトト悪ル口ヲ受ルモ口惜事ニ候。御勢少ク候ハハ、箇様ノ願ハ申上マシケレトモ、是ハ各別ノ勢ニ候間、哀御暇恩賜アレカシ」ト申ケレハ、利長卿聞テ、「神妙」ト有テ暇出ケレハ、則小松ニ来リ、斯ト申セハ、長重大ニ悦テ、知行千石ノ折紙ニ長義ノ刀ヲ賜リケル。

偖三田山ノ城普請《フシン》成就シヌレハ、岡島備中守、其外勢ヲ差副テ小松ノ押トシ、八月三日、大聖寺エヲシ通ル。行程七里有ケルカ、其間ニ小松城ノ有。利長牀机ニ腰ヲ掛、小松表ヲ見渡ス。小松方ヨリ寺沢勘右衛門斥候ニ出ケレハ、金沢方高山南方方或ハ作レ坊、是ヲミテ、「何モ知ス、物見ノ仕様也。彼者討取ン」トテ、家人ヲ召ケレハ、一人馬ヨリ下、甲ヲ脱テ、高組ニカケテ伺公ス。南ノ方云、「彼ヲ討テ来ヘシ」「畏ル」トテ立ケルカ、早敵引返ケル。南方云、「今少遅カリシ。残多シ」ト也。寺沢勘右衛門帰テ、「敵ハ寄来ト見テ候」ト申ケレハ、弱兵恐ヲ成、

帰ケル。南方カ曰、「今少遅カリケル、残多」トナリ。寺沢勘右衛門ハ帰テ、「敵ハ寄来ト見エテ候」ト申ケレハ、弱兵恐ヲナシ、又ハ若侍ハ、今ヤ今ヤト待人モアリ。城中不レ静。此時長重、其外数多《アマタ》町屋ニ上テ、敵ノ人数ヲ見テ、「偖々夥敷《ヲビタタシキ》」ト申ケレハ、坂井与右衛門カ曰、「軍ノ勝負ハ、不レ依二多少一ニモノナリ」少人数ニテ大軍ニ勝シ事共、高声ニ語ケレハ、人是ニイサミケル。肥前守ハ小松ヘハ不レ寄シテ、大正寺ヘ押テ行ケレハ、寺沢勘右衛門ハ、「物見ヲ仕誤ケル」トソ申ケル。

其後長重ノ曰、「玄蕃ト約束アリ、後詰ヲセン」ト申ケレハ、諸臣申ケルハ、「加様ノ大軍ニ替タル謀モナクテ、城ヲ出テ後詰シ給ハンハ、「小敵ノ堅ハ大敵ノ擒《トリコ》」トハ是ヲヤ申ヘキ。御止リ候ヘ」ト申ケレハ、長重云ケルハ、「堅約ノ上ナレハ、汝ラハトモアレ我一人ニテモ可二出向一」ト云ケレハ、与右衛門申スハ、「仰尤ニ候。今敵、大正寺ニ着テ、今晩ハ宿陣ヲシテ、城ヲ明日攻ントテ、小勢ヲ侮リ、休息シテ有ヘシ。夜半ノ時分ハ敵長途ニ困《ツカレ》テ前後ヲ不レ知寝入ヘシ。今夜押寄ンニ、小松ヨリ大正寺マテハ五里、宵ヨリ撃立行ハ亥ノ後剋ニハ着ヘ

又若侍ハ、今ヤ今ヤト待人モ有。城中不レ静。此時長重、其外数多町屋ニ上テ、敵ノ人数ヲミテ、「サテサテ夥キ」ト云ケレハ、坂井与右衛門云、「軍ノ勝負ハ、不レ依二多少一ニ者也」少人数ヲ以大軍ニ勝シ事トモ高声ニ語ケレハ、人皆是ニ勇ミケル。肥前守ハ小松エ不レ寄シテ、大聖寺エ押テ過ラレケレハ、寺沢、「物見ヲ仕誤リケル」トソ申ケル。

其後長重公、「玄蕃ト約束有、後詰ヲセン」ト申サレケレハ、諸臣申ケルハ、「箇様ノ大軍ニ替タル謀モナク、城ヲ出テ後詰シ玉ハンハ、「小敵ノ堅キハ大敵ノ擒《トリコ》」トハ是ヲヤ申ヘキ。御止リ候ヘ」ト申ケレハ、長重ノ云、「堅約ノ上ナレハ、汝ラハトモアレ我レ一人ニテモ可二出向一」ト有ケレハ、与右衛門申ケルハ、「仰尤ニ候。敵今大聖寺ニ着テ、今晩ハ宿陣ヲシテ、城ヲ明日攻ントテ、小勢ヲ侮《アナト》リ、休息シテ有ヘシ。夜半ノ時分ハ敵長途ニ困テ前後ヲ不レ知寝入ヘシ。今夜押寄ンニ、小松ヨリ大聖寺迄ハ五里、宵ヨリ打立行ハ亥ノ后剋ニ可レ着。サラハ今晩思召立候ヘ。利長ノ本陣ヘ推寄玉ハハ、利長ヲ可二討取一事、掌ノ内ニ在」ト云ケレハ、長重悦テ、「早打

シ、サラハ今晩思食立候ヘ。利長ノ本陣ヘ押寄給ハハ、利長ヲ可二討捕一事、在二掌ノ中一」ト云ケレハ、長重満足シテ、「早撃立ヤ、者共」ト勇ミケル。斯《カカリ》リケレハ、大正寺ニ付置ケル忍ノ者馳来テ、「大正寺ノ城ハヤ落候。敵ハ城ニ入替タル」ト申ケル。「サテハ専ナシ」トテ止ニケリ。

扨又肥前守利長ハ大正寺ニ至テ、ユブリ橋ノ野ノ南ニ本陣ヲ居タリ。先手ハ須井坂ヘカカリ押寄ル。利長曰、「明四日ハ、白山・宮山ニ登リテ、石火矢・大鉄炮ヲ放懸、攻抜ヘシ。何ノ危事アラン、必急ニ攻ヘカラス」ト、緩々トシテ居ラレケル。

城中ニハ、山口玄蕃ハ先年加賀陣ヲ内府公思食立ノ時、先手ヲ御頼アリケレハ、浪人ヲ抱《カカヘ》テ分限ニ過タル人ナレトモ、大軍ヲ引請テ可レ叶様モナシ。父子・兄弟、寄合テ評議スルハ、「先処ノ百姓共迄、器量ノ者ヲ撰テ籠城サセ、防戦シテ不レ叶時ハ討死スヘシ」ト云ケレハ、右京亮《スケ》云、「迚《トテ》モ討死センナラハ、城下ヘ撃出、一合戦シテ可レ為二討死一」ト云。玄蕃云、「加様ノ大軍ト戦ニハ、卒爾《ソツシ》ニ城ヲ不レ出モノ也。惟不レ如二籠城ト一」ト云。

立」ト勇ケル。斯ル処ニ、大聖寺ニ付置タル忍者馳来テ、「大聖寺城早落候。敵ハ城ニ入替リタリ」ト申。「偖ハ詮ナシ」トテ止ヌ。

扨又肥前守利長ハ大聖寺ニ到テ、ユブリ橋ノ野ノ南ニ本陣ヲ居タリ。先手ハ須井坂エ懸リ推寄ル。利長曰、「明四日ハ、白山・宮山ニ登、石火矢・大鉄炮放掛、攻抜ヘシ。何ノ危事アラン、必ス急ニ不レ可レ攻」ト、緩々トシテ被レ居ケル。

城中ニハ、山口玄蕃、先年　内府公加賀陣ヲ思召立ノ時、先手御頼有ケレハ、浪人ヲ抱テ分限ニ過タル人ナレトモ、大軍ヲ引請テ可レ叶ヤウモナシ。父子・兄弟、寄合評儀シケルハ、「先所ノ百姓共迄、器量ノ者ヲ撰テ籠城サセ、防戦シテ不叶時ハ可二討死一」ト云ケレハ、右京亮云、「迚モ討死センナラハ、城下エ撃テ出、可レ為二討死一」ト云。玄蕃云、「箇様ノ大軍ト戦ニハ、卒爾ニ城ヲ不レ出モノ也。唯不レ如二籠城一」ト云。右京亮又申ケルハ、「籠城シテ三・四日堅固ニ候トモ、外ノ救モナシ。唯城中ニ居テ亡ンヨリ、出テ一戦シテ後日ノ誉ニスヘシ。偖早速引取テ、籠城ヲシテ可レ然ヤ否ャ」ト

右京亮又申ケルハ、「籠城シテ三日・四日堅固ニ候トモ、外ノ救《スクヒ》モナシ。惟城中ニ居テ亡《ホロ》ヒンヨリハ、出テ一戦シテ後日ノ誉ニスヘシ。扨、早速引取テ籠城ヲシテ可レ然乎否」ト云。玄蕃モ「此儀最」ト同シテ、城下へ撃出テ敵ヲ待。

寄手ハ大将ノ下知ヲ受テ、「明日城ヲ可レ攻」ト、緩々ト思処ニ、案ノ外ニ敵出張シツツ、魁ノ備ヨリ弓箭・鉄炮ヲ放懸ケレハ、色メキ立テ騒動ス。終ニ不レ及二一戦一シテ城中へ引退ク。所ノ百姓原散々ニ敗北ス。侍トモモ少々打交テ退散《マシリ》〈シ〉ケル。金沢方ハ敵ノ敗軍ヲ見テ、「只縦《カカレ(ママ)》レ縦レ」ト喚《ヲハハ》テ、城ノ三方ヨリ一度ニ城へ乗入。

爰ニ伊勢ノ富田信濃守カ弟ニ富田蔵人ト云者アリ。初関白秀次公ノ近習タリ。秀次自害ノ時、殉《シユン》死セントテ、京都ノ辻《ツシ》々ニ札ヲ立、其日千本ノ松原ニ出ケレハ、口悪《サカ》ナク物見武《タケ》キハ京童《ワラハ》ノ曲《クセ》ナレハ、見物ノ貴賤、土牆《シヤウ》ノ如ナリ。蔵人ハ幕張《ハリ》廻シ、見舞・音問《モン》ノ大名・小名供、警《ケイ》固、前後ヲ取廻ス。暇乞ノ杯トテ詞ヲ述、一人々々ト思ホトニ時刻移リ、又其身モ酔臥テ夢ヲ結《ムスヒ》ケレハ、見物ノ

云。玄蕃モ「此儀尤」ト同シテ、城下ニ打出テ敵ヲ俟。

寄手ハ大将ノ下知ヲ受テ、「明日城ヲ可レ攻」ト、緩々ト思処ニ、案ノ外敵出張シケレハ、魁《サキテ》ノ備ヨリ、弓・鉄炮ヲ放カケケレハ、色メキ立テ騒動ス。終ニ不レ及二一戦一シテ城中エ引退ク。所ノ百姓原散々ニ敗北ス。侍共少々打交テ退散シケル。金沢方ハ敵ノ敗軍ヲ見、「只縦々」ト喚テ、城ノ三方ヨリ一度ニ乗入。

爰ニ伊勢ノ富田信濃守弟ニ富田蔵人ト云者アリ。初メ関白秀次公ノ近習タリ。秀次生害ノ時、殉死《シユンシ》セントテ、京都ノ辻々ニ札ヲ立、千本松原ニ出ケレハ、見物ノ貴賤、土牆《トセウ》《カキ》ノ如シ。蔵人ハ幕張廻シ、見廻・音問ノ大名小名供、警固、前後ヲ囲ム。「暇乞ノ杯」トテ詞ヲ述、一人々々ト思程ニ時剋移リヌ。其身モ沈酔《チンスイ》シ夢ヲ結ケレハ、見物ノ諸人退屈シテ見エケル処ニ、殉死御法度ノ由被仰出、「相背者ハ一類罪科タルへシ」ト有ケレハ、人々諌止メテ空帰リケル。京中是ヲミテ嘲哢《テウロウ》シテ笑種トゾ成ニケル。蔵人此事胸ニ横《ヨコタハ》ツテ無念ニ思ヒケル。年来肥前守エ出入シケレハ、世ノ謗《ソシ》リヲモ不レ顧ミ、哀憐ンシテ召仕、七千石ノ所領ヲ賜テ居ケルカ、「会稽ノ恥辱ヲ雪カ

人々ハ退屈シテ見ケル処ニ、殉死御法度ノ由被ニ仰出一「相背者ハ一類罪科アルヘシ」ト有ケレハ、人々諌トトメテ空ク帰リヌ。京中是ヲ嘲哢《アサケリ》テ笑草トソ成ニケル。蔵人ハ此事胸ニ横《ヨコタヘ》テ無念ニ思ケル。肥前守ヘ年来出入侍レハ、世ノ悪口ヲモ不レ顧、殊ニ哀憐《アイレン》シテ召抱《カカヘ》、七千石ノ所領ヲ賜テ有ケルカ、「会稽ノ恥辱ヲススカン」トヤ思ケン、町口ニテ能働シテ、討死シケルコソヤサシケレ。

奥村主殿助初ハ少身ナリ。後日ニ因幡頭ト云。肥前守家老、壱万五千石屏ヲ乗時、両足ヲ切レテ落ケリ。杉江兵助、町口ニテ働ク。江守半兵衛、鑓ニ突落サル。菊池大学助、疵ヲ数所蒙ル菊池幡摩トテ三万石領ル者ノ子也不破《フハ》大学、山崎小右衛門、両人ハ、早キ首ヲ討捕。

扨前田孫四郎ハ鐘丸ニ乗入、小原文内、早キ首ヲ討捕。「我モ我モ」ト城中ニ攻入、城中ニモ形ノ如働ケルカ、大軍防ヘキ様ナケレハ、大ナル家ノ内ヘ取籠テ働ケル。岡島市正岡島備中カ子也・奥村六平平六左衛門子也・九里六蔵・池田弥左衛門・奥村掃部孫四郎侍臣伊予守子 以上ハ働テ討死ス。

城中ニハ、大将山口玄蕃・同右京・同勘右衛門・家老高屋平兵衛・大力大野作太夫・禅僧建蔵主、是ハ無事ニテ出ケル。十文字鎗ノ名人、山内喜大夫・成田彦右衛

ン」トヤ思ケン、町口ニテ能働シテ、討死シケルコソヤサシケレ。

奥村主殿助初少身也。後ニ日フ二因幡頭一ト肥前守家老。一万五千石 塀乗時、両足ヲ切レテ落ケリ。杉江兵助、町口ニテ働ク。江守半兵衛、鎗ニ突落サル。菊池大学助、疵ヲ数ケ所蒙ル父ハ菊池播磨。三万石領スル者ノ子不破大学、山崎小右衛門、両人ハ、早首ヲ討捕。

扨前田孫四郎ハ鐘丸ニ乗入、小原文内、早首ヲ討捕。「我モ我モ」ト攻入、城中ニモ如レ形働ケルカ、大軍防ヘキ様ナケレハ、大ナル屋ノ内エ取籠テ働ケル。岡崎(島カ)市正岡島備中子也奥村六平平六左衛門子也九里六蔵、池田弥左衛門、奥村掃部孫四郎侍臣、伊予守子也 以上ハ働テ討死ス。

城中ニハ、大将山口玄番・同右京・同勘右衛門・家老高屋平兵衛・大野作太夫・禅僧建蔵主是ハ無事ニテ出ケル ・十文字鎗ノ名人山内喜大夫・成田彦右衛門・同喜三郎・松平宗助・水野五兵衛、其外軍兵ハ、家ノ内ニ群集、度々数十人打出ル。

山口右京亮ハ、長太刀持テ突テ出、楯ノ影ニ息ヲ入テハ戦ケル事、度々也。寄手ハ中村安右衛門、大石木工、鎗ヲ以魁シテ突合タルカ、右京亮、両人トモニ突臥ケル。

門・同喜三郎・松平宗助・水野五兵衛、其外軍兵ハ、家ノ内ニ群聚スルカ、度々数十人撃《ウツテ》出。

山口右京亮ハ、長太刀持テ突《ツイテ》出、楯ノ影ニ息ヲ入テハ戦ケルコト、度々ナリ。寄手ハ中村安右衛門・大石木工、鎗ヲ以テ魁《サキカケ》シテ突合タリ。両人共ニ突伏ラル。此時寄手、大手ニ崩ケル。山崎次郎兵衛ハ旗本ニ在ケレハ、人ノ跡ニナリケルカ、先手ノ兵、思ノ外ニ崩ケレハ、「次郎兵衛」ト名乗テ、小太刀ヲ抜テ真先ニ戦フ。素ヨリ刀法ノ妙術ナレハ、数十人ヲ切テ廻ル。味方ノ内ヨリ出テ首ヲ取モアリ、又ハ切レテ引退モアリ。右京亮ニ度リ合。右京亮カ乳母《メノト》、諸道具ヲ取テ投《ナケ》打ニス。女人ニハ稀ナル働ナリ。城中ノ兵ハ、右京ヲ討セジト、引包テ防ケル。右京亮モ数ケ所手負テ家ノ内へ引入。

寄手田辺助太夫、能首ヲ捕。同廉野《カトノ》藤大夫モ働アリ。次郎兵衛モ疵ヲ蒙ケレトモ事トモセス、高声ニ名乗ケルハ、「先程ヨリ真先ニ在テ働ハ何モ見及処ナリ。今亦家ノ中へ惟一人切テ入ヲ見置テ語レ」ト呼テ飛入ケル。家ノ内ニハ、「山口玄蕃頭カ弟、勘右衛門」ト名乗テ、次郎兵衛ニ渡合。軍兵、勘右衛門討セシト続テ懸リ戦ケル。


此時、寄手大ニ崩ケル。山崎次郎兵衛ハ旗本ニ在ケレハ、人ノ跡ニ成ケルカ、先手ノ兵、思ノ外ニ崩ケル（レカ）ハ、「次郎兵衛」ト名乗テ、小太刀ヲ抜テ真先ニ戦フ。素ヨリ刀法ノ妙術ナレハ、数十人ヲ切テ廻ル。味方ノ内ヨリ出テ首ヲ取モ有、又切レテ引退モアリ。右京亮ニ渡合。右京亮カ乳母、諸道具取テ投打ニス。女ニハ希ナル働也。城中ノ兵ハ、右京ヲ討セシト、引包テ防ケル。右京亮モ数ケ所手ヲ負テ家ノ内エ引入。

寄手田辺助大夫、能首ヲ取。同廉野藤大夫モ働アリ。次郎兵衛モ疵ヲ蒙ケレトモ事トモセス、高声ニ云ケルハ、「先程ヨリ真先ニ在テ働ハ何モ見及所也。今又家ノ内エ只一人切テ入ヲ見置テ語レ」ト呼テ飛入ケル。家ノ内ニハ、「玄蕃弟、勘右衛門」ト名乗テ、次郎兵衛ニ渡合。軍兵、勘右衛門ヲ討セシト続テ懸リ戦ケル。サルト（レカ）モ続ク味方モナク、只一人切テ廻ケルカ、敵ハ奥ノ座敷ニ引入。此時大石木工ハ、初突伏ラレケルカ、「起上テ、敷居際迄ヨリケル」ト、後ニ広言ス。次郎兵衛モ数ケ所疵ヲ蒙テ臥ケルヲ、廉野藤大夫来テ引立テ本陣ニ帰ル。

斯テ右京亮ハ父ノ前ニ参ケレハ、「手負タルカ」ト問

サレトモ続ク味方モナク、只一人切テ廻リケルカ、敵ハ奥ノ座敷ヘ引入。此時大石木工、初突伏ラレケルカ、「興《ヲキ》上テ、敷居際マテ寄ケル」ト、後ニ高言ス。次郎兵衛モ数ケ所疵ヲ蒙テ伏ケルヲ、廉野藤大夫来テ引立テ本陣ヘ帰ル。

斯テ右京亮ハ玄蕃頭前ニ参ケレハ、「手ヲ負ケルカ」ト問ケレハ、「今ハ是マテニ候。早御暇給候ヘ」ト申ケレハ、「イサヤ暇乞ノ杯セン」トテ互ニ取カハシ、父子諸共ニ腹十文字ニ掻切ケレハ、宗徒ノ人々引続テ、我モ我モト自害スル。「アツハレ大剛ノ武士カナ」ト、感セヌ人ハナシ。

又長屋ニ四五人取籠ケルヲ、浅井左馬助一番、続テ葛巻隼人懸合心ハセアリ。左馬助ハ出頭人故、後日ニ「一番鎗」ト申テ過分ノ加増ヲ賜ケル。其外長屋以下ニ取籠者共ヲ押込々々首ヲ捕、寄手モ手負・死人不レ知レ数ヲ。

肥前守・同舎弟孫四郎ハ小高処ニ上テ牀机ニ腰カケ、首実検ヲシテ、「物初吉」ト喜ヒケル。然処ニ肥前守妹《イモト》婿《ムコ》、中川宗半トテ所領三万石領シテ秀頼ノ近習ナルカ、肥前守見廻ニ加賀国ニ下向シテ、此陣ニ在ケルカ、落城

レテ、「今ハ是迄ニ候。早御暇ヲ給レ」ト申ケレハ、「イサヤ暇乞ノ杯セン」トテ互ニ取カハシ、父子諸トモニ腹十文字ニ掻切ケレハ、宗従(徒カ)ノ人々引キ続テ、我モ我モト自害スル。「天晴《アツハレ》大剛ノ武士哉」ト、聞伝タル輩ハ、敵モ味方モ押並テ感歎セヌハ勿リケリ。

又長屋ニ四五人取籠ケルヲ、浅井左馬助一番ニ入ル。続テ葛巻隼人掛合心バセ有。左馬助ハ出頭人故、後日ニ「一番鎗」ト申テ過分ニ加増ヲ賜リケル。其外長屋以下ニ取籠者共ヲ推込々々首ヲ取、寄手モ手負・死人数不レ知。

肥前守・同舎弟孫四郎ハ小高キ所ニ上テ牀几《シヤウキ》ニ腰ヲ掛、首実検シテ、「物初吉」ト悦レケル。然処ニ利長ノ味(妹カ)婿、中川宗半トテ所領三万石領シテ秀頼公ノ近習ナルカ、肥前守見廻ニ加州ニ下向シテ、此陣ニ在ケルカ、落城ノ後暇乞シテ上ケル。

斯ル所ニ大谷刑部少輔吉隆(綱イ岡イ)ハ北国ヲ討従ントテ、相伴人々ニハ大津宰相高次・朽木河内守・脇坂中務・同子息淡路守・小川土佐守・子息左馬助・戸田武蔵守・子息内記・平塚因幡守・木下山城守・赤座久兵衛・木下宮内、

ノ後暇乞シテ上リケル。

斯リケル処ニ大谷刑部少輔吉綱ハ北国ヲ討随ヘントテ、相伴人々ニハ大津宰相高次・朽木河内守・脇坂中務・同子息淡路守・小川土佐守・子息左馬助・戸田武蔵守・子息内記・平塚因幡守・木下山城守・赤座久兵衛・木下宮内・奥山雅楽助・上田主水・蜂須加法庵名代、青山修理亮・子息主計修理ハ丸岡城主、四万六千石、丹羽長重婿丹羽備中守五万石、越前藤後城主、丹羽長重ノ舎弟也彼是都合二万余也。

爰ニ、越前府中ノ城ヲ去年内府公ヨリ堀尾帯刀拝領シテ、城代ニ甥《ヲイ》ノ宮内ヲ籠置、其身ハ手負テ浜松ニ在ケル。「此城ヲ攻落シテ、加賀・能登・越中ノ国守、羽柴肥前守ヲ撃《ウチ》随ヘシ」ト評議定テ押出ル処ニ、越前北庄ノ城主青木紀伊守、五千余騎アリ。大坂方ニテ楯籠ケルカ、敦《ツル》賀《カ》ヘ飛脚ヲ遣申ケルハ、「肥前守利長四万余ノ勢ヲ卒シテ大聖寺ヲ攻ント相働由、告来候。無勢ナレハ定テ可二落城一。然ラハ無レ程北ノ庄エモ可二押寄一。急御出馬アレ。大敵ヲ某可レ防勢ナケレハ、城ヲ開テ上洛致スヘシ」トソ注進ス。諸将聞テ、「弱《ヨハ》キ申状哉」ト、アサケルモ有ケリ。

奥山雅楽助・上田主水・蜂須賀蓬庵名代、青山修理亮・子息主計修理ハ丸岡城主、四万六千石、長重婿・丹羽備中守五万石、越前藤後城主、長重舎弟也都合二万余也。

爰ニ越前府中城ヲ、去年　内府公ヨリ堀尾帯刀拝領シテ、城代ニ甥宮内ヲ籠置、其身ハ手負、浜松ニ在ケルカ、「此城ヲ攻落テ、加賀・能登・越中国守、羽柴肥前守ヲ打従ン」ト評議定テ押出ケル処ニ、越前北ノ庄城主青木紀伊守、五千余騎、大坂方ニテ楯籠ケルカ、敦賀エ飛脚ヲ立、申遣ケルハ、「肥前守四万余ノ勢ヲ卒シテ大聖寺ヲ攻ント相働由、告来候。無勢ナレハ定テ可二落城一。然ハ無レ程北庄エモ可二推寄一。急御出馬アレ。大敵ヲ某可レ防勢ナケレハ、城ヲ開テ可レ致二上洛一」トゾ註進ス。諸将聞テ、「サテサテ弱キ申状哉」ト嘲ラヌ者ハ勿リ鳧《ケリ》。

八月三日、大谷刑部少輔敦賀《ツルカ》ヲ立テ、鯖並《サハナミ》ノ宿ニ屯《タムロ》シテ、府中城ヲ攻ントテ、手分手配アル処ニ、青木紀伊守方ヨリ又早馬ヲ以テ、大聖寺落城ノ由告来。諸将是ヲ聞テ、「先府中ヲ攻落ヘキカ、又押ヲ置テ北庄エ発向センカ。但府中ヲ指置前後ニ敵アラハ如何アルヘキ」ト、異儀区々《マチマチ》也。

八月三日、大谷刑部少輔敦賀《ツルカ》ヲ立テ、鯖並《サハナミ》ノ宿ニ屯シテ、府中ノ城ヲ攻ント、手分ニテ配《クハリ》アル所ニ、青木紀伊守方ヨリ早馬ヲ以、大聖寺落城ノ由告来ル。諸将聞レ之テ、「先府中ヲ攻落ヘキカ、又押ヲ置テ北庄へ発向センカ。但府中ヲ指置前後ニ敵アラハ如何在ヘシ」ト、異儀区々ナリ。

然処ニ、「中河宗半来ケル」ト云。大谷刑部暫ク思案シテ申ケルハ、「北庄落城セハ、小松ノ城主モ力ヲ可レ落。丸岡・青木伊賀守モ使(便カ)ナク可レ思。其上府中ヲ攻ハ、早シテ四五日、遅シテ十日モカカラン。其内ニ味方ノ城攻落サルヘシ。肥前守ヲ謀ヲ以味方ニ属セハ、此府中城ハ己ト開渡ヘシ」トテ、北庄へ一同ニ押行ケル。刑部少輔手勢七千、上方勢二万余トソ聞ヘケル。

刑部少輔ハ中川宗半ヲ押留テ、利長ノ方へ書状ヲ書シム。其文ニ云、「上方勢数万、兵船ニ乗テ敦賀ヨリ出船シテ、可レ令レ発二向加賀国宮之越《ミヤノコシ》ノ浦一ニ」トナリ。宗半ハ能書無二其隠一故、肥前守令二披見一驚テ、「凶従(徒カ)等、金沢へ攻入ントスル上ハ無二是非一」トテ、兄弟共ニ引帰サントテ、越前ノ細呂木ヨリ帰陣ス。府中城ニハ聞

然ニ、「中川宗半来ケル」ト云。大谷暫思案シテ申ケルハ、「北庄落城セハ、小松ノ城主モ力ヲ可レ落。丸岡・青山伊賀(守カ)モ便リナク思ヘシ。其上府中ヲ攻ハ、早シテ四五日、遅シテ十日モカカラン。其内ニ味方ノ城攻落サルヘシ。謀ヲ以肥前守味方ニ属セハ、府中城ハ己ト開渡スヘシ」トテ、北庄エ一同ニ押行ケル。刑部少輔手勢七千、上方勢二万余トゾ聞ヘケル。

刑部少輔ハ中川宗半ヲ抑留シテ、利長方エノ書状ヲ書シム。其文曰、「上方勢数万、兵船ニ乗テ敦賀ヨリ出船シテ、可レ令レ発二向加賀国宮ノ越浦一」ト也。宗半無レ隠能書故、肥前守披見シ驚テ、「凶従(徒カ)等、金沢エ攻入ントスル上ハ無《ナシ》二是非一」トテ、兄第(弟カ)トモニ引返シ(スカ)トテ、越前細呂木ヨリ帰陣ス。府中城ニハ聞レ之、力ヲ落ス。刑部少輔ハ依レ之威勢ヲ震《フル》ヒ、府中城エ人数ヲ分遣シ、城代堀尾宮内ニ、「城ヲ渡ヘシ」ト云ケレハ、無二異儀一開キ退ケリ。

老人曰、「関原ノ間ニ強キ闘ヲシテ、城ヲ守テ討死スルハ、大聖寺城主山口父子ニ並フ大勇ハナシ。然トモ強勇有テ智謀ナキ故ニ、即日ニ落城スル」問テ曰、「此時

レ之テ力ヲ落ス。刑部少輔ハ、是ニ依テ威勢ヲ振ヒ、府中ノ城へ人数ヲ分遣シテ、城代堀尾・宮内ニ、「城ヲ渡ヘシ」ト云ケレハ、無二異儀一開退《アケノキ》ケリ。

老人ノ云ク、「関ケ原ノ間ニ強キ闘ヲシテ、城ヲ守テ討死スル、大聖寺ノ城主山口父子ニ双ハナシ。誠ニ忠臣ト云ツヘシ。然レ共其身武勇アリテ知謀ナキ故ニ、則日ニ落城スル」問云、「此時知謀ヲ以、利ヲ得ル道アリヤ」曰、「三ノ助、一ノ守アラハ、利ヲ得ン」曰、「三ノ助、一ノ守トハ何ソヤ」曰、「肥前守大聖寺ヲ攻ンコトハ、兼々シレタル事ナレハ、小松ハ後詰ヲセント約束ナリ。是一ノ助ナリ。又大谷刑部少輔へモ兼日ヨリ後詰ヲ頼ヘシ、二ノ助ナリ。近郷《ガウ》ノ百姓・名主《ナヌシ》等ヲ召寄、「敵来ラハ野伏シテ、後ヨリ弓・鉄炮ヲ打カケ、追カケハ何国トモナク退散シ、又放カケ、或ハ盗賊シテ敵ヲ悩マスヘシ」ト言ヒ聞セ、城へ人質ヲ取置、三ノ助ナリ。

城中玄蕃父子六万六千石ノ人数、殊浪人多抱置タレハ、侍弐百余騎、雑兵二千余有ヘシ。何モ強兵ナレハ、堅固ニ狭間《サマ》ヲ塞《フサ》カセ、昼夜入替テ守ルヘシ。士卒ニ力ヲ付、一両日ノ内ニ小松・敦賀ノ加勢来テ、肥前守ヲ前後ニ討

智謀ヲ以、利ヲ得ル道アリヤ」曰、「三ノ助ケ、一ノ守アラハ、利ヲ得ン」問、「三ノ援、一ノ護トハ何ソヤ」曰、「利長大聖寺ヲ攻ン事ハ、兼テ知レタル事ナレハ、小松ノ後詰ヲセント約束也。是一ノ助也。又大谷方エモ兼日後詰ヲ頼ヘシ、二ノ助也。近郷ノ百姓・名主等ヲ召寄、「敵来ラハ野伏シテ、後ヨリ弓・鉄炮ヲ打カケ、敵追カケレハ何クトモナク退散シ、又放懸、或ハ盗賊シテ敵ヲ悩スヘシ」ト云聞セ、城エ人質ヲ取置、三ノ助也。

城中玄蕃父子六万六千石ノ人数、殊浪人多ク抱置タルハ、侍二百余騎、雑兵二千余有ヘシ。何モ強兵ナレハ、堅固ニ狭間ヲ塞カセ、昼夜入替テ守ルヘシ。士卒ハ力ヲ付、一両日ノ内ニハ小松・敦賀ノ加勢来テ、肥前守ヲ前後ニ可二討果一。其時「汝等ニモ、高名サセン」ナトト勇ヲ進メテ、強ク防ナラハ、大将父子ハ思切タレハ、中々早ク不レ可レ二（ママ）落城一。川越ノ小城、北条左衛門カ籠タルニ、上杉カ関八州ノ勢ヲ卒シテ攻タレトモ不レ落。但関八州ノ勢弱キニ非ス。惣テ城ハ、大将思切タレハ、十倍廿倍ノ大軍ニテ攻トモ急ニハ落ヌ者也。扨数日堪タラハ、小松ノ後詰ハ不レ及レ申、大谷カ三万計ノ勢来ルヘシ。此

果ヘシ。其時「汝等ニモ高名サセン」ナトト勇メ進メテ、強ク防ナラハ、大将父子ハ思切タレハ、中々早ク落城スヘカラス。川越ノ小城、北条左衛門カ籠タルニ、上杉カ関八州ノ勢ヲ卒シテ攻タレトモ不レ落。但シ関八州ノ勢弱キニアラス。惣テ城ハ、大将思切タレハ、十倍廿倍ノ大軍ニテ攻トモ急ニハ落ヌ者ナリ。扨数日モコラヘタラハ、小松ノ後詰ハ申ニ不レ及、大谷カ三万計ノ勢可レ来。此時運ヲ開カン事、治定ナリ。是一ノ守也。

　然ルニ僅ノ人数ニテ城ヲ出テ、百姓原ヲ駆集メテ大敵ヲ防ントスル故ニ、百姓原退散スルニ、味方弥ヲクレテ、一戦ヲセスシテ城ヘ退入、諸勢塩ヲ付ラレ、屛裏ヲ堅メンモ勢ナク、殊ニ思外俄ニ大軍ニ乗〈セラ〉レテ騒動スル故ニ、則日ニ落タル也。

　昔蜀ノ劉備ハ魏ノ曹操ニ討負テ、魏ノ兵既ニ八十万ニ及ヘルニ、蜀ハ散卒僅四・五万ニナリケレハ、今一戦ニテ傾覆セン事ヲ恐レテ、老臣・謀士トモヲ召集メテ、如何有ヘシト談合セラレケルニ、崔州《サイシウノ》刺史《シシ》徐庶《ヂヨソ》、進テ申ケルハ、「南陽県ニ諸葛孔明ト云人、不レ事シテ自ラ耕テ居タリ。時ノ人、此人ノ賢ナルヲ不レ知、今此謀、此

時運ヲ開ン事、治定。是一方ノ守也。

　然ニ僅ノ人数ニテ城ヲ出、百姓原ヲ駆集、大敵ヲ防ントスル故ニ、百姓原逃散スルニ、味方弥気後レ、一戦モセズシテ城ヘ退入、諸勢塩ヲ付ラレ、屛裏ヲ堅メンモ勢ナク、殊ニ思ノ外俄ニ大軍ニ乗セラレテ騒動スル故ニ、則日ニ落城也。

　昔蜀《シユク》ノ劉備《リウヒ》ハ魏《キ》ノ曹操《ソウソウ》ニ討負テ、魏ノ兵既ニ八十万ニ及ニ、蜀ノ散卒僅ニ四・五万ニ成ケレハ、今一戦ニテ傾《ケイ》覆《フク》セン事ヲ恐レテ、老臣・謀士トモヲ召集テ、如何有ヘシト談合セラレケルニ、崔州《サイシウ》ノ刺史《シシ》徐庶《シヨシヨ》、進ミテ申ケルハ、「南陽県《ケン》ニ諸葛《カツ》孔明ト云人、不レ事シテ自耕テ居ル。時ノ人、此人ノ賢ヲ不レ知、今此謀ハ、此人ニ非ンハ知者アラシ」ト申。劉備《リウビ》悦ンテ、「サラハ其人ヲ召」ト有ケレハ、徐庶《シヨシヨ》申ケルハ、「此人ハ、召テ来ル人ニ非ス。願ハ大王枉駕《ワウカ》シテ、礼ヲ篤《アツク》シテ招給ヘ」ト云。大王自駟《シ》車ヲ促シ、数多ノ属車警蹕《ケイタク》ヲナシテ孔明ノ草廬《サウロ》ノ中ニ入給ヱトモ、孔明曽テ事ン志ナケレハ、見エ奉ラス。

　劉備空ク帰リ玉ヒケルカ、我宗苗《ヒヤウ》ヲ亡サン事ヲ歎、三度迄行テ対面ヲ乞玉ヘハ、孔明ハ、子第(弟カ)・宗族ヲ集テ曰、

人ニアラスンハ知者アラシ」ト申。劉備悦テ、「サラハ其者ヲ召」トアリケレハ、徐庶申ケルハ、「イヤイヤ此人ハ、召テ来ル人ニアラス。願ハ天王枉駕シテ礼ヲ篤シ、招キ給ヘカシ」ト申ケレハ、大王御自ラ駟車《シシヤ》ヲ促シ、数多ノ属車警蹕《ケイヒツ》ヲナシテ諸葛孔明ノ草盧ノ中ヘ入給ヘトモ、孔明且《カツ》テ事ヘン志ナケレハ、出合奉ラス。

　大王、空ク帰ラセ給ヒケルカ、我宗廟ヲ亡サン事ヲ悲給ヒケレハ、又車ヲ促シテ対面ヲ乞給ヘトモ不二出合一。已ニ三度ニ及ヒケレハ、孔明、子弟・宗族ヲ召集メテ云ク、「我今天下ノ乱ヲ遁レテ南陽ニ引籠、道ヲ行ヒ、志ヲ養。梁父吟ヲ作テ心ヲ楽ミ、田十頃、桑八百株アリテ、宗族・子弟・妻婢ノ衣食ニ事闕コトモナク有ケルニ、不慮ニ蜀王ノ我ヲ召テ、天下ノ乱ヲ謀ラントス。我再度《サイト》枉駕ヲ犯《ヲカ》シ奉テ、強テ見奉サレトモ、今又我草盧ノ中ヘ顧リミ給フナレハ、今出合奉ラネハ、還テ罪遁カタキ所也。此上ハ、大王ニ見ヘテ一命ヲ奉ルヘシ。汝等ハ、田畝ヲ耕シテ食シ、蚕シテ衣服ニ供《ソナフ》ヘシ。猥《ミタ》リニ田ヲ荒《アラ》シ、名利ニ奔ル事ナカレ」ト申テ、出テ大王ニ見ユ。

　大王大ニ悦テ、師ノ礼ヲナシ、敬愛不レ斜。其後、軍

「我レ今マ天下ノ乱ヲ避テ南陽ニ引籠リ、道ヲ行ヒ、志ヲ養、梁父《レウホ》ノ詩ヲ作テ心ヲ楽、田十頃《ケウ》、桑《クハ》八百株有テ、宗族・子第(弟カ)・妻婢ノ衣食ニ無レ不レ足有ケルニ、不慮ニ蜀王我ヲ召テ、天下ノ乱ヲ謀ラントス。我再ヒ枉駕ヲ犯シ奉テ、強テ不レ奉レ見トモ、今又我草盧ノ中ニ顧シ玉フナレハ、今出合奉ラネハ、却テ罪難レ遁所也。此上ハ大王ニ見テ一命ヲ奉ヘシ。汝等ハ田畝ヲ耕シ食シ、蚕《カイコ》シテ衣食ニ供スヘシ。猥ニ田ヲ荒シ、名利ニ奔ル事勿レ」ト云テ、出テ大王ニ見ユ。

　大王大ニ悦テ、師ノ礼ヲナシ、敬愛不レ斜。其后、軍ノ勝劣ヲ語リ、窮兵ニ逼リ、日々ニ衰微《スイビ》スル事ヲ歎、敵既ニ天下ヲ呑ントスル事ヲ憤テ、「如何有ラン」ト仰ケレハ、亮申ケルハ、「天下魏《キ》・呉《コ》・蜀《シユク》ニ分テ、三足ノ鼎《カナヘ》ノ如ナレトモ、魏既ニ度々ノ軍ニ打勝、都ヲ取、帝王ノ子第(弟カ)ヲ擒ニシテ、既八十万ノ衆ヲエタリ。大王利無シテ四・五万ニ及フ。宗廟ノ亡ン事遠キニ非ス。然トモ謀ヲ以討ハ、魏ノ八十万恐ニ不レ足。爰ニ越国ハ蜀ニ近シ。是ヘ使ヲ遣シ、幣ヲ厚シテ好ヲ結ヒ、援兵《エンヘイ》ヲ乞玉フヘシ。又呉ノ孫権《ソンケン》ト大王トハ、鉾楯《ムジユン》ナレトモ是エ和ヲ乞テ、援

ノ勝劣ヲ語リ、窮兵ニセマリ、日々ニ衰微スル事ヲ歎キ、敵已ニ天下ヲ呑ントスル事ヲ憤リテ、「如何アラン」ト仰ケレハ、孔明申ケルハ、「天下魏・呉・蜀ニ分レテ、三足ノ鼎ノ如クナレトモ、魏已ニ度々ノ軍ニ打勝、都ヲ取、帝王ノ子弟ヲ擒ニシテ、已ニ八十万衆ヲ得タリ。大王無レ利シテ四・五万ニ及フ。宗廟ノ亡ヒン事遠キニアラス。然レトモ謀ヲ以テ討ハ、魏ノ八十万恐ニタラス。爰ニ越ノ国ハ蜀ニ近シ、是ヘ使ヲ遣シ、幣ヲ厚シテ好ヲ結ヒ、援兵ヲ乞給ヘシ。又呉ノ孫権ト大王トハ、久鉾《ム》楯《ジュン》ナレトモ是ヘ和ヲ請テ援兵ヲ乞給ハハ、越ト呉ノ助ヲ得テ魏ヲ追ン事、安カルヘシ」ト云。大王曰、「越ハ素ヨリ讎ニアラサレハ朕《チン》ヲ助ケン。呉ハ久シキ寇讎ナレハ朕ヲハ不レ助」ト宣ヒケレハ、孔明申ケルハ、「呉ノ孫権トハ、年来御中悪マシマストモ、此度ハ和睦申サルヘシ。子細ハ、魏已ニ大軍ヲ卒テ蜀ヲ滅サハ、呉ハ自然ニ滅ヘシ。今蜀ト呉ト一所ニ成テ、魏ヲ撃テ退ケハ、天下又三足ノ勢ヲイヲ立テ、蜀ノ漢室、隆盛ナルヘシ」ト申ケレハ、大王大ニ悦テ、諸葛亮ヲ迎ヘテツレテ、都ヘ還幸ナル。

兵ヲ乞玉ハハ、越中《(ママ)》ト呉トノ助ヲ得テ、魏ヲ追ン事、可レ安」ト申。大王ノ云、「越ハ元ヨリ讎《アタ》ニアラサレハ朕ヲ助ン。呉ハ久キ寇讎《コウシウ》《アタ》ナレハ朕ヲ援《タスケ》ジ」ト宣フ。孔明云、「呉ハ年来御中悪シ。サレトモ此度ハ和睦アルヘシ。子細ハ、魏既大軍ヲ卒シテ蜀ヲ滅サハ、呉ハ自然ニ亡ヘシ。今蜀ト呉ト一所ニ成テ、魏ヲ撃テ退ケハ、天下又三足ノ勢ヲ立テ、蜀ノ漢室《カンシツ》、隆盛《リウセイ》ナルヘシ」ト申ケレハ、大王大ニ悦ンテ、諸葛亮ヲ迎テ、都エ還幸ナル。

斯テ日々魏ノ兵強ク成テ、既益州ヲモ取ケレハ、蜀兵悉ク討レテ、二万計ニ成ニケリ、亮申ケルハ、「右ニ申如ク、孫権ノ救ヲ乞玉ヘ、御使ニハ我参ラン」ト云、大王許サレケレハ、急キ呉ノ孫権エ往テ申ケルハ、「将軍、今起レ兵テ、江東ヲ有チ玉ヒ、我君劉備《リウビ》、予州《ヨシウ》漢南ニ在テ曹操ト戦ケルトモ、曹操大軍ナレハ、威《ヰ》震二四海一、英雄《エイユウ》・謀士モ武ヲ用ルニ所ナシ。故ニ予州ヒキ退イテ夏口ニ陣ス、今君予州ヲ救給ハズハ、一戦ニ蜀滅ハ、呉又禍至ルベシ」ト云。孫権云、「蜀王数度ノ戦ヒニ打負テ、僅ノ勢ナレハ、曹操ニ降参スヘシ」ト云。亮云、「昔、斉田広ハ、壮士《(ニカ)》ハテサヘ義ヲ守テ、漢ニ不レ降シテ死ケ

斯テ日々魏ノ兵強ク成テ、已ニ益州ヲモ取ケレハ、蜀ノ兵悉ク討レテ、二万計ニ成テケリ。諸葛亮申ケルハ、「右ニ申如ク、孫権ノ救ヲ受給ヘ。御使ニハ我参ラン」ト云、大王許サレケレハ、急キ孫権ニ参テ申ケルハ、「将軍、今起レ兵シテ、江東ヲ有チタマイ、我君劉、予州漢南ニ在テ曹操ト戦ケレトモ、曹操ハ大軍ナレハ、威震二四海一ニ、英雄・謀士モ武ヲ用ル処ナシ。故予州引退テ夏口ニ陣ス。今君、予州ヲ救給ハスハ、一戦ニ蜀滅《ホロ》ヒハ、呉又禍ヒ至ヘシ」ト云。孫権曰、「蜀王数度ノ戦ニ打負テ、僅ノ勢ナレハ、曹操ニ降参スヘシ」トナリ。諸葛亮曰、「昔、斉ノ田横ハ、壮士ニテサヘ守レ義テ、漢ニ不レ降シテ死ケリ。況ヤ劉予州ハ、漢主ノ冑孫《チウソン》、武勇天下ニ盎《ヲヲ》ヘリ。若事不レ済ハ討死スルノミ。何ソ曹操ニ降ランヤ」孫権悦テ曰、「サラハ援兵ヲ遣スヘシ。サレトモ呉ノ人数、十万ナラテハナシ。悉クヤラハ、呉国中虚カラン。今天下、曹操カ勢ヲイニ当ランモノハ劉予州也。然レトモ敗軍ノ兵ナレハ、曹操カ百万ノ衆ニ向ハン事ハ思モヨラス」ト仰ケレハ、諸葛亮申ケルハ、「イヤトヨ、曹操カ百万、恐ヘカラス。今都ヲ取テ、商価共

リ。況《イハンヤ》劉備ハ、漢王ノ冑孫、武勇天下ニ蓋ヘリ。若事不レ成ハ討死スルノミ。何ソ曹操ニ降ランヤ」孫権悦テ曰、「サラハ援兵ヲ可レ遣。サレトモ呉ノ人数、十万ナラテハナシ。悉ヤラバ、呉ノ国中虚シカラン。今天下、曹操カ勢ニ当ラン者ハ、劉予州也。然トモ敗軍ノ兵ナレハ、曹操ガ百万ノ衆ニ向ン事ハ思モ不レ寄」ト云ケレハ、亮云、「イヤトヨ、曹操カ百万ノ衆、恐ヘ《(カカ)》シラス。今都ヲ取テ、商価トモヲ駆集タレハ三分一ハ有ン。遠国ヨリ来テ数度ノ軍ニ労スレハ、病人・老困ノ者三分一ハアラン。魏ハ山国ニテ水戦ヲ不レ知、強弩《キヤウド》ノ飛事、極テ強シト云トモ、遠行尽テ落ル時ハ、一帖ノ幕ヲモ不レ能レ穿《ウカツコト》。今蜀ノ強兵二万、将軍ノ強兵三万計モカシ給ハ、船軍ヲ以敵ヲ敗ラン事、案ノ内也」ト申ケレハ、孫権退テ、群臣ヲ集テ問玉フ。周瑜・程普《テイフ》・魯粛《ロシユク》等申ケルハ、「孔明申所、明也。願ハ我々参テ魏ノ軍ヲ敗ン」トテ、三万ヲ卒シテ亮ト打連テ行、終ニ曹操ト赤壁ニテ、船ト陸ト合戦シテ、大ニ曹操ニ勝テ益州ヲ取返テ、天下三分ノ功ヲ立タリ。

今僅ニ大聖寺城ニ二千計、城ニ籠テ、金沢ノ四万ヲ引

ヲ駆集タレハ三分一ハアラン。遠国ヨリ来テ数度ノ軍ニ労スレハ、病人・老困ノ者三分一ハアラン。魏ハ山国ニテ水戦ヲシラス。強弩《ド》ノ飛事、極メテ強シトイヘトモ、遠ク行尽テ落ル時ハ、一帖ノ幕ヲモ穿チ候ハス。今蜀ノ強兵二万、将軍ノ強兵三万計借給ナラハ、船軍ヲ以敵ヲ敗ラン事、案ノ内也」ト申ケレハ、孫権退テ、群臣ヲ集メテ問給フニ、周瑜《シウユ》・程普《テイフ》・魯粛《ロシユク》等《ラ》申ケルハ、「孔明カ申所、明ナリ。願ハ我々参テ魏ノ軍ヲ敗ラン」トテ、三万ヲ卒シテ亮ト打連テ行。終ニ曹操ト赤壁ニテ、船ト陸ト合戦シテ、大ニ曹操ニ勝テ益州ヲ取返シテ、天下三分ノ功ヲ立ケリ。

今僅二千計、城ニ籠テ、金沢ノ四万ヲ引請テ、何ノ謀モナク、三ノ助、一ノ守モナク、徒ニ討死スル事ハ惜キ事カナ、父子共ニ義ヲ守タル志ハ類ナキ事ナレトモ、孔明ノ救《スクイ》ヲ呉越ニ乞テ大軍ヲ退ケタル例《タメシ》、不レ知ケルコソ、ウタテケレ」

請テ、何ノ謀モナク、三ノ助、一ノ守モナク、徒ニ討死スル事ハ惜キ事哉。父子共ニ義ヲ守タル志ハ類ナキ事ナレトモ、孔明カ援《タスケ》ヲ呉越ニ乞テ大軍ヲ退タル例、不二思出一コソ、ウタテケレ」

30　小松表浅井縄手合戦事　（八―三）

斯テ羽柴肥前守者、大聖寺ノ城ヲ攻落、細呂木野ヨリ帰陣ス。慶長五年八月七日ノ早且(旦カ)、前駆、山崎長門守、是ハ鳥越ニテ、佐々奥陸(陸奥カ)守ト利家合戦ノ時、一番鑓ヲ合タル者也。又高山南方、是ハ高山右近トテ、摂州高槻ノ城主、山崎合戦、秀吉公ノ魁シテ一番合戦ヲスル大功ノ侍ナリシカ、吉利支丹宗門故、配㆓流ス加賀国㆒。則肥前守、三万石賜リケル。又太田但馬守ハ、土方勘兵衛舎弟、肥州ノ親属ナリ。長九郎左衛門、是ハ長谷部信連苗裔、代々能登国ノ侍也。此四組、段々ニ押行、七日ノ朝、古城御幸塚ニ来テ、小松城ヲ押ヘケル。

小松ニハ、「敵ハ城ヲ攻ントテ寄来ソ」ト意得、町中男女騒動スル事無㆑限、城中ニモ、爰彼ト彼此《ヒシ》メキケル。肥前守、舎弟孫四郎両将ハ、三田山へ帰城スル。

小松ニハ丹羽五郎助・坂井与右衛門嫡子、坂井若狭守城代トシテ、長重ハ城ヨリ出、町屋ノ上ニテ敵ノ往行ヲ見テ、総構ヲ堅サセ、丹羽五郎助ハ櫓ノ上ニ在テ、敵取テ帰サハ鐃《ネウ》《カネ》太鼓ヲ打テ、相図ヲスル約束也。

30　小松表浅井縄手合戦事　（五―三）

斯テ羽柴肥前守ハ大聖寺ノ城ヲ攻落、細呂木野ヨリ帰陣ス。慶長五年八月七日早旦、前駆《センク》、山崎長門守、是ハ鳥越ニテ、佐々陸奥守ト利家合戦ノ時、一番鎗ヲ合タル者也。又高山南方或ハ作㆑坊ニ是ハ高山右近トテ、摂州高槻城主、山崎合戦ノ時、秀吉公ノ魁シテ一番合戦ヲスル、大剛ノ侍ナリシカ、切支丹宗門故、加賀国ニ配流。則肥前守、三万石賜リケリ。又、太田但馬守ハ、土方勘兵衛舎弟、肥州ノ親属也。長九郎左衛門、是ハ長谷部ノ信連《ツラ》苗裔《ビヤウエキ》、代々能登国ノ侍也。此四組、段々ニ推行、七日ノ朝、古城御幸塚ニ来テ、小松城ヲ押エケル。

小松ニハ、「敵ハ城ヲ攻ントテ寄来ゾ」ト心得、町中男女騒動スル事無㆑限、城中ニモヒシメキケル。肥前守、舎第(弟カ)孫四郎両将ハ、三田山エ帰城スル。

小松ニハ丹羽五郎助・坂井与右衛門嫡子、坂井若狭守城代トシテ、長重ハ城ヨリ出テ、町屋ノ上ニテ敵ノ往行ヲ見テ、総構ヲ堅メサセ、丹羽五郎助ハ櫓ノ上ニ在テ、敵取テ返サハ鐃太鼓ヲ打テ、相画(図カ)ヲスル約束也。

若狭守ハ大手門ニアリ。若狭申ハ、「若輩者ヲ御城中ニ被二残置一事、迷惑仕ナリ。願ハ、先手ヲ被二仰付一候ヘカシ」ト也。長重曰、「汝ハ与右衛門嫡子ナレハ、我身同前ニ思ナリ。城中大事ニ思ヘハコソ汝ヲ城代トスレ、若我城ニアラハ汝ヲ魁ノ大将ニ可レ頼。又与右衛門儀ハ、武功数度ノ者ナレハ、我傍ニ置テ、諸事談合スヘキ為也。汝ヲ軽シテ城ニ置ニアラズ。如何様ニモ、我為ノ宜カラン様ニ計ヘシ。一身ノ働ヲ心懸事ハ、与右衛門子ニハ不二似合一也」ト有ケレハ、若狭「畏《カシコマツテ》テ承候」トテ、城中ニ留ル。与右衛門ハ長重幼少ノ時ヨリ守ニ付置ケルカ、一度秀吉公御朱印ヲ拝シテ後、又丹羽ニ付ヲカルル故ニ、長重一入心安ク思ヒケル。

　斯テ、御幸塚押ヘノ四組、八月八日ノ朝、今江ノ大道ヘ出、一ツ屋辺ヲ押通リ、大領・両浅井、本江ヘカカリ、東ノ山際、肥前守往還ノ道ヘ、繰《クリ》引ニシテ引取。

　江口三郎右衛門ハ八日ノ朝町口マテ出、金沢衆引退ヲ見テ注進ス。三郎右衛門カ曰、「敵橋ヲ越来ソ、天ノ与フル所也。此門開ヘシ」ト云。惣構ノ城戸番、足軽大将古田五兵衛・桜木助右衛門両人云、「長重御直判モナキ

若狭守ハ大手ノ門ニ在リ。若狭申ハ、「若輩者城中ニ被二残置一事、迷惑仕候。願ハ、先手ヲ被二仰付一候ヘカシ」ト云。長重云、「汝ハ与右衛門嫡子ナレハ、我身同前ニ思也。城中大事ニ思ヘハコソ汝ヲ城代トスレ、若我城ニ在ハ汝ヲ魁ノ大将ニ可レ頼。又与右衛門義ハ、武功数度ノ者ナレハ、我傍ニ置テ、諸事可二談合一タメ也。汝ヲ軽シテ城ニ置ニハ非ス。イカ様ニモ、我為ノ宜シカランヤウニ可レ計。一身ノ働ヲ心ニ懸事ハ、与右衛門子ニハ不二似合一」ト有ケレハ、若狭「畏テ承リ候」トテ、城中ニ留ル。与右衛門ハ長重幼少ノ時ヨリ守《モリ》ニ付タルカ、一度長重落令《レイラク》ノ時浪人シケリ。秀吉長重ヲ御取立ノ節、御朱印ヲ拝シテ後、又丹羽ニ付置ル故ニ、長重一入心安思ケル。

　斯テ御幸塚圧ヘノ四組、八月八日ノノ《（ママ）》朝、今江ノ大道ヘ出、一ツ屋辺ヲ押通リ、大領・両浅井、本江エカカリ、東ノ山際、肥前守往還ノ道エ、繰《クリ》引ニシテ引取。

　江口三郎右衛門ハ八日ノ朝町口迄出、金沢衆引退ヲ見テ注進ス。三郎右衛門云、「敵橋ヲ越来ルハ、天ノ与ル所也。此門可レ開」ト云。惣構ノ城戸番、足軽大将古田

ニハ、坂井・江口ナリトモ通マシ」ト申。江口カ曰、「其ハ若キ者共抜懸シテ、軍法ヲ背カセマシキ為ナリ。敵眼前ヲ引取ソ、是ヲ討テハ叶マシ。各モ我ト一所ニ立テ高名セヨ」ト云ケレハ、「最」ト同ツツ、其場ニ有タル者十余騎乗出、一・二町行ケレハ、敵間二・三町計ニ成タリ、三郎右衛門、鉄炮ヲ放懸、長重、其音ヲ聞テ出馬ナリ。

抜懸ノ人々ハ、坂井与右衛門三男、坂井弥五左衛門後日ニ土佐一、藤堂和泉守ニ事フ古田五兵衛・沢野次郎左衛門・佐々太左衛門・団《ダンノ》七兵衛、早ク能首ヲ討捕。但、七兵衛捕タル首ヲ、松村孫三郎従者、四・五人立寄、奪取テ、孫三郎ニ見セケレハ則持参シテ、孫三郎、「討捕ケル」ト申上ケルコソウタテケレ。

長九郎左衛門勢ニ江口三郎右衛門指向フ。松村孫三郎・森次左衛門、江口ト一所ニ出、少遅参シテ、手ニ不レ合ヲ無念ニ思ケルカ、退行敵ヲ追懸テ、馬ヲ早ム。少キ江ノアルヲ、松村鐙打ケレハ、上カンナル故、カケ出ル。森モタシヌカレタルト意得テ、諸鐙ヲ合テカケ出ル。松村ハ敵ノ中ヘ乗込、敵是ヲ見ヨリ待請タレハ、鑓玉ニ

五兵衛・桜木助右衛門両人云、「長重御直判ナキニ、坂井・江口成トモ通マシ」ト申。江口云、「其ハ若キ者トモ抜駆シテ、軍法ヲ背カセマシキ為也。敵眼前ヲ引取ニ、是ヲ討テハ不レ叶処也。各モ、我ト一所ニ出テ高名セヨ」ト云ケレハ、「尤」ト同シツツ、其場ニ在ツル十余騎乗出シ、一・二町行ケレハ、敵間二・三町計ニ成タリ。三郎右衛門、鉄炮ヲ放懸、長重、其音ヲ聞テ出馬アリ。

抜懸ノ人々ハ、坂井与右衛門三男、坂井弥五左衛門後日土佐、フ藤堂和泉守ニ事古田五兵衛・沢野次郎左衛門・佐々多左衛門、団ノ七兵衛、早ク能首ヲ討取。但、七兵衛捕タル首ヲ、松村孫三郎従者、四・五人立寄、奪取テ、孫三郎ニ見セケレハ則持参シテ、孫三郎、「討取ケル」ト申ケルコソ方見ケレ。

長九郎左衛門勢ニ江口三郎右衛門、指向。松村孫三郎・森次左衛門、江口ト一所ニ少遅参シテ、手ニ不レ合ヲ無念ニ思ケルカ、退行敵ヲ追掛テ、馬ヲ早シテ、少沼ノアルヲ、松村鐙《アフミ》ヲ打ケレハ、上カンナル故、懸出ル。森モ出シカレタルト心得テ、両鐙ヲ合テカケ出ル。松村ハ敵ノ中エ乗込、敵モ待請タレハ、鎗玉ニシテ突落ス。

シテ突落ス。サレトモ退口故カ、首ヲハ不レ取。小池新兵衛助来テ、鎗ヲ以突払、孫三郎ヲ引立、馬ニ乗ケル。松村、五ケ処疵ヲ蒙。森次左衛門モ、膝ノ口ヲ斬レシカ、首一討捕テ引退。

其外小松勢追々ニ出テ、一ツ屋・大領辺・北浅井へ来ル。五郎左衛門家老、坂井与右衛門・大屋与兵衛両人モ、北浅井野、両郷《ガウ》ノ辺ニ扣ヘタリ。此時、小松方へ首数弐拾五討捕。其後、長九郎左衛門、馬一騎ニ従者少々召連テ、浅井縄手ニ来テ見ケレハ、江ノ向ニ、坂井・大屋ヲ始、多勢扣ヘケレハ、本道ノ方へ引退ケリ。

太田但馬守ハ池ノ南ニ蹈留ル。水越縫殿ハ橋爪ニ来テ、折敷折々立上テ、鎗ヲ振テ「マイロウ」ト呼ル。後勢ヲ待テアリ。

小松方若武者前ヲ争テ進ム。坂井与右衛門、旗竿ヲ持テ遮テ云ケルハ、「各是ニマテ、節ヲ見テ鎗サセン」ト云。爰ニ拝谷次大夫・宮田小兵衛・成田助九郎（後日半右衛門、肥前守ニ事フ）、安彦清右衛門（後日左馬、肥前守事フ）不破木工兵衛、以上五人、浅井縄手ニテ、小橋ヲ隔テ懸リ来ル。

爰ニ利長卿ノ使番松平久兵衛（後日伯耆守）馬ヲ早メ来テ川中

サレトモ退口故カ、首ヲハ不レ取。小池新兵衛助来テ、鎗ヲ以突払フ。孫三郎ヲ引立、馬ニ乗セケル。松村、五ケ所疵ヲ蒙ル。森次左衛門モ、膝《ヒサ》口ヲ切レシカ、首一ツ討捕テ引退ク。

其外小松勢追々ニ出テ、一ツ屋・大領辺・北浅井エ来ル。長重家老坂井与右衛門・大屋与兵衛両人モ、北浅井野、両郷ノ辺ニ扣タリ。此時、小松方エ首二十五討取。其后《ノチ》、長《ヲサ》九郎左衛門一騎、従者少々召連レテ、浅井縄手ニ来テ見ケレハ、江ノ向ニ、坂井・大屋ヲ始、多勢扣ケレハ、本道ノ方エ引退ケリ。

太田但馬守ハ池ノ南ニ蹈止ル。水越縫殿ハ橋詰ニ来、折敷々々立上ツテ、鎗ヲ振テ「マイラフマイラフ」ト呼リ、後勢ヲ待テ在。

小松方若武者先ヲ争テ進ム。坂井与右衛門、旗竿ヲ持テ遮《サヘキツ》テ云ケルハ、「各是マテ、節ヲミテ鎗サセン」ト云。爰ニ拝谷次大夫・宮田小兵衛・成田助九郎（後日半右衛門、事ニ肥前守一）、安彦《アヒコ》清右衛門（後日左馬、事ニ肥前守一）・不破木工兵衛・已上五人、浅井畷ニテ、小橋ヲ隔テ掛リ来ル。

爰ニ利長ノ使番松平久兵衛（後日伯耆）馬ヲ早メ来テ川中エ乗

へ乗入、太田但馬守内、井上勘左衛門相続ク。拝谷、水ヲ鎗ニテ打立、「マイラウ」ト呼フ。但松平トハ旧友ナレハ、屹ト見テ、「拝谷カ」「松平カ」ト言ヲ懸、互ニ入違ヘテ、久兵衛ト半右衛門ト合、勘左衛門ト次太夫ト鎗ヲ合、次大夫ヲハ勘左衛門鎗ニテ突伏、久兵衛ト成田半右衛門ト鎗ヲ合ス。次大夫ヲハ、波入八幡別当来テ、首弐刀切付ケルカ、捕キカセスシテ引取。橋ノ上ニハ水越縫殿一番、但鎗ノ合ケルハ、久兵衛ト一度也。

但馬守内大野甚丞・同内岩田伝左衛門後日二内蔵允一相続ク小松方、阿彦清右衛門・宮田彦七郎・不破木工兵衛・敵味方五人ツツ鎗ヲ合ケルカ、木工兵衛ハ鉄炮ニ当テ死。両人討死シケレハ、小松方追立ラレテ、少引退ク。其時、小松方、事ノ外裏崩《ウラクツレ》シケルトナリ。金沢勢ハ、暫ク追立来ケルカ、時分ハ能ソト、颯《サツ》ト引上テ、押テ行。

小松方岡田縫殿、鎗場散シテ馳来、残多シトテ、鎗ヲ投突ニシケル。同方不破与左衛門、裏崩ノ時、折敷、金沢方鷹《タカ》巣刑部、太田但馬守内、上坂主馬、鎗場散シテ来ル。

小松方モリ帰ス。長重浅井ノ里マテ出馬也。太田但馬

入、太田但馬守内、井上勘右衛門相続ク。拝谷、水戸ヲ鎗ニテ打立、「マキラフ」ト呼。但松平トハ旧友ナレハ、吃ト見テ、「拝谷カ」「松平カ」ト詞ヲカケ、互ニ入違テ、久兵衛ト半右衛門ト合、勘右衛門ト次大夫ト鎗ヲ合、次大夫ヲハ、波入八幡ノ別当尭仙法印来テ、首ニ刀切付ケルカ、捕キカセズシテ引取。橋ノ上ニハ水越縫殿一番、但鎗ヲ合ケルハ、久兵衛ト一度也。

但馬守内大野甚丞・同内岩田伝左衛門後日二フ内蔵允一相続ク小松方、安彦清右衛門・宮田彦七郎・不破木工兵衛、敵味方五人宛鎗ヲ合ケルカ、木工兵衛ハ鉄炮ニ中テ死。両人討死シケレハ、小松方追立ラレ、少退ク。其時、小松方、事ノ外裏崩レシケルト也。金沢方、暫追立ケルカ、時分ハ能ソト、諷ト引上ケ、押テ行。

小松方岡田縫殿、鎗場散シテ馳来、残多ジトテ、鎗ヲ投突ニシケル。同方不破与左衛門、裏崩ノ時、折敷、金沢方鷹巣刑部・太田但馬内、上坂主馬、鎗場散シテ来ル。

小松方モリ返ス。長重浅井ノ里迄、出馬也。太田但馬守モ引退ク。江口三郎右衛門下知シテ、畷伝《ナワテ》ニ敵ヲ慕フ。其比武者修行セシ南部武右衛門、武者修行ノ軍法者長原

守モ引退。江口三郎右衛門下知シテ、縄手伝ニ敵ヲ慕フ。其比武者修行セシ南部武右衛門、武者修行ノ軍法者長原十方院松雲千石領ス其外少々召随フ。往還ノ道ニ出勢ヲ、蓮大寺村ノ上、小高所ニ取上テ、列ヲナシテ鉄炮ヲ放懸ケレハ、富田源太郎以下、鉄炮疵ヲ蒙ル。

江口慕来ヲ見テ、高山南方ハ、長ト山崎・太田ノ方へ使ヲ立テ、「敵慕来ハ、天ノ与ル所ソカシ。加勢シ給へ。取テ返、追崩付入テ、城ヲ乗取ン」ト云。三将是ヲ聞ヨリ、「最」トテ引返ス。

小松ニハ坂井与右衛門云、「敵ハ合戦ヲ持テ見ケルソ。敵付入ニセント懸ラハ、江口カ備ハ跡ニ成テ、何ノ用ニモ不立処ソ。急引返シ候へ」ト使ヲ立ル事、櫛ノ歯ノ如シ。仍早速ニ引退ク。長重へモ坂井諫テ、軍勢不㆑残城中へ引入。金沢方ニハ「残多」ト申テ見合ケル。此時、金沢勢、懸橋口へ推寄ハ、城ノ勢ハ浅井ニアリ。城中ハ無勢ナレハ、無㆑難攻取事ハ安カラン。与右衛門一人ノ下知ニテ、長重大利ヲ得事、抜群ノ金言也。

斯テ肥前守利長ハ、小松表鉄炮ノ音ヲ聞テ、三田山ヨリ駿馬ニ鞭テ、唯一騎駆《カケ》来、諸将ヲ召テ、軍ノ次第ヲ聞

十方院松雲千石領ス其外少々相従フ。往還ノ道ニ勢ヲ出、蓮大寺村ノ上、小高所ニ取上テ、列ヲナシ鉄炮ヲ放懸ケレハ、富田源太郎以下、鉄炮疵ヲ蒙ル。

江口慕来ルヲ見テ、高山南方ハ、長ト太田・山崎ノ方エ使ヲ立、「敵慕来ハ、天ノ与ル所ソカシ。加勢シ給エ。取テ返シ、追崩付入テ、城ヲ乗取ン」ト云。三将是（ヲカ）ヨ聞ヨリ、「尤」トテ引返ス。

小松ニハ坂井与右衛門云、「敵ハ合戦ヲ持テ見エケルゾ。敵付入ニセント懸、江口カ備ハ跡ニ成テ、何ノ用ニモ不㆑立所ゾ。急引返シ候へ」ト使ヲ立ル事、櫛ノ歯ヲ引カ如シ。仍早速引退ク。長重エモ坂井諫テ、軍勢不㆑残城中エ引入。金沢方ニハ「残多」ト申テ見合ケル。此時、金沢勢、懸橋口エ推寄ハ、城ノ勢ハ浅井ニ在。城中ハ無勢ナレハ、無㆑難攻取事ハ安カラン。与右衛門一人ノ下知ニテ、長重大利ヲ得事、抜群ノ忠節也。

斯テ肥前守ハ、小松表鉄炮ノ音ヲ聞、三田山ヨリ駿馬ニ鞭テ、只一騎馳来、諸将ヲ召テ、軍ノ次第ヲ聞レケルカ、「内々下知スル如ク、「若敵出張セハ、必付入ニセヨ」ト云ツルニ、味方ヲ慕コソ幸ナルニ、不㆓乗取㆒事

レケルカ、「内々下知スル如ク、「若敵出張セハ、必付入ニセヨ」ト云ケルニ、味方ヲ慕コソ幸ナルニ、城ヲ不二乗捕一事ノ無念サヨ」ト、白泡《アハ》ヲカンテ怒ラレケル。其ヨリ三田山ニ引入、金沢ヘ引帰ラレケル。

後日、金沢・小松ニハ鎗ノ批判有テ、ソレソレニ勲功ノ賞ヲ行ヒケル。先、松平久兵衛ト、水越縫殿ト、一番鎗ヲ争フ。但、「水越ハ先ニ橋爪ニ来レトモ、後勢ヲ待ハ弱シ。久兵衛ハ直ニ川ニ懸入、強シ」トテ、松平ヲ一番鎗ト定テ、壱万石ノ所領ヲ賜ル。上坂主馬モ鎗ノ内ニ成テ感状ヲ取ケルカ、鷹巣刑部ハ上坂ヨリ少早ケレハ、「我モ感状賜ラン」ト訴ケレハ、上坂ヲハ鎗ノ内ヲ除ケリ。山崎次郎兵衛ハ疵六ケ所蒙リ、我家術ノ小太刀ヲ以、多クノ敵ヲ切テ回ル強キ働ナレトモ、サノミ恩禄モナシ。

今般ノ批判ハ太田但馬守一人ノ計ナルカ、依怙多キ人ニテ如此ト聞タリ。「利長ハ此時機嫌悪クテ自ラ判ハナク、但馬守ハ浅井ニテ忠節有ケレハ、諸事ヲ任ラレケル故ニ、私ノ穿鑿シケル」ト人悪ミケル。

扨小松方者共金沢ノ例ヲ引テ、「感状ヲ賜ハン」ト云。長重聞テ、「金沢ノ方ハ鎗場ヲ蹈止、小松ノ方ハ引退事

ノ無念サヨ」ト、白沫ヲカンテ怒ラレケル。其ヨリ三田ニ引入、金沢エ引帰ラレケル。

後日金沢・小松ニハ、鎗ノ批判有テ、ソレソレニ勲功ノ賞ヲゾ行レケル。先、松平久兵衛ト、水越縫殿ト、一番鎗ヲ争フ。但、「水越ハ先キニ橋爪ニ来レトモ、後勢ヲ待ハ弱シ、久兵衛ハ直ニ川ニ掛入、強シ」トテ、松平ヲ一番鎗ト定テ、一万石ノ所領ヲ賜フ。上坂主馬モ鎗ノ内ニ成テ感状ヲ取ケルガ、鷹巣刑部ハ上坂ヨリ少早ケレハ、「我モ感状ヲ賜ラン」ト訴ケレハ、上坂ヲハ鎗ノ内ヲ除ケリ。山崎次郎兵衛ハ疵六箇所蒙リ、我家術ノ小太刀ヲ以テ、多ノ敵ヲ切テ廻リ、強働ナレトモ、サノミノ恩禄モナシ。

今般ノ批判ハ太田但馬守一人ノ計ナルカ、依怙多キ人ニテ如レ此ト聞エタリ。「利長ハ此時機嫌悪クテ自ラ判ハナク、但馬守ハ浅井ニテ軍功有ケレハ、諸事ヲ渠ニ任セラレケル故ニ、私穿鑿シケル」ト悪ミケル。

扨小松方ノ者トモ金沢ノ例ヲ引テ、「感状ヲ賜ラン」ト云。長重聞テ、「金沢方ハ鎗場ヲ蹈留、小松方ハ引退事ナレハ、感状ニ不レ及」トテ不レ出。何モ知行ハ加増

ナレハ、感状ニ不レ及」トテ不出。何モ知行ハ加増ス。岡田縫殿ハ、「鎗ハ不レ合トモ、早ク来ル志吉」トテ、加増ス。不破与左衛門ハ裏崩スル時、蹈止ユヘニ加増ス。

松村孫三郎奪首ノ事、団七兵衛訴ヘケレトモ、松村ハ手負カセキケル故ニ、黄金壱枚、団七兵衛ニ銀子壱枚ヲ遣ケル。此両人後ニ加州ヘ事ヘケルニ、団又奪首ノ事ヲ訴ケレハ、利長曰、「松村働キ、手負ケル故ニ、褒美ヲハ得ルラン。奪首ノ事ハ家人共ノ態ナレトモ、自身捕タルト披露スルハ、誠ニ弓箭ノ恥辱ナレハ、扶持ヲ放ヘシ」トテ、松村ハ浪人ス。家人ノ偽計ナラハ、松村カ難モ有マシキニ、「己カ捕タル」トテ主君ヘ奉リケル一言ノアヤマリ、身ノ禍トナル。彼南容カ白圭ノ詩ヲ三タヒ覆シテ誦ケルモ、今思アタレリ。

頼朝奥州合戦ノ時、和田義盛、国衡《クニヒラ》ヲ射伏ケルヲ、祖《チチ》父《フ(ママ)》重忠ノ家人、首ヲ奪取テ、重忠ニ見セケレハ、重忠「我家人ノ捕候」トテ、国衡カ首ヲ頼朝卿ヘ披露ス。義盛見テ、「彼ハ、我等箭先ニ懸テ候」ト云、具足毛色、矢所マテ慥ニ言上シケレハ、重忠赤面セラレケレトモ、自身ノ欺罔《キバウ》ニ非サレハ、難ナカリケリ。今、松村勇力ハ

ス。岡田縫殿ハ、「鎗ハ不レ合トモ、早ク来ル志ヨシ」トテ加増ス。不破与左衛門ハ裏崩スル時、蹈止故ニ、加増ス。

松村孫三郎奪首ノ事、団七兵衛訴ケレトモ、松村ハ手ヲ負稼《カセ》ギケル故ニ、黄金一枚、団ハ銀子一枚ヲ遣ケル。此四人後ニ加州ニ事ヘケル。団又奪首ノ事ヲ訴ケレハ、利長曰、「松村働、手負ケル故、褒美ハ得ラン。奪首ノ事ハ家人トモノ所為ナレトモ、自身取タルト披露スルハ、誠ニ弓箭ノ恥辱ナレハ」トテ、扶持ヲ放サレ浪人ス。家人ノ偽計ナラバ、松村カ難モ有マシキニ、「己カ取タル」トテ主君エ奉ケル一言ノ誤、身ノ禍トナル。彼南容ノ白圭ノ詩ヲ三タビ覆シテ誦ケルモ、今思当レリ。

昔頼朝奥州合戦時、和田義盛、錦戸太郎国衡ヲ射伏ケルヲ、畠山重忠ノ家人、首ヲ奪取テ重忠ニ見セケレハ、重忠「我子人ノ捕候」トテ、国衡カ首、頼朝卿エ披露ス。義盛見テ、「彼ハ、我等カ箭先ニカケテ候」ト云、具足モ毛色、矢所迄タシカニ言上シケレハ、重忠赤面セラレケレトモ、自身ノ欺罔《キホウ》《アサムキナミス》ニ非サレハ、難ナカリケリ。今、松村モ勇力ハアルモノナレトモ、一言ノアヤマリニ

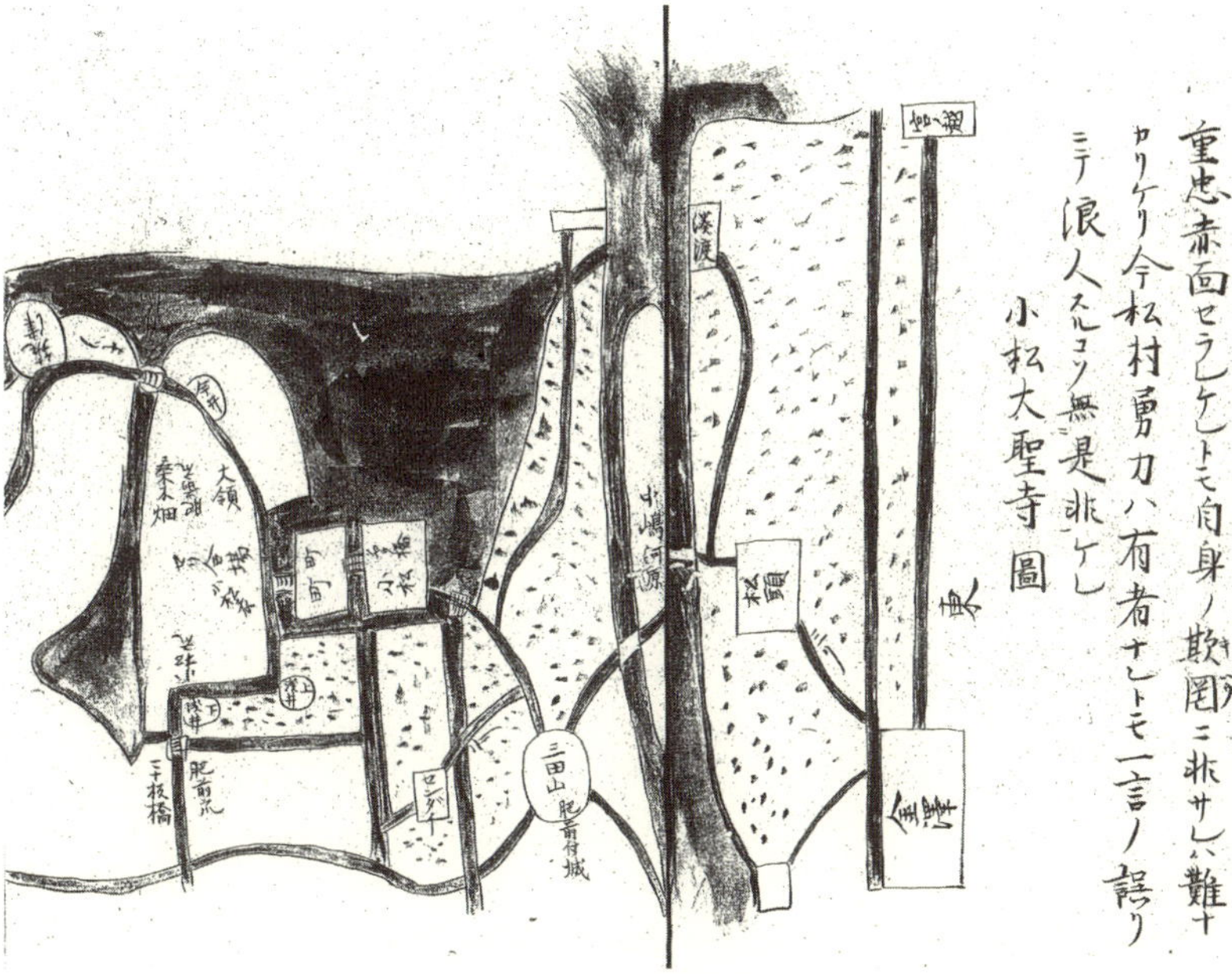
テ候トニ具足毛色矢所ニテ慥ニ言上シケレハ
重忠赤面セラレケレトモ自身ノ欺罔ニ非サレハ難ナ
カリケリ今松村勇力ハ有者ナレトモ一言ノ誤リ
ニテ浪人スルコソ無是非ケレ
小松大聖寺圖
東
三田山
肥前付城
肥前孔
三ノ板橋

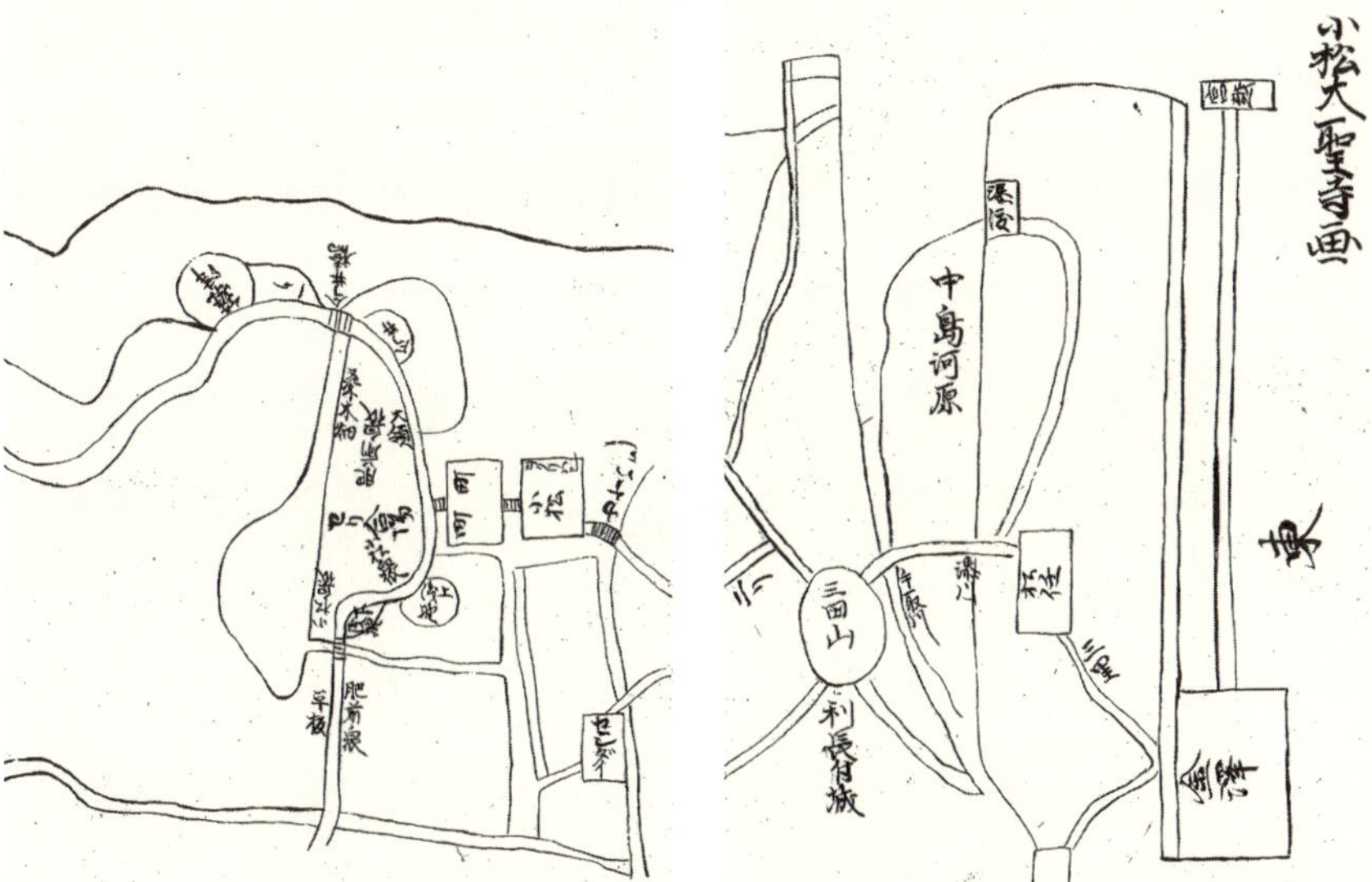
小松大聖寺図
東
中島河原
三田山
利長付城
肥前泉

有者ナレトモ、一言ノ誤リニテ浪人スルコソ無二是非一ケレ。

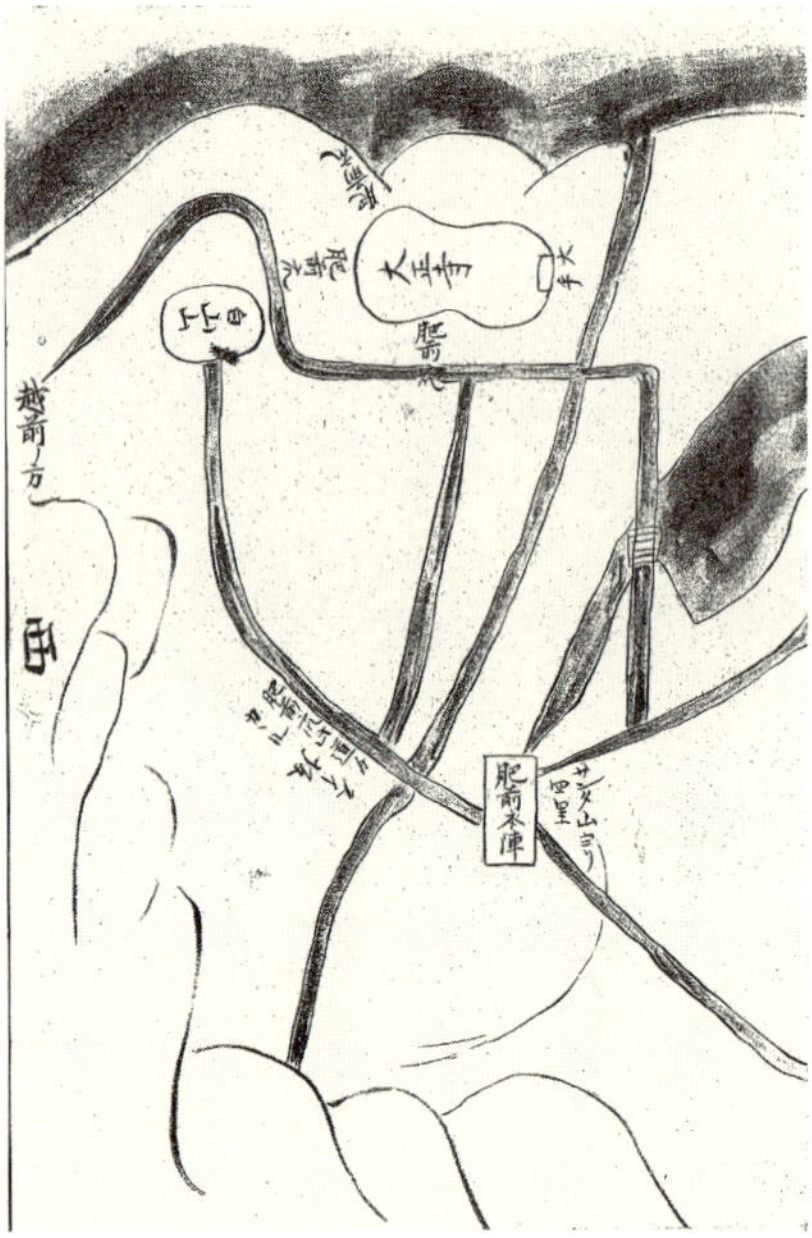

小松大聖寺図

31　太田但馬守逢災難事　（八―四）

爰ニ不思議ノ事アリ。太田但馬守ハ元来土方《ヒチカタ》勘兵衛舎弟ナルカ、利長卿ヲ頼テ家人トナリ、厚禄ヲ受テ有ケル。

テ浪人スルコソ是非ナケレ。

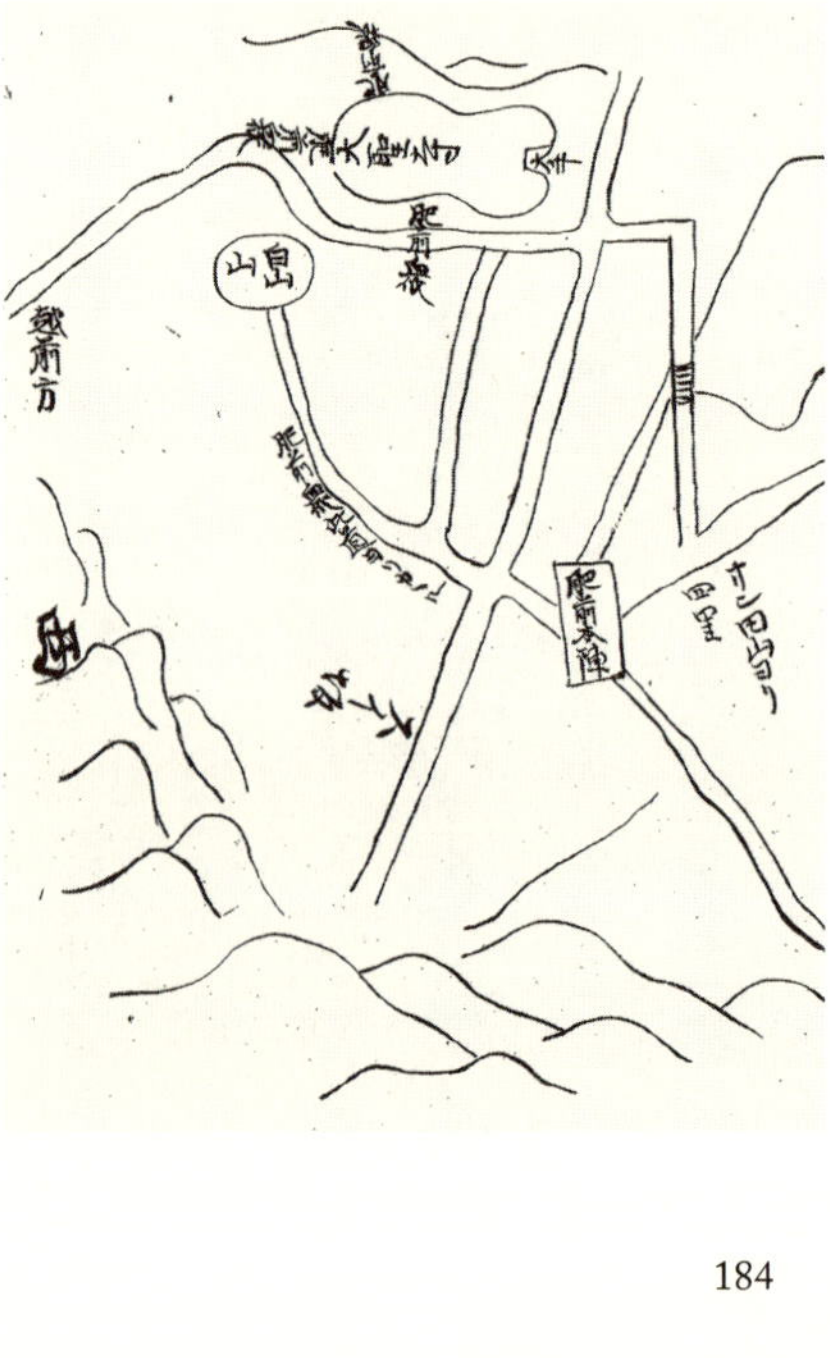

小松大聖寺画

31　太田但馬守遭災難事　（五―四）

爰ニ不思議ノ事アリ。太田但馬守ハ元来土方勘兵衛舎第（弟カ）ナルカ、利長卿ヲ頼テ家人トナリ、厚禄ヲ受テ有ケル。

大正寺城攻ニハ一方ノ侍大将ニテ、浅井縄手ノ合戦ニモ無㆓比類㆒下知シテ、其時節ハ両所ノ鑓ノ批判モ、偏ニ但州カ計トソ聞ヱケル。

或時但馬、児狐ヲ捕ヘテ、ナフリ殺ニシケルカ、彼老狐、下部ニ取付テ、譫語狂妄シテ云ケルハ、「但馬ハ、トカナキ我子ヲナフリ殺ニスル。此怨《ヲン》念何方ヘ行ヘキ。近日如㆑斯ニ報ヘシ」トナリ。

利長卿一夜寵妾ノ本ヘ通ハレケルニ、忍タル男ノ影アリ。太田但馬守カ形ナリ。利長是ヲ不思議ト思ヒ、多ク但州ヲ疑給ケル。但州ハ夢ニモ不㆑知日ヲ送リ、又卿モ舌頭ニ不㆑出ケリ。又或夜、忍ヒテ寵妾ノ本ヘ行レケルニ、又但馬守カ卿ニカクレテ行方シラス成タレハ、則横山山城守ニ命シテ斬殺ス。

イタハシヤ、但馬其日ハ饗応《フルマイ》ニ招レテ夜更酒宴ニ及ケレハ、且テ寵妾ノ本ヘ通ヘキ儀ナシ。其上、深閨ノ中、三箇国ノ守ナレハ、所々ノ番夜直(置カ)、撃㆑斗ヲ抱《カカヘテ》㆑門ヲ驚(警カ)固シケレハ、人間ノ可㆑通事ニアラス。後日ニ穿鑿スレハ、彼老狐ノ所為也トソ聞ケル。

此但馬守ハ其性《ヒトトナリ》我《カ》満ニシテ、他ヲ誹謗シ、偏僻ニ

大聖寺城攻ニハ一方ノ侍大将ニテ、浅井縄手ノ合戦ニモ無㆓比類㆒下知シテ、其時節ハ両所ノ鎗ノ批判モ、偏ニ但州カ計ヒトゾ聞ヘケル。

或時但馬守、児《コ》狐ヲ捕ヘテ、ナブリ殺《ガイシ》ニシケルカ、彼老狐ノ下僕ニ取付テ、譫語《センゴ》《タハコト》狂妄《キヤウモウ》シテ云ケルハ、「但馬ハ、無㆑科我子ヲナフリ殺ニスル。此怨念何方ヘカ行べキ。近日如㆑此ニ可㆑報也」

利長卿一夜寵妾《テウセウ》ノ許ヘ通ハレケルニ、忍タル男ノ影、但馬守カ形也。利長是ヲ不思議ニ思ヒ、多ク但州ヲ疑玉ヒケル。但州ハ夢ニモ不㆑知日ヲ送リヌ。又卿モ舌頭《セツトウ》ニ不㆑出ケリ。或夜、又寵妾ノ方エ行レタルニ、但馬守、卿ニ隠レテ行方不㆑知成タレハ、則横山山城守命シテ斬殺ス。

無慙ヤ、但馬守其日饗応ニ招レテ夜更酒宴ニ及ケレハ、曽テ寵妾ノ許ヘ可㆑通儀ナシ。其上、深閨ノ中、三箇国ノ守ナレハ、所々ノ番夜置、撃柝《ケキタク》《ウツヒヤウシキ》抱関《バウクハン》驚(警カ)固シケレハ、人間ノ通ヘキ事ニ非ス。後日ニ穿鑿スレハ、彼老狐ノ所為也トゾ聞ヘシ。

此但馬守其勢我慢《ガマン》ニシテ、他ヲ誹謗《ヒハウ》《ソシル》シ、偏僻ニシテ、

シテ、己カ長ヲ説《トク》人ナリ。去ル大正寺ノ批判ニモ、我贔屓、家人ノ者ニハ、少ノ武功ヲモ大ニ取成、中悪キ者ヲハ、大ナル忠節ヲモ少計ニ言ナス。人ノ恨ヲ請シ人ナリ。水越縫殿・山崎次郎兵衛ハ、能働シケレトモ、但馬守ニ悪マレタル者ナレハ、恩賞ニモ預ラス。知行弐万五千石取テ、一ノ老臣ナレハ、脇ヨリトカク言人ナシ。積不善之家ニハ必有余殃習ナレハ、覆テレ霜ヲ堅氷至テ、終ニ不慮ノ災難ニアヒケル。

山城守ハ、大剛ノ侍ヲ能討タルトテ、終ニ太田カ所領ヲ賜テ、下地ノ五千石ニ駆加ヘテ、三万石ノ重禄ヲ得、禍福地ヲ替タルコト、誠ニシレヌ世間トテ、一ハ憚リ、一ハ羨アヘリケリ。

32　羽柴加賀守事

（八―五）

丹羽五郎左衛門長重者、父ハ織田信長公御取立ナルカ、太閤ニ事ヘテ、氏ヲ賜テ羽柴加賀守ト云ヘリ。父五郎左衛門長秀ハ、若狭・加賀半国・越前ヲ領ス。長秀逝去ノ後、長重幼少ナレハ、跡目アヤウシ。家老談合シケルハ、

己レカ長ヲ説《トク》人ナリ。去ル大聖寺ノ批判ニモ、我贔屓ノ家人等ヲハ少ノ武功ヲモ大ニ取成、中悪キ者ヲハ、大成忠節ヲモ少計リニ云ナス。人ノ恨ヲ受シ人也。水越縫殿・山崎次郎兵衛ハ、能働シケレトモ、但馬守ニ悪マレタル者ナレハ、恩賞ニモ預ラス。知行二万五千石取テ、一ノ老臣ナレハ、脇ヨリトカク云ナ（ママ）ナシ。積善家必有リ二余慶《ヨケイ》、積《セク》悪《アク》家ニハ必有ル余殃《ワウ》《ワザハヒ》習ナレハ、履《フミ》レ霜堅氷ニ至テ、終ニ不慮ノ災難ンニ遭《アイ》ケル。

山城守ハ大剛ノ侍ヲ能討タル迚《トテ》、終イニ太田カ所領ヲ賜テ、下地ノ五千石ニ加テ、三万石ノ所領ヲ得、禍福《クハフク》地ヲ易《カヘ》タル事、誠ニ知ヌ世中トテ、一ハ憚リ、一ハ羨《ウラヤ》ミアヘリケル。

32　羽柴加賀守事

（五―五）

丹羽五郎左衛門長重ハ、父長秀、織田信長ノ御執立ナルカ、太閤ニ事エテ氏ヲ賜リ、羽柴加賀守ト云ケル。父五郎左衛門長秀ハ、若狭・加賀半国・越前ヲ領ス。長秀卒去ノ後、長重幼少ナレハ、跡目危シト、家老談合シケ

「大国ヲ此幼キ人ニ賜ヘカラス。イサヤ人数ノアル内ニ謀反セン」トハカリケルヲ、秀吉公達㆓上聞㆒シテ、家老ヲ穿鑿、成田弥八郎張本ナレハ切腹ス。

其後、佐々陸奥守退治ノ時、若狭・越前・加賀ノ人数ヲ御借アラントテ、則家人多ク直参トナル。長重ハ三万石ニ成テ、加賀ノ松登ノ城ニ有ケル。其後又拾万石ニナル。此時小松へ在城ス。又坂井与右衛門壱万石、江口三郎右衛門壱万石被㆑下テ、丹羽カ家老ニ付ラル。爰ニテ拾弐万石ナリ。

関ケ原ニ上方一味故、身体果《ハテ》テ小松ヲ被㆓召上㆒、壱万石ヲ賜ル。弟丹羽左近、千石ナリ。大坂合戦、首尾能ニ付テ、又拾万石トナル。

家老二人、江口三郎右衛門ハ、長秀ノ時ニ、江口伝十郎トテ名アル剛者、丹羽カ一ノ臣也。主君零落ノ時節、浪人シテ参河守秀康ニ事ヘケル時ニ、朝倉犬也《ケンヤ》トテ、首塚ヲ両度築タル侍也。古ハ、首三十三トレハ、塚ヲ築テ跡ヲ祭ケル。犬也常ニ武勇ニホコリテ、傍若無人ナリケルカ、江口カ壱万石取テ有付タルヲ妬テ、ツト座席《セキ》ヘヨリテ云ケルハ、「上方ノ武勇ハ如何ナルヲ云ソ」江口答

ルハ、「大国ヲ此幼少ノ人ニ不㆑可㆑賜。イサヤ人数ノ有内ニ謀叛セン」ト計リケルヲ、秀吉公聞召、家老共ヲ御穿鑿、成田弥八郎張本ナレハ切腹ス。

其后《ノチ》、佐々陸奥守退治ノ時、加賀ノ人数ヲ御借アラントテ、則家人多直参《シキサン》トナル。長重ハ三万石ニ成テ、加賀ノ松任城ニ在ケル。其后又拾石《(ママ)》ニ成ル。此時、小松エ在城ス。又坂井与右衛門一万石、江口三郎右衛門一万石被㆑下テ、丹羽カ家老ニ付ラルル。爰ニテ十二万石也。

関原ニ上方一味故、身体果テ小松ヲ被㆓召上㆒、一万石ヲ賜ル。第《(弟カ)》丹羽左近、千石也。大坂合戦ノ首尾克ニ付テ、又十万石ト成ル。

家老二人、江口三郎右衛門ハ、長秀ノ時、江口伝十郎トテ名有剛ノ者、丹羽カ一ノ臣也。主君零落《レイラク》ノ時節、浪人シテ参河守秀康卿ニ事ケル時、朝倉犬也トテ、首塚ヲ両度ツキタル侍也。古ハ、首三十三取ハ、塚ヲ築テ祭リケル。犬也常ニ我勇ニ誇リテ、傍若《バウジヤク》無人《ブジン》也。江口カ一万石取テ在付タルヲ妬《ネタミ》テ、ツト座席エ寄テ云ケルハ、「上方ノ武勇ハイカナルヲ云ソ」江口答曰、「上方ニハ下人五十、百、村境ノ争ニテ首ヲ取タルトテ、手柄トハ不

云ク、「上方ニハ下人五十、百、村境ノ争ニテ首ヲ捕タルトテ、手柄トハ不レ言。千万ノ敵ヲモ、鑓一本ニテ突キ崩ス様ナルヲ大勇ト云也」犬也ツクツクト見テ、「江口ノ君ノ幽霊トハ御身ノ事カ」ト云。江口カ云、「犬也トハ犬ナリ、御身ハ犬カ」ト云、刀ノ柄ニ手ヲ懸レハ、犬也モ抜ントス。座中ノ侍、取サヘケリ。其子江口石見、父ノ知行ヲ続ケルカ、牢人シテ、又三郎右衛門ト云テ、丹羽左京光重ニ帰参シケリ。

又坂井与右衛門ハ本ハ美濃国人也。公方義昭公、六条本国寺ニ安座ノ時、三好笑岩・斉藤竜興《タツヲキ》等、壱万余ニテ攻ル。寺内ニハ細川左馬頭、三淵ハ惣門ヲ警固シ、野村越中守ハ門前ノ辻ヲ警固、弐階堂駿河守・井河山城守・牧島孫六郎・曽我兵庫頭・織田左近・同左馬允等、皆四辻へ出テ防戦ス。寺中僅ニ、千余人也。其日軍畢テ、夜更テ門ヲ敲ク。内ヨリウカカイ問処ニ、「摂津国高槻《タカツキ》ヨリ加勢也。赤座七郎右衛門・舎弟助六・森弥五八・奥村平六左衛門・渡辺勝左衛門・坂井与右衛門」ト名藉シテ、翌日ノ合戦ニ一日ニ六度マテ鑓ヲシケルトナリ。太閤ノ時、丹羽家ニ付ケルカ、丹羽零落ノ後、浪人シテ、参河

レ云。千万ノ敵ヲモ、鎗一本ニテ突崩様ナルヲ大勇ト云也」犬也ツクツクト見テ、「江口君ノ幽霊トハ御身ノ事カ」ト云。江口云、「犬也トハ犬ナリ、御辺ハ犬カ」ト云、刀ノ柄ニ手ヲ懸レハ、犬也モ抜ントス。座中ノ侍、取支ケリ。江口子石見、父カ知行ヲ続ケルカ、浪人シテ、又三郎衛門ト云テ、丹羽左京光重ニ帰参シケリ。

又坂井与右衛門元ハ美濃国ノ人也。公方義昭、六条本国寺ニ安座ノ時、三好笑岩《セウガン》・斉藤竜興《タツヲキ》等、一万余ニテ攻ル。寺内ニハ細川左馬頭、三淵ハ総門ヲ警固《ケイゴ》シ、野村越中守ハ門前ノ辻ヲ警固《ケイゴ》、二階堂駿河守・幷《(井カ)》河山城守・牧島孫六郎・曽我兵庫頭・織田左近・同左馬允等、皆四辻エ出テ防戦ス。寺中僅、二千余人也。其日、軍畢テ、夜更テ門ヲ敲ク。内ヨリ窺問処ニ、「摂津国高槻ヨリ加勢也。赤屋七郎右衛門・舎第《(弟カ)》助六・森弥五八・奥村平六左衛門・渡辺勝左衛門・坂井与右衛門」ト名藉《ミヤウセキ》シテ、翌日ノ合戦ニ一日ニ六度迄鎗ヲシケルト也。大閤ノ時、丹羽家ニ属ケルカ、丹羽零落ノ後、浪人シ、参河守秀康、黄金百枚ヲ贈テ辞ケレトモ、辞シテ曰、「丹羽ノ行末見届度候ヘハ、何方エモ奉公ノ望ミナシ」トテ、黄金ヲ不

守秀康、黄金百枚ヲ贈テ辟《メシ》ケレトモ、辞《ジ》シテ云、「主君丹羽ノ行末見届度候ヘハ、何方ヘモ奉公ノ望ナシ」トテ、黄金ヲ返上ス。病死シテ、其子若狭ハ秀康卿ニ事ヘテ、三千石取ケルト也。両臣武勇ヲ働ケル故ニ、小松表大敵ヲ引請テ、世上ニモ小松方ヲ深ミケル。

　昔楚国ヨリ王孫圉《キヨ》ト云モノヲ、晋ノ国ヘ使ニヤリケルニ、晋ノ定公彼使ヲ饗応《スルマイ(ママ)》ス。于レ時晋ノ長臣趙簡子、玉ヲ佩テ来ル。元来晋ノ第一ノ相臣ナレハ、其粧アタリヲ払テ見ケル。王孫圉ニ会テ云ケルハ、「楚ノ白珩《ハクカウ》、猶《ナヲ》在乎《アリヤ》、其ノ為レ宝也、幾何矣」ト云。是ハ、モロコシノ習ヒニ、珠玉ヲ宝物トシテ、大身ホト能玉ヲ持テ重宝ス。日本ニテ、茶入・墨跡ナトヲ翫フ類也。シカルニ楚ノ使者、王孫圉答ケルハ、「楚国ニ観射父《ホ》ト申者、弁舌ヨク、訓辞スクレテ、隣国ノ諸侯ノ交ニモサイハンヨクテ、我寡君ニ口実ヲナサシムル事ナシ。又、左史倚相ト云者、能通シ二訓典一ニ、以叙百物テ、朝夕君ヲ、善ヲ進メ、悪ヲ退テ、先王ノ業ヲ忘ル事ナカラシム。若諸侯ヨリ好幣具リ、使者来レハ導レ之、以二訓辞一シテ寡君罪ヲ諸侯ニ免ルル事ヲナス。国家保安スル、此二人ノ有故ナリ。此則

レ受シテ返上ス。病死シテ、其子若狭守秀康卿ニ事ヘテ、三千石取ケルト也。両臣武勇ヲ働ケル故ニ、小松表大敵ヲ引受テ、世上ニモ小松方ヲ深ミケル。

　昔楚国ヨリ王孫圉《ギヨ》ト云者ヲ、晋ン国エ使ニ遣シケルニ、晋ノ定公彼使ヲ饗応ス。于レ時晋長臣趙簡子、玉ヲ佩《ヲビ》テ来ル。元来晋ノ第一ノ相臣ナレハ、其粧アタリヲ払テ見ケル。王孫圉ニ会テ云ケルハ、「楚国ノ白珩、猶在乎、其為レ宝也、幾何矣」ト云。是ハ、唐ノ習ニ、珠玉ヲ宝トシ、大身ホト善玉ヲ持、重宝ス。日本ニテ、茶入、墨跡ナトヲ翫フ類也。然ニ、其答ニ王孫圉云、「楚国ニ観《クハン》射父《ヤフ》ト云者、弁舌ヨク、訓辞スグレテ、隣《リン》国ノ諸候《(侯カ)》ノ交ニモ裁判ヨクテ、我寡君《クワクン》ニ口宝ヲナサシムル。又、左史倚相ト云者、能通シ二訓典一ニ、以テ叙シテ二百物一テ、朝夕君ニ善ヲ進メ、悪ヲ懲テ、先王ノ業ヲ忘ルル事ヲナカラシム。君諸候《(侯カ)》ヨリ好幣具《ソナハ》リ、使者来レハ導《ミチヒク》レ之、訓辞シテ寡君罪ヲ諸候《(侯カ)》ニ免《マヌカ》ルル事ヲナス。国家保安スル事、此二人ノ在故也。此則楚国ノ宝也。彼珠玉、白珩ハ、先王ノ玩《モテアソビ》也。何以宝トセン。玩物喪《ウシナフ》レ志トテ、先王ノ忌不レ給ヤ。楚国ノ宝ハ只善人ヲ宝トス。相君ノ珮玉ク不

楚国ノ宝也。彼珠玉、白珩ハ、先王ノ玩也。何以宝トセン。玩ヘハレ物ヲ、喪フレ志ヲトテ、先王ノ忌給ハスヤ。楚国ノ宝ハ只善人ヲ宝トス。相君ノ珮玉不レ足レ宝トスルニ」ト理ヲ尽シ、声ヲ和ケテ申ケレハ、サシモノ趙簡子、一言ノ中ニ屈伏シテケリ。

誠国家ヲ治ント思大将ハ、先善人ヲ得テ輔弼トセラレヘキ儀ナリ。丹羽ノ長重、此両臣カ働ニテ、今ノ世マテモ、浅井縄手ノ合戦トテ、家ノ面目トモ成ニケリ。

33 肥前守利長上洛事

（八―六）

斯テ中納言利長ハ、金沢ヘ帰城シテ、中川宗半カ状、相違シヌレハ、又撃立ントテ舎弟羽柴孫四郎ヘ催促シケレハ、孫四郎云ルハ、「大谷刑部少輔ヨリ申越ヤウハ、「上方一味可仕。若有ラ二違背一ハ、大坂ノ妻子逢坂ニテ礫ニカケ申サン」トナレハ、出馬仕事ハ叶マシク候」ト云。利長卿、「サラハ人数ヲハ可レ出」トテ能登国軍兵ヲ出サセケル。

此間ニ大谷刑部少輔・青木紀伊守ハ、大聖寺破却《ハキャク》ノ城

レ足レ宝」ト理ヲ尽シ、声ヲ和ケテ申ケレハ、サシモノ趙簡《テウカン》子、一言ノ中ニ屈伏シテケリ。

誠ニ国家ヲ治ント思フ大将ハ、先善人ヲ得テ輔弼トセラルヘキ義也。丹羽長重、此両臣カ働キニテ、今ノ世迄モ、浅井縄手ノ合戦トテ、家人面目トモ成ニケリ。

33 肥前守利長上洛事

（五―六）

斯テ中納言利長ハ、金沢エ帰城シテ、中川宗半カ状、相違シケレハ、又打立ントテ舎第（弟カ）羽柴孫四郎ヘ催促セラレケレハ、孫四郎云、「大谷刑部少輔ヨリ申越ケルハ、「上方一味可レ仕。若違背セハ、大坂ノ妻子逢坂ニテ礫《ハリツケ》ニスベシ」トナレハ、出馬仕事ハ叶マジク候」ト云。利長卿、「サラハ人数ヲ可レ出」トテ能登国ノ軍兵ヲ出サセケル。

此間ニ大谷刑部少輔・青木紀伊守ハ、大聖寺破却ノ城

ヲ取立テ、奥山雅楽助ヲ城主トス。木下宮内少輔・蜂須加芳庵家人、高木法斉ヲ加勢トシテ籠置。又、小松ニ行テ、羽柴加賀守ニ対面シ、上田主水ヲ加勢ニ入置。其身ハ濃州ニ発向ス。

此跡ニテ蜂須加軍勢ハ、大聖寺ヲ立退ケル。但芳庵ハ隠居ニテ上方ノ催促ニ応シ、子息長門守、後号二阿波守一江戸御供ナリ。関ケ原平治ノ後ニ、「芳庵ハ不レ存事ニテ、家老高木法斉カ所為也」ト御詫《ワビ》言申テ、法斉（斎カ）ヲハ扶持ヲハ放シケル。

カクテ奥山ハ、小勢ニテ、此城守リ難シトテ、小松へ加リ、木下宮内ハ、利長卿へ降人ニナリケリ。

爰ニ土方勘兵衛ハ、流罪トシテ佐竹義宣ノ領内ニ居ケルカ、利長卿トハ一族ナレハ、内府公配所ノ罪ヲ免シテ、則利長へ使節トシテ委細ニ仰含ラル。利長対面シテ、シカシカノ事語リケレハ、則土方能登国ニ至テ、孫四郎ニ諫言スレトモ不二同心一セ。土方モ不レ及レ力トテ、九月十五日、利長卿出馬ス。

又西尾藤兵衛ハ、長重へ来テ金沢ト和睦ヲ作リ、小松ヨリハ舎弟丹羽左近ヲ人質ニ金沢へ遣セハ、利長ヨリハ

ヲ取立テ、奥山雅楽助ヲ城主トス。木下宮内少輔・蜂須賀蓬庵家人、高木法斉ヲ加勢トシテ籠置。又、小松ニ往テ、羽柴加賀守ニ対面シ、上田主水ヲ加勢ニ入置。其身ハ濃州ニ発向スル。

跡ニテ蜂須賀軍勢ハ、大聖寺ヲ立退ケル。但蓬庵ハ隠居ニテ、上方ノ催促ニ応シ、子息長門守後号二阿波守一江戸御供也。関原平治ノ後ニ、「蓬庵ハ不レ存事ニテ、家老高木法斉カ所為也」ト御侘言申テ、法斉（斎カ）ヲハ扶持ヲ放ケル。

斯テ奥山ハ、小勢ニテ、此城難レ守トテ、小松エ加リ、木下宮内ハ、利長エ降人ニ成ケル。

爰ニ土方勘兵衛ハ、流罪トシテ佐竹義宣ノ領内ニ居ケルカ、利長トハ一族ナレハ、内府公配所ヲ御免有テ、利長エ使節トシテ委細ニ被二仰含一。利長対面シテ、シカシカノ事ヲ語ケレハ、則土方能州ニ到リ、孫四郎ニ諫言スレトモ不二同心一。

又西藤兵衛ハ、長重エ来テ金沢ト和睦ヲ作リ、小松ヨリハ舎弟丹羽左近ヲ人質ニ金沢エ遣セハ、利長ヨリハ犬千代ヲ小松エ遣シ、小松ニテ参会。互《タカイ》ニ黙礼シテ、則利長ソレヨリ直ニ北庄エ発向、城主青木紀伊守ハ老病故、

犬千代ヲ小松へ遣シ、小松ニテ参会。互ニ黙礼シテ、利長ソレヨリ北ノ庄ニ発向、城主青木紀伊守降参ス。紀州ハ老病故ニ、子息右衛門佐、可㆑上之由ニテ、利長ハ直ニ上洛ナリ。

34 白石落城之事 （九―一）

去程ニ上杉景勝卿ハ石田ト一味シテ会津ニ引篭、持ノ端城ヲ堅固ニ用意シケレハ、家人藤田能登守頗《シキリ》ニ諌メ申ケルカ、景勝還テ疑イ、能登守既ニ殺害ニ及ハント欲ス。則白川ヲ潜ニ出奔シテ奈須方ヘソ参リケル。是ハ大坂ニテ、内府公ノ御厚情有タレハ、景勝ノ疑ハレケルモ断ナリ。又栗田刑部ト云者ハ、景勝カ侍大名ナルカ、諌言シテケレハ、是モ景勝承引セス、則栗田ハ立去トシケルヲ、景勝聞テ追手ヲ遣シ、途中ニテ討テ懸ル。栗田モ暫防ケレトモ不㆑叶シテ切腹ス。家来百弐拾人悉討死ス。是ヨリ隣国へ大ニ風聞シテ、騒動他ニ異ナリ。

爰ニ伊達正宗此事ヲ伝聞テ、家老以下召集メテ云ケルハ、「景勝謀反ノ事既ニ発覚シヌ。是我家ノ幸也。伊達

子息右衛門佐、可㆑上由ニテ、利長ハ直ニ上洛也。

34 白石落城事 （五―七）

斯テ上杉景勝ハ石田ト一味シテ会津ニ引篭、持ノ端城ヲ堅固ニ用意シケレハ、家人藤田能登守頻《シキリ》ニ留ケルカ、景勝還テ疑ヒ、能登ヲ既ニ殺害ニ及ントス。則白川ヲ出《シュツ》奔《ホン》シテ奈須方エ《ママ》ノ参ケル。是ハ大坂ニテ　内府公、御厚情有ケレハ、景勝ノ疑《ウタカワ》レケルモ理也。又栗田刑部ト云者ハ、景勝ノ侍大将ナルカ、諌言シテケレハ、是モ景勝不㆓承引㆒、則栗田モ立出ントシケルヲ、景勝聞テ追手ヲ遣シ討シム。栗田モ暫防ケレトモ不㆑叶シテ切腹ス。家来百廿人悉討死ス。是ヨリ隣国エ大ニ風聞シテ騒動ス。

爰ニ伊達政宗此事ヲ伝聞テ、家老以下召集テ云レケルハ「景勝謀叛ノ事既発覚シヌ。是我家ノ幸也。伊達筋押ノ白石城ハ会津ヨリハ行程三十里、仙台ヨリハ十四里、

筋押ヘノ白石城ハ会津ヨリハ行程三拾里、仙台ヨリハ十四里、敵ニハ遠ク、我ニハ近シ。是城ヲ攻取ヘシ。城主甘数《アマカス》備後守ハ六月下旬ニ妻帑《セイド》若松ニテ死去ス。備後愁傷シテ潜ニ若松ヘ行テ葬祭ス。本城ヲハ豊野《トヨノ》ト云侍ニ預置、二ノ丸ハ弟弥三郎預ル。此弥三郎ハ性姧人ニシテ無レ智勇者ナレトモ、癩病ヲ受テ備後守ニカカリ居ル。ヤヤモスレハ己カ篤疾ヲワスレテ、景勝ヘ直ニ事ヘサル事ヲ口惜ヲモイテ、舎兄備後守ヲソ恨ケル。古人云、「有レ勇レ無レ義ハ為レ盗ヲ」一ト。此人ヲ云ヘキカ。先潜ニ礼ヲ厚クシ、使ヲ立テ見ン」一トテ委細ニ言送リケレハ、弥三郎早速同心シテ、正宗ノ人数ヲ二ノ丸ヘ引入ントソ巧ミケル。是ハ弥三郎本城ヲモ預ヘキニ、二ノ丸ニ置レタルヲ恨ミケル故ニ、正宗ノ間諜ニ忽チ計ラレヌルコソ愚ナレ。己カ一旦ノ私欲ヲ以テ、恵昆親厚ノ恩ヲ忘ルサヘ大ナル罪人ナルニ、怨仇敵ヲ引入テ、兄ノ家ヲ亡ホス事、浅猿シキトモ無二言計一。

　カクテ慶長五年七月十一日、正宗ハ仙台ヲ出馬アリテ、白石河ノ松原ニ伏兵所々ニ置テ、先勢片倉小十郎白石ノ城ニ押寄ル。松原ト白石ノ間半里計ナレハ、正宗白石山

敵ニハ遠ク、我ニハ近シ。此城ヲ攻取ヘシ。城主甘糟《アマカス》備後ハ六月下旬ニ妻帑若松ニテ死去ス。備後愁傷シテ潜ニ若松ニ行テ葬祭ス。本城ヲハ豊野ト云侍ニ預置、二丸ハ弟弥三郎預ル。此弥三郎ハ性姧人《セイカンジン》ニシテ無智勇者ナルカ、癩病ヲ受テ備後ニカカリ居ル。動モスレハ己カ篤疾ヲ忘テ、景勝エ直ニ不レ事ヲ口惜思テ、舎兄備後ヲ恨ケル。古人曰、「有レ勇レ無レ義為レ盗」トハ、此人ヲ云ヘキカ。先潜ニ礼ヲ厚シ、使ヲ立テ見ン」一トテ委細ニ云送ケレハ、弥三郎早速同心シテ、政宗ノ人数ヲ二丸エ引入ント巧ケル。是ハ弥三郎本城ヲモ可レ預ル、二丸ニ置レタルヲ恨ミケル故、政宗ノ間牒ニ計ラレヌルコソ愚ナレ。己ガ一旦ノ私欲ヲ以、恵昆親ノ厚恩ヲ忘ルサヘ大ナル罪ナルニ、怨仇敵ヲ引入テ、兄ノ家ヲ亡ス事、浅猿キトモ云計ナシ。

　斯テ慶長五年七月十一日、正宗仙台ヲ出馬有テ、白石川ノ松原ニ伏兵所々ニ置テ、先勢片倉小十郎白石城ニ押寄ル。松原ト白石ノ間半里計ナレハ、正宗白石山ノ上手ナル所ニ本陣ヲスヱテ下知ス。豊野モ俄事ニ驚キ、手配リシテ屏裡《ヘイウラ》ヲ堅ケルカ、二丸ヨリ早楯裏ノ謀叛シテ政宗衆ヲ引入、本丸エ鉄炮ヲ打カケケレハ、流石《サスガ》ニ名レ有豊

ノ上、平ナル所ニ本陣ヲスヘテ下知ヲスル。豊野モ俄ノ事ニ驚、手配シテ屏裏ヲ堅メケルカ、二ノ丸ヨリ早楯裏ノ謀反シテ正宗衆ヲ引入、本丸ヘ鉄炮ヲ打懸ケレハ、流石《サスカ》ニ名アル豊野ナレトモ前後ノ敵ニ十方ナリ。近習ノ侍モ、敵カ味方カト互ニ用心シテニラミ合ケレハ、豊野鑓ヲ取テ働死ケレハ、思々ニ討死シテ、甘数衆ハ本丸ノ侍一人モ不残ナリニケリ。則片倉小十郎入替テ白石城ニ居住ス。

扨景勝卿ハ備後守ヲ召寄、被レ申ケルハ、「汝ハ父祖ヨリ当家ニ忠節ノ者ナレハ大事ノ城ヲ預ケルニ、潜ニ若松ヘ来リケルコソ不覚ナレ。妻カ死テ汝参リ度ハ、我ニ聞スナラハ代ノ人数ヲ入置ヘキニ、忍テ開ケル事不届無二言計一。受二君命一ヲ、不レ帰レ家トコソ云ルニ、大敵ノ押ノ（ニカ）城トラレ、汝カ身ノ恥辱、我身ノ外聞ヲ失タレハ、切腹サスヘキ罪ナレトモ、先祖ヨリ我家ノ旧臣ト云忠功積リタレハ、命ヲハ助クルソ」トテ、閉門シテ居ケルカ、甘数ハ後悔噬レ臍ヲテ、二六時中白石ヲ取返サントソ巧タルトモ其甲斐ナシ。

野ナレトモ前後ノ敵ニ図《ト》方《ホウ》ナク、近習ノ侍モ、敵カ味方カト互ニ用心シテ睨合《ニラミアヒ》ケレハ、豊野鎗ヲ取テ働キ死ニケレハ、思々ニ討死シ、本丸ノ侍一人モ不レ残成ニケリ。則片倉小十郎入替テ白石城ニ居城ス。

扨景勝ハ甘糟ヲ召寄、

『慶長軍記』曰、「斯テ上杉景勝ハ石田ト一味シテ会津ニ引篭、持ノ瑞城ヲ堅固ニ用意シケレハ、家人藤田能登守、頻ニ留ケルカ、景勝還《ホノ》疑ヒ、能登ヲ既ニ殺害ニ及ントス。則白川ヲ出奔シテ、奈須方ユリ（ママ）参ケル。是ハ大阪ニテ内府公御厚情有ケレハ、景勝ノ疑レケルモ理也。又栗田刑部ト云者ハ景勝ノ侍大将ナルカ諫言シテケレハ、是モ景勝無二承引一。則栗田モ立出ントシケルヲ、景勝聞テ追手ヲ遣シ討シム。栗田モ暫防ケレトモ不レ叶シテ切腹ス。家来百廿人悉討死ス。是ヨリ隣国エ大ニ風聞シテ騒動ス。

爰ニ伊達政宗此事ヲ伝聞テ、家老以下召集テ云レケルハ、「景勝叛ノ事既ニ発覚シヌ。是我家ノ幸也。伊達筋押ノ白石城ハ会津ヨリハ行程三十里、仙台ヨリハ十四里、敵ニハ遠ク我ニハ近シ。此城ヲ攻取ヘシ。城主甘糟備後ハ六月下旬ニ妻帑、若松ニテ死去ス。備後愁傷シテ潜ニ若松ニ行テ葬祭ス。本城ヲハ豊野ト云侍ニ預置、二丸ハ弟弥三郎預ル。此弥三郎ハ性奸人ニシテ、無レ智勇者ナルカ、癩病ヲ受テ備備《(ママ)》後ニカカリ居ル。動モスレハ己カ篤疾ニ《(ママ)》ヲ忘テ、景勝ヘ不レ事ヲ口惜思テ、舎兄備後ヲ恨ケル。故人曰、「有レ勇無レ義為レ盗」トハ此人ヲ云ヘキカ。先潜ニ礼ヲ厚シ、使ヲ立テ見ン」トテ委細ニ云送ケレハ、弥三郎早速同心シテ、政宗ノ人数ヲ二丸ヘ引入ント巧ケル。是ハ弥三郎本城ヲモ可レ預ニ、二丸ニ置レタルヲ恨ミケル故、政宗ノ間牒ニ計ラレヌルコソ愚ナレ。己カ一旦ノ私欲ヲ以、恵昆親ノ厚恩ヲ忘ルサヘ大ナル罪ナルニ、忽仇敵ヲ入テ兄ノ家ヲ亡ス事浅猿キコト、云計ナシ。斯テ

被レ申ケル、「汝ハ父祖ヨリ当家忠節ノ者ナレハ大事ノ城ヲ預ケルニ、潜ニ若松エ来ケルコソ不覚ナレ。妻ガ死シテ、汝参度トハ、我ニ聞スルナラハ代ノ人数ヲ入置ヘキニ、忍テ開ケル社不届云計ナシ。受二君命一不レ帰レ家

35　江戸御出馬幷福島合戦之事　（九―一）

慶長五年七月二日、内府公武州江戸ノ城ニ著座有テ、諸将ヲ聚会シテ軍評議セラレ、所々手分手配《クハリ》アリ。江戸御留守居ハ、松平因幡守・石川日向守、町奉行ハ板倉四郎右衛門、代官頭ニハ伊奈熊蔵、其外御家人、都合弐万余残置給フ。

同七日、諸軍勢ヘ御軍法ヲ出サル。其詞云、

軍法之事

一喧嘩・口論、堅令二停止一畢。若違背之輩ニおひては、不レ論二理非一ヲ、双方可レ令二成敗一。其上、或傍輩、或ハ知音ノ好《ヨシミ》を以、令二荷担一者、本人より為二曲事一之間、急度可二成敗一。若令一用捨一者、縦ヒ後

トコソ云ニ、大敵ノ圧（ニカ）ノ城取レ、汝カ身ノ恥辱、我身ノ外聞ヲ失タレハ、切腹可二申付一罪ナレトモ、先祖ヨリ我家ノ旧臣ト云忠功積リタレハ、命ヲハ助ルソ」迚、閉門シテ居ケルカ、甘糟ハ後悔嚼《カム》レ臍《ホゾ》テ、二六時中白石ヲ取返サントソ巧ケル。

35　江戸御出馬附福島合戦事　（五―八）

慶長五年七月二日、内府公武州江戸城御着座有テ、諸将ヲ聚会《シュエ》シテ軍評議セラレ、所々手分手配リアリ。江戸御留守居ハ松平因幡守・石川日向守、町奉行ニハ板倉四郎左衛門、代官頭ラハ伊奈ノ熊蔵、其外御家人、都合二万余残置レケル。

同月十九日、会津征伐トシテ、秀忠卿、江戸御出馬也。相従人々ニハ、結城参河守秀忠（秀康カ）康主、松平下野守・羽《ネ》藤三郎（宇都宮城主 蒲生氏卿子）・皆川山城守・武田左衛門尉・真田伊豆守・松平飛弾守・松平下総守・本多中務大輔・石川玄蕃頭・榊原式部大輔也。榊原先陣ヲ奉ツテ、都合其勢三万七千五百余騎、先手ハ作《佐イ》山太田原ニ至レハ、後陣ハ未

日相聞、其主人可レ為二曲事一事

一味方之地におひて放火・濫妨・狼藉仕におひては、可レ加二成敗一事、於《付》二敵地一男女不レ可二乱取一事

一味方之地、作毛を取散し、田畠の中に陣取義、堅停止事

一先手ことはらすして物見を出儀、堅令二停止一事

一先手を差越、縦難レ令二高名一、背二軍法一之上者、可二成敗一事

一子細なくして他乃備、相交輩有レ之者、武具・馬共ニ可レ取レ之、然に其主人及二異儀一者、共以可レ為二曲事一、但、於レ有二用所一者、其備あひことはり可レ通レ之事

一人数押之時、わき道すへからさるよし堅可二申付一、若みたりに通に付ては可レ加二成敗一事

一諸事、奉行人之指図を違背せしめは可レ令二成敗一事、

一時の使として、いかやうの人を雖二差遣一スト、不レ可二違背一、若右之旨を背におひては可レ為二曲事一之事

一持鎗者、軍役之外たるの間、長柄を差置もたする事、

古河栗橋ニ支タリ。

　同廿一日、内府公江戸御進発、御供ノ人々ニハ、伊井兵部少輔・仙石越前守・森右近大夫・水谷左京亮・山川民部大夫・日根野源太郎、其外都合三万余、此外、上方ノ大小名引続テ相従フ。サシモニ広キ道路一面ニ塞テ押行タリ。其夜ハ越谷ニ着座。廿二日岩槻、廿三日古河、廿四日小山ニ到玉フ。

　佐竹右京大夫義宣ハ未敵味方不二分明一ハ、島田次兵衛ヲ使トシテ仰云、「早ク味方ニ属シテ、景勝攻ノ先陣有ヘシ。若逆心アラハ、同罪ニ二《（ママ）》可二誅罰一」ト也。義宣公、「　内府公ニ対シ聊遺恨アラサレハ、御敵致ヘキニ非ス。然トモ大坂ニ人質アレハ、会津ノ魁ハ難レ仕候。全ク景勝トハ一味不レ仕候」ト返答也。依レ之水戸圧トシテ御手分アリ。

　扨景勝ハ道中ノ御固、或ハ竹木ヲ伐払テ無レ隠レ様ニシテ、先大手トナレハ、白川ノ城ヲ縄強堅固拵ヘテ、一番合戦ハ安田上総ノ介、二番ハ島津下々斉トシ、津川口モ一二三ト備ヲ相定、敵ヲ待ケル。其身ハ不意ヲ討ントヤ思ケン、道モナキ山中ヲ自樵夫ヲ案内サセテ歩行シケ

堅停止之事、但、長柄之外もたしめは主人馬廻ニ可レ為二壱本一事
一於二陣取一馬を取はなす儀、可レ為二曲事一事
一小荷駄押之儀、兼日可二相触一之条、軍勢ニあひ不レ交様ニ、堅可二申付一、若みたりに相交ハ、可二成敗一事
一諸商売・押買・狼藉、堅令二停止一畢、若於二違犯之族一者、見あひに可二成敗一事
一於二陣中一人返之儀、一切令二停止一事
一無二下知一して於二陣払仕一者、可レ為二曲事一事
右条々、於二違背輩一者、無二用捨一可レ加二成敗一者也。
慶長五年七月七日御朱印

此御書付、旗本ハ申ニ及ハス、諸大名へ被レ触レハ、各又家中々々ノ士卒へ悉申合、上下一同ニ御旨ヲ守ケル。

同十九日、会津征罰トシテ、秀忠卿江戸御出馬也。相従人々ニハ、結城《ユウキ》参河守秀康・松平下野守《忠吉》・羽柴藤三郎《秀行》宇津宮城主蒲生氏卿子・皆川山城守《信政》・成田左衛門尉《氏憲》・真田伊豆守《信幸》・松ル。「彼鄧艾《トウガイ》カ陰平ヲマワリ、蜀都ヲ敗シ謀、思出シケルニヤ」ト、心有人ハ感察ス。「当時ノ風俗、大敵寄来ト聞ケハ、早降参ノ支度ヲシケルニ、謙信ヨリ以来、弓箭ノ名アル家ナレハ、独立ノ身トシテ大軍ヲ引請一戦シテ、シカモ脇道ヨリ大将軍ノ本陣ヲ心掛ケル志、例《タメシ》少キ武将哉」ト、誉ヌ人コソ勿リケレ。

斯テ伊達政宗ハ内府公エ手合シテ、白石城ヲ抜取、勇ミ進事無レ隠。此競ヲ以福島ヲ責取ント、手勢二万ヲ引率シテ、国見峠ヲ越テ信夫《シノフ》郡ニ働キ出、瀬ノ上川ヲ越テ在家エ取付、松川ヲ隔テ陣ヲ張。但簗川城ニ須田大炊カ居ケル。福島ヨリ行程ニ四里ナレハ、五千ヲ分テ簗川ノ圧トス。一万五千ヲ三手ニ分ケ、一ノ先片倉小十郎、二ノ先伊達安房守政宗伯父也、岩手山ノ城主、知行五万石三ハ政宗旗本。

比ハ七月廿六日、重実トテ政宗ノ叔父ナルガ、只一騎来テ、城中ニ向テ城中ノ侍共ノ名字ヲ問。「城主本条豊後守（城イ越前守イ）、其外来々」ト、名来ケレハ、引取。

翌日、政宗馬幟小旗色メキケルカ、大将先陣ニ進テ来。城中ニハ、其比羽柴藤三郎ハ、秀吉公ヨリ御気色ヲ蒙テ所領ヲ減サレ、宇津宮ニ在城ナルカ、此浪人多カリケル

平飛騨守（忠昌）・松平下総守（忠明）・本多中務大輔（忠勝）・石川玄番頭（康長）・榊原式部大輔（康政）也。此榊原先陣ヲ承テ、都合三万七千五百余（イ本ニ六万九千三百騎トアリ）騎、先手ハ作山《サクノヤマ》太田原ニ至レハ、後陣ハ未タ古河栗橋ニササエタリ。

同廿一日ニ、内府公江戸御進発、御供ノ人々ニハ、井伊兵部少輔（直政）（多賀谷左近頼資）・仙石越前守（忠俊）・森右近大夫（忠政）・水谷左京進（勝信）・山川民部大輔（朝信）・日根野源太郎（吉重）、其外都合三万余。此外、上方ノ大名・小名引続テ烈（ママ）ヲナス。サシモニ広キ道路一面ニ絡繹タリ。其夜ハ越谷《コシカヤ》ニ着座。廿二日岩付、廿三日古河、廿四日小山ニ至リ給フ。

佐竹右京太夫義宣ハ未タ敵味方ヲ分明セサレハ、島田次兵衛ヲ使トシテ仰ニ云、「早ク味方ニ属シテ、景勝カ先陣仕ヘシ。若逆意アラハ同罪ニ可二誅罰一」トナリ。義宣カ云、「内府公ニ対シ聊ノ意恨アラサレハ、御敵ヲ致スヘキニアラス。然レトモ大坂ニ人質候ヘハ、会津ノ魁ハ難レ仕候。全ク景勝トハ一味不レ申」ト返答ナリ。依レ之、水戸ノ押ヘトシテ御手分アリ。

扨景勝卿ハ近日江戸発向ト聞テ、道中ノ郷閭或ハ竹木ヲ伐払テ無レ隠様ニシテ、先大手ナレハ白川ノ城ヲ縄張ヲ、此時景勝、上方侍其外義ヲ守勇ヲ励マス侍共ヲ、勝テ抱置レケルカ、此福島ヲ大事ノ塞関《サイカン》《トリテ》トカ思ハレ剣、右浪人共ヲ加勢ニ進シケル。其人々ニハ、永井善左衛門・岡左内（後号ス越後ト）・斉道仁（是ハ、甲州小田切取左（新イ）衛門也。後斉伊豆ト云）・青木新兵衛（後号芳斉）（以上二人、後ニ事二加州一）・栗生半左衛門（後日（与トイ）二美濃一）・岩井備中・富池甚五左衛門・布施次郎右衛門・北川図書・安田勘助・北川土佐守・鈴木彦九郎等也。此等ノ人々ニ、城中ノ侍相加リテ、松川ノ前ニ当テ備ヲ立。

但福島ヨリ松川エ一里アリ。此川薬研ナリニシテ、深ク大河也。岡左内云、「川ヲ越テ備ヲ立ン」ト。栗生半左衛門曰、「敵大勢也、川ヲ前ニ当テ可レ待」ト也。然ニ本条（城イ）豊後（越前イ）、猪俣主膳ヲ呼テ物見ニ遣ス。主膳ハ北条家浪人也。敵ヲ見帰テ云、「川ヲ越敵ニ非ス、端エ来ルヲ、一ノ勝利ニシテ可二引取一。若味方跡ヲ慕テ川ヲ越ハ、敵備ヲ立直シ、半渡ヲ可二討取一ノ備ト考候」ト云。本城豊後ハ念ノ入タル武士ナレハ、井筒小隼人（井筒女ノ助伯父也）・本条団右衛門ヲ差添テ、又斥候《モノミ》サスル。両人帰テ云、「敵半時ノ内ニ川ヲ越テ可レ掛備色也」ト云。主膳「見物トハ各別也」

堅固ニ拵テ、一番合戦ハ安田上総介、二番ハ島津下々斉ト相定、津川口モ一二三ト備ヲ相定、敵ヲ待ケル。其身ハ不意ヲ討トヤ思ケン、道モナキ山中ヲ自ラ樵夫ヲ案内サセテ、履二巉岩一ヲ、披二蒙茸一、馬ヲ束ネ、魚ヲ貫テ拝降ス。「鄧艾《トウカイ》カ陰平ヲマハリテ蜀都ヲ敗リタル謀、思出シケルニヤ」ト、心アル人ハ感察ス。「当時世上ノ風俗、大敵寄来ヲ聞テハ、早降参ノ支度ヲシケルニ、謙信ヨリ以来、弓箭ニ名アル家ナレハ、独立ノ身トシテ大軍ヲ引請一戦シテ、シカモ脇道ヨリ大将軍ノ本陣ヲ心懸ケル志シ、例《タメシ》少キ武将カナ」ト、誉ヌ人コソナカリケレ。

斯テ伊達正宗ハ内府公へ手合シテ、白石ノ城ヲ抜取、勇ミ進ム事無レ限。此競ヲ以テ福島城ヲ攻取ントテ、手勢弐万ヲ引卒シテ、国見《クニミ》峠ヲ越テ、忍郡ニ働キ出ツ。瀬ノ上川ヲ越テ在家エ取付、松川ヲ隔テ陣ヲ張。但梁《ヤナ》川ノ城ニ須田大炊カ居ケル。福島ヨリ行程四里ナレハ、五千ヲ分テ梁川ノ押ヘトス。一万五千ヲ三手ニ分、一ノ先、片倉小十郎、二ノ先、伊達安房守正宗伯父ナリ、岩手山城主、知行五万石也三ハ正宗旗本。

比ハ七月廿六日、重実トテ正宗ノ叔父ナルカ、只一騎

其時本城ハ主膳見物ヲ問。答曰、「凡ソ河ヲ越敵ハ、泥障ヲ解《トキ》、島ノ沓ヲ外《ハツ》シ、歩卒ハ足拵可レ仕ニ、其気ナシ。其故ニ、川ヲ不レ可レ越」ト云。又、「小荷駄・雑人ヲ跡ノ瀬ノ上ノ方エクリサゲテ本備ヲ進メタリ。是ハ引取様子ヲ見セテ、味方カラハ取テ返シ、可二合戦一計ト存也」ト云。井筒・本城両人聞云フ、「主膳申如ク、人馬ノ用意ヲ以テ積ルハ、不功ニテ物馴ヌ人ノ事也、弓箭功者ノ正宗、川ヲ渡ストテ兼テノ用意ハ不レ可レ有。渉ル刻ニ早速左様ノ支度ハナル事也。扨又、小荷駄・雑人ヲクリサクル事ハ、備ト小荷駄ノ間近キ故ニ、遠ノクルト見エタリ。殊ニ合戦ノ前方、ヤクニモ不レ立雑人原ヲ、跡ニ小荷駄エ付ルモ不レ珍事也。是川ヲ可レ越ト思故ニ雑人原ヲ跡ニ残ス也。小荷駄漸ク二百計アラン。是ハ行程近故ニ少キ也。本備ヲ進マスルハ川端エクリ寄也。川端エ来ラハ人馬ノ拵スヘシ。此用意有故ニ半時ト積リタリ。大体正宗、是迄来テ敵ヲ見懸、一戦ニモ不レ及可二引取一人ニ非」ト云フ。各、「両人ノ云処、理ニ中タリ」ト云ケレハ、備ヲ立直シ、川端四・五町置テ鉄炮ヲ立並テ相待所ニ、岡野左内、川ヲ越テ向ニ備フ。是ヲ見

来テ、城中ニ向テ城中ノ侍共ノ名字ヲ問。「城主ハ本城豊後守、其外某々」ト名乗ケレハ、引取。

翌日、正宗馬印小旗色メキケルカ、大将先陣ニ進テ来ル。城中ニハ其比羽柴藤三郎ハ、秀吉公ヨリ御気色ヲ蒙テ所領ヲ減《ヲト》サレテ、宇都宮ニ在城ナルカ、此浪人多カリケルヲ、景勝ヨリ上方侍其外、義ヲ守リ勇ヲ励マス侍トモヲ勝テ抱置レケルカ、此福島ヲ大事ノ塞関トカ思ハレケン、此浪人共ヲ加勢ニ遣シケル。其人々ハ、永井善左衛門・岡ノ左内、後ニ越後ト云。斉《サイ》ノ道仁是ハ甲州小田切処左衛門也、後ニ斉ノ伊豆ト云・青木新兵衛後号芳斉、以上二人、後加州ニ事フ・栗生半左衛門後ニ曰美濃一・岩井備中・富池甚五左衛門・布施次郎右衛門・北川図書・安田勘助・北川土佐守・鈴木彦九郎等也。此等ノ人々ニ、城中ノ侍、相加リテ五十騎計、正宗ノ先陣ヲ目ニ懸テ、城ヨリ出テ、松川ヲ前ニ当テ備ヲ立。

但福嶋ヨリ松川ヘ一里アリ。此川ヤゲンナリニシテ、深ク大河ナリ。岡左内カ云ク、「川ヲ越テ備ヲ立ン」ト。栗生半左衛門カ云ク、「敵大勢也、川ヲ前ニ当テ可レ待」トナリ。然ルニ本城豊後、猪俣主膳ヲ呼テ斥候《モノミ》ニ遣ス。主膳ハ北条家浪人也。敵ヲ見テ帰テ云ハ、「川ヲ越敵ニテ、多ハ川ヲ渡ス人モアリ。

政宗再拝ヲ取テ軍士ヲ進メテ蒐リケル。会津衆暫ク支ケルカ、不レ叶シテ敗北ス。北川図書ハ、斉道仁ニ向テ云、「我等此度死ニ中レリ。我子幼少ナレハ行末無二心許一侍リ。日来申談タル事ナレハ、取立給ハレ」トテ、着タル猩々緋《ヒ》ノ羽織ヲ脱《ヌギ》テ我子ニ送リケル。道仁カ云、「我モ急ナル場ナレハ生死難レ測《ハカリ》。乍レ去、若シ命アラハ心得タリ」トテ、羽織ヲ取テ腰ニ巻ケル。図書ハ其ヨリ敵ノ中エ蒐入、「景勝ノ侍、北川図書ト云者、討死スルヲ見ヨ」ト呼《ヨハハリ》、大勢ノ中エ切テ入、終ニ討死シケル。敵モ味方モ、「天晴《アツハレ》剛ノ者」ト、惜マヌ人ハナシ。布施次郎右衛門・安田勘介、駆合テ、爰ヲ専途《センド》ト戦ヒ、一足モ不レ引討死ス。此等カ働ニテ、政宗衆モ散々ニ成ケルガ、政宗ハ夫《ソレ》ヲモ事トモセス、真先ニ馳廻ラレケル。岡左内モ取テ返シ、政宗ニ渡合、太刀ヲ抜テ政宗ノ猩々緋ノ羽織ヲ切裂タリ。後ニ景勝ヨリ褒美シテ、「岡越後」ト改、錦ノ羽織・団扇ヲ給ル。

偖又栗生半左衛門ハ、能節ソト再拝ヲ取テ横ヲ入ケレハ、片倉小十郎カ備敗北ス。伊達安房守、二ノ手ナ

アラス。川端へ来タルヲ一ノ勝利ニシテ可二引取一。若味方、跡ヲ幕テ川ヲ越ハ、敵備ヲ立直シテ、半渡ヲ可二討取一ノ備ト考ヘ候」ト云。本城豊後ハ本ヨリ念ノ入タル武士ナレハ、井筒小隼人井筒女之助カ伯父也・本城団右衛門ヲ差添テ、又斥候サスル。両人帰テ云ハ、「敵半時ノ内ニ川ヲ越テ可レ懸備ヘ色也」ト云。主膳見切トハ各別也。

其時本城ハ主膳カ見様ヲ問。答テ云、「凡川ヲ越敵ハ、泥障ヲ解《トキ》、馬ノ沓《クツ》ヲ外《ハツ》シ、歩卒ハ足拵可レ仕ニ、其気色ナシ、其故ニ、川ヲ越ヘカラス」ト云。又、「小荷駄・雑人ヲ、跡ノ瀬ノ上ノ方ヘクリサケテ本備ヲハ進ミタリ。是ハ引取様子ヲ見セテ、味方カカラハ取テ返シ、合戦スヘキ計ト存也」ト云。井筒・本城両人聞テ云ク、「主膳申コトク、人馬ノ用意ヲ以積ルハ、敵不功ニテ物ナレヌ人ノ事也。弓箭巧者ノ正宗、川ヲ渡トテ兼テノ用意ハ有ヘカラス。渉ル剋ニ早速左様ノ用意ハナル事也。扨又、小荷駄・雑人ヲクリサグル事ハ、備ト小荷駄ノ間近キ故ニ遠ノクルト見タリ。殊ニ合戦ノ前方、役ニモ不レ立雑人原ヲハ小荷駄ヘ付ルモ珍事也。是川ヲ可レ越ト思故ニ、雑人原ヲ跡ニ残ス也。小荷駄漸ク弐百計アラン。是ハ行レハ、蒐ルヤト待所ニ、左ハ無テ、備ヲ不レ乱シテ引退ク。会津衆見テ、手段アリト危ク思、マバラニ成テ追シラム所ニ、如レ案、安房守ト政宗ノ旗本、取テ返シ、左右ノ翼ヲ張テ蒐ル。片倉モ散卒ヲ下知シテ、引纏《マトフ》テ突テ懸ル。会津方辟易シテ敗北ス。政宗乗レ勝追掛ル。斉道仁・永井善左衛門・青木新兵衛、殿《シンカリ》ヲシテ引退ク。福島城内狭ケレハ、城外ニ柵ヲ振テ儲胥《チヨシヨ》ヲ護シ、陣屋ヲ懸テ居ケルカ、政宗一騎、柵際迄追蒐来ヲ見テ、青木新兵衛引返シ、政宗エ突掛ル。著タル冑《カブト》ノ立物、半月一方ヲ突折ケレハ、政宗是ヨリ引テ退。

爰ニ本条豊後、信夫山《シノブヤマ》ノ方エ備ヲ廻シケルカ、能図トヤ思ケン、再拝ヲ取テ敵ノ左ノ手エ突蒐ル。其勢ヒ、鷙《シ》鳥《テウ》ノ榑《ハウツ》ガ如シ。敵ハ数度ノ戦ニ足ヲ乱タル事ナレハ、政宗衆一支モセス、旌旗混乱《セイキコンラン》ス。

然所エ簗川城主須田大炊ハ、横田大学・築地修理・車野丹波ニ向ツテ云、「イザヤ城ヨリ切テ出、敵ヲ追払ン」トテ、再拝ヲ取ケレハ、各「尤」トテ、阿武隈《アフクマ》川ト云大河ヲ越テ、政宗衆圧《ヲサヘ》ノ五千余ノ勢エ突テ掛ル。敵ハ一所ニ川向ニ支タリ。簗川衆、川ノ案内ハ能知タレハ、車

程近キ故ニ少キナリ。本備ヲ進マスルハ川端ヘクリ寄也。川端ヘ来ラハ必人馬ノ捹スヘシ。此用意アル故ニ半時トツモリタリ。大体正宗、是マテ来テ、敵ヲ見懸テ一戦ニモ不レ及、可二引取一人ニアラス」ト云。各、「両人ノ云所、理ニアタリタリ」ト云ケレハ、備ヲ立ナヲシ、川端四・五町置テ鉄炮ヲ立並テ相待処ニ、岡野左内、川ヲ越テ向ニ備フ。是ヲミテ、多ハ川ヲ渡人モアリ。

正宗采拝《サイハイ》ヲ取テ軍士ヲ進メテ蒐リケル。会津衆暫ク支ヘケルカ、不レ叶シテ敗北《ハイボク》ス。北川図書ハ、斉《サイ》ノ道弐ニ向テ云ルハ、「我等此度死ニアタレリ。吾子幼少ナレハ行末無二心許一侍ヘリ。日来申談タル事ナレハ、取立給ハレ」トテ、着《キ》タル猩々皮ノ羽織ヲヌキテ吾子ヘ送リケル。道弐カ云、「我モ急ナル場ナレハ、身命ノ生死計カタシ。乍レ去、若命アラハ心得タリ」トテ、羽織ヲ取テ腰ニ巻ケル。図書ハ其ヨリ敵ノ中ヘ駆ヨセ、「景勝ノ侍、北川図書ト云者、討死スルヲ見ヨ」ト呼テ、多勢ノ中ヘ蒐入、戦死ス。敵モ味方モ、「アツハレ剛ノ者カナ」ト、惜マヌ人ハナシ。布施次郎右衛門・安田勘助、駆合テ、爰ヲ専ト一足モ不レ引討死ス。此等カ働ニテ、正宗衆モ

野・丹波ハ正面ヨリ敵ニ向フ。須田ハ川上ヨリ渡ス。敵、二手ヲ見テ備ヲ分ントシケレトモ、俄カナレハ旗色サダツ所エ、簗川衆、速ヤカニ懸ル故ニ、政宗衆、左右ノ敵ニ押立ラレ敗北ス。政宗ノ陣ト一所ニナラント遁レ行。簗川衆、追討ニ慕《シタフ》テ付入。小荷駄・雑人、是ヲミテ散々ニ奔走シケルカ、政宗ノ外幕、竹ノ丸ニ飛雀ノ紋付タルヲ、西村千右衛門奪取テ、今ニ至テ上杉家ノ誉トス。又須田大炊助ハ、物馴タル侍大将ナレハ、「敵ヲ切崩」ト、早ク福島エ造遣ケル。須田カ使、来ルト否ヤ、政宗ノ手騒動スルヲミレハ、簗川押エノ敗卒也。此競《キラ(ソカ)ヒ》ヲ以、福島衆勇ンテ蒐リケレハ、政宗衆大ニ敗軍也。政宗其ヨリ国見峠エ引取。

又政宗舅三春城主、田村清秋伯父重実申シケルハ、「両度ノ合戦、敵ノ利アリ。白石城ヲ取トイヱトモ、返忠アル故ナレハ、武勇ノ威光ニハ難レ成。如何有ヘキ」ト云ケレハ、木幡四郎右衛門、進出テ申ケルハ、「如仰《ヲヲセノ》、残多キ事ニ候。某明日ハ一分ノ勢ヲ以、福島表エ行、敵ヲ見計可レ申。其上ノ御思案モアレカシ」ト有ケレハ、「尤」迚、翌日早旦ニ、四郎右衛門ハ手勢百騎ヲ召具シ、

散々成ケルカ、正宗ハ夫ヲモ事トセス、真先ヘ馳マハリタリ。岡左内モ取テ返シ、正宗ニ渡リ合、太刀ヲ抜テ、正宗ノ猩々皮ノ羽織ヲ切裂《サキ》タリ。後ニ景勝ヨリ褒美シテ、「岡ノ越後」ト改メ、錦ノ羽織・団扇《ウチワアフキ》ヲ賜ル。

扨又栗生半左衛門ハ、能節ソト再拝ヲ取テ横ヲ入ケレハ、片倉カ備敗北ス。伊達安房守、二ノ手ナレハ、懸カト待処ニ、サハナクテ、備ヲ不レ乱シテ引退。会津衆見テ、手段アリト危ク思ケレハ、マハラニナリテ追シシ《ママ》ラム処ニ、案ノ如ク、安房守ト正宗ノ旗本、取テ返シテ、両手ニテ左右ノ翼ヲ張テ懸ル。片倉モ散卒ヲ下知シテ、引纏テ突テ縦《(掛カ)》ル。会津方僻易シテ敗北ス。正宗乗レテ勝テテ《(ママ)》追懸ル。斉道弐・永井善左衛門・青木新兵衛、殿《シンカリ》ヲシテ引退ク。福島ノ城内狭ケレハ、城ノ外ニ柵ヲ振テ、儲《チヨ》胥《シヨ》ヲ護《ゴ》シ、陣屋ヲ懸テ居ケルカ、正宗一騎、柵際《キハ》ヘ追懸来ヲ見テ、青木新兵衛引帰シ、正宗ヘ突懸ル。着シタル冑ノ立物、半月ノ一方ヲ突折ケレハ、正宗是ヨリ引テ退ク。

爰ニ本城豊後信夫山ノ方ヘ備ヲ廻シケルカ、能図トヤ思ヒケン、再拝ヲ取テ敵ノ右手ヘ突懸ル。其勢、鷙鳥《チツテウ》ノ

足軽・雑兵一人モ不二召連一福島ノ城下近ク働来ル。

岡越後、是ヲ見テ、「今日ノ大物見ハ、物見ナカラ武者ヲ持タルソ。卒忽ニ城中ヨリ不レ可レ出。敵ノ馬百余リ、二十騎先エヘ《(ママ)》働。又三町計アナタニ行ニ作テ、五十騎計、五町程引下テ、又シマリノ馬乗、三十余残ス。是ハ味方ヲ誘引スル謀《ハカリコト》也。必木戸ヲ閉テ不レ可レ出」ト云。鈴木彦九郎申ハ、「今日ノ斥候ノ中ニ、是非正宗カ、清秋カ、重実カ、三人ノ中、一人ハ有ヘシ。足軽ヲカケテ組留可レ申」ト云。越後云、「尤サモアラン」迚、共ニ井楼《セイロウ》ヨリ下テ足軽ヲカケケレハ、真先ニ進ンタル廿騎色メキテ、二ノ手エ一ツニナラント馬ヲ立直ス所ヲ、頻ニ鉄炮ヲ打掛ケレハ、過半ハ足ヲ乱スヲミテ、彦九郎、一番ニ駆出テ追カクル。木幡《コハタ》四郎右衛門取テ返、越後ト鑓《ヤリ》ヲ合ス。彦九郎、脇鎗《ワキヤリ》ニテ突倒シ、頸《クビ》ヲ取。大将討レケレハ、残ル者トモ引返シ退散ス。其時、鈴木彦九郎ヲ、氏ヲ与エテ「岡ノ猪右衛門」ト言。是ヨリ政宗不レ叶トヤ思ハレ剣《ケン》、馬ヲ入ラル。景勝方エ討捕首帳、都テ雑兵一千二百級也。

昔シ諸葛《カツ》孔明ハ蜀ノ後主《シユ》ノ暗昧《アンマイ》ニシテ人ヲ不レ知、国

搏《ハウツ》カ如シ。敵ハ数度ノ戦ニ足ヲ乱タル事ナレハ、ナシカハ一支ヘモ有ヘキ、正宗衆、旌旗混乱ス。

　然ル処ヘ梁川ノ城主須田大炊ハ横田大学・築地修理・車野丹波ニ向テ云ク、「イサヤ城ヨリ斬テ出、敵ヲ追払ハン」トテ、采拝ヲ取ケレハ、各「尤」トテ、アフクマ川ト云大河ヲ越テ、正宗衆押ヘノ五千余ノ勢ヘ突テ懸ル。敵ハ一所ニ川向ニ支ヘタリ。梁川衆、川ノ案内ハ能知タレハ、車野・丹波等ハ正面ヨリ敵ニ向フ。須田ハ川上ヨリ渡ス。敵、二手ヲ見テ備ヲ分ントシケレトモ、俄ナレハ旗色サタツ処ヘ、梁川衆、速ニ懸ル故ニ、正宗衆、左右ノ敵ニ押立ラレテ敗潰ス。正宗ノ陣ヘ一所ニナラント遁行。梁川衆追討ニシタイテ付入。小荷駄・雑人、是ヲ見テ散々ニ奔走シケルカ、正宗ノ外幕《トマク》、竹ノ丸ニ飛雀ノ紋付タルヲ、西村千右衛門奪取、今ニ至テ上杉家ニ誉トス。又須田大炊ハ、モノナレタル侍大将ナレハ、「敵ヲ切崩」ト、早ク福島ヘ告越ケリ。須田カ使、来ト否《ヤカ》ニ、正宗ノ手騒動スルヲ見レハ、梁川押ヘノ敗卒也。此競ヲ以、福島衆イサンテカカリケレハ、正宗衆大ニ敗軍ナリ。正宗、其ヨリ国見峠ヘ引取ル。


家ノ軍既ニ危ヲ悲テ、侍中《シテウ》陳ン震ン長央《リ(ママ)》蔣琬《シヤウエン》ト云侍ヲ撰ンテ、後主エ進メン迚云、「侍中尚書《シヤウジヨ》長吏《リ》参ン軍ン、此レ悉ク貞亮《テイリヤウ》ニシテ死ルレ節ト之臣也。階下《ヘイカ》親レ之信セハレ之、則漢室隆《ヲコラ》ンコト、可二計レ日而待ツ一也」寔哉、孔明ノ士ヲ撰ム事、今景勝大事ヲ思立テ浪人ヲ召抱ヘケルニ、氏卿家ニテ用ニ立タル義勇ノ士ヲ撰テ福島城塁《ルイ》ヲ堅メタルコソ、大敵ヲ防キ強兵ヲ挫、令名《レイミヤウ》ヲ天下ニ得テ、先祖ノ名ヲ汚サレス。後代兵ヲ学フ人ト、心ロヲ可レ付所也。猪ノ俣ト、本条・井筒カ斥候ノ論、是レ何レモ品節アリ。猪俣ハ格ヲ以見タリ。是レ又悪ニアラス。井筒・本条ハ気持通達ノ者ニテ変《ヘン》ヲ以テ見タリ。凡此類ニテ万事ヲ知ヘシ。猪俣ハ正《セイ》ヲ云フ。井筒ハ奇ヲ云。正ハ学テ知ヘシ。奇ハ学テ難レ知。然トモ、正ヲ離テ奇ヲ知ニ非ス。正ヲ知テ後、奇ニ通ル者也。

　惣テ古キ家ノ譜代ノ士計ノ家中ハ、兵弱シテ軍利鮮シ。如何ントナレハ、大将聖人ナラハ、其下風俗ク化シ、賢士・知能《チノウ》モ多クテヨカルヘシ《(ケカ)》レトモ、ソレハナキ事ナレハ、世間ノ大将、共是常人也。然ニ古キ家ハ、家人モ子孫ノ代ニ替リテ、身豊ニシテ兵嗜スクナシ。凡用ニ立

亦政宗舅三春城主、田村清秋伯父重実申ケルハ、「両度ノ合戦、敵ノ利アリ。白石城ヲ取ト云トモ、回リ忠ノアル故ナレハ、武勇ノ威光ニハ難レ成。如何可レ有」ト云ケレハ、木幡四郎右衛門、進出テ申ケルハ、「仰ノ如ク、残多キ事ニ候。某シ明日ハ一分ノ勢ヲ以テ福島表へ行、敵ヲ見計可レ申。其上ノ御思案モアレカシ」ト有ケレハ、「尤」トテ、翌日早旦ニ、四郎右衛門ハ手勢百騎ヲ召具、足軽・雑兵一人モ不二召連一、福島ノ城下近働キキタル。

岡越後是ヲ見テ、「今日ノ大物見ハ、物見ナカラ武者ヲ持タルソ。卒忽ニ城中ヨリ出ヘカラス。敵ノ馬百余アリ。弐拾騎先ヘ働キ、又三町計アナタニ、二手ニ作テ五拾計、五町程引下テ、又トリ《シマ》ノ馬乗、三十余残ス。是ハ味方ヲ誘引スル謀ナリ。必木戸ヲ閉テ出ヘカラス」ト云。鈴木彦九郎申ハ、「今日ノ物見ノ中ニ、是非政宗カ、清秋カ、重実カ、三人ノ中、一人ハ有ヘシ。足軽ヲ懸テ、クヒ留可レ申」ト云。越後云ク、「尤サモアランソ」トテ、共ニ井楼ヨリ下テ足軽ヲ懸ケレハ、真先ニ進タル弐拾騎色メキテ、二ノ手ヘ一ツニナラント馬ヲ立直ス所ヲ、

侍ハ千人ニ五十人トモナキモノナレハ、多ハ弱兵ノミ也。又新参ノ士ハ、悪キ者ヲ捨テ、善有ヲ撰テ召拘ル故ニ、兵強シ。又古参モ、新参ニマケジト嗜励ム故ニ強ク成者也。和漢比例多シ。太公望事レ周、張郎・韓信《カンシン》事レ漢ニ、孫子事レ呉《コ》ニ、呉子事レ魏《キ》ニ、孔明事レ蜀《シユク》ニ、李靖《リセイ》事レ唐、皆是新参也。日本ニテ、源氏ノ和田・秩父・梶原・熊谷カ徒、楠正成事ル二後醍醐帝一ニ類、新参ニシテ主君ノ大功ヲ立タリ。然リトテ、新参ノ士、皆善シト云ヘカラス。不実ナル侍ハ、名利ニカカハリ身カマヘヲシテ、主君ニ疎《ヲロソカ》ニ、立身計ヲ心掛ル者アリ。此等ハ、タトヒ武勇ノ士ニテモ不レ可レ用。孔明ノ云貞亮《リヤウ》ノ人ニ非ス。又古参ノ士ハ、多ハ他所ノ心カケナク、偏ニ君ヲハナレシト思故ニ、頼モ敷所モ有。然トモ身豊ニソダチテ貧窮ヲ不レ知故ニ、物毎怠リテ遊興ヲノミ事トシ、義ヲ守、死ヲ思心少シ。故ニ兵弱シ。

凡ソ良将ハ新古ヲ不レ論、賢良ヲハ速ニ挙用、不肖ノ者ヲハ退ケ、夫々ニ得タル事ヲ掌シテ、士卒ヲ愛シテ私ナク、武功ノ有者ヲ恵ミ、賞ヲ施シ、上下一同シテ好悪ヲ同シ、学文ヲ好テ、物ノ是非ヲ弁ヱ給コソ難レ有事ナ

頻ニ鉄炮ヲ打懸ケレハ、過半ハ足ヲ乱スヲ見テ、彦九郎、一番ニ駆出テ追懸ル。木幡四郎右衛門取テ返シ、越後ト鑓ヲ合ス。彦九郎、脇鑓ニテ突倒シ、首ヲ捕。大将討レケレハ、残者共引返シ退散ス。其時、鈴木彦九郎ヲ、氏ヲ与ヘテ「岡ノ猪右衛門」ト云。是ヨリ正宗不レ叶トヤ思ケン、馬ヲ入ケリ。景勝方ヘ討捕首帳、都テ雑兵一千弐百級ナリ。

昔諸葛孔明ハ後主ノ暗昧ニシテ人ヲシラス、国家ノ軍既ニアヤウキヲ悲ンテ、侍中陳震・長史蔣琬ト云侍ヲ撰テ、後主ヘ進メントテ云ク、「侍中尚書長史参軍、此悉貞亮ニシテ死スルレ節之臣也。陛下親レ之信セハレ之、則漢室之隆ナランコト可二計ヘテレ日ヲ而待一」トナリ。寔ナルカナ、孔明ノ士ヲ撰ム事、今景勝大事ヲ思立テ浪人ヲ召抱ケルニ、氏郷《ウチサト》ニテ用ニ立タル義勇ノ士ヲ撰テ福島ノ城壘ヲ堅メタレハコソ、大敵ヲ防キ、強兵ヲ挫キ、令名ヲ天下ニ得テ、先祖ノ名ヲ汚サレス。後代兵ヲ学フ人、心ヲ付ヘキ所也。猪俣ト、本城・井筒カ斥候《モノミ》ノ論、是何モ品節アリ。猪俣ハ格ヲ以テ見タリ。是又悪ニアラス。井筒・本城者、気転通達ノ者ニテ変ヲ以見タリ。凡ソ此類レ。今景勝ハ古キ家ナレトモ、又新参ヲ召拘テ、互ニ武ヲ励シムルコソ能思慮ナリケリ。偖又、政宗ノ今度武勇、是ヤ此漢ノ飛将ノ勢ヒヲ振廻ケル、常人ニ抜群ノ人也。

政宗父輝宗二本松城主義清ト合戦数年ニ及フ。輝宗思ケルハ、「会津葦名ヲ退治セバ、奥州ハ過半予カ手ニ入ヘシ。其時ハ、強キ義清モ降参セテハ叶マジ。先一旦手入シテ、義清ト和睦セン」トテ、使ヲ立ケレハ、則義清同心ス。輝宗ハ阿武隈川ヲコ(ノカ)ソ(ナカ)タニ仮屋ヲ建テ、互ニ境目エ出会テ会盟ス。

既ニ酒三献礼和シ、心解テ語リケルニ、義清ノ家人共語ラヒケルハ、「輝宗、我郡邑ヲ犯ス事度々、冠讐《コウシウ》ノ第一也。今日檎《トリコ》ニシテ日本松エ召連テ、犯セル郡邑ヲ可二取返一」ト、内談一同シテ、一人ヲ二本松エ使シテ、「迎ノ兵ヲ急ニ可レ越」ト云ヤル。彼使阿武隈川ヲ渡トテ、馬ヨリ落テ、漸命助テ川下エ上ル故、迎ノ人数、来事遅シ。座敷ニハ、互ニ夢ニモ不レ知シテ、興畢テ義清帰ケルニ、輝宗玄関エ送テ出ル処ヲ、義清カ人数、左右ヨリ輝宗ヲ捕ヘテ引立ル。輝宗ノ士卒、太刀薙刀ノ鞘ヲハヅシテ蒐リケレハ、輝宗ヲ刺殺サントスル故ニ猶予ス。

ニテ万事ヲ知ヘシ。猪俣ハ正ヲ云、井筒ハ奇ヲ云。正ハ学テ知ヘシ。奇ハ学テ知カタシ。然レトモ、正ヲハナレテ奇ヲ知ニアラス。正ヲ知テ後ニ、奇ニ通スル者也。

惣而古キ家ノ譜代ノ士計《ハカリ》ノ家中ハ、兵弱シテ軍利スクナシ。如何ナレハ、大将聖人ナラハ、其下風俗化シテ、賢士・智能モ多クテ能カルヘケレトモ、ソレハナキ事ナレハ、世間ノ大将、共ニ是常人ナリ。然ルニ、古キ家ハ、家人モ子孫ノ代ニカハリテ、身豊ニシテ兵ノ嗜ミモスクナシ。凡ソ用ニ立侍ハ千人ニ五十人トモナキ者ナレハ、多ハ弱兵ノミナリ。又新参ノ兵ハ、悪キ者ヲ捨テ、能者ヲ撰テ召抱故ニ、兵強シ。又古参モ、新参ニマケシト嗜ミハケム故ニ強クナル者也。和漢此例多シ。太公望カ周ニ事ヘ、張良・韓信カ漢ニ事ヘ、孫子カ呉ニ事ヘ、呉子カ魏ニ事ヘ、孔明カ蜀ニ事ヘ、李靖カ唐ニ事ヘシ、皆是新参也。日本ニテ、源氏ノ和田・祖父《チチブ》（秩カ）・梶原・熊谷之徒、楠正成カ天皇ニ事フ類、新参ニシテ主君ノ大功ヲ立タリ。然リトテ、新参ノ士、皆能ト云ヘカラス。不実ナル侍ハ、名利ニカカハリテ身カマヘヲシテ、主君ニ疎カニ、立身計ヲ心懸ル者アリ。是等ハ、タトヒ武勇ノ侍ニ

輝宗モ制止ケレハ、兎角スル内ニ引立テ遥ニ行ク。

子息政宗ハ近辺ヲ鷹将シテ在ケルカ、此事ヲ聞ト均《ヒトシ》ク追カケ、既ニ阿武隈川ニ至テ追付ケルニ、義清ヲ討ントスレハ、輝宗ヲモ一所ニ殺ス事如何アラント踟蹰《チチウ》スル所ニ、政宗下知シケルハ、「父ヲカバイテ義清ヲ討モラサハ、天下ノ恥辱ヲ取ノミナラス、父モ終ニハ殺サレ玉フヘシ。父共ニ討ヤ討ヤ」ト下知シテ、一番ニ進テ蒐リケレハ、義清ハ小勢也。迎ノ兵モ不来事ナレハ、不叶トヤ思ケン、輝宗ヲ刺殺シテ討死シケリ。正宗生年十八歳、ソレヨリ二本松エ直ニ攻蒐《カカ》ル。阿武隈《アフクマ》川ヲ渡ケレハ、迎ノ兵百五十騎計見タルヲ、四方エ追懸シ、二本松エ乗リ入ル。城中ハ小勢、殊ニ思ヒ寄ラサル事ナレハ、一支ヘモセデ開渡ス。

義清カ子息二（日イ）本松将監ハ浪人ス。将監子息日本松右京ハ、会津景勝家人トナル。政宗若年ヨリ、角ノ大功ヲ立テ大名ト成ケル人也。又岡ノ左内ハ、政宗ト太刀打シタル大剛ノ侍ナレハ、其比天下ニ無レ隠口スサミシケル。此人蒲生氏郷ニ事テ所領一万石取ケルカ、生得吝嗇《リンショク》《シハキ》ナル人ニテ、常ニ黄判金ヲ居間ニ並テ慰トス。然レトモ武

テモ用ヘカラス。孔明カ云ル貞亮ノ人ニアラス。又古参ノ士ハ、多クハ他所ノ志ナク、偏ニ君ヲハナレジト思故ニ、頼モ敷所モアリ。然レトモ、身豊ニソタチテ貧窮ヲ不レ知故ニ、物毎懈リテ遊興ヲノミ事トシテ、義ヲ守リ、死ヲ思心スクナシ。故ニ兵弱シ。

　凡良将ハ新古ヲ不レ論、賢良ヲハ速ニ挙用、不肖ノ者ヲハ退ソケ、夫々ニ得タル事ヲ掌シメ、士卒ヲ愛シテ私ナク、武功ノアル者ヲ恵ミ、賞ヲ施シ、上下一同シテ好悪ヲ同シ、学文ヲ好テ、物ノ是非ヲ弁ヘ給コソ難レ有事ナレ。今景勝ハ古キ家ナレトモ、又新参ヲ召抱テ、互ニ武ヲ厲マシムルコソ能思慮ナリケリ。扨又、正宗ノ今度ノ武勇、是ヤ此漢ノ飛将ノ勢ヲ振マイケル、常人ニ抜群ノ人ナリ。

　正宗ノ父照宗ハ日本松ノ城主義清ト合戦スル事数年ナリ。照宗思ケルハ、「会津ノ氏卿ヲ退治セハ、奥州ハ過半予カ手ニ入ヘシ。其時ハ、強キ義清モ降参セテハ叶マシ、先一旦手入シテ、義清ト和睦セン」トテ、使ヲ立ケレハ、義清則同心ス。照宗ハ大熊川ノコナタニ仮屋ヲ立テ、互ニ堺目ヘ出合テ会盟ス。

勇ノ嗜人ニ勝テ、武具ヲハ身ノ分限ニ過テ持タリ。何事ゾアル時ハ、黄金ヲ棄テ馳出ル。召使ノ中間ニ吝キ者アリテ、黄金一枚持ケレハ、左内聞テ、「汝ハ奇特《トク》ナル者哉、軍ニ手前ノ成者ガ利ヲ得ル事多キゾ」トテ、黄金十枚褒美《ホウビ》ニトラセテ侍ニナシケル。其故ニ、家人共皆手前厚ク富貴也ケルカ、浪人シテ武具ヲ不レ売、人ヲモ持テ、今度モ左右ニ家人共助タル故ニ、政宗ト太刀打ヲトシテケリ。惜哉、此人切支丹宗旨ニテ身衰ヘケルト也。

慶長軍記を楽しむために④

「異端」の理財家サムライ――岡左内

　古来、武士と商人の相性は決してよくない。武士は、非常事態に命がけで戦うことを本分とする。結果、「名誉」「恥」こそが、武士のモラルを計る、第一の基準となる。そもそも、武士とは逆説的な存在だ。最も大切なはずの命を危険にさらして戦うという不合理な役割を運命づけられ、なおかつ戦いは合理的に行う必要がある。商人はこれと全く逆である。金銭という、価値を可視的に数値化

已ニ酒三献礼和シ、心解テ語リケルニ、義清ノ家人共、語ラヒケルハ、「照宗、我国ヲ犯ス事度々、冠讎ノ第一也。今日擒ニシテ二本松へ召連テ、犯セル国所ヲ取返スヘシ」ト内談シ、一同シテ、一人ヲ日本松へ使シテ、「迎ノ兵ヲ急可レ越」ト云ヤル。彼使、大熊川ヲ渡トテ、馬ヨリ落テ、漸命助カリテ川下へ上ル故ニ、迎ノ人数、来事遅シ。座敷ニハ、互ニ夢ニモ不レ知シテ、興畢テ義清帰ケルニ、照宗玄関へ送テ出ル処ヲ、義清ノ人数、左右ヨリ照宗ヲ捕ヘテ引立ル。照宗ノ士卒、太刀長刀ノ鞘ヲハツシテ懸リケレハ、照宗ヲ刺殺サントスル故ニ猶予ス。照宗モ制止シケレハ、兎角スル内ニ引立テ行遥ニナル。

子息正宗ハ近辺ヲ鷹狩シテ有ケルカ、此事ヲ聞トヒトシク追懸ル。既ニ大熊川ニ至テ追付ケルニ、義清ヲ討ントスレハ、照宗モ一所ニ殺ス事如何有ト、踟躕スル処ニ、正宗下知シケルハ、「父ヲカハイテ義清ヲ助ナハ、天下ノ恥辱取ノミナラス、父モ終ニハ殺サレ給ヘシ。父トモニ討ヤ討ヤ」ト下知シテ、一番ニ進テ懸リケレハ、義清ハ小勢也。迎ノ兵モ不レ来事ナレハ、不レ叶トヤ思ケン、

したものを、交換によって、できるだけ合理的に獲得していく。目的も手段も合理性を追求するのが商人であり、すなわち合理的選択こそが、商人の本質的命題だと言ってよい。

例えば、危険なところに行くのは嫌だから、自分は保険に入っているので、その金で誰か代わりに危険なところへ行ってくれと言い出す警察官・消防士・軍人がいたとしたら、彼らはその役目から見て、失格の烙印を押されることだろう。身分制の武士であれ、選択された現代の職業であれ、緊急事態に対処する者たちには、決断の的確さと速さ、それに命を惜しまぬ勇敢さが、必ず必要とされるのであって、彼らは、「利潤」や「成果」ではなく、「名誉」によって評価される存在なのである。

平和な江戸時代とは言え、いや平和な江戸時代であるからこそ、武士はその存在意義を問われ、「武道」「武士道」が強く叫ばれるようになったことは、思想史の常識と言っていい。「武道」は「智」「仁」「勇」の三つの側面が柱になるが、江戸前期、「将」のモラルを説いた『太平記秘伝理尽鈔』では「智」と「仁」のそれが、「士」のモラル

照宗ヲ刺殺シテ討死シケリ。正宗生年十八歳、ソレヨリ日本松へ直ニ攻懸ル。大熊川ヲ渉ケレハ、迎ノ兵百五拾騎計見タルヲ、四方へ追散シ、日本松ノ城へ乗入。城中ハ小勢、殊ニ思寄サル事ナレハ、一交モセテ開渡ス。

　義清カ子息日本松将監ハ浪人ス。将監カ子日本松右京ハ会津最上戦ニ功アリ。正宗若年ヨリカク大功立テ大名ト成ケル人也。又岡野左内ハ正宗ニ太刀討シタル大剛ノ侍ナレハ、其比天下ニ隠ナク口スサミケル。此人蒲生氏郷ニ事ヘテ所領壱万石取ケルカ、生得吝嗇ナル人ニテ、常ニ大判金ヲ居間ニナラヘテ慰トス。然レトモ武勇ノ嗜人ニ勝テ、武具ヲハ身ノ分限ニ過テ持タリ。何事ソアラン時ハ、黄金ヲ捨テ馳出ル。召仕ノ中間ニ吝《シハ》キ者アリテ、黄金壱枚持ケレハ、左内聞テ、「汝ハ奇特ナル者カナ、軍ニハ手前ナルモノカ利ヲ得事多キソ」トテ、黄金拾枚褒美ニトラセテ侍ニナシケリ。其故、家人共手前厚ク富貴ナリケルカ、浪人シテモ武具ヲ不レ売、人ヲモ持テ、今度モ左右ニ家人共助タル故ニ、正宗ニ太刀打ヲス。

　其后参河守秀康へ事ヘテ壱万石賜ケル。始蒲生氏郷ニテ百五拾石賜ケルニ、常ニ草履ヲ作テ売。家中大ニ悪テ

をも説いた『甲陽軍鑑』では「勇」のそれが強調されていた（井上『近世刊行軍書論』笠間書院、二〇一四年）。

　本書の筆者植木悦も、甲州流の軍学者であったから、そのバイブル『甲陽軍鑑』同様、「武の道」「侍の道」という言葉を盛んに使って、登場する武士を評価しているが、その内実は、果断さ・勇敢さとしてのそれであった。その意味から言うと、岡左内はユニークな存在だ。本文にも生来「吝嗇」とされるほど、金を愛したというのだから。黄金を居間に敷き並べて楽しんでいたという「奇癖」は、『常山紀談』に至るまで、江戸の軍記・武家説話集によく取り上げられるほど、特異な存在だった。

　しかし、本書を読むと、金銭への愛好と武道とは、彼の場合、矛盾するものではなかったことが見て取れる。小判を隠し持っていた「中間」を、戦の準備には金がいるのだとして、「侍」に昇格させる。よって岡の家では、これを見習って家来たちも蓄財をして豊かになっていく。しかし、蓄財それ自体は、左内の目的ではない。蒲生家を浪人しても武具を売らず、名馬を買ったりして、戦に

不レ友。小田原陣ノ時、伯郎金拾枚ノ細馬ヲ引来。氏郷、其直高トテ不レ買。時ニ左内金七枚ヲ出テ買取。出陣前、家中馬揃アリ。氏郷、彼馬ヲ見テ其故ヲ問。左内、件ノ意趣ヲ申。氏郷大ニ感シテ三百石トナル。其後、所々陣ニ武ヲ振ケレハ、終大身ト成ケリ。氏郷ハ、始伊勢松先城、拾弐万石也。其後、住二近江日野城一。大閤時、以二戦功一ヲ、領二会津百万石一ヲ、卒去ス。子息藤三郎秀行、領二宇津宮拾弐万石一ヲ。今度、城ヲ借申ニ依テ、又会津六拾万石ヲ領ス。家康公御娘ヲ尚シテ飛騨守ト云。其腹ノ子、下野守忠郷、会津四拾万石。藤堂和泉守娘ヲ嫁ス。早世シテ無レ子。舎弟中書廿四万石、伊予国主トナル。彼秀行後家ハ浅野但馬守妻ト成テ、安芸守ヲ誕生セラル。

36　小《ヲ》山《ヤマ》ニテ軍評議并御馬入事　（九―三）

既ニ御大将小山ニ本陣ヲスヘラレケル処ニ、廿四日、上方ヨリ飛脚到来シテ、石田治部少輔叛逆シテ上方一同

備えていたのだ。彼の中で、「侍の道」と蓄財はその目的において、決して矛盾していなかった。

自身浪人だった植木悦は、序文でも本文でも、俸禄に安住して奢侈に流れる現今の武士を批判し、浪人の登用を主張する。左内という異端の武士は、植木の主張のための「鏡」のような存在でもあったのだ。ただし、左内の輝きは写本でこそ光る性質のものだった。伊達政宗と一騎打ちをする武勇、情勢判断鋭い軍略で伊達勢を翻弄するその活躍は、版本に載せてしまうと仙台藩からクレームの出る内容でもあった。左内がキリシタンであったという情報も、出版向きではない。そうした背景を知ってこそ、左内が黄金の精霊と、金銭と政治の関係を語る『雨月物語』「貧福論」を、より立体的に味わえるというものであろう。

36　於小山軍評議並御馬入事　（五―九）

既ニ御ン大将小山ニ本陣ヲ居《スエ》ラレケル所ニ、廿四日、上方ヨリ飛脚到来シテ石田治部少輔叛逆シテ、上方一同

ニ蜂起之由告来ケレハ、皆人色ヲ失ヒケリ。或ハ「石田ヲ伏見ニテ討果給ハハ是御大事ハ有マシキニ、御遠慮過テ如レ此。「涓々タルヲ不レ塞ハ将レ為二江河一」、「熒々タルヲ不レ救ハ炎々タルヲ如何《(ママ)》」トハ、加様ノ事ヲヤ云ヘキ」ト、云モノモアリ。又ハ、「後ハ上方一面ニ蜂起シ、前ハ景勝旗鉾ヲ上、前後ノ敵ニ囲レテ、此後ノ難ハ知ヘカラス」ト、疾首蹙頞スル者モアリ。

然ル処ニ伏見ヨリノ注進ニハ、「松ノ丸ノ橋ヲ引テ到二篭城一」ト申上ケレハ、内府公仰ニハ、「橋ノナキ所ニハ橋ヲ掛テコソアランニ、有ル橋ヲ引程ナラハ、篭城ハ叶マシ」トナリ。

五・六日過テ、「八月朔日落城、城中ノ人々不レ残討死」ノ由、申来ル。秀忠卿ハ宇都宮ニ陣シ給フカ、小山へ来テ老臣等ヲ召出シ、内府公ノ御前ニテ御密談ナリ。于時、井伊兵部直政、進出テ申ケルハ、「会津表ヲ捨置レテ上方御退治、可レ然候。其故ハ、景勝ハ隣国ニ最上《モカミ》出羽守・仙台ノ正宗・越後ノ羽柴久太郎、皆無二ノ御味方ナリ。此等喰留ナラハ、韓信ヲ欺ク景勝ニテモ、斬テ上ル事ハ成ヘカラス。上方ニハ石田ト一味ノ衆多シ。殊

ニ蜂起《ホウキ》ノ由告ケ来ケレハ、皆人色ヲ失ケリ。或「石田ヲ伏見ニテ討果玉ハハ此御太《(大カ)》事ハ有マシキニ、御遠慮スギテ如レシ此。「消《(涓カ)》々不レハ塞《フサカ》将レニ為二江河一ト」、「熒々《ケイケイ》タルヲ不レ救炎々《スクハエンエン》ヲ如何ン」トハ、箇様ノ事ヲヤ云ヘキ」ト、云者モ有リ。或ハ、「後ロハ上方一面ニ蜂起シ、前ハ景勝旗鉾ヲ上、前後ノ敵ニ囲レ、此後ノ難ハ不レ可レ知」ト、疾《ヤマシメ》レ首ヲ蹙頞《シュクアク》《シハムヒタイ》スル者ノアリ。

然所ニ伏見ヨリノ注進ニハ、「松丸ノ橋ヲ引テ致二篭城一」ト申上ケレハ、内府公仰ニハ、「橋ノナキ所ニハ橋ヲ掛テコソ有ンニ、アル橋ヲ引程ナラハ、篭城ハ叶マシ」ト也。

五・六日過テ、「八月朔日落城シ、城中ノ人々不レ残討死」ノ由、来ル。秀忠公ハ宇都宮ニ陣シ給カ、小山ニ来リ玉ヒ、老臣等ヲ召出シ、内府公ノ御前ニテ御密談也。于レ時、井伊兵部直政、進出申ケルハ、「会津表ヲ棄置《ステヲカ》レ、上方御退治可レ然候。其故ハ、景勝ハ隣国ニ最上出羽守・仙台政宗・越後羽柴久太郎、皆無二ノ御味方也。此等喰留ナラハ、韓信《カンシン》ヲ欺ク景勝ニテモ、切テ上ル事ハ不レ可レ成。上方ニハ石田ト一味ノ衆多シ。殊ニ西

ニ西国ノ大小名徒党ナレハ、御大事ト存候。上方、秀頼ノ命ヲカツテ諸大名ヲ催促スル故ニ大軍ニナリ候。タトヒ御勝利ニテモ、二・三年モ静謐スヘカラス。上方サヘ平均ノ功成候ハ、景勝ハ自ラ冑ヲヌキ候ヘシ。会津押ヘノ為ニ、結《ユウ》城参河守殿ヲ御大将トシテ被二措置一可レ然存候。水戸ノ佐竹義宣ハ、治部少輔ト志ヲ通スルト申セトモ、父義重隠居シテ竹熊ニ居テ、末ヲ考ヘ、御味方ニ引ト承候ヘハ、大形父ノ命ニハ替マシク候」ト申ケレハ、内府公御機嫌ナリ。

偖上方ノ大名・小名ヲ召テ御饗応アリ。井伊兵部・本多中務、両使ヲ以テ被二仰出一ハ、「今度、上方逆徒起リタルニ付テ、彼党ニ加ラント思輩ハ、急キ罷上リ被レ申ヘシ」ト也。各緘《ツクンテ》レ口ヲテ《ママ》言ヲ不レ出。

爰ニ羽柴左衛門大夫進出テ、「某ハ全無二二心一候ヘハ、御出馬候ハ御先陣ヲ承ラン」ト云。黒田甲斐守・藤堂佐渡守・徳永法印、其外ノ諸将、一同ニ無二二心一之由、申上ケリ。又、「道阿弥・江雪ヲ御使トシテ、景勝ヲ誅伐アランカ、先上方退治アランカ、各了簡シテ被二申上一ヨ」ト也。諸将僉議シテ申サレケルハ、「我々妻子、

国ノ大小名ヲ催ナレハ、御大事ト存候。上方、秀頼ノ命ヲ借リテ諸大名ヲ催促スル故ニ大軍ニ成候。仮令御勝利ニテモ、二・三年モ静謐スベカラス。上方サヘ平均《キン》ノ功《コウ》成候ハヽ、景勝ハ自ラ冑ヲ脱候ヘシ。会津圧《ヲサヘ》ノ為ニ、結城参河守殿ヲ大将トシテ被二差置一可レ然存候。水戸ノ佐竹義宣ハ、治部少輔ト心ヲ通スルト申セトモ、父義重隠居シテ竹熊ニ居テ、末ヲ考、御味方ニ引ト承候ヘハ、大形父ノ命ニハ替ヘマシク候」ト申ケレハ、内府公御機嫌也。

偖上方ノ大名・小名ヲ召テ御饗応アリ。井伊兵部・本多中務、両使ヲ以被二仰出一ハ、「今度、上方逆徒起リタルニ付テ、彼党加ラント思輩ハ、急キ罷上申サルヘシ」ト也。各緘《トヂ》レ口ヲ言ハヲ不レ出。

爰ニ羽柴左衛門大夫進出テ、「某ハ全ク無二クニ心一候ヘハ御出馬候ハ、御先ヲ仕ラン」ト云。黒田甲斐守・藤堂佐渡守・徳永法印、其外ノ諸将、一同ニ無二二心一ノ由、申上ケル。又「道阿弥・江雪御使トシテ、景勝ヲ誅伐アランカ、先上方退治アランカ、各了簡シテ被二申上一ヨ」ト也。諸将僉議シテレ被申ケルハ「我々妻子、大坂ニ候

大坂ニ候ヘハ、一剋モ急キ上方御征罰候ハ、敵ヲ枕ニ仕果申度」ト也。因レ茲、上方御征罰トソ触ラレケル。

爰ニ山内対馬守ハ懸川ノ城主ナルカ、「海道繫キノ為ニ御人数ヲ被二入置一候へ。則開キ渡可レ令二進上一」トナリ。内府公、彼忠実ヲ感思食テ、後ニ土佐国ヲ領スルモ、此忠トソ聞ヘケル。但堀尾信濃守ト中ヨカリツレハ、物毎談合シケルカ、信州カ思ハクニ付テ申上ケルト也。其後信州モ、「浜松ノ城可二差上一」ト有ケレトモ、跡ナリケレハ、忠節モ次ニナリタリ。対州カ善人ヲ見テ交リ、能人ノ異見ヲ聞テ速ニ善言ヲ貴ヒ用ユル心入ヨキ故ニ、後ニ子孫モ繁昌シケリ。

扨羽柴左衛門大夫ヲ召テ、「御辺ノ居城清須ハ、敵国境ノ所也。今度御借有度」トアレハ、左衛門大夫申ハ、「罷帰テ老臣共ニ申聞セテ、重テ御請申サン」トテ立ケルカ、大手ノ下馬ノ前ナル石ニ腰ヲ懸テ支ヘレ頤ヲ揺シレ膝ヲテ云ケルハ「今、天下ニ主君ト可レ頼ハ、内府公ナラデハナシ」ト云テ、又立帰テ申ケルハ、「宿所ニテ誰談合ニモ及候ハス。清須ヲ開《アケ》渡可レ申」トナリ。斯テ、結城参河守秀康ニ、弐万余ヲ相添テ、会津ノ押ヘニ被二仰

ヘハ、一剋モ早ク上方御征罰《ハツ》候ハハ、敵ヲ枕ト仕リ果申度」ト也。因レ茲、上方御征伐トゾ触ラレケル。

爰ニ山内対馬ハ懸川ノ城主ナルカ、「海道繫《ツナ》ギノ為ニ御人数ヲ被二入置一候へ。則開キ渡可レ令二進上一」ト也。内府公、彼忠実ノ感《(ヲカ)》シ思召テ、後ニ土佐国ヲ領スルモ、此賞トゾ聞エケル。但掘尾信濃守ト中ヨカリケレハ、物毎談合シケルカ、信州カ思ワクニ付テ申上ケルト也。其后信州モ、「浜松ノ城ヲ可二差上一」ト申ケレトモ、跡ナリケレ共《(ハカ)》、忠節モ次ニ成タリ。対州、善人ヲ見テ交ヨク、人ノ異見ヲ聞テ速ニ善言ヲ用ル心入ヨキ故ニ、後ニ子孫繁昌シケリ。

扨羽柴左衛門大夫ヲ召テ、「御辺ノ居城清須ハ、敵国境ノ所也。今度御借有度」トアレハ、左衛門大夫申ハ、「罷帰、老臣共ニ申聞セ、重テ御請申サン」トテ立ケルカ、大手ノ下馬ノ前ナル石ニ腰ヲカケテ支《ツカヘ》レ頤《ヲトカヘ》揺《ウコカシ》レ膝《ヒサヲ》テ云ケルハ、「今、天下ニ主君ト可レ頼ハ内府公ナラデハナシ」ト云テ、又立帰テ申ケルハ、「宿所ニテ誰談合ニモ及候ハズ。清須ヲ開《アケ》渡可レキ申」ト也。斯テ、結城参河守秀康主ニ、二万余ヲ相添テ、会津ノ圧《ヲサヘ》ニ被二仰

付一。又、上方大名衆へハ、先陣ノ次第被二仰渡一、御上洛ノ用意ナリ。「秀忠卿ハ、宇津宮ノ城普請成就以後、木曽路ヲ経テ御上アレ」トナリ。

爰ニ多賀谷左近ハ元来結城ノ家人筋ニテ、一所ヲ給テ有ケルカ、宇都宮へ夜討セント計ル。先佐竹へ使ヲ立テ、「後ヲクロメ給へ」ト云ケレトモ、佐竹ハ父ノ言《コト》ヲ守、返事モ延引シケレハ、多賀谷内ヨリ反忠ノ者アツテ、不レ叶トヤ思ケン、降参ス。

内府公ハ小山ニ中三日御逗留有テ、廿八日、御出馬ナリ。古河ノ船橋切テ放、小船二・三艘有ケルニ、上方勢如二雲霞一川端ニ望テ腹ヲ立、「加様ノ時ハ、無レ船処ニモ船橋ヲ懸へキニ、小船計ニテ数万ノ軍兵、イツノ世ニ渡ルへキ」ナトト云ケレトモ、専ナクシテ、各先ヲ争テ渡リテ日ヲ暮ス内ニ、内府公ハ古河ノ川上船ニ乗、葛西ヨリ江戸へ御入城。誠ニ深キ御思量、常人ノ計ラントスルモ愚ナリ。

付一。又、上方大名衆エハ、先陣ノ次第被二仰一渡、御上洛ノ御用意也。「 秀忠公ハ、宇都宮ノ城普請成就以後、木曽路ヲ経テ御上アレ」ト也。

爰ニ多賀谷《タガヤ》左近ハ結城ノ元来家人筋ニテ、一所給テ有ケルカ、宇都宮エ夜討セント計ル。先佐竹エ使ヲ立、「後ヲクロシテ玉へ」ト云ケレ共、佐竹猶予《ユウヨ》シテ、返事モ延引シケレハ、多賀谷内ヨリ返リ忠ノ者有テ、不レ叶トヤ思ケン、降参ス。

内府公ハ小山ニ中三日御逗留有テ、廿八日、御出馬也。古河ノ船橋切リ放シ、小船二・三艘有ケルニ、上ミ方勢如二ク雲霞一川端ニ臨《ノソン》テ、「箇様ノ時《トキ》ハ、無レ船所ニモ船橋ヲ可レ懸ニ、小舟計ニテ数方ノ軍兵、イツノ世ニ可レ渡ヤウナシ」ト云ケレトモ、専《セン》ナクシテ、各々先キヲ争テ渡ツテ日ヲ暮ス。内府公ハ古河ノ川上ミ船ニ乗玉ヒ、葛西江戸エ御入城。誠ニ深キ御思慮、常ノ人ノ計《ハカ》ラントスルモ愚カ也。

37　越後一揆蜂起事　（十―一）

爰ニ越後ノ国ハ長尾謙信マテ代々ノ旧国ナレハ、今度景勝ノ謀反ニ国侍共徒党シケリ。景勝ハ大閤ノ御時会津ヘ国替シ、其跡ヘハ羽柴久太郎三十五万石ニテ春日山ノ下ノ城ニ居住ス。家老堀監物五万石、嫡男雅楽助三庄ノ城ニ居ル。次男掘丹後守ハ六日町坂戸城ニ居。是ハ大閤ヨリ壱万石ヲ拝シ、久太郎ヨリ一万石ヲ取トナリ。神子《ミコ》田《ダ》八右衛門、壱万五千石、戸中ノ城ニ居ル。小倉主膳、三千石、下倉ノ城ニ居ル。蓮正寺、二千石、同小倉ニ加ハル。堀久太郎者父ハ元来本懐寺ノ僧ニテ、蓮正寺ト申ケル。武勇アリテ還俗シ、太郎左衛門ト云。後ニ蓮正寺建立シ、弐千石寺領ヲ付、堀家ノ菩提所トシケリ。此外長岡ノ城主堀美作守、弐万石。柴田ノ城溝口伯耆守、六万弐千石。村上城村上周防守、九万五千石。

　但此四人ハ久太郎トハ各別ニテ、各申合サレケルカ、景勝カ旧国ナレハ、浪人地侍等、景勝ヨリノ内意ヲ受テ一揆ヲ起ス。百姓以下駆催シテ、不同心者ヲハ切テ捨ケレハ、衆人一州シテ春日山ノ城下ニ一揆蜂起シケリ。堀

37　越後一揆蜂起事　（六―一）

爰ニ越後ノ国ハ長尾謙信《ケンシン》迄代々ノ旧国ナレハ、今度景勝ノ謀叛ニ国侍共徒党シケリ。景勝ハ太閤ノ御時会津ヱ国替シ、其跡《アト》ハ羽柴久太郎三十五万石ニテ春日山ノ下ノ城ニ居住ス。家老堀監物五万石、嫡男雅楽助、三庄ノ城ニ居ル。次男堀丹後守ハ坂戸城ニ居ル。是レハ大閤ヨリ一万石ヲ拝領シ、久太郎ヨリ壱万石ヲ取ト也。神子田八右衛門、壱万五千石、戸中ノ城ニ居ル。小倉主膳、三千石、下倉城ニ居ル。蓮正寺、二千石、同小倉ニ加ル。久太郎父ハ元来本願寺ノ僧ニテ、蓮正寺ト申シケル。武勇有テ還俗《ケンゾク》シ、太郎左衛門ト云。後ニ蓮正寺建立シテ、二千石寺領ヲ附、堀家ノ菩提所トシケリ。此外長岡ノ城主堀美作守、二万石。柴田城溝口伯耆守、六万二千石。村上城村上周防守、九万五千石。

　但此三人ハ久太郎トハ各別ニテ、各申合サレケルカ、景勝ノ旧国ナレハ、浪人地侍等、景勝ヨリ内意ヲ受テ一揆ヲ起ス。百姓以下駆催《カリモヨホシ》テ、不㆓同心㆒者ヲハ切テ捨ケレハ、衆人一州シテ春日山ノ城下ニ一揆蜂起シケリ。堀

監物聞テ、則統領ヲ擒ニシテ残党ヲ殺害スル故ニ、城下ハ堅固ナリ。

此時久太郎ハ幼少ニテ、諸事監物カ計也。堀丹後守ハ境節春日山ニ在ケルカ、一揆蜂起故ニ坂戸ニ帰城ス。下倉城ハ、八月朔日、一揆起テ郭外ヲ放火ス。城中無勢ニシテ已ニ危キ処ニ、丹後守此事ヲ聞テ、後詰トシテ発向セントス。郎従諫テ云、「敵已ニ当城ニ可二襲来一。其時ハ後悔アラン。唯此城ヲ守ニハシカス」ト云。丹後答云ク、「今小倉ノ難ヲ不レ救、若当城ヲ敵不レ攻則ハ、世上ノ笑草ト成ナン」トテ、夜通ニ撃テ出、二日辰ノ刻、下倉ニ至ル。

行程九里、小倉主膳ハ丹州カ後詰ニ来ルヲ聞テ、「撃テ出ン」ト云。蓮正寺云ク、「敵ハ大軍ナリ。今少待テ、丹州カ旗ヲ見懸テ撃テ出、前後ニ挿《ハサン》テ戦ヘシ」ト云。主膳カ云、「仰尤ニハアレトモ、若輩ナル丹後守ヲ頼テ敵ヲ払ケルト、後ノ嘲モ口惜キ事ナレ。喩敵ハ何万モアレ、一揆ノ奴《ヤツ》原ナレハ何程ノ事ノアルヘキ。若不レ叶ハ討死スルヨリ外ハナシ。貴方ハ城ヲ堅固ニ守リテ丹州ヲ待受給ヘ」ト云捨テ、門ヲ開テ撃テ出。

監物、則統領《トウレウ》ヲ擒《トリコ》ニシテ残党ヲ殺害スル故、城下ハ堅固也。

此時久太郎ハ幼少ニテ、諸事監物カ計也。堀丹後守ハ境節春日山ニ在ケルカ、一揆蜂起故坂戸ニ帰城ス。下倉城ハ、八月朔日、一揆起テ郭外ヲ放火ス。城中無勢ニシテ既危キ処ニ、丹後守此事ヲ聞テ、後詰トシテ発向セントス。郎徒諫テ云、「敵既当城ニ可二襲《ヲソヒ》来一ル。其時ハ後悔アラン。只此城ヲ守ニハシカス」ト云。丹後守云、「今小倉ノ難ンヲ不レ援、若当城ヲ敵不レ攻ハ、世上ノ笑種ト成ナン」迚、夜通ニ打テ出、二日辰刻、下倉ニ到ル。

行程八里、小倉主膳ハ丹後守後詰ニ来ルヲ聞、打テ出ントス。蓮正寺言、「敵ハ大軍也。今少ラク待テ、丹州カ旗ヲ見掛テ撃テ出、前後ニ挿テ戦ヘシ」ト云。主膳云、「仰尤ニハアレトモ、若輩ナル丹後守ヲ頼テ敵ヲ払ケルト、後ノ嘲《アサケリ》モ口惜キ事ナレハ、仮令《タトヒ》敵ハ何万モアレ、一揆ノ奴原ナレハ何程ノ事カ有ヘキ。若不レ叶ハ討死スル迄ソ。貴方ハ城ヲ堅固ニ守テ丹州ヲ待受給ヘ」ト云捨テ、門ヲ開テ打テ出。

主従五十余人命ヲ天ニ懸テ有ケルカ、敵六百人計屯シ

主従五十余人命ヲ天ニ懸テ有ケルカ、敵六百人計屯ロシタル備へ、一文字ニ切テ蒐ル。猛威ニヤ恐ケン、足ヲ乱ケルカ、終ニ敗北ス。其侭引取ナラハ能面目ナルニ、彼方此方へ切テ廻リケレハ、大勢ノ中へ取篭テ、一人モ不レ残レ被討ケリ。一揆ノ者共、是ニ利ヲ得テ弥城ヲ打囲ム。

一揆等モ戦ツカレタル処へ、丹後守押来ケレハ、一揆原是ニ驚テ、多少ヲモ不二見分一、早敗軍ス。丹州ノ勢追討シテ、首三百余級ヲ得タリ。丹州呼ハリケルハ、「敵ハ大軍ナルソ。永追スナ」ト下知シケル。一揆原ハ、妻在ノ庄、田川ノ在家近辺ニ群聚シテ陣二シ四耳町川向ニ一ケル。小敵ニ切崩サレケルヲ無念ニ思ヒ、一戦ノ用意ニ備ヲ立ントス。

丹後守是ヲ見テ、騎馬士九人ニ鉄炮を持セ、惣勢ハ跡ニ備、自身ハ近々ト忍寄、物陰ナレハ敵ハ不レ知、能ツカイニ不意ヨリ出テ鉄炮ヲ放懸ケレハ色メキ立所ヲ、丹後守鑓ヲ取テ蒐入ハ、九人モ鉄炮ヲ捨テ、鑓ヲ取テ蒐テ行。跡ノ惣勢是ヲ見テ、一度ニ鯨波ヲ上テ蒐ケレハ、一揆ノ者右往左往ニ敗績ス。一揆ノ大将景勝浪人、丸田右

タル備エ、一文字ニ切テ蒐ル。猛威ニヤ恐ケン、足ヲ乱シケルカ、終ニ敗北。其侭引取ナラハ能キ面目ナルニ、彼方《カナタ》此方《コナタ》エ切テ廻リケレハ、大勢ノ中エ取篭テ、一人モ不レ残討レケリ。一揆ノ者共、是ニ利ヲ得テ弥々城ヲ打囲ム。

一揆共モ戦疲タル処エ、丹後守押来ケレハ、一揆原是ニ驚イテ、多少ヲモ不二見分一、早敗軍ス。丹州ノ勢追討シテ、首三百余級ヲ得タリ。丹州呼ハハリケルハ、「敵ハ大軍ナルソ。永追スナ」ト下知シケル。一揆原ハ、妻《メ》在《アリ》ノ庄、田川ノ在家近辺ニ群衆シテ、四耳町川向ニ陣シケル。小敵ニ切崩サレケルヲ無念ニ思ヒ、一戦ノ用意ニ備ヲ立ントス。

丹州是ヲ見テ、騎馬士士《ヒ》九人ニ鉄炮ヲ持セ、惣勢ハ跡ニ備、自身ハ近々ト忍寄《シノヒヨリ》、物陰《カケ》ナレハ敵ハ不レ知、能ツカイニ不意ニ出テ鉄炮ヲ放シカケケレハ色メキ立所ヲ、丹後守鑓ヲ取テ蒐レハ、九人モ鉄炮ヲ棄《ステ》、鑓《ヤリ》ヲ取テ掛ル。跡ノ惣勢是ヲ見テ、一度ニ鯨波《トキノコエ》ヲ上蒐《カカリ》ケレハ、一揆共右往左往ニ敗績ス。一揆ノ大将景勝浪人、丸田左京（イ右）・朝日・斉藤・柿ヵ崎等殿《シンカリ》ヲシテ散卒ヲ制止《セイシ》シ退《ノキ》ケル。此

京・朝日・斉藤・柿崎等、殿ヲシテ散卒ヲ制止シ退ヌレハ、是ニテ丹州方モ不レ追ケル。又首実検スルニ、討捕首弐百余級ナリ。丹州ハ其ヨリ下倉ノ城ニ入。

爰ニ堀雅楽助ハ三庄ノ城ニ在ケルカ、春日山ノ一揆ヲ聞テ、老父ノ方ヤ無二心元一思ケン、春日山ヘ来リケレハ、監物カ云、「丹後守ハ是ニ有シカ、一揆ヲ聞テ坂戸ノ城ヘ帰タリ。今其方預タル城ヲ開テ来ルハ不覚ナリ」ト云ケレハ、雅楽助帰城セントス。三庄近クナレハ、家人共馳来テ云ク、「一揆四万計寄来リ、郭外ヲ稲麻竹葦如ク取囲也」ト云。雅楽助大ニ驚テ、三庄五里此方ニ馬ヲ止メ、無勢ニテハ不レ叶トヤ思ケン、村上周防守・溝口伯耆守方ヘ使ヲ立。初度ノ使ハ一揆ニ被レ討ケリ。二度ノ使行着テ申演ケレハ、両人打立ントシケルカ、伯耆守云ク、「百姓ノ人質ヲ取テ出馬セン」トテ、毛呂次郎右衛門・窪《クボ》与左衛門・戸井半左衛門ヲ遣ス処ニ、与左衛門ヲ、七日町ト云在郷ニテ川ヲ越時、三人ホト可レ乗小船ニ、船人弐人乗ケレハ、与左衛門一人ヲ中ニ乗テ、川中ニテ船ノ梶ニテ打殺ス。両人ハ是ヲミテ、脇道ヨリ川ヲ泳テ立帰ル。伯耆守、「扨ハ吾領内モ一揆起ケルソ

ニテ丹州方モ追サリケリ。又首二百余級討捕、丹州ハ其レヨリ下倉城ニ入ル。

爰ニ堀雅楽助ハ三庄ノ城ニ在ケルカ、春日山ノ一揆ヲ聞テ、老父ノ方ヤ無二心元一思ヒケン、春日山エ来ケレハ、監物カ云、「丹後守ハ是ニ在シカ、一揆ヲ聞テ坂戸城エ帰タリ。今其ノ方ハ預タル城ヲ開ケテ来ルハ不覚也」ト云ケレハ、雅楽助帰城セントス。三庄近ナレハ、家人トモ馳来テ云、「一揆四方ヨリ寄来、郭《クハク》外ヲ稲《トウ》麻《マ》竹《チク》葦《キ》ノ如ク取囲候」ト云。雅楽助大ニ驚、三庄五里此方ニ馬ヲ止メ、無勢ニテハ不レ叶トヤ思ケン、村上周防守・溝口伯耆守方エ使ヲ立。初度ノ使ハ一揆ニ討レケリ。二度ノ使難ナク行テ申演ケレハ、両人打立ントシケルカ、伯耆守、「百姓ノ人質ヲ取テ出馬セン」トテ、毛呂次郎右衛門・富田与左衛門・戸井半左衛門ヲ遣ス処ニ、与左衛門ヲ、七日町ト云在郷ニテ川ヲ越時、三人程可レ乗小船ニ、船人二人乗、与左衛門ヲ中ニ乗セテ、川中ニテ船ノ舵ニテ打殺ス。両人ハ是ヲ見テ、脇道ヨリ川ヲ泳テ立帰ル。伯耆守、「扨ハ我領内モ一揆起《ヲコ》リケルソヤ。其奴原ヲ討捕」トテ撃テ出。

ヤ、其奴原ヲ討捕」トテ撃テ出。

一揆ハ早七八千分、田野ニ群聚シテ芦原ニ伏ヲ置、相待処ニ、伯耆守芦原ニ懸リ押行ケルカ、先手世間太兵衛ト云者呼ハルハ、「唯今シタル大便、爰ニアリ。如何様此芦原ニ伏兵アルソ。不レ可レ行」トテ鉄炮ヲ放懸ケレハ、伏兵コラヱカネテ立上テ敗軍ス。追討ニシテ首百五拾級ヲ得タリ。

一揆ハ分田川ヲ越テ橋本マテ、道二里退テ陣ヲ張、川ヲ隔タリ。世間太兵衛水戸口ヨリ船多漕寄ケルヲ、一揆共是ヲ見テ、不レ叶トヤ思ケン、悉崩行テ、法華堂山ヘ北上ル。村上周防守ハ安田野マテ出張スル。父ノ監物ハ、春日山ヨリ八里出張ス。神子田八右衛門モ道マテ出張シケル。

一揆ハ三日打囲タリ。城ノ兵ニ山中兵右衛門、「敵ハ久敷軍ヲ暴《サラシ》テ惰気ニナリタリ。突テ出テ、目ヲ覚サセン」トテ、門ヲ開テ撃懸ケレハ、寄手敗北シテ、一揆頭安田平八ヲ討捕。一揆一旦ハ敗軍スレトモ、大軍ナレハ又取テ返シテ、三日城ヲ攻ケルカ、諸方ノ後詰ヲ聞テ不レ叶トヤ思ケン、散々ニナリテソ落行ケル。

一揆ハ早七・八千分田野ニ群集シテ芦原ニ伏ヲ置、相待処ニ、伯耆守芦原ニ懸リ押行ケルカ、先手世間大兵衛ト云者呼ハルハ、「只今シタル大便此ニ在。イカサマ此芦原ニ伏兵アルゾ。不レ可レ行」トテ鉄炮ヲ放懸ケレハ、伏兵堪ヘ兼テ立上リ敗北ス。追討ニシテ首百五十級ヲ得タリ。

一揆ハ分田川ヲ越テ橋本迄、道二里退テ陣ヲ張、川ヲ隔タリ。世間大兵衛水戸口ヨリ船多ク漕寄ケルヲ、一揆共是ヲ見テ、不レ叶トヤ思ケン、悉崩シ行テ、法華堂山エ北上ル。村上周防守ハ安田野(イ郷)迄出張ス。堀監物ハ、春日山ヨリ八里出張ス。神子田《ミコタ》八右衛門モ道迄出張シケル。

一揆ハ三日打囲ダリ。城兵山中兵右衛門、「敵ハ久ク軍《グン》ヲ暴《サラシ》テ惰気ニ成タリ。突テ出、目ヲ覚サセン」トテ、門ヲ開テ撃《ウチ》掛リケレハ、寄手敗北シテ、一揆ノ頭安田平八ヲ討捕。一揆一旦ハ敗軍スレトモ、大軍ナレハ又取テ返シ、三日城ヲ攻ケルカ、諸方ノ後詰ヲ聞テ不レ叶トヤ思ケン、散々ニ成行落ケル。

堀丹後守ハ、幼少ヨリ器量人ニ超タリ。十三歳ノ時、

堀丹後守ハ幼少ヨリ器量人ニ超タリ。十三ノ時、大閤ニ事ヘケルニ、或夜、御数寄屋ニテ炭ヲ入ラレケルニ、千野《センノ》利休カ亡魂来テ、頭巾ヲ着テ、胡麻膝《アクラヒサ》ニテ見物ス。秀吉公、炭ヲ仕廻テ、出テ仰ラルルハ、「亡魂ナカラ大ニ無礼ナリ。今ニ居カ見テ参レ」トアリ。丹後守畏テ立上リ、御数寄屋へ行道々戸ヲ閉テ参ケル。立帰テ、「何者モ候ハス」ト申ケル。十六歳ニテ毛利輝元へ、「冑《カブト》ヲ一刎《ハネ》御物スキニテ申請度」ト云。輝元冑ヲ与ヘケレハ、丹後大ニ悦テ頂戴シ「アツハレ一度此冑ヲ着仕度候。貴卿ノ御取合ヲ以、朝鮮国へ御使ニ被二仰付一ヨカシ」ト申ケレハ、輝元、則大閤へ申上ラル。

其後堀左衛門尉逝去、父ノ監物老人、「国ノ仕置モ無二心許一ト奉レ存間、越後御目付ニ吾等ヲ被二御付一給カシ」ト申ケレハ、大閤、其時壱万石ヲ賜テ、越後ノ横目ニ被レ遣、久太郎方ヨリ壱万石、合テ弐万石トナル。

関ケ原ノ時節、越後ノ一揆ノ働トシテ弐万石、合四万石トナル。其後、兄ノ雅楽助、父ノ世ヲ継テ監物ト云ケルカ、中悪シ。主君久太郎ヲ越後守ト云タルカ、又悪マレテ、既ニ殺害ニ及ハントシケレハ、越後ヲ出奔シテ桑

大閤ニ事エケルニ、或夜、御数寄屋ニテ炭ヲ入ラレケルニ、千野利休カ亡魂来テ、頭巾ヲ着テ、胡床膝《アクラ》ニテ見物ス。秀吉公、炭ヲ仕廻テ、出テ仰セケルハ、「亡魂ナガラ大無礼也。今ニ居ルカ見テ参レ」ト也。丹後守畏テ立上リ、御数寄屋エ行道々戸ヲ閉テ参リケル。立帰テ、「何者モ御座ナク候」ト申上ル。十六歳ニテ毛利輝元エ、「曹（冑カ）ヲ一刎、御物数寄ニテ申受度」ト云。輝元冑ヲ被レ与《アタエ》、丹後大ニ悦テ「天晴《アツハレ》一度此曹（冑カ）ヲ着仕度候。貴卿ノ御取成ヲ以テ、朝鮮国エ御使ニ被二仰付一ヨカシ」ト申ス。輝元、則チ太閤へ申上ラル。

其後堀左衛門尉死去、父監物老人、「国ノ仕置モ無二心元一奉レ存候間、越後御目付ニ我等ヲ被二仰付一給ヘカシ」ト申ケレハ、大閤、其時壱万石ヲ賜テ、越後ノ横目ニハ被レ遣、久太郎方ヨリ一万石、合弐万石トナル。

関原ノ時節、越後一揆ノ働キニ依テ弐万石、合四万石トナル。其後、兄雅楽助、父カ世ヲ継テ監物ト云ケルカ、中悪シ。主君久太郎ヲ越後守ト云タルカ、又悪マレテ、既ニ殺害ニ及ハントシケレハ、越後ヲ出奔シテ桑名ニ行、本多中務ニ委細ニ告ケル。中務、息女ヲ　内府公御養子

名ニ行、本多中務方へ行テ、委細ニ告ケル。中務、息女ヲ内府公御養子トシテ越後守ニ被レ下故也。内府公聞召テ、監物ト丹後トヲ駿河へ被二召寄一、対決ス。

此監物ハ実ハ丹後カ弟ナリ。父ノ監物越後守、姨婿ニテ、其腹ノ子ナレハ嫡子トス。此故ニ、庶兄丹後ハ次男トシテ大閤へ扈従ニ出シケリ。越後一揆ノ時、武功ヲ励タレハ、内府公ヨリ御感状ヲ拝ス。雅楽助ハ器量ヲトリタレハ、還テ丹後ヲ冒嫉シテ、「此人ハ次第ニ権威募ラハ、吾身ハ日日ニ衰微シナン」ト思案シテ、幼君ヲ語ラヒ譏シテ、此口舌ニ及ケレハ、監物負ニケリ。仰云、「越後守、五尺ノ童ニ大国ヲ宛行事、丹後守等ノ武功者有故也。両臣誓紙ヲ以和睦シ、越後守ヲ可二守護一」ト。然レトモ、幼君十四歳ナレハ家中アナトリ、「我ハ監物へ行ン、彼ハ丹後一味」ナトト詈ツツ、終家中二ツニ成テ確執ス。

或時駿河ノ城炎上、丹後守ニ仰テ火ヲ消シム。丹後守、内府公ノ御心ヲ知テ、金銀ノ庫蔵へ馳付テ火ヲ防、火消道具道々ニ捨置、我名ヲ記タレハ、諸人此道具ヲ取テ火ヲ消故、皆丹後守カ家人ト見ケリ。翌日、内府公出御昭

トシテ越後守ニ被レ下故也。　内府公被二聞召一テ、駿河エ召寄ラル。

或時、城中火災アリ。丹後守ニ仰テ火ヲ消シム。丹州、火消道具多ク持セテ、我名ヲ書付、所々ニ捨置。諸人此道具ヲ取、火ヲ消ケレハ、皆丹後守家人トミエケル。翌日　内府公出仰有テ照覧アルニ、棄タル火器、皆丹後守カ名ヲ記ケレハ、御感有テ一万石御加増、五万石トナル。後ニ越後守、国ノ仕置悪キ故、一揆超(起カ)ル。常々不行儀也トテ、本領被二召上一ケル。此時、丹後守ハ九万五千石トナル。御三代ニ事ヘテ御懇情也。殊ニ当君　大猷院殿、請郷シテ我家エ奉レ成。出世ノ程ハ類ナキ事ナレトモ、主君越後守ノ果タルモ丹後守カ国ヲ去シヨリ事起レリトテ、不忠ノ名ヲ世ニ称シケル。「越後守ト丹後守ト、対決ハ一度モ不レ被二聞召一ケレトモ、膚《フ》受《シュ》ノ愬《ソ》積リケル故」トモ諸人沙汰シケル。

覧アルニ、捨タル火器皆丹後守カ名ヲ記。御感アリテ壱万石御加増、都テ五万石、信州川中島ニテ拝領ス。

越後守ハ政道日々衰ヘ、家中大勢立退。桀紂カ振舞次第々ニ長シ、能臣下ハ悪マレ、邪佞等進テ時ヲ得ケレハ、本領三拾五万石ヲ没収セラレ、家老監物、五万石ヲ放サレテ流罪ナリ。丹後守、此時九万五千石ト成テ、越後村上ノ城ヲ賜ハル。三代ノ君ニ事ヘテ愛憐ニ預ル。台徳院殿・大猷院殿ヲ請饗シテ、我家ニ奉レ成、大坂ノ御陣武功アリ。出世ノ程ハ類ナキ事ナレトモ、主君越後守ノ果タルモ、丹後守カ国ヲ去シヨリ事起レリトテ、不忠ノ名ヲ世ニ称シケリ。「越後守ヲ訴ヘ詈タル事ハナケレトモ、内府公ノ御前ヨケレハ、膚受ノ積リケル故」トモ、四人沙汰シアヘリ。

38　上方勢美濃馳向幷福東城攻事　（十一―二）

斯テ東征ノ諸将ハ小山ヲ出テ、不レ残江戸ニ参着シテ有ケルカ、石田治部少輔叛逆ヲ企、伏見城ヲ攻落シ、伊勢・伊賀ヲ討随、其外関東下向ノ諸将ノ城隍悉攻抜テ、

38　上方勢美濃江馳向幷福東城攻事　（六―二）

斯テ東征ノ諸将ハ小山ヲ出テ、不レ残江戸ニ参着シ在ケルガ、石田三成叛《ホン》逆ヲ企《クワタテ》、伏見ノ城ヲ攻落、伊勢・伊賀ヲ打随ヘ、其外関東下向ノ諸将ノ城隍悉ク攻抜テ、濃

濃州表へ発向スト、日々注進如二魚貫一ナリケレハ、内府公、美濃国ニ御出馬トソ触ラレケル。

羽柴左衛門大夫ハ先陣ヲ申請。其時黒ノ御馬ヲ賜テ、此馬ニテ可レ被レ抽二忠勤一之旨仰ラル。徳永法印ハ美濃国案内者ナレハ、左衛門大夫ニ相添ラル。是モ大尺ノ御馬ヲ賜ケル。池田三左衛門ハ、御先ノ惣大将分也。是ハ内府公ノ御婿ト云、武勇アリテ物毎隠便ナル人トソ聞エケル。

初三左衛門婚姻ノ節、「永井右近ニ対面有度」ト被レ申。此右近ハ長久手ニテ父池田庄入ノ首ヲ捕人也。「父ノ仇ナレハ如何」ト諸人思ケルニ、右近出座シケレハ、「父庄入ノ討死ノ様子物語アレ」ト所望ス。三左衛門、内府公へ申ケルハ、「父ノ首ヲ捕タル者、小身ニテハ我等ノ外聞モ悪ケレハ、大名ニ被レ成給ヘカシ」トアリテ、七万石ニナリケル。加様ニ陰徳ノアル人ナレハ、今度惣大将職ヲ賜ル。家ノ面目、子孫繁昌ノ基ナルヘシ。此外、井伊兵部・本多中務等、八月朔日、諸将江戸ヲ撃立ケリ。「押陣ノ次第ハ、海道筋、城並之次第ニ、宿々不二指合一様」也。

州表エ發向スト、日々ニ注進如二魚貫一ノナリケレハ、内府公、美濃国ニ御出馬トソ被レ触ケル。

羽柴左衛門大夫ハ先陣ヲ申請。其時黒御馬ヲ賜テ、此馬ニテ可レ被レ抽二忠勤一旨被仰。徳永法印ハ美濃国案内者ナレハ、左衛門大夫ニ被二相添一、是レモ黒御馬ヲ賜ケル。池田三左衛門ハ、御先ノ惣大将分也。是ハ　内府公ノ御婿《ムコ》ト云、武勇有テ穏ン便成人也。

初三左衛門婚姻ノ節、「永井右近ニ対面有度」ト申サル。此右近ハ長久手ニテ父池田勝入ノ首ヲ捕シ人也。「父ノ仇《アタ》ナレハ如何」ト諸人思ケルニ、右近出座シケレハ、「父勝入討死ノ様子物語アレ」ト取望ス。三左衛門、内府公エ被レ申ケルハ、「勝入カ首ヲ取タル者、小身ニテハ外聞モ我等悪シケレハ、大名ニナサレ給レカシ」ト有テ、七万石ニ成ケル。箇様ニ隠徳アル人ナレハ、今度惣大将ヲ賜ル。家ノ面目、子孫繁昌ノ基《モトキ》ナルヘシ。此外、井伊兵部・本多中務等、八月朔日、諸将江戸ヲ打立ケル。「陣押ノ次第ハ、海道筋、城並ノ次第ニ、宿々不二差合一様ニ」ト也。

偖諸道筋城持衆ハ、或ハ五日、或六日、自分ノ城ニ人

偖道筋城侍衆ハ、或五日、或六日、自分ノ城ニ人馬ヲ休メ、後ニ尾州清須ニ集テ、「同十四日ニ、美濃表へ可二撃入一」ト内談議定、「其ヨリ美濃国中、小城共ヲ責落、御出馬ヲ可二相待一也。上方ノ働、所々取出ノ様子ヲ聞定テ、川ヲ越、働カン」ト申合セケル。

然ルニ濃州福束ノ城ニハ丸茂三郎兵衛、石田ト一味シテ楯篭ケルヲ、尾州赤ノ目ノ横井伊織、旧友ナレハ、三郎兵衛家老丸茂六兵衛ヲ呼寄テ、「内府公へ降参被レ致可レ然」ト申遣ス。三郎兵衛聞テ答ケルハ、「士タル者、一度石田ト申合テ、又異反スルハ道ニアラス。殊秀頼公ノ御為トテ石田旗ヲ挙タリ。我ハ大閤ノ厚恩ヲ蒙タル者ナレハ、今旧恩ヲ忘レ約ヲタカヘテ、何ノ日カ此恥ヲススカン」トテ、無二同心一。横井重テ云ケレトモ不二許容一故ニ、八月十六日、市橋下総守長勝・徳永法印・横井伊織・同孫右衛門・同作左衛門、梶村船渡ノ処へ押寄。丸毛三郎兵衛・長松村ノ城主武光式部、石田方ノ加勢、彼是二千計、楡保村へ出張シテ隔二大河一、互ニ鉄炮ヲ放トモ無二勝負一。

日已ニ暮ケレハ、市橋下総守内、金森平左衛門・竹内

馬ヲ休テ後ニ尾州清須ニ集ツテ、「同十四日ニ、美濃表エ可二撃入一」ト内談議定、「其ヨリ美濃国中、小城共ヲ責落、御出馬ヲ可二相待一也。上方ノ働、所々取手ノ様子ヲ聞定テ、川ヲ越、働ン」ト申合セケル。

然ニ濃州福束城ニハ丸茂三郎兵衛、石田ト一味シテ楯《タテ》篭《コモリ》ケルヲ、尾州赤目ノ横井伊織、旧友ナレハ、三郎兵衛家老丸茂六兵衛ヲ呼寄テ、「 内府公エ降参被レ致可レ然」ト申遣ス。三郎兵衛云、「士タル者、一度石田ト申合、違変スルハ道ニ非ス。殊ニ秀頼ノ御為トテ石田旗ヲ挙タリ。我ハ大閤ノ厚恩ヲ蒙タル者ナレハ、今旧恩ヲ忘約ヲ違テ、何ノ日カ此恥ヲススカン」ト、無二同心一。横井重テ云ケレトモ不二許容一故ニ、八月十六日、市橋下総守長勝・徳永法印・横井伊織・同孫右衛門・同作左衛門、梶村船渡ノ所エ押寄。丸茂三郎兵衛・長松村城主武光式部、石田方ノ加勢、彼是二千計、楡保村エ出張シテ隔二大河一、互ニ鉄炮ヲ放トモ無二勝負一。

既ニ暮ケレハ、市橋下総守内、金森平左衛門・竹内四郎右衛門、地侍ニテ案内郷導ハ功者也。夜ニ入テ河上エ廻リ、川ヲ泳越、敵ノ後ナル大藪村エ忍入ミレハ敵一人

四郎右衛門、地侍ニテ案内郷導ハ功者ナリ。夜ニ入テ河上ヘ廻リ、川ヲ泳キ越、敵ノ後ナル大薮村ヘ忍入見レハ敵一人モナシ。明家共ニ放火シケレハ、楡保村ニ在ケル者共是ヲ見テ、「多勢後ヘ廻タルソ」ト、周章騒キケルカ、散々ニ敗北ス。

十七日ノ明方、石田加勢幷武光式部ハ、川ニ添、堤ヲ北エ吾先ト逃行、大垣ノ城ヘ引入ケル。丸茂三郎兵衛ハ、田ノ中畔ヲ引取テ福東ノ城ヘ引篭。市橋下総守・徳永法印、是ヲ見テ追討ニシタリ。徳永手ヘ首十六、市橋手ヘ首三十六級討捕。其ヨリ福東ヘ付入ニ、攻寄ル城中ヨリモ、西脇加左衛門父子・渋谷多左衛門等、突テ出テ討死ス。サレトモ城中無勢ニテ、不レ叶トヤ思ケン、城ヲ明テ、三郎兵衛ハ川ノ西ヘ越、大垣ノ城ヘ引退ケレハ、市橋下総守ハ福東城ヲ乗取テ、物初吉ト勇ミケル。丸茂ハ後加州肥前守ニ奉公ス。

古人ノ世ノ盛衰ヲ語ル次テニ、此池田入ト申ハ信長公ノ時、池田庄三郎ト申人ナリ。尾州犬山ノ城主ナルカ、長久手ニテ大閤ノ御先手シテ討死、安藤帯刀捕飼テ、永井右近ニ首ヲ捕セケル。庄入ノ子息五人アリ。嫡子庄九

モナシ。空家共ニ放火シケレハ、楡保村ニ在ケル者共是ヲミテ、「多勢後ニ廻タルソ」ト、周章騒《アハテサワキ》ケルカ、散々ニ敗北ス。

十七日ノ明石《(方カ)》、石田加勢幷武光式部ハ、川ニ添、堤ヲ北エ吾先ニト逃ケ行キ、大垣城エ引入ケル。丸茂三郎兵衛ハ、田中ノ畔ヲ引取テ福東城エ引篭。市橋・徳永、是ヲミテ追討ニシタリ。徳永手エ首十六、市橋手エ首卅六級討捕。其ヨリ福東エ付入ニ、攻寄ル城中ヨリモ、西脇加左衛門父子・渋谷《ヤ》多左衛門等、突出討死ス。サレトモ城中無勢ニテ、不レ叶トヤ思ケン、城ヲ開テ、三郎兵衛ハ川ノ西エ越、大垣城エ引退ケレハ、市橋下総守ハ福東城ヲ乗取テ、物初ヨシト勇ミケリ。丸茂ハ後ニ加州肥前守ニ奉公ス。

古人世ノ盛衰ヲ語ル序《ツイテ》ニ、此池田庄入ト申ハ信長ノ時、池田庄三郎ト申人也。尾州犬山ノ城主ナルカ、長久手《ナカクデ》ニテ大閤ノ御先手シテ討死、安藤帯刀捕飼《トリカエ》テ、永井右近ニ首ヲ捕セケル。庄入ノ子息五人アリ。嫡子庄九郎、父ト一所ニ討死ス。此子出羽守ハ三左衛門家老ト成ル。次男三左衛門、兄庄九郎ト一所ニ長久手エ立ケリ。幼少ニテ

郎、父ト一所ニ討死ス。此子出羽守ハ三左衛門家老トナル。次男三左衛門、兄ノ庄九郎ト一所ニ長久手へ立ケリ。幼少ニテ古新申ケルカ、家老能故ニ、討死セスシテ内府公ノ息女ヲ嫁申ケル。但此息女ハ北条氏直後家也。三男池田備中守、岐阜ノ城攻ニ飯沼勘平カ首ヲ捕シ勲功ニ、備中国松山ノ城主トナル。子息出雲守代ニ無レ子シテ跡絶タリ。四男庄右衛門、是ハ世ニ隠ナキ下愚ノ虚人《ウツケ》ナリ。然レトモ大坂陣ニ武功アリ。五男河内守也。又三左衛門子息六人アリ。嫡子武蔵守、母ハ中川瀬兵衛娘也。次男左衛門督、母ハ内府公ノ息女。森美作守婿トナリ、備前ノ国王タリ。無継、但武蔵守子息新太郎、幼少ニテ父ニヲクレケレハ、播摩国ハ被二召上一テ因幡伯耆ヲ領ス。三男宮内少輔、母ハ内府公ノ娘、始ハ淡路国主也。兄左衛門卒去シテ、備前国ト淡州ト両国ヲ領知ス。大坂御陣、淡路ヲ蜂須加阿波守ニ賜リテ、其代リトシテ備中国ヲ賜ル。宮内子息相模守、幼少ニテ父ニヲクレケレハ、国ヲ新太郎ト交替ス。故ニ新太郎ハ備前・備中ヲ領知シ、相模守ハ因幡・伯耆領知也。四男左近、五男石見守、御勘気ニテ配流。六男右近、狂気ニテ死、無継。如レ此ニ子

古新《コシン》ト申シケルカ、家老能故ニ、討死セズシテ　内府公ノ息女ヲ嫁ス。但此御息女ハ北条氏直ノ後室也。三男池田備中守、岐阜城攻ニ飯沼《キヌマ》勘平カ首ヲ捕シ勲功ニ、備中ノ松山城立ト成。子息出雲守代ニ無レ子シテ跡絶タリ。四男庄右衛門、是ハ世ニ無レ隠愚ノ虚人也。然トモ大坂陣ニ武功アリ。五男河内守也。又三左衛門子息六人アリ。嫡子武蔵守、母ハ中川瀬兵衛女也。次男左衛門督、母ハ内府公ノ御女也。森美作守婿ト成、備前国主タリ。無レ継、但武蔵守子息新太郎、幼少ニテ父ニ後レケレハ、播磨国ハ被二召上一因幡守伯耆ヲ領ス。三男宮内少輔、母ハ　内府公ノ御女、始ハ淡路国主也。兄左衛門、卒去シテ、備前国ト淡州ト両国ヲ領知ス。大坂御陣、淡路ヲ蜂須賀阿波守ニ賜テ、其代ニ備中国ヲ賜ル。宮内子息相模守、幼少ニテ父ニ後レ、国ヲ新太郎ト交替《タイ》ス。故ニ新太郎ハ備前・備中ヲ領シ、相模守ハ因幡・伯耆領知也。四男左近、五男石見守、御勘気ニテ配流。六男右近、狂気ニテ死、無レ継。如レ此子孫至レ于テ今繁昌スル事、一ハ庄入カ勇力ト云ナカラ、偏ニ三左衛門ノ穏便・陰徳故トソ聞シ。

孫今ニ至テ繁昌スル事、一ハ庄入ノ勇力ト云ナカラ、偏ニ三左衛門ノ隠徳故ト聞ヘケル。

彼永井右近子息信濃守、淀ノ城主トナリ、今ノ右近太輔ニ至テ繁昌ス。又今度ノ御先手ヲ賜タル羽柴左衛門大夫ハ大閤ノ御取立、清須ノ城主ナルカ、関ケ原ノ勲功大ナルトテ、安芸国広島ノ城主トナツテ、両国守護ト成ケル事、誠ニ過分ノ恩賞他ニ異ナルニ、還テ内府公ヘ不足シテ、「三箇国ノ約束ナルニ」トテ、口ニ出シテ恨ケリ。其性剛強ヲ好ミ、沈湎冒色ニシテ、人ヲ殺スヲ業トス。台徳院殿ノ御時、本多上野介ト内談ニテ、城ノ要害普請シタル科ニ依テ、国除カレテ断絶ス。本多佐渡守子息ニテ、将軍家ノ扶翼ナレトモ、上野介并子息出羽守流罪トナル。此時、佐野大夫・富田信濃守モ、上野ト内通トテ配所ニ趣ケリ。市橋下総守ハ本領二万石ナルカ、今度ノ忠功ニ弐万石加増ヲ賜テ、禄秩四万石トナル。老テ男子ナシ。寵幸ノ小性ニ氏ヲ与ヘテ、市橋三四郎ト号シ、息女ヲ嫁シム。総州卒去シテ継ナカリケルヲ、汗馬ノ労ヲ思召テ、甥ヲ被二召出一、弐万石ヲ安堵セサセ、下総守ト受領セシム。三四郎ハ別ニ三千石ヲ賜ケリ。

彼永井右近子息信濃守、淀城主ト成。又今度御先手ヲ賜ル羽柴左衛門大夫ハ太閤ノ御取立、清須城主ナルカ、関原ノ勲功大也トテ、安芸国広島城主ト成テ、両国守護タリ。誠ニ過分ノ恩賞他ニ異ナルニ、却テ 内府公エ不足シテ、「三箇国ノ約束ナルニ」ト、口ニ出シテ恨ケル。其性剛強ヲ好ミ、沈湎冒色《チンメンホウショク》ニシテ、人ヲ殺ヲ業トス。台徳院殿ノ御代ニ、本多上野介内談ニテ、城ノ要害普請《カイフシン》シタル科ニ依テ、国除《ノソカ》レテ断絶ス。上野介ハ本多佐渡守子息ニテ、将軍家ノ扶翼ナレトモ、上野介并子息出羽守流罪ト成。此時、佐野修理大夫・富田信濃守モ、上野助ト内通トテ配流也。市橋下総守ハ本領二万石ナルカ、今度ノ武功ニ依テ二万石加賜有テ、禄秩《ロクシツ》四万石ト成。老テ男子ナシ。寵幸《テウカウ》ノ小姓ニ氏ヲ与テ、市橋三四郎ト号シ、息女ヲ嫁シム。下総卒去シテ嗣ナカリケルヲ、汗馬ノ労ヲ思召テ、甥ヲ被二召出一、弐万石ヲ安堵セサセ、下総守ト受領セシメ給フ。三四郎ハ別ニ三千石ヲ賜ケリ。

39 宮部兵部事 （十一—三）

宮部善祥坊ハ元来天台ノ僧侶ナルカ、武勇ノ功積リテ次第ニ昇進シテ、已ニ因幡ノ国取鳥《トツ》ノ城主トナル。子息ナカリケレハ、大閤「世《ヨヨニ》」レ禄《セン》ヲ」トヤ思召ケン、孫七殿ヲ養子ニ被下ケル。然レトモ大門継君イマタ出来給ハネハ、善祥坊ニ御断アツテ、已ニ御子トシテ閤（関カ）白殿下ノ高職ニ補ラル。其ノ後、又善祥坊モ子息出来タリ。是ヲ兵部太輔ト云。大閤善祥坊ニ仰ケルハ、「孫七一度汝カ子トシケルニ、今天下ノ継トナス事、定テ本望ニ存ラン。然ラハ汝カ家老一人ヲ孫七ニ添ヨ」ト也。善祥坊、「君命誡難レ有覚候。田中久兵衛ト申者、篤実ニシテ謹アル者ニ候」トテ添奉ケル。

善祥坊卒去シテ、兵部太輔父ニ相違シテ武勇ノ嗜ナク、物毎微弱ニテ光陰ヲ送ケルカ、今般内府公ノ御供シテ関東ヘ下リケルニ、治部少輔謀叛ノ事ニテ、大将衆各御先ヘ上洛シケル時、此兵部太輔モ同ク岡崎マテ上リケルカ、大坂ニテ妻子人質ニトラレケルト聞テ、東ヘヤ付ヘキ、西ヘヤ属ヘキト、猶予狐疑シテ、已ニ茂陵ノ手ノ如クナ

39 宮部兵部事 （六—三）

宮部善《ゼ》祥《ジヤウ》坊《ホウ》ハ元来天台ノ僧侶ナルカ、武勇ノ勲功積ツテ次第ニ昇進シテ、已ニ因幡国取鳥城主ト成。子息勿リケレハ、大閤、世禄絶トヤ思召ケン、孫七殿ヲ養子ニ被レ下。然レトモ大閤嗣君未出来玉ハネハ、善祥坊ニ御断有テ、既御子トシテ関白殿下ノ高職ニ補ラル。其後、善祥坊ニ子息出来、是ヲ兵部大輔ト云。大閤善祥坊ニ仰セケルハ、「孫七一度汝カ子トシケルカ、今天下ノ嗣君ト成事、定テ本望タルヘシ。然ハ汝カ家老一人孫七ニ添ヨ」ト也。善祥坊、「誡ニ君命難レ有覚候。田中久兵衛ト中者、篤実ニシテ謹アル者ニ候」トテ添ヘ奉ル。

善祥坊卒去シ、兵部大輔父ニ相違シテ武勇ノ嗜ナク、物毎微弱《ビシヤク》ニシテ光陰ヲ送ケルカ、今般　内府公ノ御供シテ関東エ下ケルニ、石田謀叛ニ付、諸将各御先エ上ケルニ、兵部モ同岡崎迄廻上シカ、大坂ニテ妻子人質ニ取レケルト、関東エカ付ヘキ、西ヘカ属《ツク》ヘキト、猶予狐疑《ユウヨコギ》シテ、已ニ茂陵《モリヤウ》ノ手ノ如ク也。

爰ニ木下備中守・垣谷隠岐守・亀井武蔵守ハ宮部旗本

リ。

爰ニ木下備中守・梯谷隠岐守・亀井武蔵守ハ宮部ノ旗下組付ノ侍ナルカ、一夜各打寄テ相談アリケルニ、備中・隠岐両人云ルハ、「凡人ノ身ヲ立、誉ヲ求ルモ、君忠ト云ナカラ家相続ノタメ也。今兵部殿ノ妻子又ハ我等カ妾婦ニ至マテ、治部少輔ニ人質ニ取タレハ、無レ力次第也。其上上方衆大半治部方ニシテ、実ハ秀頼ノ御麾ナレハ、自レ是江州ヘ附属ニ如ハ有ヘカラス」ト云。兵部少輔ハイト喜悦ノ体ニテ「我モ左存也」ト打ウナツキケル。

然ルニ武州進ミ出テ云ケルハ、「御辺達ハ私ノ心ヲ以テ公ノ道理ニ暗キナリ。一度内府公ヘ契約シテ、已ニ関東マテ同心シ、今更心ヲ変スル事、侍ノ道ニアラス。其上内府公ハ、大将ノ弓馬ニ通達トイヒ、付参タル諸将モ皆是天下ノ英雄也。廟筭シテ見ラレヨ。不レ戦サキニ、内府ノ勝利ハ目ノ前ナリ。今妻子ニヒカサレ、社稷ヲ亡サン事、愚ナル哉。「鳳凰翔二于千仞一モ覧二徳輝一テ下ル」ト申サスヤ、早ク内府ノ味方可レ然」ト云。

兵部家人松田ト云者指出テ申ケルハ、「武州ノ一言千

組付ノ時ナルカ、一夜各打寄テ相談アリケルニ、備中・隠岐両人云、「凡人ノ身ヲ立、誉ヲ求ルモ、君ニ忠ト云ナカラ家相続ノ為也。今兵部殿ノ妻子又我ラカ妻婦ニ至ル也。治部少輔、既ニ人質ニ取タレハ、無レ力次第也。其上上方衆大半治部方ニシテ、実ハ秀頼ノ御麾《サシマネキ》ナレハ、自レ是江州エ附属ニ如ハ不レ可レ有」ト云。兵部ハイト喜悦ノ体ニテ、「我モ左ニ社存也」トテ打ウナヅキケル。

然ニ亀井進出テ云、「各ハ私ノ心ヲ以テ公ノ道理ニ暗《クラ》シ。一度　内府公エ契約シ、既ニ関東迄同心シ、今更心ヲ変スル事、侍ノ道ニ非ス。其上内府公ハ、大将ノ弓馬ニ通達ト云、附参タル諸将モ皆是天下ノ英雄ナレハ、廟筭シテミラレヨ。不レ戦先ニ　内府公ノ勝利ハ眼前也。然ニ今妻子ニ引レ、社稷ヲ亡サン事、愚哉。早ク此評議止ラレヨ」ト云。

兵部家人松田ト云モノ差出申ケルハ、「武州ノ一言千金ニ難レ易。各妻子ニヒカレ、家ヲ失フノミナラス、天下ノ笑ヲ得ン事無二勿体一次第也」ト申ケレトモ、兵部一円ニ承引ノ体ナシ。各々退出、夜更テ兵部ハ小船ニ取乗、近習侍少々召連テ、江州ヲ指テ漕出ス。鳴海ニ着ケ

金ニカヘカタシ。各妻子ニヒカサレ、家ヲ失ノミナラス、天下ノ笑ヲ得事無二勿体一次第也」ト申ケルトモ、兵部一円ニ承引ノ体ナシ。各退出、夜更テ兵部ハ船一艘ニ取乗、近習侍少々召連テ、江州ヲ指テ漕出ス。鳴海ニ着ケレハ、夜已ニ暁天ニ及ヒケリ。道スカラ東方ノ先手衆、雲霞ノ如ニ押来ケレハ、江州ヘ行ニ便ナクテ、其ヨリ漕帰テ窃マリ居ケリ。

扨武州幷兵部家人共ハ聞付テヲトロキ騒テ、トヤセン、カクヤアラント彷徨シケルカ、東方ヲセント云ケル家人、武州ヲ先立テ岡崎城主田中兵部少輔ヲ以、言上ス。則内府公ヘ達ケレハ、各田中兵部カ手ニ付テ、「御先ヘ可レ参」ト、被二仰付一。田中ハ彼田中久兵衛也。元来傍輩ノ事ナレハ、田中兵部イタワリ奔走シケル也。後ニ兵部ハ南部ヘ流罪セラレケル。「城ヲハ亀井武蔵ニ請取ヘシ」ト仰ニテ、武州行ケレハ、城代多賀三郎兵衛・土肥一玄・伊次三左衛門等、武州カ使ニ対シテ云ケルハ、「此城ハ兵部ヨリ預タリ。御辺ニ可レ渡事ニアラス」ト。武州大ニ怒テ城ヲ攻。城中ヨリモ出向テセリ合アリ。七日過テ、兵部ヨリ「城可レ渡」ノ由、自筆ノ判形明白ナ

レハ、夜已ニ暁天ニ及ケリ。道スカラ東方ノ先手衆、如二雲霞一押来リケレハ、江州エ行ニ便ナクテ、其ヨリ漕帰テ潜リ居ケリ。

扨武州幷兵部家人共ハ聞付テ驚騒キ、トヤセン角ヤアラント彷徨シケルカ、東方ヲセント云ケル家人、武州ヲ先立テ岡崎城主田中兵部ヲ以テ言上ス。則　内府公エ達シケレハ、各田中兵部カ手ニ附テ、「御先エ可レ参」ト被二仰付一ケル。田中ハ彼久兵衛也。元来傍輩ノ事ナレハ、労《イタハ》リ奔走シケル。後ニ宮部ハ南部エ流罪セラレ、「城ヲハ亀井武蔵ニ可二請取一」ト仰ニテ、武州行ケレハ、城代多賀三郎兵衛・土肥一玄・伊吹三左衛門等、武州カ使ニ対シテ云ケルハ、「此城ハ兵部ヨリ予タリ。御辺ニ可レ渡事ニ非ス」ト也。武州大ニ怒テ城ヲ攻ル。城中ヨリモ出向テ迫リ合アリ。七日過、兵部ヨリ、「城可レ渡」ノ由、自筆ノ判形明白ナレハ、則無二異儀一開渡ス。此時鎗ヲ合タル者十七人ニ、右三人ノ城代ヨリ感状ヲ出シケル。何モ善祥坊以来旧功ノ者ナレハ、「能留守居哉」ト、聞人誉アヘリ。「因幡国共四万石ノ人数、散々ニ成行事、偏ニ兵部一心ヨリ起ケル」ト、悪ミアヘルモコト

レハ、則無二異儀一明渡ス。此時鑓ヲ合タルモノ十七人ニ、右三人ノ城代ヨリ感状ヲ出シケル。何モ善祥坊以来ノ奮功ノ者ナレハ、「能留守居哉」ト、聞人誉アヘリ。「因幡国廿四万石ノ人数、散々ニ成行事、偏ニ兵部一心ヨリ起ケル」ト、悪ミアヘルモ断ナリ。

40　尾州高須犬山城落居事　（十―四）

斯テ羽柴左衛門大夫ハ、「濃州西方可二打廻一」トテ、軍兵三百余騎ヲ召具シ、清須ヲ打立テ、市橋下総守カ在所、今尾ノ町へ来テ、高木十郎左衛門カ居ケル高須ノ城ヲ乗取ントス。「先和睦ニシテ城ヲ開セン」ト、徳永法印ニ内談ス。「徳永内布家市右衛門・加納村宝寿坊、両人ヲ以、降参セラレヨ」ト申入ケレトモ、原隠岐守、太田中島村ニ在陣シテ後見スル故ニ不二同心一。重テ委細ニ云送ケレハ、高木同心シテ云ケルハ、「只今城ヲ開テ去ナラハ、聞逃シヌト人ノ嘲アランモ口惜ケレハ、敵ヲ引請テ後、城ヲ可レ開。サラハ西方無レ玉鉄炮ヲ放、大手口暫相戦、寄手不レ叶フリニテ引取。左衛門大夫加勢馳

ハリ也。

40　尾州高須犬山落去事　（六―四）

斯テ羽柴左衛門大夫ハ、「濃州西方可二打廻一」トテ、軍兵三百余騎ヲ召具、清須ヲ打立、市橋下総守カ居ケル今尾ノ町エ来テ、高木十郎左衛門カ高須城ヲ攻取ントス。「先和睦ニシテ城ヲ開セン」ト、徳永法印ニ内談ス。「徳永内布家市右衛門・加納村宝寿《ホウジュ》坊、両人ヲ以、降参セラレヨ」ト申ケレトモ、原隠岐守、太田中島村ニ在陣シテ後見スル故ニ不二同心一。重テ委細ニ云送ケレハ、高木同心シテ云、「只今城ヲ開テ去ナラハ、聞逃シヌト人ノ嘲ランモ口惜ケレハ、敵ヲ引請テ後、城ヲ可レ開。左アラハ両方玉ナシ鉄炮ヲ放、大手口暫相戦、寄手不レ叶フリニテ引取。左衛門大夫加勢馳加テ、又追手エ攻カカレ、

加テ、又大手へ攻懸、其時搦目手へ出テ城ヲ退散スへシ」ト、互ニ堅ク約束ス。「隠密々々」ト有ケレハ、八月十九日、徳永父子、左衛門大夫ヨリノ加勢、幷市橋下総守・横井伊織・同孫右衛門・同作左衛門、一同ニ責詰ケル。徳永法印ハ、城中ト兼約ノ事、隠密シテ云ク、「此合戦ハ子細アルゾ。何事モ法印指図次第ニ仕候へ」ト下知シケレトモ、余人ハ不レ知事ナレハ、ハヤリヲノ若武者トモ、我ヲトラシト成田村ヨリ押廻シ、西ノ口へ蒐入。横井作左衛門・徳永内、川村忠右衛門、真先ニ進タリ。

城方高木家老川瀬平左衛門、鎗ヲ合、則川瀬ヲ討捕。其次ニ、徳永左衛門ト寺倉孫左衛門ト渡合フ。孫左衛門ハ二間柄ノ鎗、左衛門ハ九尺柄ノ鎗ニテセリ合。孫左衛門ハ深手ヲ負テ引退。高木十郎左衛ハ、田横カ漢ト和睦スル心地シテ心安ク思ケルニ、忽郎等共ヲ討セテ、韓信カ責ヲ請ケレハ、大ニ怒テ、「徳永メニタバカラレタルゾ。余スナ、洩スナ、一人モ不レ残打捕」トテ、汗水ニナツテ下知シテ馳廻ル。本ヨリ近々ト寄タル敵ナレハ、弓鉄炮ヲ一面ニ打出スニ、寄手、手負・死人多ク出来ケ

其時搦手エ出テ城ヲ可二退散一ト、互イニ堅ク約束ス。「隠密々々」ト有ケレハ、八月十九日、徳永父子、左衛門大夫ヨリノ加勢幷市橋下総守・横井伊織・同孫右衛門・同作左衛門、一同ニ責詰ケル。徳永法印ハ、城中ト兼約ノ事、隠密シテ云、「此合戦ハ子細有リ。何事モ法印差図次第ニ仕候へ」ト下知シケレトモ、余人ハ不レ知事ナレハ、早ク雄ノ若武者共、我劣ラシト成田村ヨリ押シ廻シ、西口エ蒐《カケ》入。横井作左衛門・徳永内、河村忠右衛門、真ツ先キニ進ム。

城方高木カ家老川瀬（イニ平）与左衛門、鎗ヲ合セ、則川瀬ヲ討捕。其次ニ、徳永左衛門ト寺沢孫左衛門ト渡合。孫左衛門二間柄ノ鎗、左衛門ハ九尺柄ノ鎗ニテ廻合。孫左衛門ハ深手負テ引退ク。高木十郎左衛門ハ、田横カ漢ト和睦スル心地シテ心易思ケルニ、忽郎等共ヲ討セテ、韓信《カンシン》カ責ヲ受ケレハ、大ニ怒テ、「徳永メニタバカラレタルゾ。余《アマ》スナ、洩スナ、一人モ不レ残討捕レ」トテ、汗水ニ成テ下知シテ馳廻ル。本ヨリ近々ト寄タル敵ナレハ、弓鉄炮ヲ一面ニ打出スニ、寄手、手負・死人多出来ケレハ大ニ騒動ス。徳永内、河村所左衛門、二丸エ懸ル所

レハ大ニ騒動ス。徳永内河村所左衛門、二ノ丸へ懸ノ処ニ、鉄炮ニ中テ討死ス。徳永掃部ハ打タヲサレケレトモ不レ死セ。羽柴左衛門大夫加勢モ、多手負・死人有ケレハ、「大事ノ前ノ小事ナリ、徳永カ悪キ計哉」トテ人数ヲ引入ケル。其後、高木モ高須ヲ開テ出奔シケレハ、徳永ハ高須ノ城へ入替ル。太平ノ後、内府公ヨリ御加増トシテ高須拝領シ、子息左馬助代マテ高須ノ城主タリ。佐馬助ハ大坂御普請時、婬乱ノ聞アリトテ、家ヲ亡シ所領ヲ没収セラレケリ。

後高木ハ出雲堀尾帯刀カ家人トナル。又犬山ノ城主石川備前守・同加勢加藤左衛門・竹中丹後守・稲葉右京亮父子ハ、岐阜中納言ノ催促ニテ、上方ト与テ楯籠ルカ、各評議シテ、「小ヲ以大ニ敵スル事、難レ成ケレハ、一旦岐阜ノ催シニ随ト云トモ、其実ハ、内府公へ随ンコソ本意ナレ」トテ、則以二使者一申ケレハ、井伊兵部・本多中務、使者ニ対シテ、其ヨリ内府公へ申達ケレハ、彼使者被二召出一、今般忠節セラルル事、御感悦ノ旨仰ラレ、加藤・竹中・稲葉父子ハ安堵イタシ、同犬山ノ篭城衆へモ折々諫ケレハ、何モ同心シテ降参ヲ乞ケル故ニ、

ニ、鉄炮ニ中テ討死ス。徳永掃部ハ打倒サレケレトモ不レ死。羽柴左衛門大夫加勢モ、多手負・死人有ケレハ、「大事ノ前ノ小事、徳永カ悪キ計哉」トテ人数ヲ引入ケル。其後、高木モ高須ヲ出奔シケレハ、徳永、高須ノ城中エ入替。大平ノ後　内府公ヨリ御加増トシテ高須ヲ拝領シ、子息左馬助代迄高須ノ城主タリ。左馬助ハ大坂御普請ノ時、婬乱《インラン》ノ聞アリトテ、家ヲ亡シ所領ヲ没収セラレケリ。

又高木ハ後ニ出雲尾帯刀家人トナル。又犬山城主石川備前守・同加勢加藤左衛門・竹中丹後守・稲葉右京亮父子ハ、岐阜中納言ノ催促ニテ、上方ト与テ楯篭《タテコモ》ルカ、各評議シテ、「小ヲ以大ニ敵スル事難レ成ケレハ、一旦岐阜ノ催シニ随」ト云トモ、其実ハ「内府公エ従ンコソ本意ナレ」トテ、則以二使者一申ケレハ、井伊兵部・本多中務、使者ニ対面シテ、其ヨリ　内府公エ申達ケレハ、彼使者被二召出一、今度被忠節事、御感悦ノ旨仰ラレ、加藤・竹中・稲葉父子ハ致二安堵一、犬山ノ篭城衆エモ折々諫ケレハ、何モ同心シテ降参ヲ乞ケル故ニ、一命ヲ御赦免有テ、美濃国中不レ残降参ス。「于レ今始ヌ習」トテ、

一命御赦免有テ、美濃国中ノ敵方不レ残降参シテ、岐阜・大垣両城計ニ成ケル。「破竹ノ勢ヒ、今ニ始ヌ習」トテ、下向ノ諸将、弥勇ミケリ。

八月十四日、各尾州清須ニ集会シテ詳議スル。然ニ内府公、御出馬ノ沙汰ナケレハ、若三ク大旱望二雲霓一ヲニシテ待兼タル処ニ、八月十三日、江戸ヨリ使節トシテ村越茂助来ル。

御書曰、

其許模様、承度候而、以村越茂助申候、御談合候而、可レ被二仰越一候。出馬之儀者、油断無レ之候。可二御心易一候。委細口上申候。恐々謹言　八月十三日

茂助、清州ヘ到着、御書ヲ各ヘ渡、御口上アリ。其趣ハ、「各在陣、苦労ニ思食候。同ハ一先手合ノ一戦シ、敵味方手切ノ証拠ヲ急渡ミセラレ候ハ、悦可二思食一也。若仕損ラレ候ハ、跡ノ合点ハ心安可レ被レ存候。其一左右次第、急出馬可レ有旨也」

井伊兵部・本多中務、聞テ曰、「先手各出馬ヲ所願ノ時節、此御意述カタシ。暫可二相待一」トテ不二言出一。茂助思ヤウハ、「此義計ニ吾ヲ命セラレタリ。江戸ヘ帰テ

下向ノ諸将、弥勇ミケリ。

八月十四日、各尾州清須ニ集会シテ評議ス。然ニ内府公、御出馬ノ沙汰ナケレハ、若《コトク》三大旱《カン》ノ望二雲霓《ウンゲイ》一ヲシテ待兼タル処ニ、為二御使一村越茂助参タリ。

兵部少・中務ニ申ケルハ、「諸将ニ被レ謝《シヤセ》二慰労《セイロウ》一ヲ併《(テカ)》ヲ只今ノ分ニテハ御出馬有マシキ也。子細ハ、各末二一戦一、急度御働有テ手柄ヲ見セラレハ、不二移時日一御出馬有ヘシ。若仕損ラレテモ、二ノ合戦ハ可二心易一候。只今ノ分ニテモ御出馬有マシキ」ト也。

井伊・本多申ケルハ、「夫ハ悪キ御意也。諸大名ノ苦労ヲ慰問シ、頓テ御出馬アルベシト可レ被二申渡一。江戸ヘハ、兵部・中務達ヲ相留候ト可レ申」ト、堅ク制シケル。茂助思案シケルハ、「分別カ武辺ノ入事ナラハ、我ヲ可レ被二差越一事ニ非ス。只楚忽ニ可二申渡一也」ト存、諸将ニ向テ、御意ノ旨不レ残二一事一申シ演《ノベ》ケレハ、中書兵部ハ驚タル体也。羽柴左衛門大夫聞テ、「唯今迄此思慮ナキ事共、兵ニ暗キ故也、御尤」ト感ス。加藤左馬助・黒田甲斐守・山内対馬守、其外一同ニ、「此儀心ノ不レ付事、無レ面仕合」ト受ラレケル。

詞ナシ」トテ、列座ノ中ヘ近出テ、右ノ命ヲ申渡ス。加藤左馬助申ハ、「誠ニ御最也。唯今マテ各此慮ナカリシ」ト、左衛門・甲斐・対馬、其外一同ニ、「此儀心ノ不レ付事、無二面目一仕合」ト受ラレケリ。

其比海道ノ城侍ハ、駿河ニ中村式部少輔、遠州掛川ニ山内対馬守・浜松堀尾信濃守、三州刈屋ニハ水野日向守、岡崎ニハ田中兵部大輔、吉田ニ池田三左衛門、尾州清須ニ羽柴左衛門大夫也。

41　岐阜表人数配之事　（十一五）

去程ニ岐阜表イマタ降参セズ、諸将聚会シテ軍評定有ケルニ、御使「偏各油断ヨリ起レリ。イザヤ岐阜ノ城攻落シテ、御出馬ヲ申サン」トテ、手分・手配アリ。川ノ上下二手ニナシ、川上ハ先手ナレハ、羽柴左御門大夫・羽柴越中守・加藤左馬助《嘉明》・黒田甲斐守・藤堂佐渡守《高虎》・京極修理大夫・田中兵部太輔・生駒讃岐守《正俊》・寺沢志摩守《広高》・蜂須加長門守・井伊兵部少輔・本多中務大輔等也。下ノ瀬ハ、羽柴三左衛門《池田輝政》・浅野左京大夫《幸長》・山内対馬守《一豊》・有馬

其比海道ノ城持ハ、駿河ニ中村式部少輔、遠州掛川ニ山内対馬守、浜松堀尾信濃守、三州刈谷水野日向守、岡崎田中兵部大輔、吉田池田三左衛門、尾州清須羽柴左衛門大夫也。

41　岐阜表人数配之事　（六一五）

去ル程ニ岐阜表未二降参一セ、諸将聚《シュ》会シテ軍評定有ケルニ、御使「偏ヘニ各々油断ヨリ起レリ。イザヤ岐阜城攻落テ、御出馬ヲ申サン」トテ、手分・手配アリ。川ノ上下二手ニナシ、川上ハ先手ナレハ羽柴左衛門大夫・羽柴越中守・加藤左馬助・黒田甲斐守・藤堂佐渡守・京極修理大夫・田中兵部大輔・生駒讃岐守・寺沢志摩守・蜂須賀長門守・井伊兵部少輔・本多中務大輔等也。下ノ瀬ハ、羽柴三左衛門・浅野左京大夫・山内対馬守・有馬玄

玄蕃頭《豊氏》・松下右兵衛《吉綱》・堀尾信濃守《忠氏》・一柳監物《有末》也。

　然処ニ三左衛門申ケルハ、「萩原ト小越ノ渡ヲ越、西美濃ヘ廻レハ遅カルヘシ。川上ハ敵近ケレハ、敵出テ可レ働。然ニ敵ニ不二出会一、只押ヘノ人数ニ成事迷惑也」ト云。本多カ云ク、「左候ハ、兵部・某両人モ御人数ニ可レ加ルカ。内府公ノ御勝利ヲハ不二思召一、自身ノ働ヲ御心懸ハ、不二似合一事也」井伊兵部申ハ、「左衛門大夫魁ト仰也。誰カ及二異儀一乎。三左衛門ハ他国衆ニテ舟筏不自由、左衛門大夫ハ自国ニテ舟筏輙《タヤス》カルヘシ。願ハ川下ヲ越サレヨ。其上霖両（雨カ）滂沱ニテ、川上・川田ノ渡ハ水深シテ難レ渡之旨申来ル。三左衛門ハ川上ヲ渡様ニ備、岐阜ヘ可二押付一体ニ見セテ待レヨ。左衛門大夫ハ川下ヘ廻テ、萩《ハキ》原ノ渡・小越《ヲコシ》ノ渡、二ツヲ越テ、竹カ鼻ノ城主杉浦五左衛門ヲ政破《セメヤフ》テ、煙ヲ可レ上。其時三左衛門ハ河下ヘ廻、両所ノ渡ヲ乗越、両将ノ勢ヲ二手ニ備、岐阜ヘ押寄可レ然カ」ト云。左衛門大夫モ、三左衛門モ、理ニ屈シテ同心ス。

　扨攻城時ハ、大手ハ左衛門大夫、搦手ハ三左衛門ト議定ナリ。犬山城ハ岐阜ヨリ五里、イマタ篭城ノ者モ有ケ

蕃頭・松下右兵衛・堀尾信濃守・一柳監物也。

　然処三左衛門被レ申ケルハ、「萩原ト小越ノ渡ヲ越テ、西美濃ヘ廻レハ遅カルヘシ、川上ハ敵近ケレハ、敵出テ可レ働。然ニ敵ニ不レ会、只押ヘノ人数ニ成事迷惑也」ト云。本多カ云、「左候ハハ、兵部・某両人モ御人数ニ可レ加カ。　内府公ノ御勝利ヲハ不二思召一、自身ノ働ヲ御心懸ハ、不二似合一事」ト云。井伊云、「左衛門大夫魁ト仰也。誰カ及二異儀一乎。輝政ハ他国衆ニテ舟筏《イカダ》不自由、正則ハ自国ニテ船筏《フナイカタ》輙《タヤス》カルヘシ。願ハ川下ヲ越サセヨ。其上霖雨《リンウ》滂《ホウ》泡ニテ、川上・川田ノ渡ハ水深フシテ難レ渡ノ旨申来、三左衛門ハ川上ヲ渡様ニ備、岐阜エ可二押付一体ニ待レヨ。左衛門大夫ハ川下エ廻テ、萩原ノ渡ト小越渡、二ツヲ越テ、竹カ鼻ノ城主杉浦五左衛門ヲ攻破テ、煙ヲ可レ上。其時三左衛門ハ河下エ廻リ、両所ノ渡ヲ乗越シ、両将ノ勢ヲ二手ニ備、岐阜エ押寄可レ然カ」ト云。正則モ輝政モ、理ニ屈シテ同心ス。

　扨攻レ城時、大手ハ左衛門大夫、搦手ハ三左衛門ト議定也。犬山ノ城ハ岐阜ヨリ五里、未篭城ノ者モ在ケレハ、此押ニハ中村式部少輔衆幷遠江衆・駿河衆・参河衆ヲ差

レハ、此押ニハ中村式部少輔衆弁遠江衆・駿河衆・参河衆ヲ指向ケル。

今度内府公ノ御出馬ナク、先手衆、一戦ノ功ヲ見給事、誠ニ理ノ当然ナリ。敵ハ秀頼ノ命ヲカリテ、関西ノ大軍馳集、又御先ノ諸将多クハ大閤厚恩ノ旧臣ナレハ無㆓心元㆒。惣テ若キ御時ハ兵ハ軽ク、速ナラン事ヲ好ミ、既ニ領㆓数国㆒シテ大軍トナルニ随テ、威重アリテ、物毎ニ練習シ給ヘリ。彼神竜ノ化シテ漢者ノ難ヲ受ルコトキ事ハマシマサズ。故ニ加賀井弥八モ手ヲ空ス。大野・土方モ隠謀ヲ拆《クシ》カル。誠ニ不可思儀也。

42　川田之渡合戦之事

（十一―八）

斯テ羽柴三左衛門者八月二十二日卯ノ刻ニ撃立テ、河上川田ノ渡ヘト趣ケル。相随人々ニハ、浅野左京大夫・堀尾信濃守・山内対馬守・有馬玄蕃頭・松下右兵衛・一柳監物、其外御近習衆相加ル。然ルニ岐阜城主中納言秀信ハ、贈太政大臣織田信長公ノ嫡子、三位中将信忠ノ胄〔曹カ〕子也。平相国清盛ヨリ以来、代々将門ナルカ、今般石田、

向ケル。

今度　内府公ノ御出馬ナク、先手衆一戦ノ功ヲ見給事、誠ニ理ノ当然也。敵ハ秀頼ノ命ヲ仮テ、関西ノ大軍馳集、又御先ノ諸将多クハ大閤厚恩ノ旧臣ナレハ無㆓心元㆒。惣テ若キ御時ハ兵軽ク、速ナラン事ヲ好ミ、既領㆓数国㆒シテ大軍トナルニ随テ、威重クアリテ、物毎ニ練習《レンシウ》シ給ヘリ。彼神龍ノ化シテ漁者ノ難ヲ受ル如ノ事ハマシマサス。故ニ加賀井弥八モ手ヲ空ス。大野・土方モ陰《イン》謀ヲ折カル。誠ニ不可思議ノ御事也。

42　川田渡合戦事

（六―八）

斯テ羽柴三左衛門輝政ハ八月廿二日卯刻ニ河上川田渡エト被㆑赴。相従人々ニハ、浅野左京大夫・堀尾信濃守・山内対馬守・有馬玄蕃頭・松下右兵衛・一柳監物、其外御近習衆相加ル。然ルニ岐阜城主中納言秀信ハ、織田信長公嫡子、三位中将信忠ノ男子也。平相国清盛ヨリ代々将門ナルカ、今ノ般ヒ石田、秀頼ノ命ト称《シヤウ》シテ催シ

秀頼ノ命ト称シテ催シケレハ、一味同心セラレケリ。秀信卿被レ申ケルハ、「敵既ニ川田ノ表差向ナルニ、城中ニ居テ囲マレナンモ無二謂甲斐一次第也。自ラ出テ一戦ニ敵ヲ蹴散サン」トテ、河手村ノ閻摩堂マテ出張セラル。

カウツキノ城主佐藤才次郎・木造兵庫壱万千石・百々越前守五千石・飯沼十右衛門三千五百石、武者奉行トシテ六百余騎、鉄炮・弓・足軽一千人ヲ先立テ、新加納表ヘ馳向フ。河ヲ隔テ戦ン用意ナリ。石田加勢、河瀬《ゼ》左馬允・樫《カシ》原彦右衛門・赤江四郎兵衛・臼井孫大夫・磯野平三郎等三千余ヲ召具テ、新加納表ニ鉄炮ヲ打セケル。

羽柴左衛門川向ヨリ是ヲ見テ、諸将ヘ云ケルハ、「此表ニ備テ敵ヲ押マデノ約束ナレトモ、敵既ニ働出ルニ、吾是ヲ見ナカラ不レ戦シテ引取ナラハ、敵追ンハ治定成ヘシ。其上敵ヲ見テ引ハ武ノ本意ヲ失ヘシ。イサヤ此川ヲ渡テ一戦ノ利ヲ得ン」ト云。然ルニ家人申ケルハ、「数日霖雨ニテ河水漫々タリ。素ヨリ無レ隠大河、直下無レ底処ヲ容易渡給ハンハ御不覚ナラン」ト云。三左衛門カ云ク、「大河ナレハトテ、敵ヲ見テ不レ戦シテ川下ヘ廻ラルヘキカ。彼晋ノ謝玄カ肥水ヲ渉セン勢ヒ、此時

ケレハ一味セラレケル。秀信卿申サレケルハ、「敵既川田表エ馳向処ニ、城中ニ居テ囲レナンモ無二謂ヒ甲斐一次第也。自出テ一戦ニ敵ヲ蹴散《ケチラ》サン」トテ、河手村ノ閻魔《エンマ》堂迄出張セラル。

カウヅキノ城主佐藤才次郎・木造兵庫一万五千石・百々《ドド》越前守五千石・飯沼十左衛門三千五百石武者奉行トシテ六百余騎、鉄炮・弓・足軽千人ヲ先立テ、新加納表エ馳向。河ヲ隔、戦ノ用意也。石田・加州・川瀬左馬允・樫原彦右衛門・赤尾四郎兵衛・臼井孫太夫・磯野平三郎等三千余ヲ召具テ、新加納表ニ鉄炮ヲ打セケル。

三左衛門輝政川向ヨリ是ヲミテ、諸将エ云ケルハ、「此表ニ備ヘテ敵ヲ押ヘ迄ノ約束ナレトモ、敵已ニ働出ルニ、我是ヲミナカラ不レ戦シテ引取ナラハ、敵追ンハ治定ナルヘシ。其上敵ヲ見テ引ハ武ノ本意ヲ失ヘリ。イサヤ此川ヲ渡テ一戦ノ利ヲ得ン」ト云。家人申ケルハ、「数日霖雨ニテ河水漫々タリ。素《モト》ヨリ無レ隠大河、直下《チョカ》トヒトシケレ共、無レキ底所ヲ容易《タヤスク》ニ渡シ給ハンハ御不覚ナラン」ト云。輝政曰、「大河ナレハトテ、敵ヲミテ不レ戦シテ川下エ可レ廻歟。イカナル淵瀬《フチセ》モ、大軍ニテ押

ニアリ、急渡セ」ト下知スレハ、諸将一同ニ打入ケル。

爰ニ一柳監物者居城近辺ナレハ川ノ案内ハ能知タリ。自身ハ川下ヘ行、二俣《マタ》ノ所ヨリ颯《サツ》ト乗入、人マセモセス、手勢安々ト向ノ岸ニ一番ニ着テ、「木曽《キソ》川ノ先陣」ト名乗ケル。堀尾信濃守・池田三左衛門・遠州・駿州、我不ㇾ劣ト渡シケレハ、サシモノ大河、陸路ノ如ニナツテ、一人モ不ㇾ残向ノ岸ニツク。

一柳ハ敵ノ後口ノ方ヘ押廻ス。敵モ鉄炮ヲツキカエツキカエ放懸ケルカ、敵ノ後ヘマハルヲ見テ敗北ス。浅野左京大夫ハ川上ヲ越テ、木造兵庫頭ト相ヒ戦。兵庫頭モカセキケレトモ、多勢ナレハ不ㇾ叶シテ引退ク。新加納ニ津田藤右衛門息藤三郎・百々越前守ハ、敗卒ヲアツメケレトモ不ㇾ叶、帰シ合テ鎗ヲスル。一柳監物内大塚権大夫、岐阜方藤田伝《権イ》左衛門ヲ討捕、首ヲ指上ル処ヲ、飯沼勘平馳付テ、大塚権太夫ト引組テ、権太夫ヲ組臥テ首ヲ捕。然ルニ池田備中守是ヲ見テ、ノカスマシトテ馳向フ。勘平取テ帰シ、備中鎗ヲ合セ、終ニ飯沼ヲ突伏、首ヲ捕。前代未門《見カ》ノ是物也。後日ニ内府公、備中守ニ御感状被ㇾ下ケル。

渡バ、水浅ナル物ヲ、急渡セ」ト下知スレハ、諸将一同ニ渡ケル。

爰一柳監物ハ居城近辺ナレハ川ノ案内ハ能ク知タリ。自身ハ川下エ行、二俣ノ所ヨリ颯ト乗入、人マゼモセス、手勢安々ト向ノ岸ニ一番ニ著テ、「木曽川ノ先陣」ト名乗ケル。堀尾信濃守・羽柴三左衛門・遠州・駿州勢、我不ㇾ劣ト渡シケレハ、サシモノ大河、陸地ノ如ニ成テ、一人モ不ㇾ残渡ケル。

一柳ハ敵ノ後ノ方エ押廻ス。敵モ鉄炮ヲツギ替ツギ替放懸ケルカ、敵ノ後エ廻ルヲミテ敗北ス。浅野左京大夫ハ川上ヲ越テ、木造兵庫頭ト相戦。兵庫モ稼キケレトモ、多勢ナレハ不ㇾ叶シテ引退ク。新加納ニ津田藤右衛門息藤三郎・百々越前守ハ、敗卒ヲ集ケレトモ、不ㇾ叶、返合テ鑓ヲスル。一柳監物内、大塚権大夫、岐阜方藤田伝左衛門ヲ討捕、首ヲ指上ル取《(所カ)》ヲ、飯沼勘平馳付テ、大塚ト引廻、権大夫ヲ組臥テ首ヲ捕。然処ニ池田備中守是ヲミテ、遁スマジトテ馳向。勘平取テ返シ、備中守ト鑓ヲ合セ、終ニ飯沼《イヌマ》ヲ突キ伏セ首ヲ捕ル。前代未聞ノ見物也。後日ニ　内府公、備中守ニ御感状被ㇾ下ケル。

岐阜方ニ武市忠左衛門・前田半左衛門、取テ帰テ戦ケルカ、終ニ討死ス。津田藤三郎ハ赤母衣ヲ懸テ、殿ヲシテ引退。兼松又四郎ハ黄縨ヲ懸テ押付ル。岐阜方ハ残スクナニテ引退ハ、寄手ハ勝ニ乗テ幕《慕》行。川手村ノ西荒田ノ橋マテ追討ス。爰ニテ津田藤左衛門ハ引帰シテ強キ働シテ敵ノ追退クト云トモ、入替々々懸勢ニ不ㇾ叶シテ、主従二人同枕ニ死ス。上加納村ニテハ村ヲ前ニシテ、滝川平市・中嶋伝左衛門、其外五人踏止テ、足軽ヲ懸テ防戦フ。平市、首一級ヲ得タリ。

扨又治郎少輔加勢三千ノ大将、河瀬左馬允・樫《カシ》原彦右衛門、其外四郎兵衛・臼井孫大夫・磯野平三郎ハ、新加納敵ノ所々放火シテ働ヲ見テ、平三郎カ曰ク、「敵ハ猛勢ト覚タリ。煙広シテ人数ノ多少、見ワカヌマキレニ洲《ス》ノ俣《マタ》川ヲ打渡リ、川向ニ控ヘテ可ㇾ然」ト也。左馬允云、「敵ノ色モ不ㇾ見シテ引ンハ臆病ノ至也。唯是ニテ見合テ不ㇾ叶ハ、岐阜ヘ可㆓引取㆒」ト。平三郎、「軍立ノ事我々ニ任セ給ヘ。武者ハ目利カ第一也。懸モ退モ時節アリ」ト云。四郎兵衛「尤」ト同シテ、洲俣《スノマタ》ヲ打渡ス。然ルニ堀尾信濃守侍、引ツツイテ川ヲ渡シ、鎗ヲ入ル。平

岐阜方ニハ武市忠左衛門・前田半右衛門、取テ返シテ戦ヒケルカ、終ニ討死ス。津田藤三郎、赤母衣ヲカケテ、殿シテ引退。兼松又四郎ハ黄縨ヲカケテ進ミケル。岐阜方ハ、残リ少ニテ引退ハ、寄手ハ勝ニ乗テ慕ヒ行。川手村ノ西荒田ノ橋迄追討ス。爰ニテ津田藤左衛門ハ引返シテ強キ働シテ敵ヲ追退ト云トモ、入替々々懸勢ニ不ㇾ叶シテ、主従二人同枕ニ死ス。上加納村ニテハ村ヲ前ニシテ、滝川平市・中島伝右衛門、其外五人踏止テ、足軽ヲ懸テ防戦フ。平市、首一級ヲ得タリ。

偖又治郎少輔加勢、川瀬左馬允・樫原彦右衛門・臼井孫太夫・赤尾四郎兵衛・礒野平三郎ハ、新加納敵ノ所々放火シテ働ヲ見テ、平三郎云、「敵猛勢ト覚タリ。煙広シテ人数ノ多少、ミワカヌ紛ニ洲ノ俣川ヲ打渡、川向ニ控ヘテ可ㇾ然ル」ト云。左馬ノ允カ云、「敵ノ色モ不ㇾ見シテ引ンハ臆病ノ至也。只是ニテ見合テ不ㇾ叶ハ、岐阜エ可㆓引取㆒」ト。平三郎、「軍サ立ノ事我ㇾ々ニ任セ玉ヘ。武者ハ目利ガ第一也。懸モ退クモ時節アリ」ト云。四郎兵衛、「尤」ト同シテ、洲俣ヲ打渡スニ、堀尾信濃守カ侍、引続テ川ヲ渡、鎗ヲ入ル。平三郎取テ返シ、突

三郎取テ帰シ、突伏首ヲ捕。今一人進来ルヲ、左馬允与ノ内山田久助、討捕。

扨孫大夫・平三郎・四郎兵衛云ク、「岐阜中納言ノ体ヲ見ニ、二心アランカト覚タリ。今三千ノ士卒岐阜へ打入、万一中納言心替ナラハ、一人モ生テ帰者有ヘカラス。石田殿ノ本陣大垣ニスヘラレタレトモ、舞兵庫ニ二千付テ、河津・駒野口ノ押、今此所へ三千来レハ、旗本ハ只三千也。従レ是大垣へ引取、舞兵庫ヲモ呼寄、合八千ニテハ、タトセ《（ヘカ）》二万・三万ノ敵ニテモ心安ク候ヘハ、大垣へ引取候ヘカシ」ト云。左馬允曰、「一度岐阜ノ加勢トシテ大将ヲ承リ、今何ノ事モナキニ、何ソニケ帰ルヘキヤ」ト、云テキカス。平三郎ハ、「使ナレハ、此由石田殿へ申ン」トテ帰ケル。孫大夫ハ、「是マテ来テ帰ルト云事有ヘカラス。岐阜ニテ討死スヘシ」トテ押行ケル。

カクテ黄門秀信卿ハ閻摩堂ニ本陣ナリ。佐々弥三郎使番ナルカ、新加納表ヨリ引帰、秀信卿ノ前ニ畏テ申ケルハ「敵ハ数万騎河ヲ越テ、味方引色ニ見エ候。敵程ナク是へ可レ参。敵味方可レ対ホトノ人数ナラハ、是ニテ御合戦宜カルヘケレトモ、十カ一ホトノ事ニ候ヘハ、急岐

伏テ首ヲ取ル。今一人来ルヲ、左馬ノ允与力ノ内山内久助、討捕。

サテ孫大夫・平三郎・四郎兵衛云、「岐阜中納言ノ体ヲ見ニ、二心アランカト覚ヘタリ。今三千ノ士卒岐阜エ打入、万一中納言心替ナラバ、一人モ生テ帰者不レ可レ有。石田殿ノ本陣大垣ニスヱラレタレトモ、舞兵庫ニ二千付テ、河野・駒野口ノ押、今此所ヱ三千来レハ、旗本ハ只三千也。従レ是大垣エ引取、舞兵庫ヲモ呼ヨセ、合八千ニテハ、仮令二万・三万ノ敵ニテモ心安ク候ヱハ、大垣エ引取候ヘカシ」ト云。左馬允、「一度岐阜ノ加勢トシテ大将ヲ承リ、今何ノ事モナキニ、何ソ逃帰ヘキヤ」ト、云テキカス。平三郎ハ、「使ナレハ、此由石田殿エ申サン」トシテ帰ケル。孫大夫ハ「是迄来リ、帰ルト云事有ヘカラス。岐阜ニテ討死スベシ」トテ押行ケル。

斯テ黄門秀信卿ハ閻魔堂ニ本陣也。佐々弥三郎使番ナルカ、新加納表テヨリ引返シ、秀信卿ノ前ニ畏テ申ケル、「敵ハ数万騎河ヲ越シ、味方引色ニミエ候。敵ハ程ナク是エ可レシ参。敵味方可レキ対程ノ人数ナラハ、是ニテ御合戦宜カルベケレトモ、十カ一程モナキ味方ニ候ヘハ、急

阜へ引取、御防アラハ、其内石田以下ノ衆、後詰仕候へシ。サアラハ御勝利有ㇾ疑へカラス」ト申ケレハ、中納言モ力不ㇾ及トテ引取給ヘハ、百々越前・飯沼十左御門ハ、殿シテ行列ヲ不ㇾ乱引入ケル。

又川越ノ人数ハ勝ニ乗テ、河手村・西荒田村ノ橋マテ追来ケルカ、妹《イモ》島・姉島・新加納ニ其夜ハ野陣ヲカケ居タリ。此時御近習衆、高名シケルハ、武蔵掃部・津田新十郎平左衛門父ナリ・沢井左衛門・平井弥右衛門・平井兵右衛門・安孫子善十郎・生駒隼人正・森勘解由・林藤十郎・小坂助六・堀田小三郎・安井将監・堀田将監・吉田平内・八島八十郎或本吉十郎・武藤清兵衛・稲熊市左衛門トソ聞へシ。

一柳監物ハ川田ノ先陣ト云土地ノ案内者ナレハ、敵ノ後へ廻テ勝利ヲ得。首数弐百弐拾七級討捕テ武勇ニホコリケリ。

凡テ東方ノ軍士、所々ノ合戦ニ討勝、蹀血闘与《テウケツアツヨ》シテイサメハ、西方ハ聞人・見人、評議一決セズ、後日モハカリ知レタリ。

ギ岐阜エ引取御防キアラバ、其内石田以下ノ味方、後詰仕候ヘシ。左アラハ御勝利疑ヒ不ㇾ可ㇾ有」ト申シケレハ、中納言モ力不ㇾ及迚引取玉ヘハ、百々《ドヾ》越前・飯沼《イヌマ》十左衛門ハ、殿シテ行列ヲ不ㇾ乱引入ケル。

又川越ノ人数ハ勝ツニ乗ツテ、河手村ノ西荒田村ノ橋迄追来ケルカ、妹島・姉島・新加納ニ其ノ夜ハ野陣ヲカケ居タリ。此時御近習衆、高名ヲケルハ、武蔵掃部・津田新十郎平左衛門父也・沢井左衛門・平井弥右衛門・平井兵右衛門・吾孫子善十郎・生駒隼人ノ正・森勘解由・林藤十郎・小坂助六・堀田小三郎・安井将監・堀田将監・吉田平内・八島八十郎或本ニ吉十郎・武藤清兵衛・稲熊市左衛門トソ聞エシ。

一柳監物ハ川田ノ先陣ト云土地ノ案内者ナレハ、敵ノ後へ廻テ勝利ヲ得。首数二百七十七級打取テ、武勇ニ誇《ホコ》ケルモ理也。

43　濃州竹ケ鼻落城事　（十一―一）

扨又先手衆ハ、八月廿二日卯ノ刻撃立テ、萩原へ押向。人々ハ、羽柴左衛門大夫・羽柴越中守・加藤左馬助《喜明》・黒田甲斐守《長政》・藤堂佐渡守《高虎》・京極修理大夫《高政》・田中兵部太輔《長正》・生駒讃岐守《正俊》・寺沢志摩守《広高》・桑山伊賀守・蜂須加長門守《至鎮》・井伊兵部太輔《直政》・本多中務太輔《忠勝、同美濃守忠政》ナリ。竹ケ鼻城主杉浦五左衛門加勢ニハ、嶋津中務是ハ兵庫頭甥也、加勢ニ来ル・毛利掃部頭・梶川参十郎・花村半左衛門等ハ、小越ノ川ノ西ニ芝土居ヲ付、柵ヲフリ、大筒小筒ヲ立並放懸ル。故ニ、小越川無二左右一渡人ナシ。爰ニ藤堂佐渡守、人数ヲ川下へ押廻セハ、黒田甲斐守・田中兵部大夫・生駒讃岐守・桑山伊賀守ツヽイテ行。カカノ井村ヨリ舟筏ニテ一文字ニ川ヲ越ヲ見テ、不レ叶トヤ思ケン、竹ケ《ガ》鼻へ引取ケル。島津中務ハ自レ是大垣へ引退。又島津兵庫頭ハ、中務ヲ助ントテ大垣ヲ押出ス。石田カ云ク、「只今中務モ是へ可レ参。今少見合給へ」ト云。兵庫カ云ク、「イヤトヨ、中務ヲ捨殺シテハ末代ニ至テモ家ノ恥辱也」トテ、駒ヲ早メテ出ケルカ、洲ノ俣川ヲ渡ケレハ中務ニ行会、打連

43　濃州竹鼻落城事　（六―七）

偖又先手衆ハ、八月廿二日卯ノ刻打立テ、萩原エ押シ向。人々ハ、羽柴左衛門大夫・羽柴越中守・加藤左馬助・黒田甲斐守・藤堂佐渡守・京極修理大夫・田中兵部大輔・生駒讃岐守・寺沢志摩守・桑山伊賀守・蜂須加長門守・井伊兵部少輔・本多中務大輔也。竹鼻ノ城主杉浦五左衛門加勢ニハ、島津中務是ハ兵庫頭ノ甥也・毛利掃部頭・梶川三十郎・花村半左衛門等ハ、小越ノ川ノ西シニ芝土居《シバドヰ》ヲ付、柵ヲフリ、大箇（ママ）小筒ヲ立並へ放懸ル故ニ、小越川無《ナク》二左右一渡人ナシ。爰ニ藤堂佐渡守、人数ヲ川下エ押廻セハ、黒田甲斐守・田中兵部大輔・生駒讃岐守・桑山伊賀守続ヒテ行。加賀野井村ヨリ一文字ニ川ヲ越ヲ見テ、不レ叶トヤ思ヒケン、竹鼻城エ引取リケル。島津中務ハ自レ是大垣エ引退ク。又島津兵庫頭ハ、中務ヲ助ントテ大垣ヲ押出ス。石田云、「只今中書ハ是エ可レ被レ参。今少見合セ給へ」ト云。兵庫云、「イヤトヨ、中務ヲ棄殺テハ末代ニ至テモ家ノ恥也」ト、駒ヲ早メテ出ケルガ、洲俣川ヲ渡ケレハ中書ニ行会、打連テ大垣エ引入ケル。

テ大垣へ引入ケル。

　扨竹カ鼻ノ城中ニハ、本丸杉浦五左衛門・二ノ丸毛利掃部・梶川三十郎・花村半右衛門有ケル。羽柴左衛門大夫・長岡越中守・加藤左馬助・京極修理大夫ハ、河ヲ越テ竹ケ鼻城へ押寄トヒトシク、ヒシヒシト打囲テ、弓鉄炮ヲ打懸ル。毛利掃部・梶川三十郎ハ、左衛門大夫久敷交語ナレハ、「降参仕レ」ト申遣ケレハ、早々同心シテ城ヲ開渡ス。本丸ノ城主杉浦是ヲ見テ、「臆病ナル者共カナ。人間五十年ト云スヤ。侍ノ道ヲ守テ死コソ本意ナレ」トテ、弥士卒ニ下知シテ、爰ヲ専ト防ケル。纔三十五・六人ノ侍トモ、アナタコナタ走回テ、城ヲ乗レジトカセキケル。サレトモ数万ノ寄手、弥カ上ニナツテ乗入ヌ。蒼海ノ一蠡測ルニ処ナク、城中ノ兵一人モ不レ残失ニケリ。杉浦、今ハ不レ叶ヲ思テ、自ラ城ニ火ヲ懸、腹掻切テ伏タリ。昔藤（藤文公カ）ノ文公ノ、斉楚ノ大国ニ挟マレテ已ニ危カリシニ、如何スヘキト孟子ニ問レハ、「鑿レ池築城、效《イタシテ》レ死弗去ヲハ諸侯ノ本意トハスレ」トノ給シ。「今杉浦カ振廻、君子ノ心ニモ叶ヒ、武士ノ道ヲ立タルヤサシサヨ」ト、見人感涙鎧ヲ潤シケリ。寄手ハ近辺放

　サテ竹鼻城中ニハ、本丸ニ杉浦五左衛門・二丸毛利掃部・梶川三十郎・花村半左衛門在リケルカ、羽柴左衛門大夫・長岡越中守・加藤左馬助・京極修理大夫ハ、河ヲ越テ竹鼻城エ押寄ルトヒトシク、ヒシヒシト打囲テ、弓鉄炮ヲ打懸ル。毛利掃部・梶川三十郎ハ、正則ト久敷交語ナレハ、「降参仕レ」ト申遣ケレハ、早速同心シテ城ヲ開渡ス。本丸城主杉浦是ヲ見テ、「臆病ナル者共哉。人間五十年ト云ズヤ。侍ノ道ヲ守テ死コソ本意ナレ」ト、弥々士卒ニ下知シテ、爰ヲ専ト防キケル。纔カニ卅五・六人ノ者共、アナタコナタエ走リ廻リ、城ヲ乗レシト稼ギケレトモ、数万ノ寄手、弥カ上ニ成テ乗入ケレハ、蒼海ノ一蠡測ルニ所ナク、城ノ兵一人モ不レ残討死ス。杉浦モ、今ハ不レ叶トヤ思テ、自城ニ火ヲカケテ、腹掻《カキ》切テ伏ニケル。「天晴《アツハレ》猛キ武士哉」ト、惜マヌ人ハ勿リケリ。是レヨリ寄手衆ハ近辺ヲ放火シテ、大良堤ニ陣ヲ取ル。

火シテ、其夜ハ大良堤《リヤウツツミ》ニ陣ヲ取。

44　岐阜落城事　（十一―二）

去程ニ、中納言秀信卿ハ廿二日ノ夜、組頭中ヲ呼集、「今日ノ合戦ニ無レ利事無念ナリ。軍ハ是ニ限ヘカラス。治部少輔方ヘモ申遣タレハ、頓テ後詰ニ可レ来。明日ノ合戦ハ各偏ニ頼之条、被レ尽二粉骨一ヨ」ト申サレケレハ、何モ、「城中ヲ枕ニシテ討死仕ラン」トテ帰ケル。各組中ヘ触ントテ呼集ケレトモ、新加納ヘ向ケル軍兵ハ、多ハ討死・手負ナリ。其外残ル勢モ多ハ落行テ、十カ三ホト残ケリ。「無二覚束一籠城カナ」ト思ナカラモ、手分手配ヲ申渡ス。

岐阜城ト申ハ、東南ハ沼田、或谷峰峨々タリ。北ハ長柄川ノ切岸高シ。西ハ七曲・百曲水ノ手ノ口トテ、大手・搦手三筋ノ道アレトモ、巌々山城ニテ、櫓戦棚立並ヘテ攻ヘキ様モナシ。然ルニ、「羽柴三左衛門、川田ヲ越テ一戦ニ大利ヲ得テ、既岐阜ヘ押付ル」ト、注進ノ飛脚、夕陽ニ及テ来ケレハ、諸将驚テ、彼等ニ先ヲセラ

44　岐阜落城事　（六―八）

去ル程ニ、中納言秀信卿ハ廿三（二イ）日ノ夜、組頭中ヲ呼集、「今日ノ合戦ニ無レ利事無念也。軍ハ是ニ不レ可レ限。治部少輔エ申遣タレハ、頓テ後詰ニ可レ来。明日ノ合戦ハ各偏ニ頼ノ条、被レ尽二粉骨一ヨ」ト被レ申ケレハ、何モ、「城中ヲ枕ニシテ討死仕ラン」迚帰ケル。各組中エ触ントテ呼集ケレトモ、新加納エ向ケル軍兵ハ、多ハ討死・手負也。其外残ル勢モ多クハ落行テ、十カ三程残ケリ。「無二覚束一籠城哉」ト思ヒナカラモ、手分手配ヲ申渡ス。

岐阜ノ城ト申ハ、東南ハ沼田、或谷峰峨々タリ。北ハ長柄川ノ切岸高ク、西ハ七曲リ百曲リ水ノ手ノ口トテ、大手・搦手三筋ノ道アレトモ、巌々タル山城ニテ、櫓《ヤクラ》戦棚立並テ攻ヘキ様モナシ。然ニ、「羽柴三左衛門輝政、川田ヲ越テ一戦ニ大利ヲ得テ、既ニ岐阜エ押付ル」ト、注進ノ飛脚、夕陽ニ及テ来リケレハ、諸将驚テ、彼等ニ

レテハ叶マシトテ、戌ノ刻ヨリ打立テ、岐阜表ヘ押寄ル。桑ノ木原ニテ人馬ノ息ヲサセケル。

同二十三日、左衛門大夫ハ、寅剋ヨリ勤屋町口惣門ヘ押詰、夜已ニ明レハ商町ヲ打破ル。三左衛門モ相続テ岐阜町口ヘ押寄ル処ニ、左衛門大夫惣構ノ土手ニ上リ、下知ヲシテ道筋ノ民屋放火スル。城方ニハ木造兵庫頭・津田藤左衛門息藤三郎・百々越前守、城外ヘ出テ敵ヲ待ケルカ、少勢叶マシトヤ思ケン、城中ヘ引取ケル。三左衛門ハ放火ニ隔ラレテ、町口ハ叶ストテ桑木原ヘ押廻ス。其間ニ左衛門大夫カ軍兵福島伯耆守、先登シテ相戦フ。首二級ヲ得タリ。梶田新助モ同所ニテ高名ス。大手七曲《マカリ》口、左衛門大夫・越中守・左馬助攻寄テ、数刻相戦フ。城中木造兵庫・津田藤右衛門・同子藤三郎・百々越前守返シ合テ、坂半ニテ相戦テ時ヲ移ス。坂口ヨリ武藤ノ砦《トリテ》ノ間ニテ強ク防ケレハ、攻衆辟易シテ不レ得レ進。此間ニ城中ヘ引取ケルカ、津田藤三郎ハ赤縨指テ殿後シケルカ、「桑田《幸田》次郎助」細川勇士ト名乗テクヒトムル。藤三郎取テ返シ、鎗ヲシテ桑《幸》田ヲ討捕。越中カ士柳田半助、生駒平《半イ》三郎ト組テ、半助ハ平三郎ヲ討捕。同家人沢村才

先ヲセラレテハ叶マシトテ、戌剋ヨリ打立テ、岐阜ノ表エ押寄ル。桑木原ニテ人馬ノ息ヲサセケル。

同廿三日、左衛門大夫ハ寅剋ヨリ靭屋町口惣門エ押詰、夜已ニ明ケレハ商町ヲ打破ル。三左衛門モ相続テ岐阜町口エ押寄処ニ、左衛門大夫惣構ノ土手ニ上リ、下知ヲシテ道筋ノ民屋放火スル。城方ニハ木造兵庫頭・津田藤左衛門息藤三郎・百々《ドド》越前守・城外エ出テ敵ヲ待ケルカ、少勢叶フマシトヤ思ケン、城中エ引取ケル。三左衛門ハ放火ニ隔テラレ、町口ハ不レ叶トテ桑木原エ押廻ス。其間ニ左衛門大夫カ軍兵福島伯耆、先登シテ相戦フ。首二級ヲエタリ。梶田新助モ同所ニテ高名ス。大手七曲ノ口、左衛門大夫・長岡越中守・加藤左馬助攻手《(寄カ)》テ、数剋相戦フ。城中木造兵庫・津田藤左衛門・同子藤三郎・百々《ドド》越前守返合テ、坂半ニテ相戦、時ヲ移ス。坂口ヨリ武藤ノ砦ノ間ニテ強ク防ケレハ、攻衆辟易シテ不レ得レ進。此間ニ城中エ引取ケルカ、津田藤三郎ハ赤縨指テ殿シケルヲ、「桑田次郎助」ト名乗テ喰止ル。藤三郎取テ返シ、鎗ヲシテ桑田ヲ討取。越中カ士柳田半助、生駒平三郎ト組テ、生駒ヲ討捕。同家人沢村才八ハ、武藤カ砦ニテ中

八ハ、武藤カ砦ニテ中島伝右衛門ヲ討捕。城中ノ者共引取テ、七間矢蔵ニ楯籠ル。左衛門大夫家人、大橋茂右衛門首一級ヲ得、星野又八首一捕ケルカ、谷ヘ取落ス。大手ヘカカリテ又首一ヲ討捕。城中ニハ津田藤三郎・飯沼十左衛門・大岡角之助・同角内・伊藤長八・和田孫大夫・武市善兵衛・大野善八・木田弥左衛門等ハ、北宮黝カ勇力ヲ励シテ、四角八方ニ切テ廻リ、突テ出テ追退クル有様、項羽ノ散卒ヲアツメテ三所ノ陣ヲ張シ勢ヲ学ヒケルカト、人々驚レ目ヲ、諸大将山下ヨリ見レ之感アヘリ。

アケカウシ門ノ前ニテ、左衛門大夫内傍島大兵衛山下ヨリ上リ、敵ノ鎗ヲカツキ上テ組討ス。上カウシ門ニハ、中島伝右衛門・布川次郎兵衛・斉藤新五郎持口ナルカ、中島ハ討死ス。左衛門内吉村又右衛門・遠山長右衛門後被召出日大道寺内蔵其ノ外五・六人、嶮岨ヲ匍匐シテ上ル。上カウシヘ押入、取出ノ新櫓乗《ノッ》取、矢狭間ヨリ指物ヲ振ケレハ、是ヲ見テ我ヲトラシト蒐入、二ノ丸ノ門ノ前マテ押込、渡辺弥兵衛高名ス。長尾隼人、城ノ屏ヲ乗、京極侍従修理大夫ハ百曲ノ道、荒村ノ洞、柴田修理、古屋敷

島伝左衛門ヲ討取。城中ノ者共引取テ、七間櫓ニ楯籠ル。正則家人大橋茂右衛門、首一級ヲエケルカ、谷エ取落ス。又大手エ懸テ、首一取。城中ニハ津田藤三郎・飯沼十左衛門・大岡角之助・同角内・伊藤長八・和田孫大夫・武市善兵衛・大野善八郎・喜多弥左衛門等ハ、北宮黝カ勇力ヲ励シテ、四角八方ニ切テ廻リ、突テ出追廻ル有様ハ、項羽カ散卒ヲ集メテ三所ノ陣ヲ張シ勢ヲ学ケルカト、人々目ヲ驚シ、諸将山下ヨリ是ヲミテ感ジアヘリ。

揚小路門ノ前ニテ、左衛門大夫内傍島太兵衛山下ヨリ上リ、敵ノ鎗ヲカツギ上テ組討ス。上小路門ニハ、中島伝右衛門・布川次郎兵衛・斉藤新五郎持口ナルカ、中島ハ討死ス。左衛門内吉村又右衛門、遠山長右衛門後被召出日大道寺内蔵ト其外五・六人、嶮岨ヲ匍匐《ホフク》《ハラバヒ》シテ登リ、上小路エ押入リ、取出ノ新櫓乗取、矢狭間ヨリ指物ヲ振ケレハ、是ヲミテ我劣ラジト蒐入、二丸門ノ前迄押込、渡辺弥兵衛高名ス。長尾隼人、城ノ屏ヲ乗、京極侍従修理大夫ハ、百曲ノ道、荒神洞、柴田修理屋舗ノ前木工口ヨリ攻登。

爰ニ羽柴三左衛門・同備中守ハ、正則カ放火ニ隔ラレ、桑木原エ廻リ、長柄川辺山水ノ手エ攻上、城内ニ火ヲ懸、

ノ前木工口ヨリ攻登。

爰ニ羽柴三左衛門・同備中守ハ、左衛門大夫カ放火ニ隔ラレ、桑木原へ廻リ、長柄川辺へ山水ノ手へ攻上、城内ニ火ヲ懸、旗ヲ一番ニ投入ケレハ、岐阜ノ城先登ト呼ケル。津田藤三郎ハ瑞竜寺ノ取手、石田カ臣樫原彦右衛門父子ハ東ノ尾崎也。又西ノ方ハ河瀬左馬允、人数千五百宛ニテ堅タリ。三左衛門、大手木曽道ヨリ押寄ル。堀尾信濃守・浅野左京大夫・井伊兵部・本多中務、瑞竜寺ノ取出ヲ攻ケル。浅野カ手者、箕浦新左衛門・原伝三郎・林小右衛門進テ高名ス。浅野彦十郎ハ一番ニ乗込、浅野喜太郎・伊藤八左衛門・同又兵衛、働テ討死ス。其外、手負死人数ヲ不レ知。樫原彦右衛門ハ、元来摂泉堺ノ者ナルカ、武勇アリトテ石田所ニテ侍大将ヲシケル。今般《コノタビ》モ大軍ヲ引請、爰ヲ専ト戦フ有様、勇ヲ尽シ武ヲ励ミ、命ヲ最期ト秘術ヲ尽シテ戦ケレトモ、已ニ百倍ノ敵ナレハ、気労シ心惰リテ、終ニ討死シケレハ、敵味方トモニ誉ヌ人ハナシ。浅野左京ハ是ヲミテ、押付テ首ヲ補。爰ニ樫原左近ハ、父カ討死ヲ聞テ、残党千余人ヲ引連テ落行処ヲ、寄手アマスナトテ追懸ル。樫原サンサンニ敗

旗ヲ一番ニ投入ケレハ、岐阜ノ城先登ト呼ケル。津田藤三郎ハ瑞竜寺ノ砦、石田カ臣樫原彦右衛門父子ハ東ノ尾崎也。西方ハ川瀬左馬允、人数千五百宛ニテ固メタリ。三左衛門、大手木曽道ヨリ押寄ル。堀尾信濃守・浅野左京大夫・井伊兵部・本多中務、瑞竜寺ノ砦ヲ攻ル。浅野カ手者箕浦新左衛門・原伝三郎・林小右衛門進ンテ高名ス。浅野彦十郎ハ一番ニ乗込、浅野善太郎・伊藤八左衛門・同又兵衛、働イテ討死ス。其外、手負死人数ヲ不レ知。柏原彦右衛門ハ、元来泉州堺ノ者ナルカ、武勇アリトテ石田所ニテ侍大将ヲシケル。今般モ大軍ヲ引受、爰ヲ専ト戦フ有様、勇ヲ震武ヲ励シ、今ヲ最期ト秘術ヲ尽シケレトモ、既百倍ノ敵ナレハ、気疲レ心ロ侭(尽カ)テ、終ニ討死シケレハ、敵味方トモニ誉ヌ人ハナシ。浅野左京ハ是ヲミテ押付テ首ヲ取ル。爰ニ柏原左近ハ父カ討死ヲ聞テ、残党千余人ヲ引連テ落行処ヲ、寄手アマスナトテ追カクル。左近散々ニ敗北シテ、或ハ長柄川ニ溺テ死ル者モアリ、又ハ追打ニ首ヲ取ル者モ有。「一返モセス退行有様、父ニハ不レ似臆病者哉」ト悪マヌ人ハナシ。

斯テ川瀬ハ強敵ニヤ恐ケン、本城無二心元一トテ引退

北シテ、或ハ長柄川ニ溺レテ死スル者モ有、又ハ追討ニ首ヲトラル者モアリ。「一返モセテ退行《ニケ》アリサマ、父ニハ不レ似臆病者哉」ト、悪マヌ人ハナシ。

カクテ河瀬ハ強敵ニヤ恐ケン、本城ノ様無二心元一トテ引退ケレハ、赤尾四郎兵衛申テ云、「樫原ハ無二比類一防戦ナリ、定テ討死アラン。是ヲ見捨テ何地へ行給ソ。貴方一代ノ恥辱、是ニ過ヘカラス」ト、馬ノ上ヨリ高声ニシカリケレハ、河瀬云ク、「最ニハ候ヘトモ、兎ニモ角ニモ治部少輔ノ為ナレハ、先本城へ参テ可二見計一」トテ引籠ケレハ、防戦ノ士卒、弥気ヲ失テ、チリチリニナルモ断ナリ。

河瀬カ組ノ中ニ赤尾ト佐藤主殿助・臼井孫大夫三人ハ、「凡侍ノ死所ニテ不レ死ハ、後日ニ死ヨリ大ナル禍来ル者ソ」トテ踏止ル。寄手三十騎ニテ来ルヲ見テ、「サラハ敵ニ目ヲ覚サセン」トテ、主従五・六人、大勢ノ中へ駆《カケ》入テ、四方へハセチラシテ思サマニ鎗ヲスル。敵モ是ニ足ヲ留ケレトモ、新手又入替ケレハ、不レ叶シテ討死ス。其次十七・八騎アル所へ、「佐藤主殿助」ト名乗テ駆入、散々ニ走チカヘテ討死ス。又寄手廿騎計乗《［来］カ》ル。赤

ケレハ、赤尾四郎兵衛云、「柏原ハ無二比類一防戦也、定テ討死アラン。是ヲ見捨テ何地エ行給ゾ。貴方一代ノ恥辱、是ニ過ヘカラス」ト、馬上ヨリ高声ニシカリケレハ、川瀬カ云、「尤ニハ候ヘトモ、兎角ニモ治部少輔ノ為ナレハ、先ツ本城エ参ツテ可二見計一」トテ引籠ケレハ、防戦ノ士卒弥々気ヲ失テ、散々ニ成ルモ理リ也。

川瀬カ組ノ中ニ赤尾ト佐藤主殿助・臼井孫大夫三人ハ、「凡侍ノ可レ死所ニテ不レ死ハ、後日ニ大ナル禍来ルモノソ」トテ踏留ル。寄手三十騎計来ヲ見テ、「サラハ敵ニ目ヲ覚サセン」トテ、臼井孫大夫主従五・六人、大勢ノ中エ駆入テ、思サマニ鎗ヲスル。敵モ是ニ足ヲ留ケレトモ、新手又入替リケレハ、不叶シテ討死ス。其次十七・八騎アル所エ、「佐藤主殿助」ト名乗テ駆入、散々ニ走違テ討死。又寄手二十騎来ヲ、赤尾鎗ヲ入強ク当ケレハ、敵引退クカ又取囲テ戦フ。爰ニ一人来テ赤尾カ馬《メ》手ノ草摺ヲ突。敵ヲハ高股ヲ突テハネ倒ス。敵ノ若党、赤尾カ股ヲ伐。赤尾疼ム所ヲ、押付テ首ヲ取ントスルニ、倒レナカラ敵ノ両股ヲ薙ケル。赤尾カ若党作蔵ト云者、走寄テ赤尾ト引組、上ヲ下エ返シ谷底へ落ル。敵共謀トハ

尾鎗ヲ入強ク当リケレハ、敵引退カ又取ツシテ鎗ヲスル。爰ニ一人来テ、赤尾カ馬手ノクサスリヲ突。敵ヲハ高股ヲ突テハネ倒ス。敵ノ若党、赤尾カ股ヲ伐ニ、赤尾ヒルム処ヲ、押付テ首ヲトラントスルニ、倒レナカラ敵ノ両股ヲ薙《ナキ》ケル。赤尾カ若党作蔵ト云者走寄テ、赤尾ト引組上ヲ下ヘカヘシ谷底ヘ落。敵共是ヲミテ、謀トハ不レ知シテ、「サテモサテモ神妙々々」ト讃美シテ、本丸ノ方ヘ押通ル。谷底ヨリ作蔵ハ何地トモナク退行ケル。赤尾センカタナキ処ニ、放レ馬ヲ取ヘテ乗テ行者アリ。赤尾云、「其馬売給へ、我等手負候。侍ハ互ニ候」ト云。彼者、「安キ事」トテノセケレハ、其ヨリ在所江州赤尾へ引取ケルカ、痛手負タレハ、無レ程空ク成ニケリ。

黒田甲斐守・加藤左馬・藤堂佐渡守・田中兵部少輔ハ、下ノ瀬ヲ渡故ニ、岐阜ヘハ遥ニ遅シ。佐渡守ハ甲斐守ニ向テ、「上中ノ瀬ヲ渡タル衆、城ヲ早取巻タルト見タリ。今岐阜へ行テ人ノ跡ニナランモ口惜。定テ大垣ヨリ石田後詰セテハ叶マシ。暫是ニ控、石田ト快ク合戦セン」ト云レケレハ、甲斐守モ其儀ニ同シ、二陣ハ備ヲ堅シテ待処ニ、敵出ル事ナシ。甲斐守家臣後藤又兵衛申ハ、「上

不レ知シテ、「神妙々々」ト褒テ本丸ノ方ヱ押通ル。谷底ヨリ作蔵ハ何地モナク退行ケレハ、赤尾セン方ナキ処ニ、放レ馬ヲ捕ヘテ乗行者アリ。赤尾「其馬売給へ、我等手ヲ負タリ。侍ハ互イニ候」ト云。彼者、「安キ事」トテノセケレハ、其ヨリ在所江州赤尾ヱ引取ケルカ、痛手ナレハ、無レ程空シク成ニケリ。

黒田甲斐守・加藤左馬助・藤堂佐渡守・田中兵部少輔ハ、下ノ瀬ヲ渡タル故、岐阜ヱハ遥ニ遅シ。佐渡守ハ甲斐守ニ向ツテ、「上中ノ瀬ヲ渡タル衆、城ヲ早ク取巻タルトミエタリ。今岐阜ヱ行テ人ノ跡ニナランモ口惜。定テ大垣ヨリ石田後詰セテハ叶マシ。暫是ニ控へ、石田ト快ク合戦セン」ト云レケレハ、甲斐守モ其儀ニ同シテ、二陣ハ備ヲ堅フシテ待所、敵出ル事ナシ。黒田家臣後藤又兵衛申ハ、「上中ノ瀬ヲ越レタル衆、城ヲ攻ラルルト聞エテ、鉄炮ノ音、矢喚《サケビ》ノ声夥シ。今手ニ合不レ給ハ、後ノ嘲《アサケリ》如何ニ候間、少遅候トモ懸給へ」ト云。甲斐守云、「尤ナレトモ、佐州ト申合タル子細アリ。暫待テ様子ヲ見ン」ト也。又兵衛重テ申ハ、「約束モ時ニヨル事ニ候。我等御魁可仕」トテ備ヲ押向ケレハ、諸勢押続テ

中ノ瀬ヲ越レケル衆、城ヲ攻ラルルト聞ヘテ、鉄炮ノ音、矢サケヒノ音夥シ。今手ニ相不レ給ハ、後嘲如何ニ候間、少遅ク候トモ懸給ヘ」トナリ。甲斐守云、「最トハ思ヘトモ、佐渡守ト申合タル子細アリ。暫待テ様子ヲ見ン」トアレハ、又兵衛重テ申ハ、「約束モ時ニ依事ニ候。我等御魁可レ仕」トテ備ヲ押向ケレハ、諸勢押続テ岐阜ヘ攻入、少々手ニ合者アリ。

既ニ諸方ノ攻口打破テ、本丸ヲモ可二乗取一処ニ、木造兵庫頭諫申ケルハ、「味方既粉骨ヲ尽シ候ヘトモ、大軍ナレハ無レ力候、君ハ一先御降参有テ、御命ヲ全クナサレ、時節ヲ御覧アレカシ」ト云。「夫武士ノ戦場ニ尸ヲ曝スハ不二珍事一也。唯自害ニハシカシト思」トナリ。左右ノ者申ケルハ、「木造カ申コトク、時節ヲ御覧候ヘカシ」ト申ニ依テ、「サアラハ降参シテ、残ル人数ヲモ助ン」トテ笠ヲ振セケレハ、双方矢留ニ成テ、木造罷出レハ、寄手ハ沢井左衛門尉・森勘解由出合、無事相調フ。

然ル〈ニ〉秀信卿ハ、硯紙ヲ取寄、当座有合タル者共ニ感状ヲ下シケル。「若年ノ人ト云ナカラ、急ナル時節忘却セス、流石名将ノ嫡孫」ト感嘆ス。此時有合モノ纔

岐阜エ攻入、少々手ニ合者アリ。

既諸方ノ攻口打破テ本丸ヲモ可キ二乗取一所ニ、木造兵庫頭諫申ケルハ、「味方既粉骨ヲ尽シ候ヘトモ、大軍ナレハ無レ力候。君ハ一先ツ御降参有テ、御命ヲ全シ、時節ヲ御覧アレカシ」ト云。黄門云、「夫武士ノ戦場ニ尸《カハネ》ヲ肆《サラシ》ス事、不レ珍事也。只自害セン」ト也。左右ノ者申ケルハ、「木造カ申如ク、時節ヲ御覧候ヘカシ」ト申ニ依テ、「サラハ降参シテ残ル人数ヲ助ン」トテ笠ヲ振セケレハ、双方矢止ニ成テ、木造出ケレハ、寄手ハ沢井左衛門尉・森勘解由出合、無事相調フ。

然ニ秀頼（信カ）卿ハ、硯紙ヲ取寄、当座在合ル者共ニ感状ヲ下シケル。「若年ノ人、急ナル時節忘却セス、流石《サスカ》名将ノ嫡孫」ト感ケル。此時在合者纔三十六人。此外石田カ加勢、河瀬左馬允・大西善右衛門以下三十八人在ケル。秀信ハ羽柴左衛門大夫手エ下城ナレハ、左衛門大夫「城ヲ乗取タリ」ト云。一番ニ旗ヲ入ル事ハ三左衛門也。八月廿三日午尅ニ落城。正則・輝政両将ヨリ、城中ノ番並旗ヲモ双方ヨリ立ケル。黄門ハ三左衛門殊ニ御主筋也トテ尊敬ス。前後左右ニ警固シテ尾州知多郡エ送リ、其

三十六人、此外石田カ加勢、河瀬左馬・大西善右衛門以下三十八人有ケル。秀信卿ハ羽柴左衛門手へ下城ナレハ、左衛門大夫「城ヲハ乗取タリ」ト云。一番ニ旗ヲ入ハ三左衛門ナリ。八月廿三日午ノ剋ニ落城。左衛門大夫・三左衛門両将ヨリ、城中ノ番並旗ヲモ双方ヨリ立ケル。三左衛門殊ニ御主筋也トテ尊敬ス。前後左右ニ警固シテ尾州知多郡へ送リ、其ヨリ高野山へ遣サレ、翌年山上ニテ病死セラレケリ。

　今度ノ合戦、城中モ大軍ナルニ、何トテ両日ノ中ニ落城スルソト尋ルニ、「中納言秀信卿ハ信忠ノ嫡男、高位ト云、族姓ト云、アマリ結構ニテ、常ニハ風流ニマシマセハ、家中ノ作法モ遊興・歌舞ノ翫ヒ流連荒亡ヲ悦テ、武勇ノ沙汰且テナシ。出頭人物頭ナトモ小姓達ニテ、佞幸ノ輩ナレハ、華奢浮靡ノミニテ武芸ヲイヤシトス。義ヲ守リ道ヲ立ントスル侍ハ、自ラ緘レ口ヲテ不レ言、秀信卿モ初ハ内府公ノ御供シテ関東下向ノ内ナリシカ、件ノ美麗物毎重々敷故ニ、出陣ノ用意美々敷、家人共モ樽肴マテヲ多ク支度スルニ、一日一日ト相延ルニ、十日許モヲクレケリ。然処ニ石田治部少輔使者、河瀬左馬允来テ、

レヨリ高野山エ遣サレ、翌年山上ニテ病死セラレケリ。

　今度ノ合戦、城中モ大軍ナルニ、何トテ両日ノ中ニ落城スルト尋ルニ、秀信卿ハ信忠ノ嫡男、高位ト云、族姓ト云、余結構ニテ、常ニ風流ニマシマセハ、家中ノ作法モ遊興・歌舞ノ翫、或婬乱ノミニテ、武勇ノ沙汰曽テナシ。出頭人物頭ナトモ小姓立ノミ。佞幸ノ輩ナレハ、華奢浮靡ノミニテ武芸ヲ賤トス。義ヲ守リ道ヲ立ントスル時ハ、自緘レ口不レ言。秀信卿モ初ハ　内府公ノ御供シテ関東下向ノ内ナリシガ、件ンノ美麗物毎重々敷ニ、出陣ノ用意美々敷、家人共モ樽肴迄多ク支度スルニ、一日々々ト相延、十日計モ後レケル。然ル処石田カ使者川瀬左馬ノ允来ッテ、「此度是非秀頼公ノ御味方ナサレヨ。御同心ナラハ太《(ママ)》国数箇国可二進上一」ト申ケル。夜ニ入テ木造兵庫、百々越前守、其外家老中喚寄、談合アリ。兵庫申ハ、「先此度ハ如二作法一御返事被レ成可レ然」ト云。「作法ノ返事トハ如何」ト有リ。答云、「仮令御謀叛ヲ思召立トモ、一度関東一味シテ、又石田方ニ御同心トハ、還テ石田モ浅々敷可レ存。其上、大事ノ御返事也。追レ日御内談候ヘカシ」ト言。各「尤也」トテ左馬ノ允ヲ

「此度是非秀頼公ノ御味方被レ成ヨ。御同心ナラハ大国数ケ国進上可レ申」ト申ケル、夜ニ入テ、木造兵庫・百々越前・其外家老中呼寄、談合アリ。兵庫申ハ、「先此度ハ如二作法一御返事被レ成可レ然」ト云、「作法ノ返事トハ如何」トアル、答云ク、「縦御謀叛ヲ思召立トモ、一度関東一味シテ、又石田方ニ御同心トハ、還テ石田モ浅々敷可レ存。其上、大事ノ御返事也。追レ日御内談候ヘカシ」ト云、各「最也」トテ、左馬允ヲ馳走スル、

秀信卿ハ寝間ノ次、出頭人入口右近・伊達平左衛門・高橋一徳斉三人被二召寄一評議ナリ。右近申ケルハ、「大坂御奉行中并西国大名一味ノ上ハ、天下皆奉行ノ下知ヲ不レ請ト云事ナシ。石田被二申越一モ尤ト奉レ存。軍ノ勝負ハ時ノ運ニ依ソカシ。兼テハ知カタシ。此度同ハ石田ト御一味可レ然」トアリケレハ、秀信自筆ニテ同心ノ返事ナリ。翌朝、家老中登城サセ、上方一味ノ由被レ仰セ、家老中驚ケルモ断ナリ。前田徳善院ハ、万事秀信ノ事指図ヲスル人ナレハ、木造・百々、早馬ニテ上京シテ此由告ケレハ、徳善院承テ大ニ驚テ、暫ハ不レ出レ言ケルカ、申ケルハ、「今トテモ不レ苦。急関東ヘ出陣アレ」ト云、

馳走スル。

秀信ハ寝間ノ次、出頭人入江右近・伊達平左衛門・高橋一徳斉三人ヲ召寄評議也。右近申ケルハ、「大坂御奉行中并西国大名一味ノ上ハ、天下皆奉行ノ下知ヲ不レ受ト云事ナシ。石田被二申越一モ尤ト奉レ存候。軍ノ勝負ハ時ノ運ニ依ソカシ。兼テハ難レ知。此度同ハ石田ト御一味可レ然」ト申レケレハ、秀信自筆ニテ同心ノ返事也。翌朝家老中呼集、上方一味ノ由被レ仰。家老中驚ケルモ理也。前田徳善院ハ、万事秀信ノ事指図ヲスル人ナレハ、木造・百々早馬ニテ上京シ、此由ヲ告ケレハ、徳善院大ニ驚、暫不レ出レ言、良有テ申ケルハ、「今トテモ不レ苦。急関東エ出陣アレ」ト也。両人急罷下ル所ニ、佐和山鳥木ノ町ニテ物騒ケレハ、尋レハ「秀信卿御上リ」ト云。両人ハ忍ンテ下リケルカ、石田人ヲ付置、「是非佐和山エ立寄候ヘ」ト引止ム。秀信早佐和山エ立寄候ヘハ、別儀ナシトテ佐和山エ行ハ、色々馳走シツツ、名作ノ太刀、黄金引出物シテケレハ、無二相違一秀信ノ供シテ岐阜エ帰リ、兵庫・越前ハ登城シテ家老呼集、徳善院ノ異見ヲ一々申ケレハ、飯沼十左衛門申ハ、「徳善院被レ申処最

両人急キ罷下ル処ニ、佐和山鳥本ノ町ニテ物騒キニ尋レハ、「秀信卿御上リ」ト云。両人ハ忍テ罷下ケルカ、石田ヨリ人ヲ付置、「是非佐和山へ立寄候へ」ト引止ム。「秀信早佐和山へ御入ノ上ハ別儀ナシ」トテ佐和山へ行ハ、色々馳走シツツ、名作ノ太刀・黄金引出物シテケレハ、無一相違二秀信ノ供シテ岐阜へ帰リ、兵庫ト越前ハ登城、家老召集メテ、徳善院ノ異見ヲ一々申ケレハ、飯沼十左衛門申ハ、「徳善院被レ申処最ナリ。然トモ今度江州マテ御越ノ上ハ、今又関東へ出陣モ難レ成、近日石田是へ参ルノ由、願所ノ幸ナリ。当城ニテ討捕、大忠節ヲ遂ラレヨ。討手ハ某ニ被二仰付一候へ」ト申、家老各同心ナリ。然ルニ、「秀信母公・息女、大坂ニ人質ニアル上ハ、只今違反ハ成マシ」ト一円同心ナカリケレハ、「誠ニ当家滅亡ノ基ナリ」ト、各心ヲ屈セヌ人ハナシ。サラハ籠城ノ用意セヨトテ俄ニ拵タレハ、要害モ不二堅固一、第一遊興ニノミ懸リタル士卒ナレハ、義ヲ守忠功ヲナサント思人ハマレニテ、次第次第ニ落行、斉藤斉《イッ》宮《キ》・武藤助十郎・足立《アタチ》中書ナトハ当家ノ歴々、人数モ持タル者ナルカ、狭間ヲククリテ長柄川ヲ越テ逃亡ス。其

也。然トモ今度江州迄御越ノ上ハ、今又関東ヱ出陣モ難レ成、近日石田是ヱ参ノ由、所レ願ノ幸也。当城ニテ討捕、大忠節ヲ遂ラレヨ。討手ハ某ニ被二仰付一候ヱ」ト申ス。家老各同心也。然ルニ秀信母・公息女、大坂ニ人質ニ在上ハ、只今違変ハ成マシト一円同心勿リケレハ、誠ニ当家亡滅ノ基也ト、各心ヲ屈セヌハナシ。サラハ籠城ノ用意セヨトテ俄ニ拵ヘタレハ、要害不二堅固一、第一遊興ニシテミホ《（マヽ）》コリタル士卒ナレハ、義ヲ守忠功ヲ成サント思人ハ希レニテ、次第々々ニ落行キ、斉藤斉宮・武藤助十郎・足立中書ナトハ当家ノ歴々、人数モ持タル者ナルカ、狭間ヲ潜リテ長柄川ヲ越テ逃亡ス。其外、日比取立ラレシ侍トモ、過半ハ落失セ、城広ク人少ニ成テ、狭間ヲ塞クニ便ナクテ、斯ハ成果ケルト也。古ノ合戦ヲ教ニ、先五人ヲ一組トシテ座作リ、進退ノ法ヲ教へ、鼓ヲ打テ進ミ、鉦ヲ鳴シテ退。五五ヲ一拒トシ、五五ヲ三ツ立テ七十五人、是ヲ一ト備トス。教法一五ノ如シ。春ハ振旅シ秋ハ治兵トテ、一年ニ両度陣法ヲナラシ厳密也。学文ヲ以テ内ヲ明ニシ、陣法ヲ以手足ヲ練習シ、千万人ト云トモ只一伍ヨリ教上ル故ニ、分数一同シテ百戦百勝

外、日比取立ラレシ侍トモ、過半ハ落失ニケレハ、城広ク人少ニ成テ、狭間ヲフサクニ便ナクテ、斯ハ成果ケルトナリ。古ヘノ合戦ヲ教ルニ、先五人ヲ一組トシテ座作、進退ノ法ヲ教ヘ、鼓ヲ打テ進ミ、鉦ヲ鳴シテ退ク。五五ヲ一拒トシ、五五ヲ三ツ立テ七十五人、是ヲ一備トス。教法ハ一五ノ如シ。春振旅・秋治兵トテ、一年ニ両度陣法ノナラシ厳密ナリ。学文ヲ以テ内ヲ明ニシ、陣法ヲ以テ手足ヲ練習シ、千万人ト云トモ只一伍ヨリ教上ル故ニ、分数一同シテ百戦百勝ノ功ヲ立ツ。孔子ノ曰、「令㆘㆓不㆑教民㆒戦㆖、是レ謂㆓之棄㆒」ト、誠ナルカナ。「今秀信卿ノ家人多ク落行ハ、家人ノ罪ニアラス。平生家中風俗悪シテ戦事ヲシラズ。罪、主君ニ帰スヘシ」ト、或人論セラレケリ。

先師云、「慶長庚子五年九月、美濃国岐阜ノ落人、同国清水ニ籠リ居、伊井兵部少輔衆、小屋落シニ参ル時、川ヲ隔テ迫合アリ。長田権左衛門、其年二十六歳、寄子・足軽ハ不㆑及㆑申、人ノ足軽マテ下知シテ、竹杖ヲ取テ能放サセ、終ニ屋敷構ヘ攻入、奥ノ門マテ敵ヲ追入、権左衛門カ家人芦立富之助、垣越ニ鑓手ヲ負、堅固ニ引

ノ功ヲ立ツ。孔子曰、「令《シテ》シム㆘㆓不㆑教民㆒戦㆖。是レ謂㆓之棄㆒」誠哉。「今々秀信ノ家人多ク落行ハ、家人ノ罪ニ非ス。平生家中ノ風俗悪フシテ戦事ヲ不㆑知。罪主君ニ可㆑帰」ト、或人論セラレケリ。

先師ノ云、「慶長五庚子年九月、美濃国岐阜ノ落人、同国清水ニ篭居、井伊兵部少輔衆、小屋落シニ参ル時、川ヲ隔テ迫リ合アリ。長田権左衛門、其年廿六歳、ヨリ子・足軽ハ不㆑及㆑申、人ノ足軽迄下知シテ、竹杖ヲ取テ能放サセ、終ニ屋敷構ヱ攻入、奥ノ門迄敵ヲ追入、権左衛門カ家人芦立富之助、垣越ニ鑓手ヲ負、堅固引取。其次、渡辺源十郎・水野藤蔵・三浦権大夫、ツツキテ蒐ルトイヱトモ、深入ナレハ引退ク。五百ノ備ニ陣合千ノ人数ナレトモ、権左衛門家人富之助・兵五郎三人、勝レタル働也。此藤左衛門ハ井上太左衛門舎弟ニテ、井上筑後兄也。

又佐竹義宣ハ、内府公小山ヱ御着陣ヲ聞テ、一万計引卒シテ水戸ヨリ出張シ、真壁迄来リケルカ、政宗奥州ヨリ出テ、既ニ白石城ヲ攻落ト告ゲ来リケレハ、則引帰リ、其後岐阜江渡、東方打勝ヌト聞ヘケレハ、家人緒貫

取。其次、渡辺源十郎・水野藤蔵・三浦権大夫、差ツツイテ懸ルト云トモ、深入ナレハ引退。五百ノ備ニ陣合千ノ人数ナレトモ、権左衛門家人富之助・兵五郎三人、勝タル働也。此権左衛門ハ井上太左衛門舎弟ニテ、井上筑後ノ兄也。

又佐竹義宣ハ、内府公小山《ヲ》ヘ着陣ト聞テ、壱万計ヲ引卒シテ水戸ヨリ出張シ、真壁《マカベ》マテ来リケルカ、老父ノ異見アリ。又ハ一族咄伽シテ折々諫言ヲ入ケレハ、則引帰リ、其後岐阜江渡、東方討勝ヌト聞エヌレハ、家人緒貫大蔵・人見主膳ヲ使トシテ江戸ヘ参テ和睦ヲ乞ケレハ、内府公大ニ御感有テ両臣ヲ被二召出一、御引出物賜リケル。其後、大坂冬陣ニ木村長門・後藤又兵衛ト合戦、今福堤ニテ能働アリ。家人戸村十太夫・梅津半右衛門・大塚九郎兵衛・信太内蔵助・黒沢甚兵衛五人ハ、台徳院殿ヨリ御感状ヲ拝ス。自レ是当家忠功ノ列ニ入ケリ」

大蔵・人見主膳ヲ使トシテ、江戸エ参テ和睦ヲ乞ヒ奉ル。内府公大ニ御感有ツテ、両臣ヲ被二召出一、御引出物賜リケル。」

岐阜城図

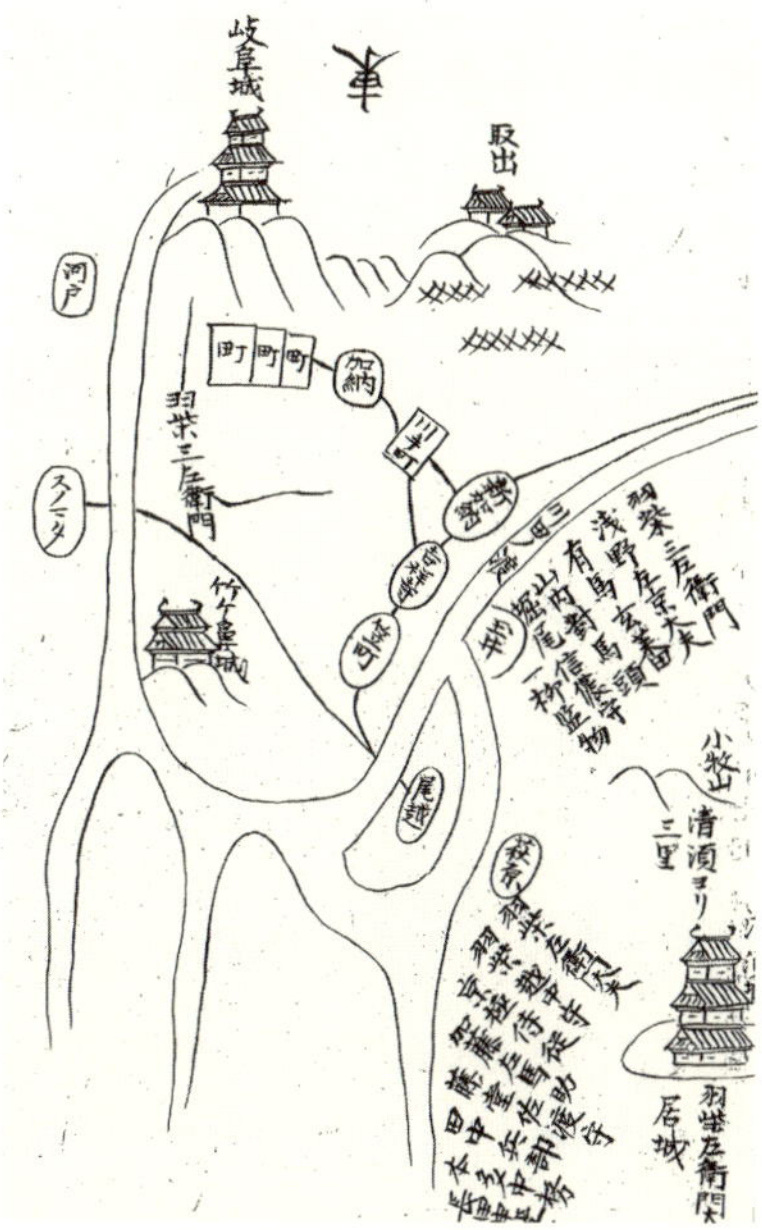

斯テ先手ノ諸侯、岐阜表勝利ノ旨、江戸へ注進ス。御感不斜、則御書ヲ各へ賜ル。

去廿二日之注進状、今廿六日午刻参着。其許川表相抱候処ニ被㆑及㆓一戦㆒、数千人被㆓討捕㆒、岐阜へ被㆓進付㆒候由、誠心地能儀トモニ候。弥各被㆓相談㆒、御行之吉左右待入候。恐々謹言　八月廿六日　家康御判

岐阜之儀、早々被㆓仰付㆒処、御手柄何トモ書中難㆓申尽㆒候。中納言先中山道可㆓押上㆒由、申付候。我等者従㆓此口㆒押可㆑申候。無㆓聊尓㆒様ニ御働専一

候。我等父子御待尤候。恐々謹言

八月廿七日　　家康御判

45　江《ガウ》渡川越付赤坂陣取之事　（十二―一）

石田治部少輔ハ、「岐阜ノ城四面ニ取巻、既ニ及二難儀一」ト注進シケルヲ聞テ、島津兵庫ノ頭・小西摂津守ヲ初トシテ、呂久《ロク》川ノ辺マテ出張ス。石田ハ家人舞兵庫ヲ先手トシテ、二千余騎馬ヲ進セテ江度表ヘソ向ケル。

然ルニ黒田甲斐守（長政）・藤堂佐渡守・田中兵部太輔（長正）・生駒讃岐守（正俊）・桑山伊賀守（一奥）（一説、寺沢志摩守広高・戸川肥後守正利・村越兵庫頭）ハ、岐阜城早ク破レテ、各懸リ口遠キ故ニ遅参スル事ヲ残念ニ思ヒ、殊ニ佐渡守思慮ノ如ク、石田江渡辺マテ後詰ニ出向タルト聞ヘケレハ、五人ノ大将大ニ悦テ、馬ヲ早メテ急ケル。無レ程江渡ニ着ケレハ、秋水漲湧テ白浪洋々タリ。激流花ヲ散シテ無二左右一可レ渡ヤウモナカリケリ。田中兵部ハ人ヨリ早ク着テ、士卒アヲリヲ解、馬ノ尾ヲ巻。黒田甲斐守ハ田中ニマケシト進ミケレトモ、サシモノ大河ナレハ只守リ居ケル。敵方ヨリ来ル鉄炮雨ノ如シ。藤堂・

45　江渡川越附赤坂陣取事　（七―一）

石田三成ハ、「岐阜城四面ニ取巻、既及二難儀一」ト注進ヲ聞テ、島津兵庫頭・小西摂津守ヲ初トシテ、呂久川ノ辺迄出張ス。石田ハ家人舞兵庫ヲ先手トシテ、二千余騎馬ヲ進テ江度表エ向ケル。

然ニ黒田甲斐守・藤堂佐渡守・田中兵部大輔・生駒讃岐守・桑山伊賀守ハ、岐阜城早ク破レ、各懸口遠キ故ニ遅参スル事ヲ残念ニ思ヒ、殊ニ佐渡守思慮ノ如ク、石田江渡辺迄後詰ニ出向タルト聞エケレハ、五人ノ大将大ニ悦テ、馬ヲ早メテ急キケル。江渡ニ着ケレハ、秋水漲《シキリ》湧《ワイ》テ白浪洋々タリ。激流《ケキリウ》花ヲ散シテ無二左右一可レ渡ヤウナシ。田中兵部ハ人ヨリ早ク著テ、士卒障泥《アヲリ》ヲ解《トキ》、馬ノ尾ヲ巻。黒田甲州ハ田中ニ劣シト進ミケレトモ、サシモノ大河ナレハ只守居ケル。敵方ヨリ来ル鉄炮雨ノ如シ。藤堂・生駒・桑山カ使者、田中カ方エ来テ伺フ。斯ル処

生駒・桑山カ使番、田中カ方へ来テ伺フ。斯処《カカル》ニ田中兵部太輔、士卒ニ向テ云ク、「誰カ水練ニ得タル者、此川ノ瀬踏ヲセサル」ト云。士卒答ル者ナシ。但馬取中間ニ三郎右衛門ト云者、水ヲ得タリト聞テ、「汝瀬踏ヲセヨ」ト有ケレハ、中間申ケルハ、「尋常ノ川ハ在所ニテモ泳キ候。是ハ木曽川ノ流、奔騰砰湃タル大河ナレハ、思モヨラス」ト申。兵部大ニ怒テ太刀ノ柄ニ手ヲ懸テ、「汝渡ラスハ袈裟ヲ懸ン」ト云ニ、恐レテ「サラハ渡リ申ン」トテ飛入ケレハ、案ニ相違シテ水胸ノ通リナリ。三郎右衛門中程ニナリテ水中へ沈テ両ノ手ヲ上レハ、見ル人「扨モ深キ川哉」ト云。川中ヨリ取テ帰シ、兵部ニ云ケルハ、「川余リ浅ク候故ニ、諸人ニ深シト見セン為ニ沈ミ候也。早越給へ」ト云。兵部聞ヨリ一番ニ颯《サツ》ト乗入レハ、家人宮川土佐馬ヲ控ヘテ云ク、「向ニ敵ノ候。先斥候ヲ遣シ、敵ノ案内ヲ見セテコソ渉ス者ニ候へ。卒忽ナリ」ト云。坂本和泉カ云ク、「川浅シ。諸将先ヲ争フテ引ツイイテ渡ル。タトヒ敵ノ不意アリトモ苦カラヌ事也。殊軍ハ競カ専ナルソ。早渡リ給へ」ト云ハ、軍兵五・六十騎一度ニ打入ケル。彼中間、後日ニ江渡ヲ氏ニ

ニ兵部、士卒ニ向テ、「誰カ水練ニ得タル者、此川ノ瀬踏ヲセサル」ト云。士卒答ル者ナシ。但シ馬取ニ三郎右衛門ト云者水ヲエタリト聞テ、「汝瀬踏ヲセヨ」ト有ケレハ、中間申ケルハ、「尋常《ヨノツネ》ノ川ハ在所ニテ泳《ヲヨキ》候。是ハ木曽川ノ流ニテ無レ隠大河ナレハ思モ不レ寄」ト申。兵部大ニ怒テ太刀ノ柄ニ手ヲ懸テ、「汝渡ラスハ袈裟《ケサ》ヲカケン」ト云ニ、恐レテ「サラハ渡申サン」トテ飛入ケレハ、案ニ相違シテ水胸ノ通也。三郎右衛門中程ニ成テ水中ニ沈テ両手ヲ上レハ、見人「扨モ深キ川哉」ト云。川中ヨリ取テ返シ、兵部ニ申ケルハ、「川余リニ浅ク候故、諸人ニ深シト見セン為ニ沈ミ候也。早越給へ」ト云。兵部聞ヨリモ一番ニ颯ト乗入ハ、家人宮川土佐、馬ヲ控ヘテ云、「向ヒニ敵ノ候。先斥候ヲ遣シ、敵ノ案内ヲ見セテコソ渉ス者ニ候へ。卒忽也」ト云。坂本和泉カ云、「川浅シ。諸将先ヲ争テ引続テ渡ル。縦敵不意有トモ不レ苦事也。殊ニ軍ハ競《キヲヒ》カ専ナルソ。早渉給へ」ト云ハ、軍兵五・六十騎一度ニ打入ケル。彼中間、後日ニ江渡ヲ氏ニ兵部ヨリ賜テ、江渡三郎右衛門ト号シテ、知行二百石取ケリ。

兵部ヨリ賜テ、江渡三郎右衛門ト号シテ、知行弐百石取ケリ。

続テ黒田甲斐守・藤堂佐渡守・生駒讃岐守・桑山伊賀守、我劣ラシト渡ケリ。舞兵庫ハ川向蘆原ニ腰兵糧ヲツカフテ、緩々トシテ有ケルカ、敵川ヲ渉ヲ見テ大ニ驚キ、備乱ケレハ引退ク。諸将ハ跡ヲ慕テ追行。江渡ヨリ大垣ハ南ナリ。其間足入森林多ケレト、伏兵ヲ置ク事モナク、サシモノ名アル侍トモモ、大将ノ臆病移リケルニヤ、一支ヘモナク南ヲ指テ逃奔。寄手ハ勝ニ乗テ、江戸《ガウト》ノ町ヨリ呂久川マテ道弐里ノ間追撃ニス。爰ニ治部少輔カ家人先魁杉江勘兵衛・村山次助・藤田小右衛門等殿後シタルカ、「敵ノ多少ヲモ不㆓見分㆒退ルヤウヤアル。不浄《キタナシ》。返セ」ト呼レトモ不㆓聞入㆒、三人ノ者共云ケルハ、「彼等カナミニ指ヲササレンモ口惜次第也。凡侍ノ死場ヲハスシテ、後日ニ何国ニテ口カキカルヘキソ。イサヤ爰ニテ討死シテ、名ヲ後代ニ残サン」トテ堤ノ上ヘ登テ、来ル敵ヲ待居タリ。于㆑時田中兵部太輔、一番ニ進テ追懸ル。杉江ハ是ヲ見テ、「田中兵部ト見タルソ。鎗マイラウ」ト云。然ルニ兵部内西村五右衛門、兵部先ニ立テ杉江ト渡リ合。

続テ黒田甲斐守・藤堂佐渡守・生駒讃岐守・桑山伊賀守、我劣ラシト渉シケリ。舞兵庫ハ川向芦原ニ腰兵糧ヲツカウテ、緩々トシテ在ケルカ、敵川ヲ渉ヲ見テ大ニ驚キ、備乱ケレハ引退ク。諸将ハ跡ヲ慕テ追行。江渡ヨリ大垣ハ南也。其間足入森林多ケレト、伏兵ヲ置事モナク、サシモノ名アル侍トモモ、大将ノ臆病移リケルニヤ、一支モナク南ヲ指テ逃奔ル。寄手ハ勝ニ乗テ、江渡ノ町ヨリ呂久川迄道二里ノ間追打ニシテ、爰ニ治部少輔カ家人杉江勘兵衛・村上次助・藤田小右衛門等殿シタルカ、「敵ノ多少ヲモミスシテ逃ルヤウヤアル。不浄《キタナシ》。返セ」ト呼レトモ不㆓聞入㆒。三人ノ者トモ云ケルハ、「彼等カ並ニ指ヲササレンモ口惜次第也。凡侍ノ死場ヲ逃シテ、後日ニ何国《イツク》ニテ口ガキカルソヤ。イザヤ爰ニテ討死シテ名ヲ後代ニ残サン」トテ堤ノ上エ登テ、来ル敵ヲ待居タリ。于㆑時田中兵部一番ニ進テ追懸ル。杉江ハ是ヲミテ、「田中兵部トミタルソ。鎗マイラフ」ト云。然ニ兵部内西村五右衛門、兵部先ニ立テ杉江ト渡合。堤ノ上ナレハ鎗届カタシ。杉江事急ナレハ投突ニシケルニ、西村カ冑ニ当ル。然レトモ鎗不㆑徹。兵部引続テ来ルヲ、「間ヲ

堤ノ上ナレハ鎗届カタシ。杉江事急ナレハ投突ニシケルニ、西村カ冑《カフト》ニ当ル。然レトモ鎗不レ徹。兵部引ツツイテ来テ、「間ヲ見ヨ」ト下知セラル。西村走上テ杉江カ弓手ノ脇へ突辺《コミ》タリ。一説、田中兵辻勘兵衛、杉江ヲ突

于レ時兵部小性松原善左衛門、生年十八歳、堤ノ上へ走リ登テ、杉江ヲ組伏テ首ヲ捕。西村推付テ、「取スマシ」ト云ケレハ、兵部ノ云、「汝ハ老功ノ侍、彼ハ若年也。其首捕セヨ」ト有ケレハ、「畏」トテ松原ニトラセケリ。後日ニ田中家絶テ家中浪人セシ時、西村五右衛門ハ加藤肥後守ニ事フ。松原ハ能首ヲ捕テ誉有ケレハ、藤堂和泉守使ヲ以西村ニ尋ラレケレハ、西村自ラノ功ヲハ不レ言シテ、必定松原カ捕タル由申故ニ、和泉守取合ニテ、越前へ五千石賜テ事フ。加藤肥後守家絶テ、藤堂大学頭、西村ヲ召テ家人トナル。同内辻勘兵衛ハ村山・藤田ヲ討捕、以上首弐級ヲ前ニ置テ、自身モ手負テ、具足ニ血付テ息シケルヲ、諸将是ヲ見テ称美シテ通ラレケル。其比渡辺・杉江・辻ヲハ三勘兵衛トテ人々モテハヤシケリ。田中家人月ヵ瀬《セ》右馬允モ働アリ。治部少輔家人渡辺新之助、踏止テ村甚之丞ト鎗ヲ合ス。崩シ際ノ鎗トテ誉

ミヨ」ト被二下知一。西村走上テ杉江カ弓手ノ脇エ突込タリ。

于レ時兵部小姓松原善左衛門、生年十八歳、堤ノ上エ走リ登テ、杉江ヲ組伏テ首ヲ捕。西村推付テ「取スマジ」ト云ケレハ、兵部カ云、「汝ハ老功ノ侍、彼ハ若年也。其首捕セヨ」ト有ケレハ、「畏」トテ松原ニ取ラセケリ。後日ニ田中ノ家絶テ家中浪人セシ時、西村ハ加藤肥後守ニ事フ。松原ハ能首ヲ捕テ誉レ有ケレハ、藤堂和泉守使ヲ以テ西村ニ被レ尋ケレハ、西村自ノ功ヲ云ズシテ、必定松原カ取タル由申故ニ、和泉守取合ニテ、越前エ五千石賜テ事フ。加藤肥後守家絶テ、藤堂大学頭、西村ヲ召テ家人トセラル。田中兵部カ内辻勘兵衛ハ村上次助ヲ討捕。以上首二級ヲ前ニ置テ、自身モ手負テ、具足ニ血付テ息シケルヲ、諸将是ヲミ称美シテ通ラレケル。其比渡辺・杉江・辻三人ヲ三勘兵衛トテ人々モテハヤシケル。田中家人月瀬右馬允モ働有。治部少輔家人渡辺新之助、踏止テ林甚之丞ト鎗ヲ合ス。崩際ノ鎗トテ誉ト云。同家人麻布但馬・高山忠右衛門両人ハ、人ヨリ先ニ退テ大垣ニ引入、人ノ笑種トナル。

トス。一説、黒田甲斐守、自討捕渡辺新助同家人麻生《アサブ》但馬・高山忠右衛門両人ハ、人ヨリ先ニ退テ大垣へ引入、人ノ笑草トナル。

同家老島左近ハ先手ニ鉄炮ノ音、馬煙ノ立ヲ見テ、五・六人召連テ打出ケルカ、味方敗軍スルヲ見テ、急キ引帰シテ治部少輔ニ申ケレハ、「二ノ見ヲ入テ一軍セン」ナトト取々云タルカ、終ニ引入ケリ。寄手ハ其日赤坂マテ焼働スル。藤堂佐渡守内藤堂玄蕃ハ赤坂ノ町へ一番ニ乗入、「当地少モ無二別儀一被二仰付一候間、少モ騒動スヘカラス」ト、町人ヲ召出シテ申渡。放火ノ験トテ古キ家二・三軒ヤフツテ積重テ、町ノ東ノ方ニテ焼立、自レ其暮ニ及ケレハ、虚空蔵山ニ陣取。佐州大ニ悦テ、タメシノ冑《カフト》ヲ賜リケル。

大垣ニハ治部少輔・島津兵庫頭・筧和泉守・小西摂津守・福原右馬助・熊谷内蔵允・木村宗左衛門、彼是都合五千余有シヲ、先陣ハ治部少輔二千余、二手ニ分ル。後陣ハ各組合三手ニ作テ、サワタリヲ前ニ当テ備テ敵ヲ待。然レトモ、カウトノ合戦ニ敵討勝テ引取ケレハ、敵一人モナシ。左近ハ敵ノ様ヲ見為ニ、上下十人計ニテカウトノ堤ノ下ニ伏ス。治部少輔、阿閉孫九郎ヲ召テ斥候ヲサ

同家老島左近ハ先手ニ鎗炮ノ音、馬煙ノ立ヲ見テ、五・六人召連打出ケルカ、味方敗軍スルヲ見引返シ、治部少輔ニ申ケルハ、「二ノ見ヲ入テ一軍セン」ト云シカ、終ニ引入ケル。寄手其日赤坂迄焼働スル。藤堂玄蕃藤堂佐渡守家人ハ赤坂町エ一番ニ乗入、「当地少々無二別儀一被二仰付一候間、不レ可レ騒」ト町人ヲ召出シテ申渡。放火ノ験トテ古キ家二・三軒壊テ積重ネ、町ノ東ノ方ニテ焼立、自レ夫暮ニ及ケレハ、虚空蔵山ニ陣取。佐州大ニ悦テ、タメシノ兜《カフト》ヲ玄蕃ニ賜リケル。

大垣ニハ治部少輔・島津兵庫頭・筧和泉守・小西摂津守・福原右馬助・熊谷内蔵允・木村宗左衛門、彼是都合五千余騎有シヲ、先陣ハ治部少輔二千余、二手ニ分ル。後陣ハ各組合三手ニ作テ、サワタリヲ前ニ当テ敵ヲ俟。然トモ、江渡ノ合戦ニ敵打勝テ引取ケレハ、敵一人モナシ。島左近ハ敵ノ様ヲミン為ニ、上下十人計ニテ江渡堤ノ下ニ伏ス。治部少輔、阿閉孫九郎ヲ召テ斥候《モノミ》ヲサスル。孫九郎ハ江渡塘《ツツミ》ニ至ル。左近ハ見テ詞ヲカクレハ、阿閉使ノ旨ヲ云。左近云、「我モ敵ノ様ヲ見ン迚是ニ来レリ、心安可二思シ召一」トテ、孫九郎ヲ返ス。サレトモ敵ナ

スル。孫九郎江渡ノ堤ニ至ル。左近見テ詞ヲ懸レハ、阿閉使ノ旨ヲ云。左近云、「我モ敵ノ様ヲ見トテ是ニ来タリ、心安可㆓思召㆒」トテ、孫九郎ヲ返シケリ。サレトモ敵ナケレハ島モ引取、諸将モ引入ケル。

然ルニ宇喜多中納言秀家ハ、手勢一万ニテ大田ニ支ヘタルカ、大垣ヘ引取。大垣勢ハ、敵寄来ト心得テ、上下又騒動ス。島左近是ヲ見テ、「大鞁丸ノ紋ノ旗ハ秀家ノ紋也。味方ニテ有ケルソ。人々サワクヘカラス」ト云。已ニ秀家卿一万ノ人数ヲ卒シテ来リケレハ、城中大ニ気ヲ得タリ。石田迎ニ出テ対面シテ申ケルハ、「今秀家卿ノ御越、偏ニ天下ノ勝利ヲ得ヘキ験也。太田ヨリ是マテ五里ノ間行列ヲ不㆑乱、寔所㆓感入㆒」ト申。秀家ハ合戦ノ次第ヲ聞《(問カ)》テ後、「宿ヲ申付テ給ハレ」トナリ。治部少輔「大垣ノ町ニ玄古ト申者、家広候ヘハ申付置ヌ。是ヘ入セ御休息アレ」ト申。秀家「道具兵糧ニ不足ハナシ、茶ヲ持参セス」トアレハ、治部少輔帰城、阿閉孫九郎ヲ以茶ヲ贈ル。又石尾与吉ヲ使トシテ弁当ヲ贈ル。二人トモニ秀家ノ前ヘ被㆓召出㆒、「治部少輔ハ合戦ノ事ハ何ト思ハレケルヤ」ト尋ラル。与吉云ク、「委細ノ儀ハ私式

ケレハ島モ引取、諸将モ引入ケル。

然ニ宇喜多中納言秀家ハ、手勢壱万ニテ太田ニ控ヘタルカ大垣ヘ引取。大垣勢ハ敵寄セ来ト心得テ、上下又騒動ス。島左近是ヲミテ、「大鞁ノ丸ノ旗ハ秀家ノ紋也。味方ニテ有ソ。人々不㆑可㆑騒」ト云。既秀家卿一万ノ人数ヲ卒シテ来ケレハ、城中大ニ気ヲ得タリ。石田迎ニ出テ対面シテ申ケルハ、「今秀家卿ノ御越、偏ニ天下ノ勝利ヲ可㆑得験シ也。太田ヨリ是迄五里間行列ヲ不㆑乱、寔ニ所㆓感入㆒」ト申。秀家ハ合戦ノ次第ヲ問テ後、「宿ヲ申付テ給ワレ」ト也。治部「大垣ノ町ニ玄古ト申者、家広候ヘハ申付置ス《(ヌカ)》。是エ入セ御休息アレ」ト申。秀家「道具兵糧ニ不足ハナシ、茶ヲ不㆓持参㆒」トアレハ、治部帰テ、阿閉孫九郎ヲ以テ茶ヲ賜ル。又石尾与吉ヲ使トシテ弁当ヲ進ス。二人共ニ秀家ノ前エ被㆓召出㆒、「治部少輔ハ合戦ノ事ハ何ト思ハレケルヤ」ト尋ラル。与吉云、「委細ノ儀ハ私式ハ不㆑存候。只今ハ合戦可㆑仕体ニハ無㆑之」ト申。秀家云、「合戦ハ今晩夜討可㆑然。治部少輔弓断也。其通可㆑申」トアレハ、石尾・阿閉罷帰テ、反命ス。治部重テ使ヲ以、「被㆓仰下㆒通最《モツトモ》ニ存候。サ

ハ不レ存候。只今ハ合戦ヲ可レ仕体ニハ無レ之」トナリ。秀家云、「合戦ハ今晩夜討可レ然。治部少輔弓断ナリ。其通可レ申」トアレハ、石尾・阿閉罷帰テ、治部少輔ニ申ケレハ、重テ使ヲ以、「被二仰下一通最ニ存候。サレトモ島津兵庫頭・小西摂津守ナトニ相議シテ、其上ニテ御左右可レ仕」ト也。秀家卿大ニ怒テ、「加様ノ事ハ、アナタ此方談合トアレハ延引スル者ソカシ。今敵岐阜河渡ノ合戦ニ勝ホコリ、新加納ト竹ケ鼻度々ノ合戦ニ利ヲ得トイヘトモ、人馬疲レデハ有ヘ《(カカ)》アラス、又長途ノ敵、今夜青野ケ原ニ陣取テ緩々ト休息ス、是味方ノ勝利如レ指レ掌。此御思案ナキカ」ト申サルル。又跡ヨリ使者ヲ立テ、「今夜ハ是非夜合戦ト存也。御辺無二出馬一トモ、我一人押寄ヘシ」ト也。治部少輔則参テ申ケルハ、「島津兵庫頭・小西摂津守、其外ノ人々談合仕所ニ、夜軍ハ大事ニテ候。負テハ二度取テ帰カタシ。十死一生ノ戦、卒忽ノ様ニ何モ被レ存也。御年若ク候故ハヤリ給ソヤ。其上、大垣ハ土地低シテ多ハ足入也。左右ナク難懸。敵モ段々備ヲ立テ有ラン。然ハ二段三段コソ追崩申ヘケレトモ、其跡備取テ合スヘシ。青野原ハ曠ヵ野平原ナレハ、

レトモ島津兵庫・小西摂州ナトニ相儀《(ママ)》シテ、其上ニテ御左右可レ仕」ト也。秀家大ニ怒テ、「箇様ノ事ハ、アナタコナタ談合トアレハ延引スル者ソカシ。今敵岐阜江渡ノ合戦ニ勝誇リ、新加納竹カ鼻度々ノ合戦ニ利ヲ得ルトイヱトモ、人馬疲レデハ不レ可レ有。又長途ノ敵、今夜青野カ原ニ陣取テ緩々ト休息ス。是味方ノ勝利如レ指《サス》レ掌《タナ心ヲ》。此御思慮ナキカ」ト被レ申。又跡ヨリ使者ヲ立テ、「今夜ハ是非夜合戦ト存也。御辺無二出馬一トモ、我一人押寄ヘシ」トナリ。三成則参テ申ケルハ、「島津・小西、其外ノ人々談合仕処ニ、夜軍ハ大事ニテ候。負テハ二度取テ返カタシ。十死一生ノ戦、卒忽ノ様ニ何モ被レ存也。御年若候故ハヤリ給ソヤ。其上、大垣ハ土地低フシテ多ハ足入也。サウナク難レ懸。敵モ段々備ヲ立テ有ン。然ハ二段三段コソ追崩シ申ヘケレトモ、其跡備取テ合スヘシ。青野カ原ハ曠野平原ナレハ、左右ヨリ挟ンテ戦程ナラハ、一人モ生テ帰者アラシト存候。第一此合戦負ニナリ候ハハ、貴方ト某悪キ分別ニヨリ天下ノ負ヲ仕ト、末代迄人口モ恥処也。味方ハ一万五六千、敵ハ四万ニ及タル大軍ナレハ、勝利ハ不定也」ト云。秀家「イヤイヤ箇

左右ヨリ挟ミ戦程ナラハ、一人モ生テ帰者アラシト存候。第一此合戦負ニナリ候ハ、貴方ト某シ悪分別ニヨリ天下ノ負ヲ仕ト、末代マテ人口モ恥ル所也。味方ハ一万五六千、敵ハ四万ニ及タル大軍ナレハ、勝利ハ不定也」トアレハ、秀家「イヤイヤ加様ノ軍ニハ人数ノ多少ハナキソ。行《テタテ》ニハ一万五千ハ能ホト也」ト有ケレトモ、治部少輔無二承引一、「伊勢人数一両日ノ内ニ当地ヘ可レ着。此人数可レ有二四万計一。又駒野ヘ遣ス人数三千、輝元卿モ近々出馬ナレハ、十万ニ及フ人数也。後日ニハ敵ヲ追散サン事眼前也。今卒忽ノ事ヲ仕出タランハ如何」ト申セハ、秀家云、「輝元出馬ナレハ、内府モ江戸出馬ナリ。畢竟牛角ノ人数ニ成ヘシ。今夜コソ図ニ当リタレトモ、島津ハ老人、度々ノ事ニ合タル人ノ中ヲ、若輩ノ我身達テハ難レ申。此上ハ無二是非一事也。構テ構テ後悔シ給ナ」トテ、其夜ノ軍ハ止ニケリ。後ニ聞ハ、敵ハ岐阜河渡ノ合戦ニ困労シテ、前後モ不レ知寝入タリ。アツハレ其夜押寄タラハ、寄手敗北スヘキ者ヲ、善言還テ悪言ニ蔽ハル。「蘭根与白芷漸レ之滫中一二」トハ、加様ノ事ヲヤ申ヘキ。

明レハ八月廿四日、諸軍勢ハ不レ残赤坂ニ陣取。但シ

様ノ軍ニハ人数ノ多少ハナキソ。行《テダテ》ニハ壱万五六千ハ能程也」ト有ケレトモ、三成無二承引一、「伊勢ノ人数一両日ノ内ニ可二到着一。此人数四万計モ有ヘシ。又駒野ヱ遣ス人数三千、輝元卿モ近々出馬ナレハ十万ニ及フ人数也。後日ニハ敵ヲ追散サン事眼前也。今卒忽ノ事ヲ仕出シタラハ如何」ト申セハ、秀家言、「輝元出馬ナレハ内府モ出馬也。畢竟《ヒツキヤウ》牛角《ゴカク》ノ人数ニ成ヘシ。今夜コソ図ニ当リタレトモ、島津ハ老人、度々ノ事ニ合タル人ノ中ヲ、若輩ノ我達テハ申難シ。此上ハ無二是非一事也。構ヘテ構テ後悔シ玉フナ」トテ、其夜ハ軍止ニケリ。後ニ聞ハ、敵ハ岐阜川江渡ノ合戦ニ困労シテ、前後モ不レ知寝入タリ。天晴《アツハレ》其夜押ヨセタラハ、寄手敗北スベキ物ヲ、善言却テ悪言ニ蔽ハル。「蘭根《ランコン》与《ト》二白芷《クシ》一漸《ヒタスレ》レ之滫中一二」トハ、ケ様ノ事ヲヤ申ヘキ。

明レハ八月廿四日、諸軍勢ハ不レ残赤坂ニ陣取。但内府公御本陣ニハ、岡山ニ要害ヲ構ヘ、山ノ四方ニ諸大将ノ陣場思々ニ取布。本道北ノ手ニハ加藤左馬助・金森法印・黒田甲斐守・藤堂佐渡守・筒井伊賀守、昼飯《ヒルイ》村ニハ羽柴越中守、大塚ニハ羽柴左衛門大夫、勝山北ノ手ニ

内府公御本陣ニハ、岡山ニ要害ヲ構ヘ、山ノ四方ニ諸大将ノ陣場思々ニ取敷。本道北ノ手ニハ、加藤左馬助・金森法印・黒田甲斐守・藤堂佐渡守・箇《(ママ)》井伊賀守。昼飯《ヒルイ》村ニハ羽柴越中守・大塚ニハ羽柴左衛門、勝山北ノ手ニハ榊原式部太輔屋敷不二在陣一・井伊兵部太輔・本田中書・京極修理充。西牧野ニハ堀尾信濃守、山内対馬守浅野左京。荒尾村ニハ羽柴三左衛門・池田備中守、長松村ニハ一柳監物一人、勝山ヨリ、其間廿余町ヲ隔テ陣取也。東牧野ニハ、中村式部少輔軍兵有馬玄蕃、磯部ニハ田中兵部、勝山丑寅ノ方ニハ松平下野守忠吉小屋場ナリ。其外、岡山ノ東西南北廿余町四方之内、尺地モ無二明地一。八月廿五日ニハ、岡山要害御本陣ナレハ、山ノ四方ニ堀柵所々木戸張番厳重ナリ。敵ハ南宮山ト大垣ト両所ニヒカヘタリ。其間五十町ニハ不レ足ケリ。八月廿三日ヨリ九月十四日マテハ、日夜ノ小迫合無二止時一ケリ。

古老ノ兵ヲ論スルヲ聞ニ、「石田カ天下ノ負ヲ定メンハ、江渡ノ渡シ赤坂ノ陣取ニ図ヲヌカシタルニアリ。慭ニ人ヨリ先ヘ出張シテ、敵ヲ見テ一戦モセデ人ヨリ先ヘ逃入逃入テ、二ノ見ニ謀モナシ、兵ノ拙キ事可レ知。此

ハ榊原式部大輔屋敷不在陣・井伊兵部少輔・本多中務大輔・浅野左京大夫。荒尾村ニハ羽柴三左衛門・池田備中守。長松村ニハ一柳監物一人、勝山ヨリ、其間廿四《余》町ヲ隔テ陣取也。東牧野ニハ、中村式部少輔軍兵有馬玄蕃、磯部村ニハ田中兵部大輔、勝山寅方ニハ松平下野守小屋場也。其外、岡山ノ東西南北廿余町四方ノ内、尺地モ無空地。八月廿五日ニハ、岡山要害御本陣ナレハ、山ノ四方ニ堀柵所々木戸張番厳重ナリ。敵ハ南宮山ト大垣ト両所ニ控タリ。其間五十余町ニハ不レ足ケリ。八月廿三日ヨリ九月十四日迄ノ間、日夜小迫合無二止ム時一。

古老ノ兵ヲ論スルヲ聞ニ、「石田カ天下ノ負ヲ定シハ、江渡ノ渡シ赤坂ノ陣取ニ図ヲヌカシタルニ在。慭《ナマジイ》ニ人ヨリ先エ出張シテ、敵ヲミテ一戦モセテ人ヨリ先ニ逃入テ、二ノ見ニ謀モナシ、兵ノ拙キ事可レ知。此一戦ニ塩ヲ付ラレ、諸軍気ヲ失ノミニ非ス、諸国ノ味方力ヲ落ス。岐阜ノ城ノ落迄ハ、敵味方共ニ未石田カ手並ヲ不レ見故ニ、奥深カリキ舞兵庫、一番ニ逃入テ、石田・島津・小西、同ク城中エ引入ヲミテ、敵モ内冑ヲ見透《スカ》シ、天下ノ味方モ必定負ト存モ理也」

一戦ニ塩ヲ付ラレ、諸軍気ヲ失ノミニアラス、諸国ノ味方力ヲ落ス。岐阜城ノ落マテハ、敵味方共ニイマタ石田カ手ナミヲ不レ見、故ニ奥深カリキ舞兵庫一番ニ逃入テ、石田・嶋津・小西、同ク城中ヘ引入ヲ見テハ、敵モ内冑ヲ見透シ、天下ノ見方モ必定負ト存モ理ナリ」

問云、「此時石田、江渡ノ川ヲ隔テ戦ハン法アリヤ」

答云、「諸将ハ岐阜ニ居レハ、太田・駒野ノ押ヘハ入ヘカラス。一筋ニ江渡ヘカカリ来ル敵トシレタリ。然ラハ太田・駒野ニハ斥候ノ侍少々置テ、敵見ヘハ注進セヨトテ、浮田ノ勢一万、駒野ノ押ヘ三千ヲ呼寄合、城中一万八九千余アリ。浮田ノ勢ノ中二千計城ニ残シ、石田カ先手三千、島左近ヲ大将ニシテ、川ノ面十町コナタニ二千、残ル千計ハ川端ニ備テ鉄炮ヲ放、各二陣ハ、折敷セ渡ル敵ニ対シ、河戸ヨリ呂久マテハ林家多ケレハ、可レ然林家ノ陰ニ、小西・島津、左右虎翼ノ陣ノ如クニ備。其次ニ、五町程ヒカヘテ浮田ノ勢八千、正面ニ陣ヲ張、石田ハ遊軍ニナツテ弱キ方ヘ加ハルト議定シ別ニ備。扨諸将川ヲ渡サンニ、形ノ如ク弓鉄炮打懸テ引取ヘシ。其時諸将少勢ヲアナトリ、高名ヲ貪リテ追懸ン事、本書ノ

問云、「此時石田、江渡川ヲ隔テ戦ハン法アリヤ」

答曰、「諸将ハ岐阜ニ在ハ、太田・駒野ノ押ヘハ不レ可レ入。一筋ニ江渡エカカリ来ル敵ト知レタリ。然ハ太田・駒野ニハ斥候ノ侍少々置テ、「敵ミエハ注進セヨ」トテ、浮田ノ勢壱万、駒野押ヘ三千ヲ呼寄合テ、城中一万八九千余有。浮田ノ勢ノ中二千計城ニ残シ、石田カ先手三千、島左近ヲ大将ニシテ、川ノ面十町此方ニ二千、残ル千ハ川端ニ備テ鉄炮ヲ放、各二陣ハ折敷セ渡ル敵ニ対シ、河戸ヨリ呂久迄ハ林家多ケレハ、可レ然林家ノ陰ニ、小西・島津、左右虎翼《こよく》ノ陣ノ如ニ備。其次ニ、五町程控テ浮田ノ勢八千、正面ニ陣ヲ張、石田ハ遊軍ニ成、弱キ方エ加ハルト議定シ別ニ備。扨諸将川ヲ渉サンニ、如形弓鉄炮打カケテ可二引取一。其時諸将少勢ヲ侮リ、高名ヲ貪リテ追懸ン事、本文ノ如ナルヘシ。歩立ニテ重具足ヲ著テ、十町計モ追来ラハ、士卒大ニ疲ヘシ。又備モ不レ立、我先ト来ハ乱ヘシ。其時二千嶋左近、荒手ヲ以鉄炮ヲ打カケハ、又小人数ヲ侮、押包テ討ントセン。左近モ一命ヲ棄テ防ク所エ、小西・島津不意ヨリ押出スナラハ、諸将案ノ外ニ思テシラムヘシ。此時両将、足ヲ揃

如ナルヘシ。歩立ニテ重具足ヲ着テ、拾町計モ追来ラハ、士卒大ニ労ルヘシ。又備モ不レ立、我先ト来レハ、乱タル兵ナリ。其時二千ノ島左近、荒手ヲ以鉄炮ヲ打懸ハ、又小人数ヲアナトリテ、押ツツンテ討ントセン。左近モ一命ヲ捨テ防処ヘ、小西ト島津、不意ヨリ押出スナラハ、諸将案ノ外ニ思テシラムヘシ。此時両将、足ヲソロヘテ太鼓ヲ打テ懸ヘシ。諸将必敗北スヘシ。若ソレニモ強クササヘテ戦ハ、浮田ノ勢八千余ヨリ鯨波ヲ作懸、備ヲ不レ乱、激水ノ疾ク流レテ石ヲ漂スカ如ク勢カツツテ戦ハ、諸将ハ長途ニツカレ、殊ニ川ヲ越テ備モ不レ定事ナレハ、敗北ハ疑有ヘカラズ。此時治部ハ、別ニ備テ敵ノ不意ヲ待ハヨカラン。孫子カ「絶レ水軍ニ無下附二於水一迎上ルコト客」ト云ル如ク、水ノキハマテ敵ヲ迎ユレハ、渡ル人競ツヨリテ押破ラルル者也。然ルニ兵庫川ノ端ニ近付、大敵ノ渡ルニ弁当ヲツカイテ何ノ謀モナキ事、拙イカナ」

又問云、「秀家卿太田ヨリ来テ赤坂表ノ寄手ヘ今夜夜軍ヲ懸ント云、是《シ》ナルカ」

答云、「是レ、理ノ当然ナリ、六韜ノ十四変ニ曰ク、「敵人新集可レ撃、人馬未レ食可レ撃、天時不レ順可レ撃、

テ太鼓ヲ打テ懸ヘシ。諸将必可敗北。若ソレニモ強掛リ支テ戦ハ、浮田ノ勢八千余ヨリ鯨波《トキノコエ》ヲ作リカケ、備ヲ不レ乱、激《ゲキ》水ノ疾流テ石ヲ漂スカ如ク競《キヲヒ》懸ツテ戦ハ、諸将ハ長途ニツカレ、殊ニ川ヲ越テ備モ不定事ナレハ、敗北ハ疑不レ可レ有。此トキ治部ハ、別ニ備テ敵ノ不意ヲ待ハヨカラン。孫子カ「絶《ワタル》レ川ヲ軍無レ下附二於水ニ一迎上客ヲ」ト云ル如ク、水ノ際ニテ敵ヲ迎ユルハ、是ハ渡人競強テ押破ラルル者也。然ニ舞兵庫川ノ端ニ近付、大敵ノ渉ニ弁当ヲツカイテ何謀モナキ事、拙キ哉」

又問云、「秀家太田ヨリ来テ、赤坂表ノ寄手エ今夜々軍ヲカケント云、是ナルカ」

答曰、「是、理ノ当然ナリ。六韜ノ十四変云、「敵人新所ヲ集可レ撃《ウツ》、人馬未ルレ食可レ撃、天ノ時不レ順《シタカハ》可レ撃二、地形一未レ得可レ撃二、奔走一可レ撃二、不レ戒ヲ一可レ撃二、疲労《ヒロウ》一可レ撃三、将離二ヲ士卒一可レ撃三、渉《ワタルヲ》二長路一可レ撃二、済《ワタル》レ水ヲ一可レ撃二、不レ暇《イトアマラ》一可レ撃二、阻難《ソナン》一狭ムレ路可レ撃、乱レ行列可レ撃、心怖《ヲソル、ヲ》可レ撃」是レ太公カ武王ニ教シ謀コト也。既ニ川ヲ越テ始テ陣ス、是新ニ集也。本ヨリ旅宿ナレハ人馬ノ食未タルレ釁《カシカ》、是人馬未レ食也。旅ナレハ地形未レ得

地形未得可レ撃、奔走スル可レ撃、不戒可レ撃、疲労可レ撃、離二士卒一ヲ可レ撃、渉二長賂一可レ撃、済レ水ヲ可レ撃、不レ暇可レ撃、阻難狭賂可レ撃、乱レ行可レ撃、心怖可レ撃」是太公カ武王ニ教ヘシ謀也。諸将已ニ川ヲ越テ始テ陣ス。是新集ルナリ。本ヨリ旅宿ナレハ人馬ノ食未レ爨。是人馬未レ食ナリ。旅ナレハ地形未レ得ナリ。岐阜・川田・竹ケ鼻、数度ノ軍ニ手負・死人有テ、人片時モ休息セス、是疲労ナリ。国ヲ越テ来ル、是渉二長賂一ナリ。済レ水ナリ。赤坂ヘ付テ陣屋ヲ拵、薪ヲトリ水ヲ汲、是不レ暇ナリ。南宮・大垣ニ敵アレハ心怖ル也。凡十四変ノ中、一ノ虚ヲ見テサヘ良将ハ勝ヲ取。況八ノ虚アリ。諸将ハ旅ニテ万事不レ足、味方地案内者、寔今夜軍セハ必勝ン事治定セリ。浅イ哉。石田カ思慮。敵ハ四万、味方ハ纔ニ一万五六千ト云、少ヲ以大ニ勝ハ夜軍ニシクハナシ。「近日伊勢人数・輝元卿参ラレン」ト、「其時ハ又内府モ着座アラン」ト、秀家ノ一言直千金也。衆愚ノ喁謂々タル、不レ如二一人唯々一ニ。島津・小西ト談合セントアルニ、秀家怒テ、「今敵岐阜河戸ノ合戦ニ勝、新加納・竹ケ鼻ノ合戦ニ利ヲ得トイヘトモ、人馬疲労セテハ有ヘキ。今

ナリ。岐阜・川田村・竹鼻、数度ノ軍ニ手負・死人有テ、人片時モ休息セス、是疲労也。国ヲ越テ来ル、是渉《ワタル》二長路一也。済レ水ヲ也。赤坂エ着テ陣屋ヲ拵へ、薪ヲ採、水ヲ汲ム、是不レ暇也。南宮・大垣ニ敵アレハ心怖ル也。凡十四変ノ中、一ノ虚ヲミテサヘ良将ハ勝ヲ取。況八ノ虚有。諸将ハ旅ニテ万事不足、味方地ノ案内者、寔ニ今夜軍ニハ必勝ン事治定セリ。浅哉。石田カ思慮。敵ハ四万、味方纔壹一万五六千ト云、少ヲ以勝レ大ハ夜軍ニシクハナシ。「近日伊勢人数輝元参ラレン」ト、「其時ハ又内府モ着座有ン」ト、秀家ノ一言直《アタヒ》千金也。衆愚ノ喁々、不レ如二一賢之唯々《ヰヰ》一ニ。島津・小西ト談合セントアルニ、秀家怒ツテ、「今敵岐阜河戸ノ合戦ニ勝、新加納・竹鼻ノ戦ニ利ヲ得ト云トモ、人馬疲労セテヤ有ヘキ。今宵青野原ニ緩々トアランニ、箇様ノ事、彼レ是レ談合ハ不レ入」ト申サル、皆理ニ当ル。惣テケ様ノ事談合多ケレハ、善モ悪ニナルモノソ。彼長篠合戦ニ、信長公、家康公以下ノ諸大名ヲ召集、軍評議有ケルニ、酒井左衛門尉、「今夜鳶巣夜討ニセン」ト云ケレハ、信長制シテ、「夫ハ成マシ」ト宣ヒ、扨諸大将退出シヌレハ、又酒井

夜青野原ニ緩々トアランニ、加様ノ事、彼是談合ハ不レ入」ト申サルル、皆理ニ当ル。惣テ加様ノ事談合多ケレハ、善モ悪ニナルモノソ。彼長篠合戦ニ、信長公・家康公以下ノ諸大名ヲ召集、軍評定有ケルニ、酒井左衛門尉、「今夜鳶カ巣夜討セン」ト云ケレハ、信長制シテ、「夫ハ成マシ」ト云レタリ。扨諸大将退出シヌレハ、又酒井左衛門尉ヲ召テ、「御辺カ一言善トハ思ツレトモ、加様ノ時ハ、味方ノ内ニモ内通ノ者有習ナレハ、一応シカリタリ。急鳶巣攻落ヘシ」トテ、左衛門尉ニ人数ヲ加ヘテ、其夜攻落ス。善謀ハ人ニシラレヌコソ能者ナルニ、彼是談合ハ何事ソ。又地形低ク足入多シト云、非ナリ。足入アレハ却テ味方ノ為レ利ナリ。敵ハ旅ナレハ足入シラス。味方ハ案内者ナリ。又河戸ノ軍ニ打負テ、寄手既ニ赤坂ニ来リタリト聞ハ、輝元ハ心ヲ変シテ来ヘカラス。タトイ来ルトモ、内府公ニ対スヘキ将ニ非ス。思フニ石田、河戸ノ戦ニ打負テ気ヲクレシタルト見タリ。彼李左車ヲ韓《カン》信カ用ント云ケレハ、敗軍ノ将共ニ軍ヲ謀カタシトイヘル如ク、思慮モ不レ出ト見タリ」

藤堂佐渡守、其夜ハ赤坂上ノ山ヘ陣取ラレタル、誠ニ

ヲ召テ、「御辺カ一言善トハ思ツレトモ、ケ様ノ時ハ、味方ノ内ニモ内通ノ者有習ナレハ、一応叱《シカリ》タリ。急鳶巣ヲ可二攻落一」トテ、左衛門尉ニ人数ヲ加テ、其夜攻落ス。善謀ハ人ニ知レヌコソ謀ナルニ、彼是談合ハ何事ソヤ。又地形低ク足入多ト云、非也。足入アレハ却テ味方ノ利也。敵ハ旅ナレハ足入不レ知、味方ハ案内者也。又河戸ノ軍ニ打負テ、寄手既ニ赤坂ニ来タリト聞ハ、輝元ハ心ヲ変シテ不レ可レ来。縦来ルトモ、内府公ニ可レ対将ニ非ス。思ニ石田、河戸ニ戦打負テ気後レシタルト見ヘタリ。彼李左車ヲ韓信カ用ント云ケレハ、敗軍ノ将ハ共ニ軍ヲ謀難シト云ル如ク、思慮モ不レ出ト見タリ」

藤堂佐渡守、其夜ハ赤坂上ノ山ニ陣取レタル、寔ニ弓箭ニ賢シ。此山ハ麓ノ町ヨリ五・六町モ高キ山、大垣ノ方ハ屏風ノ如クナル岸、久世川山ノ下ヲ流ス。西北ハ高山ニ続テ、南一方町口ナダラカ也。縦其夜軍有トモ気遣不レ可レ有。夜討アラント察シラレタルトミエタリ。

又其比、大坂ノ藤堂佐渡守屋敷ニハ、妻室ヲ逃スマシトヤ思ケン、張番厳ク人ノ通路モ勿リケレハ、留守居百々六郎右衛門、「斯テハ簾中ノ御行末イカナル憂目ヲ

弓箭ニ賢シ。此山ハ麓ノ町ヨリ五・六町モ高キ山、大垣ノ方ハ屏風ノ如ナル岸、久世川山ノ下ヲ流ス。西北ハ高山ニツツキ、南一方町口ナタラカナリ。タトヒ其夜軍アリトモ気遣アルヘカラス。夜討アラント察ラレタルト見タリ。

其比大坂佐渡守屋敷ニハ、妻室ヲ逃スマシトヤ思ヒケン。張番厳シク人ノ通路モナカリケレハ、留守居百々六郎右衛門、「斯テハ籠中ノ御行末イカナル憂目ヲカ見セマイラセン。セメテハ此事、佐渡守殿ヘ申通度侍レトモ、上方勢往還ヲ関留タレハ力ナシ」ト云。七里勘十郎ト云者、「我等ハ紀州ソタチニテ山路ハ意得候ヘハ、美濃国ヘ参ヘシ」ト云ケレハ、百々大ニ悦テ、文認テ遣ケル。七里ハ屋敷ヲ忍出テ美濃国近クナリケレハ、上方勢一面ニ立塞テ、殊道筋ニハ土手ヲ築、木戸ヲ付、脇坂中書持口也。道ノ北ノ山手ニハ大谷刑部少輔在陣、道ノ南松尾山マテハ小川左馬・平塚因幡・筑前中納言陣々厳密ニテ、空ヲ翺ル翅ナラテハ行通物モナシ。七里則伊吹山ヘマハリテ、安々ト赤坂ノ陣所ニ着テ、上方ノ事トモ申ケル。

カミマキラセン。責テハ佐渡守殿エ申通シ度ト思ヘト、上方度《(ママ)》往還ヲ関留タレハ叶ハシ」ト云。七里勘十郎ト云者、「我等紀州ソタチニテ山路ハ心得候ヘハ、美濃国エ参ルヘシ」ト云。百々大ニ悦テ、状ヲ認遣シケル。七里ハ屋敷ヲ忍出テ美濃近ク成ケレハ、上方勢一面ニ立塞キ、殊ニ道筋ニハ土居ヲ築キ、木戸ヲ付、脇坂中書持口也。道ノ北ノ山手ニハ大谷刑部少輔、道ノ南松ノ尾山迄ハ小川左馬・平塚因幡・筑前中納言陣々厳密ニテ、空ヲ翔《カケ》ル翅《ツハサ》ナラテハ行通物モナシ。然トモ七里ハ伊吹山エ廻ツテ、安々ト赤坂ノ陣所ニ著テ、上方ノ事トモ申ケルト也。

46　駒野軍勢引入事並長松開退事　（一二—二）

駒野ニハ高野越中守・高山忠右衛門尉・森九兵衛・牧伝蔵・蒲生備中・大場土佐守・池田伊予守・北川平左衛門三千余有シカ、市橋下総守押寄、合戦セント支度スル所ニ、伊勢表へ向ケル人数四万計太田へ懸リ来ヲ見テ、市橋引取ヌ。偖駒野ニ在シ軍勢、明日ハ大垣へ軍勢ヲ為二引入一ント、則行列ノ評議スル。蒲生備中、高野越中ニ向テ申ケルハ、「明日クリ引ニシテ引取ヘシ。敵ハ赤坂虚空蔵山ニ引上陣取、此人数故モナク引取ンモ口惜キ次第也。行列ノ次第ヲ能定テ、虚空蔵山ノ下ヘマハリテ打通、敵ニ目ヲ驚サセ申サン」ト云。越中、「最ニ候」ト返事ス。重テ申ケルハ、「サアラハ明暁陣払シ、日ノ出ニ敵ノ前ヲ通ラハ、辰剋ニハ大垣へ著陣スヘシ。其約束ヲ不違出立レヨ」ト申ケレハ、越中「心得タリ」ト云。

然ルニ越中、未明ニ陣取ヲ払テ大垣へ直ニ引入。備中ハ約束ヲ不レ違ト相待ト云トモ、時剋移ケレハ、使ヲ遣タルニ、早打立ト聞テ大ニ怒テ、静ニ押セテ大垣へ直ニ引入、越中ニ向テ申ケルハ、「今朝ハ早ク御引取候。定

46　駒野軍勢引入並長松開退事　（七—二）

駒野ニハ高野越中・高山忠右衛門・森九兵衛・牧野伝蔵・蒲生備中・大庭土佐守・池田伊予守・北川平左衛門三千余アリシニ、市橋下総守押寄テ合戦セント支度スル所ニ、伊勢表エ向ケル人数四万計太田エ懸来ルヲミテ、市橋引取ヌ。サテ駒野ニ在シ軍勢、明日ハ大垣エ為二引入一行列ノ評議ス。蒲生備中、高野越中ニ云ケルハ、「明日クリ引ニシテ引取ヘシ。敵ハ赤坂虚空蔵山ニ引上ケ陣取、此人数故モナク引取ンモ口惜キ次第也。行列ノ次第ヲ能定テ、虚空蔵山ノ下エ廻ツテ打通、敵ニ目ヲ驚サセン」ト云。越中「尤ニ候」ト答フ。備中重テ云、「サアラハ明暁陣払シ、日ノ出ニ敵ノ前ヲ通ラハ、辰尅ニハ大垣エ著陣スベシ。其約束ヲ不レ違ヘ出立レヨ」ト申ケレハ、越中「心得タリ」ト云。

然ニ越中、未明ニ陣取ヲ払テ大垣ニ直ニ引入。備中ハ約束ヲ不レ違相待ト云トモ、時剋(カカ)移ケレハ使ヲ遣タルニ、早打立タルト聞テ大ニ怒テ、静フニ押セテ大垣エ直ニ引入テ、越中ニ向テ云ケルハ、「今朝ハ早ク御引取候。定

テ敵人数ヲ出、足軽モ懸タルニ依テ、早ク御出向ト存」ト云ケレハ、越中答テ曰、「イヤ敵人数ヲ出タルニハアラス。御左右ヲ相待申候ヘトモ、余遅ク候故、引取タル」ト申ケレハ、備中云ケルハ、「凡武士ノ抜蒐ト云ハ事ニヨリ品ニヨルソ。加様ノ抜カケハ臆病ナリ。昨日約ヲ堅ク仕リタルニ、今朝我ヲタシヌキテ早々大垣ヘ引取ハ、虚空蔵山ノ下ヘ廻ランカ恐サニ、夜ノ内ニ引レツラン。武士ノスル処ニ非」ト申ケレハ、越中、「ソレハ悪口也。待テモ遅ケレハ退ソ」ト云。備中曰、「今日辰剋ニナラス。昨日ノ約束ハ、日出ニ敵ノ前ヲ通ラハ、五ツニ大垣ヘ可レ着ト定ケル也。左様ノ事ハ言セマシ。一両日ノ中ニ天下分目ノ合戦アリ。其時今日ノ事ヲ恥テ嗜レヨ。サナクハ男ハ成マシ」ト広言ス。互ニ確論シテ詞高ナリケレハ、傍輩取サヘテ、「今ノ時分喧嘩ハ無二勿体一。物前ニテ主君ニ損ヲ与ヘントヤ」トテ引分ル。蒲生・大場・北川ハ氏卿浪人ナリ。其外ハ治部少輔自体ノ家人ナレハ、毎度軍ノ儀ニハ武勇ヲ争テ口論シケリ。

斯テ石田治部少輔ハ安芸中納言輝元ヘ使者ヲ立テ、「急出馬候ヘ」ト責ケル。輝元、「心得候。頓テ打立申サ

テ敵人数ヲ出シ、足軽モカケタルニ依テ、早ク御出向ト存候」ト云ケレハ、越中答云、「イヤ敵人数ヲ出タルニハ非ス。御左右ヲ相待候ヱトモ、余ニ遅ク候故、引取タル」ト申。備中云、「凡武士ノ抜蒐ト云ハ事ニヨリ品ニヨルソ。ケ様ノ抜蒐ハ臆病ト云ゾ。昨日約ヲ堅ク仕タルニ、今朝我ヲ出シヌキテ早々引取ハ、虚空蔵山ノ下ヱ廻ランカ恐シサニ、夜ノ内ニ引レツラン。武士ノスル所ニ非ス」ト云。越中「ソレハ悪口也。待テモ遅ケレハ退ソ」ト云。備中云、「今日辱(辰カ)剋ニ未レ成、昨日ノ約束ハ日ノ出ニ敵ノ前ヲ通ラハ、五ツニ大垣ヱ可レ著ト定ケル也。左様ノ事ハ云セマシ、一両日ノ中ニ天下分目ノ合戦アリ。其時今日ノ事ヲ恥テ嗜レヨ。左ナクハ男ハ成マシキ」ト広言ス。互ニ確論シテ詞高也ケレハ、傍輩取支テ、「今ノ時分喧嘩《クハ》ハ無二勿体一。物前ニテ主君ニ損ヲ与ン為カ」トテ引分ル。蒲生・大場・北川ハ氏卿浪人也。其外ハ石田自体ノ家人ナレハ、毎度軍ノ儀ニハ武勇ヲ争テ口論シケリ。

斯テ治部少輔ハ安芸中納言輝元ヱ使者ヲ立、「急出馬候ヘ」ト責ケル。輝元「心得候。頓テ打立申サン」ト、

ン」ト、則増田右衛門ヲ秀頼公ニ付、佐和山迄御動座ヲナシ奉リ、其身ハ濃州ヘ可㆑向ト評定シテアル処ニ、治部少輔ヨリ重テ以㆓飛脚㆒輝元ヘ申ケルハ、「近日内府参着ノ由、其聞候間、急キ御出馬アラレヨ」ト責ケレハ、輝元、「豊国大明神モ御照覧アレ。当十二・三日両日ノ内ニ可㆑致㆓出馬㆒」ト返答ス。大垣ノ軍勢、是ヲ聞テ勇ム事限ナシ。サレトモ大坂ニハ、増田右衛門心変リ有テ内府公ノ御味方シテ、輝元出馬ナラハ跡ニテ謀叛ヲ起シ、秀頼公ヲ取奉ルヘキ旨内通スルト輝元ヘ洩聞ヘケレハ、初ノ評定又カハリテ、兎角家老共集ツテ評定スルト云トモ、不㆓落着㆒シテ日ヲ送内ニ、関ケ原ノ軍ハ終リケル。

又武光式部ハ福東ノ加勢ニ行ケルカ、城落ケレハ在所長松ヘ引帰テ在城ス。然ル所ニ、「東国勢岐阜ヘ取懸、如㆓雲霞㆒城ヲ攻」ト注進ス。諸人失㆑色計ナリ。石田・小西・島津兵庫頭後詰ニ来ル。勝負ハ未㆑知ノ処ニ、又東国勢已ニ岐阜城ヲ攻落シテ、江渡ヘ来ルト聞テ、石田・小西・島津等、江渡ヘ発向ス。東方已ニ江渡ノ軍ニ討勝テ、赤坂虚空蔵山ニ著陣、家々ノ旗ノ紋紛々紜々トシテ、吉野山ノ桜ノ最中ナルカトアヤシマル。五色ノ綺羅天ヲ

則増田右衛門ヲ幼君ニ附、佐和山迄御動座成奉リ、其身ハ濃州エ可㆑向ト評定シテ在所ニ、石田ヨリ重テ以飛脚ヲ以テ輝元ヘ申ケルハ、「近日内府参着ノ由、其聞候間、急キ御出馬アラレ候」ト責ケレハ、輝元、「豊国大明神モ御照覧アレ」ト、「当十二・三日両日ノ内ニ可㆑致㆓出馬㆒」ト返答ス。大垣ノ軍勢、是ヲ聞テ勇ム事限ナシ。サレトモ大坂ニハ増田心変シテ　内府公ノ御味方シテ、輝元出馬ナラハ跡ニテ謀叛シ、秀頼公ヲ取奉ヘキ旨内通スルト輝元エ洩聞ケレハ、初ノ評定ハ又替ツテ、兎角家老共集テ評定スルトモ、不㆓落著㆒セシテ日ヲ送ル内ニ、関ケ原ノ軍ハ終ケル。

又武光式部ハ福東ノ加勢ニ行ケルカ、城落テケレハ在所長松エ引帰テ在城ス。然ル処ニ、「東国勢岐阜エ取懸、如㆓雲霞㆒城ヲ攻」ト注進ス。諸人失㆑色、石田・小西・嶋津後詰ニ来ル。勝負ハ未㆑知処ニ、又東国勢既ニ岐阜ノ城ヲ攻落シ、江渡エ来ト聞テ、石田・小西・島津等、江渡エ発向ス。東方既ニ江渡ノ軍ニ討勝テ、赤坂虚空蔵山ニ着陣、家々ノ旗紋紛々トシテ、吉野山ノ桜ヲ悉ク開カトアヤシマル。五色ノ綺羅天ヲ耀ス。上方勢、思ノ外

輝ス。上方勢、思外ニ敵眼前ニ押入ケレハ、気ヲクレ噪キアヘル事頻也。武光式部ハ、「小人数ニテ僅ノ小城暫クモ敵ヲ防難シ。縦大垣ノ後詰アリトテモ、江渡ノ手ナミシレタレハ叶マシ」トテ、八月廿三日ノ夜、長松村ノ城ヲ開ノキ、伊勢路ヘカカリ、氏家内膳・同志摩守・寺西備中守カ籠タル桑名ノ城ニ楯籠ケル。サレハ東方武者、耳ヲ悦ハシメテ投石超距シテ勇ミヌル事限ナシ。

47　濃州郡《ク》上《ジヤウノ》城攻事　（一二―三）

郡上ノ城主稲葉右京亮ハ岐阜中納言一味トシテ、中納言ノ下知ニテ犬山ノ城加勢トシテ有ケレハ、郡上ニハ右京亮末ノ子稲葉修理並ニ家老稲葉土佐入道、片岡主水籠居タリ。然ルニ遠藤左馬助ハ、元来郡上ヲ本領トシケル故ニ案内者ナレハ、本多中務太輔・井伊兵部少輔・羽柴三左衛門・羽柴左衛門大夫ニ申入、「城ヲ乗取可レ申」ト望ケレハ、則左馬助ニ申付、加勢ニハ金森法印・同出雲守父子ヲ指添ケル。但是ハ内府公ヘ申上テ御下知トソ聞ヘシ。金森父子ハ飛騨国ヨリ攻入、長瀧口ヘ押懸ラン

ニ敵眼前ニ押入ケレハ、気後レ噪キアヘル事頻リ也。武光式部ハ「小人数ニテ僅ノ小城暫モ敵ヲ難シレ防。縦大垣ノ後詰有トテモ、江渡ノ手並シレタレハ叶フマシ」トテ、八月廿三日ノ夜、長松村城ヲ開ケ退、伊勢路ヘカカリ、氏家内膳・正同志摩守、寺西備中守カ篭タル桑名城ニ楯篭ケル。

47　濃州郡上城攻事　（七―三）

郡上城主稲葉右京亮ハ岐阜中納言一味トシテ、黄門ノ下知ニテ犬山城加勢トシテ在ケレハ、郡上ニハ右京亮末子稲葉修理幷家老稲葉土佐入道、片桐主水篭居タリ。然ニ遠藤左馬助ハ、元来郡上ヲ本領トシケル故ニ案内者ナレハ、本多中務大輔・井伊兵部少輔・羽柴三左衛門・羽柴左衛門大夫ニ申入、「城ヲ乗取可レ申」ト望ケレハ、則左馬助ニ申付、加勢ニハ金森法印・同出雲守父子ヲ差副ヘケル。但是ハ　内府公エ申上御下知トゾ聞ヘシ。金森父子ハ飛騨国ヨリ攻入、長滝口エ押懸ントシ、遠藤ハ

トシ、遠藤ハ東美濃舛田口へ可二攻入一ト密談相窮テ押出ス。

爰ニ稲葉右京亮ト羽柴左衛門トハ旧友ナレハ、左衛門ヨリ強ク異見シケレハ、右京ハ降参シテ御味方ニ参ル。其故、「郡上ノ城ヲ攻撃停止」ト申触ラル。本多・井伊・左衛門・三左衛門ヨリ飛脚来テ両将ニ告ケレトモ、遠藤・金森申ケルハ、「早国境マテ押出シテ空ク引事モ無念ナレハ、是非乗取可レ申」トテ蟻如ク付レ寄。金森法印内吉田孫四郎ハ元来郡上ノ侍ニテ処ノ案内ナレハ、「尾崎山ヨリ郡上ノ古城ノ上滝山ヘ取上リ、城中ヲ瞰《ミヲロ》シテ可二攻取一」ト云ケル。

九月朔日、金森ハ長滝口ヨリ攻入、遠藤ハ原口ヨリ攻入ノ所ニ、城中ニハ和談相済《スミ》ケレハ心易ク居タルニ、案ノ外敵攻来ヌレハ、俄ニ人数配ヲソシケル。宗徒ノ人々ハ皆犬山ニアリテ、城中ハ纔ノ人ニテ可レ防様ナシ。柴崎甚右衛門・那波五左衛門・中村太郎右衛門唯三人走リ出、城山ノ間・谷合ノ切所ヲ頼テ防キケル。飛騨ノ衆猛勢谷底ヨリ攻登トイヘトモ、峨々タル切所、馬ヲ束ネ膝《ヒサ》ヲ推程ノ路ナレハ、先手二・三人ノ外ハ見物シテ居タリ

「東美濃舛田口エ可二攻入一」ト密談相窮テ押出ス。

爰ニ稲葉右京亮ト羽柴左衛門ハ旧友ナレハ、左衛門ヨリ強ク異見シケレハ、右京ハ降参シテ御味方ニ参リケル。其故、郡上城攻停止ト申触ラル。本多・井伊・左衛門・三左衛門ヨリ飛脚来テ両将ニ告ケレトモ、両将申ケルハ、「早国境迄押出シ空ク引事無念ナレハ、是非乗取可レ申」トテ押付。金森内吉田孫四郎ハ元来郡上ノ侍ニテ所ノ案内者ナレハ、「尾崎山ヨリ郡上ノ古城ノ上滝山エ取上リ、城中ヲ瞰シテ可二攻取一」ト云ケル。

九月朔日、金森ハ長滝口ヨリ攻入、遠藤ハ原口ヨリ攻入処ニ、城中ニハ和談相済ケレハ心安ク居タルニ、案ノ外敵攻来ヌレハ、俄ニ人数配リヲソシケル。宗徒ノ人々ハ皆犬山ニ在ッテ、城中纔ノ人数ニテ可レ防ヤウモナシ。柴崎甚右衛門・那波五左衛門・中村太郎右衛門只三人走出、城山ノ間・谷合ノ切所ヲ頼テ防キケル。飛騨衆猛勢谷底ヨリ攻登ト云トモ、峨々タル切所、馬ヲ束ネ膝ヲ推程ノ路ナレハ、先手二・三人ノ外ハ見物シテ居タリ。中村太郎右衛門真先ニ進テ、蒐ツ返ツ突合タルカ余ニ、強ク敵当ルトテ突逃シタル。余リニ高キ所ヨリ敵ノ上エ倒

ケル。中村太郎左衛門真先ニススンテ、カケツ返イツ突合タルカアマリニ、強ク敵ニ当ルトテ突ハツシタル。アマリニ高キ所ヨリ敵ノ上ヘ倒懸タレハ、寄手モ敵ノ追ト心得ル乎、又ハ弥カ上ニ倒カカリケルカ、象戯《シヤウギ》タヲシノ如クニ谷底ヘコロヒ落、味方ノ鎗ニ貫レテ、手負・死人多カリケル。其時中村モ討死ス。是ニ依テ高低程隔リ、敵合遥ニナツテ、攻アクンテ進ミ得ス。柴崎甚右衛門・那波五左衛門両人ハ城ヘ引入。又吉田孫四郎、飛騨衆ヲ案内シテ滝山ヨリ古城ヘ押寄ケレハ、古城ノ後ニ大ナルカラ堀柵ヲフリ、其上ニ畳楯ヲツキ双ヘテ待懸タリ。寄手案ニ相違シテ可㆓攻入㆒様ナケレハ、息ヲツキ見物シテ立ナラヒケレハ、城中ヨリ矢比ハ吉、弓鉄炮・アタ矢ハ一ツモナク、玉一ツニ二・三人モ打倒ス。金森内牛丸次郎右衛門・今井平助・南部宗四郎・阿墓《ツカ》作十郎以下究竟ノ者共討死シケリ。其外、手負死人其数不㆑知ケル。

　爰ニ飯沼源左衛門ト云者、城乗ヲ心懸、只一人潜ニ、乾堀ヲ打越、塀下ニ著テ、ツツク味方ヲ待ケレトモ、アタリニ人モナケレハ、蟄居シテ透間ヲ待。城中ニハ塀下ナレハ見付ル人ナシ。時移リケレハ、寄手攻来ト云トモ、

懸タレハ、寄手モ敵ノ追ト心得タルカ、又弥ガ上ニ倒レ掛ケルカ、象戯倒シノ如ク谷底ヘ転落、味方ノ鎗ニ貫レテ、手負・死人多カリケル。其時中村モ討死ス。依㆑之敵相隔リ遥ニ成テ、攻アクンテ進得ス。柴崎甚右衛門・那波五左衛門ハ城エ引入、又吉田孫四郎、飛騨衆ヲ案内者トシテ滝山ヨリ古城エ押寄ケレハ、古城ノ後ニ大成カラ堀柵ヲ付、其上畳楯ヲ突並テ待掛タリ。寄手案ニ相違シテ可㆓攻入㆒ヤウナケレハ、息ヲツキ見物シテ立並ケレハ、城中ヨリ矢比ハヨシ、弓鉄炮・アタ矢ナク、玉一ツニ二・三人モ打倒ス。金森内牛丸次郎右衛門・今井平助・南部宗四郎・阿墓作十郎以下屈竟ノ者トモ討死シケリ。其外、手負死人数不㆑知。

　爰ニ飯沼源左衛門ト云者、城乗ヲ心懸、唯一人潜ニ、乾堀ヲ打越、塀下ニ着テ、続ク味方ヲ待ケレトモ、アタリニ人ナケレハ、蟄居シテ透間ヲ待ツ。城中ニハ塀下ナレハ見付ル人ナシ。時移ケレハ、寄手攻来ト云トモ、皆尾崎滝山エ引取ケレハ、城中モ静ニナル。飯沼「時分ハヨシ」ト思ヒ、不図立アカリ、塀ヲ乗テ旗一本取カツイテ帰ケレハ、城中驚騒イテ弓鉄炮ヲ如㆑ク雨ノ放シケレト

皆尾崎滝山へ引取タレハ、城中モ静ニナル。源左衛門「時分ハ善」ト思ヒ、不図立アカリ、塀ヲ乗テ旗一本取テカツイテ帰ケレハ、城中驚騒イテ弓鉄炮ヲ雨ノ如ク放ケレトモ、一ツモ不レ中シテ、源左衛門ハ万死ヲ出テ味方ノ陣へ走帰ル。寄手ハ是ニテ色ヲナヲセハ、城中ハ後悔シケリ。

扨又遠藤ハ原口ヨリ攻入、町中ヲ放火シテ大手へ押寄、東谷口ニ陣取。九月二日ニハ合戦ヲ止テ、金森・遠藤方ヨリ扱ヲ入テ云、「侍ハ相互ノ事ナレハ、妻子以下別儀有ヘカラス。城ヲ開渡サレヨ」ト和睦ノ使ヲ立。城中ヨリハ、「各相談シテ返答申サン」トテ、則犬山へ注進シケレハ、稲葉右京亮ハ聞トヒトシク乗出シ、二日ノ夜ハカリヤス村ニ宿陣ス。但城下へハ三里アリ。三日ノ払暁ニ郡上へ押来テ、東谷口ニテ遠藤左馬助ト渡合テ攻戦フ。遠藤内貝川小十郎・同五郎四郎・鷲見忠左衛門・飼取作助等進テ働ケルカ、四人共ニ討死ス。遠藤今叶ハシト思ヒテ、裸馬ニ乗テ敗北ス。右京父子ハ快ケニテ城中へ乗入、弥堅固ニ見ケレハ、又扱ヲ入、稲葉右京亮ヨリ人質ヲ出シ、金森・遠藤ハ郡上ヲ引取。其後、稲葉右京亮ハ

モ、一ツモ不レ中、源左衛門ハ万死ヲ出テ味方ノ陣エ走帰ル。寄手ハ是ニテ色ヲ直セハ、城中ハ後悔シケリ。

サテ又遠藤ハ原口ヨリ攻入、町中ヲ放火ヲシ大手エ押寄、東シ谷口ニ陣取。九月二日ニハ合戦ヲ止テ、金森遠江方《(ママ)》ヨリ嗳《(扱カ)》ヲ入テ云、「侍ハ相互ノ事ナレハ、妻子以下別儀有ヘカラス。城ヲ開渡サレヨ」ト和睦ノ使ヲ立。城中ヨリハ「各相談シテ返答申サン」トテ、則犬山エ注進シケレハ、稲葉右京ハ聞トヒトシク乗出シ、二日ノ夜ハカリヤス村ニ宿陣ス。但城中エハ三里アリ。三日ノ払暁ニ郡上エ押来、東谷口ニテ遠藤左馬助ト渡合テ攻戦。遠藤内貝川小十郎・同五郎四郎・鷲見忠左衛門・鳥飼作助等進テ働ケルカ、四人共ニ討死ス。遠藤今ハ叶ハシト思テ、裸馬ニ乗ツテ敗北ス。右京父子ハ快ゲニ城中エ乗入、弥堅固ニミエケレハ、又扱ヲ入、稲葉右京亮ヨリ人質ヲ出シ、金森・遠藤ハ郡上ヲ引取。其後右京ハ　内府公ノ御機嫌ヲ憚リ、羽柴左衛門大夫取持ニテ、薙染ノ姿ニテ、九月十四日赤坂ニテ　内府公エ御礼申上ケリ。稲葉父子カ振舞ハ、人々誉アヘリケリ。

内府公ノ機嫌ヲ憚リ、羽柴左衛門大夫取持テ、薙深《ママ》ノ姿ニテ、九月十四日赤坂ニテ内府公へ御礼申ケリ。稲葉父子カ振舞ヲ誉ヌ人ナシ。関ケ原没落ノ後浪人シテ、伊勢大夫上部カ方へ行、上部甲斐々敷上下二百余人ヲ扶助シケルカ、三年過テ被㆓召出㆒、本知五万石ヲ安堵ス。豊後国臼杵城主稲葉能登守ハ其末也。後日ニ右京ハ上部ニ会テ、多年ノ厚恩何ノ世ニカ忘ヘキトテ、二百石ノ所領ヲ贈ケリ。「稲葉家ノ有ン限ハ相違有ヘカラス」トナリ。「右京父ハ稲葉伊予守、法名一鉄トテ、世ニ隠ナキ勇将ナリシカ、箕裘ヲ継テ令名ヲ失サリケル」ト、人々称美セリ。

48　大津城攻事

（十三―一）

去程ニ北国へ向ヒケル京極宰相・大谷刑部少輔・戸田武蔵・朽木河内・脇坂中務・赤沢備後守・平塚因幡守・小川土佐守ヲモ、治部少輔方ヨリ呼ニ遣ケレハ、九月三日濃州表へ参着ス。大谷ハ松尾ノ西、丸山ニ陣ヲ取。其近辺ニ平塚因幡守・小川土佐守ナト陣ヲ取ナリ。宰相高

48　大津城攻事

（七―四）

去程ニ北国エ向ケル京極宰相・大谷刑部少輔・戸田武蔵・朽木河内守・脇坂中務・赤沢備後守・平塚因幡・小川土佐ヲモ、治部少輔方ヨリ呼ヒ遣ケレハ、九月三日濃州エ参着ス。大谷ハ松尾ノ西之丸山ニ陣ヲ取。其近辺ニハ平塚因幡守・小川土佐守ナト陣ヲ取。大津宰相・朽木

次・朽木河内守両人ハ、後陣ニ押ケルカ諸勢ヨリ一日引サカル。河内守木ノ本ニ宿ス。

　高次ハ東ノ野ニ舎スル所ニ、河内守方ヨリ高次ヘ使ヲ遣シ、「明朝御立ハ何時ニ候ヤ。吾等モ同時ニ可㆓罷立㆒」ト云ケレハ、高次返事ニハ、「一番ノ鶏鳴ニ出馬申サン。御辺モ一所ニ出馬アレ」トナリ。河内守誠ト意得テ、鶏明ニ木本ヲ出テ押行。高次ハ濃州ヘハ不㆓押行㆒、引チカヘテ塩津《シホ》ヘ押通リ、タタミ峠ヲ越テヲヲラ海津ヘ出、船ニ乗テ居城ノ大津ヘ、九月四日ニ参着ス。是ハ「石田カ所為、全ク秀頼公ヲ守立ントノ心ニ非ス。内府ヲ退治シテ、己カ天下ヲ奪ントスル陰謀也」ト察シテ、俄ニ心変シケルト聞ヘシ。

　大津ニ着トヒトシク、城郭ヲ拵ヘ、偏東方ノ味方ノ色ヲソ立ニケル。京町筋・三井寺口・荊川筋ニ塀柵ヲ付、諸方手分スル。京町口ヘハ、三田村安右衛門・今村掃部・丸毛万五郎・赤尾久助・尼子宮内少輔・由井太郎右衛門、荊川筋ヘハ、赤尾伊豆守・山田大炊助・山田三左衛門、三井寺口ヘハ、友岡新兵衛・浅見藤右衛門相堅ケル。

河内守両人ハ、後陣ニ押シケルカ諸勢ヨリ一日引下ル。河内守木ノ本ニ宿ス。

　高次ハ東ノ野ニ舎スル所ニ、朽木方ヨリ宰相エ使ヲ遣シ、「明朝ノ御立ハ何時ニ候ヤ。我等モ同時ニ可㆓罷立㆒」ト云フ。高次返答ニ、「一番鶏明ニ出馬アレ。我等モ一所ニ出馬セン」ト也。河内守誠ト心得テ、鶏明ニ木ノ本ヲ出押行。高次ハ濃州エハ不㆑行シテ、引違テ塩津エ押通リ、タタミ峠ヲ越テ大浦海辺エ出テ、船ニ乗テ居城大津ヘ、九月四日ニ参着ス。是ハ「石田カ所為、全ク秀頼公ヲ守立ントノ心ニ非ス。内府公ヲ退治シテ己レカ天下ヲ奪ハントスル陰謀也」ト察テ、俄ニ心変シケルトソ聞ヘシ。

　大津ニ着トヒトシク、城郭ヲ拵ヘ、偏ニ東方味方ノ色ヲタテ、荊川筋ニ柵屏ヲ付、諸方ノ手分ヲシ、京町筋・三井寺口ハ《イニナシ》ヘハ三田村安右衛門・今村掃部・丸手《毛イ》万五郎・赤尾久助・尼子宮内少輔・田井太郎右衛門《由井助左衛門イ》、荊川筋ニハ赤尾伊豆守・山田大炊助・山田三左衛門、三井寺口ヘハ友岡新兵衛・浅見藤右衛門相堅ケル。

　此儀大坂エ聞エケレハ、輝元・増田評議シテ、「宰相

此儀大坂へ聞エケレハ、輝元・増田評議シテ、「宰相謀叛ニテ往還ノ通路ヲ塞ク上ハ、誠糧道ヲ絶ナリ。難儀此時ニアリ。彼ヲ退治セテハ叶マシ」トテ、討手ノ人々ヲ撰ミケリ。此事秀頼公ノ母公大ニ歎キ給フテ、輝元卿へ御消息有ケルハ、「高次ノ内室ハ、我トハ姉妹ナレハ、タトヒ如何ナル優目《ウキ》ニ逢トテモ、秀頼公ノ左右ノ手ノ如ク離ヘキ人ニ非サルニ、斯俄ニ心カハリ有事ハ、如何様子細ノ候ヘキ。先我身カタヨリ諫メ申スヘキナレハ、討手ヲ向ラレン事ハ暫待給ヘカシ」ト有ケレハ、輝元「得二其意一候」ト申サレ、則淀殿ヨリ大津へ御使立タレトモ、宰相且テ承引ナカリケレハ、此上ハ力不レ及トテ、誅罰ノ人々ニハ、柳川侍従《宗茂》立花左近・久留目藤四郎毛利元就八男于レ時侍従也・筑紫上野介《義冬》・南条中書《忠成》于レ時十五歳・石川掃部《頼明》・多賀出雲守大和三万石・毛利輝元《毛利七郎兵衛輝元叔父》軍勢同元安、家人ハ増田右衛門カ家老増田作左衛門・高田小左衛門侍大将トシテ引具。又善祥坊隠居四万石病死故、南条中務少輔賜テ彼家人ヲ合テ召具。此外大坂弓鉄砲七手組ノ内、伊藤丹後守・速水甲斐守・伊藤左馬助・福住兵庫助・郡主馬等、数万ノ軍勢大坂ヲ立テ、六日大津ニ着ト等ク、関寺山・三井寺其外

謀叛シテ往還ノ通路ヲ塞ク上ハ、誠ニ糧道ヲ絶也。難儀此時ニ在。彼ヲ退治セテハ叶フマシ」トテ、討手ノ人々ヲ撰ケル。此事秀頼公ノ母公大ニ嘆キ給テ、輝元卿へ御消息有ケルハ、「高次ノ内室ハ、我トハ姉妹《シマイ》ナレバ、譬ヒイカナル優目《ウキ》ニ遭トテモ、秀頼公ノ左右ノ手ノ如ク離ヘキ人ニ非スルニ、斯俄ニ心替有事ハ、イカサマ子細候ヘキ。先我身方ヨリ諫申スヘシ。討手向ラレン事ハ暫待玉ヘカシ」ト有ケレハ、輝元「得二其意一候」ト申サレ、則淀殿ヨリ大津エ御使立ケレハ、宰相曾テ承引勿リケレハ、此上ハ力不レ及トテ、誅伐ノ人々ニ、柳川侍従立花左近・久留目藤四郎毛利元就八男于レ時侍従也・筑紫上野介・南条中務于レ時十五歳・石川掃部・多賀出雲守大和三万石・毛利輝元軍勢同元安、家人、増田右衛門家老増田作左衛門・高田小左衛門、侍大将トシテ引具ス。又善祥坊隠居四万石病死故、南条中務少輔賜テ、被官人ヲ合テ召具。此外大坂弓・鉄砲七手組ノ内、伊藤丹後守・速水甲斐守・伊藤左馬助・福住兵庫助・郡主馬等、数万ノ軍勢大坂ヲ立テ、六日大津ニ著ト等ク、関寺山・三井寺、其外峰々ヲ取テ、十一日迄遠攻ニ鉄炮ヲ放ツ事、雨霰ノ如シ。双方ノ雷響天地モ崩

峰々ヲ取テ、十一日マテ遠攻鉄砲ヲ放事、雨霰ノ如ク、双方ノ雷響天地ヲ崩計也。

十一日人数ヲ下シ、竹把・楯櫓仕寄テ攻タレハ、諸口ノ塀共俄ニ拵タル事ナレハ、多ク打破ラル。内ヨリ板材木ヲ以テ押立、取繕ト云トモ、大敵健シク攻ル事ナレハ、味方ハ小勢、殊ニ城ハ艮ノ方一方ハ、湖水洋々トシテ堅固ナレトモ、三方ハ平地ニ続テ、関寺ノ麓・三井寺辺、山高シテ、城中眼下ニアリ。其間四・五町ニ過サレハ、ナシカハ可㆑溜、京町筋ヲ押破ル。

多賀出雲守軍兵、進テ戦。出雲守ハ武勇聞アル兵ナレハ、自身鎗ヲ取テ働。城中無勢、戦労《ツカ》レテ引退ク。寄手勝ニ乗テ付入ニセントス。由井太郎右衛門城中へ早ク引入、大手ノ門ヲ閉タリ。

又三井寺口・荊川筋ヲ堅タル兵ノ内、友岡新兵衛・赤尾伊豆ニ向テ云ヒケルハ、「京町筋ハ既ニ破タルト見タリ。此上ハ城へ引取テ、城ヲ守戦ハン」伊豆、「最也」トテ人数ヲ円陣ニ作テ引退処ニ、城ノ門ヲ鎖《サシ》タレハ入事ヲ得ス。士卒アキレケルカ、伊豆取テ返シ、後ヨリ慕来ル敵ト合戦ス。寄手引退。

ル計也。

十一日人数ヲ下、竹把・楯櫓ノ仕寄テ攻タルハ、口々ノ塀共俄ニ拵ヘタル事ナレハ、多クハ打破ラレ、内ヨリ板材木ヲ以テ押立、取繕ト云トモ、大敵厳ク攻ル事ナレハ、味方ハ小勢、殊ニ城ハ艮《ウシトラ》ノ方一方、湖水洋々トシテ堅固ナレトモ、三方ハ平地ニ続キ、関寺ノ麓《フモト》、三井寺ノ辺、山高シテ、城中眼下ニ在リ。其間四・五町ニ過サレハ、ナシカハ可㆑溜《タマル》、京町筋ヲ打破ル。

多賀出雲守軍兵、進ンテ戦フ。出雲守ハ武勇聞有兵ナレハ、自身鎗ヲ取テ働ク。城中無勢、戦労テ引退。寄手勝ニ乗テ付入ニセントス。田井太郎右衛門城中エ早ク引、大手ノ門ヲ閉タリ。

又三井寺口・荊川筋ヲ堅タル兵ノ内、友岡新兵衛・赤尾伊豆ニ向テ云ヒケルハ、「京町筋ハ既ニ破レタリト見タリ。「此上ハ城エ引取テ、城ヲ守リ戦ハン」伊豆「尤也」トテ人数ヲ円陣ニ作テ引退処ニ、城ノ門ヲ鎖タレハ入事ヲ不㆑得。士卒アキレケルカ、伊豆取テ返シ、後ヨリ慕来敵ト合戦ス。寄手引退ク。

爰ニ南条中書ハ若年、家老進越中是ヲミテ、「敵ハ小

爰ニ南条中書ハ若年、家老進越中是ヲ見テ、「敵ハ少勢ナルゾ、一々首ヲ捕」ト下知シテ鯨波ヲ作テ攻懸ル。伊豆新兵衛、侍五・六十騎下知シテ静ニ懸ル。于レ時新兵衛申ケルハ、「敵ハ大勢、味方ハ小勢也。敵ニ見透サレテハ叶マシ。急ニ進メ」ト云。伊豆、「最」トテ曳々声ニテ突懸ル。寄手モ爰ヲ専ト戦ケル。進越中ガ親類ニ植木助之丞、真先ニ進ケルカ、敵ノ鎗左ノ脇ヨリ後ヘ突逃《ハツ》ス。助之丞脇指ヲ抜テ鎗を切。敵鎗ヲ捨テ退ケリ。

其外思々ニ働ク中ニモ同家人、友田左近右衛門善祥坊家老也、赤尾伊豆ヲ目懸、脚絆ノ紐解タルヲ結シメテ、鎗ヲ執テ伊豆ト突合サレトモ、入乱タル内ナレハ、勝負ハナシ。其子友田左衛門佐、生年十七、高名ス。其外進テ強ク当ケレハ、城中ノ兵不レ叶シテ、引退。

南条手ニ首数討捕リテ勇ニケリ。城ノ兵ハ城ヘハ不レ入、片脇ニ上シトミノ有ケルヲ、楯ニ取テ息ヲツク。又南条カ侍一人進テ城ヘ乗入、伊豆走寄テ突落ス。本江数馬首ヲ捕テ伊豆ニ渡セハ、伊豆、「急ナル場、其首捨ヨ」ト云。

漸日暮ケレハ、敵味方共気疲レテ寄手引上ケレハ、急

勢ナルゾ、一々首ヲ取レ」ト下知シテ鯨波《トキノコエ》ヲ作テ攻懸ル。伊豆新兵衛、侍五・六十騎下知シテ静ニ懸ル。于レ時新兵衛申ケルハ、「敵ハ大勢、味方ハ小勢也。敵ニ見透サレテハ叶マシ。急ニ進メ」ト云。伊豆、「最」トテ曳々声ニテ突蒐ル。寄手モ爰ヲ専ト戦ケル。進越中ガ親類ニ、植木善之丞、真先ニススミケルカ、敵ノ鎗左ノ脇ヨリ後ヘ突逃ス。善之丞脇指ヲ抜テ鎗ヲ切、敵ヲ捨テ退ケル。

其外思々ニ働ク中ニモ同家人、友田左近右衛門善祥坊家老也、赤尾伊豆ヲ目懸、脚絆ノ紐解タルヲ結縞、鎗ヲ取テ伊豆ト突合サレトモ、入乱タル内ナレハ、勝負ハナシ。其子友田左衛門佐、生年十七歳、高名ス。其外進ンテ強ク当ケレハ、城中ノ兵不レ叶シテ、引退。

南条手ニ首数討捕リテ勇ミケリ。城ノ兵ハ城ヘハ不レ入、片脇ニ上蔀ノ有ケルヲ楯ニ取テ息ヲツク。又南条カ侍一人進テ城エ乗入、伊豆走寄テ突落ス。本江数馬首ヲ取テ伊豆ニ渡セハ、伊豆、「急ナル場也、其首棄ヨ」ト云。

漸日暮ケレハ、敵味方トモニ気疲テ、寄手引上ケレハ、急城ノ虎口エ行、「爰開ヨ」ト云。太郎衛門内ヨリ出テ、

城虎口へ行、「爰開ヨ」ト云。太郎衛門内ヨリ出テ伊豆ニ対シテ云ケルハ、「今日ノ合戦付入ナルヲ、某早ク門ヲ閉候ニ依テ不二落城一、扨各働モ神妙也」ト云。伊豆守怒テ云ケルハ、「御辺ハ早ク門ヲ閉テ昼寝シテ居ラレタルカ、我等ハ立出サレテ、多クノ敵ニ合タリ」ト云。太郎右衛門聞テ、「其ハ悪口也」トテ、已ニ喧嘩ニナル処ヲ、人々取扱テ、「加様ノ時分ノ口論ハ不忠ノ第一也」トソ制止シケル。

又山田三左衛門ハ伊豆ト一手ナルカ、敵ニ押隔ラレテ百騎計ニテ味方ト一所ニナラント引取処ニ、寄手大勢ノ中へ取籠テ散々ニ相戦フカ、不レ残討死シケリ。浅見藤右衛門、浜手ノ門ヲ立出サレ、途ヲ失、既ニ討死セント引帰タルカ、増田カ手者村井金六ニ行会、年来ノ交友ナレハ、我陣処へ連帰ケリ。

翌日又惣軍一同ニ押寄テ、我先ト攻懸ル中ニモ、柳川侍従一番ニ進テ乗入、侍従自ラ再拝ヲ取テ塀ノ上ヨリ兵ヲ、「進メ進メ」ト下知シケリ。多賀・南条続テ思々ニ乗入、已ニ本丸計ニシテ、弓・鉄砲ヲ以テ攻懸ル。城内兵共多クハ討死シケレハ、宰相不レ叶トヤ思ケン、大坂

伊豆ニ対シテ云ケルハ、「今日ノ合戦付入ナルヲ、某早ク門ヲ閉候ニ仍テ不二落城一、サテ各モ働神妙也」ト云。伊豆怒ツテ云ケルハ、「御辺ハ門ヲ閉テ昼寝シテ居ラレタルカ、我等ハ立出サレテ、多ノ敵ニ逢タリ」ト云。太郎右衛門聞テ、「ソレハ悪口也」トテ、既ニ喧嘩ニナル処ヲ、人々取支テ、「箇様ノ時ノ口論ハ大ナル不忠也」ト制止ス。

又山田三左衛門ハ伊豆ト一手也カ、敵ニ押隔ラレテ百騎計ニテ味方ト一所ニ成ント引取所ニ、寄手大勢ノ中ニ取籠テ散々ニ相戦ヒ、不レ残討死シケリ。浅見藤右衛門、浜手ノ門ヲ立出サレ、途ヲ失、既討死セント引返シタルカ、増田カ手者村井金六ニ行会、年来ノ交友ナレハ我陣所へ連帰リケル。

翌日又惣軍一同押寄、我先ニト攻懸ル中ニモ、柳川侍従一番ニ進ンテ乗入、侍従自再拝ヲ取テ、塀ノ上ヨリ兵ヲ「進メ進メ」ト下知シテケリ。多賀・南条続テ思々ニ乗入、既ニ本丸計ニシテ、弓・鉄砲ヲ以テ攻蒐ル。城内兵共多ハ討死シケレハ、宰相不レ叶トヤ思ケン、大坂エ人ヲ遣シ、秀頼ノ御母公エ歎キ申テ降参シ、城ヲ開キ渡

へ人ヲ遣シ、秀頼公ノ御母へ歎キ申テ降参シ、城ヲ開渡ケレハ、柳川侍従請取ヌ。九月七日ヨリ城ヲ攻テ、十四日ニ落去ス。「今一日堅ク守タラハ、無双ノ忠功タルヘキニ」ト、後ニソ思ヒ悔ミケル。

斯テ高次ハ剃髪染ノ衣ノ形トナリ、敵ノ中ヲ通リ、其夜ハ玉水ニ一宿シ、明レハ十六日高野へ入ニケル。関ケ原平治ノ後、宰相ノ、東ノ味方セラレタルヲ、忠節ニ思食テ、若狭一国ヲ賜ル。

本ノ守護人少将ヲハ御改易《カイエキ》、京都小原ニ閑居シテ長嘯子ト云リ。其闕国一円ニ賜ル。子息少将若狭守高実ハ秀忠公ノ御婿トナル。終ニ交代シテ出雲国ニテ二十四万石ヲ領ケル。

若狭守子ナキ故ニ、甥ヲ跡目ニ仰有テ、昔ノ大津ノ所領六万国ヲ播州竜野ニテ被㆑下。今ノ京極刑部少将高和是也。但此刑部ハ若州ノ妾腹ノ息ナレトモ、上ヲ憚テ甥ト称シケルトモ云リ。

老人ノ物語ニ、「南条中書ハ、父勘兵衛大閤ノ御取立ナレハ、秀頼公無二ノ味方也。浮田中納言ヨリ使立テ、「秀頼公ノ御企」ト云ケレハ、南条幷家老共モ、縦骸ヲ

ケレハ、柳川侍従請取ヌ。九月七日ヨリ城ヲ攻、十四日ニ落去ス。「今一日堅ク守リ（タ）ラバ、無双ノ可㆑為㆓忠功㆒ニ」ト、後ニソ思ヒ悔シケル。

斯テ高次ハ剃髪・染衣ノ形ト成、敵ノ中ヲ通リ、其夜ハ玉水ニ一宿シ、明レハ十六日、高野エ入ニケル。関ヵ原平治ノ後、宰相東ノ味方セラレタルヲ忠節ニ思召テ、若狭一国ヲ賜ル。

本ノ守護人少将ヲハ御改易、洛外小原ニ閑居シテ長嘯《シャウ》子ト云リ。其闕国一円ニ賜ル。子息若狭守高実ハ秀忠公ノ御婿トナル。終ニ交代シテ出雲国ニテ二十四万石ヲ領シケル。

若狭守子ナキ故ニ、甥ヲ跡目ニ被㆓仰付㆒テ、昔大津ノ所領六万国ヲ播州竜野ニテ被㆑下。今ノ京極刑部少輔高知是也。但此刑部ハ若州高実ノ妾腹ノ息ナレトモ、上ヲ憚リテ甥ト称シケルトソ。

老人ノ物語ニ、「南条中書ハ、父勘兵衛大閤ノ御取立ナレハ、秀頼公無二ノ味方也。浮田中納言ヨリ使立テ、「秀頼公ノ御企」ト云ケレハ、南条幷家老共、縦骸ヲ途中ニサラストモ、君命争背カント、伯耆国羽衣石ヨリ打

途中ニ曝ストモ、君命争カ背タント、伯耆国羽衣石城ヲ打立テ、大坂へ着岸ス。大津ノ城ヲ攻テ功アリ。父勘兵衛ハ大閤ノ選挙ニテ伯耆守ニ受領シ、伯州一国賜ケリ。伯耆守卒シテ、中書幼稚ナレハ、国ヲ被二召上一、宮部善祥坊ニ宛行ハル。善祥坊隠居ノ時、此中書ヲ養子ニ被レ仰テ、同宅地ニ住居ナリ。其故宮部中書ト云。中書二万石、隠居ハ四万石、卒去ノ後中書ニ賜リ、六万石ノ人数ニテ大津へ向ケリ。秀頼ヨリ催促ナレハナリ。関ケ原畢テ、羽衣石〈城〉ヲ没収セラレ、浪人ノ身トナル。惣テ西国大名、石田ニ属セン者ハナシ。秀頼ノ命遁カタキ故也。此所ヲ内府公モ被二聞召一分テ、各命ハ助リタリ。其後大坂合戦ニ秀頼ヨリ御使立テ頼ミアル故ニ、南条中書・家老進越中、此時朝山越中ト云、命ニ随テ籠城ス。然ルニ有楽雲生寺ト持口隣ナリ。南条ハ鉄炮厳シク放サセケレハ、寄手竹把仕寄ヲ付ル事不レ成、遠々ト付タリ。雲生寺ハ油断ナル人ニテ、城中ニテモ女房ヲ使ニ遣ヤウナルカハリ人ナレハ、敵堀際マテ仕寄付タリ。南条怒テ度々口論スル故ニ、雲生寺腹ヲ立、「何トソシテ南条ヲ滅サン」ト思ヒ、或夜潜ニ人ヲ遣シテ、南条カ持口ノ屛

立テ大坂エ着岸ス。大津ノ城ヲ攻テ功アリ、関原没落ノ後、此罪ニ依テ羽衣石ノ城、被二没収《モツシウ》一、浪人ノ身ト成。是レ全ク不義ニ非ス。筋目ヲ正ス侍ナレハ、若始ヨリ内府公ノ厚恩ヲ蒙テハ、又大坂ヨリ責殺程ノ事アルトテモ、二心ハ抱クマシ。奉行其外近習ノ大名ハ、三成カ隠謀ヲ知タル人モ有ンツレトモ、遠国ノ大名ハ曾テ内存ハ不レ知。西国毛利・浮田・筑前黄門・島津等ノ歴々ノ大名、偏ニ秀頼ノ催促ナレハコソ一同シケレ。石田カ幕下ニ属セン人ハ一人モ有マシ。此ノ所ヲ　内府公モ被二聞召一分テ各命ハ助タリ。其後大坂合戦ニ秀頼ヨリ御頼ミアル故ニ、南条中書並ニ家老進越中、此時朝山越中ト云、厳命ニ随テ籠城ス。然ルニ有楽子息雲生寺ト持口隣也。南条ハ鉄炮稠ク放サセケレハ、寄手竹把仕寄ヲ付ル事不レ成、遠々ト付タリ。雲生寺ハ弓断ナル人ニテ、城中ニテモ女ヲ使ニ遣ヤウナル替リ人ナレハ、敵堀際マテ仕寄付タリ。南条怒ッテ度々口論スル故ニ、雲生寺腹ヲ立、「何トゾシテ南条ヲ亡ホサン」ト思ヒ、或夜潜ニ人ヲ遣テ南条カ持口ノ屛裏ノ柱ヲ鋸ニテ引切、則「南条ハ謀叛ニ候」ト、大野修理・同主馬ニ囁キケレハ、南条ヲ千畳《テウ》

裏ノ柱ヲ鋸ニテ引切、則「南条ハ謀反ニ候」ト大野修理・同主馬ニササヤキケレハ、南条ヲ千畳敷ヘ召テ、終ニ津田監物其外検使ニテ切腹ス。家老朝山越中ヲ始、侍六十人計、腹掻切テ失ニケリ。其身ハ始終忠ヲ思ヒ、義ヲ守タレトモ、秀頼公柔弱暗昧ノ愚将ナレハ、無レ罪シテ宗族一時ニ滅亡スルコソ哀ナレ。彼屈原カ忠言、還テ楚王ノ耳ニ逆テ、空ク汨羅ノ鱗トナル類也」

49　真田合戦之事　（一三―一）

真田安房・同子息伊豆守信之・次男左衛門三人ハ、秀忠卿御供シテ、下野国佐野マテ発向セシカ、基原ニ出テ、左右ノ人ヲ払、上方・東方ノ間勝負何ノ方ニアラントト計ケルニ、廟算同シテ、何ノ利トモ難二決定一。漸アツテ安房守云ケルハ、「我ハ大谷刑部少輔カ縁者ナレハ、上方一味シテ旗ヲ立ヘシ。嫡子伊豆守ハ本多中務娘ヲ、内府公ノ御養子トシテ賜ハレハ、東方一味スヘシ。左衛門ハ我ヲ助ケヨ」トテ、是ヨリ父子立別レヌルカ、又云ケルハ、「何ノ方ニテモ負タル方ハ、勝ル方ヲ頼ヨツテ今度

敷ヘ召テ、終ニ津田監物其外検使ニテ切腹ス。家老朝山越中ヲ始、侍六十人計、腹掻切テ失ニケリ。其身ハ始終忠ヲ思ヒ、義ヲ守タレトモ、秀頼公柔弱《ニウシヤク》暗昧《アンマイ》ノ愚将ナレハ、無レ罪シテ宗族一時ニ滅亡スルコソ哀ナレ。彼屈原カ忠言、還テ楚王ノ耳ニ逆テ、空ク汨羅《ヘキラ》ノ鱗トナル類ヒ也」

49　真田合戦事　（七―五）

真田伊豆守・同子息伊豆守次男庄左衛門《イ左衛門》三人ハ　秀忠卿御供シテ、下野国佐野迄発向セシカ、基原ニ出テ、左右ノ人ヲ払ヒ、「上方・東方ノ間ノ勝負ヲ何レノ方ニアラン」ト計ケルニ、廟算同シテ、何レノ利トモ難二決《ケツ》定《チヤウ》シ一。漸アツテ房州云ケルハ、「我ハ大谷刑部カ縁者ナレハ、上方一味シテ旗ヲ立ツヘシ。嫡子伊豆守ハ本多中務娘ヲ　内府公ノ御養女トシテ賜レハ、東方一味スヘシ。左衛門ハ吾ヲ助ケヨ」トテ、是ヨリ父子立別レヌルカ、又云ケルハ、「何方ニテモ負タル方ハ勝タル方ヲ頼、今

ノ軍功ニ、命ヲ助給ヘト歎ナハヤハカ相違ノ有ヌヘキ。然ラハ真田ノ家長久ノ謀ソ」ト相窮テ、次男左衛門ヲ召連テ、安房守ハ上州犬伏町ヨリ引分ケテ信州ニ引帰ス。

上州沼田城ハ、伊豆守居城ナレバ立寄ケレヲ、伊豆守内室聞テ、「父ナカラモ敵ナルソ。城中ニ入マシ」ト、有合タル侍共ヲ下知シテ、弓・鉄炮ヲ狭間クハリシテ、待懸タリ。安房守ハ是ヲ聞テ、「城ヲ取ントニハ非ス。孫共見ン為ソ」ト云。今安房守・同左衛門ハ城下ヘハ不レ来シテ、野陣ヲソ取ケル。内室ハ幼稚ノ子共ヲ遣シ見セ申ケル。其後伊豆守ヘ申ケレハ、悦ヒタルモ断也。是ヲ聞人々、「流石中務カ娘也」ト感シアヘリ。

偖安房守《昌之》・左衛門父子ハ、信州小県伊勢崎ノ城ニ楯籠テ、上方一味ノ色ヲ立ル。内府公聞召、中納言秀忠卿、彼筋発向ノ折節ナレハ、「急キ押向テ征伐シ、其ヨリ直ニ濃州ヘ出張アレ」ト仰ニ依テ、八月中ニ秀忠卿御進発、相従人々ニハ森右近太夫・仙石越前守《忠後》・真田伊豆守・榊原式部大輔《康政》・大久保相模守《忠隣》・酒井右兵衛太夫《忠重》・日根野筑後守・石川玄蕃頭・本多佐渡守《正信》、都合三万八千十余ナリ。大軍道路ニ満々トシテ、山谷ノ道旗旌ヲ翻ス有様、如何

度ノ軍功ニ命ヲ助給ヱト歎カハヤ、ワカ相違ノ有ヌヘキ。然ハ真田ノ家長久ノ謀ソ」ト相極テ、次男左衛門ヲ召連テ、安房守ハ上州犬伏町ヨリ引キ分レテ信州ニ引帰ス。

上州沼田城ハ伊豆守居城ナレハ立寄ケルヲ、伊豆守内室聞テ、「父ナカラモ敵ナレハ、城中ニ入マシ」ト、在合タル侍共ヲ下知シテ、弓・鉄炮ノ狭間配シテ待懸タリ。安房守ハ是ヲ聞テ、「城ヲ取ンニハ非ス。孫共ヲ見ン為ゾ」ト云テ、安房守左衛門共ニ城下ヱハ不レ来シテ、野陣ヲソ取ケル。内室ハ幼稚ノ子共ヲ遣シ見セ申サル。其段伊豆守ヱ申ケレハ、悦ケルモ理ハリ也。「流石《サスガ》中書ノ娘也」ト聴人感シケル。

偖安房守・左衛門ハ信州小県《チイサガタ》伊勢崎ノ城ニ楯籠テ、上方一味ノ色ヲ立ル。内府公聞召シ、中納言秀忠公、彼筋発向ノ折節ナレバ、「急キ征伐シ、其レヨリ直ニ濃州エ出張アレ」ト仰ニ依テ、八月中ニ秀忠公御進発、相従人々ニハ、森右近大夫・仙石越前守・真田伊豆守・榊原式部大輔・大久保相模守・酒井右兵衛大夫・日根野筑後守・石川玄蕃頭・本多佐渡守、都合三万八千七十余也。大軍道路ニ満々トシテ山谷ノ道旗旌ヲ翻ス有様、イカナ

ナル天魔破旬モ恐ヲナスヘキ猛気也。

　中山道《ナカセン》ヲ押給テ、已ニ伊勢崎ニ至レハ、染屋平ヨリ城中ヲ見ヲロシ、備ヲ立給フ。秀忠卿ハ、真田伊豆守ヲ召テ、「伊勢崎ノ城ヲ可二攻落一」ト仰ケレハ、「畏」ト申、軽卒ヲ出シ、所々ニ放火シテ攻懸ケレハ、城内ノ士卒主君へ弓曳ク事ヲ恐テ防カスシテ、悉ク上田ノ城へ引退ク。依レ之伊勢崎ノ城ニ、秀忠卿本陣ヲ居ラル。

　先手ハ上田城へ押寄、近辺放火シ刈田シテ相働ク所ニ、城中ヨリ足軽ヲ出テ防キケル。牧野右馬充手勢出合テ、外構ノ水道口へ追入ケレハ、城ヨリ突テ出テ合戦ス。此時、御旗本・御使番・物見衆馳付人々ニハ、中山勘解由・太田善太夫・朝倉藤十郎後号二筑後一・御子上典膳後日二小野次郎衛門一・辻太郎作後日二忠兵衛一・戸田半平・斉藤久右衛門七人ナリ。城中ニハ依田兵部・山本清右衛門・斉藤佐太夫等、究竟ノ者共、一・二ノ門ノ間、込入ハ追出、追出ハ込入、朝倉藤十郎・斉藤久右衛門真先ニ進テ働ク。

　于レ時敵味方ノ間ニ手負一人伏居タリ。御子上典膳云、「手負ナレトモ約敷場ナレハ、此首ヲ捕ン」ト云。中山勘解由、「能首ヲ捕レ」ト云。典膳走寄テ首ヲ討捕。敵

ル天魔破旬モ恐ヲナスヘキ猛気也。

　中山《カン》道ヲ押玉ヒテ、既ニ伊勢崎ニ至レハ、染屋平ヨリ城中ヲ見ヲロシ、備ヲ立玉フ。秀忠公ハ真田伊豆守ヲ召テ、「伊勢崎ノ城ヲ可二攻落一」ト仰ケレハ、「畏候」ト申、軽卒ヲ出シ、所々放火シテ攻懸ケレハ、城内ノ士卒、主君ニ弓曳事ヲ恐テ難レ防シテ、悉ク上田城エ引退。依レ之伊勢崎城ニ　秀忠公御本陣ヲ居ラル。

　御先手ハ上田城エ押寄、近辺放火シ刈田シテ相働処ニ、城中ヨリ足軽ヲ出シ防ケル。牧野右馬充手勢出合テ外構ノ水道口ヲ追入ケレハ、城ヨリ突テ出合戦ス。此時御旗本・御使番・物見衆馳付人々ニハ、中山勘解由・大田善大夫・朝倉藤十郎後日二筑後一・御子《ミコ》上典膳後日二小野次郎衛門一・辻太郎作後日二忠兵衛一・戸田半平・斉藤久右衛門七人也。城中ニハ依田兵部・山本清右衛門・斉藤左太夫等、究竟ノ者共、一・二ノ門ノ間、込入ハ追出シ、追出セハ込入、朝倉藤十郎・斉藤久右衛門真先ニ進ンテ働ク。

　于レ時敵味方ノ間ニ手負一人伏居タリ。典膳カ云、「手負ナレトモ約シキ場ナレハ、此首ヲ捕ン」ト云。中山云、「首ヲ捕レ」ト。御子上、走寄テ首ヲ取。敵是ヲ

是ヲ見テ首ヲ捕セシト突テ懸ル。中山勘解由鎗ヲ合ス。已ニ引取ントセシ時、敵追来ルヲ、太田善大夫、靭《ウツホ》ヨリ矢ヲ取出テ発懸ケレハ、敵退ク。是ヲ真田七本鎗ト云ケル。

牧野新次郎、年十八歳、再拝ヲ取テ懸ル。父子共ニ粉骨ヲ尽ケレハ、敵叶ハシトヤ思ケン、城中へ引退キ、門ヲ閉タリ。此時大久保相模守モ、牧野ト同進ケレトモ、本多佐渡守強ク制シテ士卒を引入ル。其ヨリ遠巻ニシテ数日ヲ送ケル。秀忠卿仰ケルハ、「是程ノ小城ヲ攻落サデ有ヘキ。明日ハ早天ヨリ相図ヲ定テ、四方ヨリ可二攻入一」ト有ケレハ、本多佐渡守・大久保相模守ハ、「御諚最ニハ候ヘトモ、内府公思召ハ上方コソ御大事ニ候ケレ。誠大事ノ前ノ小事ナレハ、急美濃表へ御進発候へ。内府公ノ御機嫌、偏ニ我々科ヲ蒙ヘシ。両人ノ人数ハ、明日城攻ハ御免候へ」ト申ケレハ、秀忠卿モ是非ナクシテ居給処ニ、「美濃御発向遅参也。急給へ」ト方々ヨリ注進シケレハ、森右近大夫其外少々人数ヲ残シ給テ、木曽路ヲ上給フ。

榊原式部大輔ハ、「直道鞠子海道ヲ可二押通一」ト云。

ミテ首ヲ捕セシト突テ掛ル。勘解由鎗ヲ合ス。既ニ引取ントセシ時、敵追来ルヲ、大田善大夫、靭ヨリ矢ヲ取出テ放懸ケレハ、敵退ク。是ヲ真田ノ七本鎗ト云ケル。

牧野新次郎、生年十八歳、再拝ヲ取テ掛ル。父子共ニ粉骨ヲ尽シケレハ、敵城中エ引入、門ヲ閉タリ。此時大久保相模守モ、牧野ト同ク進ケレトモ、本多佐渡守強制シテ士卒ヲ引入ル。夫ヨリ遠巻ニシテ数日ヲ送ル。秀忠卿仰ケルハ、「是程ノ小城ヲ攻落サテ有ヘキ。明日ハ早天ヨリ相図ヲ定テ、四方ヨリ可二攻入一」ト有ケレハ、佐渡守・相模守ハ、「御諚尤ニハ候ヘトモ、内府公思召ニハ上方コソ御大事ニ候へ。大事ノ前ノ小事ナレハ、急美濃表エ御進発候へ。内府公ノ御機嫌、偏ニ吾々科ヲ蒙ベシ。両人ノ人数ハ、明日ノ城攻ハ御免候へ」ト申ケレハ、秀忠公モ是非ナクシテ居給所ニ、「美濃御発向遅参也。急カセ玉へ」ト方々ヨリ注進シケレハ、森右近大夫其外少々人数ヲ残シ、木曽路ヲ上玉フ。榊原式部大輔ハ、「直道ニ鞠子海道ヲ可二押通一」ト云。

本多佐渡守其外ノ人々、「城近辺ハ御遠慮有テ、役行者道エ御回リアレ」ト申ス。榊原申ハ、「自然敵出ナラ

本多佐渡守其外ノ人々、「城近辺ハ御遠慮アリテ、役《エン》ノ行者道へ御回アリシト」申。榊原申ハ、「自然敵出ナラハ幸也。付入ニスヘキ。只真道可レ押」トアレトモ、残人々同心セス、行者道へ御回有ケレハ、榊原腹立シテ直道ヲ押通ス。先立テ参ヌレハ、道マテ御迎ニ出ケリ。行者道ト云ハ難路曲々、人ノ通モナカリキ。士卒炊レ飯スルニ、器ナケレハ、壺・擂鉢ノワレタルヲ尋出シテ、粢《ヤシヨネ》ヲ煮ケル体也。

沼田城ニハ伊豆守妻熟《ツラ〳〵》思ヌルハ、「父ノ城ヲ子ノ身トシテ攻ラレヌレハ、内外ノ家人共、心変モヤスヘキ」トテ触ケルハ、「出陣ノ留守、我モ人モ心ホソクテ、イトト月日ヲ送カ、子候へハ妻子ソレソレ登城シテ慰候へ」ト。「忝」ト申テ参ケルヲ、人質ニ取テ、上田へ註進シケレハ、伊豆守ニ同心申也。勇士ノ娘、謀モ人ニ越タリ。

扨又奥平美作守二男ヲ、菅沼小大膳養子ニ被二仰付一テ、菅沼忠七ト云ケルカ、搦手ニ向テ小回輪一ツ攻取ケル。朝日千助・奥平佐衛門尉、一番ニ攻入ケルト云説モ有シ。

ハ幸也。付入ニスヘシ。唯真道可レ押」トイヱトモ、残人々同心セス、「行者道エ御回リ」ト有ケレハ、榊原腹立シテ直道ヲ押通シ、先立テ参ケレハ、道迄御迎ニ出ケル。行者道ト云ハ難路曲々、人ノ通モナケレハ、士卒炊食スルニ器ナケレハ、壺・擂鉢ノワレタルヲ尋出テ、粢ヲ煮ケル体也。

沼田城ニハ伊豆守妻熟思ケルハ、「父ノ城ヲ子ノ身トシテ攻ラレヌレハ、内外ノ家人共、心変モヤスヘキ」トテ触ケルハ、「出陣ノ留守、我モ人モ心細テ、イトト月日ヲ送兼候へハ、妻子ソレソレ登城シテ慰候へ」ト也。「忝」ト申テ参ケルヲ、人質ニ取テ、上田エ注進シケレハ、伊豆守モ同心申也。「勇士ノ娘、謀才モ人ニ超タリ」ト誉ヌ人ナシ。

扨又奥平美作守二男ヲ菅沼小大膳養子ニ被二仰付一、菅沼忠七ト云ケルカ、搦手ニ向テ小曲輪一ツ攻取ケル。又朝日千助・奥平左衛門尉一番ニ攻入ケルト云説モ有ン。

既濃州敗北ノ注進、於二テ途中一ニ　秀忠公聞召ヨリ御上リ、伏見ニテ　内府公ニ御対顔。天下平均ノ後、真田伊豆守、「忠功ニ替ヘテ父安房守・舎弟左衛門尉一命助

既ニ濃州敗北ノ注進、途中ニテ聞召テ、其ヨリ御上リ、伏見ニテ内府公ニ御対面。天下平均ノ後、真田伊豆守、「忠功ニ替テ父安房守・舎弟佐衛門尉一命助給ヘ」ト歎申ケレハ、両人御赦免アリテ、真田父子剃髪染衣ノ姿トナリテ城ヲ出ケレハ、則高野山ニテ謫居セラレケル。

秀忠卿ハ上田ノ働衆ヲ召テ、首尾ヲ御尋有ケレハ、太田善太夫、「敵ヲ押込時、後勢続候ハハ」ト云処ニ、本多佐渡守脇指ノ柄ニ手ヲ懸テ、「物ヲ謂スレハ、ムサトシタル事共ヲ言上ス」ト怒ケル。「惣テ下知ナキニ法ヲ敗ル事不届ナリ。切腹サセ申ベキ」ト怒レハ、秀忠卿モ「最」ト仰ニテ、何モ退出シテ七人ノ者共、其ヨリ逐電《チクテン》シケリ。後亦帰参ス。相模守旗奉行杉浦宗左衛門ト云 牧野右馬允・同息新次郎両人、御軍法ヲ破罪ニ付、御勘当。大久保相模守・酒井宮内少輔・本多美濃守三人ノ旗奉行、ヌケ懸ノ罪トテ切腹ス。是又佐渡守指図也。牧野父子ハ働秀タル故カ、無レ程御赦免、新次郎後ニ右馬允ト云、七万四千廿石越後ノ長岡ヲ賜ル。今ノ飛騨守父ノ世ヲ継ケリ。

一書ニ曰、関ケ原籠城、忠ハ知ネト、勇ト知謀ト兼備ノ大将、真田安房守ニ双ハナシ。元来甲州信玄ノ家人ト

給ヘ」ト歎申ケレハ、両人御赦免有テ、父子剃髪染衣ノ姿ニテ城ヲ出ケレハ、則高野山ニテ謫居《タクキョ》セラレケル。

秀忠公ハ上田ノ働衆ヲ召テ、首尾ヲ御尋有ケレハ、大田善大夫「敵ヲ押込時、後勢続候ハハ」ト云処ニ、本多佐渡守脇差ノ柄ニ手ヲカケテ、「物ヲ云スレハ、ムサトシタル事共言上ス」ト怒ケル。「惣シテ無二下知一ニ法ヲ敗ル事不届也。切腹サセ可レ申」ト怒ケレハ、秀忠公モ「最」ト仰ニテ、何モ退出シテ出人ノ衆、其ヨリ逐電シケル後又帰参ス。牧野右馬允・息新次郎両人、御軍法ヲ敗ル罪ニ付、御勘当。大久保相模守・酒井宮内大輔・本多美濃守三人ノ旗奉行抜駆ノ者トテ切腹ス。是又佐渡守指図也。牧野父子ハ働キ秀タル故カ、無程レ御赦免、新次郎後ニ右馬允ト云、七万四千石越後長岡ヲ賜ル。今ノ飛騨守父ノ世ヲ継ケリ。

一書ニ曰、関原ノ時、籠城ニ武勇ト智謀兼備ノ大将、真田安房守ニ双ハナシ。元来甲州信玄ノ家人ナレハ、此時東方・上方双方ヨリモ頼来リタレハ、「真田ノ家ノ成立ト覆墜トハ此時ニ在。然ルニ伊豆守ニ本多中務カ婿ナレハ東方エ参リ、房州ト次男ハ大谷カ縁者ナレハ上方エ

也。此時東方ヨリモ上方ヨリモ頼来レハ、「真田ノ家成立ト覆墜トハ此時ニアリ。然ルニ伊豆守ハ本多カ婿ナレハ東方ヘ参リ、房州ト次男ハ大谷カ縁者ナレハ上方ヘ参リ、何レニテモ負ノ方ハ勝タル方ヨリ命ヲ乞請ヨ」ト約束シ、何ノ勝ニテモ家ヲ立ル謀、智有ト云ツヘシ。又伊勢崎ニ出張シ、「定テ伊豆守ニ先手仰付ラレテハ叶マシ。其時伊勢崎ヲ伊豆ニトラセテ、武功ニサセン」トスル遠キ思慮、人ノ及ハヌ所也。此度運ヲ二道ニ懸タレハコソ、サノミ強キ戦モセテ有ケレ。数十度ノ合戦ニナレテ、弓箭ノ知識ナレトモ、後日ヲ考テ態弱々トシタル也。

　此人ノ由来ヲ尋ルニ、父真田弾正、上野箕輪ニ浪人ニテ居ケルヲ、甲州大君信玄聞給テ、「古キ家ノ侍、零落スルモ惜キ」ト有テ、天文十三年ニ被㆓召出㆒、本領安堵ス。剃髪シテ真田一徳斉ト云ヒケリ。

　其子嫡子真田源太左衛門、次男兵部少輔、二人ハ武勇人ニ勝レ、信玄君ノ一ノ先手ヲシテ、度々ノ合戦ニ一度モ敵ヲ挫キ、武ヲ振ハヌト云事ナシ。勝頼ノ代ニ、長篠ニテ真先ニ進ミ、一重ノ竹把引崩シテ討死ス。三男武勝

参、何レニテモ負ノ方ハ勝タル方ヨリ命ヲ乞請ヨ」ト約束シ、家ヲ立ル策《ハカリコト》、智アルト可㆑謂。又伊勢崎ニ出張シ、定テ伊豆守ニ先手仰付ラレテハ叶マシ。其時伊勢崎ヲ豆州ニ取セテ、忠功ニサセン」トスル遠キ慮リ、人ノ及ハヌ所也。此度運ヲ両端ニカケタレハコソ、サノミ強キ戦モセテ有ケレ、数ケ度ノ合戦ニナレテ、弓箭ノ知識ナレトモ、後日ヲ考テ態ト弱々トシタル也。

　此人ノ由来ヲ尋ルニ、父真田弾正ハ上野箕輪ニ浪人ニテ居ケルヲ、信玄聞給テ、「古家ノ侍、零落スルモ惜キ」ト有テ、天文十三年ニ被㆓召出㆒、本領安堵ス。薙髪シテ真田一徳斉ト云。

　嫡子源太左衛門、次男兵部少輔、二人ハ武勇人ニ勝レ、信玄ノ一先手ヲシテ、度々ノ合戦ニ一度モ敵ヲ挫《クジ》キ、武ヲ不㆑震ト云事ナシ。勝頼ノ代ニ、長篠ニテ真先ニ進ミ、一重ノ竹把引崩シテ討死ス。三男武藤喜兵衛、信玄君ノ出頭・足軽大将・御近習ニ在テ、戦ニ馴習テ為㆑性ト云如ク、近代無双ノ名将ノ軍法、奇正相生シテ如㆑環《タマノ》㆑無㆑端《ハシ》、随《シタカヒ》㆑機《キ》応㆑変《ヘン》ノ妙術共、見馴聞ナレタル侍ナレハ、長篠合戦後、真田安房守ニ被㆑成テ、両兄ノ所領ヲ賜テ、

喜兵衛、信玄君ノ出頭・足軽大将・御近習ニ有テ、戦ニナレ習テ為レ性如ク近代無双ノ名将ノ軍法、奇正相生如レ環ノレ無レ端、随レ機応レ変ノ妙術トモヲ、見馴聞馴タル侍ナレハ、長篠以後、真田安房守ニ成レテ、両兄ノ所領ヲ賜テ、一ノ先手ニ加リケル。

凡ソ信玄君ノ軍法・備立、諸葛孔明ノ八陣ニカタトレリ。一ノ先備・二ノ先備・右脇備・左脇備・前備・後備・中軍・小荷駄備、合八陣、後ニ遊軍アリ。若キ御時ハ人数不足故ニ、備差別不定ナレトモ、御手広クナリ、軍勢多ク成テ、如レ斯陣法也。

一ノ先七組、山県・内藤・小山田兵衛尉・小幡上総・真田源太左衛門兵部少輔・高坂弾正・馬場美濃也。二ノ先七組、勝頼・典厩・武田左衛門・穴山梅雪・土屋・望月・跡部也。右脇ハ小山田備中・栗原左兵衛・小宮山丹後・今福丹波也。左脇ハ原隼人・安中左近・相木市兵衛・駒井右京也。前備ハ大津新左衛門・大熊備前・安間三右衛門・多田治部右衛門・今井九兵衛・関甚五兵衛・城伊菴・横田十郎兵衛・遠山右馬助・小幡又兵衛・江間右馬丞・原与左衛門・曽根七郎兵衛・市川梅印・岡部丹後・朝比奈監物・

一ノ先手ニ加リケル。

信玄君ノ軍法・備立ハ、諸葛孔明ノ八陣ニ象トレリ。一ノ先備・二ノ先備・右脇備・左脇備・前備・後ロ備・中軍・小荷駄、合セテ八陣、後ニ遊軍アリ。若キ御時ハ人数不レ足故、備ヘノ差別不レ定ナレトモ、御手広ク成、軍勢多ク成テ、如レ此陣法也。

一ノ先七組、山県・内藤・小山田兵衛尉・小幡上総・真田源太左衛門兵部少輔・高坂・馬場ナリ。二先七組、勝頼・典厩・武田左衛門・穴山梅雪・土屋・望月・跡部也。右脇ハ小山田備中・栗原左兵衛・小宮山丹後・今福丹波也。左脇ハ原隼人・安中左近・相木市兵衛・駒井右京也。前備ハ大津新左衛門・大熊備前・安間三右衛門・多田治部右衛門・今井九兵衛・関甚五兵衛・城伊菴・横田十郎兵衛・遠山右馬助・小幡又兵衛・江間右馬允・原与左衛門・曽根七郎兵衛・市川梅印・岡野（ママ）丹後・朝比奈監物・小原・三浦・片桐・飯田・波部・赤津・大島等、五備ニ立テ二重ニ備タリ。後備ハ逍遥軒・一条右衛門・海野・仁科等ノ人ハ、時ニ依テ替レトモ、備ハ不レ替、小荷駄ハ二頭ノ侍大将也。遊軍ハ芦田下総守、其外少身衆。

小原・三浦・片桐・飯田・波部・赤津・大島等、五備ニ立テ二重ニ備タリ。後備ハ逍遥軒・一条右衛門・海野・仁科等、人ハ時ニ依テ替レトモ、備ハ不レ替。小荷駄ハ二頭、侍大将也。遊軍ハ芦田下総守、其外少身衆、如レ斯ニ八陣ノ軍法正シク、日本ニ類ナキ異朝ノ節制ノ兵ヲ用テ大功ヲ立タル、前代未聞ノ名将ノ下ニテ、忠功ヲ立タル人也。

安房守弟源次郎、後日長兵衛。斯テ勝頼暗将ニテ、奸佞ノ臣ヲ用テ、旧臣老将ヲ棄《ステ》テ、長篠敗北ノ後、天正十年木曽・穴山逆心、信長公へ内通シ、上方勢甲州へ乱入時、安房守上野吾妻郡ノ城へ入申サント、御先へ参テ用意スル所ニ、又奸臣共ノ計ニテ、郡内へ入奉リケレハ、小山田モ子ノ代ナレハ、信長公ヲ恐テ不二入付一、終天目山ニテ働死ニセシケル。

安房守ハ信長公ノ催促ニ応シテ、幕下ニ属シケルカ、信長無レ程、明知ニ弑サレ給ヘハ、独立ニ成ケリ。其後北条氏直ハ、滝川ト合戦シテ打勝、滝川左近将監命計ニテ上リケレハ、関八州又氏直ノ手ニ入時、真田へ使立ラルレハ、小身侍ノ異儀ヲ立ヘキ義ナケレハ、北条ニソ随

如此ニ八陣ノ軍法正シク、日本無レ類異朝ノ節制ノ兵ヲ用ヲ、大功ヲ立タル前代未聞ノ名将ノ下ニテ、忠功ヲ立タル人也。

安房守弟源次郎、後日ク二長兵衛一。斯テ勝頼暗将ニテ奸佞ノ臣ヲ用テ、旧臣老将ヲ棄、長篠敗北ノ後、天正十年木曽・穴山逆心シ、信長エ内通シ、上方勢甲州エ乱入時、安房守上州吾妻郡ノ城エ入申サント御先エ参テ用意スル所ニ、又奸臣共ノ計ヒニテ、郡内エ入奉リケレハ、小山田モ子ノ代ナレハ、信長ヲ恐テ不二入付一、終ニ天目山ニテ働死セラレケル。

安房守ハ信長ノ催促ニ応シテ、幕下ニ属シケルカ、信長モ無レ程、明知ニ被レ弑《シイセ》玉ヘハ、独立ニ成ケリ。其後北条氏直ハ、滝川左近将監ト合戦シテ、滝川打負、命討ニテ上リケレハ、関八州又氏直ノ手ニ入時、真田エ使ヲ立ラレケレハ、小身ノ侍ノ異儀ヲ立ヘキヤウナケレハ、北条ニ従ヒケル。然ルニ芦田下総ハ　家康公ノ味方ナレハ、大久保七郎右衛門云ケルハ、「真田ト御辺ハ旧友ナレハ、才覚シテ御味方ニシ玉ハハ、大忠タルヘシ」ト云。芦田云、「家康公ヨリ過分恩賜アラント御使ヲ立ラ

ヒケル。然ニ芦田下総ハ内府公ノ味方ナレハ、大久保七郎右衛門云ケルハ、「真田ト御辺トハ旧友ナレハ、才覚シテ御味方ニシ給ハハ、大忠タルヘシ」ト云。芦田云、「内府公ヨリ過分ノ恩賜アラント御使ヲ立ラレハ、内証ノ才覚ハ致サン」ト云ケレハ、大久保則内府公へ申上、内府公大ニ御快悦ニテ、御使立、大久保ヨリモ杉浦七蔵ヲ芦田ニ添テ遣シ、慇懃ニ云ケレハ、真田ハ内府公ノ誓詞ヲ拝テ御味方ニナル。

其後氏直ト内府公ト合戦、氏直四万余ノ大軍、内府公ハ一万余ノ小勢ナレトモ、氏直利ヲ失フ事度々ナレハ、扱ヲ入、氏直ヨリハ郡内ト作野郡ヲ内府公へ渡シ、内府公ヨリハ沼田ヲ渡サルル約束ニテ、北条已ニ郡内・作野郡・諏訪郡ヲ渡ス。故ニ内府公ヨリ「沼田ヲ渡セ」ト仰ケレハ、真田安房守、大ニ怒テ、「右ニ味方ニ成ハ、過分ノ恩賜アラント所付有、一ツトシテ其約ナキニ、況ヤ我手柄ヲ以取タル沼田ヲ召上ラレン事、思モヨラス。向後ハ関白秀吉公へ味方可レ申」ト手切ス。

内府公聞召、「悪キ申分哉、勢ヲ向テ誅罰セヨ」トテ、天正十三年八月、上田表へ人数押向ラルル人々ハ、鳥居

レハ、内証ノ才覚ハ致サン」ト云ケレハ、大久保則申上ル。　公大ニ御快悦ニテ、御使立、大久保ヨリモ杉浦七蔵ヲ芦田ニ副テ遣シ、慇懃ニ云ケレハ、真田ハ　公ノ誓紙ヲ拝シテ御味方ニ成ル。

其後氏直ト　公ト合戦、氏直四万余ノ大軍、家康公ハ一万余ノ小勢ナレトモ、氏直利ヲ失フ事度々ナレハ、曖（扱カ）ヲ入レ、氏直ヨリハ郡内ト佐久野郡ヲ　公へ渡シ、公ヨリ沼田ヲ渡サルル約束ニテ、北条既ニ郡内ト佐久〈野〉郡・諏訪郡ヲ渡ス故ニ　内府公ヨリ「沼田ヲ渡セ」ト仰ケレハ、真田安房守、大ニ怒ツテ、「御味方ニ成ルハ、過分ノ恩賜アラント所付リ、一ツトシテ其約ナキニ、況ンヤ我手柄ヲ以取タル沼田ヲ被二召上一事、思モ不レ寄。向後ハ関白秀吉公エ味方可レ申」ト手切ス。

家康公聞召、「ニクキ申分哉、勢ヲ向テ誅罰セヨ」トテ、天正十三年八月、上田表エ人数押向ラルル人々ハ、鳥居彦右衛門・平岩主計・大久保七郎右衛門・諏訪祝部・柴田七九郎・保科弾正・子息肥後守・下庄織部・知久左衛門・遠山・大草・甲州先方衆・芦《アシ》田下総・岡野次郎右衛門・松平《イ三枝》右衛門・屋代越中守等、各人数ヲ引卒シ、

彦右衛門・平岩主計・大久保七郎右衛門・諏訪祝部・柴田七九郎・保科弾正・子息肥後守・下庄織部・知久左衛門・遠山・大草・甲州先方衆・芦田下総・岡部次郎右衛門・三枝・松平右衛門・八代越中等、各人数ヲ引卒シテ、上田ノ城へ押寄ル。城中ニハ二ノ丸ノ門櫓ニ大木ヲツリ置、門ノ内ニ一所ニ人数ヲ集メテ切テ出ン用意也。

　子息左衛門ハ城外ニ古城ノ森ノ中ニ、伏兵トナリテ横ヲ討タン用意也。惣構ハ捨曲輪ニ拵テ、鉄砲二・三十置計也。

　扨寄手見ケレハ、安房守歩侍三十人、鉄炮二・三十ニテ出テ、物見ヲスル。寄手是ヲ見テ、「余スナ洩スナ」ト云ママニ、敵ノ小勢ノアナトリテ、高名セント我先ト進ム。安房守ハ城へ行道筋、入チカヘテ垣ヲ結、先ノ見エヌヤウニシケルカ、寄手ノ追ヲ見テ、鉄炮少々放サセテ引取。寄手急ニ追付ケレハ、二人垣ノ陰ニ蹈止テ、討死ス。其間ニ城中へ引入ケレハ、大勢ノ寄手直ニ城へ付テ乗ケレトモ、鉄砲少々放懸テ、二ノ丸へ引入。寄手弥「小勢ソ、乗レヤ乗レヤ」ト呼テ二ノ丸ニ付ケレトモ、堀深シテ堅固ナレハ、急乗事モナラス、門口へヒタヒタ

上田ノ城エ押寄ル。城中ニハ二ノ丸ノ門櫓ニ大木ヲツリ置、門ノ内ニ三所ニ人数ヲ集テ切テ出テ用意也。

　子息左衛門ハ城外ニ古城ノ森ノ中ニ、伏兵ト成テ横ヲ討ン用意也。惣構ヘハ捨曲輪ニ拵テ、鉄炮二・三十置計也。

　サテ安房守歩侍三十人、鉄炮二・三十ニテ出、物見ヲスル。寄手是ヲミテ、「余スナ洩スナ」トテ、敵ノ少勢ヲ侮リテ、我先ト進ム。安房守ハ城エ行道筋、入違テ垣ヲ結、先ノ見エヌヤウニシケルカ、寄手ノ追ヲミテ、鉄炮少々放サセテ引入。寄手急ニ追付ケレハ、二人垣ノ陰ニ蹈止テ、討死ス。其間ニ城中エ引取ケレハ、大勢ノ寄手直ニ城エ付テ乗ケレトモ、鉄炮少々放懸テ、二ノ丸エ引入、寄手弥々「小勢ソ、乗ヤ乗ヤ」ト呼ツテ、二丸ニ付ケレトモ、堀深シテ堅固ナレハ、急ニ乗事モナラズ、門口エヒタヒタト付テ、押破ラントスル時、門櫓ニ鉤タル大木一度ニ切テ放ケレハ、雷霆ノ落ル如、門ニ付テル《(タカ)》人数悉微塵ニ成ル。

　寄手是ニ動転シテ立騒所ヲ、屏ノ狭間・櫓ノ上ヨリ一度ニ弓・鉄炮ヲ射懸ケ放掛ケレハ、惣構ノ内エ一万計ノ

ト付テ、押破ラントスル時、門櫓ノ上ニツリタル大木、一度ニ切テ発ケレハ、雷霆ノ落ル響シテ、門ニ付タル人悉微塵ニナリケリ。

寄手是ニ動転シテ立騒処ヲ、屏ノ狭間・櫓ノ上ヨリ一度ニ弓・鉄炮ヲ射懸放懸ケレハ、惣構ノ内へ一万計ノ人数押分カタク入タレハ、曲輪ハ小シ、思無邪ニ構ヘテ、狭間ニ持セ懸テ放ツニ、一度ニ二人三人ツツ貫キケレハ、不㆑叶シテ構ノ外へ出ントスル処ヲ、二ノ丸ノ門ヲ開テ、太鼓ヲ打テ突テ懸ルヲ見テ、寄手敗軍ス。或ハ所々ニ踏止テ討死スルモ有、追付テ突捨ニスルモ有、城外道路、人塚ヲ築タリ。平岩主計内、足軽大将尾崎左衛門踏止テ討死ス。鳥居彦右衛門、人数ヲ高処へ押上テ戦ケルカ、真田左衛門森ノ中ヨリ人数ヲ押出テ突懸ル故ニ、鳥居引退ク。小見孫七郎、一番ニ進テ討死ス。

大久保七郎衛門ハ乙部藤吉・本多主水両人弓ヲ持、黒柳孫左衛門鉄炮、其外勇ヲ励ム侍共十二・三人、跡ヨリ退ケルニ、敵シキリニクヒトメ来レハ、乙部蹈止テ、矢ヲ放ケレトモ、約敷場ナレハ、不㆑中。二ノ矢ヲツク処ヲ、敵突伏テ乙部カ首ヲ捕ル処ヲ、黒柳鉄炮ニテ彼敵ニ

人数押分難ク入タレハ、曲輪ハ小シ、思無邪ニ構テ、サマニ持セカケテ放ツニ、一度ニ二・三人宛貫キケレハ、不㆑叶シテ構ノ外エ出ントスル所ヲ、二丸ノ門ヲ開テ、太鼓ヲ打テ突テ駆ルヲミテ、寄手敗軍ス。或所々ニ蹈止テ討死スルモアリ、或追付テ突棄ニスルモアリ、城ノ外道路ニ、悉ク人塚ヲ築タリ。平岩主計内、足軽大将尾崎左衛門蹈止テ討死ス。鳥居彦右衛門人数ヲ高所エ押上テ戦ケルカ、真田左衛門、森ノ中ヨリ人数ヲ押出シテ突カカル故、鳥井引退ク。小見孫七郎、一番ニ進テ討死ス。

大久保七郎右衛門ハ乙部藤吉・本多主水両人弓ヲ持、黒柳孫左衛門鉄炮、其外勇ヲ励ム侍共十三人、跡ヨリ退ニ、敵頻リニ喰留ル。乙部蹈止ツテ、矢ヲ放ケレトモ、約敷場ナレハ不㆑中、二ノ矢ヲツク所ヲ、敵突伏テ乙部カ首ヲ捕ル処ヲ、黒柳鉄炮ニテ彼敵ヲ打ケレトモ不㆑中、ソレヨリ諸手一同ニ敗北シテ、四・五町ノ間三百余討ル。大久保七郎右衛門加賀川へ来ツテ、蹈止ツテ、馬幟ヲ押立ル。金ノ上羽ノ蝶ノ指物ニテ下知シケレハ、大久保平助・松平七郎右衛門・足達善市郎・木下隼人・太田源蔵・坂井弥四郎・天野小八・戸塚久助・後藤惣平・気田

放ケレトモ不レ中。其ヨリ諸手一同ニ敗北シテ、四・五町間勇士三百余討死ス。大久保七郎右衛門加賀川へ来テ、蹈止、馬印ヲ押立ル。金ノ上羽ノ蝶ノ指物ニテ下知シケレハ、大久保平助・松平七郎右衛門・足達善市郎・木下隼人・太田源蔵・坂井弥四郎・天野小八・戸塚久助・後藤惣平・気田甚大・江坂義助・天方喜三郎、是等ノ人々集テ上ノ台へ押上ル。真田ハ追懸来リケル。真田先手ト寄手ノ間、五・六間ナリ。酒井与九郎高名ス。寄手終ニ引退キケリ。斯小勢ニテ大敵引請、忽ニ大利ヲ得事例少キ事ナリ。

　大坂御陣ニハ安房守父子ハ高野山ニ在ケルカ、秀頼公ニ頼マレテ、佐衛門尉ハ大坂ニ籠リ、大剛ノ大将ト称美セラレ、安房守ハ病死ス。伊豆守拾参万石ヲ恩賜ナリ。嫡子河内守早世シテ次男内記継レ世。内記嫡子今ノ右衛門佐ニ至テ、信州川中島拾万石ヲ領ス。河内守嫡子熊之助早世、次男伊賀守参万石、上野沼田城主也。如レ斯、代々繁多ナルモ、偏ニ房州父子主別タル知ヨリ出タリ。本多佐渡守房州ノ勇ヲ知テ、抜懸ヲ制シケルトソ聞エシ。

甚六・江坂義助・天方喜三郎、是等ノ人々集テ上ノ台エ押上ル。真田ハ追駆来ケル。真田先手ト寄手ノ間、五・六間也。酒井与九郎高名ス。寄手終ニ引退キケリ。斯小勢ニテ大敵ヲ引受、忽ニ大利ヲ得ル事例シ少キ事共也。

　大坂御陣ニハ安房守父子ハ高野山ニ在ケルカ、房州ハ病死、左衛門ハ秀頼公ニ頼レテ大坂ニ籠リ、大剛ノ大将ト天下ニ称美セラレケリ。伊豆守ハ十三万石ヲ恩賜也。嫡子河内守早世シテ次男内記世ヲ継。内記嫡子今ノ右衛門佐ニ至テ、信州川中島十万石ヲ領ス。河内守嫡子熊之助早世、次男伊賀守三万石、上野沼田城主也。如レ斯、代々繁昌ナルモ、偏へニ房州父子立別タル智謀ヨリ出タリ。本多佐州真田カ智勇ヲ知テ抜懸ヲ制シケルトソ聞へシ。

50　家康公濃州御発向事　（一三—三）

倩世上ノ風俗ヲ見ニ、齢ノ若キヲ壮士トシテ用ヒ、老年ノ人ハ衰ヘシトテ不レ用、蓋世ノ誤也。鋒ヲ取テ奔走スル事ハ壮年ノ人ニ有ヘケレトモ、知謀ヲ廻シテ、勝ヲ取事ハ、老年ノ人ニアリ。周ノ太公望ハ八十余歳ニシテ、殷ノ紂王ヲ誅ス。漢ノ趙充国ハ七十六歳ニテ、匈奴ノ将トシテ数十万ノ兵ヲ挫ク。由レ之観レ之、則其齢ニハ依ヘカラス、人ニ依ヘキ也。爰ニ内府公ノ御齢、今年六十ニ及給ヘトモ、勇猛衰サセ給事ナク、仁愛アツテ思量深ク、日域ノ英雄マネカスシテ帰応シ、怒ラスシテ懼ル、其故ヲ人知事ナシ。

先手ノ諸将已ニ岐阜城攻抜、江渡ノ敵ヲ追払ヒシカハ、諸将ニ先立テ佐渡守、家人池田忠兵衛ヲ召出シ、「汝ハ急江戸ヘ参テ、「岐阜城攻抜、則日江渡ヲ渡シ、敵共大垣ノ城ヘ追入、赤坂ニ諸将陣取候間、急御動座可レ然」ト申シ上ヨ」ト云ヒケレハ、忠兵衛「畏」ト申シテ、一鞭ヲ馳テ、八月廿八日ニ江戸ニ着トヒトシク、注進ノ状ヲ指上レハ、内府公大ニ御感有テ、忠兵衛ヲ御前ニ被二

50　家康公濃州御発向之事　（七—八）

斯テ慶長五年八月廿一日、岐阜塁落城シ、藤堂佐渡守・黒田甲斐守・田中兵部大輔・桑山伊賀守・生駒讃岐守ハ萩原ノ渡ヲ越シ、岐阜エハ漸ク辰ノ刻ニ著。早先手衆前後左右ヲ打囲テ攻ケレハ、佐渡守云ケルハ、「人ヨリ跡ニ行ヲ、城ヲ攻ルヲ見物センモ口惜キ次第也。石田定テ後詰来ラテハ叶フマシ。然ラハ江渡方ヨリ馳来ラン。彼ト花々敷合戦センニハ不レ如」トテ馬ヲ控テ待所ニ、如クレ案「江渡表ニ敵出ヌ」ト斥候《モノミ》ノ者共告来レハ、各大ニ悦ンテ、江渡エ掛リテ鉄炮セリ合有ケルガ、無クレ難川ヲ渉、敵ヲ大垣城ヘ追込ケレハ、佐渡守ハ家人池田忠兵衛ヲ呼テ、「汝急江戸エ参ツテ、「岐阜城攻抜、即日江渡ヲ渡シ、敵共大垣ノ城エ追入、赤坂ニ諸将陣取候間、急キ御動座可レ然」ト申シ上ヨ」ト云ケレハ、忠兵衛一鞭ヲ馳テ、八月廿八日江戸著ニ、注進状ヲ差上レハ、内府公大ニ御感有テ、忠兵衛ヲ御前エ被二召出一、黄金壱枚被レ下。仰ニハ、「汝帰テ可レ申。佐渡守最前小山ニテ約束ノ如ク、早注進、悦思食処也」但佐渡守小山ニテ申上

召出一、黄金壱枚頂戴ス。仰ニハ、「汝帰テ可ㇾ申。佐渡守最前小山ニテ約束ノ如ク、早ク注進、悦被二思食一処也」ト。但内府公景勝御征罰ノ時、小山ニテ申上ケルハ、「御先手諸将大略秀頼輔弼ノ臣ナレハ、御思慮可ㇾ有所也。上方ニテ彼等三戦サセ、能時分ニ注進可二申上一。愚息宮内少輔ハ証人ニ差上申」トテ残置ケレハ、内府公ハ彼カ誠実ヲ御感有ケルトナリ。

　黒田甲斐守、赤坂ノ陣屋ニテ申シケルハ、「緩々ト陣屋ニテ屈スルモ無ㇾ専事ナリ。此勢ニテ合戦シ、上方ヘ斬テ上ランニ手間トル事ハ有マシ」ト諸将ニ申テ、一同ニ評定ス。佐渡守、井伊兵部少輔・本多中務少輔ニ向テ云ケルハ、「石田・小西・島津・浮田ノ強敵大垣ニアリ。タトヒ関ケ原表ノ敵トモ追払、上方ヘ攻上ト云トモ、指処ノ敵ハ後ニアリ。是不ㇾ可ㇾ然。又内府公御発向ヲ不二待請一モ如何ナリ」ト云ケレハ、本多・井伊「尤ナリ。必ハヤリ給ナ。内府公ノ進発ナキ内ニ合戦ハ無二勿体一」ト制シケル。

　黒田甲斐守ト藤堂佐渡守ハ元来若道ノ知音ニテ、其交リ魚ト水トノ如ク、如水モ藤堂ノ武勇ヲ知テ甲州ヲ頼ミ

ケルハ、「御先手諸将大略秀頼輔弼ノ臣ナレハ、可ㇾ有二御思慮一所也。上方ニテ彼等ニ一戦サセ、能時分ニ注進可二申上一。愚息宮内少輔ハ証人ニ差上申」トテ残置ケレハ、内府公彼カ誠実ヲ御感有ケルト也。

　黒田甲斐守、赤坂ノ陣屋ニテ云ヒケルハ、「緩々ト陣屋ニテ屈スルモ無ㇾ専事也。此勢ニテ合戦シ、上方エ斬テ上ランニ手間取事ハ有マシ」ト諸将ニ申テ、一同ニ評定ス。佐渡守、井伊兵部・本多中務ニ向テ云ケルハ、「石田・小西・島津・浮田ノ強敵大垣ニアリ。タトヒ関原表ノ敵共追払、上方エ攻上ト云トモ、指所ノ敵ハ後ニ在、是不ㇾ可ㇾ然。又　内府公御発向ヲ不二待請一モ如何」ト云ケレハ、本多・井伊「尤也。必ハヤリ給ナ。　内府公ノ進発ナキ内ニ合戦ハ無二勿体一」ト制シケル。

　黒田甲斐守ト藤堂佐渡守ハ元来若道ノ知音ニテ、其交リ如二水魚一、父如水モ佐州ノ武勇ヲ知ツテ甲州ヲ頼ミケル。藤堂本ノ家紋ハ黒餅ナルヲ、甲州所望シテ甲州ノ家紋トス。故ニ佐州ハ蔦ノ葉ニ替タリ。如ㇾ此親シキ中ナレトモ、岐阜攻ニハ黒田約ヲ違シヲ藤堂恨ミ、又此度黒田ノ一言ヲ佐州押ケルヲ黒田恨テ、既中悪成テ、後ニハ

ケル。藤堂本ノ家ノ紋ハ黒餅《コクモチ》ナルヲ、甲州所望シテ甲州ノ家紋トシケリ。故ニ藤堂蔦《ツタ》ノ葉ニ替タリ。如レ此親シキ中ナレトモ、岐阜ノ城ニテ黒田約ヲ違ヘシヲ藤堂恨ミ、又今般黒田ノ一言ヲ押ヘケルヲ黒田恨テ、既隙有テ、寇ノ如ナリ。

九月朔日内府公江戸御出馬アリ。村串与左衛門・酒井作右衛門、御旗奉行タリ。御使番ニハ、安藤彦右衛門・成瀬小吉・米津清右衛門・小栗又市・牧助右衛門・山本新五左衛門・横田甚右衛門・初鹿伝右衛門・大久保助左衛門・大塚平右衛門・服部権太夫・阿部八右衛門・城織部・小笠原次右衛門・鈴木友之助・山上江右衛門・加藤喜左衛門・嶋田次兵衛・西尾藤兵衛・保坂金右衛門・真田隠岐・間宮左衛門・中沢主税・小栗忠左衛門也。

然処ニ石川日向守、進テ申ハ、「朔日ハ西塞ノ日也。二日ヘ被二指延一可レ然」ト也。仰云、「西塞ハ我往テ開ル也」トテ御取合ナシ。其日ハ神奈川ニ御著座。是ヨリ加藤源太郎ヲ御使トシテ先手ノ面々ヘ御書ヲ被レ遣。其状ニ云、

態以二加藤源太郎一申候。今月朔日至二神奈川一出馬

寇讐《コウシウ》ノ如ク成ニケリ。

内府公ハ注進ヲ聞召スト等ク御陣触レ有テ、九月朔日早天ニ江戸御進発也。時ニ石川日向守、進ミ出申ケルハ、「朔日ハ西塞ノ悪日ニテ候。二日ニ差延ラレテハ如何」ト申シケレハ、「只急ケ」トノミ被レ仰テ、曽テ御取合無ク進ミ玉ヒケル。

岐阜・江渡ノ合戦以前ニハ先鋒ノ諸将日々ニ注進シテ、御出馬ヲ待ケレトモ、「頓テ出馬アラン。重テ一左右セヨ」ト分モナキ御意ナルヲ、本多・井伊モ齮齕シ憤テ、「御年寄レテ箇様ニ御心ヲクレサセ玉フ者哉」ト一度ハ譏リ、一度ハ使ヲ馳ケレトモ、悠々ト被レ成ケルカ、既ニ岐阜・江渡ノ注進アルト、「節ニ中リタル」ト思召ケルカ、少モ猶予ナク、悪日ト申モ聴入給ハス、只々「急ケ急ケ」ト仰セテ、猛火ノ風ニ随テ飛カ如ク速ニ出向フ。追々付随フ肥馬、就《ツク》レ隊《タムロ》、纚乎《レイトシテ》滛々《インインタリ》、斑乎《ハントシテ》斎々《エイエイ》。

二日神奈川ニ御著座、三日小田原、四日三島、五日清見寺、六日島田、七日中泉、八日白須賀、九日岡崎、十日熱田、十一日清洲ニ著。御道々方々ヨリ馳参勢、城中ニ居余リ、町屋在郷尺寸ノ地ヲ争テ満々タリ。諸国ノ使

中候。中納言使罷帰候趣、承候。樽井陳取尤候。今迄之御手柄共、難二中尽一存候。此上者我等父子御待奉而、御働尤候。委細口上申候条、不レ能具レ候。恐々謹言

九月朔日　家康御判

二日藤沢ニ御着。追々士卒就隊纏乎タリ、行烈裔々タリ。三日小田原、四日三島着座、五日清見寺也。六日島田、七日中泉、八日白須加、九日岡崎、十日勢田、十一日清須ニ着セ給フカ、道々方々ヨリ馳参勢、城中ニ居アマリ、町屋在郷立錐《リッスイ》ノ地ヲ争テ満々タリ。諸国使者肥馬ノ塵ヲ望テ内通シ奉リ、降参和睦ヲ請ル事、不レ可二勝計一。

本多中務・井伊兵部ハ清須マテ御迎ニ参テ申ケルハ、「秀忠卿御上リ、是ニテ御待アラン乎《カ》」ト中務申ケレハ、兵部申ケルハ、「御待ニ不レ及、只御合戦有ヘシ」ト也。清須ニ一日逗留、人馬ノ息ヲ休メ給フテ、十三日岐阜御着。城跡カカリ口御照覧、荒果《アレハテ》タル粧ヲ見モ哀也。

今宵ハ名月ニテ九重ノ中ニテハ、公卿・殿上人思々ニ清朗ノ月ヲナカメ、或ハ褒貶ノ哥合、或博士・文人ヲ招

者肥馬ノ塵ヲ望テ内通シ奉リ、降参和睦ヲ請ケル事、不レ可二勝テ計一。

本多中務・井伊兵部ハ清洲迄御迎ニ参テ申ケルハ、「秀忠公御上、是ニテ御待アランカ」ト中書申ケレハ、兵部申ハ、「御待ニ不レ及、只御合戦有ヘシ」ト也。清須ニ一日逗留。人馬ノ息ヲ休メ給ヒテ、十三日岐阜御著。城跡掛リ口御照覧、アレ果タル粧ヲ見モ哀也。

今宵ハ名月ニテ九重ノ中ヲハ、公卿・殿上人思々清朗ノ月ヲ詠、或ハ褒貶ノ歌合、或博士・文人ヲ招イテ、詩聯句ニ心ヲ慰、酒宴・管絃ニテ歓ヲ合、「難レ得易レシ失ヒ時ゾ」一、ナト更ルヲ惜ム夜ナレハ、御供ノ人々、月見シテ故郷ヲ思ヒ、素ヨリ戎役ノ旅ナレハ、生死モ知ヌ身ノ行末、例ニ替レル月見哉ト、乍レ思ノウサツラサ、軍有シハ此カ又、イツカ我身ハ稲葉山、遠クノ旅ニヤツレツツ、イトト愁モ増ト云内ニモ、彼ノ菅丞相ノ宰府ニ左遷セラレ給ヒシ時、九月十三夜ノ詩ニ、「昔被二栄華簪組縛一、今ハ為二貶謫草莱《ヘンタクサウライ》囚《トラハレ》一、月ノ光リ似レトモレ鏡無レ明レ罪、風ノ気ハ如レ刀不レ破レ愁、随レ見随レ聞皆惨慄《シンリツ》、此秋キ独作我身秋」ト詠シ玉ヒシヲ思出也。今ゾ吾身ニアタレリ

キテ、詩聯句ヲシテ心ヲ慰ミ、酒宴・管絃ニテ歓ヒヲアハセ、「難レミテ得易レ失時ソ」ナト更ヲ惜ム夜ナレハ、御供ノ人々、月見シテ故郷ヲ思ヒ、「素ヨリ戎役ノ旅ナレハ、生死モ知ヌ身ノ行末、例ニカハレル月見哉」ト、思ヒナカラノウサツラサ、「軍ニアリシハ爰《(マカ)》カワタ、イツカワカ身ハ稲葉山、遠クノ旅ニヤツレツツ、イトト愁モ増リヌ」トイフ内ニモ、彼菅丞相ノ西府ニ左遷セラレ給ヒシ時、九月十三夜ノ詩ニ、「昔被二栄華簪組縛一、今為二貶謫草萊囚一、月ノ光ハ似レ鏡無レ明レ罪、風気ハ如レ刀不レ破レ愁ヲ、随レ見随レ聞皆惨慄、此秋独作我身秋」ト詠シ給シ思出テ、今我身ニ当レリト、涙ヲ流ス人モアリ。

　又昔ハ黄門九卿ノ城郭トシテ士林済々、人馬紅塵ヲ揚、町町ノ繁昌竈ノ煙重ク、京・大坂・堺ノ商価、入カヘ入カヘ見世棚ノ売物、万宝衢ニ満ル体ナルニ、今ハ引カヘテ秋風鏦々錚々トシテ、冷シク枯タル草葉、遠ク人煙ヲ見ス、移リカワルハカナサヨト、哀レヲ催ス人多カリケリ。

　十四日ニハ稲葉右京進、御迎ニ出、黒野左衛門・西尾

ト、泪ヲ流ス人モ有。

　又昔黄門九卿ノ城郭トシテ士林済済、人馬紅塵ヲ揚、町々ノ繁昌竈ノ煙重ク、京・大坂・堺ノ商価、入替々々見世店ノ売物万宝衢《チマタ》ニ満ル体ナルニ、今ハ引カヘテ秋風鏦々錚々トシテ、冷シク枯タル草葉、遠ク人煙ヲ見ス。移リ替ルハカナサヨト、哀レヲ催ス人モ多カリケリ。

　十四日稲葉右京亮、御迎ニ出、黒野左衛門・西尾豊後守参テ御供ス。岐阜ヨリ木田渡船、席田郡ノ道筋ヲ押給処エ、安八郡八条村瑞雲寺ト申ス禅宗、大ナル木練柿ヲ一折路頭ニテ差上ル。披露スル所ニ、事外御機嫌ニテ「大柿我手ニ入タリ」ト仰ラレ、則「小姓共奪取ニセヨ」ト有ケレハ、近臣立ヨリテ拝戴ス。瑞雲寺ニハ知行拾石永代寄付セラル。于レ今寺社帳ニ柿寺トノセタリ。赤坂諸将道々出向、見エ奉レハ岐阜・江渡ノ忠功ヲ称美シ玉フ。

　午剋、赤坂ノ岡山ニ御著陣。「此岡山ハ昔天武天皇、大友皇子ト合戦アリケルニ、天皇ハ此山ニ陣取テ、皇子高市親王ニ数万ノ軍兵ヲ賜テ、近江国ニ攻上ル。大友ト勢田《セタ》ノ橋ニテ合戦、終ニ大友打負テ自害シ給ケレハ、御

豊後守参テ御供。岐阜ヨリ木田ノ渡船、莚田郡ノ道筋ヲ押給処ニ、安八郡八条村瑞雲寺ト申ス禅宗、大ナル木練柿ヲ一折路頭ニテ指上ケレハ、披露アツテ殊外御機嫌ニテ、「大柿我手ニ入タリ」ト仰、則「小性共奪取ニセヨ」ト有ケレハ、近臣立寄テ拝レ之。瑞雲寺ニハ知行拾石永代寄附セラル。于レ今寺社御帳ニ柿寺ト載ケリ。赤坂諸将道々出向ヒ、角《ツノ》ヲ崩シテ稽首、岐阜・江渡ノ忠功ヲ称美シタマフ。

午ノ剋、赤坂ノ岡山ニ御着陣ナリ。「此岡山ハ昔天武天皇、大友太子ト合戦アリケルニ、天皇ハ此山ニ陣取テ、皇子高市親王ニ数万ノ軍兵ヲ賜テ、近江国ニ攻上ル。大友ト勢田橋ニテ合戦、終大友打負テ自害シ給ケレハ、御首ヲ捕テ岡山ニ持参セラレケリ。于レ今彼首塚此山ニアリ。此吉例ヲ以テ、勝山トモ申ス也」ト郷人申上ケレハ、大ニ御感有テ、「凶徒ノ首ヲ此山ニテ見ン」ト仰セケル。其後大坂陣ニ茶臼山ヲ勝山ト改給フモ、此吉例トソ聞ヘシ。

爰ニ本多中書、人ヲ払ヒテ、御輿ヲ脇ニ寄テ、潜ニ言上ス。退出スル処ニ、内府公高声ニ呼テ、「筑前中納言

首ヲ取テ岡山ニ持参セラレケル。于レ今彼首塚此山ニ有リ。此吉例以勝山トモ申ス也」ト郷人申上ケレハ、大ニ御感有テ、「凶徒ノ首ヲ此山ニテ見ン」ト被レ仰。其後大坂ノ軍ニ茶臼山ヲ勝山ト改給モ、此吉例トソ聞ヘシ。

爰ニ本多中務、人ヲ払ツテ、御輿ノ側ヱ寄テ、密カニ言上シ、退出スル所、内府公高声ニ呼リ給ヒ、「筑前中納言裏切仕ラント申来リ、合戦ハ早勝タリ」ト仰ケル。諸人聞テ、悦勇事限ナシ。吉川駿河守広家、十四日ニ堀尾信濃守ヲ以降参ヲ乞、則人質トシテ家老粟屋十兵衛ヲ進上ス。内府公御満足ニ思召、不レ及二人質一トテ返シ給ケル。上杉景勝家老直江山城守景続ハ、岐阜落城ヲ聞テ降参ス。「若御赦免アラハ、景勝ヲモ諌申、御味方ニ仕ラン」ト也。　秀忠公エモ本多佐渡守ヲ以テ申上ケルト也。

裏切仕ラント申来ソ、合戦ハ早勝タリ」ト仰セケル。諸人聞テ、悦ヒ勇ム事限ナシ。吉川駿河守広家、十四日ニ堀尾信濃守ヲ以降参ヲ乞、則人質トシテ家老栗屋十兵衛ヲ進上ス。内府公聞召、御満足ニ思召也。人質ニ不レ及トテ帰給ヒケル。景勝家老直江山城守景綱ハ、岐阜落城ヲ聞テ降参ス。「若御赦免アラハ、景勝ヲモ諫申テ、御味方ニ仕ラン」トナリ。秀忠公ヘモ本多佐渡守ヲ以テ申上ケルト也。

51　田中兵部方ヘ治部少輔謀之事　（一三—四）

十四日、内府公已ニ岡山ニ着陣アリト聞ヘケレハ、大垣ニハ島津兵庫頭云ケルハ、「今晩野郎ノ者共ヲ赤坂ヘ遣テ陣屋ヲ可二焼払一。敵ノ働ニ依テ夜討可レ仕」ト有ケレハ、治部少輔云ク、「明日ノ合戦ハ治定ノ勝ナリ。夜撃ニ及マシ。野郎ヲヤリ給ハン事ハ、不レ可レ然」ト云。島津云ク、「明日ノ勝ハ如何様ナル事ソヤ」。曰ク、「田中兵部六万石味方ニ組シテ裏切ヲセント堅約ナリ」兵庫頭曰、「田中裏切ハ近頃無二心元一。左様ノ事ハ臨レ期相違ア

51　田中兵部方ェ石田謀略事　（七—七）

十四日　内府公既ニ岡山ニ御着陣ト聞ヘケルハ、大垣ニハ島津兵庫頭云ケルハ、「今晩野郎共ヲ赤坂ェ遣シ陣屋ヲ可二焼払一。敵ノ働ニ依テ夜討可レ仕」ト有ケレハ、治部云、「明日ノ合戦ハ味方治定ノ勝也。夜討ニ及フマシ。野郎ヲヤリ玉ハン事不レ可レ然」ト云。島津云、「明日ノ勝ハ如何」答云、「田中兵部味方ニ組シテ裏切セントノ約束也」ト云。兵庫云、「田中裏切ハ近比無二心元一。左様ノ事ハ臨《ノソミテ》レ期相違アリ。又謀ニテ申越事モアルソ。

リ。又謀ニテ申越事モ有者ソ。其ヲ頼ニ明日ノ合戦ヲ勝タントハ愚ナリ。今夜内府公長途ヲ来テ、士卒ノ小屋食糧ノ支度ニ立騒ク、夜更ハ道ニツカレテ寝入ヘシ。今夜ノ夜討治定大利ヲ得ヘシ。早申付ン」ト云。治部少輔、終ニ承引セス。

「誠ニ愚将ナル哉。加程ノ事ヲ知スシテ、加程ノ大事ヲ企ケルカ」ト、諸人治部ヲ悪ミケレトモ、下トシテ上ヲ計事モ成カタク、「島津カ金言ヲサヘ耳ニ入ヌ程ナルヲ、タトヒ家人等ノ諫ヲ云フトテモ、ナトカ承引スヘキ。此偏ニ内府公ノ天下ヲ授ケ、天石田ヲ罰スル故ニ、如レ此暗昧ナル事ヲモ言出セルカ」ト士卒アキレテ、「只明日討死」トノミ私語キケル。

最前治部方ヨリ田中方へ、潜ニ書状ニテ言ケルハ、「御辺ハ大閤ノ厚恩ノ人ナレハ、ナトカ秀頼公ニ弓引給ハン。是天ノ恐アリ。早ク裏切ヲシテ天下ヲ秀頼公ヘ被レ進ヨ」トナリ。

田中此状ヲ内府公ニ披露シケレハ、内府公仰ニハ、「同心仕タル由、可二申遣一」ト也。田中申上ルハ、「其段ハ意得候ハス」内府公曰ク、「此状吾ニ見スル程ノ人、

其ヲ頼ニ明日ノ合戦ヲ勝ントハ愚也。今夜内府長途ヲ来リ玉ヒ、士卒ノ小屋食糧ノ支度ニ立騒、夜更ハ道ニ疲レテ寝入ヘシ。今夜ノ夜討治定大利ヲ得ヘシ。申付ン」ト云。三成終ニ不二承引一。

「誠ニ愚将ナル哉。箇程ノ事ヲシラスシテ、大事ヲ企ケルカ」ト、諸人石田ヲ疎ミケル。下トシテ上ヲ計事モ成難ク、「島津カ善謀サヘ不二聞入一、縦家人等諫トモ、ナトカ承引スヘキ。是レ偏ニ天　内府公ニ天下ヲ授ケ、石田ヲ罰スル故ニ、如レ此ノ暗昧《アンマイ》ナル事トモ云出セルカ」ト士卒アキレテ、「只明日討死」トノミ私語《ササヤキ》ケル。

最前治部ヨリ田中方エ潜ニ書状ニテ云遣ケルハ、「御辺ハ大閤ノ厚恩ノ人ナレハ、ナトカ秀頼公エ弓ヲ引玉ハン。是天ノ恐アリ。早裏切ヲシテ天下ヲ秀頼公エ被レ進ヨ」ト也。

兵部此状ヲ　内府公エ披露シケレハ、仰ニハ、「同心シタル由、可二申遣一」ト也。田中申上ルハ、「其段ハ意得候ハス」ト云。　内府公仰ニハ、「此状吾ニ見ルホトノ人、何トテ逆意有ヘキ。然レトモ我思子細アルゾ。我エノ忠節ナレハ、同心ノ返事シテ彼等ニ弓断サセヨ」ト

何トテ逆心有ヘキ。然レトモ我思子細アルソ。我ヘノ忠功ナレハ、同心ノ返事シテ彼等ニ油断サセヨ」トアリケレハ、田中申ハ、「サアラハ文体ヲ御好有」トテ、則右筆ヲ召テ返状ヲ認、田中ヨリ遣、石田カ使者ニ、色々引出物饗応シテ返シ、起請文ヲ使者ノ前ニテ書テ遣シタリ。此故石田ハ誠ト思ケルトナリ。内府公ノ智謀、臨機応変ノ所也。

「要盟ハ神不レ聴」ト云テ、非義ナル事ニ起請ヲ書タルトテモ、約ヲタカヘテ、罰トハ云カタシ。石田愚ナル謀ヲシテ、間人ヲ得ト還テ敵ニ謀ラレ、是ヲ恃テ油断シテ島津カ金言ヲモ空クシケル。孫子曰、「上兵伐レ謀ヲト云ハ、用ルヲレ兵至極ノ処ハ、敵ヨリ我ヲ謀ル事アラハ、其謀ニ付テ敵ヲ謀ツテ伐ツヘシ」ト也。今田中ニ誓紙ヲ書セテ被レ遣所是也。孫子曰、「善戦者、勝レ於レ易レ勝者也」ト云ハ、戦ノ上手ハ勝ニクキ軍ヲハセス、只勝易キヲ知テ勝ト云リ。今岐阜・江渡ノ先手衆、打勝ヲ聞テ急ニ出馬アルハ、前ヨリ御勝利ハ知タリ。必定心易キ働合戦ナレハ、早ク出馬シ給ヘリ。弓馬ヲ嗜給若大将達、謹テ感心シ給ヘシ。

有ケレハ、田中申ハ、「左候ハハ文抵ヲ御好ミ被レ下」トテ、則右筆ヲ召テ返状ヲ認テ、田中方ヨリ遣シ、石田カ使者ニ、色々引出物饗応シテ返シ、起請文ヲ使ノ前ニテ書テ遣シタリ。此故ニ石田ハ誠ト思ヒケルト也。内府公ノ智謀、臨《ノソンテ》レ機応《ヲフスルヘンニ》レ変所也。

「要盟神モ不レ聴」ト云テ、非義ナル事ニ起請ヲ書タルトテモ、約ヲ違ヘテ罰トハ難レ云。石田愚ナル謀ヲシテ、間人ヲ得トテ却テ敵ニ謀ラレ、恃《タノミ》レ之弓断シテ島津カ金言ヲモ空シクシケル。孫子曰、「上兵伐レ謀《ハカリコト》ト云ハ、用レ兵至極ノ所ハ、敵ヨリ我ヲ謀ル事アラハ、其謀ニ付テ敵ヲ謀ツテ伐ヘシ」ト也。今田中兵部ニ誓詞ヲ書セテ所レ被レ遣是レナリ。孫子曰、「善戦者、勝レ易勝者也」ト云ハ、戦ヒノ上手ハ勝ニクキ軍ハセズ、只勝易キヲ知テ勝ト云リ。今岐阜・江渡ヲ先手衆打勝ヲ聴玉ヒテ急ニ出馬アルハ、前ヨリ御勝利ハ知タリ。必定心易キ御合戦ナレハ、早ク出馬シ給ヘリ。弓馬ヲ嗜ム若大将達ハ、謹テ甘心アルヘキ事也。

52　上方衆裏切内通事幷晋謝玄事（十四―一）

慶長五年九月十四日、内府公勝山ニ御着陣有テ、諸大将ヲ集テ軍評定アリケリ。明日御合戦有ヘシトテ、一・二ノ備・手分等、相定ラル。黒田甲斐守ニ仰ケルハ、「筑前中納言裏《ウラ》切可ㇾ仕ト内通、偏《ヒトヘ》ニ御辺ガ才覚ナリ」ト有ケレハ、甲斐守申ハ、「中納言裏切ノ事、堅申越候ヘトモ、加様ノ節ハ、謀ニモ申習ナレハ、治定ハ仕難ク候」内府仰ニハ、「彼等ハ人数ヲ持ト云トモ、弓箭ノ道シラヌ若将ナレハ、タトヒ約束相違セハ一所ニ撃亡スヘキニ子細有ヘカラス」ト也。甲斐守ヲ始、各「御最」ト感心ス。

大野修理ハ今度ノ関東ニテ、御勘気ヲ蒙ケルカ免許アツテ、内府公ノ御供シテ上リタリ。羽柴左衛門大夫・井伊兵部・本多中務ニ向テ申ケルハ、「明日ノ御合戦ニアハレ、先手ニ被ㇾ加給カシ」ト望ヌレハ、則三人上聞ニ達ケレハ、「若キ者ノ心懸吉」ト御意ニテ、則先手ニ被ㇾ加。

又脇坂中書ハ藤堂佐渡守ト旧友ナレハ使ヲ立、「急明

52　上方衆裏切内通附晋謝玄事（八―一）

慶長五年九月十四日、内府公勝山ニ御著陣有テ、諸大将ヲ集メテ軍評定有ケル。明日御合戦有ベシトテ、一・二ノ備・手分等、相定ラル。黒田甲斐守ニ仰ケルハ、「筑前中納言裏切可ㇾ仕ト内通、偏ヘニ御辺ガ才覚也」ト有ケレハ、内（ママ）甲斐守申ハ、「中納言裏切ノ事、堅申越候エトモ、箇様ノ節ハ謀ニモ申習ナレハ、治定ハ難ㇾ仕ク候」内府仰ニハ、「彼等ハ人数ヲモ持トイヱトモ、弓箭ノ道知ヌ若将ナレハ、縦約束相違セハ一所ニ可㆓討亡㆒ニ子細不ㇾ可ㇾ有」ト也。甲州ヲ始、各「御尤」ト感心ス。

大野修理ハ今度ノ関東ニテ御勘気免許有テ、御供シテ上シカ、羽柴左衛門大夫・井伊兵部・本多中務ニ向テ申ケルハ、「明日ノ御合戦ニアハレ御先手ニ加ヘラレ給カシ」ト望ケレハ、三人上聞ニ達シケレハ、「若キ者ノ心懸善」ト仰ニテ、則先手ニ加ヘラル。

又脇坂中務ハ藤堂佐渡守ト旧友ナレハ使ヲ立、「急明日味方仕ヘシ」ト云ヤリケレハ、則同心ス。

日味方仕ヘシ」ト云ヤリケレハ、則同心ス。

又南宮山ニ備タル毛利宰相・吉川・長曽我部・長束方ヘ石田ヨリ使ヲ立ケルハ、「内府公近日着陣ノ由ニ候。其前ニ人数ヲ引下シ、赤坂ノ敵トモト一戦アレ」ト云送ケレハ、各々「心得タリ」ト答ヌレトモ、猶予《ユヨ》狐疑シテ進ム人ナシ。長束大蔵ハ宰相ニ向テ合戦ヲ進ムレトモ不㆑聞、徒ニ日ヲソ送ケル。

斯ル処ニ九月十四日、内府ノ人数岐阜表ヨリ雲霞ノ如クニ押来ヲ見テ、諸卒仰《ギャウ》天シテ色ヲ失フ。然ルニ島左近・蒲生備中、惣勢ニ対シテ中シケルハ、「アノ人ハ内府ニテハナシ。虚空蔵ニ陣取東国勢共ノ謀ニ、味方ノ人数ヲ夜々ニ出シ、昼ハ城へ押入、内府ノ来ル真似ヲシテ此方へ見スルソ」ト云ケレハ、諸卒気ヲナヲス。

又惣白ノ旗風ニ靡テ来ル。諸卒之ヲ見テ内府ノ参着ト周章《アハテ》ケリ。左近・備中曰、「惣白ノ旗ハ金森法印也。内府ニテハナシ」ト云テ、欺テ一旦ノ気ヲ奪ハレヌヤウニシケルコソ、ヤサシケレ。「サラハ先手分ヲ可㆑為」トテ、池尻口ヲハ宇喜多秀家、西口ヲハ治部少、先陣島左近、二陣蒲生備中、杭瀬《クヒセ》川ヲ前ニ当テ、陣取タリ。


又南宮山ニ備タル毛利宰相・吉川・長曽我部・長束方エ石田ヨリ使ヲ立ケルハ、「内府公近日著陣ノ由ニ候。其前ニ人数ヲ引テ下、赤坂ノ敵トモト一戦アレ」ト云送ケレハ、各「心得タリ」ト答ケレトモ、猶予狐疑シテ進ム人ナシ。長束大蔵ハ宰相ニ向テ合戦ヲ進ムレトモ不㆓聞入㆒、徒ニ日ヲ送ケル。

斯ル所ニ九月十四日、内府公ノ人数岐阜ノ方ヨリ雲霞ノ如クニ押来ヲミテ、諸卒仰天シテ色ヲ失フ。然ニ島左近・蒲生備中、惣勢ニ向テ、「アレハ内府公ニテハナシ。虚空蔵山ニ陣取東国勢共ノ謀ニ、味方ノ人数々ヲ夜々ニ出シ、昼ハ城エ押入、内府公ノ来ルマネヲシテ此方エ見スルゾ」ト云ケレハ、諸卒気ヲ直ス。

又惣白ノ旗風ニ靡テ来ルヲ見テ、内府公ノ参著ト諸卒周章ス。島・蒲生云、「惣白ノ旗ハ金森法印也」ト云テ欺キ、一旦ノ気ヲ奪ハレヌヤウニシケルコソ、ヤサシケレ。「サラハ先ツ手分ヲスヘキ」トテ、池尻口ヲハ宇喜多秀家、西口ヲ治部少輔、先陣島左近、二陣蒲生備中、杭瀬川ヲ前ニ当テ陣取ケル。

又吉川侍従広家、御味方スル意趣ハ、伊勢表ヨリ海辺

又吉川侍従広家、御味方スル意趣ヲ尋ヌルニ、伊勢表ヨリ海辺ツタイニ美濃国ヲ指テ押行ケルニ、夜ニ入テ味方人数俄ニ敗北《ハイホク》スルヲ見レハ、長束大蔵ナリ。「コハイカナル事ソ」ト問スレハ、長束云ケルハ、「敵多勢ナレハ、御辺ト一処ニナラント思ヒ、是ヘハ来タリ」トナリ。広家「其敵ハ何地《ソツ》ニアルソ」ト問ケレハ、「アノ海ノ上ヲ見給ヘ」ト云ヲ見レハ、伊勢ノ海上ニ海士《アマ》ノ焼《タク》火《ヒ》・漁舟《キヨシウ》ノイサリ火、満々トシテアリ。「是ハ敵ニハアラス、海人ノ舟トモソ」ト云ケレハ、長束自ラ恥《ハチ》テ汗ヲ流ス。其時広家思ヒケルハ、「漁人ヲ敵ト見テ逃《ニケ》迷ホトノ臆病者共ヲ語ヒ、弓箭ノ名ヲ失ハンモ口惜《ヲシ》、是味方敗北ノ瑞《スイ》想ナレハ、如何」ト考《カンカフ》ル処ニ、岐阜落城ト聞テ弥便ナク有ケリ。徳永法印方ヨリ諫《カン》言シテ、「御味方セヨ」ト云ケルニ依テ、早速ニ心ニ成タル也。又景勝内直江山城守ヨリ岐阜落城ヲ聞テ内通ス。是等ヲ伝《ツタヘ》聞人々、軍ニハ必定御勝ト勇ミケレハ、敵ハ日々気ヲ失ヒケリ。

古人ノ云、「長束大蔵ハ算勘《サンカン》ニ長スルトテ、大閤ノ御時五奉行ノ内ニ加ハリテ、知行方ヲ知ケルカ、軍ノ事ハ嗜《タシナ》マヌ業《ワサ》ナレハ、斯《カク》気ヲクレシテ、伊勢ノ海阿漕《アコキ》ノ浦ノ

伝ニ美濃国ヲ指テ押シ行ケルニ、夜ニ入テ味方ノ人数俄ニ敗北スルヲミレハ、長束大蔵也。「コハイカナル事ソ」ト問ケレハ、長束云、「敵多勢ナレハ、御辺ト一所ニナラント思ヒ、是エ来タリ」ト云。広家、「其敵ハ何地ニ在ソ」ト問ハ、「アノ海ノ上ヲミ玉ヘ」ト云ヲミレハ、伊勢ノ海上ニ海士《アマ》ノ焼火・漁舟ノ火、満々タリ。「是ハ敵ニハアラス、海人《アマ》ノ船共ソ」ト云ケレハ、長束自ラ恥テ汗ヲ流ス。広家思ケルハ、「漁人ヲ敵ト見テ逃迷ホトノ臆病者共ヲ語ヒ、弓箭ノ名ヲ失ンモ口惜、是味方敗北ノ瑞相ナレハ、如何」ト考ル処ニ、岐阜落城ト聞テ弥便ナク在ケルニ、徳永法印ヨリ諫言シテ、「御味方セラレヨ」ト云ルニ依テ、早速二心ニ成タル也。又景勝内直江山城方ヨリ岐阜落城ヲ聞テ内通ス。此等ヲ伝聞人々、軍ハ必定御勝利ト勇ミケレハ、敵ハ日々気ヲ失ヒケリ。

古老ノ云、「長束大蔵ハ算勘ニ長タルトテ、大閤ノ時五奉行ノ内ニ加リテ、知行方ヲ知ケルカ、軍ノ事ハ嗜マヌ業ナレハ、斯気ヲクレシテ、漁火ヲ敵船ノ大トミテ敗北スル事、誠ニ常ニ心懸ヌ道ナレハ、算勘ノ工夫トハ相違也。吉川カ敗北ノ相ト考ル事、兵道ニサトキ人也。

海士小船、漁人ノ焼火ヲ敵船ト見テ敗北スル事、誠ニ常ニ心懸ヌ道ナレハ、算《サン》勘ノ工夫トハ相違《ヰ》ナルカナ。吉川カ敗北ノ想ト考《カン〈カフ〉》ル事兵道ニサトキ人ナリ。

　昔晋ノ政衰《ヲトロ》ヘテ国乱タルニ、符堅《フケン》ト申大将、器量大ナル人ニテ諸国ヲ撃随《ウチシタカ》ヘ、家臣王猛《マウ》トテ、古ノ張良・諸葛孔明ヲモ欺《アサム》ク程ノ人、符堅《フケン》ヲ扶《タスケ》テ政道正シク軍法双ナキ人ニテ、已ニ百万ノ士卒ヲ引具ス。

　晋《シン》ノ武帝ハ度々ノ軍ニ打負《マケ》テ僅《ワツカ》十万ニ不レ足成ニケリ。天下ヲ八ハ符堅《フケン》カ切随テ、秦《シン》ノ照帝ト号《カウ》シケル時ニ、符《フ》堅カ良将将軍王猛卒《マウソツ》玄シケレハ、符《フ》堅大ニ力ヲ落シ、自ラ百万ノ勢ヲ引卒《インソツ》シテ晋《シン》ノ帝ヲ滅《ホロボサン》トス。

　晋帝大ニ悲ンテ、今一戦ニハ朕《チン》カ宗廟滅《メツ》亡シテ宗族民間ニ下ラン事ヲ歎《ナゲキ》給ヒケル、群臣詮《セン》議ヲシテ云ケルハ、「今小勢ヲ以大敵ニ当ラン人ハ謝玄《シヤケン》ニシクハナシ」トテ奏聞ス。帝急《イソキ》謝玄ヲ召テ、八万ノ士卒ヲ附属《フソク》シテ向ハシム。

　謝玄ハ素《モト》ヨリ兵法人ニ勝《スク》レテ、孫呉《ソンゴ》ヲ欺《アサム》ク人ナレハ、則出テ肥水《ヒスイ》ヲ隔テ陣シケリ。符堅カ勢兵、川ノ向数十里カ間ニ塞《フサカツ》テ見ケレハ、蟷螂《タウラウ》カ斧《ヲノ》ヲ以テ竜車《リウシヤ》ヲ遮《サヘキラ》ントスル

昔シ晋ノ政衰ヘテ国乱タルニ、符堅ト云大将、器量大ナル人ニテ諸国ヲ撃従ヘ、家臣王猛トテ、古ノ張良・諸葛孔明ヲモ欺ク程ノ人、符堅ヲ扶テ政道正シク、軍法並ナキ人ニテ、已ニ百万ノ士卒ヲ引具ス。

　晋武帝ハ度々ノ軍ニ打負テ僅十万ニ不レ足成ニケリ。天下ヲ八ツハ符堅切随テ、自秦照帝ト号シケル時ニ、符堅カ良将将軍王猛卒シケレハ、符堅大ニ力ヲ落シ、自百万ノ勢ヲ引卒シテ晋帝ヲ滅ントス。

　晋帝大ニ悲ンテ、今一戦ニ不レ勝ハ、我宗廟滅亡シテ宗族民間ニ下ラン事ヲ歎キ給ヒケル。群臣詮議シテ云、「今小勢ヲ以テ大敵ニ当ン人ハ謝玄ニ如ハナシ」トテ奏聞ス。帝急謝玄ヲ召テ八万ノ士卒ヲ附属シテ向ハシム。

　謝玄ハ素ヨリ兵法人ニ勝レテ、孫呉ヲ欺ク程ノ人ナレハ、則出テ肥水ヲ隔テ陣ス。符堅勢兵、川向数十里充テミエケレハ、蟷螂カ斧ヲ以竜車ヲ遮《サヘキラ》ントスルカ如シ。然トモ謝玄ハ少モ動転セス、籌策《チウサク》ヲ廻シ、則使者ヲ以符堅カ先駆符融ヲ云送リケルハ、「将軍遠ク我国ニ来ツテ、肥水ヲカタトリ陣シ給ハ、速ニ戦心ニ非ス。我レ君命ヲ受テ爰ニ来ル。願ハ将軍一戦セン。サアラハ川ノ砌少却

カ如シ。謝玄《シヤケン》ハ得タル道ナレハ、少モ動転《トウテン》セス、籌策《チウサク》ヲ廻シケル。則使者ヲ以符堅カ先駆符融《クフユウ》ニ言送リケルハ、「将軍遠《トヲ》ク我国ニ来テ、肥《ヒ》水ヲカタトリテ陣シ給ハ、速ニ戦フ心ニアラス。我君命《クンメイ》ヲ受テ爰ニ来ル。願《ネカハク》ハ将軍ト一戦セン。サアラハ川ノ砌《ミキリ》少却《シリソ》キ給へシ。我勢川ヲ越テ戦へシ」ト云。

将軍符融《ユウ》則符堅へ申達ケレハ、老将ヲ集メテ問レケルニ、群臣申ケルハ、「敵ハ十万ニ不レ足ト云フトモ、十倍ノ敵ト戦ハントスルハ、皆是強《キヤウ》兵ナリ。アナトルへカラス。又川端ノ味方引退ントセハ、士卒ノ備乱へシ。危《アヤウキ》事也。必却《シリ〈ソ〉》クへカラス」ト云。符堅ハ兵道ニツタナシ。彼《カノ》王猛《マウ》ヲ頼テ勝利ヲ得タルニ、王猛死タレハ、他人ノ申事ヲハ不レ用シテ云ケルハ、「先手却《シリソイ》テ、彼ノ敵ヲ川ヲ渡ラセ戦へシ。其時我鉄騎《テツキ》数十万ヲ以テ、横ヲ入テ謝玄ガ首ヲ可レ得」ト有ケレハ、符融「尤ニ候。他《タ》ノ言用へカラス」ト令《レウ》定シテ、則麾《ザイ》ヲ執テ先手ノ人数ヲ却《シリソケ》ケレハ、大軍大ニ騒《サワギ》立テ元ノ如クニ備ヲ立直サントスレトモ、士不二聞入一。

晋《シン》ノ将軍謝《シヤ》玄、「思《オモ》フ図《ツ》ニ落シタリ」ト悦テ、士卒ノ

キ給へ。我レ川ヲ越テ戦へシ」ト云。

将軍符融則符堅エ申達ケレハ、佐将ヲ集テ問レケルニ、群臣申ケルハ、「敵ハ十万ニ不レ足ト云トモ、十倍ノ敵ト戦ントスルハ、皆是強兵也。不レ可レ侮《アナトル》、又川端ノ味方引退ントセハ、士卒ノ備乱へシ。危事也。必不レ可レ却《シリソク》」ト云。符堅ハ兵道ニ拙シ。彼王猛ヲ頼テ勝利ヲ得タルニ、王猛死タルハ、他人ノ申事ヲ不レ用シテ云ケルハ、「先手却テ、彼敵ヲ川ヲ渡ラセ戦へシ。其時我鉄騎数十万ヲ以、横ヲ入テ謝玄ガ首ヲ可レ待」ト有ケレハ、符融「尤ニ候。他ノ言不レ可レ用」ト令定テ、則麾ヲ執テ先手ノ人数ヲ却ケレハ、大軍大ニ騒立テ如レ元ニ備ヲ立直サントスレトモ、士不二聞入一。

晋ノ将軍謝玄、「思図《ツ》ト落タリ」ト悦ンテ、士卒ノ手分ハ兼テ云合タル事ナレハ、段々ニ川ヲ渡ス。備ヲ不レ乱、稠《キヒシ》ク切テ蒐リケレハ、先駆数十万、一支モセス敗北ス。後陣ノ勢共推立ラレ、地煙立塞テ東西ヲモ不レ分、悉ク敗北ス。符堅大ニ怒ツテ符融ヲ召テ誅罰ス。

既ニ百万ノ軍兵、散々ニ成、符堅軍ヲ返サントスレトモ、筋ナキ盤ニテ碁ヲ囲ガ如ク乱立タル兵也。敵ハ猛威

手分ハ兼テヨリ言合タル事ナレハ、段々ニ川ヲ渡ス。備ヲ不レ乱、キヒシク切テ懸リケレハ、先駆《ク》ノ数十万、一支《ササヘ》モセテ敗《ハイ》北ス。後陣ノ勢トモ推《ヲシ》立ラレ、地煙《ケフリ》立塞《フサカツ》テ東西ヲモ不レ分ハ、悉《コトゴトク》敗北ス。符堅《ケン》大ニ怒テ符融《ユウ》ヲ召テ誅罰《チウハツ》ス。

既ニ百万ノ軍兵、散々ニナツテ、符堅軍ヲ返《カヘサ》ントスレトモ、筋ノナキ盤《ハン》ニテ碁《コ》ヲ囲《カコム》カ如ク乱立タル兵ナリ。敵ハ猛威《マウイ》ヲ振《フルウ》テ追討ケレハ、終ニ不レ叶シテ漸《ヤウヤク》五千計ヲ召具シテ引退ケリ。符堅軍討タルル者、幾千万ト云事ナシ。サシモノ肥《ヒ》水死人ニテ埋テ不レ流トナリ。残ル所ノ敗卒トモ甲冑ヲ脱テ夜逃《ノカレ》行ケルニ、折節風吹鶴鳴《ツルナキ》ケレハ、大ニ驚《ヲトロイ》テ、「スハ又晋《シン》王ノ軍追《ヲツ》懸ソ」ト呼テ、逃《ニケ》マヨイ、道モナキ山中ヲ行程ニ、士卒飢餓《キガ》シテ悉ク倒臥《タヲレ》テ死シケリ。

今長束カ海人ノ船ヲ見テ、敵トテ敗北スルモ、符堅カ軍兵ノ、風ノ音・鶴ノ声ニ驚ト同シ道ナリ」ト。聞ク人毎ニ笑ヒケリ。

ヲ震テ追討ケレハ、終ニ不レ叶、符堅漸ク五千計ヲ召具シテ引退ケリ討ルル者幾千万ト云事ナシ。サシモノ肥水死人ニ埋テ不レ流ト也。残ル敗卒トモ甲冑ヲ脱テ夜逃行ケルニ、折節風《カセ》吹鶴鳴ケレハ、大ニ驚キ、「スハ又晋王ノ軍進懸ソ」ト呼テ逃迷、道モナキ山中ヲ行ク程ニ、士卒飢テ悉倒レ臥テ死ケリ。

今長束カ漁舟ヲミテ、敵トテ敗北スルモ、符堅カ軍兵ノ風音・鶴声ニヲトロキタルニ不レ異ナラ。

53　福田縄《ナハ》手合戦ノ事　（十四―二）

九月十四日、内府公赤坂勝《カツ》山御着陣有テ、曽根ノ城ニ西尾豊後守・松下宇兵衛在ケル。其後水野日向守（和泉守嫡子也）ヲ指加ラル。此城ト大垣ノ間、木戸縄手・福田縄手ト云アリ。御先手ハ関ケ原ノ敵ニ対テ、赤坂ニアリ。御旗本勝山ハ東ニ引サカツテ、大垣ノ方ヲ後ニス。

無ニ心元一御陣所ナレハ、島左近是ヲ見テ、「一手段シテ士卒ニ目サマサセン」ト云テ、水野少次郎（後浅香右馬ト云加賀肥前守ニ事フ）・稲葉兵部・林半助・伊前頼母等ヲ相催《モヨホ》シ、軽卒騎馬ノ兵ヲ指加テ、杭瀬《クイセ》川辺《ヘン》エ向テ東方、中村彦右衛門陣小屋近ク、足軽ヲ懸《カケ》タリケル。

中村式部少輔ハ箱根山《ヤマ》中ノ城ヲ一番ニ乗タル、武勇天下ニ無レ隠人ナレトモ、病悩巳ニ逼《セマツ》テ、卒去シケレハ、子息中村一学幼少ニテ、陣代トシテ式部少輔ノ舎弟中村彦右衛門、人数ヲ引具タリ。「式部少現在《ケンサイ》ナラハ、御先手ニ可レ加モノヲ、斯後備ニナツテ、イツノ世ニ手合事ノ有ヘキ」ト、士卒口惜ク思ヒケル折カラナレハ、ナシカハタマルヘキ、ハヤリヲノ若武者トモ我先ト進テ、高

53　福田縄手合戦事　（八―二）

九月十四日　内府公赤坂勝山御着陣有テ、曽根城ニ西尾豊後守・松下宇兵衛有ケルニ、其後水野日向守（和泉守嫡子也）ヲ差シ加ヘラル。此城ト大垣ノ間ニ、木戸縄手・福田畷《ナハテ》ト云アリ。御先手ハ関原ノ敵ニ対テ、赤坂ニ在。御旗本勝山ハ東ニ引下ツテ、大垣ノ方ヲ後ニス。

無ニ心元一御陣所ナレハ、島左近是ヲミテ、「一手段シテ士卒ニ目覚サセン」ト言テ、水野庄次郎（後ニ日《ヒ》ニ浅香右馬一仕ルニ加州肥前守一）・稲葉兵部・林半助・伊前頼母等ヲ相催シ、軽卒騎馬ノ兵ヲ差加テ、株瀬川辺ニ向テ東方、中村彦右衛門陣小屋近ク、足軽ヲカケタリ。

中村式部少輔ハ箱根山中ノ城ヲ一番ニ乗タル、武勇天下ニ隠ナキ人ナルカ、病死シテ子息中村一学幼少ナレハ、陣代トシテ式部舎弟彦右衛門、人数ヲ引具タリ。「式部少輔存生ナラハ、御先手ニ可レ加ニ、カク後備ニ在テ、イツノ世ニカ手ニ合事有ヘキ」ト、士卒口惜ク思ヒケル折カラナレハ、ナシカハタマルヘキ、早雄ノ若武者共我先ニト進ンテ、高名ヲム貪リケル。

名ヲムサホリケリ。

寄手ハ敵ヲ誘因セントテ挑《イト》ミニカケタル兵ナレハ、弱《ヨハ》々トシテ引退ク。中村衆ハ先後モ不レ弁シテ、「アマスナモラスナ」ト追《オツ》懸ル。斯ル処ニ大垣城外茂ミノ林ヲ傍《カタ》取テ待ケル兵、一文字ニ懸リケレハ、中村衆思ノ外ニ不意《キ》ニ逢《アヒ》テ敗《ハイ》北ス。中ニモ述敷《ヌイシキ》頼母《タノモ》侍大将ニテ、母衣懸テ踏止《フミトヽマ》テ切テ廻リケルカ、深田ヘ馬ヲ乗入テ、打トモ不レ上、無二為《セン》方一有様ナルニ、石田家人留村ト云者馳付テ組《クミ》ケリ。頼母猛《タケ》キ侍ナレトモ数度ノ働ニ労レテヤ有ケン、遂ニ討死。留村其首ヲ捕。其外中村衆ニハ、原田・甘利・竹田五郎兵衛等、各討死スル。

石田カ兵、又勝ニ乗シテ追懸ル。「小勢トシテサシモノ大軍ノ中ヘ追懸ルハ、不覚《カク》ノ至ソ、引取々々」ト島左近ハ馳廻シテ下知シケレトモ、思々ノ兵ナレハ、不二聞入一。斯ル処ニ有馬玄蕃カ勢、横合ニ縦《カカ》リケレハ、石田方又敗《ハイ》北ス。中村衆モ取返《トツテ》テ、両手ヨリ追懸ル。中ニモ有馬家人稲月右近、鳥毛ノ指物サイテ鎗《ヤリ》付テ高名ス。同家人稲月平兵衛ト石田家人花木外記ト鎗ヲ合ス。水野少次郎モ鎗ヲ合テ首ヲ捕。石田内林半助、白シナヘノ指物、

寄手ハ敵ヲ引出サントテ挑ミニカケタル兵ナレハ、弱々トシテ引退ク。中村衆前後モ不レ弁シテ、「アマス洩スナ」ト追駈ル。斯ル所ニ大垣ノ城外茂《シケ》ミノ林ヲ傍取テ待ケル兵、一文字ニ懸リケレハ、中村衆思ノ外ニ不意ニ逢テ敗北ス。中ニモ野一色頼母侍大将ナルカ、母衣懸テ踏留テ切テ廻リケルガ、深田エ馬ヲ乗入テ、無二為《セン》方《カタ》一所ニ、石田家人富《イニ苗》村ト云者馳付テ組ケリ。頼母猛キ侍ナレトモ数度ノ働ニ疲テヤアリケン、終ニ討レケリ。其外中村衆ニハ、原田・甘利・竹田五郎兵衛等、各討死ス。

石田カ兵、又勝ニ乗シテ追掛ル。「小勢ニテサシモノ大軍ノ中エ追懸ルハ不覚ノ至ソ、引取々々」ト左近馳廻、下知シケレトモ、思々ノ兵ナレハ、不二聞入一。斯ル処ニ有馬玄蕃カ勢、横合ニ掛リケレハ、石田方又敗北ス。中村衆モ取テ返テ、両手ヨリ追懸ル。中ニモ有馬家人稲次右近、鳥毛ノ指物差テ鎗付テ高名ス。同家人稲次平兵衛ト石田家人花木外記ト鎗ヲ合ス。水野少次郎モ鎗ヲ合テ首ヲ捕。石田内林半助、白シナヱノ指物、備前中納言内稲葉助ノ丞、金ヲ切裂ノ指物、両人後殿《シンカリ》シテ馳廻ル。

備前中納言内稲葉助之丞、金ノ切サキノ指物、両人後殿《シンカリ》ヲシテ馳廻ル。無二比類一武者振也。

家康公鉄炮ノ音ヲ聞給テ、「何事ソ」ト尋給フニ、御使番来テ右ノ通ヲ申ス。「大事ノ前ノ小事ソ、本多中書急引揚ヨ」ト仰アリ。中書来テ引上ケレハ、タカイニ紛挐シテ引入ケリ。

城中ニハ首拾五級《キウ》討捕テ、石田「物初吉」ト悦テ、水野少次郎ヲ召テ、「汝ハ今度ノ一番首ナレハ、筑前中納言ヘ持参シテ、今日ノ首尾物語セヨ」ト有。則少次郎、急中納言方ニ参テ具申ケレハ、首実検有テ手柄ノ由仰テ、機嫌《キケン》ヨケニソモテナシケル。

一説ニ、島津兵庫頭人数大垣ニ居余リ、木戸堤マテ陣取タリ。関東方水野六左衛門日向守ナリ赤坂ノ東北ニ当テ、曽祢ノ古城ニ陣取ケルヲ、木戸ニ近シ、互ニ足軽ヲ出シテセリ合アリ。是ヲ木戸堤ノセリ合ト云也。

然ル処ニ家康公諸臣ヲ集テ軍評定アリ。「敵ハ大軍ニテ大崎ノ城ニ在。味方ハ浅間成陳城ニアリ。若今夜大垣ヨリ夜討ヲ懸ル事モアリナン。各存寄ヲ可レ申」ト仰ケレハ、本多中書・井伊兵部一同ニ申ケルハ、「如二御

無二比類一武者振也。

内府公鉄炮ノ音ヲ聞召テ、「何事ソ」ト尋給ヘハ、御使番来テ右ノ通ヲ申ケレハ、「大事ノ前ノ小事也」トテ、本多中務ヲ召、「急引上ヨ」ト仰ケリ。中務来テ引上ケル。

城中ニハ首十五級討捕テ、石田「物始ヨシ」ト悦テ、水野少次郎ヲ召テ、「汝ハ今度ノ一番首ナレハ、筑前中納言エ持参シテ、今日ノ首尾物語セヨ」ト有ケレハ、則少次郎、秀秋エ参シテ具サニ申ケレハ、中納言首実検有テ手柄ノ由ニテ仰テ、快ケニモテナサレケル。

一説ニ、島津兵庫頭人数大垣ニ居余リ、木戸堤迄陣取タリ。関東方水野六左衛門日向守勝蔵也赤坂ノ東北ニ当テ、曽根ノ古城ニ陣取ケルカ、木戸ニ近シ。互イニ足軽ヲ出シ迫合アリ。是ヲ木戸堤ノ攻合ト云也。

然ル処ニ　家康公諸臣ヲ集メテ軍評定アリ。「敵ハ大軍ニテ大垣ノ城ニアリ。味方ハ浅間ナル陣城ニ居テ、若シ今宵大垣ヨリ夜討ヲ懸ル事モ有ナン。各存寄ヲ可レ申」ト仰ケレハ、本多中務・井伊兵部一同ニ申ケルハ、「如二御諚一敵ハ大垣ノ要害ニ居テ御本陣ノ後ロ也。関原

定《ヂウノ》一、敵ハ大垣ノ要《カナメ》ニ居テ御本陣ノ後ロナリ。関ケ原ノ北方垂井ノ山手ニ竹中丹後守カ居城菩提《ホダイ》ト申城アリ。小城ニテハ候ヘトモ、山中ニテ堅固ノ地ナレハ、此城ヘ移《ウツ》ラセ給ヒ、其ヨリ明日関ケ原ヘ御出張候ヘカシ」ト申ケレハ、家康「最ナリ。乍レ去大軍菩提ノ城ヘ引入事成マシ。士卒騒《サウ》動ヲ見テ大垣ヨリ後陣ヲ可レ討」ト有ケレハ、井伊申ケルハ、「某存候ハ、大軍ヲハ御先ノ次第ヲ以テ菩提・垂井ノ間ヘ押詰《ツメ》サセ、又御旗本ノ御備ハ北上ノ山ヘ押上、山中ヲ引取可レ申。是ヨリ菩提ノ山路、樵夫《シヤウフ》ノ通路三筋御座候。自然ノ御用ニト存、此間人ヲ遣シ、我等モ潜《ヒソカ》ニ参見置候カ、道モ広ク候」ト申上ケレハ、家康公御感不レ斜《ナヽメ》、「汝弓箭ノ嗜《タシナミ》深ク、某カ事ヲ大功ト存ル故ニ加様ノ所マテニ心ヲ尽事神妙也」ト仰テ、「サラハ先手ヘ可二触渡一」トアル時、夜已ニ戌《イヌ》ノ下刻也。

然ルニ「大垣ノ方ニ松明夥《ヲヒタタ》シク見候」ヨシ、井楼《セイロフ》ニ在ケル物見ノ者来テ申上ケレハ、家康公物見櫓《ヤクラ》ニ上テ見給ヘハ、数百本ノ松明大垣ヨリ伊勢路ノ方ヘ引続《ツツキ》タリ。則御使番ヲ召テ「伊勢人数大垣ヘ入カ見テ参レ」ト仰ケレハ、使番具ニ見届、立帰テ申ケルハ、「伊勢勢来ニテ

北ノ方垂井ノ山手ニ、竹中丹後守カ居城菩提ト申城アリ、小城ニテハ候エトモ、山中ニテ堅固ノ地ナレハ、此城移セ給ヒ、ソレヨリ明日関原エ御出張候ヘカシ」ト申ス。内府公、「最モ也。乍レ去大軍ヲ菩提城エ引入事成マシ。士卒騒動ヲミテ大垣ヨリ後陣ヲ可レ討」ト仰ケレハ、兵部申上ルハ、「某存候ハ、大軍ヲハ御先ノ次第ヲ以菩提・垂井ノ間エ押詰サセ、又御旗本ノ御備ハ此上ノ山エ押上、山中ヲ引取可レ申。是ヨリ菩提ノ山路、樵夫ノ通路三筋御座候。自然ノ御用ニト存、此間人ヲ遣、某モ潜ニ参テ見置候カ、道モ広ク候」ト申上ル。家康公御感不レ斜、「汝弓箭ノ嗜深ク、吾事ヲ大功ニ存故ニ、ケ様ノ所迄心ヲ尽事神妙也」ト被レ仰、「サラバ先手エ可二触渡一」トアル時、夜既ニ戌下刻也。

然ニ「大垣ノ方ニ松明夥ク見候」由、井楼ニ在ケル物見ノ者来テ申上ル。内府公物見ニ上テミ給ヘハ、数百本ノ松明大垣ヨリ伊勢路ヘ引続キタリ。則御使番ヲ召テ「伊勢人数大垣エ入カ見テ参レ」ト仰ケレハ、使番衆具ニ見届立帰申ケルハ、「伊勢ノ人数来ルニテハ候ハス。大垣人数伊勢エ落行申」ト言上ス。内府公大ニ御悦有

ハ候ハス。大垣人数伊勢路へ落行申」ト云。家康公大ニ悦《ヨロコヒ》給テ、「明日ノ軍ハ勝タルソ。一番鳥ニ先手関ケ原へ押寄ヘシ」ト触《フレ》ラレケリ。

54　大垣諸将評議手分《テ》事　（十四—三）

大垣ニハ石田・小西・島津・大谷・戸田寄合テ、筑前中納言内府へ内通シテ明日裏《ウラ》切スル由、敵方ニ付置忍ノ者告来ニ付テ、口《クチ》々ニ評定ス。戸田武蔵守申ケルハ、「秀秋ハ多勢ニテ裏切セハ味方ニハ利ヲ失ヘシ。是偏《ヒトヘ》ニ秀頼公ノ御運ノ尽《ツク》ル所也。此度ノ軍ニ仕負ハ、秀頼公ノ御味方ハ一人モ有マシ。其時ハ孤《ミナシコ》ノ如ナリ給ヘシ。秀秋ハ幼君ノ従弟《イトゴ》、味方ノ統領《トウリヤウ》トシテ倒《サカシマニホコヲ》レ戈セラレンハ、誠《マコト》ニ禽獣《キンシウ》ニモヲトリタル人カナ。タトヒ一旦楯裏《タテウラ》ノ謀反《ムホン》セラレタリトモ。天罰《ハツ》ヲ蒙テ後マテモ天下ノ侍ニ指ヲササレ給ヘシ。誠ニキタナキ所存カナ。我不肖《セウ》ニハ候ヘトモ、一命ヲ秀頼ヘ奉ル忠義ヲ守テ死コソ侍ノ道ナレ、某《ソレカシ》今夜秀秋ノ陣所ニ往《ユイ》テ軍内談ノ体ニモテナシ指違テ死ヘシ」ト云ケレハ、諸将忽ニ色ヲ直シテ、「誠ニ御辺《ヘン》

テ、「明日ノ軍ハ勝タルソ。一番鳥ニ先手関原エ押寄ヘシ」ト被レ触ケリ。

54　大垣諸将評議手分事　（八—三）

大垣ニハ石田・小西・島津・大谷・戸田寄合テ、筑前中納言ハ　内府公エ内通シテ明日裏切スル由、敵方ニ付置忍ノ者告来ニ付テ、口々に評定ス。戸田武蔵守申ケルハ、「秀秋ハ多勢ニテ裏切セハ味方勝利ヲ失ヘシ。是レ偏ニ秀頼公ノ御運ノ尽ル所也。此度ノ軍ニ仕負ケハ秀頼ノ御味方ハ一人モ有マシ。其時ハ孤ノ如クニ成給ヘシ。秀秋ハ幼君ノ従弟、味方ノ統領トシテ裏切セラレンハ、誠ニ禽獣ニモ劣《ヲトリ》タル人哉。縦一旦楯裏ノ謀叛セラレタリトモ、天罰ヲ蒙ツテ後迄モ天下ノ侍ニ指ヲササレ給ヘシ。誠ニキタナキ所存哉。我不肖ニハ候ヘトモ、一命ヲ秀頼ニ奉ル。就レ其今夜秀秋ノ陣所エ往テ、軍内談ノ体ニモテナシ指違《チカ》ヘテ死スヘシ」ト云ケレハ、諸将忽ニ色ヲ直シテ、「誠ニ御辺ノ言葉ノ如ク、義ヲ守テ死コソ侍ノ本

ノ言ノ如ク、義ヲ守テ死コソ侍ノ本意ナレ」ト同シケル。「聞㆓伯夷之風《イカヲ》㆒者ノハ、頑夫廉《ケンフモレン》ニ懦《タン》夫モ有㆑立㆑志《ココロサシヲ》」トハ此事ヲヤ申ヘキ。外様ニ控《ヒカ》ヘタル人々、是ヲ聞テ勇ミ悦フ処ニ、治部少輔云ク、「各何トカ思召。唯今ノ一言ハ秀頼公ノ御為ニハ忠信難《アケ》㆓勝計《テカソヘ》㆒。乍㆑去秀秋裏切可㆑有㆓実正㆒ナラハ、内府諸人ノ前ニテ申マシ。加様ノ大事ヲ触《フレ》マハルハ、是ハ如何《イカ》様内府ノ謀《ハカリコト》ト覚タリ。罪モナキ秀秋ヲ害《カイ》センモ還テ味方乱《ラン》ノ端也。今夜ハ御待候ヘ。一行《テタテ》仕ミン」ト留ケリ。

大谷刑部少輔カ曰ク、「内府明日合戦有ヘシト陣中ヘ触ケルトナリ。然ハ明日ノ合戦ハ青野原ヘ撃《ウチ》出可㆑決㆓勝負㆒」ト有ケレハ、何モ「最」ト一同シテ軍ノ評議相定テ、処々ヘソ帰ケル。

石田ハ大垣城ニ守ル人々ヲ申付、本丸ニハ福原右馬助、二丸ハ筧和泉守・熊谷内蔵允・木村宗左衛門、三ノ丸ニハ秋月長門守ト相定メ、其身ハ十四日戌ノ刻、大垣ヲ立テ馬ニ縄轡ヲハメサセ、明松《タイマツ》・挑灯《テウチン》モナクテ、潜《ヒソカ》ニ栗原山ノカカリ火ヲ目当ニシテ野口村淡海ノ道筋ヲヘテ行ケルニ、折節大雨シキリニテ、クラサハ暗シ、田畠フケ河

意ナレ、「聞㆓伯夷ヵ之風㆒者ハ、頑《クハン》夫《フ》廉《レン》懦《タ》夫《フ》有㆑立㆑志」トハ、カカル事ヲヤ申ヘキ」ト外様ニ牽タル人々、是ヲ聞テ勇悦所ニ、治部少輔云、「各何トカ思召。只今ノ一言秀頼公ノ御為ニハ忠信難㆓勝計㆒。乍㆑去秀秋裏切可㆑為㆓実正㆒ナラハ、内府公諸人ノ中ニテ被㆑申マシ。箇様ノ大事ヲ触廻ルハ、イカサマ　内府ノ謀ト覚ヘタリ。罪モナキ秀秋ヲ害センモ却テ味方乱ノ端也。今夜ハ御待候ヘ、一行仕ミントス」ト止ケル。

大谷刑部少輔云、「内府明日合戦有ヘシト陣中エ触ケルト也。然ハ明日ノ合戦青野原ェ撃出可㆑決㆓勝負㆒」ト有ケレハ、何レモ「尤」ト一同シテ軍ノ評議相定テ、陣所々々エ帰ケル。

石田ハ大垣城ヲ守ル人々ヲ申付、本丸ニハ福原右馬助、二丸筧和泉守・熊谷内蔵允・木村宗左衛門、三丸秋月長門守ト相定、其身ハ十四日戌剋、大垣ヲ立テ馬ニ縄轡ハメサセ、松明・挑灯テモナクテ、潜ニ栗原山ノ篝火ヲ目当ニシテ野口村淡海ノ道筋ヲ経テ行ケルニ、折節大雨頻リニテ、暗サハ闇シ、田畠フケ河トモ云ス、士卒道モナキ所ヲ迷ケル。「責テ雨止ミテコソ陣替ハスヘキニ、コ

トモイハス、士卒道モナキ処ヲ惑《マヨ》ヒケル。セメテハ雨ヤミテコソ陣替有ヘキニ、「コハ何事ソヤ。内府ノ御着《ツキ》ヲ恐クヤ思ヒケン」ナト下様ノ者共欺《アザム》キケリ。

栗原山へ亥刻計ニ着テ、毛利ノ宰相・吉川駿河守へ参会シテ、「内府明日可レ有二一戦一、御先手奉レ頼」ノ由申ケレトモ、徳永法印知略ニテ東方へ内通ナレハ、返答《ヘントウ》シカシカトモセス。石田無二為方《センカタ》一ヤ有ケン、「左アラハ先陣ハ某《ソレカシ》可レ仕。後陣ヲ頼入」ト云捨《ステ》テ、其ヨリ牧《マキ》田道筋ヲ関ケ原へ出、筑前中納言陣処へ丑ノ刻ニ着ヲ対面シ申ケルハ、「御身ハ秀頼公ノ御一門、今度軍勢ノ惣管《ソウクワン》ナルニ心替《カハリ》ノ由、沙汰承候条、虚実《キヨシツ》ヲ直段《ジキ》ニ承届ンタメニ参上申也」トイヘハ、黄門チンシケルハ、「全《マッタク》其儀ニ非ス。少モ無二別心一」石田大ニ悦テ、懐《フトコロ》ノ中ヨリ熊野牛《クマノゴ》王ヲ取出シ、「左アラハ、是ニ御判有テ賜ハレ」ト責《セメ》ケレハ、黄門速《スミヤカ》ニ血判シテ渡シ、「明日ハ花々敷合戦シテ見セ申サン」ト賺《スカシ》ケレハ、石田怡《イ》悦シテ退出ス。

其ヨリ大谷刑部陣処へ行テ対面、暫《シハラク》軍評議シテ黄門ノ誓紙ヲ見セテ云ケルハ、「斯《カク》ハ計ヒケレトモ何トモ難《カタ〈ク〉》見定ケレハ、黄門ノ陣ニ心ヲ付ラレヨ」ト云捨《ステ》テ、北国

ハ何事ソヤ。内府公ノ御著ヲ恐シクヤ思ラン」ナト下様ノ者共欺キケル。

栗原山エ亥刻計ニ着テ、毛利宰相・吉川駿河守ニ参会シテ、「明日内府可レ有二一戦一、御先手奉レ頼」ノ由申ケレトモ、徳永法印智略ニテ東方エ内通ナレハ、返答然々トモセス。石田無二為方一ヤ有ケン、「左アラハ先陣ハ某可レ仕。後陣ヲ頼入」ト云棄、従レ夫枚田筋ヲ関原エ出、筑前中納言陣所エ丑刻ニ著テ対面シ申ケルハ、「御身ハ秀頼公ノ御一門、今度軍勢ノ惣管ナルニ心替ノ由、沙汰承候条、虚実ヲハ承届ン為ニ参上申也」ト云ハ、黄門云、「全其儀ニ非ス。少モ無二別心一」ト也。石田大ニ悦テ、懐中ヨリ熊野牛玉（王カ）ヲ取出シ、「左アラハ、是ニ御判有テ賜ハレ」ト責ケレハ、黄門速ニ血判シテ被レ渡「明日ハ花々敷合戦シテ見セ申サン」ト賺ケレハ、石田怡悦シテ退出ス。

ソレヨリ大谷刑部陣所エ行テ対面シ、暫軍評議シテ黄門ノ誓紙ヲミセテ「斯ハ計ヒケレトモ何共難二見定一ケレハ、秀秋ニ心ヲ付ラレヨ」ト云捨テ、北国筋小関村へ参著シケレハ、夜既ニ明方ニ成ケリ。

道筋小関《セキ》村へ参着シケレハ、夜已ニ明方《アケ》ニ成ケリ。

一説ニハ大谷刑部カ云ク、「中納言秀秋へ使者ヲ立、「軍ノ評定仕ノ間、是へ御出候へ」ト申、則参タラハ裏《ウラ》切ノ事ヲ申達、若其体見ナラハ可刺《サシ》二殺一。兎角《トカク》呼寄テ、黒白ヲ決《ケツス》へシ」ト有ケレハ、諸将「最」トテ両度マテ告ヤリケレトモ、称《シヤウシテ》レ病不レ来。其時戸田武蔵云トアリ。

古人ノ云ク、「孫子ニ「以レ正ヲ戦ヒ以レ奇《キ》ヲ勝」ト云リ。島左近カ中村勢大将モナク思々ナルヲ見テ、人数ヲ懸、足軽ヲ出シ、セリ合セタルハ以レ正戦フナリ。一備ヲ茂ミノ陰ニ置テ敵ノ追《ヲイ》来ヲ待テ勝タルハ、以レ奇勝ナリ。然レトモ追過テ又有馬勢ニ横《ヨコ》ヲ入ラレタリ。是ハ島カアヤマリニ非ス。侍共島ト傍《ハウ》輩ナレハ、島カ下知ヲ不レ恐故也。

内府公、「今宵大垣ヨリ夜討《ウチ》アランカ」ト御心ノ付事、大垣勢牧《マキ》田筋へ引退ヲ見テ、「早勝タリ」ト被レ仰事、筑前中納言カ裏切ヲ高声ニ諸人ニ聞セ給事、皆是武将ノ亀鑑《キカン》也。学レ兵人心ヲ付へシ。

戸田武蔵守越前安居城主壱万石カ一言、万人ノ競《キヲイ》ヲ付、忠勇兼備レリ。大谷カ関ケ原へ出テ戦、是大ニ過レリ、敵

一説ニ大谷刑部カ云、「先秀秋ヲ以二使者一呼、「軍評議仕ト間、是エ御出候へ」ト申遣シ、参ラレタラハ、裏切ノ事ヲ申、若其体ミユルナラハ可二刺シ殺一ス。トカク呼ヨセ、黒白ヲ可レ決」ト有ケレハ、諸将「最」トテ両度迄申遣ケレトモ、称レ病不レ来。其時戸田武蔵カ云トモアリ。

古人云ク、「孫子、「以レ正戦、以レ奇勝」ト云リ。島左近カ中村勢大将モナク思々ナルヲ見テ、人数ヲカケ、足軽ヲ出シ、迫合セタルハ以レ正戦也。一備ヲ茂ミノ陰ニ置テ敵ノ追来ヲ待テ勝タルハ、以レ奇勝也。然トモ追過テ又有馬ニ横ヲ入ラレタリ。是ハ島カ謬ニ非ス。侍共島ト傍輩ナレハ、島カ下知ヲ不ルレ恐レ故也。

内府公、「今宵大垣ヨリ夜討有ンカ」ト御心ノ付事、大垣勢枚田筋エ引退ヲ見玉ヒ、「早勝タリ」ト被レ仰事、秀秋ノ裏切ヲ高声ニ諸人ニ聞セ給事、皆是武将ノ亀鑑也。学レ兵人ハ心ヲ付へシ。

戸田武州カ一言、万人ノ競テ付、忠勇兼備レリ。此人ハ越前安居城主一万石領セリ。又石田カ大垣ヨリ小関迄五・六里ノ道ヲ廻テ人馬労ヲカシタル事、兵ニ拙シ。夜

出ハ何ソ大垣ヨリ出テ後ヲ討サル。又石田カ大垣ヨリ小関マテ五・六里ノ道ヲマハリテ、人馬労《ツカラ》カシタル事、兵ニ拙シ。夜明ニ小関ヘ着テ頓《ヤカ》テ軍始ル故ニ、人馬勢衰テイトト敗《ハイ》北ナリ」

問云、「此時軍ニ石田勝《カツ》道アリヤ」古人云、「此処、我モ王民ナレハ憚《ハハカリ》アリ。云カタシ。筑前黄門石田ニ逢《アツ》テ誓紙ヲ書テチンシ、即座ノ難《ナン》ヲ遁《ノカルル》ニハヨケレトモ、皆天道ヲシラヌ人ナリ。此人天ニ背《ソムキ》タル罪三アリ。第一、凡夫ノ子ヲ大閤ノ御取立、諸侯トナシ、月卿《ケツケイ》ノ高位《イ》ニ昇《ノホ》ル恩ヲ忘《ワスレ》シ事。第二ニ、トテモ東方ヲスルナラハ、上方ヘ言分シテ一旗立テコソアランニ、楯裏《タテウラ》ノ謀反《ムホン》ハ侍ノ忌憚《イミハハカル》事也。第三、石田ニ逢《アフ》テ則討果シ、「今度天下ノ乱《ラン》ハ石田一人ノ催《モヨヲシ》也。東西ヲ不レ知秀頼ニ悪心ヲ申含《フクメ》タリ。秀頼ノ心ニ非ス」ト中分《ワケ》、石田カ首ヲ内府ヘ上ラレハ、忠ト武勇ト有テ子孫繁昌スヘキ。諸神応感《ワウカン》ノ誓紙ニ血判シテ偽《イツハリ》ケル。此三ノ天ニ背タル人ナレハコソ、後日ニ狂気シテ子孫絶タリ」

或書曰、「内府公脇坂中書マテ仰遣《ツカハ》サレケルハ、「大谷刑部少輔ハ我方ヘ久出入シタル人也。少モ素《ソ》意ニ思ハス。

明ニ小関エ着テ頓テ軍始ル故ニ、人馬勢ヒ衰テイトト敗北也」

問云、「此時軍ニ石田勝道有ヤ」答云、「此所、我モ王民ナレハ憚有テ云難シ。筑前黄門石田ニ逢テ誓紙ヲ書テ陳ジ、即座ノ難ヲ遁レタルハヨケレトモ、皆天道ヲ知ヌ人也。此人天ニ背タル罪三ツアリ。第一、凡夫ノ子ヲ大閤ノ御取立、諸侯ト成、高官高位ニ昇ル恩ヲ忘ル事。第二ニ、迚モ東方ニ組スルナラハ、上方エ言ヒ分シテ一旗立テコソ有ンニ、楯裏ノ謀反ハ武士ノ忌憚事也。第三、石田ニ逢テ則打果シ、「今度天下ノ乱ハ三成一人ノ催也。東西ヲ不レ知秀頼ニ悪心ヲ申含タリ。秀頼ノ心ニ非ス」ト申分、石田カ首ヲ　内府公エ上ラレヨ。忠ト武勇ト有テ子孫可二繁昌一。諸神応感ノ誓紙ニ血判シテ偽ケル。此三ノ天ニ背キタル人ナレハコソ、後日ニ狂気シテ子孫絶ス」

又或ル書ニ曰、「内府公脇坂中書迄被二仰遣一ケルハ、「大谷刑部少輔ハ我方エ久ク出入シタル人也。少モ跡意ニ不レ思。急キ此度味方ニ可レ参ト可レ申」ト有ケレハ、則脇坂ハ大谷方エ行テ、「我方エモ又ハ御辺エモ如レ此

急此度味方ニ可レ参ト可レ申」ト有ケレハ、脇坂ハ大谷へ参テ、「我方へモ又ハ御辺《ヘン》へモ如レ此申来タルカ、何トヲホスソ」ト何トナシニ裏《ウラ》問ケレハ、大谷、「扨ハ此脇坂モ裏切ト覚タリ」ト早知ケレトモ、サラヌフリニテ云ケルハ、「内府公ノ言ノ如ク、年来清眼ニ預リタル吾ナレハ、御味方ニ参テハ不レ叶事ナレトモ、一度石田ト申合テ此節貴命ニ随候ハ、裏切ノ悪名ヲ天下へ取テ侍ノ風上ニ置レマシケレハ、命ナカラへテ何カセン。乍レ去吾ヲ御用ニ可レ立モノト思食テ仰アル事、死テモ草ヲ結ハン厚恩也」ト思切タル返答ナリ」

斯テ筑前中納言ハ黒田ヲ頼ミ、脇坂・朽木・小河ハ藤堂ヲ頼テ反忠スルト聞ケレハ、セメテ筑前黄門同家老トモノ心ヲ離ントヤ思ケン、一通ノ起請文ヲ遣ス。其状ニ云、

一　秀頼公十五ニ被レ為レ成候迄ハ関白職并天下秀秋公へ可二譲渡一事。

一　秀秋公上方為二御賂一播磨国可二相渡一事、不レ及レ申筑後筑前両国如二前々一。

一　於二江州一十万石ハ稲葉佐渡守、同拾万石ハ平岡

申来タルカ、何ト思スソ」ト何トナク裏問ケレハ、大谷、「サテハ此脇坂モ裏切ト覚タリ」ト知ケレトモ、サアラヌ体ニテ云ケル、「　内府公ノ仰ノ如ク、年来青眼ニ預タル我ナレハ、味方ニ参ラデ不レ叶事ナレトモ、一度石田ト申合テ此節貴命ニ随ハ、裏切ノ悪名ヲ天下ニ取テ、侍ノ風上ニモ置レマシケレハ、命存ラへテ何カセン。乍レ去我ヲ御用ニ立へキ者ト思召、被二仰下一事、死テモ草ヲ結ン程ノ厚恩也ト可レ申」ト思切タル返答ニ、脇坂汗ヲ流シ座ヲ立ケル」ト也。朽木・赤座ハ筑前中納言ノ裏切ヲ聞テ、不レ叶ト思テ一味スト也。小川ハ藤堂佐州ヲ頼、内通シケリト也。

石見守ニ秀頼公ヨリ可レ被レ下事。

一　於二当座一為二御印物一金子三百枚ハ稲葉ニ同三百枚平岡ニ可レ被レ下事。

右此奥起請文アリ其文如レ常。

九月十四日

安国寺
刑部少輔
治部少輔
大蔵
小西
秀家

55　上方衆関ヶ原備立事　（十四―四）

九月十五日昧爽《ハイサウ》ニ石田治部少輔関ヶ原ニ着テ、小関野天魔《マ》山ニ本陣ヲ居ケリ。後ロハ小池、前ニハ木戸柵ヲ付、二重柵ニシテ堅固也。先手ハ島左近・蒲生備中、別ニ柵《サク》木戸ヲ付テ備タリ。大谷刑部少輔来テ、「早速陣取堅固《ケンコ》也」ト美《ホメ》テ曰、「小川・朽木・脇坂カ体ヲ見ニ心替リ也、金吾《キンゴ》ハ弥裏切ト見タレハ、今日ノ合戦ハ治定討死ト極タ

55　上方衆関原備立事　（八―四）

九月十五日昧爽《マイソウ》ニ石田治部少輔関原ニ着テ、小関野天魔山ニ本陣ヲ居ケリ。後ロハ小池、前ニハ木戸柵ヲ付、二重柵ニシテ堅固也。先手ハ島左近・蒲生備中、別ニ柵木戸ヲ付テ備タリ。大谷刑部少輔来テ、「早速陣取堅固也」ト美テ云、「小川・朽木・脇坂カ体ヲ見ルニ心替也。金吾ハ弥裏切ト見タレハ、今日ノ合戦ハ治定討死ト極タ

リ。御辺《ヘン》モ必命ナカラヘ給ヘカラス」ト云テ陣所ヘ帰ケリ。

同朝垂井《タルイ》ノ南ノ方、南宮山岡《ヲカ》ケ鼻《ハナ》ニ備ヲ立ル衆ニハ、上ノ山ニハ安芸宰相秀元輝元ノ養子、後ニ毛利甲斐守ト云・吉川侍従広家出雲国主拾八万六千石・長曽我部右衛門太郎 秦《ハタノ》盛親《チカ》土佐国主、九万八千石、盛親父長曽我部宮内少輔元親、武勇振世也。本国土佐国ヨリ出テ、四国大半手ニ入、大閤ノ時被二召出一。土佐一国ヲ領ス。関ケ原前年卒去。其子盛親也。後浪人シテ幽夢ト云、大坂陣ニ城ヘ入時、宮内少輔盛親ト申シ・長束《ナツカ》大蔵太輔水口城主五万石・安国寺拾二万石、其勢八千計ニテ段《タン》了ニ備フ。

島津兵庫頭・同又八郎ハ石田カ本陣ニ引続《ツツイ》テ南ノ方、伊吹山北国海道ヲ取切テ、藤子川《フチコ》ヲ後ニ当テ小関ヨリ巽《タツミ》ニ備ヲ立。小西摂津守ハ島津カ西南ノ方ヘ引サカツテ藤子川ヲ前ニ当テ備ヲ立。備前中納言秀家ハ小西カ南、石原峠《タウケ》ニ本陣ヲ居テ、先手ハ峠ノ下ニ備ヲ立。浮田カ備ノ南、関ケ原道筋ノ北ニハ大谷刑部・平塚因幡・戸田武蔵守備也。

中ニモ大谷ハ、南ニ筑前中納言、東ニ内府方ノ敵アレハ、両方ヲ兼テ柵《サク》木戸堅固ニシテ備モ両方ヘ備タリ。其陣営《エイ》他人ニ勝レテ巧《タクミ》ナリケレハ、見人誉《ホメ》アヒケリ。刑部養子大谷大学助吉勝ニ、二千五百余相添テ、大関藤川

リ。御辺モ必命存ヘ不レ可レ給」ト云テ陣所エ帰ケル。

同朝垂井ノ南ノ方、南宮山岡鼻ニ備ヲ立ル衆ニハ、上ノ山ニハ安芸宰相秀元輝元ノ養子後日ニ毛利甲斐守一・吉川侍従広家出雲国主十八万六千石・長宗我部宮内少輔盛親土佐国主九万八千石・長束大蔵大輔水口城主五万石・安国寺十二万石、其勢二万八千計ニテ段々ニ備フ。

島津兵庫頭・同又八郎ハ石田カ本陣ニ引続キ南方、胆吹山ニ北国海道ヲ取切テ、藤子川ヲ後ニ当、小関ヨリ巽ニ備ヲ立。小西摂津守ハ島津カ西南ノ方エ引サカツテ、藤子川ヲ前ニ当備ヲ立。備前中納言秀家ハ小西カ南、石原峠ニ本陣ヲ居テ、先手ハ峠ノ下ニ備ヲ立。浮田備ヲ南、関原道筋ノ北ニハ大谷刑部・平塚因幡・戸田武蔵也。

中ニモ大谷ハ南ニ筑前中納言東ニ　内府方ノ敵アレハ、両方ヲ兼テ柵木戸堅固ニシテ備ヘモ両方エ備タリ。其陣営他人ニ勝テ巧ミ也ケレハ、見人誉アヘリ。刑部養子大谷大学助吉勝ニ二千五百余相副、大関藤川ヲ前ニ当テ、東国勢ノ寄来ル垂井口エ差向五町計左ノ山際ニ陣ヲ取。甥ニ木下山城守頼継ハ一千余ヲ引卒シ右ノ山ニ副テ備。平塚因幡守・戸田武蔵守・同内記三人ハ小勢ナレハ、脇ヘ寄テ備タリ。

ヲ前ニ当テ、東国勢ノ寄来ル垂井口ヘ差向《サシムカウ》五町計左ノ山際《キハ》ニ陣ヲ取備。又甥《ヲイ》ニ木下山城守頼継ハ、一千余ヲ引卒シテ右ノ山ニ副テ備ル也。平塚因幡守・戸田武蔵守・同内記三人ハ小勢ナレハ、脇ヘ寄テ備タリ。

其ヨリ南松尾山ノ下ニ、筑前中納言・脇坂中書・朽木河内守・小川土佐守・赤座久兵衛、此五手段々ニ備ケル。但筑前中納言ハ伏見城ヲ攻《セメ》取テ大坂ヘ帰リ、兵具ヲ用意シテ江州石部《イシベ》ト勢州関《セキノ》地蔵ニ五日・六日逗《トウ》留シテ、関ヨリ江州日野越《エ》智川ヘ出テ、柏原《カシハ》ニ陣シテ東西ノ勝負ヲ伺《ウカカイ》ケリ。九月十四日、松尾山ニ登《ノホツ》テ陣シ、裏切洩《モレ》聞ケレハ、大谷・戸田・平塚等第一此手当ニ備ケルト聞ヘシ。関ケ原ノ町ヨリ松尾秀秋ノ本陣ヘハ拾八町有ケルトナリ。

爰ニ小川土佐守子息左馬助ニ、裏切ノ事ヲ語ケレハ、左馬助申ケルハ、「石田ト日来申合タル事ナレハ、我ハ石田ヘ可レ参。昔ヨリ父子立別《ワカレ》テ敵味方トナルモ習アル事也」ト云ケリ。是《コレ》左馬助ハ天下無双ノ美男《ヒナン》、漢《カン》ノ籍孺《セキシュ》閎孺《カウシュ》カ婉佞《エンネイ》アツテ、石田ト若道ノ知音ナルトソ聞ヘシ。今年二十歳ナレトモ余リニ色麗《レイ》美ナレハ、拾五・六ノ容顔アリ。筑前中納言モ若キ人ナレハ心ヲ寄ケルト也。然

従レ夫南松尾山ノ下ニ筑前中納言・脇坂中務・朽木河内守・小川土佐守・赤坂久兵衛、此五手段々ニ備ケル。但筑前中納言ハ伏見城ヲ攻取テ大坂エ帰リ、兵具用意シテ江州石部ト勢州関地蔵ニ五日・六日逗留シテ、関ヨリ江州日野知智川エ出テ柏原ニ陣シテ東西ノ勝負ヲ伺ケル。九月十四日、松尾山ニ登テ陣ス。裏切洩聞エケレハ、大谷・戸田・平塚等弟（第カ）一此手当ニ備ケルトソ聞ヘシ。関原ノ町ヨリ松尾秀秋ノ本陣エハ本八町有ケルト也。

爰ニ小川土佐守子息左馬助ニ、裏切ノ事ヲ語ケレハ、左馬助申ケレハ、「石田ト日来申合タル事ナレハ、我ハ石田エ可レ参。昔ヨリ父子立別テ敵味方ト成習モアル事也」ト申ケルトカヤ。此左馬助ハ天下無双美男、ミル人毎ニ心ヲ惑ハス。石田ト若道ノ知音也トソ聞ヘシ。今年廿歳ナレトモ余リニ色美麗ナレハ、十五・六歳ノ容顔アリ。筑前中納言モ若キ人ナレハ心ヲ寄ケルト也。然ニ小川カ家老共諫ケルハ、「父ノ恩ト知音ノ交リヲ替給ヘキ事ナラス、土佐守殿、此度ノ企モ御子孫ノ御為ヲ思召テノ事ナレハ、達テ御止リアレ」ト申故、「サラハ我ハ明日ノ合戦ニハ出向マシ」トテ気ヲ屈シテ居タリケルソ、

ル二小川カ家老共諫《イサメ》ケルハ、「父ノ恩ト知音ノ交トヲ替給ヘキ事ナラス。土佐守殿、此度ノ企《クハタテ》モ御子孫ノ御為ヲ思召テノ事ナレハ、達テ御止リアレカシ」ト申故、「サラハ我ハ明日ノ合戦ニハ出向マシ」トテ気ヲ屈《クツ》シテ居タリケリ。誠ニ朝《テウ》同夕異《イ》ノ折カラ、禍福・栄枯《エイコ》定カタキ世《ヨノ》間《ナカ》也。

56　東方武者押《ヲシノ》事　（十四—五）

斯テ内府公ハ所々ノ手配《クハリ》アリケル。大垣ヘ押ヘニハ水野日向守・津軽右京進・西尾豊後守・山内対馬守・中村式部・名代同彦右衛門也。南宮岡《ナングウヲカ》ケ《カ》鼻押《ハナノヲサヘ》ニハ、羽柴三左衛門・浅野左京大夫・駿河衆・遠州衆・本多中務也。多芸《タキ》口ヘハ徳永法印・市橋下総守・横井伊織・同孫右衛門・同作左衛門ヲ遣《ツカハ》シ、金屋河原ニ備立。御先手一番ニ羽柴左衛門・京極侍従・藤堂佐渡守・有馬玄蕃頭・田中兵部太輔・生駒讃岐守、二番ニ黒田甲斐守・加藤左馬助・金森法印・羽柴越中守・織田有楽・松倉豊後守、三番ニ井伊兵部少輔・松平下野守忠吉也。下野守殿ハ先手

ヤサシキ。

56　東方武者押事　（八—五）

斯テ　内府公ハ所々ノ手配アリケル。大垣ノ押ヘニハ水野日向守・津軽《ツカル》右京ノ進・西尾豊後守・山内対馬守・中村彦右衛門也。南宮岡ケ鼻ノ押ヘニハ、羽柴三左衛門・浅野左京大夫・駿河衆・遠州衆・本多中務也。多喜口エハ徳永法印・市橋下総守・横井伊織・同孫右衛門・同作左衛門、金屋河原ニ備ヲ立。御先手一番ニ羽柴左衛門・京極侍従・藤堂佐渡守・有馬玄蕃頭・田中兵部大輔・生駒讃岐守、二番黒田甲斐守・加藤左馬ノ助・金森法印・羽柴越中守・織田有楽・松倉豊後守、三番ニ井伊兵部少輔・松平下野守忠吉也。下野守殿ハ先手ノ御大将

ノ御大将トソ聞ヘシ。其外ハ小身衆也。

　十五日寅刻ニ羽柴左衛門大夫ヨリ、曽笛《ソフエ》法斉ヲ使者トシテ云ハ、「石田治部少輔、大垣ヲ落テ関ケ原ニ出張候。追付合戦始リ可レ申。急キ御旗ヲ被レ寄候ヘ」ト石川主殿頭ヲ以申上ケレハ、則御寝《シン》所ヨリ出給テ、御前ヘ被二召出一、御直ニ返答ナリ。則堀尾信濃守ヲ赤坂ノ留守ニ残《ノコシ》置給テ、御湯漬《ツケ》ヲマイリ御具足ヲ召内ニ近習伺公ノ人人ニ仰ニ、長久《ク》手《テ》一戦ノ事ヲ語リ給テ、「凡野《ノ》間《アヒ》ノ合戦ニ当時某《ソレカシ》カ鋒《ホコ》先ニ向テ戦ハンモノハ不レ覚《ヲホエ》」ト勇ミ進セケレハ、伺公ノ諸士悦事限ナシ。

　此間ニ黒田甲斐守内毛屋武蔵参ケレハ、仰ニハ、「武蔵ハ朝鮮国マテ秀吉公ヨリ甲斐守方ヘノ感状ニ、「其方家臣毛屋武蔵以二惟《タヽ》一人之武功一ヲ漢南《カンナミ》勢百万騎ヲ切崩《クスシ》申之旨、古今未《メセサル》タレ聞《キカ》之勇士也」ト御文言ナリ。其外数度ノ武功ノ者ヲ召ト有ケレハ、御前ヘ参ル先手ノ様子如何見タルソ」。武蔵申ハ、「今日ノ御合戦ハ御勝ニテ候」「可レ勝子細ハ」ト有ケレハ、「敵ノ備方々遠《トヲ》山峰ニ陣取テ合戦ヲ助ントスルモ延引タルヘシ。只指向敵ハ僅《ワツカ》ナレハ、一懸リニ可二撃《ウチ》捕一。一陣敗テ残党不レ全ニテ候ヘハ、余

トゾ聞ヘシ。其外ハ小身衆也。

　十五日寅刻ニ羽柴左衛門大夫ヨリ、祖父江法斉ヲ使者トシテ云、「石田治部少輔、大垣ヲ落テ関原ニ出張候。追付合戦始リ可レ申。急御旗ヲ被レ寄候ヘ」ト石川主殿頭ヲ以申上ケレハ、則御寝所ヨリ御出御前エ被二召出一御返答也。則堀尾信濃守ヲ赤坂ノ御留守ニ被二残置一、御湯漬ヲ被二召上一、御具足ヲ召内ニ、近習伺公ノ人々ニ長久手一戦ノ事ヲ語給テ、「凡野間ノ合戦ニ当時某カ鋒先ニ向ツテ戦ハン者ハ不レ覚」ト勇進マセ玉ヒケルハ、伺候ノ諸士悦事限リナシ。

　此間ニ黒田甲斐守内毛屋武蔵参ケレハ、仰ニ云、「朝鮮国迄秀吉ヨリ甲斐守方エ感状ニ、其方家臣毛屋武蔵以二惟一人之武功一、漢南勢百万騎切崩申之旨、古今未レ聞之勇士也トノ文言也。其外数度ノ武功ノ者ソト有テ、御前エ召テ先手ノ様子如何ミタルソ」武蔵申ハ、「今日ノ御合戦ハ御勝ニ候」「可レ勝子細ハ」ト有ケレハ、「敵ノ備ヱ方々遠山峰ニ陣取テ合戦ヲ助ントスルモ延引タルヘシ。只指向敵ハ僅ナレハ一駈ニ可二撃取一。一陣敗テ残党不レ全ニテ候ヘハ、余敵モ自退散スヘシ」ト申シケ

敵モ自ラ退散スヘシ」ト申シケレハ、御機嫌《キケン》不レ斜、其外先手ノ事共問給フ。扨諸手ヘ触ラレケルハ、弓手ノ肩ニ切割紙ヲ付テ、「味方討堅禁正スヘシ」ト也

57　関ケ原合戦事　（十五―一）

慶長五年九月十五日早朝、御使番先手ヘ触《フレ》ケルハ、「夜前仰出サルル相言《アヒコト》、山カ麾《ザイ》・麾《ザイ》カ山トナレトモ、敵方ヘ早《ハヤ》知タレハ、麾カ麾・山カ山」ト御定《サタメ》也。

爰ニ先手ノ諸将ハ十四日ノ夜、青野原ニ野陣ヲ懸《カク》。折節風雨頻《シキリ》ナレハ衽《シキネ》スル金革《キンカク》ノ中マテ水トヲリテ難儀ニ及ヘリ。十五日未明ニ青野原ヲ打立テ行軍《カウクン》備《ソナヘ》押通ル。関ケ原近キ所ニ、朝霧深《キリフカ》キ中ヨリ首一級《キウ》ヲ提《ヒツサケ》来ル者アリ。一ノ先羽柴左衛門大夫ハ是ヲ見テ、「何者ソ」ト問ケレハ、「藤堂佐渡守内藤堂新七郎」ト答テ急ニ走リヌケ、則佐渡守高虎ノ実検《シツケン》ニ入ケレハ、高虎大ニ悦テ、「諸手一番首ソ、急キ内府公ノ御目ニ懸ヨ」トテ高橋藤七使者トシテ上ケレハ、犬塚平右衛門奏者シテ披露《ロウ》アリ。「早キ首捕事、新七郎ハ今ニ始ヌ剛者《カウノ》ソ」トテ御感。「味方

レハ、御機嫌不レ斜、其外見先手ノ事共御尋アリ。サテ諸手エ触ラレケルハ、弓手ノ肩ニ切裂紙ヲ付テ「味方討ヲ堅禁正スヘシ」ト也。

57　関原合戦事　（八―六）

慶長五年九月十五日早朝ニ御使番先手エ触ケルハ、「夜前二仰出一相詞、山カ麾・々カ山トナレトモ、敵方エ早知タレハ、麾カ麾カ・山カ山」ト御定直也ト。

爰ニ先手ノ諸将ハ十四日ノ夜、青野原ニ野陣ヲ懸。折節風雨頻ナレハ具足ノ下着迄水徹リテ難儀ニ及ヘリ。十五日未明ニ青野原ヲ打立テ行列ヲ備押テ行。関原近キ所ニ、朝霧深キ中ヨリ首一級ヲ提来者アリ。一ノ先羽柴左衛門大夫ハ是ヲミテ、「何者ソ」ト問ケレハ、「藤堂佐渡守内藤堂新七郎」ト答、急ニ走抜、則高虎ノ実検ニ入。高虎大ニ悦ンテ、「諸手一番首ソ、急 内府公ノ御目ニカケヨ」トテ高橋藤七使者トシテ上ケレハ、犬塚平右衛門奏者シテ披露アリ。「早首捕事、新七郎ハ今ニ始ヌ剛者ソ」トテ御感。「味方競《キヲイ》ノ首ソ」トテ、新七ニ金銭ヲ

競《キヲイ》ノ首ソ」ト有テ、藤七ニ金銭ヲ被ㇾ下。藤七後ニ金右衛門ト云リ。

斯《カク》テ備前中納言ハ大垣ヨリ夜ノ明方ニ関ケ原へ参着《チャク》スル折節霧《キリ》暗シテ敵味方ノ間見分難シ。又羽柴左衛門大夫人数ハ関ケ原町筋西向ニ押《ヲシ》通ル。備前中納言ノ人数ノ中ヲ切ケレハ、跡ニ残武者菟角《トカク》ト彼此《ヒシ》メキケルカ、後殿《シンカリ》シタル不破内匠《フハノタクミ》・稲葉助之丞進テ云ケルハ、「主君ノ先ニヲイテ跡ニ残ヤウヤアル。押通へシ」ト下知シテ、真黒ニナリテ羽柴左衛門大夫備ノ中ヲ一文字ニ押通ル。左衛門大夫内加藤庄助進テ突《ツイ》テ廻ケルヲ、中納言内稲葉助之丞馬上ヨリ突《ツキ》落ス。左衛門大夫先手福島丹波守ハ秀家ノ小荷駄ヲ追落シテ首少々討捕、是ヲ軍ノ始トス。

内府公ハ辰ノ刻野上《ノカミ》村ノ西関ケ原ノ間桃《モモ》クハリト云所ニ少高所ニ御陣ヲ被ㇾ立。小雨降テ暗《クラ》カリケルカ、巳《ミ》ノ刻ニ晴《ハレ》ニ属《ソク》シテ東西始テ玲瓏《レイロウ》タリ。旭日《キヨクシツ》出テ東ニ暉《カカヤイ》テ西ニ射《サシ》ケリ。本陣ハ魚鱗ニ備ラレ、先手衆ハ鶴翼《クワクヨク》ノ形トナル。其後御旗本ハ関ケ原町口東ヨリ西へ拾二町押出サレ、又、酒井左衛門ニ仰テ、金ノ扇ノ御馬印幷ニ白旗、御本陣ヨリ九町計御先へ出サル。沢井左衛門尉・祖父《ソブ》江法

被ㇾ下。新七後ニ金右衛門ト云リ。

斯テ備中納言ハ大垣ヨ〈リ〉夜ノ明ヶ方ニ関原エ参著。折節霧暗シテ敵味方ノ間難二見分一。又羽柴左衛門大夫人数ハ関原筋西向ニ押通ル。秀家ノ人数ノ中ヲ切ケレハ、跡ニ残ル武者トカクトヒシメキケルカ、後殿シタル不破内匠・稲葉助之丞進テ云ケルハ、「主君ヲ先ニ置テ跡ニ残ヤウヤ有。可二押通一」ト下知シテ、真黒ニ成テ羽柴左衛門大夫備ノ中ヲ一文字ニ押通ル。正則内加藤庄助進テ突テ廻ケルヲ、稲葉助之丞馬上ヨリ突落ス。正則先手福島丹波ハ秀家ノ小荷駄ヲ追落、首少々討捕、是ヲ軍ノ始トス。

内府公ハ辰剋野上村ノ西関原ノ間桃クハリト云所ニ少高所ニ御陣ヲ被ㇾ立。小雨降テ暗カリケルカ、巳刻ニ晴ニ属シテ東西始テ玲瓏タリ。旭日出、東ニ暉テ西ニ射ケリ。本陣ハ魚鱗ニ備ヘラレ、先鋒衆ハ鶴翼ノ形ト成。其後御旗本ハ関原町口東ヨリ西エ十二町押出サレヌ。酒井左衛門ニ仰テ、金ノ扇ノ御馬幟幷ニ白旗、御本陣ヨリ九町計御先エ出サル。沢井左衛門尉・祖父江法斉・森勘解由・奥平藤兵衛ハ斥候ニ出テ、敵ニ遭テ各高名ス。

斉・森勘解由・奥平藤兵衛ハ物見ニ出テ、敵ニ合テ各高名ス。

爰ニ羽柴左衛門大夫ハ関ノ明神ノ森ヲ後ニ当テ備ケルカ、子息刑部少輔ト共ニ備ヲ立ナヲシケレハ、後陣ノ勢是ヲ見テ、「左衛門カ逆《ギヤク》心」トヤ思ヒケン、敗軍ス。御旗本先備モ又敗軍ス。赤井五郎作ハ父ノ五郎カ先備《ソナヘ》ニ在ケレハ、御暇《イトマ》申テ行ヌルニ、敗軍ニテ難レ通。故ニ田ノ中ヘ馬ヲ乗入、敗卒ヲ通シテ跡ヲ見ケレハ、敵一人モナシ。其ヨリ黒田甲斐守備《ソナヘ》ヘソ馳《ハセ》付ケル。此時イマタ合戦ハ始ラス。

左衛門父子ノ備、敵ハ備前中納言也。左衛門後ロニ下野守忠吉・井伊兵部少也。金森法印父子・田中兵部太輔・加藤左馬助ハ、石田・島津ニ向ヒケリ。関ケ原道ノ南ニハ藤堂佐渡守・京極侍従二将ハ、大谷刑部少輔《吉隆》ニ向フ。

右ノ対々ニテ辰ノ刻ヨリ鉄炮セリ合始テ、互《タカヒ》ニ爰ヲ専ト放《ハナチ》懸ケレハ、其声蓋壊《カイシヤウ》ヲ崩スカ如シ。主客《シユカク》相搏《ウツ》テ山川震眩《シンケン》ス。万頃《ハンキヤウ》ノ地モ忽チ裂《サク》ルカトアヤシマレ、百千ノ雷モ霹靂《ヘキレキ》スカト疑《ウタカハ》ル計ナリ。矢合始テヨリ午ノ刻ニ至ケル

爰ニ羽柴左衛門大夫、関ノ明神ノ森ヲ後ニ当テ備ケルガ、子息刑部少輔ト共ニ備ヲ立直シケレハ、後陣ノ勢是ヲミテ、「左衛門カ逆心」トヤ思ケン、敗軍ス。御旗本ノ先備モ亦敗軍ス。赤井五郎作ハ父五郎カ先備ニ在ケレハ、御暇申テ行ケルニ、敗軍ニテ難レ通。故ニ田ノ中エ馬ヲ乗入、敗卒ヲ通シテ跡ヲ見レハ、敵ハ一人モナシ。其ヨリ黒田甲斐守備エ馳著ケル。此時未合戦ハ不レ始。

左衛門大夫父子ノ備、敵ハ備前中納言也。左衛門後ロニ下野守忠吉、井伊兵部少輔也。金森法印父子・田中兵部大輔・加藤左馬助ハ、石田・島津ニ向ケリ。関原道ノ南ニハ藤堂佐渡守・京極侍従二将ハ、大谷刑部少輔ニ向。

右ノ対々ニテ辰刻ヨリ鉄炮迫合始テ、互ニ爰ヲ専ト放ケレハ、其声蓋壊ヲ崩カ如シ。主客相搏テ山川震眩ス。江河モ忽裂ルカト怪マル。雷電モ霹靂スカト疑計也。矢合始テヨリ午刻ニ至リケルカ、上方勢ハ山々峰々ニ充満タリケレハ、「斯テハ上方勝利アルヘシ」トゾ云ケル。

カ、上方勢ハ山山峰々ニ満塞《フサカ》リケレハ、「カクテハ上方勝利有ヘシ」トソ云ケル。

58　石田治部少輔合戦事　（十五―二）

足軽《アシカル》ノ合戦已ニ日昼《ニツチウ》ニ及ヒ、上方勢ノ旗《ハタ》色勝利ニ見《ミエ》ケレハ、石田治部少輔荻野鹿《ヲキノシカ》之助ヲ召テ、「先手合戦、時節《セツ》ヨケレハ始ヘシ」ト云ヤリケル。先手左リハ島左近、右ハ蒲生備中、再拝ヲ取テ人数ヲ押出シテ懸ル。荻野鎗《ヤリ》ヲ始テ円《エン》石ノ大山ヨリ墜《クツルルカ(ママ)》ルカ如ク一文字ニ縦《カカリ》ツツ、金森法印・子息出雲守・田中兵部・竹中丹後守等ノ先手ト合戦ス。白刃已交《ヂンステニマシハ》テ利鏃骨《リゾクホネ》ヲ摧《クタク(ママ)》ク。鉄炮ノ音、鬨声《トキノコヘ》、百千ノ雷鳴《イカツチナリ》渡ル如ナルカ、終ニハ田中・金森父子先手敗北ス。

爰ニ生駒讃岐守ハ部屋住ナレハ、今度ノ御供ニ侍二拾人ナラテハ不二召連《ツレ》一ケレハ、一備ヲ立ルニ不レ足シテ、田中兵部手ヘ付テ有ケリ。家《ケ》人脇坂孫右衛門年積テ六十三、極テ老衰《スイ》ノ者ナルカ、一正《イチマサ》カ手ニテ一番ニススンテ首ヲ捕。黒田久六・美濃四郎左衛門・奥村宇右衛門等高

58　石田治部少輔合戦事　（八―七）

足軽セリ合既ニ日昼ニ及ヒ、上方勢ノ旗色勝利ニミヱケレハ、石田三成荻原鹿之助ヲ召テ、「先手合戦、時節ヨケレハ始ムヘシ」ト云ヤリケル。先手左ハ島左近、右ハ蒲生備中、再拝ヲ取テ人数ヲ押出シテカカル。荻原鎗ヲ始テ円石ノ大山ヨリ墜ル如一文字ニ懸リ、金森法印・子息出雲守父子・田中兵部・竹中丹後守等ノ先手ト合戦ス。白刃既ニ交リテ利鏃骨ヲ摧ク。敵味方旌旗入交乱ケルカ、終田中・金森父子先手引退ク。

爰ニ生駒讃岐守ハ部屋住ナレハ、今度ノ御供ニ侍二十人ナラテハ不二召連一、一備ヲ立ルニ不レ足シテ、田中兵部手ニ付テ有ケリ。家人脇坂孫右衛門六十三歳、極テ老衰ノ者ナルカ、一正カ手ニテ一番ニ進ンテ首ヲ取ル。黒田久六・美濃四郎左衛門・奥村宗右衛門等高名ス。一正ハ平生隠ナキ訥、愚癡ナル人ナレトモ、合戦ノ時ニ下知

名ス。一正ハ平生隠《カクレ》ナキ訥《ドモ》リ、不言《コン》ナル人ナレトモ、合戦ノ時ニ下知ヲスル言詞弁明《ヘンメイ》、少モ訥《トモ》ラストナリ。加藤左馬助二ノ見ヲ入テ強ク当リケレハ、島・蒲生カ勢、一戦ニ備、足乱シテ敗北ス。田中・金森、続《ツヽイ》テ懸リケリ。

爰ニ左馬助小性森岡半三郎、生年十八歳、伊勢国住人。始ハ蒲生氏郷《サト》ニ仕《ツカ》ヘテ、十三ニテ綿利《ワタリ》四郎右衛門ト云剛《カウ》ノ者ヲ討タル天性《セイ》ノ勇者ナレハ、今度森八蔵ト云者ヲ付テ、「半三郎ニ高名サセヨ」ト被二申付一ケル。此小性一番ニ進テ働ケルカ、島左近ニ渡リ合、引組《クン》テ上下ヘ返シタリ。崖ヨリ共ニ落ケルヲ、森八蔵押《ヲサ》ヘテ首ヲ捕セケリ。

又一説ニハ半三郎カ捕タル首ハ島ニハ非ス。島ハ合戦ニシツカレテ勢ツキテ、石ニ腰ヲ懸テ息ツキケルヲ、左馬助カ小性十三ニ成ケルカ、潜《ヒソカ》ニ主君ノ前ヲ抜《ヌケ》出テ敵ノ中ヘ入、島ヲ見付テ刀ヲ抜テ切付ル。島カ云ハ、「ヤサシキセカレカ心ハセソ、我頸《クヒ》ヲ取テ一生ノ誉ニセヨ」トテ、自ラシコロヲ上テ討セケルトモ云。両説也。

島カ嫡子新吉モ討レケリ。原甚兵衛ハ一番鎗高名ス。堀主水ハ生年十六歳。木戸ノ中ニテ突《ツイ》テ廻リ、自身モ手負血ヲ流シテ首ヲ提《サケ》テ帰ケリ。半三郎後日ニ六千石ヲ領

ヲスル言詞弁明、少モトモラスト也。加藤左馬助二ノ見ヲ入テ強ク当リケレハ、島・蒲生カ勢、備足乱シケレハ敗北ス。田中・金森、続イテカカリケリ。

爰ニ左馬助小姓ニ森岡半三郎、生年十八歳、伊勢国住人。初ハ蒲生氏郷ニ仕ヘテ、十二歳ニテ綿利四郎右衛門ト云剛ノ者ヲ打タル天姓（ママ）ノ勇者ナレハ、今度森八蔵ト云者ヲ付テ、「半三郎ニ高名サセヨ」ト被二申付一ケル。此小姓一番ニ進テ働ケルカ、島左近ニ渡合、引組テ上下エ返シ、岸ヨリ共ニ落ケルヲ、森八蔵押ヘテ首ヲ捕セケリ。

一説ニハ半三郎カ捕タル首ハ島ニ非ス。島ハ軍ニ疲テ石ニ腰ヲ掛テ息ツギ居ル処ニ、左馬助小姓十三ニ成ケルカ、潜ニ主君ノ前ヲ抜出テ敵ノ中エ入、島ヲ見付テ刀ヲヌキ切付ル。左近云、「ヤサシキ倅子カ心哉。我首取テ一生ノ誉ニセヨ」トテ、自ラシコロヲ上テ討セケルトモ云。両説也。

島カ嫡子新吉モ討レケリ。原甚兵衛ハ一番鎗高名ス。堀主水ハ生年十六。木戸ノ内ニテ突テ廻リ、自身モ手負血ヲ流シテ首提テ帰リケリ。半三郎、後日ニ六千石領ス。半三郎カ姉ハ左馬助ノ妾ト成、娘ヲ産テ、南部山城守ニ

知ス。半三郎カ姉ハ左馬助カ妻トナリ、娘《ムスメ》ヲ生ス。南部山城守ニ嫁《カシ》ケリ。堀主水ハ家老トナル。

扨ハ御本陣ニ備タル人々、古田織部・猪子内匠・舟越五郎右衛門・佐久間久右衛門・弟源六ハ、石田カ手ニ合戦始リケルヲ見テ我先ト懸《カケ》付テ、思々ニ乗入テ各高名ス。蒲生備中ハ大敵ヲ引請テ戦ヒケルカ、終ニ散々ニ打ナサレテ、其子大膳ト唯父子二人ニナリケル。大膳ハ勇ヲ励《ハケミ》シ敵ノ首ヲ捕テ備中ニ見セケレハ、「加様時首ヲ捕《トッ》テモ誰《タレ》ニ可レ見ソヤ。捨テ討死セヨ」ト制シケリ。

石田治部ハ天魔《マ》山ヨリ押下シテ、鬨ヲ作テ討テ縦ル。然ルニ筑前中納言・脇坂・朽木・小河・赤座、裏切ノ色ヲ立。「是ヤ此、「殷ノ紂王ノ兵前《セン》徒《ト》戈ヲ倒《サカシマ》ニシテ味方ヲ攻、血流《チナカ〈レ〉》テ漂《タタヨハ》レ杵《スタテヲ》」ト云、眼前ニ在哉」ト、諸軍アキレテ一支モセテ敗北ス。治部不レ叶トヤ思ケン、敗北シテ伊吹山へ逃《ニケ》上ル。

蒲生備中父子ハ敵ノ中へ入テ知人ナシ。カクテハ落ハ落へケレトモ、元来義ヲ守リ志ヲ励《ハケ》ム侍ナレハ、「能敵ト組《クン》テ死ン」ト見《ミル》処ニ、織田有楽《ウラク》通ルヲ跡ヨリ声ヲ懸テ、「吾等ハ蒲生飛騨守内ニ横山喜内ト申シ者也、御存候ヤ」

嫁ス。堀主水ハ家老トナル。

偖御本陣ニ備タル人々、古田織部・猪子内匠・舟越五郎右衛門・佐久間久右衛門・弟源六ハ、石田カ手ニ合戦ヲ始ケルヲミテ我先ニト駈付テ、思々ニ乗入、各高名ス。蒲生備中ハ大敵ヲ引受テ戦ケルカ、終ニ散々ニ打ナサレ、其子大膳ト父子只二人ニ成ケル。大膳ハ勇ヲ励シ敵ノ首ヲ取テ備中ニミセケレハ、「箇様ノ時首ヲ捕テモ誰ニ可レ見ゾヤ。棄テ討死セヨ」ト制シケル。

石田ハ天魔山ヨリ押下テ、鯨波ヲ作リ掛リケル所ニ、筑前中納言・脇坂・朽木・小川・赤座等裏切シケルニ、上方勢一戦モセス瓦解シケレハ、治部ハ不レ叶トヤ思ケン、敗北シテ伊吹山エ逃上ル。

蒲生備中父子ハ敵ノ中エ入テ知人ナシ。斯落ハ落ヘケレトモ、元来義ヲ守リ忠ヲ励ム武士ナレハ、「能敵ト組テ死ナン」トミル所ニ、織田有楽ノ通ルヲ跡ヨリ声ヲカケテ、「我等ハ蒲生飛騨守内ニ横山喜内ト申ス者也。御存知候ヤ」ト云。有楽立帰テ、「今日ノ働キ神妙也。我ト打連可レ来。命計ハ可レ助」ト有ケレハ、備中云、「有樂ハ信長公ノ御舎弟トモ覚ヌ事ヲ宣フ者哉」ト、「侍ノ

ト云ヘハ、有楽立帰テ、「今日ノ働《ハタラキ》神妙也。我ト打連可ㇾ来。命計ハ可ㇾ助」ト有ケレハ、備中云、「有樂《ラク》ハ信長公ノ御舎弟トモ覚ヌ事ヲ宣《ノタマウ》哉。侍ノ二張ノ弓引ハ禽《キン》獣《シウ》也」ト云儘《ママ》ニ、刀ヲ抜テ鎧《ヨロイ》ノ上ヲシタタカニ斬《キリ》付レハ、有楽者馬ヨリ倒《タヲレ》落。家人千賀《センガ》又蔵鎗《ヤリ》ニテ備中ヲ突ケレハ、備中鎗《ヤリ》ノ柄ヲ斬《キリ》折テ払ヒ切ニナキスユル。又蔵モ切倒《タヲ》サレ、有楽アヤウキ処ニ、又蔵カ下人備中ニ組《クミ》付、又蔵カ弟モ懸合テ鎗ニテ弱腰《ヨハコシ》ヲ突トヲス。備中モ心ハ樊噲《ハンクワイ》カ怒ヲモ争《アラソ》フ者ナレトモ、此手ニ勢力ツキタルヲ、有楽立上テ首ヲ捕。

内府公首実《シツ》検ノ時、備中カ首ヲ御前ヘ被㆓召寄㆒、「若年ヨリ武功ノ名アル侍ナリ。此首跡ヲ能弔ヒ候ヘ」ト仰テ有楽ニ被ㇾ下ケリ。「一騎当千ノ勇士カナ」ト、聞人毎ニ涙ヲ流シケリ。

斯《カクテ》西方石川伊豆守、小関村ノ前ニテ一番ニ高名ス。小坂助六・兼松又四郎・吾孫《アヒ》子善十郎・稲垣市左衛門・坪内喜太郎父子・生駒因幡、駆《カケ》入、高名ス。右八人ハ首捕テ内府公ヘ指上レハ御感。

東方ニハ又伊丹兵庫・河村助左衛門・村越兵庫・奥平

二張ノ弓引ハ禽獣也」ト云儘ニ、刀ヲ抜テ鎧ノ上ヲ健カニ切付レハ、有楽ハ馬ヨリ倒ニ落。家人千賀又蔵鎗ニテ備中ヲ突ケレハ、備中鎗ノ柄ヲ切折テ又蔵ヲ払切ニ薙スユル。千賀モ切倒サレ、有楽危キ処ニ又蔵カ家僕備中ニ組付、又蔵カ弟モカケ合テ鎗ニテ弱腰ヲ突トヲス。備中心ハ樊噲カ怒ヲモ争フ者ナレトモ、数度ノ戦ニ疲レタル上ニ、四人ト挑合、勢竭タルヲ有楽立揚テ首ヲ取ル。

内府公首共御実検ノ時、備中カ首ヲ御前エ被㆓召寄㆒、「若年ヨリ武功ノ名アル侍也。此首ヲヨク弔候へ」ト被ㇾ仰テ有楽ニ被ㇾ下ケリ。「一騎当千ノ勇士哉」ト聞人毎ニ感涙ヲ流シケリ。

斯テ石川伊豆守、小関村ノ前ニテ一番ニ高名ス。小坂助六・兼松又四郎・吾孫子禅十郎・稲熊市左衛門・坪内喜太郎父子駆入、高名ス。右七人ハ取タル首共差上。内府公御感アリ。

又伊丹兵庫・河村助左衛門・村越兵庫・奥平藤兵衛ハ、諸人ニ抽テ働ケルカ、四人共ニ討死ス。右十一人ハ御家人也。小関村ノ合戦敗レケレハ、藤子川伊吹山エ追討ニスル事、幾千万ト云数不ㇾ知。後ニハ石田カ勢夜前五・

藤兵衛ハ、諸人ニ抽《ヌキン》テ働ケルカ、此四人ハ討死ス。右拾一人ハ御家人ナリ。小関村ノ合戦敗レケレハ、藤子川伊吹山へ追討ニスル事、幾千万ト云数ヲシラス。後ニハ石田カ勢夜前五・六里ノ道ヲ来リ、今日一日ノ戦ニ大ニ疲《ヒ》労《ラウ》シケレハ、首ヲトラルレトモ不レ構甲冑脱《ヌイ》テ、息絶《イキタヘ》テ道ニ倒《タヲレ》臥者満々ナリ。

左馬助ハ一戦ニ打勝テ、敵ヲ不レ追シテ、人数ヲ集テ備ヲ立。是ハ敵取テ帰サンカトノ支度トソ聞エシ。田中・竹中ハ敵ヲ追《ヲイ》討テ山へ攻《セメ》登ル。

59　大谷平塚《ツカ》戸田ノ合戦ノ事　（十五―三）

筑前中納言ハ裏切ノ事ヲ家老共ニモ不二談合一、士卒《ソツ》ハ勿論《モチロン》不レ知ケリ。一ノ先、松野主馬知行二万石侍八拾騎組頭、二ノ手、稲葉内匠組共、東方ニ向テ陣ヲ張《ハリ》、本陣ノ下知ヲ遅《チソ》シト待居タリ。

斯《カカ》ル処ニ、小関《セキ》村已ニ合戦始リケレトモ、松尾山ニ控《ヒカヘ》タル諸将、敵共味方トモ不レ知ハ、内府公左ノ指《ユビ》ノ爪ヲ食《クイ》切テ血ヲ出シ給ヘハ、血沫《アハ》ヲカミ給ヤウニ見タリ。大

六里ノ道ヲ来リ、今日一日ノ合戦ニ大ニ疲労シケレハ、首ヲ取ルレトモ不レ構甲冑ヲ脱テ、息絶、道ニ倒者満々タリ。

左馬助ハ一戦ニ討勝テ、敵ヲ不レ追シテ、人数ヲ集テ備ヲ立。是ハ敵取テ返サンカトノ用意トゾ聞ヘシ。田中・竹中ハ敵ヲ追討テ山エ攻上ル。

59　大谷平塚戸田合戦事　（八―八）

筑前中納言ハ裏切ノ事ヲ家老共ニモ不二談合一、士卒ハ勿論不レ知ケリ。一ノ先、松野主馬二万石領組侍八十騎、二手稲葉内匠組共、東方ニ向テ陣ヲ張ル。本陣ノ下知ヲ遅シト待居タリ。

斯ル所ニ、小関村既ニ合戦始リケレトモ、松尾山ニ控ヘタル諸将、敵共味方トモ知サレハ、内府公左ノ御指ノ爪ヲ喰切テ血ヲ出シ給ヘハ、血沫ヲカミ給ヤウニミエ

ニ気ヲイラチ給テ、「松尾山ノ方ヘ鉄炮ヲ打懸ヨ」ト仰ケリ。御使番馳来テ命《メイ》ヲ告ケルト、藤堂・京極・足軽ヲ出シ、鉄炮放《ハナチ》懸ケレハ、筑前中納言ノ備《ソナヘ》色メキ立テ備ヲ立直《ナヲ》ス。

時ニ村上右兵衛使番トシテ松野主馬ニ云ケルハ、「急キ人数ヲ可二引帰一」ト也。主馬大ニ怒《イカツ》テ、「不忠不義ノ臆《ヲク》病人也。我ハ爰ニテ東方ト合戦シテ、花々シク可二討死一」ト也。右兵衛カ曰ク、「今何ヲ申テモ内府公ト約束也。違返《キヘン》ハ成マシ。凡ソ士ノ軍ニ死ルモ主人ノ為《タメ》ナリ。是ニテ討死セラレハ、御辺《ヘン》モ又不忠也。急引帰給ヘ」ト云。主馬ハ理屈《リクツ》ニ心ヲナヲシテ、「是非ナキ」ト云ナカラ引帰ケリ。其ヨリ先手ヘ不レ出。松尾山ニ備テ不レ戦ケリ。

天下平均ノ後、法体シテ黒谷《クロタニ》ニ在ケルヲ、中納言ハ幡摩・美作御加増有ケレハ、松野主馬ヲ召テ使ヲ立、「壱万五千石加増シテ三万五千石ニナシ、三箇国ノ仕置《シヲキ》可レ頼」ト有ケレトモ、不二帰参一。柴《サイ》門雖《イヘトモ》レ設《モウケリト》常ニ関《トサシ》、藜杖《レイシヤウ》扶《タスケ》レ老ヲテ憩息《ケイソク》ス。彼ノ伯夷《イ》・叔斉《シクセイ》カ「不義ノ禄《ロク》ヲ不レ受」トテ、首陽山ニ蕨《ワラヒ》ヲ拾《ヒロ》ヒケル事思出ラレテ、聞《キク》

タリ。大ニ気ヲイラチ給ヒテ、「松尾山ノ方エ鉄炮打懸ヨ」ト仰ケリ。御使番馳来テ命ヲ告ルト、藤堂・京極・足軽ヲ出シ、鉄炮ヲ放懸ケレハ、筑前中納言ノ備色メキ立テ備ヲ立直ス。

時ニ村上右衛使番トシテ松野主馬ニ云ケルハ、「急人数ヲ可二引返一」ト也。主馬大ニ怒テ、「不忠不義ノ臆病人也。我ハ爰ニテ東方花々敷可二戦死一」ト云。右兵衛云、「今何ヲ申テモ　内府公ト御約束也。違変ハ成マシ。凡侍ノ軍ニ死スルモ主人ノ為也。ココニテ討死セラレハ、御辺モ亦不忠也。急キ引返シ玉ヘ」ト云。主馬ハ理屈ニ心ヲ直シ、「無二是非一」ト云ナカラ引返シケリ。其レヨリ先手エ不レ出。松尾山ニ備テ不レ戦ケル。

天下平均ノ後、主馬法体シテ黒谷ニ在ケルヲ、中納言ハ播磨・美作御加恩有ケレハ、松野主馬エ使ヲ立、「一万五千石加増シテ三万五千石ニ成テ、三箇国ノ仕置ヲ可レ頼」ト有ケレトモ、不二帰参セ一。潜ニ世ヲ遁テ耕居タリケル。彼伯夷・叔斉カ「不義ノ禄ヲ不レ受」トテ、首陽山ニ蕨ヲ拾ヒケル事思出ラレ、聞人毎ニ感ケリ。

其後、田中兵部先知六万石筑後一国御加恩有ケル時、筑後

人毎《コト》ニ感ケリ。

其後、田中兵部前知六万石筑後一国御加恩アリケル時、筑後守ト号シケリ。礼ヲ厚《アツク》シテ招《マネ》キタレハ則参ケルニ、客人分トシテ二万三千石ヲ賜ケリ。筑《チク》後守、家絶《タヘ》テ後、駿河大納言殿ヘ招《マネ》カレテ事ヘケルカ、又亜相配《ハイ》流ノ後浪人シテ法体、松野道円トテ大津ニ引籠ル。後ニ本多能登守ニ預《アツケ》ラレケリ。

斯《カク》テ筑前中納言秀秋・脇坂中務太輔安治・朽木河内守利綱・小川土佐守祐忠・赤座久兵衛、此五手、東方ニハ不レ搆《カマハ》シテ、刑部少輔方ヘ斬《キツ》テ懸ル。内府公ハ御覧シテ、「鬨々」ト仰ケレハ、御旗本一同ニ鯨波《トキノコヱ》ヲ上レハ、諸将ハ思々ニ時ヲ作ル声、雷霆《ライテイ》ノ空ニ轟《トヽロク》カ如ク也。

藤堂佐渡守、再拝ヲ振出シテ懸ル。京極続テ大谷刑部少輔ヘ縦リケル。藤堂家人藤堂式部・須知《シウチ》九右衛門・松宮彦左衛門・渡辺八左衛門・渡辺高之助等、諸人ニ勝テ働ク。大谷カ先手大谷大学・木下山城等、防戦ト云トモ、終以敗北ス。

又中納言秀秋ハ刑部少輔ヘ鉄炮ヲ放懸事雨ノ如シ。大谷吉綱ハ素ヨリ弓箭ニ賢キ武将ナレハ、少モ不レ騒《サハカ》、六

守ト号ス。田中礼ヲ厚シテ松野ヲ招キケレハ、則参ケルニ、客人分トシテ二万三千石ヲ宛行。筑後守、家絶テ後、駿河大納言殿エ招テ事ケルカ、又悪（亜カ）相配流ノ後浪人シテ法体、松野道円トテ大津ニ引籠ル。後ニ本多能登守ニ預ケラレケリ。

斯テ筑前中納言秀秋・脇坂中務少輔・朽木河内守・小川土佐守・赤座久兵衛、此五手、東方ニハ不レ搆シテ、大谷ニ斬テ懸ル。内府公ハ御覧シテ、「サア鬨《トキ》ノ声々々」ト被レ仰ケレハ、御旗本一同ニ鯨波《トキノコヱ》ヲ上レハ、諸将ハ思々ニ時ヲ作ル声、雷霆ノ空ニ轟カ如シ。

藤堂佐渡守、再拝ヲ取テ振出シテ掛ル。京極続テ大谷カ陣エ懸リケル。佐州家人藤堂式部・須知九右衛門・松宮彦左衛門・渡辺八兵衛門・渡辺高之助、諸人ニ勝テ働ク。大谷カ先手大谷大学・木下山城守等、防キ戦ト云トモ、終ニ敗北ス。

中納言秀秋ハ刑部少輔エ鉄炮ヲ放懸事雨ノ如シ。大谷吉綱ハ素ヨリ弓箭ニ賢キ武将ナレハ、少モ不レ騒《サハカ》、六百余人ノ鉄炮ヲ先ト脇トノ敵ニ配リ立、爰ヲ戦ト戦ケル心ハ天魔・鬼神モ挫ク程ナレトモ、大軍ノ裏切ナレハ可

百余人ノ鉄炮ヲ先ト脇トノ敵ニ配リ立テ放サセ、爰ヲ専ト戦ケル。心ハ天魔・鬼神ヲモ挫《クシ》ク程ナレトモ、大軍ノ裏切ナレハタマルヘキ様ナシ。

平塚因幡為広ハ勇ヲ励《ハケミ》義ヲ重シテ戦フ。戸田武蔵守重政モ平塚ト一所ニ裏切ノ五将ト合戦シテ、中納言ノ先手ヲ追崩《クツ》ス。サレトモ大軍荒手ヲ入替戦ケレハ、平塚・戸田、知行壱万石ツツノ身上ナリ。百倍ノ敵ニ追立ラレテ、小西摂津守カ控タル方ヘ敗北ス。

爰ニ藤堂佐渡守家人藤堂玄蕃、本ハ関白秀次ノ家人ナルカ、秀次家滅《ホロヒ》テ、佐渡守親類ナレハ招キ寄テ、伊予国板島城ヲ預置、一揆ノ押トス。玄蕃、達テ訴訟シテ、跡ヨリ是《コノ》戦場ニ来ケレハ、一入勇ヲ励《ハケン》テ一番ニ働ヌルカ、平塚ヲ目懸テ追懸ル。

又志摩左近カ嫡子新吉、是ヲ見テ横合ヨリ馳付テ、玄蕃ト渡リ合。玄蕃ハ初合戦ニ足ヲ乱、散々ニナリケルカ、新吉トセリ合。玄蕃ト一所ニ馳来侍七里勘右衛門・渡辺市左衛門ヲ始、究竟ノ者共悉討レ、新吉モ人数多討セ、互ニ自身ノ働ニナリケリ。玄蕃走リ寄テ新吉ト組ケルカ、新吉ハ若武者、玄蕃ハ数度ノ軍ニ労レタレハ、心ハ進メ

レ叶ヤウモナシ。

平塚因幡ハ勇ヲ励シ、義ヲ重シテ戦。戸田武蔵守モ平塚ト一所ニ裏切ノ五将ト合戦シテ、秀秋ノ先手ヲ追崩ス。サレトモ大軍ノ荒手ヲ入替入替戦ケレハ、戸田・平塚知行一万石宛ノ身上百倍ノ敵ニ追立ラレテ、小西摂津守カ控ヘタル方エ敗北ス。

爰ニ藤堂高虎家人藤堂玄蕃、元ハ関東〈白カ〉秀次ノ家人ナルカ、秀次已滅ノ後、佐州親類ナレハ招寄テ、伊予国板島城ヲ預置、一揆ノ押トス。然ニ玄蕃達テ訴訟シテ、跡ヨリ此戦場ニ来ケレハ、一入勇ヲ励ンテ一番ニ働ケルカ、平塚ヲ目カケテ追掛ル。

又島左近カ嫡子新吉、是ヲミテ横合ヨリ馳付テ、玄蕃ト渡シ合。玄蕃方初合戦ニ足ヲ乱、散々ニナリケルカ、新吉ト攻合。玄蕃ト一所ニ馳来侍里落字七有勘右衛門、渡辺市左衛門ヲ始、究竟ノ者共悉討レ、新吉モ人数多ク討セ、互ニ自身ノ働ニ成。玄蕃走寄テ新吉ト組ケルカ、新吉ハ若武者、玄蕃ハ数度ノ軍ニ労レタレハ、心ハ進トモ不レ叶、終ニ新吉ニ首ヲ捕レヌ。

又式部・須知・松宮・渡辺等ハ五人共ニ、能首ヲ捕。

トモ不レ叶、終ニ新吉組勝テ首ヲ捕。

又式部・須知・松宮・渡辺等、五人共ニ能首ヲ討捕。

藤堂・京極ノ勢押詰《ツメ》テ、大谷カ柵《サク》ノ前ニテ合戦ス。

又、平塚ハ手勢悉討レテ、只一人走マハル。斯ル処ニ、生駒讃岐家人石川原ト云者、平塚ニ渡リ合。平塚ハ黄縨《ホロ》ヲ前結《ムスヒ》ニシテ、十文字ヲ以大童ニナツテ、石川原ヲ懸倒《タヲ》シ、鎗ヲ臥タル上ニ置テ、「平塚因幡守」ト名乗テ立去。黒田久六首ヲ持ナカラ来テ、石川原ヲ馬ニカキ乗テ帰ケリ。

小川土佐守モ平塚ヲ目懸テ来、家人小川甚助・樫井太兵衛、平塚ニ渡リ合。平塚ハ息切テ刀ヲモ不レ抜、芝居シタルヲ突伏テ、首ヲ捕。因幡守カ最後、誉ヌ人ハナシ。

又戸田武蔵ハ家人鶴見平右衛門主従二人ニ討ナサレテ、縦横《シウワウ》ニ働ク。織田河内守ト渡リ合、河内家人走リ寄テ突伏、首ヲ捕ントスル時、津田長門来テ其首ヲ奪《ウハイ》取、内府公ヘ上ケリ。跡ヨリ彼者本多佐渡守ヲ以訴、終ニ河内捕タルニ成ケリ。戸田内記・因幡嫡子庄兵衛、一所ニ討死ス。

斯テ大谷刑部少輔家人ニハ、下河原宗右衛門尉・牧村三左衛門・閑斉竪《リツ》者・古川太郎兵衛・池沢七郎兄弟・佐

藤堂・京極ノ勢押詰テ、大谷カ柵ノ前ニテ合戦ス。

又平塚ハ手勢悉討レテ、只一人走廻ル。斯処ニ、生駒讃守岐家人石河原ト云者、平塚ニ渡リ合。平塚ハ黄縨ヲ前結ニシテ、十文字ヲ持大童ニ成テ、石河原ヲカケ倒シ、鎗ヲ臥タル上ニ置テ、「平塚因幡守」ト名乗テ立去。黒田久六郎〈ママ〉首持ナカラ来テ、石河原ヲ馬ニ掻乗帰リケリ。

小川土佐守モ平塚ヲ目懸テ来、家人小川甚助・樫井太兵衛、平塚ニ渡合。平塚ハ息切テ刀ヲモ不レ抜、芝居シタルヲ突臥、首ヲ取。因幡守最期、誉ヌ人ハナシ。

又戸田武蔵ハ家人鶴見平右衛門主従二人ニ討成サレテ縦横ニ働ク。織田河内守ト渡リ合。河内家人走リ寄テ突臥セ首ヲ捕ントスル時、津田長門守来テ其首ヲ奪取、内府公エ上ル。跡ヨリ彼者本多佐渡守ヲ以訴、終ニ河内守取タルニ成ケリ。戸田内記武蔵子平塚庄兵衛因幡子一所ニ打死ス。

斯テ大谷刑部家人ニハ、下河原宗右衛門・牧村三左衛門・閑斉竪者・若林八兵衛・村木小三郎・古川太郎兵衛・平子清兵衛・池沢七郎兄弟・佐久間勘右衛門・上野・岡田・藤野・中小路・田辺・水田・見森〈ママ〉七九郎、以

久間勘右衛門・若林八兵衛・村木小三郎・平子清兵衛・上野・岡田・藤野・中小路・田辺・沓見・森七九郎、以下百余人ノ士ハ、一命ヲ塵《ヂン》芥ヨリモ軽シ、爬《ハ》羅《ラ》剔《テキ》抉《ケツ》、刮《アカラ》垢《ケツリ》光ヲ磨《ミカキ》テ前後左右ニ働ケル。秀秋兵士、田中勘左衛門・布田新平、討死ス。

藤堂佐渡守先手藤堂仁右衛門、進テ合戦ス。仁右衛門勢少引退処ヘ、藤堂新七兵ヲ進メ、武ヲ励《ハケマ》シテ懸ル。仁右衛門モ続《ツツイ》テ当リ、紛《フン》々紜《ウン》々白刃《ハクヂン》入チカヘ、生死刹那《セツナ》ノ間ニ決《ケツ》ス。此ヤ是、帝釈《タイシャク》天ノ魔《マ》王ト日々戦シモ是ニハヨモマサシト覚《ヲホエ》タリ。

敵味方多ク討死スル中ニモ、大谷カ勢少勢ナレハ不レ叶、悉討レテ木戸ノ中ヘ引入ケリ。大谷刑部侍大将湯浅五助、東西両方ノ合戦ニ悉討死シ、其外雑兵ハ何国トモナク落行ケレハ、其身モ数度ノ戦ニツカレテ手負ケレトモ事トモセス、首一級《キウ》ヲ提《ヒサケ》テ、刑部少輔ノ御前ニ参ル。刑部ハ馬ヨリ下、傍《ソハ》ナル柵《サク》ノ木ニ取付テ、再拝ヲ持テ「懸々《カカレ》」ト云レケリ。刑部大ニ悦テ、「五助帰ケルカ、先手ハ如何ニ」トアリ。

五助涙ヲ流シテ暫《シハシ》ハ物モ不レ言ケルカ、ヤヤ有テ申ヤ

下百余人ノ士ハ、一命ヲ塵芥ヨリモ軽ンシ、拳ヲ握リ臂ヲ嚼テ前後左右ニ働ケル。

藤堂佐渡守先手藤堂仁右衛門、進テ戦フ。仁右衛門勢少引退処ニ藤堂新七兵ヲ進、武ヲ励シテ掛ル。仁右衛門モ続テ当リ、紛々紜々白刃入違、生死刹那ノ間ニ決ス。

敵味方多討死スル中ニモ、大谷カ侍大将湯浅五助ハ大谷カ軍兵、東西両方ノ合戦ニ悉ク討死シ、其外雑兵ハ何国トモナク落行、其身モ戦疲レテ手負ケレトモ事トモセス、首一級ヲ提テ、刑部少輔ノ前ニ参ル。刑部ハ馬ヨリ下テ、傍ナル柵木ニ取付テ再拝ス。以「カカレカカレ」ト云ケルカ、五助ヲミテ大ニ悦ンテ、「五助帰ケルカ、先手ハ如何ニ」ト有。

五助涙ヲ流シテ申ヤウ、「先手ハ早ヤ悉討死シテ、戸田武蔵殿・平塚因幡殿モ討死ニテ候。敵早木戸ノ中エ入乱ヘシ。急御自害」ト申ケレハ、刑部「ソレ懸硯」ト有テ、左右ニ残ル侍四五人ニ金子ヲ配与ヱ、「汝等今迄付随事神妙也。是ヲ路銭ニシテ何方エモ可レ参。扨我頸ハ田ノ中エ入ヨ」ト有テ、筑前中納言ノ方エ向テ、「日本一ノ不忠不道ノ男哉。汝ヲ人ト思テ一味シタル事ノ無念

ウ、「先手ハ早　悉《コトコトク》討死シ、戸田武蔵守殿・平塚因幡守殿モ討死ニテ候。敵早木戸ノ中ヘ入乱ルヘシ。急御自害」ト申ケレハ、刑部「ソレ懸硯《カケススリ》」トアリ。左右ニ残《ノコル》侍四・五人ニ金子ヲ配《クハ》リ与《アタ》ヘテ、「汝等《ナンチラ》今マテ付随事神妙也。是ヲ路《ロ》銭ニシテ何方ヘモ可レ参。扨我頸《クヒ》ハ田ノ中ヘ入ヨ」ト有テ、筑前中納言カ方ヘ向テ、「日本一ノ不忠不道ノ男哉。汝ヲ人ト思テ一味シタル事ノ無念サヨ。見ヨ。我汝ヲ三年マテ生テハ置マシ」トテ、歯《ハ》カミヲシナカラ腹《ハラ》十文字ニ掻《カキ》切テ死ケリ。

五助ハ泣《ナク》々介錯《カイシヤク》シテ、其首ヲ羽織ニ包テ田ノ中ヘ投《ナケ》入、涙ヲ拭《ノコイ》ナカラ、鎗《ヤリ》ヲ取テ大勢ノ中ヘ割《ワツ》テ入、藤堂仁右衛門渡リ合テ、鎗《ヤリ》付テ首ヲ捕。佐渡守大ニ悦テ内府公ヘ其由申ケレハ、「五助ハ無レ隠《カクレ》剛ノ者ナルニ、不レ洩討捕事神妙也。五助ハ三口《ミツ》ナル」ト仰ケレハ、佐渡守、「仰ノ如ク三口ニテ候」ト。「仁右衛門カ年ハ」ト問セ給ヘハ、「生年十八」ト申セハ、「頼敷」ト仰ケリ。池田伊予守モ大谷手ニ在ケルカ、敗北ノ後高野山ヘ入、高虎託言《ワビコト》申テ命御免也。

サヨ。見ヨ。我汝ヲ三年迄ハ生テハ置マシ」トテ、歯嚼《ハカミ》ヲシナカラ腹十文字ニ掻切テ死ケリ。

五助泣々介錯シテ、其首ヲ羽織ニ包ンテ田中ヘ投入、涙ヲ拭ナカラ、鎗リヲ取テ大勢ノ中エ駆入、藤堂仁右衛門渡リ合テ、鎗付首ヲ取。佐渡守大ニ悦、内府公エ其由申上レハ、「五助ハ無レ隠剛者ナルニ不レ洩討取事神妙也。五助ハ三口ナル」ト仰ケレハ、佐渡守、「如レ仰三口ニテ候」ト申上ル。「仁右衛門カ年ハ」ト問セ給フ。「十八歳」ト申セハ、「頼母敷」ト御諚有ケリ。池田伊予守モ大谷カ手ニ在ケルカ、敗北ノ後高野山エ入。高虎侘言ニテ命御免ナリ。

60　島津兵庫頭合戦事

（十五―四）

島津兵庫頭ハ午刻計ニ鉄炮セリ合。大方味方勝利ト見タリケレハ、右ニ備タル小西摂津守方へ使ヲ立ケルハ、「唯今ノ様子、味方勝利ト覚タリ。御辺懸テ一戦セラレ候へ、二ノ手ニハ我等合戦ヲセハ必勝《ヒツジヤウ》疑《ウタカイ》有へカラス」トナリ。小西ハ一向不㆓同心㆒、「合戦ヲハ御辺ヨリ御始候へ。我二ノ見ヲ入ン」トナリ。島津ハ憤《イキトヲ》リ、怒《イカリ》ケル。

斯ル処ニ、松尾山ノ五将裏切シケレハ惣敗軍ニナリテ、小西モ一戦モセス逃《ニケ》去ケレハ、島津ハ田中・金森ノ手へ横《ヨコ》ヲ入テ追崩《ヲイクツス》。其ヨリ軍兵ヲ集《アツメ》テ円《エン》陣ニ作テ歩立ノ野郎《ヤラウ》ヲ真先ニ抜《ヌキ》ツレ、敵味方ヲモ不ㇾ弁、当ルヲ幸ニ切テ捨、上方道筋へ出ントテ敵ノ中ヲ駆《カケ》通ル。加藤左馬・細川越中守・黒田甲斐守・徳長左馬助等、「アマスナ、漏《モラ》スナ」ト追懸《ヲツカク》ル。

島津ハ本ヨリ陳平・張良カ芸《ケイ》ヲ得テ、孫子・呉《ゴ》子カ謀《ホウ》術《シユツ》ニ髣髴《ホウホツ》タル人ナレハ、人数ヲ丸ク備テ折敷《ヲリシキ》、敵前後ニ引包テ懸ルヲ、種《タネ》ヶ島《シマ》鉄炮ヲ膝台《ヒサタイ》ニシテ三返放《ハナサ》セケレハ、

60　島津兵庫頭合戦事

（八―九）

島津兵庫頭ハ午ノ刻計ニ鉄炮迫合。大形味方勝利トミタリケレハ、右ニ備タル小西摂津守方エ使ヲ立ケルハ、「只今ノ様子、味方勝利ト覚ヘタリ。御辺掛テ一戦セラレ候へ。二ノ手ニハ我等合戦セハ必勝疑不ㇾ可ㇾ有」ト也。小西ハ一向不㆓同心㆒、「合戦ヲハ御辺ヨリ御始候へ。我二ノ目ヲ入ン」ト也。

島津ハ憤怒居ル所ニ、松尾山ノ五将裏切シケレハ惣敗軍ニ成テ、小西一戦モセス逃去ケレハ、島津ハ田中・金森ノ手エ横ヲ入テ追崩ス。夫ヨリ軍兵ヲ集メテ円陣ヲ作ツテ歩立ノ野郎ヲ真先ニ抜ツレ、敵味方ヲモ不ㇾ弁、アタルヲ幸ニ切捨、上方道筋エ出ントテ敵ノ中ヲ駆通ル。加藤左馬助・細川越中守・黒田甲斐守・徳永左馬助等、「アマスナ、漏スナ」ト追掛ル。

島津ハ素ヨリ陳平・張郎〈ママ〉カ芸ヲ得テ、孫子・呉子カ謀術ニ髣髴《ホウホツ》タル人ナレハ、人数ヲ丸ク備テ折敷、敵前後ニ引包テカカルヲ、種ケ島鉄炮ヲ膝台ニシテ三返放サセケル。元来鉄炮ハ上手、日本エ鉄炮ノ渡シモ、薩摩エ先広

本ヨリ鉄炮ハ上手、鉄炮ノ日本へ渡ルモ、薩摩《サツマ》へ先広ル事ナレハ、ナシカハアタ矢ノアルヘキ、東方ノ軍士多ク鉄炮ニ中テ死ケレハ、一度ニ敗軍シテアタリ、広《ヒロ》クソ成ニケル。此時島津中務ハ兵庫頭従弟《イトコ》、日向国佐渡原ノ城主ナルカ、討死シケリ。

羽柴左衛門大夫先手子息刑部十六歳備ノ方、関ケ原町西ヲ南へ一文字ニ押《ヲシ》通リケリ。此時、刑部カ軍兵シトロニナル。是ヲ見テ、跡ニ備タル御旗本ノ魁《サキテ》酒井左衛門軍兵、敗《ハイ》軍ス。但シ左衛門子息十六歳ナルヲ先手ノ大将ニシケルト也。梶田五郎左衛門ハ刑部ニ向テ、「武士ノ歯《ハ》ニ石ヲ噛《カム》ハ此所ソヤ」トテ、馬ノ口ヲ取テ芝《シハ》居ヲ踏《フマ》ユル。上月平三郎ハ馬ノ先ニ折敷《ヲリシキ》テ、大音上テ下知ヲスル。是ニ依テ刑部備ハ不レ退《シリソカ》。

爰ニ筒井伊賀守ハ諸手ノ跡ニ備テ、始終手ニ不レ合ケレハ、中坊飛騨守申ケルハ、「今度ノ合戦、手ニ合不ハレ給ハ、後難《コウナン》可レ有事ナリ。急キ人数ヲ押出シ給へ」ト。伊賀守云ルハ、「先手道一杯《ハイ》ニ塞《フサカリ》タレハ、出張スヘキ場《ハ》ナシ」飛騨守、「サアラハ、我等参テ場《ハ》ヲ見候ハン」トテ、御旗本ノ右ニ付テ、羽柴左衛〈門〉大夫カ右溝《ミソ》川

マリタル事ナレハ、ナシカハアタ矢ノアルヘキ。東方ノ軍士多ク鉄炮ニ中ツテ死ケレハ、一度ニ敗北シテアタリ広《ヒロ》ク成ニケリ。此時島津中務ハ兵庫頭カ従弟、日向国佐渡原城主ナルカ、討死シケリ。

羽柴左衛門大夫先手子息刑部、十六歳、備ノ方、関原町西ヲ南エ押通ケル。此時、刑部カ軍兵シトロニ成ル。是ヲミテ、跡ニ備タル御旗本ノ魁酒井左衛門軍兵、敗軍ス。但。左衛門子息十六歳ナルヲ先手ノ大将ニシケルト也。福島内梶田五郎左衛門ハ刑部ニ向テ、「武将ノ歯ニ石ヲ噛ハ此所ソヤ」トテ、馬ノ口ヲ取テ芝居ヲ蹈スユル。上月平三郎ハ馬ノ先ニ折敷テ、大音揚テ下知ヲスル。因レ茲刑部備ハ不レ退。

爰ニ筒井伊賀守諸手ノ跡ニ備テ、始終手ニ合サリケレハ、中坊飛騨守申ケルハ、「今度ノ合戦、手ニ不二合給一ハ、後難アルヘシ。急人数ヲ押出シ玉へ」ト云。伊賀守云ハ、「先手道一ハイニ塞タレハ、可二出張一場ナシ」ト。飛騨守、「サアラハ、我等参テ場ヲミ候ハン」トテ、御旗本ノ右ニ付テ、羽柴左衛門大夫カ右溝川ヲ越テ備ヲ立ツ。嫡子左近ヲ使トシテ、「能場ノ候ソヤ。急

ヲ越テ備ヲ立、嫡子左近ヲ使トシテ、「能場候ソヤ。急《イソキ》押来給へ」ト云。御使番衆来テ「誰《タレ》人ソ」ト問ニ、「中坊飛騨守」ト答《コタヘ》ケレハ、「此場ニハ備ヲ置度思召ツルニ、此ニ居候へ」ト云。次男三四郎ハ討死ス。此軍功ニテ、後ニ被二召出一、南都ノ町奉行トナル。

此時井伊兵部少輔直政ハ下野守忠吉ヲ取飼《カハ》ント思テ相伴ヒ、左衛門大夫正則右脇備ヲ出ケレハ、左衛門大夫家《ケ》人可児《カコ》才蔵以下駆塞《カケフサカ》テ不レ通《トヲサ》。兵部云ケルハ、「斥候《ミ(モカ)ノミ》ノタメニ下野殿ヲ相伴《トモナ》ヒ出ソ」ト。則開テ通シケル。

島津ニ懸《カケ》合テ合戦ス。「島津カ軍士松浦三郎兵衛」ト名乗テ忠吉ト戦フ。忠吉一刀切ケレハ、松浦ウケ流シテ、忠吉ノ弓手ノカイナヲ丁ト切。サレトモ小手ノ札堅《サネ》ケレハ、少疵《キス》付テケリ。忠吉引組《クン》テ伏ケルヲ、加藤孫太郎、三郎兵衛ヲ引倒《タヲ》シテ、首討捕。忠吉起《ヲキ》上テ、又敵ト戦フ。此時忠吉左右ニアル者、兵士四人中間一人、上下六人ニ成ニケリ。敵ハ多勢ナレハ、危《アヤウ》ク見ル計《ハカリ》ナリ。

井伊兵部ハ一ノ先木俣《マタ》土佐、二ノ手鈴木平兵衛。木俣手ニテハ尾畑勘兵衛尉景憲《ノリ》一番ニ進テ、縨《ホロ》武者ト鎗《ヤリ》ヲ合テ突《ツキ》伏テ首ヲ捕。此勘兵衛ハ甲州信玄公侍大将小幡山城

押来給へ」ト云。御使番衆来テ「誰人ソ」ト問ニ、「中坊飛騨守」ト答ケレハ、「此場ニハ備ヲ置度思召ツルニ、爰ニ居候」ト也。次男三四郎ハ討死ス。此軍功ニテ、後ニ被二召出一、南都ノ町奉行トナル。

此時井伊兵部少輔直政ハ下野守忠吉ヲ取飼ント思テ相伴、左衛門大夫正則カ右脇備ヲ出ケレハ、正則家人可児才蔵以下駆塞テ不レ通。兵部云、「斥候ノ為ニ下野殿ヲ相伴出ソ」ト云ハ、則開イテ通シケル。

島津ニ懸合テ合戦ス。「島津カ軍士松浦三郎兵衛」ト名乗テ忠吉ト戦フ。忠吉一刀切玉ヘハ、松浦受流テ、忠吉ノ弓手ノ臑ヲ丁ト切。サレ共小手ノ札《サネ》堅ケレハ、少疵付テケリ。忠吉引組テ伏ケルヲ、加藤孫太郎、三郎兵衛ヲ引倒テ、首討捕。忠吉起上テ、又敵ト戦フ。此時忠吉左右ニ在ル者、兵士四人中間一人、上下六人ニテ、敵ハ多勢ナレハ、甚危ク見ユル。

井伊兵部、一先木俣土佐、二手鈴木平兵衛。木俣手ニテハ小畑勘兵衛尉景憲《カケノリ》一番ニ進ンテ、縨武者ト鎗ヲ合セ突伏テ首ヲ取ル。此勘兵衛ハ甲州信玄ノ侍将小幡山城カ子小幡又兵衛、其子此勘兵衛也。幼少ヨリ兵道嗜深ク、

カ子小幡又兵衛、又兵衛子小幡勘兵衛也。幼少ヨリ兵道ノ嗜《タシナミ》深ク、信玄一代ノ兵法　悉《コトゴトク》以通達ス。其比、秀忠公ヨリ御勘気ヲ蒙テ、兵部少輔先備ニ居ケル也。脇五右衛門働アリ。強キ合戦ナレハ、向山内記ヲ始数多討死シケリ。兵部モ右ノ肩先ヘ鉄炮当テ馬ヨリ落ケルカ、又カキ乗《ノセ》ラレ、其勢拾騎計ニ成テ、横合ニ馳《ハセ》来テ忠吉ヲ助《タスケ》テ、敵ヲ追退ケリ。

忠吉ハ馬ヲ乗放《ハナツ》テ歩立ニ成テカセキ給ケルヲ、直政ノ侍江坂、馬ヨリ下テ忠吉ヲ乗マイラス。忠吉、少年ノ御身トシテ類《タクイ》ナキ働、貴賤押ナヘテ感歎《カンタン》ス。兵部ハ忠吉ノ舅《シウト》ナレハ、「今度忠吉ヲトリカヘ」ト仰ニ依テ如レ此ナリ。

本多中務ハ、南宮山岡《ヲカ》カ鼻ノ押ニ在ケルカ、関ケ原ノ合戦ヲ見テ馳来テ、横合ニカケ入、自ラ手ヲ砕《クタ》キ、乗《ノツ》タル馬ニ矢疵《キス》ヲ蒙ル。中筋ヲ突崩《ツキクツ》ス。子息出雲守モ粉《フン》骨ヲ尽《ツク》シテ高名ス。

島津兵庫守ハ数万ノ強《カウ》敵ヲ追《ヲイ》払ヒ、円陣ヲ結《ムスン》テ静《シツカ》ニ引退ケリ。御旗本ヨリ「島津ヲ通ヘシ」ト下知セラレケレハ、其ヨリ慕《シタウ》人モナク、心静ニ伊勢地ヘ落行。伊賀越

信玄一代ノ兵法悉以通達ス。其比、秀忠公ヨリ御勘気ヲ蒙リ、兵部少輔先備ニ居ケル也。脇五右衛門働アリ。強キ合戦ナレハ、向山内記ヲ始数多討死。兵部モ右ノ肩先エ鉄炮中ツテ馬ヨリ落ケルカ、又掻乗ラレ、其勢十騎計ニ成テ、横合ニ馳来テ忠吉ヲ助テ、敵ヲ追退ク。

忠吉ハ馬ヲ乗放テ歩立ニ成テカセキ給ケルヲ、直政ノ侍江坂、馬ヨリ下テ忠吉ヲ乗マイラス。忠吉、少年ノ御身トシテ類ナキ働、当家モ他家モ敵迄モ感歎ス。兵部ハ忠吉舅ナレハ、「今度忠吉ヲ取飼」ト依二上意一如レ此也。

本多中務ハ、南宮山岡カ鼻ニ押ニ在ケルカ、関原ノ合戦ヲ見テ馳来、横合ニ馳入、自手ヲ砕キ、乗タル馬ニ矢疵ヲ蒙ル。中筋ヲ突崩ス。子息出雲守モ粉骨ヲ竭シ高名ス。

島津兵庫頭ハ数万ノ強敵ヲ追払ヒ、円陣ヲ結テ静ニ引退ケリ。御旗本ヨリ「島津ヲ通ヘシ」ト下知セラレケレハ、夫ヨリ慕人モナク、心静ニ伊勢路エ落、伊賀越ヲ経テ摂州大坂エ出ントス。此道ハ未人ノ通ヒモナキ山中ナルヲ、兵庫頭兼テ退口ノ思案ヤ有ケン、又ハ其身武道ニ猛キ人ナレハ、上方道惣シテ案内ミセ置テヤ有ケン、

ヲ経《ヘ》テ摂州大坂へ出ントス。此道ハ未《イマタ》人ノ通モナキ山中ナルヲ、兵庫頭兼テ退口《ノキクチ》ノ思案ヤ有ケン、又ハ其身武道ニタケキ人ナレハ、上方道惣シテ案内見セ置テヤ有ケン、道ヲ新ニ作ラセテ引取。誠ニ弓箭ニ得ラレタリ。是ヲ今志摩津道ト申ケル。

其ヨリ山ツタイニ江州多賀へ出、高宮川原ニ於テ牛ヲ殺シテ士卒ノ食トシ、旗馬印ヲ立テ、敗軍ノ諸卒《ソツ》ヲ待揃へ、牛ノ皮ヲ馬印ニシテ近郷《ガウ》ヲ乱妨《ランハウ》シ、其ヨリ伏見へ出テ、毛利右馬頭輝元へ使ヲ立テ云ク、「関ケ原表合戦ニ味方敗軍無二是非一次第也。然レトモ、今御辺ト我ト心ヲ合、大坂ニテ及二一戦一ハ、内府ヲ可二討捕一治定ナリ。御同心ナラハ、談合可レ申」トアリ。

輝元云、「先是マテ被レ参候へ」ト計ニテ不レ進体也。兵庫頭大ニ怒テ、「此上ハ帰国セン」トテ、其ヨリ大坂へ出、輝元ノ船ヲ奪《ウハイ》取テ打乗《ノツ》テ、本国薩摩《サツマ》へ帰《カヘリ》ケリ。「前代未聞《モン》ノ武将哉」トテ、其比強キタトへニハ、島津カ退《ノキ》口トソ云ケル。

道ヲ新ニ作セ引取。誠ニ弓箭ニ得ラレタリ。是ヲ今島津道ト申ケル。

其ヨリ山伝ニ江州多賀エ出、高宮河原ニ於テ牛ヲ殺テ士卒ノ食トシ、旗馬印ヲ立テ、敗軍ノ諸卒ヲ待揃へ、牛ノ皮ヲ馬印ニシテ近郷ヲ乱妨シ、其ヨリ伏見エ出、先達テ毛利右馬頭輝元エ使ヲ立、「関原表味方敗軍無二是非一次第也。然トモ、今、御辺ト我ト心ヲ合、大坂ニテ及二一戦一ハ、内府ヲ可《ヘシ》レ奉レ討事治定也。御同心ナラハ、談合可レ申」ト也。

輝元返答ニ、「先是迄参ラレ候へ」ト計ニテ不レ進体也。兵庫頭、「天下一ノ臆病者哉」ト云テ、大坂ニテ輝元ノ船ヲ奪取テ打乗、本国薩摩エ帰ケリ。「前代未聞ノ武将哉」トテ、其比強事ノ諭ニハ、島津カ退口ト云ケリ。

61　備前中納言并残党《ザンタウ》ノ事　（十五―五）

羽柴越中守・黒田甲斐守・羽柴左衛門大夫ハ、備前中納言ノ手へ懸リケル。左衛門大夫先駆《ク》福島丹波守、軍功ヲ争《アラソ》テ働ク。丹波カ手者団九郎兵衛、素祖《スハタ》ニテ一番ニ首ヲ捕。羽柴刑部・同伯耆守・大野修理等、高名ス。大野ハ敵ヲ鎗《ヤリ》付テ名字ヲ聞ニ、「高知七右衛門」ト云。内府公上覧アリ、御感ナリ。

黒田先手ノ内ヨリ白キ指物武者真先ニ進テ、青塚《ツカ》ノ敵ヲ追《ヲイ》払。内府公御尋有ケレハ、甲斐守カ云ク、「白石喜兵衛ト申者ニ候」ト。「敵大勢ヲ突《ツキ》崩事無二比類一」ト御感ナリ。

中納言魁《サキテ》ハ本多安房守。是ハ本多佐渡守カ次男、秀忠公ノ御小性ナリケルカ、戸田左門氏鉄カ弟戸田帯刀ト申合テ、真田伊豆守子息島之助ヲ意趣討ニシテ、両人共ニ立退《ノキ》ケリ。浮田中納言へ出テ先手ヲスト也。上方勢悉《コトコト》ク聞崩《クツレ》シケルニ、浮田勢跡ニ残ル事、是又強《キヤウ》兵ト云ツヘシ。

合戦時ヲ移《ウツ》シテ、安房守モ三ヶ所ニ疵ヲ蒙テ働ク。餌《エハ》

61　備前中納言并残党事　（八―十）

羽柴越中守・黒田甲斐守・羽柴左衛門大夫ハ、備前中納言手ニ懸リケル。左衛門大夫先駆福島丹波守、軍功ヲ争テ働ク。丹波カ手者団九郎兵衛、素祖ニテ一番ニ首ヲ討取。羽柴刑部・同伯耆守・大野修理等、高名ス。大野ハ敵ヲ鎗付テ名字ヲ聞ニ、「高知七右衛門」ト云。内府公上覧有テ、御感也。

黒田先手ヨリ白キ指物ノ武者真先ニ進テ、青塚ノ敵ヲ追払。内府公御尋有ケレハ、「黒田甲斐守内白石喜兵衛ト申者ニ候」ト申上。「敵大勢ヲ突崩事無二比類一」ト御感也。

備前中納言魁ハ本多安房守。是ハ本多佐渡守次男　秀忠公ノ御小姓也ケルカ、戸田左門氏鉄カ弟戸田帯刀ト申合、真田伊豆守子息島之助ヲ意趣討ニシテ、両人共ニ立退ケリ。浮田家エ出、先手ヲスルト也。上勢悉ク聞崩シケルニ、浮田勢跡ニ残ル事、是又強兵ト云ツヘシ。

合戦時ヲ移シテ、安房守モ三箇所ニ疵ヲ蒙ルト云トモ働ク。餌甚四郎・西山久内・浅井与九郎ナト、勇ヲ励、

甚四郎・西山久内・浅井与九郎ナト、勇ヲ励《ハケ》ミ義ヲ思兵トモ戦テ討死ス。サレトモ裏切ノ後ハ備不レ定事ナレハ、一人二人ト落行ケルカ、後ニハ散々ニナツテ、秀家モ無二為方一テ落行ケリ。安房守モ家人馬ニ引乗《ノセ》テ、近江路ヘ退《ノイ》テ行。赤井五郎子五郎作、働《ハタラキ》アリ。其比ノ落首トテ、種々ノ俚語《リゴ》トモ書付侍ヘリ。

軍ニハ加藤ノ左馬ハマサマナリ小川ノ左馬ハカイサマトナル

カクテ大谷大学助・木下山城守ハ、跡ニ合戦アルト見テ、取テ返ケルヲ、京極・藤堂カ勢追《ヲイ》懸ル。前ニハ、秀秋・脇坂・朽木・小川・赤座、雲霞ノ如ク鏃《ヤシリ》ヲ汰《ソロ》ヘテ待懸ル。是ヲ見テ不レ叶トヤ思ケン、三千余人ノ兵勢悉《コトコト》ク落失テ、纔《ワツカ》ニ百騎計ニ成ニケリ。サレトモ、両人大勢ト合戦ス。島左京進、疋田角右衛〈門〉ヲ始討死ス。其外ノ者共或ハ討レ或ハ懸隔タリテ、僅《ワツカ》ニ拾騎計ニ成テ後ヘ懸抜テ見レハ、ハヤ刑部ハ自害ト見ヘテ、一人モナシ。両人爰ニテ腹切ントシケルカ、大学乳母《メノト》子橋本久八郎申ケルハ、「此陣コソ加様ニ候トモ、大坂・伏見勢多ク、佐和山堅固《ケンコ》ニ候得ハ、敵無二左右一都マテハ責《セメ》入候マシ。

義ヲ思、兵トモ戦テ討死ス。サレトモ裏切ノ後ハ備不レ定事ナレハ、一人二人ト落行ケルカ、後ニハ散々ニ成テ、秀家モ無二為方《センカタ》一テ、落行ル。安房守モ家人ノ馬ニ乗テ、近江路ヘ退テ行。赤井五郎子五郎作、働アリ。

斯テ大谷大学助・木下山城守ハ、跡ニ合戦アリトテ、取テ返シケルヲ、京極・藤堂勢追掛ル。前ニハ、秀秋・脇坂・朽木・小川・赤座、如二雲霞《ウンカノ》一鏃ヲ汰ヘテ待懸ル。是ヲミテ不レ叶トヤ思ケン、三千余人ノ兵勢悉落失テ、纔百騎計ニ成ニケリ。サレトモ、両人大勢ト合戦ス。島左京進・疋田角右衛門ヲ始討死ス。其外ノ者トモ或ハ討レ或ハ駆隔テ、僅二十騎ニ成テ後ヘカケ抜ミレハ、早刑部ハ自害トミエテ、一人モナシ。両人爰ニテ腹切ントシケルヲ、大学乳人子橋本久八郎申ケルハ、「此陣コソ箇様ニ候トモ、大坂伏見勢多ク、佐和山堅固候ヘハ、敵無二左右一都マテハ攻入候マシ。七里半ノ山中ヲハ日置・疋田両人道ヲ切塞、木ノ目峠ハ岩根伝堅固ニ候ヘハ、先敦賀エ御越候ヒテ、敗軍ノ士卒ト《(ヲカ)》集メ、北国ノ勢牒合テ、重テ起二大軍一ヲ、亡父ノ御弔一戦ナサレ候ヘカシ」ト申ケレハ、「此儀尤也」トテ、敵ノ中ヲ駆抜、両人ハ七里半ノ山中ヲハ、日置《ヘキ》・疋田両人道ヲ切塞《フサキ》、木ノ目峠《タウケ》ハ岩根伝《ツタイ》ニ堅固《ケン》ニ候ヘハ、先敦賀《ツルカ》へ御越候テ、敗《ハイ》軍ノ士卒ヲ集《アツメ》、北国ノ勢ヲ牒合《テウシ》テ、重テ起大軍ヲ、亡父ノ御弔《トフラヒ》一戦被レ成候ヘカシ」ト申ケレハ、「此儀最ナリ」トテ、敵ノ中ヲ駆《カケ》抜、両人ハ無レ恙《ツヽカ》敦賀《ツル》ノ城ニ落着《ツイ》テ、軍評定シケルニ、敗軍士卒一人モ不レ集《アツマラ》、如何可レ有ト思所ニ、結句《ケツク》城中ニ野心ノ者多出来テ、「今ハ籠城《ロウ》モ不レ可レ叶。路次ノ難儀ニ不レ成先ニ大坂へ御越候テ、兎モ角モ幼君ノ御先途《ド》ヲモ御覧候ヘカシ」ト申セハ、両人、「此上ハ各ノ異見ニ随」トテ、城ヲ落テ大坂ヘソ上リケル。

関ケ原、上方勢ハ裏切ノ後ハ諸手一同ニ崩《クツレ》ケリ。未ノ刻ニ合戦畢《ヲハ》リケルカ、手先々々ヨリ乱入シテ、大方追首也。幾千万ト云数ヲ不レ知。

打洩サレタル敵共、山中ニ分入テ、峨《カ》々タル巌《カン》石ノ上、谷相、細道ヲ周章《アハテ》フタメキ行程ニ、敗《ハイ》卒ノクセトシテ、味方カ退テ跡ヨリ来レハ、「スハヤ敵ソ」ト恐ツヽ、岩ニクタカレ、谷ニ落、水ニ溺《ヲホレ》テ死者多カリケリ。

一揆《キ》・盗賊《ソク》共、在々ヨリ出テ衣服ヲ剥取《ハキトリ》、討殺。血流

無レ恙敦賀城ニ落着テ、軍評定シケルニ、敗軍ノ士卒一人モ不レ集、「如何可レ有」ト思所ニ、結句城中ニ野心ノ者多出来テ、「今ハ籠城モ不レ可レ叶。路次ノ難義ニ不レ成先ニ大坂エ御越候テ、トモ角モ幼君ノ御先途ヲ御見届候へ」ト申セハ、又城ヲ落テ大坂エソ登リケル。

関原、裏切ノ後上方勢諸手一同ニ崩レケリ。未ノ刻ニ合戦ヲハリケルカ、手先々々ヨリ乱入シテ、大方追首也。幾千万ト云数ヲ不レ知。被二打洩一タル敵共、山中ニ分入テ、峨々タル巌石ノ上、谷間、細道ヲ周章《アハテ》フタメキ行程ニ、敗卒ノ癖トシテ、味方カ退テ跡ヨリ来レハ、「スハ敵ソ」ト恐レツヽ、岩ニタタカレ、谷ニ落、水ニ溺テ死者多カリケリ。

一揆・盗賊トモ、在々所々ヨリ出テ衣服ヲ剥取、討殺。血ハ流テ草芥ヲ漂《ヒタ》シ、屍《カハネ》ハ路径《ケイ》ニ横レリ。山神為レ之悲ミ、霊鬼為レ之哭《コク》ス。浅猿《アサマシ》カリシ事共也。

其此《(比カ)》ノ落首ニ

うちまたの中にふらつく金吾殿
　ことのやくにはたたぬ人哉
軍には加藤の左馬はささるなり

草芥《カイ》ヲ漂《タタヨハ》シ、屍《カハネハ(ママ)》ハ路径《ロケイ》ニ横《ヨコタハ》レリ。山神是カ為《タメ》ニ悲《カナシ》ミ、霊《レイ》鬼ハ是カ為ニ哭《カラナキ》ス。浅猿《アサマシ》カリシ事共ナリ。討捕首数、都テ八千余級ト聞ヘシ。

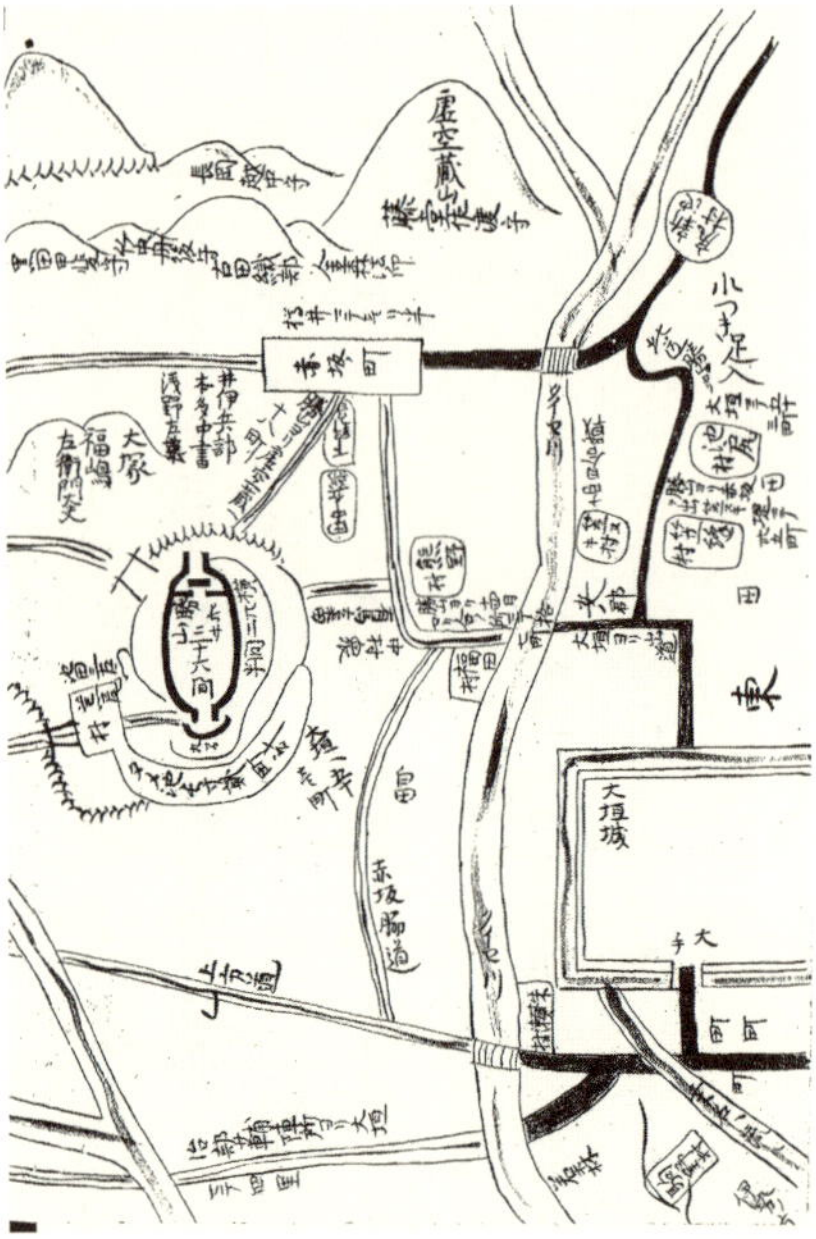

関ケ原戦場之図

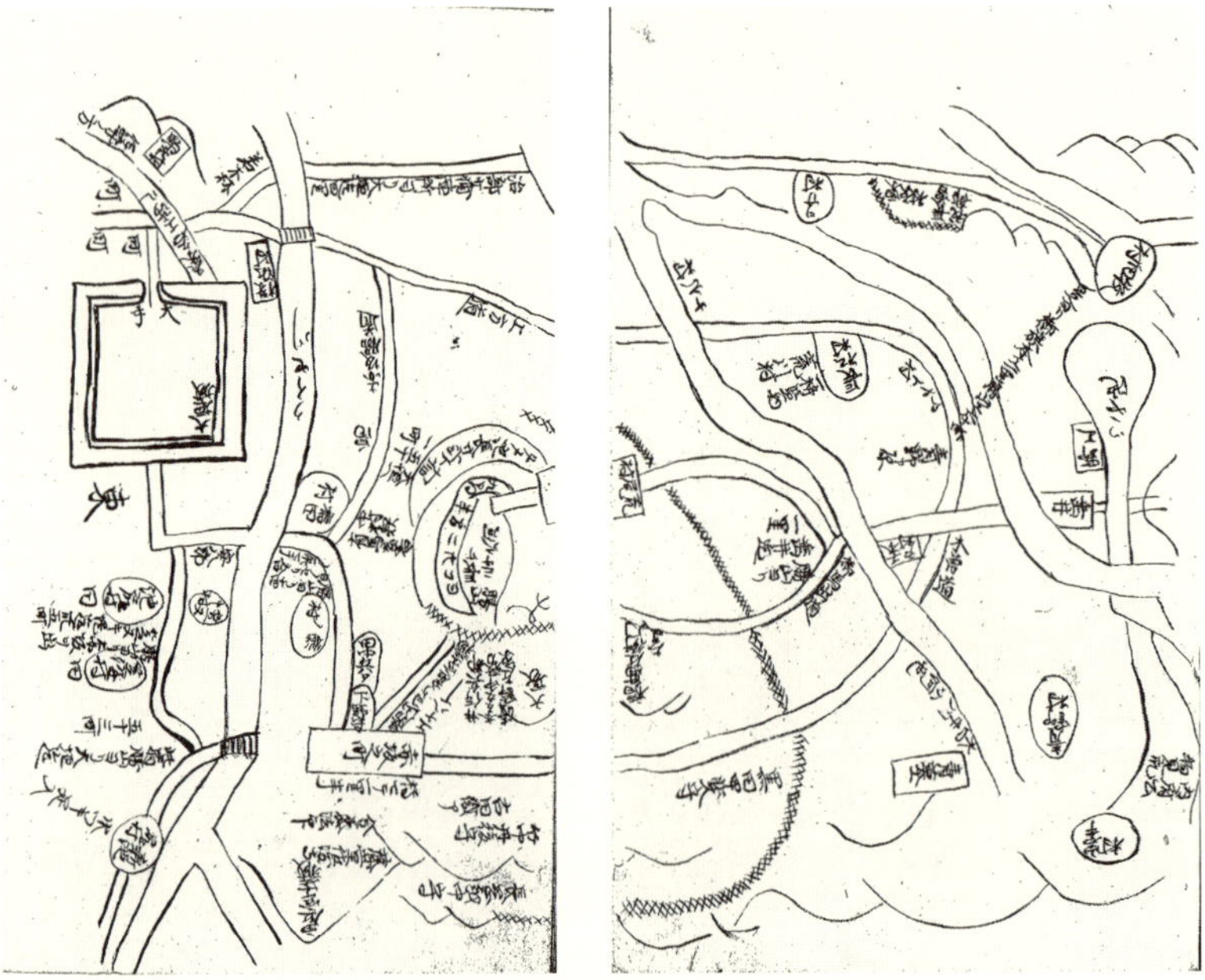

小川のさまはかいさまとなる

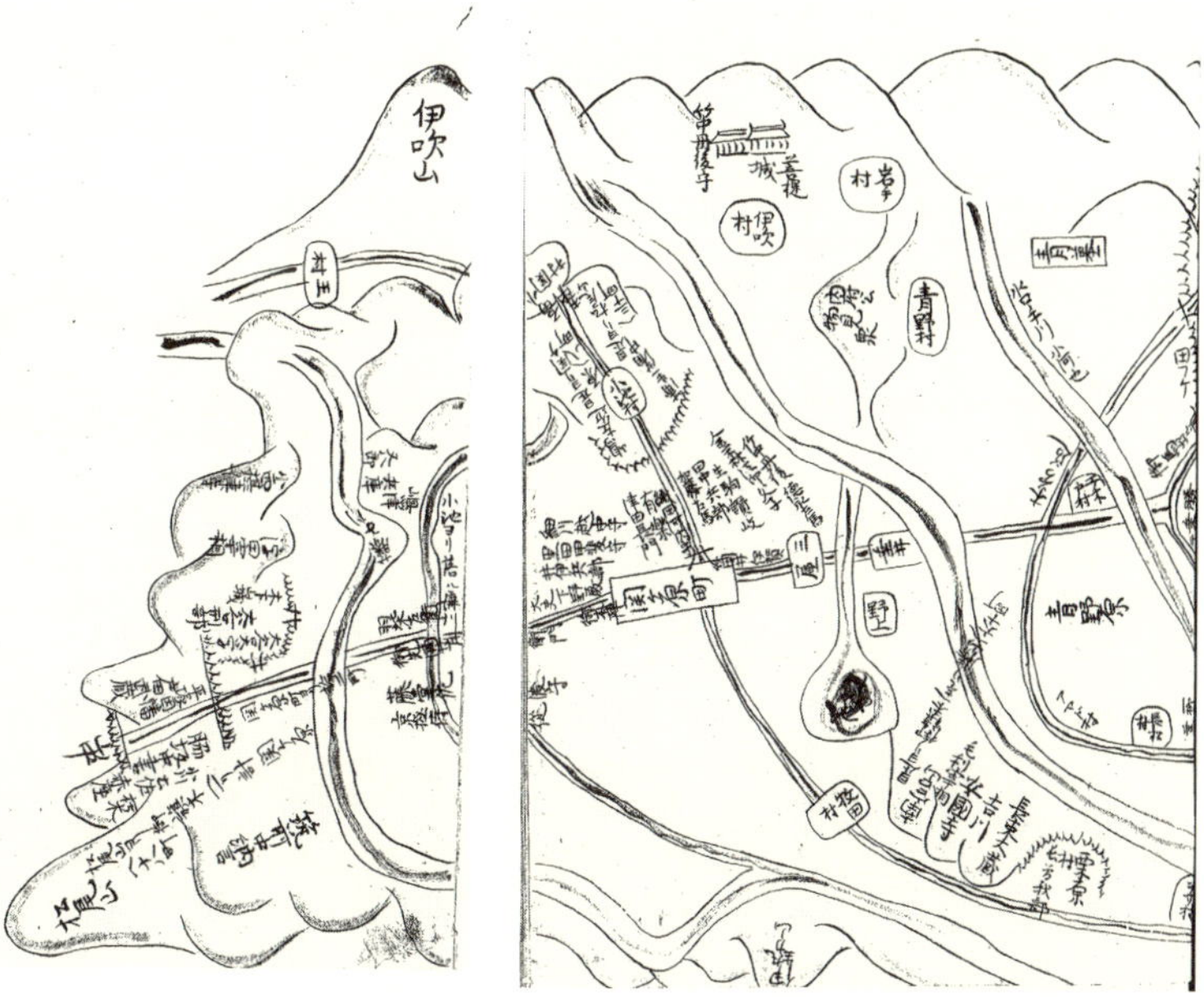
伊吹山
青野村
野上

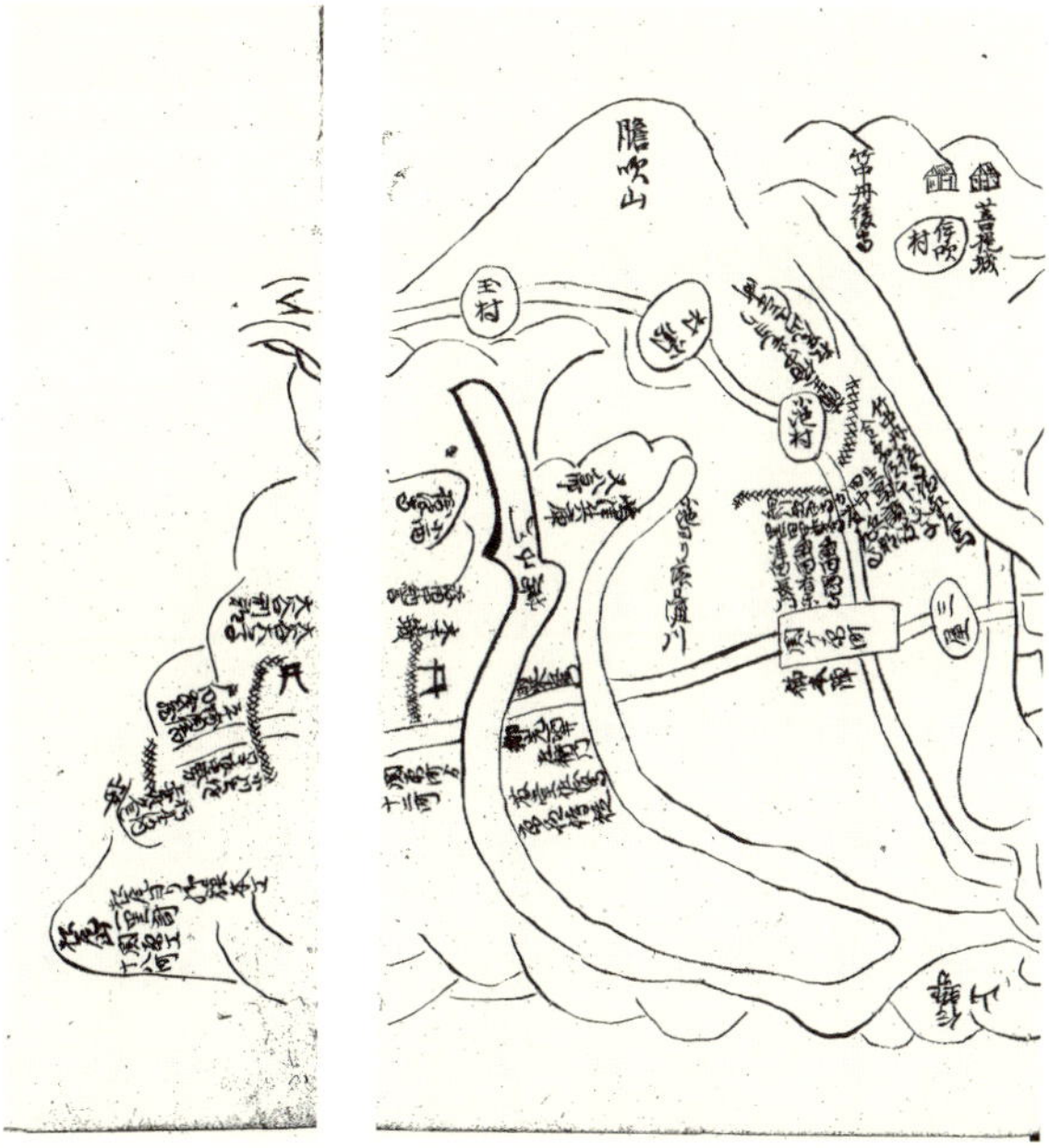
膽吹山
玉村
菩提城

62　藤堂家武勇付朝鮮番船并諸将評事　（十六―一）

藤堂新七郎良勝、今度諸手一番首ヲ捕事、呉子ノ言ニ准ハ、犯《ハン》命ノ罰ニ似タレト、是ハ諸将先ヲ争折ナレハ、武勇ト謂ヘシ。是ノミナラス、薩摩陣ニ善祥坊ヲ島津攻ケル時、藤堂佐渡守ハ大和大納言ノ旗下ニテ居ラレケルニ、其甥新七一番頸ヲ得タリ。又高麗陣ニ唐島ノ番船一番ニ乗取、一代ノ武功十四度也。但番船ノ事ハ加藤左馬助一番乗ト世ニ謬《アヤマ〈リ〉》テ、佐渡守一番乗トハ偏ク不レ知故、爰ニ記ス。

凡朝鮮陣両度也。文禄元年壬辰三月、為二朝鮮征伐一、秀吉自二京都一動座有テ、到二ル肥州名護屋一ニ。小西摂津守・加藤肥後守ヲ先手ノ大将トシテ、対馬ノ侍従、松浦刑部法印・有馬修理・鍋島加賀守・相良宮内・黒田甲斐守・羽柴豊後侍従・羽柴薩摩侍従・福島左衛門大夫・蜂須加阿波守・戸田民部・生駒雅楽頭・羽柴安芸宰相・同小早川等ハ陸《クガ》路ヲ攻入。又都《ミヤコ》表ヘハ備前宰相・増田右衛門・石田治部少・大谷刑部・浅野左京・宮部兵部・南

62　藤堂家武勇付朝鮮番船并諸将評事　（九―一）（和十六―一）

藤堂新七郎良勝、今度諸手一番首ヲ捕事、是ノミニ限ラス。薩摩陣ニ善祥坊ヲ島津攻ケル時、藤堂佐渡守ハ大和大納言ノ旗下ニテ居ラレケルニ、其甥藤堂新七一番首ヲ討捕。又高麗陳ニ唐島ノ番船一番ニ乗取、一代ノ武切十四度也。希代ノ勇士ト云ツヘシ。但番船ノ事ハ加藤左馬助一番乗ト世ニ知テ、佐渡守高虎一番乗ノ事ヲハ偏ク不レ知ハ、爰ニ記ス。

凡朝鮮陳両度ナリ。文禄元年壬辰三月、為二朝鮮征伐一、秀吉自京都動座有テ、到二肥州名護屋一。小西摂津守・加藤肥後守ヲ先手ノ大将トシテ、対馬侍従・松浦刑部法印・有馬修理・鍋島加賀守・相良宮内・黒田甲斐守・羽柴豊後侍従・同薩摩侍従・福島左衛門大夫・蜂須加阿波守・戸田民部・生駒雅楽頭・羽柴安芸宰相・同小早川等ハ陸路ヲ攻入。又都表ヘハ備前宰相・増田右衛門・石田治部少・大谷刑部・浅野左京・宮部兵部・南条左衛門・別所豊後・中村右衛門大夫・岐阜少将・細川越

条左衛門・別所豊後・中村右衛門大夫・岐阜少将・細川越中守・木村常陸介、此外小身衆也。又船手ヘ押向ハ、九鬼大隅守・藤堂佐渡守・脇坂中務少輔・加藤左馬助、惣人数二拾万余、朝鮮表ヘ渡海ス。船手ノ人数三万也。惣大将ハ備前中納言秀家、惣奉行ハ増田右衛門・石田治部少輔・大谷刑部少輔也。

卯月十日、名護屋ニ着岸《チヤクガン》。同十二日ニ出船ス。但此時、朝鮮表番船ノ沙汰モナク、小西・加藤ヲ始トシテ朝鮮国ニ乱入テ、城ヲ攻落ス事数ヲ不ㇾ知。終ニ都ヘ入テ太子ヲ擒《トリコ》ニシ、其外渡海ノ諸将思々ノ働ナリ。

今年大納言秀長病悩《ノウ》セマツテ逝去ナレハ、藤堂佐渡守ハ帰朝シテ、法体シテ高野山ニ入テ、秀長ノ菩提《ホダイ》ヲソ偏ニ弔《(ママ)トムラハ》レケル。但シ是ハ、秀長ヘ始テ奉公ニ出ケル時ハ知行三百石ナリ。播州三木ノ城主別所小三郎ヲ秀長攻給時、佐渡守高虎一番鎗ナリ。

又但馬ノ国人一揆ノ時、一揆大将富安ヲ鎗《ヤリ》付テ首ヲ捕。一揆共敗北シテ横引ヘ入テ小屋ヲ懸テ居タルヲ、高虎忍ヒ入テ大将ヲ討捕ントスルニ、一揆原聞《キ》付テ、垣《カキ》越ニ鎗ニテ突《ツキ》タルニ、高虎羽織ニテシコキテ、血ヲ不ㇾ付。故

中守・木村常陸介、此外小身衆也。又船手ヘ押向ハ、九鬼大隅守・藤堂佐渡守・脇坂中務少輔・加藤左馬助、惣人数二十万余、朝鮮表ヘ渡海ス。船手ノ人数三万也。惣大将ハ備前中納言秀家、惣奉行ハ増田右衛門・石田治部少輔・大谷刑部少輔也。

卯月十日、名護屋ニ着岸。同十二日ニ出船ス。但此時、朝鮮表番船ノ沙汰モナク、小西・加藤ヲ始メトシテ朝鮮国ニ乱入テ、城ヲ攻落ス事数ヲ不ㇾ知。終ニ都ヘ入テ太子ヲ擒ニシ、其外渡海ノ諸将思々ノ働ナリ。

今年大納言秀長病悩セマツテ逝去ナレハ秀長ノ卒ハ天正九年也、朝鮮陣ハ文禄元年ニ始ル、本文相記藤堂佐渡守ハ帰朝シテ、法体シテ高野山ニ入テ、秀長ノ菩提ヲ偏ニ弔レケル。但是ハ、秀長ヘ始テ奉公ニ出ケル時ハ知行三百石ナリ。播州三木ノ城主別所小三郎ヲ秀長攻給時、佐渡守高虎一番鎗ナリ。

又但馬ノ国人一揆ノ時、一揆大将富安ヲ鎗付テ首ヲ捕。一揆共敗北シテ横引《本ノマヽ》ヘ入テ小屋ヲ懸テ居タルヲ、高虎忍入テ大将ヲ討捕ントスルニ、一揆原聞付テ、垣越ニ鎗ニテ突タルニ、高虎羽織ニテシコキテ、血ヲ不ㇾ付。故ニ人ニテハナキト心得テ家内ヘ入ケルニ、高虎声ヲ立テ、

ニ人ニテハナキト心得テ家内ヘ入ケルニ、高虎声ヲ立テ、「忍ノ入タルソ。出合《アヘ》」ト云ケレハ、出合スル者ヲ一人首ヲ捕テ帰ル。此時秀長、「希《キ》代ノ勇士」ト称美《シヤウビ》シテ、加増三千石ヲ賜ル。於テレ此ニ已ニ武勇ノ名天下ニ知レタリ。

又江州志津カ嶽《タケ》合戦ノ時、佐久間玄蕃ノ允先手、山ノ尾筋ヘ責上ル。佐渡守高虎、真先ニ馬印ヲ押上、鉄炮ヲ放、鎗ヲ以先ニ進タル侍ヲ突伏、首ヲ捕。此時、自身モ手負《テイ》タリ。玄蕃先手終ニ敗北ス。此時、秀吉公大ニ御感有テ、秀長ニ仰テ、千七百石ノ加恩、合テ五千石トナル。

其後秀長紀伊大和拝領ノ時、五千石ノ加増ニテ、壱万石トナル。紀州一揆大将山本ノ湯川直晴《ナラハル》等ヲ、青木紀伊守・藤堂佐渡守・尾殿下野守等攻寄テ、湯川降参《カウサン》ス。

阿波ノ国木津ノ城ヲ攻ムルニ、高虎夜中ニ一番ニ城ノ屏《ヘイ》ニ付、城ヨリ突テ出ル。長曽我部家人、横山隼人ト鎗ヲ合。此時、鉄炮中テ手負、終ニ長曽我部降参ス。秀吉公ヘ御礼ヲ申也。

薩摩陣ニ日向国妻《メ》城宮部善祥《センジヤウ》坊陣所ヘ島津中務攻懸ル。善祥坊已ニ危キヲ見テ、高虎走来《ハセ》テ城ヘ入敵ヲ防キ、

「忍ノ入タルソ、出合」ト云ケレハ、出合ヌル者ヲ一人首ヲ捕テ帰ル。此時秀長、「希代ノ勇士」ト称美シテ、加増三千石ヲ賜ル。於レ此已ニ武勇ノ名天下ニ知レタリ。

又江州志津嶽合戦ノ時、佐久間玄蕃允先手、山ノ尾筋ヘ責上ル。佐渡守高虎、真先ニ馬印ヲ押上、鉄炮ヲ放、鎗ヲ以先ニ進タル侍ヲ突伏、首ヲ捕。此時、自身モ手負タリ。玄蕃允終ニ敗北ス。此時、秀吉公大ニ御感有テ、秀長ニ仰テ、千七百石ノ加恩、合テ五千石トナル。

其後秀長紀伊大和拝領ノ時、五千石ノ加増ニテ、一万石トナル。紀州一揆大将山本ノ湯川直晴等ヲ、青木紀伊守・藤堂佐渡守・尾殿《本ノママ》下野守等攻寄テ、湯川降参ス。

阿波国木津ノ城ヲ攻ルニ、高虎夜中ニ一番ニ城ノ塀ニ野《ノルカ》、城ヨリ突テ出ル。長曽我部家人、横山隼人ト鎗ヲ合。此時、鉄炮中手負、終ニ長曽我部降参ス。秀吉公ヘ御礼ヲ申也。

薩摩陣日向国妻城宮部善祥坊所ヘ島津中務攻懸ル。善祥坊已ニ危ヲ見テ、高虎走来テ城ヘ入敵ヲ防キ、終ニ敵ヲ退ケ、大利ヲ得。此時、秀吉公大ニ称美セラルル。秀長ヘ仰テ一万石ノ加増アリ。合二万石ナリ。

終ニ敵ヲ退ケ、大利ヲ得。此時、秀吉公大ニ称《シヤウ》美《ビ》せラル。秀長へ仰テ壱万石ノ加増アリ。合二万石ナリ。

如レ此其身大功ヲ立ルト云ナカラ、大納言ノ取立ナレハ旧恩忘カタクヤ有ケン、高野山へ登テ菩提ヲ問《トフ》。柴門深ク鎖シテ交リヲ息メ、世ト我ト相遺タルヲ、秀吉公聞シ召、御使立テ、被二召出一。「一度三昧得《マイトク》度ノ上ハ」トテ辞退申ケレトモ、已ニ三度ノ貴命ニ及ケレハ無レ力、又墨染ノ衣ヲ脱《ヌキ》ケリ。因テレ茲レニ伊予国ニテ七万石ヲ賜リ、又然レハ、初度辰ノ年、渡《ト》海セシ時ハ、二万石ノ身上ナリ。

其以後、慶長二年六月、秀吉ノ仰ヲ承《ウケタマハ〈リ〉》テ七万石ノ武将ト成テ渡海ス。朝鮮ニモ初渡(度カ)ノ合戦ニ不覚ヲ取ケレハ、所々ニ要害ヲ拵へ、船手ニハ番船厳《ケン》重ニ備へテ、防《ハウ》戦ノ支度シケリ。七月十四日、船手ノ大将衆、釜山浦《フサンカイ》へ着岸《チヤクカン》シテ休息ス。同十五日、番船コモカイカコ島ニ多ク控《ヒカ》ヘタル由告来ケリ。

毛利豊前守所ニテ評議アリ。藤堂佐渡守・九鬼大隅守両人云ケルハ、「明日、先斥候《モノミ》ヲ遣シ、番船ノ様子見届、大船ヲ押寄々々大筒・石火矢ニテ打スクメ、其後乗取

如レ此其身功ヲ立ルト云ナカラ、大納言ノ取立ナレハ旧恩忘カタクヤ有ケン、高野山へ登テ跡ヲ弔ハレケルヲ、秀吉公聞召、「遁世サスヘキ者ニ非ス」トテ御使立テ、被二召出一。両度マテ辞退申上ケレトモ、已ニ三度ノ貴命ニ《也カ》ケレハ無レ力、又墨染ノ衣ヲ脱テケリ。因レ茲伊予国ニテ七万石ヲ賜リケルト。又然レハ、初度辰ノ年、渡海セシ時ハ、二万石ノ身上ナリ。

其以後、慶長二年六月、秀吉ノ仰ヲ承テ七万石ノ武将ト成テ渡海ス。朝鮮ニモ初度ノ合戦ニ不覚ヲ取ケレハ、所々ニ要害ヲ拵へ、船手ニハ番船厳重ニ備テ、防戦ノ支度シケリ。七月十四日、船手ノ大将衆、釜山海へ着岸シテ休息ス。同十五日、番船コモカイカコ島ニ多ク控ヘタルヨシ告来ケリ。

毛利豊前守所ニテ評議アリ。藤堂佐渡守・九鬼大隅守両人云ケルハ、「明日、先斥候ヲ遣シ、番船ノ様子見届、大船ヲ押寄々々大筒・石火矢ニテ打スクメ、其後乗取ン」ト云。脇坂中努(務カ)モ、「最也」ト云。加藤左馬助云モ、「左様ナラハ番船追散ヘシ、船軍ヲ心懸ナラハ、中船ニテ会釈弱々ト見セテ、能図ヲ以喧ト乗取ン」ト云。藤堂

ン」ト云。脇坂中書モ、「最也」ト云。加藤左馬助云ク、「左様ナラハ番船逃散《ニケ》ヘシ。船軍ヲ心懸ナラハ、中船ニテ会釈《アイシライ(ママ)》ヒ、弱々《ヨハ》ト見セテ、能図《ヨキツ》ヲ以撞《トツ》ト乗取ン」ト云。藤堂ト加藤ト争論《シヤウロン》ニ及。豊前守能挨拶《アイサツ》シテ中ヲ直シケリ。カカル処ニ唐島斥候《モノミ》船漕《コキ》帰テ申ケルハ、「番船三百余艘《ソウ》アリ」ト也。諸将宿陣ニ帰ケリ。

然ル処ニ高虎ハ藤堂新七郎ヲ召テ、「唐島ノ番船日本ノ通路ヲ支《サヽ》ヘ、昼《ヒル》ハ出張シ夜ハ何方トモナク引入。如何」トアリ。新七郎申ケルハ、「今夜我等参テ見計候ハン」高虎、「抜懸《ヌケ》ハ御法度也」ト云レケレハ、「本船ニテ参候、後日ニ申分御六ケ敷、私ノ抜懸ニ仕、買船ニテ参候ハン。若御咎《トカメ》アラハ、罰《ハツ》ヲハ我コソ請可レ申」トアレハ、「サラハ汝カ心ニ任ヘシ」トテ免サレケル。

爰ニ織田七兵衛ノ子芦尾少九郎後ニ被二召出一曰二織田主水一高虎ノ前ニ伽《トキ》ヲシテ有ケルカ、「我等モ新七ト参度」ト申セハ免サレテ、新七手勢買船ニ取乗テ、芦尾同船シテ漕《コキ》出ス。又、高虎ハ藤島与左衛門・疋田勘左衛門ヲ召テ、「買船ニ乗テ番船ノ様子見テ参レ」トアリテ、斥候《モノミ》ニ行。又、藤堂作兵衛ハ新七カ漕出ヲ聞テ、忍テ出船ス。然ルニ、新七

ト加藤ト争論ニ及フ。豊前守能挨拶シテ中ヲ直シケリ。カカル処ニ唐島斥候船漕帰テ申ケルハ、「番船三百余艘《ソウ》アリ」ト也。諸将宿陣ニ帰ケリ。

然ル処高虎ハ藤堂新七郎ヲモ召テ、「唐島ノ番船日本ノ通路ヲ支ヘ、昼ハ出張シ夜ハ何方トモナク引入、如何」トアリ。新七郎申ケルハ、「今夜我等参テ見計候ハン」高虎、「抜懸ハ御法度也」ト云レケレハ、「本船ニテ参候ハ、後日ニ申分御六ケ敷、私ノ抜懸ニ仕、買船ニテ参候ハン。若御咎アラハ、罰ヲハ我コソ請可レ申」トアレハ、「サラハ汝カ心ニ任スヘシ」トテ免レケル。

爰ニ織田七兵衛子芦尾少九郎後被二召出一曰二織田主水一高虎ノ前ニ伽ヲシテ有ケルカ、「我等モ新七ト参リ度」ト申セハ免レテ、新七手勢買船ニ取乗テ、〈芦〉《本ノママ》尾同船シテ漕出ス。又、高虎ハ藤島与左衛門・疋田勘左衛門ヲ召テ、「買船ニ乗テ番船ノ様子見テ参レ」トアリテ、斥候ニ行。又藤堂作兵衛ハ新七カ漕出ヲ聞テ、忍テ出船ス。然ルニ、新七ハ唐島エ渡テアナタコナタ尋レトモ、夜中曇リヌレハ何方ニ船アリトモ不レ知ケリ。

爰ニ山陰ノクラキ所ニ船ト覚シキ物アリ。新七、先鉄

ハ唐島へ渡テアナタコナタ尋レトモ、夜中曇《クモリ》タレハ何方ニ船アリトモ不レ知ケリ。

爰ニ山際《キハ》ノクラキ所ニ船ト覚シキ物アリ。新七、先鉄炮ヲ放懸ケリ。船中騒《サハ》キ立ヲ見テ又放チケレハ、番船ノ人数山上へ逃去《ニケ》ヲ見テ、引付テ乗取、引続テ加藤左馬助自身来リ。家人判団右衛門・薮与左衛門・東勘右衛門・宮川・戸田・平野等・手々ニ乗取、佐州家人藤堂作兵衛乗取テ火ヲ懸タリ。続テ毛利豊前・藤堂佐渡守・脇坂中書・九鬼等、思々ニ乗取、或浦々山々へ追懸ル。味方手負、死人モ多カリケリ。

諸将衆取タル船ノ上ニテ対面ス。加藤左馬助云ク、「今日ノ一番乗ハ我也」ト。佐渡守云ク、「我等先手ノ者、一番ニ乗取タリ」ト云。左馬云、「家人ノ抜懸《ヌケ》シタルハ不レ知ナリ。自身我ハ一番ニ取タリ」ト云。是ヨリ両将大ニ争《アラソ》テ、已ニ同士軍ニ及ハントス。大閤ヨリ付ラレタル七人ノ横目批判シテ曰、「左馬助自身一番ニ行レタレトモ、一番ニ船ヲ取ハ佐渡守内新七ナレハ、番船ノ一番ハ佐州也」ト評定シテ、則七人衆連判ノ状ヲ佐州ニ贈《ヲクリ》ケリ。

炮ヲ放懸ケリ。船中騒キ立ヲ見テ又放チケレハ、番船ノ人数山上へ逃去ヲ見テ、引付テ乗取、引続テ加藤左馬助自身来リ。家人判団右衛門・薮与左衛門・東勘右衛門・宮川・戸田・平野等、手々ニ乗取、佐州ノ家人藤堂作兵衛乗取テ火ヲ懸タリ。続テ毛利豊前・藤堂佐渡守・脇坂中書・九鬼等、思々ニ乗取ニ、或ハ浦々山々へ追懸ル。味方手負、死人モ多アリケリ。

諸将衆取タル船ノ上ニテ対面ス。加藤左馬助云ク、「今日ノ一番乗ハ我ナリ」ト。佐渡守云ク、「我等先手ノ者、一番ニ乗取タリ」ト云。左馬云ク、「家人ノ抜懸シタルハ不レ知ナリ、自身我ハ一番ニ取タリ」ト云。是ヨリ両将大ニ争テ、已ニ同士軍ニ及ハントス。大閤ヨリ付ラレタル七人ノ横目批判シテ曰、「左馬助自身一番ニ行レタレトモ、一番ニ船ヲ取ハ佐渡守内新七ナレハ、番船ノ一番ハ佐州也」ト評定シテ、則七人衆連判ノ状ヲ佐州ニ贈リケリ。

其ノ状ニ云、

去ル十五日夜、於唐島番船切取候事、貴所一番無二其隠一候。猶御前江茂具可二申上一候。為レ其如レ此候。

其ノ状ニ云、
去ル十五日ノ夜於二唐島一番船切取候事、貴所一番
無二其隠一候。猶御前へモ具可二申上一候。為レ其如
レ此候。恐乍謹言
七月廿三日
藤堂佐渡守殿
御陣所
熊谷内蔵允
垣見和泉守
早川主馬首
竹中源助
毛利民部少輔
太田飛騨守
福原右馬助

七月廿三日、諸将評判シテ、佐州一番乗ニ極リケレハ、七人ノ横目衆ヨリ右ノ通ノ証文アリ。佐渡守ハ藤堂太郎左衛門ヲ召テ使トシテ言上ス。太郎左衛門、八月廿一日、伏見へ帰朝シテ委細ヲ言上シケレハ、大閤御前へ被二召出一テ、直ニ聞召テ、御腰物ヲ拝領ス。則番船始テ乗取、御感ノ御朱印ヲ賜ル。其ノ御書ニ曰、

七月廿三日之書状幷同名太郎左衛門差越、番船切取様子言上、具ニ被二聞召届一候。其方調儀ニテ可レ有

恐乍謹言
七月廿三日
藤堂佐渡守殿
御陣所
熊谷内蔵允
垣見和泉守
早川主馬首
竹中源介
毛利民部少輔
太田飛騨守
福原右馬助

七月廿三日、諸将評判シテ、佐州一番乗ニ極リケレハ、七人ノ横《ヨコ》目衆ヨリ右ノ通ノ証文アリ。佐渡守ハ藤堂太郎左衛門ヲ召テ使トシテ言上ス。太郎左衛門、八月廿一日、伏見へ帰朝シテ委細ヲ言上シケレハ、大閤御前へ被二召出一テ、直ニ聞召テ、御腰物ヲ拝領ス。則番船始テ乗取、御感ノ御朱印ヲ賜ル。

其ノ御書ニ曰、

七月廿三日之書状幷同名太郎左衛門差越、番船切取様子〈言〉上[本ノママ]、具被二聞召届一候。其方調儀ニテ可レ有レ之ト思召処、御推量、抽二粉骨一之由、神妙思召候。弥先々儀、入レ精、各以二相談之上一、働等可二

レ之ト思召之処、如二御推量一、抽二粉骨一之由、神妙思召候。弥先々儀、入レ精、各以二相談之上一、働等可二申付一候。隙《ヒマ》明候而仕置等之儀、是亦各見計《ハカライ》可レ然所令二普請《フシン》一、在番衆可二入置一候。度々如下被二仰遣一候上、大明人数、自然朝鮮之表ヨリ五・六日路モ此方へ罷出候ハ、可レ令二注進一候。急度被レ成二御渡海一被二討果一、大明国迄《マデ》可レ被二仰付一候。尚同名太郎左衛門ニ御直《チキ》ニ被二仰聞一候也。

八月廿一日御朱印

藤堂さとの守殿

其後佐渡守帰朝《キテウ》セラレケレハ、大閤番船ノ事ヲ御感有テ、壱万石加増アリ。其ノ御朱印ニ云ク、

今度於二朝鮮表一番船切取候剋《キサミ》、粉骨《フンコツ》之段、神妙被二思召一候。仍手前御代官所之内ヲ以テ壱万石ノ事、目録別紙在レ之令二扶助一畢《ヲワンヌ》。本知七万石、合テ八万石、全ク可二領知一候也。

慶長三年六月廿二日御朱印

藤堂佐渡守とのへ

如レ此ニ分明ナルヲ、近代ノ記録共ニ、番船トイヘハ

申付一候。隙明候而仕置等之儀、是又各見計可レ然所令二普請一、在番衆可二入置一候。度々如下被二仰遣一候上、大明人数、自然朝鮮之表ヨリ五・六日路モ此方江罷出候ハ、可レ令二注進一候。急度被レ成二御渡海一被二討果一、大明国迄可レ被二仰付一候。尚同名太郎左衛門、御直被二仰聞一候也。

八月廿一日御朱印

藤堂さとの守殿へ

其後佐渡守帰朝セラレケレハ、大閤番船ノ事ヲ御感有テ、一万石加増アリ。其御朱仰(印カ)ニ云ク、

今度於二朝鮮表一番船切取候。粉骨之段、神妙被二思召一候。仍手前御代官所之内以、一《本ノママ》万石ノ事、目録別紙在レ之令二扶助一畢。本知七万石、合八万石、全可二領知一候者也。

慶長三年六月廿二日御朱印

藤堂佐渡守とのへ

如レ此ニ分明ナルヲ、近代ノ記録共ニ、番船トイヘハ加藤左馬助トノミ云テ、高虎ノ事ヲ略ス。是世ノ誤リナリ。彼証文今ニ彼家ニアリトナン。

只加藤左馬助トノミ云テ、高虎ノ事ヲ略ス。是世ノ誤《アヤマ》リナリ。右ノ証文今ニ彼家ニアリトナン。

扨藤堂新七数度ノ武功ノ勇士ナレハコソ、今度関ヶ原ニテ数万ノ敵ノ中ヘ分入テ首ヲハ捕タルナリ。又佐渡守ハ大和大納言ノ旗下ニ居シ時ヨリ内府公御懇《コン》志ナリ。聚《シュ》楽《ラク》ニテ御屋敷普請アリシ時モ、御台所ヲハ佐州立テ進ラスル。

如レ此ニ佐州ハ内府公ノ奇才、終ニハ天下ノ主君ト成給ハンヲ預《アラカ》シメ知、又内府公モ佐州ノ器量世ニ抜群《ハツクン》シタルヲ感シ給ケルニヤ、此乱《ラン》ノイマタ不レ起《ヲコラ》ヨリ無二ノ御味方ヲシテ大忠ヲ立、御先手ニテ大剛《カウ》ノ大谷刑部ト合戦シテ勝利ヲ得、其勲功《クンコウ》ヲ以、慶長拾一年ニ二拾二万三千石トナル。

同十四年ニ言上申サレケルハ、「凡国家ヲ治ルニハ、乱ノ不レ起謀、アラカシメ可レ有事也。諸大名ノ証人江戸ヘ被二召集一、是乱ヲ治ル本也。先私ノ家人可二差上一」ト云。是ヨリ諸国ノ証人ヲ召レケリ。

慶長十九年ニ大坂御陣ノ先陣ヲ賜テ、十月下旬ヨリ只一人河内国府ヘ出張シ、霜月ヨリ惣手ノ城攻。天王寺口

扨藤堂新七数度ノ武切ノ勇士ナレハコソ、今度関ヶ原ニテ数万ノ敵ノ中ヘ分入テ首ヲハ捕タルナリ。又佐渡守ハ大和大納言ノ旗下ニ居シ時ヨリ内府公御懇志ナリ。聚楽ニテ御屋敷普請アリシ時モ、御台所ヲハ佐州立テ進ラスル。

如レ此ニ佐州ハ内府公ノ奇才、終ニハ天下ノ主君ト成玉ハンヲ預知リ、又内府公モ佐州ノ器量世ニ抜群シルタ〈本ノママ〉ヲ成〈ママ〉シ玉ヒケルニヤ、此乱ノイマタ不レ起ヨリ無二ノ御味方ヲシテ大忠ヲ立、御先手ニテ大剛ノ大谷刑部ト合戦シテ勝利ヲ得、其勲切ヲ以、慶長十一年ニ二拾二万三千石トナル。

同十四年ニ言上申サレケルハ、「凡国家ヲ治ルニ、乱ノ不レ起謀、アラカシメ可レ有事也。諸大名ノ証人江戸ヘ被二召集一、是乱ヲ治ル本也。先私ノ家人可二差上一」ト云。是ヨリ諸国ノ証人ヲ召レケリ。

慶長十九年ニ大坂御陣ノ先陣ヲ賜テ、十月下旬ヨリ只一人河内国府ヘ出張、霜月ヨリ惣手ノ城攻。天王寺口築山井楼、夜ヲ以テ日ニツキ堀際ヘ攻寄、極月下旬、櫓一ツヲ鉄炮ニテ打破。其猛威諸手ニ越タリ。両御所ヨリ深

築《ツキ》山井楼、夜ヲ以日ニツキ堀際《キハ》へ攻寄、極月下旬、櫓《ヤクラ》一ツヲ鉄炮ニテ打破。其猛威《マウイ》諸手ニ越タリ。両御所ヨリ深ク御感ノ状アリ。

翌年五月六日、藤堂和泉守・井伊掃部頭先陣、八尾《ヤヲ》表大坂衆木村長門守・長曽我部土佐守大将トシテ、秀頼ノ旗本面々数万人ト合戦。和泉守人数、田ノ中縄《ナハ》手究テ斥《セキ》沢《タク》、人馬駆引悪カリケリ。殊ニ三倍ノ敵ニ出合テ、先手究竟《クツキヤウ》ノ兵七拾余騎討死ス。サレトモ大将ノ本陣備全キ故ニ、敵不レ懸《カヽラ》、終ニ二ノ見合戦ニ打勝テ大坂マテ追《ツイ》討、八百六拾七級《キウ》ノ首ヲ捕ケリ。両御所御感不レ斜《ナナメナラ》、五万石ノ加恩ニ金銀ノ分銅《ドウ》ヲ賜ハリ、四位ニ叙《ヂヨ》ス。将軍家ヨリ高木貞宗ノ御脇指ヲ拝領ス。

元和三年ニ旧功ヲ以、五万石御加増也。如レ斯ノニ自《ミツ〈カラ〉》ノ武勇ト云ナカラ次第々々ニ出身、世ノ侍、高モ賤モ羨マヌ人ハナシ。其性《ヒトトナリ》大器《キ》ニシテ、天下ニ人ノ知タル侍ヲハ禄ヲ惜《ヲシ》マス召抱《カカヘ》、頼ミ来ル者ヲハ愛憐《アイレン》シテ養ヒ、人ノ事ヲ取持テ困窮《コンキウ》ヲ助、関ケ原ニテモ此人ノ恩ニテ命ヲ助ル人、脇坂中書父子・小川土佐父子・池田伊予等、不レ可二勝計《アケテカソフ》一。其後、和泉守ニ成テ少将ニ任ス。討

カク御感ノ状アリ。

翌年五月六日、藤堂和泉守、井伊兵《本ノママ》部少輔先陣、八尾表大坂衆木村長門守・長曽我部土佐守大将トシテ、秀頼旗本面々数万人ト合戦。和泉守人数、田ノ中縄手突テ斤《本ノママ》沢、人馬懸引悪カリケリ。殊三倍ノ敵ニ出合テ、先手究竟ノ兵七十余騎討死ス。サレトモ大将ノ本備全キト《ヒ》故ニ、敵不レ懸ヲ、終ニ二ノ見合戦ニ打勝テ大坂ニテ追討、三千七百七拾三級ノ首ヲ捕ケリ。両御所御感不レ斜、五万石ノ加恩ニ金銀ノ分銅ヲ賜リ、四位ニ叙ス。将軍家ヨリ高木正(貞カ)宗ノ御脇指ヲ拝領ス。

元和三年ニ旧切ヲ以テ五万石御加増也。如レ斯ニ自ノ武勇ト云ナカラ次第々々ニ出身、世ノ侍、高クモ賤モ羨マヌ人ハナシ。其性大器ニシテ、天下ニ人ノ知タル侍ヲハ禄ヲ惜マス召抱、頼ミ来ル者ヲハ愛憐シテ養ヒ、人ノ事ヲ取持テ困窮ヲ助ケ、関ケ原ニテモ此人ノ恩ニテ命ヲ助ル人、脇坂中書父子・小川土佐父子・池田伊予等、不レ可二勝計一。其後、和泉守ニ成テ少将ニ任ス。討死ノ者ヲ哀テ跡ヲ立、禄ヲ世ニス。京都南禅寺ノ山門ヲ建立シテ討死ノ者ノ供養トシ、伊勢、或江戸上野寒松院ノ仏壇

死ノ者ヲ哀《アハレン》テ跡ヲ立テ、禄ヲ世《ヨヨ》ニス。京都南禅寺ノ山門ヲ建立シテ討死ノ者ノ供養トシ、伊勢、或ハ江戸上野寒松院ノ仏壇ニ討死ノ者ノ名ヲ記シテ年忌供養祭礼ス。大将軍秀忠公、殊ニ慈愛シ給。世上ニ軽薄《ケイハク》人ノヤウニ云人モ有シカ、実ハ皆忠也。孔子ノ君ニ事ルニ礼ヲ尽《ツクシ》給ヲハ、時ノ人諂《ヘツラ》ヘル人ト沙汰スル如ク、君ヘ深ク思ヒ入テ忠ヲスル人ハ、脇ヨリ忠ノナキ眼ニハ軽薄トモ見ヘキ也。

或時台徳院殿和泉守ヲ召テ、高禄ヲ与《アタ》ヘテ奥州会津ノ城主トセントテ御内意有ケレハ、辞退申ケルハ、「上方筋何事モアラン時、早ク懸付申為ニ候ヘハ、願ハ伊賀・伊勢ノ城ニ罷有度候」トナリ。仰ニハ、「会津ハ奥州ノ藩鎮《ハンチン》ニテ、辺要ノ地ナリ。誰《タレ》カ其器量《キリヤウ》ニ当ルヘキ」泉州云、「当代会津ヘ可レ被レ遣《ツカハ》者ノハ、加藤左馬助ナラテハ候ハス」ト申ニ依テ、一倍ノ御加増、四拾二万石ニ成テ、伊予国ヨリ会津ヘ参ケリ。左馬助此一言ヲ聞テ、則御家人衆ヲ使ニテ一礼ヲ云。「向後ハ申談度」ト和睦《ワホク》ヲ請《コウ》テ、左馬助始テ泉州ノ宅《タク》ニ来レハ、泉州モ左典厩《サテンキウ》ノ宿所ヘ行テ、其ヨリ懇《ネンコロ》ニ行通ケリ。

加様ニ主君ノ忠誠ヲ思テ、自ラノ讎《アタ》ヲ不レ顧《カヘリミ》、陰徳ア

ニ討死ノ者ノ名ヲ記シテ年忌供養祭礼ス。大将軍秀忠公、殊ニ慈愛シ給。世上ニ軽薄人ノヤウニ云人モ有シカ、実ハ皆忠也。孔子ノ君ニ事ルニ礼ヲ尽シ給ヲハ、時ノ人諂ヘル人ト沙汰スル如ク、君ヘ深ク思ヒ入テ忠ヲスル人ハ、脇ヨリ忠ノナキ眼ニハ軽薄トモ見ヘキ也。

或時台徳院殿和泉守ヲ召テ、高禄ヲ与ヘテ奥州会津ノ城主トセントテ御内意有ケレハ、辞退申ケルハ、「上方筋何事モアラン時、早ク懸付申為ニ候ヘハ、願ハ伊賀・伊勢ノ城ニ罷有度候」トナリ。仰ニハ、「会津ハ奥州ノ藩鎮ニテ、辺要ノ地ナリ。誰カ其器量ニ当ルヘキ」泉州云、「当代会津ヘ可レ被レ遣者ハ、加藤左馬助ナラテハ候ハス」ト申ニ依テ、一倍ノ御加増、四拾二万石ニ成テ、伊予ノ国ヨリ会津ヘ参ケリ。左馬助此一言ヲ聞テ、則御家人衆ヲ使ニテ一礼ヲ云。「向後ハ申談度」ト和睦ヲ請テ、左馬助始テ泉州ノ宅ニ来レハ、泉州モ左典厩ノ宿所ヘ行テ、其ヨリ懇ニ行通ケリ。

加様ニ主君ノ忠誠ヲ思テ、自ラノ讎ヲ不レ顧、陰徳アル人ナレハ、子息大学頭、伊賀一国・伊勢半国・大和・山城ヘ手ヲ懸テ、三拾二万三千石ノ家督ヲ継、伊賀ノ上

ル人ナレハ、子息大学頭、伊賀一国・伊勢半国・大和・山城へ手ヲ懸テ、参拾二万三千石ノ家督ヲ継《ツキ》、伊賀ノ上野、伊勢ノ阿濃津両城ヲ持テ、藤堂大学頭、井伊玄蕃頭両将ハ、今ノ世ニ至テ御先手ト定ラル。

高虎ノ妻、又貞順《テイジユン》ノ徳有テ仏神ヲ崇敬《ソウキヤウ》シ、人ノ困窮ヲ救《スク》ヒ、家人共ノ罪ヲ詫《ワヒ》言シテ命ヲ助ケ、慈《ジ》愛世ニ勝《スク》レテ窈窕《ヨウテウ》タル淑女《シユクジヨ》ナリ。大学頭ヲ誕生シテ長寿ナリ。

高次ノ嫡子和泉守高久ハ酒井雅楽頭ノ婿《ムコ》也。次男佐渡守高通ハ黒田甲斐守婿也。三男少次郎、四男七助、大沢兵部大輔養子トス。長姉《シ》二人、一人ハ安藤対馬守ノ母也。一人ハ京極刑部少輔ノ妻也。各又其子孫ヲ生シテ何モ器量勝《スク》レテ繁《ハン》多ナル事、偏ニ是和泉守高虎ノ武功陰徳故トソ聞ヘシ。「苟爲《スレハ》レ仁ヲ、後世ノ子孫、必有ン二王者一ト」古人ノ宣《ノタマヒ》シモ理トコソシラレケレ。

或老人寄合テ、関ケ原諸大将ノ評判ヲスルヲ聞ニ、「生駒讃岐守、元来質濁《シツシヤク》ナル人ニテ、父雅楽頭悪ミテ、今度僅《ワツカ》ノ勢ヲ副《ソ》ヘテ下向セシム。サレトモ心ノ剛ナル人ナレハ、能場《バ》ニテ武功ヲ立タリ。又子息左近大夫正俊ハ丹後田辺《タナヘ》ノ城ヲ攻ニ行タルニ、祖父雅楽頭是ヲ愛シテ、

野、伊勢ノ阿濃津両城ヲ持テ、藤堂大学頭・井伊玄蕃頭両将ハ、今ノ世ニ至テ御先手ト定ラル。

高虎ノ妻、又貞順ノ徳有テ仏神ヲ崇敬シ、人ノ困窮ヲ救ヒ、家人共ノ罪ヲ詫言シテ命ヲ助、慈愛世ニ勝レテ窈窕タル淑女ナリ。大学頭ヲ誕生シテ長寿ナリ。

高次ノ嫡子和泉守高久ハ酒井雅楽頭ノ婿也。次男佐渡守高通ハ黒田甲斐守婿也。三男少次郎、四男七助、大沢兵部大輔養子トス。長姉二人、一人ハ安藤対馬守ノ母也。一人ハ京極刑部少輔ノ妻也。各又其子孫ヲ生シテ何モ器量勝レテ繁多ナル事、偏ニ是和泉守高虎ノ武切陰徳故トソ聞ヘシ。「苟爲レ仁、後世子孫、必有二王者一」ト古人ノ宣ヒシモ理トコソシラレケリ。

或老人寄合テ、関ケ原諸大将ノ評判ヲスル。聞ニ、「生駒讃岐守、元来愚ナル人ニテ、父雅楽頭悪ミテ、今度僅ノ勢ヲ副ヘテ下向セシム。サレトモ心ノ剛ナル人ニテ能場ニテ切ヲ立タリ。又子息左近太夫正俊ニ丹後田辺ノ城ヲ攻ニ行タルニ、祖父雅楽頭是ヲ愛シテ、久シキ家老加用大膳・大塚采女、其外過分ノ人数ヲ付テヤル。田辺ヨリ帰陣スルニ、関ケ原上方勢打負ヌト聞テ、讃岐へ

久シキ家老加用大膳・大塚采女、其外過分ノ人数ヲ付テヤル。田辺ヨリ帰陣スルニ、関ケ原上方勢打負ヌト聞テ、讃岐へ引入ケリ。加用ハ、「大坂雅楽頭ノ行末見届《トトケ》」トテ行ケレハ、雅楽頭モ内府公ノ憤《イキトヲ》リヲ恐レテ槙《マキ》ノ尾へ潜《ヒソカ》ニ引籠、「切腹セン」ト言上ス。内府公聞召テ、雅楽頭ハ切腹ノ者ナレトモ、讃岐守一正カ今度ノ忠功ニ、一命ト讃岐国トヲ被レ下ケレハ、雅楽頭ハ隠居シテ、讃岐守世トナル時ニ、関ケ原忠功ノ侍ヲ批判シテ加恩スル事モナク、捨置ケレハ、石川原ハ怨《ウラミ》テ立退《ノ》キ、浅野家へ事《ツカ》へテ立身ス。

讃州無レ程卒去ス。子息左近大夫代替《ヨカハ》リ年経《ヘ》ケレハ、生残ル忠功ノ者共ノ穿鑿《センサク》モナシ。彼等大ニ恨ミテ言ニ出シケレハ、弥人ノ悪ヲ得テ、家中ノ口論止時ナシ。

佐藤八蔵ハ能場ニテ鉄炮ニ当テ討死シケレトモ、其跡誰《タレ》ノ人挙用スル事ナクテ絶果、妻子流浪ノ身トナル、心アル人ハ涙ヲ流サスト云事ナシ。左近大夫正俊ノ子息、壱岐守ノ代ニ、家老共争レ権大勢立退ク故、終ニ家除カレテ由里ニ配流、僅壱万石トナル。今度ハ当家忠功ノ家ナレトモ斯衰ケリ。

引入ケリ、加用ハ、「大坂雅楽頭ノ行末見届」トテ行ケレハ、雅楽頭モ内府公ノ憤リヲ恐レテ槙尾へ潜ニ引籠、「切腹セン」ト言上ス。内府公聞召テ、雅楽頭ハ切腹ノ者ナレトモ、讃岐守一正カ今度ノ忠切ニ、一命ト讃岐国トヲ被レ下ケレハ、雅楽頭ハ隠居シテ、讃岐守世トナル時ニ、関ケ原忠切ノ侍ヲ批判シテ加恩スル事モナク、捨置ケレハ、石川原ハ怨テ立退、浅野家へ事へテ立身ス。

讃州無程卒去ス。子息左近大夫又愚ニシテ、関ケ原忠切ノ者共ノ穿鑿モナシ。彼等大ニ恨テ言ニ出シケレハ、弥人ノ悪ヲ得テ、家中ノ口論止時ナシ。

佐藤八蔵ハ能場ニテ鉄炮ニ当テ討死シケレトモ、其跡誰人取立ル人ナクテ絶果、妻子流浪ノ身トナル、心アル人ハ涙ヲ流サスト云事ナシ。左近大夫正俊ノ子息、壱岐守又愚ニシテ家中口論、大勢立退故、終ニ家滅ヒテ配流、由里ニテ僅一万石トナル。「賞禄二有切一、通二志於レ衆」ト云スヤ、家ノ滅ル事宜ナリ。

加藤左馬介、伊吹山へ逃上ル、人数ヲ不レ追事、軍法賢シ。毛屋カ敵ハ敗北ト申モ兵ヲ知タリ。

島津退口ハ前代未聞ノ勇也。惣テ勝軍ノ勇ハ安シ、負

加藤左馬助ハ島左近ケ頸ヲ実検ニ入ズト也。但シ治定セサル歟《カ》。伊吹山へ逃上《ニケ》ル人数ヲ不レ追事、軍法賢シ。

毛屋カ敵ハ敗北ト申モ兵《ヘイ》ヲ知タリ。

島津ノ退口《ノキ》ハ前代未聞ノ勇也。惣テ勝軍ノ勇ハ安シ、負《マケ》軍ノ勇ハ難《カタ》シ。万木ハ霜雪ニ逢テ凋《テウ》落スルニ独松柏ノ青緑《リヨク》ヲマス、島津ノ事ナルヘシ。

大谷・平塚・戸田・蒲生・島、各忠義ノ死也。骸《カハネ》ハ戦場ニ曝《サラス》ト云トモ、令名ハ万世ニ朽《クツ》ヘカラス。

加藤左馬助、赤坂ヲ出陣スル時、甲冑《カツチウ》美麗《ヒレイ》ナルカ、関ケ原へ来トヒトシク如何ニモ麁相《ソサウ》ナル鎧《ヨロヒ》ニ脱《ヌキ》替タリ。加様ノ諸将ノ集タル合戦ニハ、敵味方分明ナラメ、故ニ紛者大将ヲ討事アリ。其故ニ毛色ノ目印ヲ替タリ」

63　内府公諸将御対面幷御陣取事　（十六―二）

十五日未刻ニ、軍既ニ畢テ、内府公ハ関ケ原鳥井ノ際《キハ》少高所ニ御牀几ニ召レ、御冑《カブト》ヲハ脱《ヌキ》給ハス。諸手ノ大将追々ニ参謁《エツ》シテ手前々々ノ合戦ノ次第ヲ被二申上一。下野

軍ノ勇ハ難シ、万木ハ霜雪ニ逢テ凋落スルニ、独松柏ノ青緑ヲマス、島津ノ事ナルヘシ。

大谷・平塚・戸田・蒲生・島、各忠義ノ死也。骸ハ戦場ニ曝ト云トモ、令名ハ万世ニ朽ヘカラス。

加藤左馬助、赤坂ヲ出陣スル時、甲冑美麗ナルカ、関ケ原へ来トヒトシク如何ニモ麁相ナル鎧ニ脱替タリ。加様ノ諸将ノ集リタル合戦ニハ、敵味方分明ナラス。故ニ紛レ者大将ヲ討事アリ。其故ニ毛色ノ目印ヲ替タリ」

又島津ガ退口ニ、中坊飛騨守出向ケルカ、馬取云ケルハ、「加様ノ時ハ輪ヲ乗ルモノト承候」トテ、馬ヲ引廻ケレハ、三ツ尾ノ上ヲ玉通リケリ、下部ノ言ナレトモ法言ナレハ記シケリ。

63　内府公諸将御対面幷御陣取事　（九―二）（和十六―二）

十五日未刻ニ、軍既ニ畢テ、内府公ハ関ケ原鳥井ノ際少高所ニ御牀几ニ召レ、御冑ヲハ脱給ハス。諸手ノ大将追々ニ参謁シテ手前々々ノ合戦ノ次第ヲ被二申上一。下野

守左ノ肱《ヒチ》ヲ布《ヌノ》ヲ以首ニ懸テ御参《マイリ》アレハ、「手負タルカ」ト御尋也。「薄手ニテ候」ト被㆑申。

井伊兵部少輔ハ、靭《ウツホ》ノ真総（綱カ）ニ手ヲ懸テ被㆑参。其時御牀《シヤウ》机《キ》ヨリ立給テ、「兵部、手ハ如何」ト驚《ヲトロキ》給。掛硯ヲ召テ薬ヲ取出シテ被㆑下。「忝」ト拝シテ退ク。

本多出雲守ハ、刀ノリテ鍔本五・六寸入兼ケルヲ指ナカラ被㆑参、「高名仕ヤ」ト仰ケリ。織田有楽被㆑参ケレハ、「年寄テ不㆓似合㆒高名ソ」ト仰ニテ微笑《ヒシヤウ》セサセラル。「子息織田内記高名手柄」ト仰ナリ。其外各ソレソレニ御辞《コトハ》アリテ、御機嫌也。

左右ノ人々申ケルハ、「夜ノ明タルヤウニ成候」内府公聞召テ、「凡野合ノ合戦ニハ如㆑此敵ヲ挫《トリヒシ》カン事、最《イト》安シ。唯各ノ妻子、敵ノ内ニ捨置レタル、サゾ無㆓心許㆒可㆑存。我此ノミ苦労ニテ、骨髄《コツスイ》ニシミテ思所ナリ。三日ノ内ニ大坂ヘ発向シテ、諸将衆ノ妻子ヲ相渡、其上ニテ勝鬨《トキ》ヲ可㆓執行㆒」ト仰ケル。是ヲ聞程ノ人々、一同ニ競《キヲイ》テ忝存也。

又筑前中納言ヘ村越茂助ヲ御使ニ被㆑遣、「是ヘ被㆑参候ヘ」トノ儀也。金吾ノ陣取ノ山ハ金ノエツルノ指物ニ

守左ノ肱ヲ布ヲ以首ニ懸テ御参アレハ、「手負タルカ」ト御尋也。「薄手ニテ候」ト被㆑申。

井伊兵部少輔ハ、靭ノ真綱ニ手ヲ懸テ被㆑参。其時御牀机ヨリ立給テ、「兵部、手ハ如何」ト驚キ給。掛硯ヲ召テ薬ヲ取出シテ被㆑下。「忝」ト拝シテ退ク。

本多出雲守ハ、刀ノリテ鍔本五・六寸入兼ケルヲ指ナカラ被㆑参、「高名仕ヤ」ト仰ケリ。織田有楽被㆑参ケレハ、「年寄テ不㆓似合㆒高名ノ」ト仰ニテ微笑セサセラル。「子息織田内記高名手柄」ト仰ナリ。其外各ソレソレニ御辞アリテ、御機嫌也。

左右ノ人々申ケルハ、「夜ノ明タルヤウニ成候」内府公聞召テ、「凡野合ノ合戦ニハ如㆑此敵ヲ挫カン事、最安シ。唯各ノ妻子、敵ノ内ニ捨置レタル、サソ無㆓心許㆒可㆑存。我是ノミ苦労ニテ、骨髄ニシミテ思所ナリ。三日ノ内ニ大坂ヘ発向シテ、諸将衆ノ妻子ヲ相渡、其上ニテ勝鬨ヲ可㆓執行㆒」ト仰ケル。是ヲ聞程ノ人々、一同ニ競テ忝存也。

又筑前中納言ヘ村越茂介ヲ御使ニ被㆑遣、「是ヘ被㆑参候」トノ儀也。金吾ノ陣取ノ山ハ金ノエツリノ指物ニテ

テ葺《フキ》タリ。茂助行テ申演《ノヘ》ケレハ、中納言ハ同道ニテ参ラル。家老共二拾人計、其勢三百余、其覡弍(規式カ)厳《ケン》重ナリ。内府公御床机ヨリ下給ヒテ、「此度ノ軍功莫太」ト宣《ノタマ》フ。朽木・脇坂・小川・赤座モ相伴ヒ来ル。朽木・脇坂・小川・赤座モ御褒美ノ御詞ナリ。又結城ノ少将ヨリ被㆓付置㆒タル使者、高名仕、実検ニ入ケレハ御感アリ。「三河守方ヘ勝利ノ様子知セ度、汝急可㆑参カ」トアリケレハ、「薄手負候間、急申儀ハ不㆓罷成㆒カ」ト申上。「然ラハ汝ハ養生スヘシ。他《タ》ノ者可㆑遣」トノ御事也。

実検ニ時移《ウツ》リテ日影西ニ斜《ナナメ》ナレハ、其夜ハ藤子川ノ山中、大谷刑部少輔陣屋ニ入セ給テ、一夜ヲ明サセケレハ、御先手井伊兵部ハ今淵《フチ》ノ宿ニ陣ヲ取。偖《サテ》佐和山ノ城一(ママ)討手ヲ仰付ラルルハ、田中刑部少輔・石川左衛門尉也。カカル所ニ、甲ノ刻ヨリ大雨車軸ヲ流、不破《ハ》ノ関ニハ洪水滂沱《ハウタ》タリ。敵味方ノ死骸筏《イカタ》ニナツテ、血水紅ノ如クナリケル。「血流漂《タタヨハシ》㆑杵《タテヲ》シテ、一タヒ戎衣《ジウイ》シテ天下定」トハ此事ヲヤ申ヘキ。軍勢皆凱歌《ガイカ》シ勇《イサミ(ママ)》ミケル。

葺タリ。茂助行テ申演ケレハ、中納言ハ同道ニテ参ラル。家老共二十人計、其勢三百余、其覡弍(規式カ)厳重ナリ。内府公御牀机ヨリ下給ヒテ、「此度ノ軍切莫太」ト宣フ。朽木・脇坂・小川・赤座モ相伴ヒ来ル。朽木・脇坂・小川・赤座モ御褒美ノ御詞ナリ。又結城ノ少将ヨリ被㆓付置㆒タル使者、高名仕、実検ニ入ケレハ御感アリ。「三河守方ヘ勝利様子知セ度、汝急可㆑参カ」トアリケレハ、「薄手負候間、急申儀ハ不㆓罷成㆒カ」ト申上。「然ラハ汝ハ養生スヘシ。他ノ者可㆑遣」トノ御事也。

実検ニ時移リテ日影西ニ斜ナレハ、其夜ハ藤子川ノ山中、大谷刑部少輔陣屋ニ入セ給テ、一夜ヲ明サセケレハ、御先手井伊兵部ハ今淵ノ宿ニ陣ヲ取。偖佐和山ノ城ヘ討手ヲ仰付ラルルハ、田中刑部少輔・石川左衛門尉也。カカル処ニ、甲ノ刻ヨリ大雨車軸ヲ流、不破関ニハ洪水滂沱タリ。敵味方ノ死骸筏ニナツテ、血水紅ノ如クナリケル。「血流漂㆑杵シテ、一戎衣シテ天下定ル」トハ此事ヲヤ申ヘキ。軍勢皆凱歌シ勇ミケルモ断リ也。

64　牧田筋合戦事幷佐和山城攻事　（十六―三）

同九月十六日、内府公ハ関ケ原ヲ御出馬有テ、佐和山ノ城へ趣キ給フ。先陣、羽柴左衛門大夫・藤堂佐渡守・池田備中守。二番、羽柴越中守・黒田甲斐守。三番、堀尾信濃守・浅野左京大夫。四番、井伊兵部ハ御旗本ノ先手ニテ、其次、御馬・御旗本隊《タイ》・陣ノ行列・旌旗《キセイ》班々タリ。又徳永法印・市橋下総守・横井伊織・同孫右衛門・同作左衛門ハ、多芸郷《ケノサト》ヨリ牧田筋へ撃出《ウツテ》。

然処ニ栗原山ヨリ長曽我部・安国寺、多良山へ引退所ニ相支《ササ》ヘテ合戦ス。徳永進テ追討、首八十一級討捕テ、摺針峠《スリハリタウケ》ニテ言上ス。横井作左衛門ハ自身ノ高名仕。水牛ノ立物切ヲラレ、甲ノ天辺切割レ《ワラレ（ママ）》、其甲冑ヲ着ナカラ御目見、内府公仰ニ、「作左衛門、不レ始レ于レ今働《ハタラキ》」トテ御感ナリ。其日、野波ノ郷《サト》東ノ山ニ野陣ナリ。

斯《カカ》ル所ニ、佐和山ノ城ニハ三成カ父石田隠岐守・舎兄木工頭・子息右近・舅《シウト》宇多下野守等、関ケ原敗北シテ当城へ押寄ト聞テ評議ス。各申ケルハ、「昨日ノ合戦ニ打

64　牧田筋合戦事幷佐和山城攻事　（九―三）（和十六―三・白十六―三）

同九月十六日、内府公ハ関ケ原ヲ御出馬有テ、佐和山ノ城へ趣キ給フヲ、先陣、羽柴左衛門大夫・藤堂佐渡守、池田備中守。二番、羽柴越中守・黒田甲斐守。三番、堀尾信濃守・浅野左京大夫。四番、井伊兵部ハ御旗本ノ先手ニテ、其次御馬御旗本隊・陣ノ行列、旌旗班々タリ。又徳永法印・市橋下総守・横井伊織・同孫右衛門・同作左衛門ハ多芸郷ヨリ牧田筋へ撃テ出。

然処ニ栗原山ヨリ長曽我部・安国寺・多良山へ引退所ニ相支ヘテ合戦ス。徳永進テ追討。首八十一級討捕テ、摺針峠ニテ言上ス。横井佐左衛門ハ自身ノ高名仕。水牛ノ立物切ヲラレ、甲ノ天辺切割レ、其甲冑ヲ着ナカラ御目見、内府公仰ニ「作左衛門、不レ始レ于レ今働」トテ御感ナリ。其日、野波ノ郷東ノ山ニ野陣ナリ。

斯ル所ニ、佐和山ノ城ニハ三成カ父石田隠岐守・舎兄木工頭・子息右近・舅宇多下野守等、関ケ原敗北シテ当城へ押寄ト聞テ、評議ス。各申ケルハ、「昨日ノ合戦ニ

負ル上ハ、此城タトヒ十日廿日持堪《コタヘ》タレハトテ、何ノ益カアラン。日来忠勤セシ士卒《ソツ》ヲ空ク殺《コロサン》ヨリハ暇《イトマ》ヲトラセ、我々腹ヲ切ンニハシカシ」トテ、則士卒ニ委細ヲ述テキカセケリ。各詞ニ応《ヲウ》シテソ落行ケル。中ニモ、「勇ヲ立、義ヲ思者ハ生死一所ニコソ存候ヘ」トテ、留リ残人モアリ。

内府公ハ佐和山ヨリ南高宮《タカ》ト云村ノ東山ニ御陣ナリ。羽柴左衛門大夫ハ、高宮ノ越智川辺ニ備立、見物ス。田中兵部大輔先手トシテ、松下宇兵衛美濃ニテ知行拾二万石・石川左衛門尉等、竹葦ニ集マル。田中ハ北ノ水ノ手へ楯《タテ》竹把ヲ突立テ、山上塀下マテ攻懸ル。城中カカリ尾ニハ山田・上野、本丸ニハ治少カ父石田隠岐守・治少舎兄木工頭・其子右近・治少舅宇多下野・其子宗三郎、北ノ水ノ手ニハ河瀬織部、中ノ丸ニハ養寿院也。山田・上野無勢ナレハ、本丸へ使ヲ立テ、加勢ヲ請。故ニ赤松左兵衛ヲヤリケル。両人ニテ此口防キケルカ、其夜、山田・上野ハ己カ持口ヨリ闕落《カケ》シケリ。赤松一人ニテハ不レ叶シテ、本丸へ引退。是ニ依テカカリ尾ノ丸ヲ寄手早ク乗取ケリ。北ノ丸、河瀬織部カ持口へ田中押寄テ急ニ攻、田中家人西村五右

打負ル上ハ、此城タトヒ十日・廿日持堪タレハトテ、何ノ益カアラン。日来忠勤セシ士卒ヲ空ク殺ヨリハ暇ヲトラセ、我々腹ヲ切ンニハシカシ」トテ、則士卒ニ委細ヲ述テキカセケリ。各詞ニ応シテ落行ケル。中ニモ、「勇ヲ立、義ヲ思者ハ生死一所ニコソ存候ヘ」トテ、留リ残人モアリ。

内府公ハ佐和山ヨリ南高宮ト云村ノ東山ニ御陣ナリ。羽柴左衛門大夫ハ、高宮ノ越智川辺ニ備ヲ立、見物ス。田中兵部大輔先手トシテ、松平宇兵衛美濃《本ノマヽ》ニテ知行十二万石石川左衛門尉押寄ル。田中ハ（以下臼杵本）北ノ水ノ手へ楯竹把ヲ突立テ、山上・堀下マテ攻懸ル。城中カカリ尾ニハ山田・上野、本丸ニハ治部少カ父石田隠岐守・治部少舎兄木工頭・其子右近・治少舅宇多下野・其子宗三郎、北ノ水ノ手ニハ河瀬織部、中ノ丸ニハ養寿院也。山田・上野無勢ナレハ本丸へ使ヲ立テ、加勢ヲ請。故ニ赤松左兵衛ヲヤリケル。両人ニテ此口防キケルカ、其夜山田・上野ハ己カ持口ヨリ闕落シケリ。赤松一人ニテハ叶ハズシテ、本丸へ引退ク。是ニ依テカカリ尾ノ丸ヲ寄手早ク乗取ケリ。北ノ丸河瀬織部持口へ田中押寄テ急ニ攻ム。田中家

衛門、旗ヲ以一番ニ乗入。是ヨリ一時ノ間ニ乱入ケリ。城中無勢ナレハ不㆑叶シテ、各本丸へ一所ニナル。然所ニ右近、生年十七歳、父木工頭ニ向テ申ケルハ、「敵方々ヨリ乱入テ候ヘハ、トテモ御運ヲ開カルヘキトモ不㆑覚。急本丸へ御越、隠岐守殿御自害ヲススメラレ候ヘ」ト有ケレハ、木工頭、「汝カ申所最ナリ」トテ、本丸へ入テ、「数年ノ存念ハ忽《タチマチ》空ク成テ候。皆是先世ノ業《コウ》因《イン》ト思召ヘシ。早敵乱入候ヘハ、早々御自害アレ」トナリ。隠岐守「如何様ニモ各指図ニ任ソ。サラハ介錯《カイシヤク》ヲセラレヨ」トアル処ニ、右近申ケルハ、「子ノ身トシテ父ノ首ヲ切ハ、天ノ恐モ無㆓勿体㆒次第也。我モ孫ノ身ナレハ、其ノ罰ハ同カルヘケレトモ、タトヒ死テ青赤鬼ノ呵責《カシヤク》ニ逢トテモ、父ニ替テノ苦ミナレハ、恐ヘキニ非ス。ソコ退給へ。我御介錯ヲ仕ラン」トテ、指寄テ隠岐守ノ首ヲ討落ス。其刀ヲ腹へ突立ケレハ、土田桃《トウ》雲介錯ス。哀《アハレ》ナリシ事共、聞人感ヲ催ケリ。

木工頭腹ヲ切ケレハ東雲同ク首ヲ討。宇多下野守自害ハ子息宗三郎介錯ス。扨土田桃雲ハ簾中へ入テ、「関ケ原合戦悉打負テ、敵已《ステ》当城へ攻入、人々不㆑残御自害候

人西村五右衛門、籏ヲ以一番ニ乗入。是ヨリ一時ノ間ニ乱入ケリ。城中無勢ナレハ叶ハズシテ、各本丸へ一所ニナル。然所ニ右近、生年十七歳、父木工頭（以上臼杵本）ニ向テ申ケルハ、「敵方々ヨリ乱入テ候ヘハ、トテモ御運ヲ開カルヘキトモ不㆑覚。急本丸へ御越、隠岐守殿御自害ヲススメラレ候ヘ」ト有ケレハ、木工頭、「汝カ申所最ナリ」トテ、本丸へ入テ、「数年ノ存念ハ忽チ空ク成テ候。皆是先世ノ業因ト思召ヘシ。早敵乱入候ヘハ、早々御自害アレ」トナリ。隠岐守「如何様ニモ各指図ニ任ルソ。サラハ介錯ヲセラレヨ」トアル処ニ、右近申ケルハ、「子ノ身トシテ父ノ首ヲ切ハ、天ノ恐モ勿体ナキ次第也。我モ孫ノ身ナレハ、其ノ罰ハ同カルヘケレトモ、タトヒ死テ青赤鬼ノ呵責ニ逢トテモ、父ニ替テノ苦ミナレハ、恐ヘキニ非ス。ソコ退給へ。我御介錯ヲ仕ラン」トテ、指寄テ隠岐守ノ首ヲ討落ス。其刀ヲ腹へ突立ケレハ、土田桃雲介錯ス。哀ナリシ事共、聞人感ヲ催ケリ。

木工頭腹ヲ切ケレハ東雲同ク首ヲ討。宇多下野守自害ハ子息宗三郎《ニイニ》介錯ス。扨土田桃雲ハ簾中へ入テ、「関ケ原合戦悉打負テ、敵已ニ当城へ攻入、人々不㆑残御自害

ソヤ。今ハ思召切給ヘカシ」ト申ケレハ、治少ノ内室ハ出向テ、「左様ニモ候ケルカヤ。元ヨリ我モ覚悟シテ候ヘハ、今更驚ヘキニ非ス候。片時モ御急候ヘ。父下野守殿、又ハ夫《ヲツト》ノ治部少輔殿ニ追付参ラセ度ソヤ」ト有ケレハ、桃雲涙ヲ拭《ノゴイ》ナカラ、御胸ノアタリヲ二刀サシケレハ、左右ノ女房立騒《サワイ》テ、泣呼唬《ヨハウ》フ声、哀《アハレ》ナリ。其ヨリ天主ヘ焼草ヲ入、鉄炮ノ薬ヲ二・三石積テ火ヲ懸、其身モ自害シケリ。宇多宗三郎・尾藤善四郎ハ大庭ヘ躍出《ヲトリ》ヲ《(テカ)》敵一人ツツ突伏、奥ヘ入テ、猛火ノ内ヘ飛入ケリ。

十七日未ノ刻、落城ス。内府公攻口御覧有テ仰ケルハ、「赤旗城ヘ早入タリ、タレ人ノ旗ソ」ト、物見ヲ以聞セラル。「石川左衛門内石川雅楽助、旗九本、松原口ヨリ入ケリ。同三本ハ、石川民部、切通ヨリ入候」ト申上レハ、内府公、「彼等二人ハ石川ニ与力十七人付シ内ナリ。元来用人ソ」トナリ。又野波ノ御陣所ヘハ上方筋、敵味方トモナキ小名二十余人参リテ拝謁ス。田中兵部ハ、西村五右衛門カ功ヲ美シテ、後日ニ旗本奉行トシケリ。

候ソヤ。今ハ思召切給ヘカシ」ト申ケレハ、治部少輔ノ内室ハ出向テ、「左様ニモ候ケルカヤ。元ヨリ我モ覚悟シテ候ヘハ、今更驚ヘキニ非ス候。片時モ御急候ヘ。父下野守殿、又ハ夫ノ治部少輔殿ニ追付参ラセ度ソヤ」ト有ケレハ、桃雲涙ヲ拭ナカラ、御胸ノアタリヲ二刀サシケレハ、左右ノ女房立騒テ、泣呼唬フ声、哀ナリ。其ヨリ天守ヘ焼草ヲ入、鉄炮ノ薬ヲ二・三石積テ火ヲ懸、其身モ自害シケリ。宇多宗二郎・尾藤善四郎ハ大庭ヘ躍出テ敵一人ツツ突伏、奥ヘ入テ、猛火ノ内ヘ飛入ケリ。

十七日未ノ刻、落城ス。内府公攻口御覧有テ仰ケルハ、「赤旗城ヘ早入タリ。誰人ノ旗ソ」ト、物見ヲ以聞セラル。「石川左衛門内石川雅楽介、旗九本、松原口ヨリ入ケリ。同三本ハ、石川民部、切通ヨリ入候」ト申上レハ、内府公、「彼等二人ハ石川ニ与力十七人付シ内ナリ。元来用人ソ」トナリ。又野波ノ御陣所ヘハ上方筋、敵味方トモナキ小名二十余人参リテ拝謁ス。田中兵部ハ、西村五右衛門カ切ヲ褒美シテ、後日ニ旗本奉行トシタリ。江波ニテハ杉江ヲ鎗付、佐和山ニテハ㋾旗ヲ先ヘ乗入。勇士ト言ツヘシ。

65　筑前中納言并津田長門事　（十六―四）

関ケ原ノ後、黄門秀秋卿ノ家老ニ、杉原下野守ト云者アリ。極テ忠臣ニシテ、黄門ノ暴虐《ホウギヤク》ヲ愁テ常ニ諫《カン》言ヲ入ケレトモ、秀秋卿少モ不二承引一、只桀紂《ケツチウ》カ振舞ヲ事トシテ、酒酔沈湎《スイチンメン》少艾冒色《カイホウシヨク》ヲノミ好ミ、放埒《ハウラツ》（埓カ）止事ナク、多人ヲ殺ス。闒茸尊顕《タツシヤウソンケン》セラレテ讒諛《サンユ》志ヲ得折カラナレハ、終ニ村山越中ヲ召テ、「杉原下野守・同子加賀守ヲ殿中ニテ討テ参レ」トテ御刀ヲ賜ル。越中守畏テ、「御分別極候カ」トアリ。「可レ急」トアリケレハ、御刀ヲハ床ノ上ニ置テ則、「殿中ニテ御意ソ」ト言ヲ懸テ討ケリ。父子共ニ非命ノ死ニアヒケレハ、怨《ヲン》念悪霊トナリテ秀秋ヲ犯《ヲカ》ス。其ノ姿タ秀秋ノ目ニ懸リケレハ、村山越中ヲ常ニ傍《ソハ》ニ置テ、霊出レハ越中刀ノ柄ニ手ヲ懸テ怒《イカル》。則霊も消失《キヱウセヌ》。

家老稲葉内匠ハ、又殺サレン事ヲ恐テ立退。船ヨリ大坂ヘ着岸シテ浪人ナルカ、其妻男子ヲ産シテ乳アリケレハ、将軍家光公御誕生ノ時事ヘテ、御局《ツホネ》トナル。春日《カスカ》

65　筑前中納言并津田長門事　（九―四）（和十六―四）

関ケ原ノ前、黄門秀秋卿ノ家老ニ、杉原下野守ト云者アリ。極テ忠臣ニシテ、黄門ノ暴虐ヲ愁テ常ニ諫言ヲ入ケレトモ、秀秋卿少モ不二承引一、只桀紂カ振舞ヲ事トシテ、酒酔湎少艾冒色ヲノミ好ミ、放埒止事ナク、多人ヲ殺ケレハ、杉原一人ノ愁トシテ諫シカハ、終ニ村山越中ヲ召テ、「杉原下野守・同子加賀守ヲ殿中ニテ討テ参」トテ御刀ヲ賜ル。越中守畏テ、「御分別極候カ」トアリ。「可レ急」トアリケレハ、御刀ヲハ床ノ上ニ置テ則、「殿中ニテ御意ソ」ト言テ、懸テ討ケリ。父子共ニ非命ノ死ニアイケレハ、怨念悪霊トナリテ秀秋ヲ犯ス。其ノ姿秀秋ノ目ニ懸リケレハ、村山越中ヲ常ニ傍ニ置テ、霊出レハ越中刀ノ柄ニ手ヲ懸テ怒ル。則霊モ消失ス。

家老稲葉内匠ハ、又殺サレン事ヲ恐テ立退。船ニテ大坂ヘ着岸シテ浪人トナルカ、其妻男子ヲ産シテ乳アリケレハ、将軍家光公御誕生ノ時事ヘテ、御局トナル。春日ノ局是ナリ。彼男子ハ則稲葉丹後守、天下ノ政務ニ預ル。

ノ局是ナリ。彼ノ男子ハ則稲葉丹後守、天下政務ニ預ル。

秀秋若此時徳ヲ治メ、養父隆景ノ一族ヲ取立、小早川ノ氏ヲ続セ、大閤ノ恩ヲ不レ忘、士卒ヲ愛シ、内府公へ親ミ事へ給ハハ、相続有ヘキ。今度倒戈《トウクハ》ノ恩賞トシテ、播磨・美作ヲ賜リ、筑前国ヲ添テ三ケ国ノ主トナル。

同七年九月ニ石田治部少輔・大谷刑部少輔カ亡霊来テ秀秋ヲ攻恨ケレハ、秀秋乱気譫語《センゴ》シテ、スサマジキ体也。越中大ニ怒テ見レトモ無レ験シテ、九月十五日ニハ頻ニ病悩《ノウ》セマリテ、秀秋自ラ刀ヲ抜《ヌイ》テ切払ケルカ、忽息絶《タエ》テ卒逝《ソツセイ》セラレケリ。恐敷《オソロシ》カリシ事共也。

大谷カ死ル時、「三年ハ過マシ」ト云タルカ、符節ヲ合セテ三年、今月今日ニ取殺シケル事不思議ナリシ事共ナリ。易ノ繋辞《ケイジ》ニ、「精気為レ物ト、游魂《ユウコン》為レス変《ヘン》ヲ」トアル所ヲ、古賢ノ論スルヲ聞ニ、「夫《ソレ》人間ハ陰陽五行ノ気結テ生育《イク》ス。陽神ハ魂《コン》也、陰神ハ魄《ハク》也。已ニ人死ル時、陽ハ元来天ナレハ天ニ帰リ、故ニ魂《コン》ハ天ニ帰ルナリ。陰ハ元来地ナレハ地ニ止ル。故ニ魄ハ降《クタリ》(ママ)リ止ル」ト云リ。タトヘハ物ノクサリ敗《ヤフ》ルヲ見ルニ、其香気ハ天ニ上リ、腐《クチ》タル物ハ土ニ帰《キ》スルカ如シ。又死ル者ノ怨念《ヲン》妖孽《ヨウケツ》ヲナ

丹後守子息稲葉美濃守、当将軍家ノ御老中也。小田原城主タリ。

慶長五年、関ケ原裏切ノ恩賞トシテ播磨・美作ヲ賜リ、筑前ノ国ヲ添テ三ケ国ノ主トナル。

同七年九月ニ石田治部少・大谷刑部少輔カ亡霊来テ秀秋ヲ攻恨ケレハ、秀秋乱気譫語シテ、スサマシキ体也。越中大怒テ見レトモ無レ験シテ、九月十五日ニハ頻リニ病悩セマリテ、秀秋自ラ刀ヲ抜テ切払ケルカ、忽息絶テ卒逝セラレケリ。恐敷カリシ事共也。

大谷カ死ル時、「三年ハ過スマシ」ト云タルカ、符節ヲ合セテ三年、今月今日ニ取殺シケル事不思議ナリシ事共ナリ。易ノ繋辞ニ、「精気為レ物、游魂為レ変」トアル所ヲ、古賢ノ論スルヲ聞ニ、「夫人間ハ陰陽五行ノ気結テ生育ス。陽神ハ魂也ト《ヒ》。陰神ハ魄也。已ニ人死ル時、陽ハ元来天ナレハ天ニ帰リ、故ニ魂ハ天ニ帰ルナリ。陰ハ元来地ナレハ地ニ止ル。故ニ魄ハ降リ止ル」ト云リ。タトヘハ物ノクサリ敗ルヲ見ルニ、其香気ハ天ニ上リ、腐クル物ハ土ニ帰スルカ如シ。又死ル者ノ怨念妖蘖ヲナスハ、皆非命ノ死ヲスル人ニアリ。無罪人ヲ殺シヌレハ、

スハ、皆非命ノ死ヲスル人ニアリ。無シテレ罪人ヲ殺シヌレハ、死ル人大ニ怨念アリ。魂魄《コンハク》結而漸《ヤウヤク》ニシテイマタ不レ散《サンセ》、其気止リテ不ルレ消故ニ、タタリヲナス。

悪ヲナス人モ心ニ受ル所アル故ニ、必彼レ我レノ気合テ妖孽《ヨウケツ》ヲナス。伯有カタタリハ久シク其気凝《コツ》テ不レ散也。故ニ有レ罪テ死、或ハ理ニ当テ死ル者ニ霊ハナキ者也。今中納言ノ裏切ハ大ニ天ニ背ケリ。杉原父子ヲ殺ハ非命ノ刑《ケイ》ナリ。何ソ久カルヘキ。タトヒ亡霊ノ取不レ付トモ、家ノ滅《ホロヒ》ン事歴然タリ。

又津田長門奪《バヒ》首ノ事、世ニ隠《カクレ》ナケレハ、内府公モ聞召ケレトモ、寛仁ノ御事ナレハ、沙汰ナカリケリ。其後、恩禄ヲ受テ奢驕《シャキヤウ》甚カリケリ。或時、京都へ行テ祇園松原ニテ酒宴シケルニ、傍《カタワラ》ニ幔幕打マハシ遊フヲ、長門守窺見ケレハ、男女多キ中ニ、二八計ノ女ノ眉《マユ》黒ク、艶《エン》ニ美《ヒ》ナルアリ。長門忽ニ惑《マトウ》テ堪《タエ》カタクヤ有ケン、推テ幕ノ中へ入テ狼藉ス。御服所茶屋カ娘也。茶屋大ニ恨ケレトモ彼ハ武家大名、我ハ商売人ナレハ不レ叶ハ、茶屋則祇園ノ松原ニテ酒宴ノ屏風一双ヲ絵ニカカセテ、津田長門守カ狼藉ヲ名字ヲ肩ニ書付テ、内府公ノ奥ノ出頭上臈《ラウ》ノ

死ル人大ニ怨念アリ。魂帰結而漸クニシテイマタ不レ散、其気上リテ不レ消。故ニタタリヲナス。

悪ヲナス人モ心ニ受ル所アル故ニ、必彼我ノ気合テ妖蘖ヲナス。伯有カタタリハ、久シク其気疑（凝カ）テ不レ散也。故有罪テ死、或ハ理ニ当テ死ル者ニ霊ハナキ者也。今中納言ノ裏切ハ大ニ天ニ背ケリ。杉原父子ヲ殺ハ非命ノ刑ナリ。何ソ久カルヘキ。タトヒ亡霊ノ取不レ付トモ、家ノ滅ン事歴然タリ。

又津田長門奪首ノ事、世ニ隠ナケレハ、内府公モ聞召ケレトモ、寛仁ノ御事ナレハ、沙汰ナカリケリ。其後、恩禄ヲ受テ奢驕甚アリケリ。或時、京都へ行テ祇園ノ松原ニテ酒宴シケルニ、傍ニ幔幕打マハシ遊フヲ、長門守窺見ケレハ、男女多キ中ニ、二八計ノ女ノ眉黒ク、艶ニ美ナルアリ。長門忽ニ感テ堪カタクヤ有ケン、推テ幕ノ中へ入テ狼藉ス。御服所茶屋カ娘ナリ。茶屋大ニ恨ケレトモ彼ハ武家ノ大名、我ハ商売人ナレハ不レ叶、茶屋則祇園ノ松原ニテ酒宴ノ屏風一双ヲ絵ニカカセテ、津田長門守カ狼藉ヲ名字ヲ肩ニ書付テ、内府公ノ奥ノ出頭上臈ノ許へ進ラスル。彼上臈何心モナク座敷ニ引立タルニ、

許ヘ進ラスル。彼上臈何心モナク座敷ニ引立タルニ、内府公御覧シ、大ニ怒給テ長門守改易セラレケリ。

又脇坂中書ハ志津嶽ノ鎗ヨリ以後、度々武功アル人ナルカ、今度裏切ノ後引退キ隠居シテ、子息淡路守世トナリ、五万三千石ヲ領シテ、信州飯田城主タリ。淡州無㆑子、堀田加賀守子息ヲ養子シテ家ヲ続。今ノ脇坂中書也。

朽木河内守ハ隠居シテ、卜斉ト云。子息民部世ヲ継。民部隠居シテ近江朽木谷ニ居ケルカ、地震ニ谷崩レテ死ケリ。子息兵部・次男民部、大猷院殿ノ時進ミ仕ヘテ家ヲ興ス。

小河土佐守ハ、明知陣ニ明知方ヲシテ大閤ノ勘気ヲ蒙、漸赦免アリケルニ、今度又、治部少輔方ヲシテ裏切ニテ、又命助リケレハ、其ヨリ蟄居ノ体ニテ、子息左馬助モ石田ト若道ノ知音ニテ深ク申合ツルニ、父ニヒカレテ裏切スルヲ、無念ニヤ思ヒケン、共ニ引籠リテ、家絶タリ。赤座久兵衛ハ不㆑被㆓召出㆒、浪人シケルカ、加賀肥前守ヘ召出シテ事ヘケリ。横井伊織・同孫右衛門・同作左衛門ハ、尾州ヘ付ラレテ亜相ノ家（ママ）

内府公御覧シ、大ニ怒リ給テ長門守改易セラレケリ。

又脇坂中書ハ志津嶽ノ鎗ヨリ以後、度々武切アル人ナルカ、今度裏切ノ後引退キ隠居シテ、子息淡路守世トナリ、五万三千石ヲ領シテ、信州飯田城主タリ。淡州無㆑子、堀田加賀守子息ヲ養子ニシテ家ヲ続。今ノ脇坂中書也。

朽木河内守ハ隠居シテ、卜斉ト云フ。子息民部世ヲ継。民部隠居シテ近江朽木谷ニ居ケルカ、地震ニ谷崩レテ死ケリ。子息兵部・次男民部、大猷院殿ノ時進ミ仕ヘテ、家ヲ興ス。

小河土佐守ハ、明智陣ニ明智方ヲシテ大閤ノ勘気ヲ蒙リ、漸赦免アリケルニ、今度又、治部少輔方ヲシテ裏切ニテ、又命助リケレハ、其ヨリ蟄居ノ体ニテ、子息左馬助モ石田ト若道ノ知音ニテ深ク申合ツルニ、父ニヒカレテ裏切スルヲ、無念ニヤ思ヒケン、共ニ引籠リテ、家絶タリ。赤座久兵衛ハ不㆑被㆓召出㆒、浪人シケルカ、加賀肥前守ヘ召出シテ事ヘケリ。横井伊織・同孫右衛門・同作左衛門ハ、尾州ヘ付ラレテ亜相ノ家人トナル。

66 鎗穿鑿事

（十六―五）

関ケ原合戦、東方ノ諸将一人ツツ物馴タル侍ヲ出シテ、山上ヨリ諸手ノ合戦ヲ見ケルニ、各申合、一所ニアツマリ、「以来ノ為ナレハ、衆口一同ニ各主君へ可㆑申」トテ、心ヲ付テ見ケレトモ、地煙立テ、多ハ見分ス。「諸手ノ合戦、大略秀秋裏切マテハ足軽ヲ懸、鉄炮セリ合ナリ。秀秋裏切ノ後ハ入乱テ、上方衆敗北ス。然ル故ニ大形《カタ》追討也。鎗ハ無㆑之」ト。其時間見之者共、何モ一同ニ諸将へ申ケリ。

就㆑中大坂五月七日ノ合戦、秀忠公ノ御魁《サキテ》、青山伯耆守組土方宇右衛門・花房又七郎、敵高所ニ七・八十人計在㆑之。土方・花房両人来テ鎗《ヤリ》ヲ合、二人ナカラ突伏ケル。残七・八十人ノ敵一度ニ懸来ケルカ、右突伏ラレタル者ヲ肩ニ掛テ引退。仍㆑茲《コレニ》、「宇右衛門・又七郎、鎗ヲ合ケル」ト申上ケル時、大相国公上意ニハ、「七日ノ合戦、惣シテ鑓《ヤリ》ハナシ。両人ノ者モ鎗ニテハ無㆑之」ト上意ナリ。然レトモ知行千石ノ加恩ナリ。

惣シテ昔ハ弓箭《ヤ》ニテ戦アリ。楠正成《シケ》カ異朝ノ鉾戟《ホウケキ》ヲカ

66 鎗穿鑿之事

（九―五）（和十六―五）

関ケ原合戦、東方ノ諸将一人ツツ物馴タル侍ヲ出シテ、山上ヨリ諸手ノ合戦ヲ見ケルニ、各申合、一所ニアツマリ、「以来ノ為ナレハ、衆口一同ニ各主君へ可㆑申」トテ、心ヲ付見ケレトモ、地煙立テ、多ハ見分ス。「諸手ノ合戦、大略秀秋裏切マテハ足軽ヲ砂（懸カ）、鉄炮セリ合也。秀秋裏切ノ後ハ入乱テ、上方衆敗北ス。然故ニ大形追討也」ト。「鎗ハ無㆑之」ト。其時間見之者共、何モ一同ニ諸将へ申ケリ。

就中大坂五月七日ノ合戦、秀忠公ノ御魁、青山伯耆守組土方宇右衛門・花房又七郎、敵高キ所ニ七・八人計有㆑之。土方ト花房両人来テ鎗ヲ合、二人ナカラ突伏ケル。残七・八十人ノ敵一度ニ懸ケルカ、右ニ突伏ラレケル者ヲ肩ニ懸テ引退。因㆑茲、「宇右衛門・又七郎、鎗ヲ合ケル」ト申上ケル時、大相国公上意ニハ、「七日ノ合戦、惣シテ鑓ハナシ。両人ノ者モ鑓ニテハ無㆑之」ト上意ナリ。然レトモ知行千石ノ加恩ナリ。

惣シテ昔ハ弓箭ニテ戦アリ。楠正成カ異朝ノ鉾戦ヲカ

タトリテ鎗ヲ作リ始ケレトモ、其後モ侍ハ弓箭トノミ云テ、鎗ヲハ不ㇾ用。後代、甲州信玄ノ時代ヨリ鎗ノ穿鑿ハ有ケリ。

先弓・鉄炮ノセリ合、敵味方進ム時ハ紛敷《セハシク》成テ、弓・鉄炮モ射放事モ不ㇾ成時節ハ、必鉾矢形《ホウヤカタ》ニナル。其時先鎗ヲ入初ルヲ一番鎗ト云。是一騎当千ノ英雄《エイユウ》、味方ノキヲイヲ付ル侍也。是ニ引続テ鎗ヲ入ヲ二番鎗ト云。或此時、刀・弓・鉄炮ニテ脇ヲ詰ルヲ鎗脇ト云。又此時首ヲ討捕ヲ鎗下ノ高名ト云。又此節、味方手負、討死シテ、敵ヨリ首ヲ捕ントスルヲトラセスシテ、引懸テ其ノ被《ヒ》官ニ渡スヲ場中ノ誉《ホマレ》ト云。又彼鎗付タル敵ヲ、又鎗付テ首ヲ捕ヲ、場中高名ト云。又敗軍ノ敵ニテモ、其中ヨリ勇士ノ小反《カヘシ》シテ働ヲ、鎗ヲ合テ首ヲ捕ヲモ鎗ト云也。其外、逃行敵ヲ追懸テ、突倒《タヲ》シテ首ヲ捕ヲハ印《シルシ》ト申テ、鎗トハ不ㇾ言。何レノ道ニテモ、強キ働ヲハ鎗トハ申也。

近年ノ合戦ニハ、小豆《アツキ》坂七本鎗、織田孫三郎引帰一番槍、織田造酒允続テ残五人、何モ強キ鎗ナレハ、七本鎗ト申也。志津嶽ニテ福島市松正則ヲハ一本鎗ノ御朱印也。加藤虎助・加藤孫六・平野権平・脇坂甚内・糟屋助右衛

タトリテ鎗ヲ作リ始ケレトモ、其後モ侍ハ弓箭トノミ云テ、鎗ヲハ不ㇾ用。後代、甲州信玄ノ時代ヨリ鎗ノ穿鑿ハ有ケリ。

先弓・鉄炮ノセリ合、敵味方進ム時ハ紛敷成テ、弓・鉄炮モ射放事モ不ㇾ成時節ハ、必鉾矢形《本ノママ》ニナル。其時先鎗ヲ入初ルヲ一番鎗ト云。是一騎当千ノ英雄、味方ノキヲイヲ付ル侍也。是ニ引続テ鎗ヲ入ヲ二番鎗ト云。或此時、刀・弓・鉄炮ニテ脇ヲ詰ルヲ鎗脇ト云。又此時首ヲ討捕ヲ鎗下ノ高名ト云。又此節、味方手負、討死シテ、敵ヨリ首ヲ捕ントスルヲトラセスシテ、引懸テ其被官ニ渡スヲ場中ノ誉ト云。又彼鎗付タル敵ヲ、又鎗付テ首ヲ捕ヲ、場中ノ高名ト云。又敗軍ノ敵ニテモ、其中ヨリ勇士ノ小反シテ働ヲ、鎗ヲ合テ首ヲ捕ヲモ鎗ト云也。其外、逃行敵ヲ追懸テ、突倒シテ首ヲ捕ヲハ印ト申テ、鎗トハ不ㇾ云。何レノ道ニテモ、強キ働ヲハ鎗トハ申也。

近年ノ合戦ニハ、小豆坂七本鎗、織田孫三郎引帰一番槍、織田造酒允続テ残五人、何モ強キ鎗ナレハ、七本鎗ト申也。志津嶽ニテ福島市松正則ヲハ一本鎗ノ御朱印也。加藤虎之助・加藤孫六・平野権平・脇坂甚内・糟屋助右

門・石川兵助・片桐助作、是ヲ七本鎗ト云。但是ハ敵崩《クツレ》色見ヘテ、惣懸ノ時ノ鎗也。

又末森ノ城攻、利家ノ家人山崎六左衛門ハ小太刀、山崎彦右衛門・野村等ハ鎗也。六左衛門、一番ニ首ヲ討捕時、利家ヨリ一番槍ノ感状ヲ出ス。先知五百石ニ壱万石ノ加増也。于レ時彦右衛門訴テ云、「我一番鎗」ト云。利家云、「太刀ハ鎗タケ短キ故ニ、先ニ立、サレハ敵ニ会《アヒ》カタシ。殊ニ先ニ進タレハ、太刀ニテモ一番鎗ト云モノソ」ト批判也。

又垣越・狭間《サマ》越・投突ヲハ犬鎗トテ弱キ事ニシケレトモ、狭間ヨリ鉄炮ヲ打出スニ、鎗ニテ閉タラハ、鎗ト云ヘシ。又、垣越ニモ大略ハ臆病ノ態ナレトモ、其場ニ依テ品《シナ》有ヘシ。投《ナケ》突ハ大ニ忌事ナレト、江渡ニテ杉江勘兵衛カ蹈止ル時、セハシキ敵ノ中ニ居テ、向フ敵堤ノ下ナレハ、鎗不レ届。ユヘニ投突ニシケル。是等ノ類ハ投突ニテモ犬鎗トハ云ヘカラス。加様ノ処ヲ能吟味セスハ、兵法ヲ知トハ言難シ。今、関ケ原合戦、偏ニ鎗ハナキト心得ルハ不穿鑿ナリ。鎗ノナキ手モ可レ有。又能鎗ノ有タル方モ可レ有ト批判スヘシ。

衛門・石川兵助・片桐助作、是ヲ七本鎗ト云。但是ハ敵崩色見ヘテ、惣懸ノ時ノ鑓也。

又末森ノ城攻、利家ノ家人山崎六左衛門小太刀、山崎彦右衛門・野村等ハ鎗也。六左衛門、一番ニ首ヲ討捕、利家ヨリ一番槍ノ感状ヲ出ス。先知五百石ニ一万石ノ加増也。于レ時彦右衛門訴ヲ云、「我一番鎗」ト云。利家云、「太刀ハ鎗タケ短キ故ニ、先ニ立、サレハ敵ニ合カタシ。殊ニ先ニ進タレハ、太刀ニテモ一番鎗ト云モノソ」ト批判ナリ。

又垣越・狭間越・投突ヲハ犬鎗トテ弱キ事ニシケレトモ、狭間ヨリ鉄炮ヲ放出スニ、鎗ニテ閉タラハ、鎗ト云ヘシ。又垣越ニモ大略ハ臆病ノ業ナレトモ、其場ニ依テ品有ヘシ。投突ハ大ニ忌事ナレト、江渡ニテ杉江勘兵衛カ蹈止ル時、セハシキ敵ノ中ニ居テ、向フ敵堤ノ下ナレハ、鎗不レ届。ユヘニ投突ニシケル。是等ノ類ハ投突ニテモ犬鎗トハ云ヘカラス。加様ノ処ヲ能吟味セスハ、兵法ヲ知トハ言難シ。今、関ケ原合戦、偏ニ鎗ハナキト心得ルハ不穿鑿ナリ。鎗ノナキ手モ可レ有。又能鎗ノ有タル方モ可レ有ト批判スヘシ。

但五月七日ノ合戦ハ、御奥意有テ仰ナリ。「大坂陣ハ淀殿カ相手ソ」ト仰ケリ。是ハ主君トアル人ノ子息ニハ御憚《ハハカリ》アリ。殊ニ大坂ノ謀反《ムホン》ハ皆淀《ヨト》殿ノ企《クワタテ》ナレハ、斯《カク》仰ケルトソ。サレハ関ケ原先陣、羽柴左衛門大夫ニ二ケ国ノ御加恩ナルニ、大坂ノ先陣藤堂泉守、シカモ強敵ニ合テ人数ヲ多討セタルニ、五万石ノ御加増也。加様ニ関ケ原ヲハ大事ト思召ケレトモ、大坂ヲハサノミ重ハ仰ラレス。此御奥意ナレハ、土方・花房ヲハ鎗ト思ストモ、御詞ニハ仰ラルマシ。惣シテ名将ノ一言上ツラ計ニ思ヘカラス。皆奥意アリ。

67　大垣城攻事

（十七―一）

美濃国大垣ノ城ニハ本丸ニ福原右馬助、二ノ丸ニハ垣見和泉守・熊谷内蔵允・木村宗左衛門父子、三ノ丸ヲハ相良宮内少輔・高橋右近・秋月長門守、守レ之ヲ。寄手、水野日向守勝成・松平丹波守康長・津軽右京・西尾豊後守・山内対馬守・中村式部名代中村彦右衛門也。

九月十五日早朝ニ、安八郡領家家《ケ》村ノ地侍、久瀬助兵

但五月七日ノ合戦ハ、御奥意有テ仰ナリ。「大坂陣ハ淀殿カ相手ソ」ト仰ナリ。是ハ主君トアル人ノ子息ニハ御憚アリ。殊大坂ノ謀反ハ皆淀殿ノ企ナレハ、斯仰ケルトソ。サレハ関ケ原先陣、羽柴左衛門大夫ニ二ケ国ノ御加恩ナルニ、大坂ノ先陣藤堂泉守、シカモ強敵ニ合テ人数ヲ多ク討セタルニ、五万石ノ御加恩ナリ。加様ニ関ケ原ヲハ大事ト思召ケレトモ、大坂ヲハサノミ重クハ仰ラレス。此御奥意ナレハ、土方・花房ヲハ鎗ト思メストモ、御詞ニハ仰ラレマシ。惣シテ名将ノ一言上ツ〔本ノママ〕ヲ計ニ思フヘカラス。皆奥意アリ。

67　大垣城攻事

（九―六）（和十七―一）

美濃国大垣ノ城ニハ本丸ニ福原右馬介、二ノ丸ニハ垣見和泉守・熊谷内蔵允・木村宗左衛門父子、三ノ丸ヲハ相良宮内少輔・高橋右近・秋月長門守、守レ之。寄手ハ最前ノ押衆、水野六左衛門〔後号二日向守ト一〕・津軽右京・西尾豊後守・山内対馬守・中村式部名代中村彦右衛門也。

九月十五日早朝ニ、安八郡領家村ノ地侍、久瀬助兵衛

衛ト云者、西尾豊後守へ来テ云ケルハ、「夜前、石田等出張ノ後ハ、城ノ中、纔ノ少勢ニテ候。人数ヲ懸テ御覧候へカシ」ト云、西尾ハ悦テ、「サラハ汝案内セヨ」トテ、備ヲ押向フ。家人小寺半兵衛、一番ニ懸入ケルカ討死ス。其ヨリ惣門ニ軍始テ震動ス。城中者共防戦スト云トモ、諸勢引ツツイテ攻入ケレハ不㆑叶シテ、噇《トツ》ト引取テ城へ入。

辰ノ刻町口ヲ攻敗テ、城槨四面ニ皆楚楚《ソ》歌ノ声ナリ。サレトモ城中究竟ノ兵共下知シテ防キケレハ、寄手ハ攻アクンテ、弓・鉄炮ニ手負死人多カリケリ。大垣ノ城、東北ハ深キ沼ニテ足入ノ堀ナリ。西ハ牛屋川ヲ流シ、南一方町ニテ要害厳重ナレハ、カクテハ可㆓攻入㆒様モナシ。水野六左衛門ハ北ノ搦手口へ押寄ケレトモ、鉄炮厳ク放テ寄兼タリ。水野家人小倉将監、堀際ノ榎木ヲ見テ、狸皮ノ陣羽織ヲ着タルカ走リ出テ、一番ニ着ヲ見テ思々ニ走付ケリ。

未剋、「関ケ原ノ合戦東方勝利也」ト触来ケレハ、「今ハ誰カ為ニ此城ヲ守リ給ソヤ。降参セラレヨ」ト声々ニソ呼リケル。搦手ハ則三ノ丸ニテ秋月長門カ持口ナレハ、

ト云者、西尾豊後守へ来テ云ケルハ、「夜前、石田等出張ノ後ハ、城ノ中、終ノ劣勢ニテ候。人数ヲ懸テ御覧候へカシ」ト云、西尾ハ悦テ、「サラハ汝案内セヨ」トテ、備ヲ押向フ。家人小寺半兵衛一番ニ懸入ケルカ討死ス。其ヨリ惣門ニ軍始テ震動ス。城中者共防戦フト云トモ、諸勢引ツツイテ攻入ケレハ不㆑叶シテ、噇ト引取テ城へ入。

辰ノ刻町口ヲ攻敗テ、城郭四面ニ皆楚歌ノ声ナリ。サレトモ城中究竟ノ兵共下知シテ防キケレハ、寄手ハ攻アクンテ、弓鉄炮ニ手負死人多カリケリ。大垣ノ城、東北ハ深キ沼ニテ足入ノ堀ナリ。西ハ牛屋川ヲ流シ、南一方町ニテ要害厳重ナレハ、角テハ可攻入様モナシ。水野六左衛門ハ北ノ搦手口へ押寄ケレトモ、鉄炮キヒシク放テ寄兼タリ。水野家人、小倉将監、堀際ノ榎木ヲミテ、狸皮ノ陣羽織ヲ着タルカ走リ出テ、一番ニ着ヲ見テ思々ニ走付ケリ。

未刻、「関ケ原ノ合戦東方勝利ナリ」ト触来ケレハ、「今ハ誰カ為ニ此城ヲ守リ給ソヤ。降参セラレヨ」ト声々ニソ呼リケル。搦手ハ則三ノ丸ニテ秋月長門カ持口

此事ヲ聞テ、家老ヲ呼集、「関ケ原ニテ上方勢悉敗北ト聞エレハ、此城ハ唯籠中ノ鳥也。一戦シテ腹ヲ切ヨリ外ハナシ。各モ其覚悟セヨ」トナリ。家臣一同ニ令状シケリ。是ニ秋月三郎左衛門進出テ申ケルハ、「仰ハサル事ニ候ヘトモ、数代ノ御家、一時ニ滅亡センモ口惜次第ナレハ、何トソ御分別モ可レ有儀ニ候」トアリ。長門、「サラハ存寄処、心底ヲ不レ残可レ申」ト也。三郎左衛門申ケルハ、「預置タル石田モ敗北ナレハ、水野ヘ内通シテ、城ヲ御出有テ可レ然。幸水野ヘ能縁有也」ト云。長門、「此上ハ各ニ任スル」トテ、六左衛門ヘ云贈ル。「我等最前ヨリ内府公ヘ可レ為二御味方一奉レ存ヌレト、少身者ニ候ヘハ、石田カ催促ニ違背成カタク、当城ヘ籠ヌ。是全非二本意一ニ、所詮反《カヘリ》忠可レ仕候間、貴殿内府公ノ御前ヲ能様ニ取成、本領安堵サセテ給ヘ」ト也。六左衛門不レ斜ヨロコヒ、「其義ナラハ、急キ反忠候ヘ。本領安堵ノ事ハ、吾等ニ任給ヘ」ト云。長門猶モ無二心元一思ヒ重テ、「侍ノ一言可レ疑事ニハ候ハネトモ、トテモノ事ニ神文ヲ賜カシ」ト云遣、水野則誓紙ヲ調贈リヌ。

長門守思ケルハ、「和談ハ調タレトモ、此分ニテハ、

ナレハ、此事ヲ聞テ、家老ヲ呼アツメ、「関ケ原ニテ上方勢悉敗北ト聞ユレハ、此城ハ唯籠中ノ鳥也。一戦シテ腹ヲ切ヨリ外ハナシ。各モ其覚悟セヨ」トナリ。家臣一同ニ令状シケリ。是ニ秋月三郎左衛門進出テ申ケルハ、「仰ハサルコトニ候ヘトモ、数代ノ御家、一時ニ滅亡センモ口惜次第ナレハ、何トソ御分別モ可レ有儀ニ候」ト有。長門、「サラハ存寄処、心底ヲ不レ残可レ申」ト也。三郎左衛門申ケルハ、「預置タル石田モ敗北ナレハ、水野ヘ内通シテ、城ヲ御出有テ可レ然。幸水野ヘ能縁有也」ト云。長門、「此上ハ各ニ任スル」トテ、六左衛門ヘ云贈ル。「我等最前ヨリ内府公ヘ可レ為二御味方一奉レ存ヌレト、少身者ニ候ヘハ、石田カ催促ニ違背成カタク、当城ヘ籠ヌ。是全非二本意一ニ、所詮反忠可レ仕候間、貴殿内府公ノ御前ヲ能様ニ取成、本領安堵サセテ給ヘ」ト也。六左衛門不レ斜ヨロコヒ、「其義ナラハ急反忠候ヘ、本領安堵ノコトハ、吾等ニ任給ヘ」ト云。長門猶モ無二心元一思ヒ重テ、「侍ノ一言可レ疑コトニハ候ハネトモ、トテモノコトニ神文ヲ賜レカシ」ト云遣、水野則誓紙ヲ調贈リヌ。

タトヒ水野カ言上ストモ、本領安堵ハ無㆓心元㆒。一忠節シテ土産ニセン」ト内談ス。三郎左衛門、「最ノ仰ナリ。先熊谷・筧・木村ヲ申談ヘキ事有」トテ、使ヲ立給ハハ、熊谷・筧ハ心浅キ者ナレハ急可㆑参。木村ハ思慮有人ナレハ、「参ヌ事モ有ヘケレトモ、是ハ少身者ナレハ、仕ヨカルヘシ」ト申セハ、長州打顫《ウナツイ》テ、「則三人ノ方ヘ使ヲ立、何モ可㆑参トナリ。木村ハ此使無㆓心元㆒ソ」トテ、熊谷・筧カ方ヘ行ニ、両人ハ早出ヌ。木村ハ早サトリテ、「両人ハ定テ可㆑被㆑討」トテ走帰テ用意シケレトモ、少身ナレハ無㆑力。又熊谷・筧ハ秋月カ方ヘ何心モナクテ行ケレハ、秋月手分ノ談合ヲスル其内ニ家人共指寄テ伐殺ス。

　扨木村方ヘ、「両人被㆑参タル間、御出候ヘ」ト使ヲ立。木村ハ早人ヲ付置テ、両人ノ殺サレタルヲ知タレハ、秋月カ使ヲ伐殺ス。秋月是ヲ聞テ、「時剋移シテ叶マシ」ト、二百余人押寄テ攻懸ル。木村、四・五十人計有ケルヲ、一度ニ突テ懸ケレハ寄手敗北ス。首二・三十討捕、味方モ討死多カリケリ。木村宗左衛門・子伝蔵・其弟父子三人、手勢十五・六人、敵ノ中ヘ切テ入、四方八面ニ

長門守思ケルハ、「和談ハ調タレトモ、此分ニテハ、タトヒ水野カ言上ストモ、本領安堵ハ心元ナシ、一忠節シテ土産ニセン」ト内談ス。三郎左衛門、「最ノ仰ナリ。先熊谷・垣見・木村ヲ申談ヘキコト有」トテ、使ヲ立給ハハ、熊谷・筧ハ心浅キ者ナレハ急可㆑参。木村ハ思慮有人ナレハ、「参ラヌコトモ有ヘケレトモ、是少身者ナレハ、仕ヨカルヘシ」ト申セハ、長州打顫テ、「則三人ノ方ヘ使ヲ立、何モ可㆑参ト也。木村ハ此使無㆓心元㆒ソ」トテ、熊谷・垣見カ方ヘ行ニ、両人ハ早出ヌ。木村ハ早サトリテ、「両人ハ定テ可㆑被㆑討」トテ走帰テ用意シケレトモ、少身ナレハ無㆑力。又熊谷・垣見ハ秋月カ方ヘ何心モナクテ行ケレハ、秋月手分ノ談合ヲスル。其内ニ家人共指寄テ伐殺ス。

　扨木村カ方ヘ、「両人被㆑参タル間、御出候」ト使ヲ立。木村ハ早人ヲ付置テ、両人ノ殺サレタルヲ知タレハ、秋月カ使伐殺ス。秋月是ヲ聞テ、「時刻移シテ叶マシ」ト、二百余人押寄テ攻懸ル。木村、四・五十人計有ケルヲ、一度ニ突テ掛ケレハ寄手敗北ス。首二・三十討捕、味方モ討死多カリケリ。木村宗左衛門・子伝蔵・其弟父

突テ廻リヌレハ、寄手又追崩サレテケルカ、荒手ヲ入替テ攻ケレハ、木村カ者、皆被レ討、子息伝蔵ト其身計ニ成ニケリ。伝蔵又走出テ、「裏切ヲシテ己カ首ヲ続トスル穢《キタ》ナキ奴《ヤツ》原ヲ相手ニシテ死ンハ口惜次第ナレトモ、木村伝蔵カ男道ヲ守テ討死スル最後ヲ見置ケ」ト広言シテ、又大勢ノ中ヘ走入テ、前後左右ヲ切テ廻ル。父ノ宗左衛門ハ腹ヲ切ント高所ヘ上リテ、伝蔵カ働ヲ見テ、鎧ノ小手ニテ涙ヲ拭《ノコイ》ツツ、「アツハレ剛ノ者カナ。是程ノカセキヲ治少ニ一目見タラハ、死後ノ思出タルヘキニ、アタラ成人ノ子共ヲ専モナク殺事ノ無念サヨ」ト、乾間《カハクマ》モナク泣居タリ。斯テ伝蔵モ討レケレハ、宗左衛門モ心閑ニ腹掻切テ伏ニケリ。「木村父子カ最後、例スクナキ義士哉」ト、誉ヌ人ハナシ。

相良宮内少輔・高橋左近モ、秋月ト一列シテ反リ忠也。四人ノ首ヲ六左衛門方ヘ遣ケレハ、則三ノ丸ヘ乗入、直ニ右馬助カ籠タル本丸ヲ攻ケレトモ、右馬助元ヨリ勇ヲ嗜者ナレハ、ツマリツマリヘ鉄炮ヲ寄、二百人ノ中百五十人ハ方々ヘ手配シテ屛裏ヲ堅、自身ハ馬マハリニ五十人ヲ引具、城中ヲ駈（馳カ）マハリ、弱キ方ヘ五十人ヲ懸テ防ケ

子三人、手勢十五・六人、敵ノ中ヘ切テ入、四方八面ニ突テ廻リヌレハ、寄手又追崩サレテケルカ、荒手ヲ入替テ攻ケレハ、木村カ者、皆被レ討、子息伝蔵ト其身計ニ成ニケリ。伝蔵又走出テ、「裏切ヲシテ己カ首ヲ続トスル穢ナキ奴原ヲ相手ニシテ死ンハ口惜次第ナレトモ、木村伝蔵カ男道ヲ守テ討死スル最後ヲミ置ケ」ト広言シテ、又大勢ノ中ヘ走入テ、前後左右ヲ切テ廻ル。父ノ宗左衛門ハ腹ヲ切ント高所ヘ上リテ、伝蔵カ働ヲ見テ、鎧ノ小手ニテ涙ヲ拭ツツ、「アツハレ剛ノ者カナ。是程ノカセキヲ治少ニ一目ミセタラハ、死後ノ思出タルヘキニ、アタラ成人ノ子共ヲ専モナク殺コトノ無念サヨ」ト、乾マモナク泣居タリ。斯テ伝蔵モ討レケレハ、宗左衛門モ心閑ニ腹掻切テ伏ニケリ。「木村父子カ最後、例スクナキ義士哉」ト、ホメヌ人ハナシ。

相良宮内少輔・高橋右近モ、秋月ト一列シテ反リ忠也。四人ノ首ヲ六左衛門方ヘ遣シケレハ、則三ノ丸ヘ乗入、直ニ右馬助カ籠タル本丸ヲ攻ケレトモ、右馬助元ヨリ勇ヲ嗜者ナレハ、ツマリツマリヘ鉄炮ヲ寄、二百人ノ中百五十人ハ方々ヘ手配シテ塀裏ヲ堅、自身ハ馬マハリニ五

レハ、寄手多討レテ引退ク。「急ニハ中々攻落難キソ」トテ、遠寄ニシテ居タリケリ。寄手四方ヨリ放懸ル矢・鉄炮ニ当テ、城中次第ニ人少ニナリテ、侍十三人、雑人五十ニハ不レ足ケリ。九月十五日ヨリ廿三日マテ、人馬ノ息ヲツカセテハ攻、攻テハ息ミ、三度マテ惣攻ニスレトモ、城内僅《ワツカ》ノ人ナレトモ、必死ヲ究テ防ヌレハ、落ヘクハ見サリケリ。

　水野六左衛門使ヲ立テ申ケルハ、「秋月・相良・高橋、皆崩《クツ》レ角シテ降参セラレタリ。本領ノ事ハ我等請取テ候。又貴殿ハ石田カ外戚、最初ヨリノ敵ナレハ、本領安堵ハ叶マシ。一万石堪忍分ニ可レ賜也。内府公ノ御前ハ我等請取候」ト有ケレハ、福原ハ家人共ヲ呼テ談合ス。「素《モト》ヨリ可レ守要害ニハ非サレハ、アナタヨリ手ヲ入コソ味方ノ手柄ニ候ヘハ、急降参有カシ」ト申ケリ。右馬助云ケルハ、「我ハ石田カ一族ナレハ、タトヒ降参ストモ、内府公命ヲ助ハセラレマシ。然レトモ此城ヲ枕ニシテ他国ノ助ナケレハ、終ニハ一人モ残マシ、サアラハ我一人死テ、残者共ヲ助ニハシカシ。人間ノ世ニアル如三シテ軽《ケイ》塵《ジン》ノ属《ツク》二カ草案一ニナリ、サラハ暇乞ノ杯セン。面々是マテ

十人ヲ引具、城中ヲ馳マハリ、弱キ方ヘ五十人ヲ懸テ防ケレハ、寄手多討レテ引退ク。「急ニハ中々攻落難キソ」トテ、遠寄ニシテ居タリケル。寄手四方ヨリ放カケル矢鉄炮ニ当テ、城中次第ニ人少ニ成テ、侍十三人、雑人五十ニハ不足ナリ。九月十五日ヨリ廿三日マテ、人馬ノ息ヲツカセテハ攻、々テハ息、三度マテ総攻ニスレトモ、城内僅ノ人ナレトモ、必死ヲ究テ防ヌレハ、落ヘクハ見サリケリ。

　水野六左衛門使ヲ立テ申ケルハ、「秋月・相良・高橋、皆反忠ニテ降参セラレタリ。本領ノコトハ我等請取テ候。又貴殿ハ石田カ外戚、最初ヨリノ敵ナレハ、本領安堵ハ叶マシ。一万石堪忍分ニ可レ賜也。内府公ノ御前ハ我等請取候」ト有ケレハ、福原ハ家人共ヲ呼テ談合ス。「素ヨリ可レ守二要害一ニ非サレハ、アナタヨリ手ヲ入コソ味方ノ手柄ニナレハ、急降参有カシ」ト申ケリ。右馬助云ケルハ、「我ハ石田カ一族ナレハ、タトヒ降参ストモ、内府公命ヲ助ハセラレマシ。然レトモ此城ヲ枕ニシテ他国ノ助ナケレハ、終ニハ一人モ残マシ、サアラハ我一人死テ、残者共ヲ助ニハシカシ。人間ノ世ニアル如三軽塵

働ケル事、奇特也」ト、一々酒ヲ催シテ水野ヘ降参ス。六左衛門大ニ悦テ、「サラハ城ヲ被レ開候ヘ。貴殿ハ内府公ノ悪深ク候ヘハ、先伊勢ノ朝熊《アサマ》ヘ引籠給ヘ。頓テ吉左右申ン」ト云ケレバ、福原ハ城ヲ明、駒野・太田ヲ経テ朝熊ヘ行。十日計過テ検使ヲ立テ、「貴方ノ事様々申達候ヘトモ、内府承引ナク候ヘハ力不レ及事也。此上ハ切腹アレ」トテ、腹ヲソ切セケル。

68　長束《ナツカ》大蔵事　（十七—二）

長束大蔵少輔正家ハ関ケ原合戦敗ケレハ、居城水口ヲ指テ帰陣ス。然ルニ山岡道阿弥ハ福島掃部頭カ居城長島ノ加勢ニ在ケルカ、是モ関ケ原敗北ヲ聞テ、船ニ乗テ居城大鳥居ヘ帰陣スルニ、長束ト路次ニテ行合タリ。山岡天ノ与ル所ト悦テ、足軽ヲ懸テ合戦ス。長束ハ味方悉亡ヒテ、山ノ草木ノ動クヲモ、「スハ敵ノ追懸ルカ」ト、周章《アハテ》フタメク折柄ナレハ、ナシカハ一支モ有ヘキ、散々ニ敗北ス。山岡カ兵共追懸々々、百騎計ノ首ヲ捕。

属二草案一ナリ。サラハ暇乞ノ杯セン。面々是マテ働ケルコト奇特也」ト、一々酒ヲ催シテ水野ヘ降参ス。六左衛門大ニ悦テ、「サラハ城ヲ被レ開候ヘ、貴殿ハ内府公ノ悪ミ深ク候ヘハ、先伊勢ノ浅間ヘ引籠給ヘ。頓テ吉左右申ン」ト云ケレバ、福原ハ城ヲ明、駒野・太田ヲ経テ浅間ヘ行。十日計過テ検使ヲ立テ、「貴方ノコト様々申達候ヘトモ、内府承引ナク候ヘハ力不レ及コト也。此上ハ切腹アレ」トテ、腹ヲソ切セケル。

68　長束大蔵事　（九—七）（和十七—二）

長束大蔵少輔ハ関ケ原合戦敗ケレハ、居城水口ヲ指テ帰陣ス。然ルニ山岡道阿弥ハ福島掃部頭カ居城長島ノ加勢ニ有ケルカ、是モ関ケ原敗北ヲ聞テ、船ニ乗テ居城大鳥居ヘ帰陣スルニ、長束ト路次ニテ行合タリ。山岡天ノ与ル所ト悦テ、足軽掛テ合戦ス。長束ハ味方悉亡ヒテ、山ノ草木ノ動クヲモ、「スハ敵ノ追掛ルカ」ト、周章フタメク折柄ナレハ、ナシカハ一支モ有ヘキ、散々ニ敗北ス。山岡カ兵共追懸々々、百騎計ノ印ヲ取。

山岡大ニ悦、勇ンテ桑名ノ城へ押寄ル。城主ハ氏家内膳也。加勢ハ氏家志摩守（氏家ト全子息、嫡子左京大夫、大名トナツテ早世ス、跡絶タリ、二男内膳、八万石、三男志摩守也、此両人、後大坂ニテ討死）・寺西備中守（自身一万石、近江代官永浜十万石）也。則山岡ヨリ使ヲ立ケレハ降参ス。其ヨリ羽柴下総守、居城ノ神戸へ押寄テ、使ヲ立テ降参サセ、其ヨリ岡本下野守守護スル亀山ノ城へ押寄降参サセ、右三ケ所ノ城へハ自身ノ警固兵ヲ入置。是皆内府公ノ武威ヲ恐テ、向フ所皆以臣伏ス、此旨言上ス。

偖長束大蔵ハ内府公ノ怒ヲ恐ケルカ、水口ノ城へモ不レ入シテ、江州桜井カ谷ニ隠居ケル。此事隠ナカリケレハ、内府公、池田備中守長吉・亀井武蔵守ヲ召テ、「急行向テ腹ヲ切ラセヨ」ト仰ナリ。両人彼所ニ行向テ、使ヲ以云ケルハ、「兄弟此所ニ蟄居ノ由、家康公聞召、腹切セ可レ申トテ、検使ニ参テ候、御急アレ」トナリ。大蔵家人奥村左馬助・西川兵庫助、出向テ申ケルハ、「各為二御使一是マテ御出御苦労ナリ。大蔵・同弟伊賀守、是ニ在事疑ナシ。頓テ切腹セン。暫御待候へ。又城中ニ金銀・刀・脇差等是々アリ」トテ、過分ノ書付ヲ渡ケレハ、「備中守何マテモ待候へシ。心閑ニ御自害候へ」

山岡大ニ悦、勇ンテ桑名ノ城へ押寄ル。城主ハ氏家内膳也。加勢ハ志摩守（氏家ト全子息、嫡子左京大夫、大名トナツテ早世ス、跡絶タリ、二男内膳八万石、三男志摩守也、此両人後大坂ニテ討死）・寺西備中守（自身一万石、近江代官永浜十万石也）・則山岡ヨリ使ヲ立ケレハ降参ス。其ヨリ羽柴下総守、居城ノ神戸へ押寄テ、使ヲ立テ降参サセ、其ヨリ岡本下野守々護スル亀山ノ城へ押寄降参サセ、右三ケ所ノ城へ入、自身ノ警固兵ヲ入置。是皆内府公ノ武威ヲ恐テ、向所皆以臣伏ス、此旨言上ス。

偖中長束大蔵ハ内府公ノ怒ヲ恐ケルカ、水口ノ城へモ不レ入シテ、江州桜井カ谷ニ隠居ケル。此事隠ナカリケレハ、内府公、池田備中守・亀井武蔵守ヲ召テ、「急行向テ腹ヲ切ラセヨ」ト仰也。両人彼所ニ行向テ、使ヲ以云ケルハ、「兄弟此所ニ蟄居ノ由、家康公聞召、切腹サセヘキトテ、検使ニ参テ候、御急アレ」ト也。大蔵家人奥村左馬助・西川兵庫頭、出向テ申ケルハ、「各為御使、是マテ御出御苦労ナリ。大蔵・同弟伊賀守、是ニ在コト疑ナシ。頓テ切腹セン。暫御待候へ。又城中ニ金銀・刀・脇差等是々アリ」トテ、過分ノ書付ヲ渡シケレハ、「備中守何マテモ待候へシ。心閑ニ御自害候へ」トナリ。

トナリ。

偖大蔵ハ奥村左馬助・西川兵庫助・小西次左衛門・長束与十郎ヲ召テ、「各此比ノ志シ、草場ノ陰ニテモ難レ忘候」トテ、形見ヲ賜リケリ。舎弟伊賀守、「我々ハ先へ参。死出三途トヤランニテ待可レ申」トテ、大庭ニ畳ヲ敷タル上ニ居直リ、両使ニ向テ、「吾等式ニ御検使ヲ被レ下儀、今生ノ面目、死後ノ思出ナリ。此間ハ打ツツキ気ヲ尽シ、以ノ外困窮、気労候」ト云ケレハ、池田・亀井モ哀ニ思ヒテ「神妙ニ候」トナリ。伊賀守家人林甚蔵、介錯腹十文字ニ掻切、甚蔵首ヲ打落シ、洗ヒテ検使ニ渡シ、其身モ腹ヲ伐トスル所ヲ人々取付、漸ニ宥メテ大小ヲ取番ヲ付テ置ケリ。

偖大蔵モ大庭ニ戸板ヲ敷、其上ニ畳ヲ布セ、明衣ヲ著テ出、検使ニ一礼シテ、「各頼申度事アリ。我幼稚ノ時ヨリ勤仕ノ者、奥村左馬助ト云。今ノ別ヲ惜、「冥途黄泉マテ殉ヒ申ン」ト云ケルヲ、様々宥メケレトモ承引セス。彼者ヲ自害ヲ制止シテ給ハレ」ト有。両使「心得タリ」ト返事也。長束ハ心ヨケニ供饗ノ太刀ヲ取、左馬助ニ介錯ヲサセテ腹ヲ切。左馬助、主ノ首ヲ落ト等ク、其

偖大蔵ハ奥村左馬助・西川兵庫・小西次左衛門・長束与十郎ヲ召テ、「各此比ノ志シ、草場ノ陰ニテモ難レ忘候」トテ、形見ヲ賜リケリ。舎弟伊賀守、「我々ハ先へ参、死出三途トヤランニテ待申」トテ、大庭ニ畳ヲ敷タル上ニ居直リ、両使ニ向テ、「吾式ニ御検使ヲ被レ下義、今生ノ面目、死後ノ思出也。此間ハ打続キ気ヲツクシ、以ノ外困窮、気労候」ト云ケレハ、池田・亀井モ哀ニ思ヒテ「神妙ニ候」ナリ。伊賀守家人林甚蔵、介錯腹十文字ニ掻切、甚蔵首ヲ打落シ、洗キテ検使ニ渡シ、其身モ腹ヲキラントスル所ヲ人々取付、漸々ニ宥メテ大小ヲ取番ヲ付テ置ケリ。

偖大蔵モ大庭ニ戸板ヲ敷、其上ニ畳ヲ布セ、明衣ヲ着テ出、検使ニ一礼シテ、「各頼申度コトアリ。我幼稚ノ時ヨリ勤仕ノ者、奥村左馬助ト云。今別ヲ惜ミ、「冥途黄泉マテ殉ヒ申ン」ト云ケルヲ、様々宥メケレトモ承引セス。彼者ヲ自害ヲ制止シテ給ハレ」ト有。両使「心得タリ」ト返事也。長束ハ心ヨケニ供饗ノ太刀ヲ取、左馬助ニ介錯ヲサセテ腹ヲ切。左馬助、主ノ首ヲ落ト等ク、其刀ヲ己カ腹ニ突込。備中家人武藤掃部・滝川織部取付、

太刀ヲ己カ腹ニ突込。備中家人武藤掃部・滝川織部取付、持タル刀ヲ取、腸ノ出ルヲ呉器《コキ》ヲ推当、療治シテ、其後親類ヲ呼寄、様々宥《ナダ》メ合点サセ助ケリ。後日ニ寺沢志摩守、千石ノ所領ヲ賜テ召仕フ。

其ヨリ水口ノ城中庫蔵ヲ開ケハ、黄金五千牧・銀子参百貫目・金熨付脇指一千腰、其外珍宝ヲ積テ、累巨《ルイコ》万目録ヲ以言上スレハ、悉皆《シツカイ》備中守ニ被レ下ケリ。大ニ徳付テ子息出雲守マテ富栄タリ。則当城ヲ賜テ四万石トナル。此時少計ヲ施テ二人ノ跡ヲ弔ヒ、作善ナト有ヘキ事ナルニ、其験ナケレハ「仁ナキ人」ト沙汰シケリ。雲州短命ニシテ死、子ナフシテ跡絶タリ。

69　秀忠卿御対面幷伊奈図書事　（十七—二）

九月十八日、江州八幡山ニ御著陣、山岡道阿弥ハ氏家兄弟ヲ召連テ子細ヲ言上ス。其日、小西摂津守ハ雪吹（ママ）山ニ隠レ居タルヲ、相州ノ林蔵主搦《カラメ》取テ、竹中丹後守ヲ以指上ル。御感有テ黄金拾牧ヲ賜ケル。

持タル刀ヲトリ、腸ノ出ルヲ呉器ヲ推当、療治シテ、其後親類ヲ呼寄、様々宥メ合点サセタスケケリ。後日寺沢志摩守、千石ノ所領ヲ与ヘテ召仕ケリ。

其ヨリ水口ノ城中庫蔵ヲ開キケレハ、黄金千枚・銀子三百貫目・金熨斗付刀・脇指一千腰、其外珍宝等、累巨万ノ貨財一々以言上シケレハ、悉皆備中守被レ下ケリ。備中守俄ニ徳付テ子息出雲守マテ富貴成モ此故トソ。城ヲハ備中後取四万石賜テ城主トナル。

69　秀忠卿御対面幷伊奈図書事　（九—八）（和十七—三）

九月十八日、江州八幡山ニ御着陣、山岡道阿弥ハ氏家兄弟ヲ召連テ子細ヲ言上ス。其日、小西摂津守ハ伊吹山ニ隠居タルヲ、濃州ノ林蔵主搦取テ、竹中丹後守ヲ以テ指上ル。御感有テ黄金拾枚ヲ賜リケル。

同十九日、草津駅ニ御陣、桑名氏家内膳正・同弟志摩守、草津ノ駅マテ御供シケレハ、御気色アリテ、内膳ヲハ羽柴三左衛門ニ御預ケ、志摩ヲハ羽柴左衛門大夫ニ預給。其日有二勅使一ケリ。其外公家・僧徒・在京人来テ拝謁、今度ノ祝事《コトフキ》ヲ奉レ賀《カシ》。

同日、左衛門大夫・三左衛門・左京大夫ニ命シテ、洛中所々ノ制札ヲ立ラル。奥平美作守、京都ノ探題職ニ補ラレテ上リケリ。知釈院南化・養源院・松高院来テ賀シ申。五畿内ノ町老来テ拝伏ス。又秀忠公、信州ヨリ御上、草津ニ着セ給テ、内府公へ御対面。其夜、草津ヲ御立有テ、醍醐ニ御陣。

廿日、三井寺ニ御陣。羽柴肥前守利長来テ、御悦ヲ申拝謁。仰ケルハ、「今度ノ軍忠莫太ナリ。御辺無二ノ味方ナレハコソ、北国表心安思タレ。此忠功子々孫々ニ至マテ御忘在間敷」トナリ。大津御陣所、所々ノ番堅固ニ仰付ラレ、大津ノ城在番、相坂ノ関ヲ塞、西東ノ往還ヲ改ラル。観音寺小野宗左衛ニハ町中ノ仕置仰付ラレケリ。

爰ニ羽柴左衛門大夫ハ膳所崎ニ陣取ケルカ、伏見ノ屋布ニ居ラレケル子息ノ方ヨリ、何事ヤラン蜜事ヲ告来。

同十九日、草津駅ニ御陣、桑名氏家内膳正・同弟志摩守、草津ノ駅マテ御供シケレハ、御気色アリテ、内膳ヲハ羽柴三左衛門ニ御預ケ、志摩守ヲハ羽柴左衛門大夫ニ預給。其日在勅使ケリ。其外公家・僧徒・在京人来テ拝謁、今度ノ祝事ヲ奉賀。

同日、左衛門大夫・三左衛門・左京大夫ニ命シテ、洛中所々ノ制札ヲ立ラル。奥平美作守、京都ノ探題職ニ補ラレテ上リケル。智釈院南化・養源院・松高院来テ賀シ申。五畿内ノ町老来テ拝伏ス。又秀忠公、信州ヨリ御上リ、草津ニ着セ給テ、内府公へ御対面。其夜、草津ヲ御立有テ、醍醐ニ御陣。

廿日、三井寺ニ御陣。羽柴肥前守利長来テ、御悦ヲ申拝謁。仰ケルハ、「今度ノ軍忠莫太也。御辺無二ノ味方ナレハコソ、北国表心安思タリ。此忠功子々孫々ニ至マテ御忘アルマシキ」トナリ。大津御陳、所々ノ番堅固ニ仰付ラレ、大津ノ城在番、相坂ノ関ヲ塞キ、西東ノ往還ヲ改ラル。観音寺小野宗左衛門ニハ町中ノ仕置仰付ラレケリ。

爰ニ羽柴左衛門大夫ハ膳所崎ニ陳取ケルカ、伏見ノ屋

此事内府公へ可㆓申上㆒事ナレハ、使者ヲ以申上ケルニ、伊奈図書カ堅タル御番所ニテ、彼使者ヲ留、棒チキリナトニテ押ヘケリ。使者兎角言テ通リ言上シ、御返事承テ立帰。左衛門大夫へ委細ノ儀申入退テ、奏者ヲ以申ケルハ、「今日道ニテ伊奈図書、番所棒チキリヲ以私ヲ押へ候事、失㆓面目㆒候。定テ棒ニテ打レタルト取沙汰有へシ。サアラハ男道ヲ立カタク候。其上御外聞モ悪候ヘハ、命ノ御暇給カシ」ト申。左衛門大夫、以外怒テ、「汝カ申分、一々神妙也。不便ニハアレトモ、其方心ニ仕ヘシ。妻子ヲハ心安思ヘシ。汝カ弔ニハ、伊奈図書カ首ヲ三日ノ内ニ取テ得サセン」ト有ケレハ、使者則切腹ス。奏者、介錯其首ヲ持参シ、自害ノ様子、具ニ申ケリ。左衛門泪ヲ流シ、「其首ヲ持セテ内府公へ見参ニ入、御侘言可㆑申」ト、三井寺指テ参ケル。

爰ニ井伊兵部少輔ハ、唐崎ノ陣所ヨリ参リケル路次ニテ参会アリ。左衛門、シカシカノ事ヲ語テ首ヲ見セケレハ、大ニ驚テ、「此儀ハ吾等ニ御任セ候へ。御本望ニ可㆑致」トテ、左衛門ヲハ道ヨリ帰シテ、兵部ハ内府公ノ御前ニ参リ、件ノ様子申上ケレハ、仰ニハ、「伊奈カ

敷ニ居ラレケル子息ノ方ヨリ、何事ヤラン蜜事ヲ告来。此コト内府公へ可㆓申上㆒コトナレハ、使者ヲ以申上ケルニ、伊奈図書カ堅タル御番所ニテ、彼使者ヲ留、棒チキリキナトニテ押ヘケル。使者兎角言テ通リ言上シ、御返事承テ立帰ル。左衛門大夫へ委細ノ義申入退テ、奏者ヲ以申ケルハ、「今日道ニテ伊奈図書、番所棒チキリキヲ以私ヲ押へ候事、失㆓面目㆒候。定テ棒ニテ打レタルト取沙汰可㆑有。サアラハ男道ヲ立カタク候。其上御外聞モ悪ク候ヘハ、命ノ御暇給レカシ」ト申。左衛門大夫、以ノ外怒テ、「汝カ申分、一々神妙也。不便ニハアレトモ、其方心ニ仕ヘシ。妻子ヲハ心易ク思ヘシ。汝カ弔ニハ、伊奈図書カ首ヲ三日ノ内ニ取テ得サセン」ト有ケレハ、使者則切腹ス。奏者、介錯其首ヲ持参シ、自害ノ様子、是ニ申ケレハ、左衛門泪ヲ流シ、「其首ヲ持参シテ内府公へ見参ニ入、御詫言可㆑申」ト、三井寺サシテ参ル。

爰ニ井伊兵部少輔ハ、唐崎ノ陣所ヨリ参リケル路次ニテ参会アリ。左衛門、シカシカノ事語テ首ヲ見セケレハ、大ニ驚テ、「此義ハ吾等ニ御任セ候へ。御本望ニ可㆑致」

誤所ナシ。吾下知ヲスル上ハ切腹サセ申事ハ成マシ」兵部又申ケルハ、「不便ニハ候ヘトモ、此儀ハ曲テ伊奈ニ切腹被二仰付一候ヘ。其故ハ、第一御座所悪ク候間、是非カレカ望ヲ御叶候ヘカシ」ト有ケレハ、内府公、御気色アツテ、「吾今度マテ天下分目ト思大合戦六度ニ及、其戦功無二ナルトモ、無レ咎者ニ生害サスル事ハ叶マシ」ト仰ケリ。兵部重テ申ケルハ、「「其知二レハ得失《トクシツ》之計一コトヲ軍全シ」ト承候。今度左衛門大夫カ武者仕《ツカイ》ヲ見候ニ、依レ敵変化シ、殊ニ勲功ヲ立候。唯今モ此事難レ叶候ハ、一命ヲ果トモ御恨ヲ可レ申。太閤以来ノ古傍輩・見次者モ候ヘシ。伏見ノ子共ノ人数モ一所ニ集候ハ、勇々敷御大事ト存候。偖亦、御座所悪ト申ハ、相坂山ヘ人数ヲ押上、三井寺ノ上ヨリ、寺中ニ火ヲ懸攻入候ハハ、御旗本ノ御人数ニテハ難レ防覚候。味方ノ士卒ハ湖水ヘ追入ラレ候ヘシ。兵法ニ地形ヲ第一謹タルモ、此時ヲ可レ申」ト理ヲ尽シ、声ヲ和ケテ諫申サレケレハ、内府公御気色不レ快《コヽロヨカラ》仰ケルハ、「我彼者ト万一ノ時一戦ニ及ハンモ各ヲ頼ナリ。各ヲ始左様ニ申上ハ不レ及レ力。能ニ計ヒ候ヘ」ト有ケレハ、兵部ハ急伊奈カ宿所ヘ行テ、

トテ、左衛門ヲハ道ヨリ帰シテ、兵部ハ内府公ノ御前ニ参リ、件ノ様子申上ケレハ、仰ニハ、「伊奈カ誤所ナシ。吾下知ヲスル上ハ切腹サセ申コトハ成マシ」兵部又申ケルハ、「不便ニハ候ヘトモ、此義ハ曲テ伊奈ニ切腹被仰付候ヘ。其故ハ、第一御座所悪ク候間、是非カレカ望ヲ御叶候ヘカシ」ト有ケレハ、内府公、御気色有テ、「吾今度マテ天下分目ト思大合戦六度ニ及、其戦功無ニ成共、無レ咎者ニ生害サスルコトハ叶マシ」ト仰ケル。兵部重テ申ケルハ、「其ハ御思慮ノ不レ足仰カナ。今度左衛門大夫カ武者使ヲ見候ニ、依レ敵変化スル武勇功者ナリ。唯今モ此コト難レ叶候ハ、一命ヲ果トモ御恨ヲ可レ申。大閤以来ノ古傍輩・見次者モ候ヘシ。伏見ノ子共ノ人数モ一所ニ集候ハ、勇々敷御大事ト存候。偖又御座所悪ト申ハ、相坂山ヘ人数ヲ押上、三井寺ノ上ヨリ、寺中ニ火ヲカケ攻入候ハハ、御旗本ノ御人数ニテハ防キ難ク覚候。味方ノ士卒ハ湖水ヘ追入ラレ候ヘシ。「大行不レ顧二細謹ヲ一」トハ加様ノ時可レ申」ト理ヲ尽シ、声ヲ和ケテ諫申サレケレハ、内府公御気色不快仰ケルハ、「我、彼者ト万一ノ時一戦ニ及ハンモ各ヲ頼ナリ。各ヲ始左様ニ申

一々内府公ノ御情之程ヲ申聞、「唯今ノ切腹ハ戦場ノ討死ニハ大ニ勝タリ。当家御安危ノ事、御辺ノ心ニアリ」ト申ケレハ、図書云、「何事御奉公ナレハ異儀ニ不㆑及候」トテ切腹ス。

兵部其首ヲ以、左衛門カ陣所へ行ケレハ、道ニテ人数段々ニ押テ西へ行。兵部少輔ハ不審ニ思テ、「是ハ誰ノ御人数」ト問ケレハ、左衛門大夫、「山科へ陣替仕」ト申。兵部驚テ、「去ハコソ案ノ如ソ」ト、急膳所崎へ行テ、左衛門大夫ニ対面シテ、伊奈カ首ヲ見テ、「内府公仰ケルハ、「「大切ノ忠義ノ人ヲ、争カ望ニ任デ有へキ」トテ、図書ヲ切腹被㆓仰付㆒タリ」ト御懇ノ仰ナリ」ト取繕ケレハ、左衛門大ニ悦テ、「誠有カタキ次第也。是偏ニ兵部殿ノ御取成、御厚恩難㆑忘」トテ、杯ヲ出ケル。兵部少輔云ケルハ、「山科へノ御陣替ハ何事ニ候」ト。太夫聞テ、「此事加様ニ早可㆑被㆓仰付㆒トハ夢ニモ不㆑存。若訴訟叶マシクハ、不審ノ身ニテ候へハ、遠辺へ身退候ハン為」ト申ケレハ、兵部、「最ニハ候へトモ、最早急御人数ヲ呼返給へ。物騒テハ不㆑可㆑然」トテ、陣替モ止ニケリ。

上ハ力及ハス。能々計ヒ候へ」ト有ケレハ、兵部ハ急伊奈カ宿所へ行テ、一々内府公ノ御情ノ程ヲ申聞、「唯今ノ切腹ハ戦場ノ討死ニハ大ニ勝タリ。当家御安危ノコト、御辺ノ心ニアリ」ト申ケレハ、図書カ云、「何事モ御奉公ナレハ異義ニ及ハス候」トテ切腹ス。

兵部其首ヲ以、左衛門カ陣所へ行ケレハ、道ニテ人数段々ニ押テ西へ行。兵部少輔ハ不審ニ思テ、「是ハ誰ノ御人数」ト問ケレハ、左衛門大夫、「山科へ陳替仕」ト申。兵部驚テ、「去ハコソ案ノ如ソ」ト、急膳所崎へ行テ、左衛門大夫ニ対面シテ、伊奈カ首ヲ見セテ、「内府公仰ケルハ、「大切ノ忠義ノ人ヲ争望ニ任テ可㆑有トテ、図書ヲ切腹被㆓仰付㆒タリ」ト御懇ノ仰ナリ」ト取繕ケレハ、左衛門大ニ悦テ、「誠ニ有カタキ次第ナリ。是偏ニ兵部殿ノ御取成、御厚恩忘レカタキ」トテ、杯ヲ出シケル。兵部少輔云ケルハ、「山科へノ御陣替者何コトニ候」ト云。大夫聞テ、「此コト加様ニ早可㆑被㆓仰付㆒トハ夢ニモ不㆑存。若訴訟叶マシクハ、不審ノ身ニテ候へハ、遠辺へ身ヲ退候ハン為」ト申ケレハ、兵部、「最ニハ候へトモ、最早急御人数ヲ呼返給へ。物騒テハ不㆑可

古人云ク、「伊奈図書カ番所ヲ堅固ニシテ往還ヲ改ルハ、君命ヲ守也、常ノ時タニモ且然リ。況ヤ大乱ノ後、何ソ不虞虞《ク》ノ備ナカラン。左衛門大夫家人、謹テ声ヲ和ケ、詳ニ断リタラハ誰カ棒チキリニテ押ヘン。是皆大夫家人カ誤也。然ルヲ其思慮モナク、図書カ首ヲ申請ントト訴ル事、犯《ホン》上ノ罪人也。「一朝ノ怒及フ二其親一ニ」トハ是ナリ。此人後ニハ酒狂シテ人ヲ殺ヲ常トシ、終ニ家ヲ亡ス事宣宣《ムベナル》哉。子孫浪人シテ、伊勢山田ニ居ケルカ、見物ノ場ニテ喧嘩シテ殺害シ、子孫マテ断絶シケリ。又内府公御怒ヲ押ヘラレテ、兵部カ諌言ニ随ヒ給、是大度ノ所ナリ。兵部カ「曲テ図書ニ切腹被二仰付一ヨ」ト諌タル、大行ハ不レ顧ミ二細謹一ヲノ所也、今大乱ノ後、諸候イマダ親附セス。然ルニ、大功ノ福島ヲ罰セラレハ、亦如何ナル人カ背《ソムイ》テ、軍モ若《ワカ》ヤキナン。兵部、知謀《ホウ》、忠ヲ兼タリト言ツヘシ」

レ然」トテ、陣替モ止ニケリ。

古人云、「伊奈図書カ番所ヲ堅固ニシテ往還ヲ改ルハ、君命ヲ守也。常ノ時タニモ且然、況ヤ大乱ノ後、何ソ不虞ノ備ナカラン。左衛門大夫家人、謹テ声ヲ和ケ、詳ニ断タラハ、誰カ棒チキリニテ押ヘン。是皆大夫家人カ誤也。然ルヲ其思慮モナク、図書カ首ヲ申請ント訴ルコト、犯上ヲノ罪人也。「一朝ノ怒ニ及二其親一ニ」トハ是也。此人後ニ酒狂シテ人ヲ殺候ヲ常トシ、終ニ家ヲ亡スコト宣哉。子孫浪人シテ、伊勢山田ニ居ケルカ、見物ノ場ニテ喧議シテ殺サレ、子孫マテ断絶シケリ。又内府公御怒ヲ押ヘラレテ、兵部カ諌言ニ随ヒ給、是大度所ナリ。兵部カ「曲テ図書ニ切腹被仰付ヨ」ト諌タル大行ハ、不レ顧二細謹一ヲノ所也。偏ニ君ヲ思テ、少ノ非ヲ曲タル忠臣ト云ツヘシ」

70　石田治部少輔并安国寺生擒《イケトリノ》事（十七―四）

斯テ石田治部少輔ハ、関ケ原合戦敗北ノ後、伊吹山へ落行ケリ。磯野平三郎・渡辺勘平・塩野清助、只三人付随ヒケリ。谷草ト云所へ行、小谷山ヲ経テ、馬上山ニ至リヌ。治少云ケルハ、「各是マテ付随フ事、誠志ノ程不㆑浅。吾今一度大坂へ忍行テ、島津ヲ頼ミ義兵ヲ揚ヘシ。若運ヲ開ナハ、各ノ志ヲ報ヘシ。又運尽ナハ、草ノ陰ニテモ忘間敷。各ハ是ヨリ何方へモ落行ヘシ」ト涙ヲ流申サレケレハ、平三郎申ハ、「夫ハ御情ナキ仰ニ候。三人ノ者、何国マテモ御供シテ生死ヲ共ニセントコソ存候ヘ」ト有ケレハ、治少、「千田采女ハ死ヲ遁テ在所ニ来ヌルヤラン。彼カ所へ一先カクレ見」トアリ。平三郎、「采女ハ肥太リタル者ニ候ヘハ、馬離テハ行歩叶候マシ。定討死仕ラン。我等兄、塩津ニ出家仕テアリ。彼等へ御越、其ヨリ船ヲ拵ヘ大津マテ着給ナラハ、忍々ニ大坂へ越給ハン事可㆑安」ト申セハ、「其ハ最宜カルヘケレトモ、内府早大津へ参タル由、其聞アレハ、ヤハカ通申サ

70　石田治部少輔并安国寺生擒事（九―十）（和十七―四）

斯テ石田治部少輔ハ、関ケ原合戦敗北ノ後、伊吹山へ落行ケル。磯野平三郎・渡辺勘平・塩野清助、只三人付随ヒケリ。曲谷草野ト云所へ行、小谷山ヲ経テ、馬上山ニ至リヌ。治少云ケルハ、「各是マテ付随フコト、誠志ノ程浅カラス。吾今一度大坂へ忍行テ、島津ヲ頼ミ義兵ヲ揚ヘシ。若運ヲ開ナハ、各ノ志ヲ報スヘシ。亦運尽ナハ、草ノ陰ニテモ忘マシ。各ハ是ヨリ何方へモ落行ヘシ」ト涙ヲ流シ申サレケレハ、平三郎申ハ、「夫ハ御情ナキ仰ニ候。三人ノ者、何国マテモ御供シテ生死ヲ共ニセントコソ存候ヘ」ト有ケレハ、治少、「千田采女ハ死ヲ遁テ在所ニ来ヌルヤラン。彼カ所へ一先カクレ見ン」トアリ。平三郎、「采女ハ肥太リタル者候ヘハ、馬離テハ行歩叶候マシ。定討死仕ラン。我等兄、塩津ニ出家仕テ有、彼等へ御越、其ヨリ船ヲ拵ヘ大津マテ着給フナラハ、忍々ニ大坂へ越給ハンコト可㆑安」ト申セハ、「其ハ最宜カルヘケレトモ、内府早大津へ参タル由、其聞ア

ン。我等存旨アリ。各ハ是ヨリ落候へ」ト頻リニ申サレケレハ、平三郎、「御諚ハサル事ニテ候ヘトモ、是マテ付参リテ空ク見捨申サン事、生テ甲斐ナキ仕合ナリ。只何国マテモ付奉ラン」ト申ケレハ、治少、「其儀ナラハ、我爰ニテ自害セン」トアリ。三人ノ者共、此上ハ不㆑及㆑力、「サラハサラハ」ト御暇申テ、泣々引別テケリ。

治少ハ只一人法華寺へ行ケル。是ハ幼稚ノ昔、手習ノ師三重院ト云僧、彼所ニ在ケレハ、「彼ヲ頼見ハヤ」ト思テ、夜中ニカシコヘ行、門ヲ叩キ可㆑頼由宣イケレハ、三重院カ門弟出テ答ケルハ、「昨日、田中兵部殿、井口マテ参ラレ、山家不㆑残捜シ、「此所ニ至テ、治少ハ爰ニ隠置タルカ、急出セ」ト責ケル由、三重院出テ、「左様ノ人々、努々不㆑知ナリ。猶モ不審ニ思給ハハ寺中ヲ捜シ給へ」ト申シケレハ、武士共寺中へ入テ不㆑残捜シ、剰三重院ヲ縛《シバ》リテ井口へ参タリ。此所ニ隠給ハン事叶マシ」ト云ケレハ、治少力ヲ落、其ヨリ傍近キ所ニ、善説トテ相知タル僧ノ有ケルニ立寄給ヘハ、此僧如何スヘキト案煩所ニ、アタリノ人参テ、「今大事ノ落人ヲカコイ置事、努々不㆑可㆑有。若同心ナクハ、我等訴人ニ出べ

レハ、ヤハカ通申サン。我等存旨アリ。各ハコレヨリ落候へ」ト頻リニ申サレケレハ、平三郎、「御諚ハサル事ニテ候ヘトモ、是マテ付参リテ空ク見捨申サンコト、生テ甲斐ナキ仕合ナリ。只何国マテモ付奉ラン」ト申ケレハ、治少、「其義ナラハ、我爰ニテ自害セン」ト有。三人ノ者共、此上ハ不㆑及㆑力、「サラハサラハ」ト御暇包申テ、泣々引別テケリ。

治少ハ只一人法花寺へ行ケル。是ハ幼稚ノ昔、手習ノ師三重院ト云僧、彼所ニ有ケレハ、「彼ヲ頼見ハヤ」ト思テ、夜中ニカシコへ行、門ヲ叩キ可㆑頼由宣ヒケレハ、三重院カ門弟出テ答ケルハ、「昨日、田中兵部殿、井口マテ参ラレ、山家不㆑残捜シ、「此所ニ至テ、治少ハ爰ニ隠置タルカ、急出セ」ト責ケル故、三重院出テ、「左様ノ人々、努々不㆑知ナリ、猶モ不審ニ思給ハハ寺中ヲ捜シ給へ」ト申シケレハ、武士共寺中へ入テ不㆑残捜、剰三重院ヲ縛リテ井口へ参リタリ。此所ニ隠給ハンコト叶マシ」ト云ケレハ、治少力ヲ落シ、其ヨリ傍近キ所ニ善説トテ相知タル僧ノ有ケルニ立寄給ヘハ、此僧如何スヘキト案煩所ニ、アタリノ人参テ、「今大事ノ落人ヲカ

キ」ト云ケレハ、又其所ヲ落シ、山林ニ身ヲ隠シ、四日カ間饔飧《ワウソン》ヲ絶ケレハ、稲ノ穂《ホ》ナトヲ採テ飢ヲ助ケル程ニ、以ノ外腹中瀉《シヤ》シテ哀ナル有様ナリ。

爰ニ草枕シテモ有カタケレハ、古ヘ別テ目ヲ懸タル古橋村ノ与次郎大夫カ方ヘ行テ頼ミ寄ケレハ、与次郎甲斐々敷頼マレ、山中ノ岩洞ヘ入置、毎日食事ヲ運故、爰ニテ両日休息ナリ。然所ニ、同村又左衛門ト云者、与次郎大夫カ許ヘ来リ、「其方ハ治部殿ヲ隠置タル由聞及タリ。天下ノ怨《オン》敵ヲ左様ニスル事、不覚ノ至ソヤ」治少此事ヲ聞テ与次郎ニ云レケルハ、「我トテモ可レ遁命ニアラス。此間ノ芳志、生々世々忘カタシ。幸我ヲ擒テ可レ出。後日ニ内府ヘ洩聞ヘハ、従《シウ》類滅亡ノ基ナリ。左アラハ草ノ隠ニテモ苦カルヘシ」トナリ。与次郎、「是ハ思ヨラヌ仰カナ。何国マテモ御供シテ成行給ハン行末ヲ見届ヘキ」ト申ケル。治少、「志ハサル事ナレトモ、我為ニ各ヲ殺サン事モ不便ナリ。我トテモ遁ヘキ身ニアラス。急註進ヲ致セ」トアリ。

与次郎力不レ及トテ、田中ヘ申ケレハ、田中大ニ悦テ、家人田中伝左衛門ヲ遣シ、治少ノ居ラレケル処ヘ行。伝

コイ置事、ユメユメ有ヘカラス。若同心ナクハ、我等訴人ニ出ヘキ」ト云ケレハ、亦其所ヲ落シ、山林ニ身ヲ隠シ、四日カ間食事モナケレハ、稲ノ穂ナトヲ採テ飢ヲ助ケル程ニ、以ノ外腹中瀉シテ哀成有様ナリ。

爰ニ草枕シテモ有カタケレハ、古ヘ別テ目ヲカケタル古橋村ノ与二郎大夫カ方ヘ行テ頼ミ寄ケレハ、与二郎甲斐々々シク頼マレ、山中ノ岩ノ洞ヘ入置、毎日食事ヲ運故、爰ニテ両日休息ナリ。然所ニ、同村又左衛門ト云者、与二郎大夫カ許ヘ来リ、「其方ハ治部殿ヲ隠置タルヨシ聞及タリ。天下ノ怨敵ヲ左ヤウニスルコト、不覚ノ至ソヤ」治少此コトヲ聞テ与二郎ニ云ケルハ、「我トテモ遁ヘキ命ニアラス。此間ノ芳志、生々世々忘カタシ。幸我ヲ擒テ可レ出、後日ニ内府ヘ洩聞ヘハ、従類滅亡ノ基也。サアラハ草ノ陰ニテモ苦カルヘシ」トナリ。与二郎、「是ハ思ヨラヌ仰哉。イツクマテモ御供シテ成行玉ハン行末ヲ見届ヘキ」ト申ケル。治少、「志ハ去コトナレトモ、我為ニ各ヲ殺サンコトモ不便也。我トテモ遁ヘキ身ニアラス。急注進ヲ致セ」トアリ。

与次郎力不レ及トテ、田中ヘ申ケレハ、田中大ニ悦テ、

左衛門申ケルハ、「私此前兵部方ヨリ使ニ参タル事アリシ。則御前へ被二召出一シ。其故御顔ヲ能見知申テ候」トナリ。治少、「左アリツラン。不レ覚、急我ヲ召連候へ」トナリ。則乗物ニノセ、井口へ来ル。兵部ハ先対面セス、家人田中伝左衛門・国友与左衛門・森茂七郎ヲ馳走ニ付テ膳ヲ進ケレハ、治少病悩故ニ不レ食。三人ノ者立寄テ、「何ニテモ食事上度」ト申ケレハ、「サラハニラ味噌酢ヲ給ハラン」トアリテ、少食ス。

偖三人ノ者兵部ノ内意ニ依テ申ケルハ、「今度ノ御手柄末代ノ御名誉ナリ。内府公ハ大身、貴下ハ小身ニテ、加様ノ大事思食立、合戦ノ習、勝負ハ運ニヨル者ナレハ、今此身ニ成給トモ、御恥辱ニハ候ハス」トアリケレハ、治少色ヲ直シ、「我幼少ヨリ大閤へ事へ奉リ、加様ニ大名ニ取立給ヘリ。此報恩ニハ、秀頼公ヲ御代ニ付申サント存、此義ニ及ト云トモ運尽ヌレハ、今此体ニ成タリ」ト云レケリ。其後、田中使ヲ以、「御気分不レ快候ヘハ、医療ヲ用ラレヨ」トアリ。治少、「此体ニテ薬服用ニモ不レ及」トナリ。田中重テ申ケルハ、「其ハ悪キ御心ナリ。トテモ命ハナキ者ナレハ、大将ノ最期取乱タルト後

家人田中伝左衛門ヲ遣シ、治少ノ居ラレケル所へ行。伝左衛門申ケルハ、「私此前兵部方ヨリ使ニ参タルコトアリシ。則御前ニ被二召出一シ。其故御顔ヲ能見知申テ候」トナリ。治少、「左アリツラン。覚エス、急キ我ヲ召連候へ」ト也。則乗物ニノセ、井口へ来ル。兵部ハ先対面セス、家人田中伝左衛門・国友与左衛門・森茂七郎ヲ馳走ニ付テ、膳ヲススメケレハ、治少病悩故ニ不レ食。三人ノ者立寄テ、「何ニテモ食事上度」ト申ケレハ、「サラハニラ味噌スヲ給ハラン」ト有テ、少食ス。

偖三人ノ者兵部ノ内意ニ依テ申ケルハ、「今度ノ御手柄末代ノ御名誉也。内府公ハ大身、貴下ハ少身ニテ、加様ノ大事思召立、合戦ノ習、勝負ハ運ニヨルモノナレハ、今此身ニ成玉トモ、御恥辱ニハ候ハス」ト有ケレハ、治少色ヲ直シ、「我レ幼少ヨリ大閤へ事へ奉リ、加様ニ大名ニ取立タマヘリ。此報恩ニハ、秀頼公ヲ御代ニ付申サント存、此義ニ及ト云トモ運尽ヌレハ、今此体ニ成タリ」ト云レケリ。其後、田中使ヲ以、「御気分不快候へハ、医療ヲ用ヒラレヨ」ト有。治少、「此体ニテ薬服用ニモ及ハス」ト也。田中重テ申ケルハ、「其ハ悪キ御心

難口惜思召ヤ。今薬ヲ用、気ヲ強シテ、最期ヲ快クシ給コソ本意ナルヘケレ」ト申ケレハ、治少、「其モ最ナリ。サラハ薬ヲ用ン」トアリテ、医師診脈療養ス。

田中申サレケルハ、「何事ニテモ御用ノ事アラハ、無二隔心一仰ラレ候ヘ。我等ヘハ御気遣ニモ有ヘケレハ、宮部善八ヲ申付候」トテ、善八馳走ニ付、井口ニ一日逗留、其ヨリ高宮ニ一宿、翌日森山ニ著、九月廿三日、大津ニ至。三成行年三十八。

内府公御感不レ斜シテ、則治少カ指タル切刃貞宗ノ脇差ヲ御褒美ニ賜ケル。「治少ヲ擒ニシタル者何ト申ソ」ト仰ケレハ、「百姓ノ訴人ニ依テ、家来共参テ召捕候ヘハ、誰ト申事モ候ハス」ト被レ申ケル。田中伝左衛門カ擒タルトハ不レ被レ申ケリ。偖内府公仰ニハ、「治少ニ衣服ヲ得サセヨ」トアリテ、御小袖ヲ賜テ着改ケリ。

又安国寺ハ濃州ヲ落テ、大原・志津原ヨリ鞍馬寺ノ月照院ニ隠居ケレトモ、爰ニモ留リ居カタケレハ、洛陽ヘ潜ニ出ケルヲ見知ル人アリテ、イタハシキヤ思ケン、東寺ノ前ニテ乗物ニ乗、侍一人添テヤリケルヲ、雑色共見付テ立寄テ、乗物ノ戸ヲ開テ、左ノ手ニテ安国寺ヲ捕タ

ナリ。トテモ命ハ無者ナレハ、大将ノ最期乱タルト後難口惜ク思シメサスヤ。今薬ヲ用ヒ、気ヲ強シテ、最期ヲ快クシ給コソ本意ナルヘケレ」ト申ケレハ、治少、「ソレモ最ナリ。サラハ薬ヲ用ン」ト有テ、医師診脈療養ス。

田中申サレケルハ、「何事ニテモ御用ノコトアラハ、隔心ナク仰ラレ候ヘ。我等ヘハ御気遣ニモ有ヘケレハ、宮部善八ヲ申付候」トテ、善八馳走ニ付、井口ニ一日逗留、其ヨリ高宮ニ一宿。翌日森山ニ着。九月廿三日、大津ニ至ル。三成行年三十八。

内府公御感不レ斜シテ、則治少カ指タル切刃貞宗ノ脇差ヲ御褒美ニ賜ケル。「治少ヲ擒ニシタル者何ト申ソ」ト仰ケレハ、「百姓ノ訴人ニ依テ、家来共参テ召捕候ヘハ、誰ト申コトモ候ハス」ト被レ申ケル。田中伝左衛門カ擒タルトハ不レ被レ申ケリ。偖内府公仰ニハ、「治少ニ衣服ヲ得サセヨ」トアリテ、御小袖ヲ賜テ着改ケリ。

又安国寺ハ濃州落テ、大原・志津原ヨリ鞍馬寺ノ月照院ニ隠居ケレトモ、爰ニモ留リ居カタケレハ、洛陽ヘ潜ニ出ケルヲ見知ル人有テ、イタハシクヤ思ケン、東寺ノ前ニテ乗物ニノセ、侍一人添テヤリケルヲ、雑色共見付

リ。供ノ士刀ニ手ヲ懸ケレハ、雑色刀ヲ抜テ切殺ス。

此安国寺ハ元来五山東福寺住僧紫衣ノ和尚ナリ。秀吉公、毛利ト御合戦ノ時、能取扱イ御使ヲシテヨリ、御旁《ソバ》近ク出頭シテ、拾二万石所領ヲ受タレハ、奢驕《シヤキヤウ》甚シク成テ、無レ故謀叛《ムホン》ニ与《クミ》シ、毛利輝元ヲモ誘引ス。同廿三日、大津ヘ申上ケリ。

71　大坂城開渡事幷郡山城開渡事　（十七―五）

去程ニ大坂城ニハ、本丸ニ増田右衛門尉、西丸ニ毛利輝元籠居ケリ。関ケ原、味方悉敗北スト聞テ、家臣共ヲ呼集テ評議ス。輝元云ケルハ、「内府ハ大津ヨリ近日大坂ニ発向スヘシ。一戦シテ勝負ヲ決セントスレハ、増田本丸ニ有テ佞ヲ作リ、表ハ秀頼輔弼ノヤウニテ、内ハ内府方ト見タリ。此者定テ裏切スヘシ。左アレハトテヲメヲメト開渡サンハ弓箭ノ恥辱也。如何アルヘシ」トナリ。家臣、「御掟ノ如ク、名城ト云、御人数モ大軍ナレハ、

テ立寄テ、乗物ノ戸ヲ開テ、左ノ手ニテ安国寺ヲ捕タリ。供ノ士刀ニ手ヲ懸ケレハ、雑色刀ヲ抜テ切殺ス。

此安国寺ハ元来五山東福寺住僧紫衣ノ和尚也。秀吉公、毛利ト御合戦ノ時、能取扱ヒ御使ヲシテヨリ、御傍近ク出頭シテ、拾二万石所領ヲ受タレハ、奢驕甚シク成テ、無レ故謀叛ニ与シ、毛利輝元ヲモ進ケリ。同廿三日、大津ヘ申上ケリ。

71　大坂城開渡事幷郡山城開渡事

（九―十）（和十七―五）（臼十七―五）

去程ニ大坂ニハ、本丸ニ増田右衛門尉、西丸ニ毛利輝元籠居ケリ。関ケ原、味方悉敗北スト聞テ、家臣共ヲ呼集テ評義ス。輝元云ケルハ、「内府ハ大津ヨリ近日大坂ニ発向スヘシ。一戦シテ勝負ヲ決セントスレハ、増田、本丸ニ有テ佞ヲ作リ、表ハ秀頼輔弼ノ様ニテ、内ハ内府方ト見ヘタリ。此者定テ裏切スヘシ。左アレハトテヲメヲメト開渡サンハ弓矢ノ恥辱タリ。如何アルヘシ」トナリ。家臣、「御掟ノ如ク、名城ト云ヒ、御人数モ大軍ナ

一戦アリテモ可レ然候ヘトモ、増田東西ノ模様ヲ見候ヘハ、後ヨリ倒戈倒戈《トウクハ》仕ランハ必定也。唯兎ニモ角ニモ御安堵被レ成タメナレハ、御詫《ワヒ》言ニハ如ヘカラス」ト、衆議一同ニ申ケリ。

九月廿三日、大坂表ヘ押向人々ニハ、羽柴三左衛門・浅野左京大夫・藤堂佐渡守・黒田甲斐守・羽柴左衛門大夫・有馬玄蕃頭也。井伊・本多両人ハ佐施ノ宮ノ辺ニ陣ス。使ヲ立テ、「城ヲ可二開渡一」トナリ。輝元、「御使ノ通承届候。今度関ケ原表出張仕、実否ヲ決セント存定候ヘトモ、味方ノ内彼是子細共有テ、猶予スル内ニ早討負、残念此事ナリ。此上ハ当城可二開渡一。向後ハ蒙二御允一安堵セシメ給ハ、厚恩ヲ浴スヘシ」ト、謝《シャ》シレ罪ヲ申サレケレハ、則御優怒《ユウジョ》アリテ、中納言輝元、木津ノ下屋敷ニ移リケレハ、諸将ハ西ノ丸ヘ入替。

廿四日請取テ、二十五日ニハ増田右衛門尉罪ヲ宥テ、高野山ヘ放チ被レ遣ケリ。増田カ居城郡山留守居、本丸ハ田中角之助、二丸ハ渡辺勘兵衛ナリ。内府公大坂西丸ヘ廿七日ニ遷リ給テ、藤堂佐渡守・池田備中守ニ仰テ、郡山城ヘ発向ス。両将手勢五千計ニテ郡山ニ着テ、「当

レハ、一戦有テモ可レ然候ヘトモ、増田東西ノ模様ヲ見候ヘハ、後ヨリ裏切ランハ案ノ内也。唯兎ニモ角ニモ御安堵被レ成タメナレハ、御託言ニハ如ヘカラス」ト衆義一同ニ申ケリ。

九月廿三日、大坂表ヘ押向人々ニハ、羽柴三左衛門・浅野左京大夫・藤堂佐渡守・黒田甲斐守・羽柴左衛門大夫・有馬玄蕃頭也。井伊・本多、両人ハ佐陀ノ宮ノ辺ニ陣ス。使ヲ立、「城ヲ可二開渡一」トナリ。輝元、「御使ノ通承届候。今度関ヶ原表出張仕実否ヲ決セント存定候ヘトモ、味方ノ内彼是子細共有テ、猶予スル内ニ早討負、残念此事也。此上ハ当城可開渡、向後ハ蒙御允安堵セシメ給ハ、厚恩ヲ浴スヘシ」ト、謝罪申サレケレハ、則御優怒有テ、中納言輝元、木津ノ下屋敷ニ移リケレハ、諸将ハ西ノ丸ヘ入替ル。

廿四日請取テ、廿五日ニハ増田右衛門尉、罪ヲ宥テ、高野山ヘ放チ被遣ケリ。増田カ居城郡山留守居、本丸ハ田中角之助、二丸ハ渡辺勘兵衛ナリ。内府公、大坂西丸ヘ廿七日ニ遷リ給テ、藤堂佐渡守・池田備中守ニ仰テ、郡山城ヘ発向ス。両将手勢五千許ニテ、郡山ニ着テ、

城可㆓開渡㆒」ト使ヲ立ケレハ、田中・渡辺申ハ、「城ヲハ右衛門尉ヨリ預置候ヘハ、彼カ墨付無㆑之ニ渡申儀ハ思モ不㆑寄候」トナリ。両将是ヲ聞テ、二人カ申処理リナリ〈ト〉則大坂へ言上ス。増田ヨリ状ヲ認《シタタメ》テ送ケレハ、田中・渡辺又申ケルハ、「此状ハ増田カ手跡ニテハ候ハス。若謀書ニテヤ有ラン。是ニテ城ヲ渡申事、我々不念ノ至ナレハ、増田カ自筆ノ状ヲ取テ被㆑下候ハハ、城ヲハ無㆓相違㆒必定可㆓開渡㆒」ト申ケル。検使両将立腹シケレトモ、サスカ義ヲ守ル志ヲモ破カタクヤ思ハレケン、又大坂へ此田(由カ)ヲ言上ス。

爰ニ角之助思ケルハ、「当城ニ妻子ヲキ、討死ノ障《オハリ》トモ成ナン。其上子孫断絶スルモ如何ナレハ」トテ、窃ニ城中落シテ己レ計城ニ居ケリ。然ルニ渡辺云ケルハ、「再三内府公へ詞ヲ返ス事ナレハ、御怒ヲ蒙ヘシ。然ラハ最期《サイゴ》ノ時、妻子ヲ本丸ニ一所ニ置刺殺、快ヨク御辺ト吾ト討死可㆑仕。吾等妻子ハ早本丸へ入タレハ、急一所ニ入置候へ」トアリケレハ、田中カ妻子ハ落シタル事ナレハ、其通云ケリ。渡辺ハ力不㆑及トテ、又二ノ丸へ引取、敵ノ寄ルヲ待居タリ。然ルニ増田自筆状ヲ認テ家人

「当城可㆓開渡㆒」ト使ヲ立ケレハ、田中・渡辺申ハ、「城ヲハ右衛門尉ヨリ預置候ヘハ、彼カ墨付無㆑之ニ渡申儀ハ思モ不㆑寄候」ト也。両将是ヲ聞テ、二人カ申処理リ也。則大坂へ言上ス。増田ヨリ状ヲ認テ送ケレハ、田中・渡辺又申ケルハ、「此状ハ増田カ手跡ニテハ候ハス。若謀書ニテヤ有ラン。是ニテ城ヲ渡申コト、我々不念ノ至ナレハ、増田カ自筆ノ状ヲ取テ被㆑下候ハハ、城ヲハ無㆓相違㆒必定可㆓開渡㆒」ト申ケリ。検使、両将立腹シケレトモ、サスカ義ヲ守ル志ヲモ破カタクヤ思ハレケン、又大坂へ此由ヲ言上ス。

爰ニ角之助思ケルハ、「当城ニ妻子ヲキ、討死ノ障トモ成ナン。其上子孫断絶スルモ如何ナレハ」トテ、窃ニ城中ヲ落シテ己計城ニ居ケリ。然ルニ渡辺云ケルハ、「再三内府公へ詞ヲ返スコトナレハ、御怒ヲ蒙ヘシ。然ラハ最期《サイゴ》ノ時、妻子ヲ本丸ニ一所ニ置刺殺、快ク御辺ト吾ト討死可㆑仕。吾等妻子ハ早本丸へ入タレハ、急一所ニ入置候へ」トアリケレハ、田中カ妻子ハ落シタルコトナレハ、其通云ケリ。渡辺ハ力及ハストテ、亦二ノ丸へ引取、敵ノ寄ルヲ待居タリ。然ルニ増田自筆状ヲ認テ家

彦十郎ニ持セ越タリ。両人拝見シテ、「今（以下津市立図書館本）ハ疑処ナシ」トテ明渡シケリ。

彼漢楚ノ乱ニ魯国後ニ降ルヲ世ニモ褒ケリトテ、其比天下ニ称美シケリ。

此勘兵衛ハ、始メ中村式部少輔ニ事ヘテ、山中ノ出丸ヲ乗取ル時、大閤ノ御感ニ預ル。藪内匠・飯田新右衛門ハ本丸ヲ一番ニ乗入ト云ヘトモ、大閤ノ本陣ヨリ見ヘザル所ナレハ、勘兵衛ヨリ次ニ成タリ。今度増田カ城代トシテ、人ノ守ラザル処ヲ守リ、人ノ勤メサル処ヲ勤テ、内府公モ誉玉ヒケリトゾ。藤堂佐渡守大ニ感シテ、終ニ二万石ノ知行ニテ召抱ケリ。

亦角之助ハ妻子ヲ窃ニ落シタルガ、臆病ニナリテ、男モナラズシテ行方知不㆑知成ニケリ。其身ハ討死ト思フべケレドモ、落支度トノミ沙汰シテ世疑ケリ。加様ノ事ハ、若キ侍ノ骨ニ刻デ可㆓意得㆒べキ事ナリ。（以上津市立図書館本）

亦毛利ハ大坂ノ城ヲ明、増田ハ高野ヘ入。

人彦十郎ニ持セ越タリ。両人拝見シテ、「今疑所ナシ」トテ、城ヲ明渡シケリ。渡辺カ振廻ヲ其比天下ニ称美シケリ。

此勘兵衛ハ、始中村式部少輔ニ事ヘテ、山中ノ出丸ヲ乗取時、大閤ノ御感ニ預ル。藪内匠・飯田新右衛門ハ本丸ヲ一番ニ乗入ト云トモ、大閤ノ本陣ヨリ不㆑見所ナレハ、勘兵衛ヨリハ次ニ成タリ。今度増田カ城代トシテ、人ノ不㆑守処ヲ守、不㆑勤処ヲ勤テ、内府公モ誉給ヒケリト也。弓矢ノ面目ナリ。藤堂佐渡守、大ニ感シテ、終ニ二万石ノ知行ニテ召抱ケリ。

亦角之助ハ、妻子ヲ窃ニ落シタルカ臆病ニ成テ、男モナラスシテ行方不知成ニケリ。其身ハ討死ト思ヒケレトモ、落支度トノミ沙汰シケルモ断ナリ。加様ノコトハ、若侍ノ骨ニ刻テ意得ヘキコト也。

亦毛利ハ大坂ノ城ヲ明、増田ハ高野ヘ入ヌト沙汰シケレハ、京童ノ曲トテ、一条ノ辻ニ高札ヲ立テ二首ノ狂歌ヲソ書タリケル。

逸物ノ内府ノ鷹ニ恐ツツ森ノ雀ハカカム芦原

徳川ノ水ノ流ノ強ケレハ滋ル増田ハミエス失ケリ

72　諸将ノ虜《イケトリ》梟首《ケウシュ》ノ事　（十七―六）

九月廿八日ニハ、慰労《イラウ》ノ勅使大坂ニ下向セラル。其外三公・月卿・雲客等下向シテ、今度ノ勲功ヲ賀シ申サル。畿内ノ僧徒・神職等拝謁ス。

廿九日、石田治部少輔・小西摂津守・安国寺召ニ依テ大坂ヘ下向ス。内府公御前ヘ被㆓召出㆒、本多中務少輔ヲ奏者トシテ、事ノ子細ヲ御尋ノ処ニ、石田カ曰、「軍ノ習、加様ノ事、古今例多事也。家康公ヲ恨トモ不㆑存。又家康公モ我ヲ恨トモ思召間敷。此上ハ中務殿ヲ頼入ナリ。能様ニ申成、片時早ク成敗ヲ被㆓仰付㆒ヨ」トナリ。中務「得㆓其意㆒タリ」トテ入ニケリ。

其次、羽柴左衛門大夫・羽柴三左衛門・浅野左京大夫・細川越中守・藤堂佐渡守、其外諸将出ラレケルカ、使ヲ以申サレケルハ、「治部少輔ハ常々ノ利口ト相違シテ不覚悟ナリ。今縄下ニテ桎梏ノ苦ニアヒ、恥ヲサラサンヨリハ、関ケ原ニテ潔ク討死ニ如ハ有マシ」トナリ。治少打仰テ、「各ノ被㆑申所一旦ハ承届タリ。乍㆑去、討死ヲ心ニカクルハ匹夫ノ勇ナリ。大将ヲスル者ハ命ヲ全

72　諸将虜梟首事　（九―十一）（和十七―八）

九月廿八日ニハ慰労ノ勅使、大坂ニ下向セラル。其外三公・月卿・雲客等下向シテ、今度ノ勲功ヲ賀シ申サル。畿内ノ僧徒・神職等拝謁ス。

九日、石田治部少輔・小西摂津守・安国寺召ニ依テ、大坂ヘ下向ス。内府公御前ヘ被㆓召出㆒、本多中務少輔ヲ奏者トシテ、事ノ子細ヲ御尋ノ処ニ石田カ云、「軍ノ習、加様ノ事古今例多事也。家康公ヲ恨トモ不㆑存。又家康公モ我ヲ恨トモ思シメスマシ。此上ハ中務殿ヲ頼入也。能様ニ申成テ、片時モ早成敗ヲ被㆓仰付㆒ヨ」トナリ。中務「得㆓其意㆒タリ」トテ入ニケリ。

其次、羽柴左衛門大夫・羽柴三左衛門・浅野左京大夫・細川越中守・藤堂佐渡守、其外諸将出ラレケルカ、使ヲ以申サレケルハ、「治部少輔ハ常々ノ利口ト相違シテ不覚悟也。今縄下ニテ桎梏ノ苦ニアヒ、恥ヲサラサンヨリハ、関ケ原ニテ潔ク討死ニ如ハ有マシ」トナリ。治少打仰テ、「各ノ被㆑申所一旦ハ承届タリ。乍㆑去、討死ヲ心ニカクルハ匹夫勇也。大将ヲスル者ハ命ヲ全シテ、

シテ、後日ノ合戦ヲ心ニ懸ルナリ。信長公ハ、サマサマノ事ヲシテ難ヲ遁給ヘトモ、始終ノ勝ヲ心ニ懸給故、終ニ天下ヲ取給ナリ。我命生ント疢疾ノ苦ヲナス。全臆病ニハアラス。今一度大坂ヘ入、輝元ト評シ合テ、今一合戦スヘキト思ツレトモ、内府ノ御運強ケレハ不レ及二是非一次第也。各ハ弓箭ノ道不レ知ケリ」ト高声ニ詈ケレハ、諸将誠レ口ケリ。中ニモ左衛門大夫出向テ、「治少ノ言道理至極セリ。凡武将タル者、誰モ治部少輔ノ如ニテハ死度者ナリ。少モ恥辱ニ非」ト申シケリ。

内府公仰ニハ、「三人ノ者京都ヘ遣、奥平美作守ニ預置可レ申」旨ニテ上京ス。紀州侍五人付テ、種々饗応ナリ。折々ハ作州見舞テ三人ニ対面シケレハ、御馳走ノ一礼ヲ述テ、「疾々御成敗被二仰付一候様ニ頼入」トソ申ケル。

同十一月朔日、三人ノ虜《リョ》将ノ車ニ掻乗テ、三条ノ辻ヨリ室町通下リ、寺町ヘ出テ引渡、六条河原ヘ引出セハ、本願寺門跡出テ十念ヲ授ラレケリ。三人ノ虜将、各敷皮ノ上ニ直ルト等ク首ハ前ニ落ニケリ。

斯テ大津城ハ立花左近将監明退ケレハ、京極侍従入替

後日ノ合戦ヲ心ニ掛ル也。信長公ハ、サマサマノコトヲシテ難ヲ遁給ヘトモ、始終ノ勝ヲ心ニ懸給故、終ニ天下ヲ取給也。我命ヲ生ント、疢疾ノ苦ヲナス。全ク臆病ニハアラス。今一度大坂ヘ入、輝元ト評シ合テ、今一合戦スヘキト思ツレトモ、内府ノ御運強ケレハ不レ及二是非一次第也。各ハ弓箭ノ道不レ知ケリ」ト高声ニ詈ケレハ、諸将誠レ口ケリ。中ニモ左衛門大夫出向テ、「治少ノ言道理至極セリ。凡武将タル者、誰モ治部少輔ノ如ニテ死度モノナリ。少モ恥辱ニ非」ト申シケリ。

内府公仰ニハ、「三人ノ者京都ヘ遣シ、奥平美作守ニ預置可レ申」旨ニテ上京ス。作州侍五人付テ、種々饗応也。折々ハ作州見廻テ三人ニ対面シケレハ、御馳走ノ一礼ヲ述テ、「疾々御成敗被二仰付一候様ニ頼入」トソ申ケル。

同十一月朔日、三人ノ虜将ノ車ニ掻乗テ、三条ノ辻ヨリ室町通下リ、寺町ヘ出テ引渡、六条河原ヘ引出セハ、本願寺門跡出テ十念ヲ授ラレケリ。三人ノ虜将、各敷皮ノ上ニ直ルト等ク首ハ前ニ落ニケリ。

斯テ大津ノ城ハ立花左近将監明退ケレハ、京極侍従入

ル。丹後田辺城モ明ケレハ、羽柴越中守入替ケリ。中ニモ小野木縫殿助ハ幽斉ヲ擒ヘ置タルヲ、越中守深ク恨ミテ訴訟ス。依レ茲、原隠岐守・小野木縫殿助・河尻肥前守等同日御成敗ニテ、六人ノ首三条ノ橋下ニ梟首セラレケリ。

一説ニ、初小西摂津守ハ林蔵主ニ対テ、「吾ヲ搦テ内府ヘ上ヨ。一廉ノ褒美ヲ得ン」ト云。林蔵主、「サアラハ自害シ給ヘ。御頸ヲ申請ン」ト云。小西、「吾ハ吉利支丹宗ニテ自害ハ忌憚ソ」トテ、螺誡セラケルトアリ。

73　浮田中納言秀家事　（十八―二）

備前中納言秀家ト申ハ、浮田和泉守直家ノ子息ナリ。直家武勇世ニ勝レテ、備前・美作両国ヲ討随ヘテ、五拾万石ノ諸侯トナリケリ。去天正五年ノ比、秀吉公ハ信長ノ命ヲ蒙テ中国征罰セラレケル時ニ、毛利輝元大軍ヲ以相支ヘテ、勝負イマダ定ラス。秀吉公ハ直家ヘ使ヲ立ラレテ、「味方セラレヨ」ト御頼有ケルニ、直家ノ家老長船紀伊守・花房助兵衛・戸川肥後・岡越前等評定シテ秀

替ル。丹後田辺城モ明ケレハ、羽柴越中守入替ケリ。中ニモ小野木縫殿介ハ、幽斉ヲ擒ヘ置タルヲ、越中守深ク恨ミテ訴訟ス。依レ之、原隠岐守・小野木縫殿介・河尻肥前守等同日御成敗ニテ、六人ノ首三条ノ橋下ニ梟首セラレケリ。

73　浮田中納言秀家事　（十―二）

備前中納言秀家ト申ハ、宇喜田和泉守直家ノ子息也。直家武勇世ニ勝レテ備前・美作両国ヲ討随テ、五十万石ノ諸侯也。去ル天正五年ノ比、秀吉公ハ信長公命ヲ蒙テ、中国征伐セラレケル時、毛利輝元大軍ヲ以相支テ勝負未レ決。秀吉ハ直家エ使ヲ被レ立テ、「味方セラレヨ」ト御頼ミ有リ。直家家老長船紀伊守・花房助兵衛・戸川肥後・岡越前等評定シテ秀吉エ一味シケリ。

吉公へ一味シケリ。

同八年直家卒去ス。冑子八郎秀家ニ信長ヨリ社稷無㆓相違㆒継セラル。又秀吉公ノ世ニナリテ、猶モ旧功ヲ感セラレテ播磨国ヲ加増シテ三ケ国ヲ領シケリ。官位羽林ヲ経テ宰相ニ昇進シ、中納言ノ見任ニ至ル事、誠希代ノ面目果報由《ユ》々敷事共ナリ。

然ルニ今度石田ガ秀頼ノ命ト称シテ催促スルニ随ヒ、忽ニ大国ヲ亡シケルコソ哀ナル。騎馬一千五百、雑兵合壱万五千ノ軍兵ヲ引卒シテ関カ原へ發向シ、九月十五日ノ敗軍ニ軍勢ハ散々ニナリケレハ、其身ハ胆吹《イフキ》山へ逃上リ原ノ方ヲ山伝ニ美濃粕《ヌカ》河ノ谷へ踏迷フ。跡ヨリ追懸ル敵モ見ケレハ、一足モ先へト心計ハ進トモ、サスカ公達ソタチナレハ、山中ノ岩ノ峡間《ハサマ》習ハヌ道ヲ行給ケレハ、夢地ヲタトル心地シテ、只同所ニヤスラヒツツソオハシケル。其比、本多三弥浪人ニテ秀家卿ニ客トシ事ヘテ此所ニ参リ、「コハ如何セン」ト案シ煩ツツ涙ヲ流ナカラ、御手ヲ引テ中山郷《ナカヤマガウ》ト云所へ出タリ。

九月十六日、西風スサマシク草木ヲ鳴セハ、カタキノ寄来カトアヤシマル。カカル所ニ、石田治少モ敗北シテ

同八年直家卒去。子息八郎秀家ニ信長ヨリ跡式無㆓相違㆒立ラレケリ。又秀吉公代ニ成テ、猶モ旧功ヲ被㆑感、播磨国ヲ加増シテ三箇国ヲ領シ、官位羽林ヲ経テ宰相ニ昇進シ、中納言ニ任スル事、誠ニ希代ノ面目果報、ユユシキ事共也。

然ルニ今度石田カ秀頼ノ命ト称シテ催促スルニ従ヒ、忽社稷《シャノショク》ヲ亡シケルコソウタテケレ。騎馬一千五百、雑兵合壱万五千、軍兵ヲ引卒シテ関原エ出、九月十五日ノ敗軍ニ軍勢ハ散々ニ成ケレハ、其身ハ胆吹山エ逃上、山伝ニ美濃国粕河谷エ踏迷。跡ヨリ追掛ル敵モ見エケレハ、一足モ先エト心計ハ進トモ、サスカ公達育ナレハ、山中岩ノ狭間ナラワヌ道ヲ行給ナレハ、夢路ヲタトル心地シテ、只同シ所ニヤスラヒ給ヒケル。其比、本多三弥ハ浪人ニテ秀家ニ客トシ事ヘテ此所ニ参リ、「コハ如何セン」ト案シ煩ツツ、涙ヲ流ナカラ御手ヲ引、中山郷ト云所エ出ケリ。

九月十六日、西風冷《スサマシク》吹テ、山ノ草木モ裏枯テ、イトト哀ヲ催シケリ。蒐ル処ニ石田治部少輔モ敗北シテ、粕川ノ谷エ落来ルト風聞シテ、辺リ近キ百姓原、爰ヤ彼

粕川ノ谷へ落来ト風聞シテ、アタリ近キ百姓原、爰ヤ彼ニ村立テ剽掠《ヒョウリョウ》セント待居タリ。秀家モ難レ遁事ナレハ、無二為方一テ只アキレタル有様ナリ。

爰ニ美濃国池田郡白樫村矢野五左衛門ト云者、己カ家子ヲ召連、盗賊セント走マハリケルカ、秀家卿ヲ見付テ、「アツハレ能取物」ト思ヒテ鎗ヲ取直シ、ノガスマジトテ近寄ケル。秀家・三弥モ是ヲ見テ立止リケレハ、五左衛門ツクツクト見テ、「君ハ只人トハ見ヘサセ給ハス。一戦ニ利ヲ失テ此谷へ落サセ給フト見タリ、余リニ痛敷候ヘハ、道シルヘシ奉ラン。何方へ落サセ給ゾ」トイヘハ、本多三弥指寄テ、「ヤサシキ人ノ一言哉。人ヲ助ルモ人ナレハ能ニ計ヒテ給レ。頼入ゾ」ト云ケル。「イカニモ心得テ候。此道ハ牛馬ノ通ナキ事ナレハ、下部ノ九蔵ニ負奉レ」トテ、足早ニ急ケリ。郷人共ハ道々奪取ント追来ヲ、五左衛門トカク申ナシテ鰐《ハニ》ノ口ヲ遁レ、千死ヲ出テ一生ヲ求メテ其日ノ暮程ニ白樫村へ着給フ。

五左衛門妻子諸共ニ情フカキ者ニテ、イト頼敷痛ハリ奉リケレハ、三弥思ヤウハ、「彼カ有様、野心有トモ覧エス。隠シテハ悪カリナン」トテ、「是ニ渡ラセ給殿コ

コニ群《ムラ》立テ剽掠セント待居タリ。秀家モ難レ遁事ナレハ、無二為方一テ只アキレタル有様也。

爰ニ美濃国池田郡白樫村矢野五左衛門ト云者、己レカ家子ヲ召連、盗賊セント走廻ケルカ、秀家ヲ見付テ、「天晴ヨキ取物」ト思テ鎗ヲ取直シ、逃マシトテ近寄ケル。五左衛門カ声ニ驚キ、秀家・三弥モ立止ケレハ、ツクツクト見テ、「君ハ只人トハミエサセ給ハス、一戦ニ利ヲ失テ此谷エ落サセ玉フトミエタリ。余ニ痛敷候ヘハ道指南シ奉ン。何方エ落サセ給ソ」ト云ハ、三弥差寄テ、「ヤサシキ人ノ一言哉。人ヲ助ルモ人ナレハ、能ニ計テ給ハレ、頼入ソ」ト云ケル。「イカニモ心得候。此道ハ牛馬ノ通ナキ事ナレハ、下部九蔵ニ負奉レ」トテ足早ニ急キケリ。郷人トモ道々奪取ント追来ルヲ、五左衛門トカク申成。鰐ノ口ヲノカレ千死ヲ出テ一生ヲ得テ、其日ノ暮程ニ白樫村エ着給。

五左衛門妻子諸トモニ情深キ者ニテ、イトド頼母敷労リ奉リケレハ、三弥思様ハ、「渠カ有様、野心有トモ不レ覚。隠テハ悪カリナン」トテ、「是レハ汝等モ承ハリ及ツラン。浮田中納言殿トテ、備前・播磨・美作三箇国

ソ汝等モ承及ツラン。浮田中納言殿トテ備前・播磨・美作三カ国ノアルシニテマシマスゾヤ。当分軍ノ習ニテ落人ノ身トナラセ給トモ、頓テ世ニ出給ヘシ。殊ニ加賀大納言利家卿ノ正シキ御婿君ニテ、今ノ肥前守殿ノ御妹婿ナリ。斯申者ハ、内府公ノ執権本多佐渡守カ末ノ子、本多三弥ト云者ソ。此君ノ事ヲハ佐渡守ヲ頼、内府公ノ御前ヲ直シ安堵トサセ可ㇾ申。其時ハ汝等一家ハ命ノ親ナレハ、恩禄ハ望ニ随ヘキゾヤ。此騒動ノ内ヲ隠申クレヨ」ト有ケレハ、五左衛門「サレハコソ凡人トハ存候ハズ。心安思召候ヘ。吾等命ノアラン限ハ隠申サン」ト、仏神ヲ誓ヒテ申ケル。

「治承四年八月廿四日、相州石橋山ノ合戦ニ平家方大庭三郎景親ト源頼朝合戦シテ、源君大ニ打負テ落人トナリ、土肥次郎実平ヲ始七人ヲ召具シ箱根ノ寺永実坊ヘ頼寄給ヘハ、イト頼敷隠シ申テ数日ヲ送、其後真鶴カ崎ヨリ船ニ乗、房州ヘ打越、追ㇾ月テ人数走集テ、終天下ヲシロシメシケリ。彼永実ニハ箱根権現ノ別当職ヲ成下、栄花ニ昌ヘケルトカヤ。我等ハ是ニ有テモ如何ナレハ関東ヘ下向シテ、家康公ノ御前ヲ能ニ才覚可ㇾ申」トテ、

ノ主ニテマシマスゾヤ。当分軍ノ習ニテ落人ノ身ト成給ヘトモ、頓テ世ニ出給ヘシ。殊ニ加賀大納言利家卿ノ正シキ婿君ニテ、今ノ肥前守殿御妹婿也。斯申ス者ハ　内府公執権本多佐渡守カ末子、本多三弥ト云者ゾ。此君ノ事ヲハ佐渡守ヲ頼ミ、　内府公ノ御前ヲ直シ安堵サセ可ㇾ申。其時ハ汝等一家ハ命ノ親ナレハ、恩禄ハ望ニ随ヘキソヤ。此騒動ノ内ヲ隠申クレヨ」ト有レハ、五左衛門、「サレハコソ凡人トハ不ㇾ存候。心安ク思召候ヘ。吾等命ノ有ン限ハ隠シ申サン」ト、仏神ヲ誓ヒテ申シケル。

サレハ治承四年八月廿四日、相州石橋山合戦ニ、平家方大庭《バ》ノ三郎景親ト頼朝合戦シ、源君大ニ討負テ落人ト成、土肥次郎ヲ始七人ヲ召具シ、箱根寺永実坊エ頼寄給ヘハ、イト頼母敷隠申テ数日ヲ送、其後真鶴《マナツルカ》崎ヨリ船ニ乗、房州エ打越、追ㇾ月人数馳集、終ニ天下ヲ知シ召ケリ。彼永実ニハ箱根権現ノ別当職成下シ、栄花ニ栄ヘケルトカヤ。三弥申スハ、「我レ等ハ是ニ在テモ如何ナレハ、関東エ下向シテ、家康公ノ御前ヲ能キニ才覚可ㇾ申」トテ、中納言殿ニ暇ヲ申ケレハ、黄門イトト使ナク思召ケレ共、「是迄属従ケル厚恩難ㇾ忘」トテ涙ヲ流

中納言殿ニ御暇ヲ申ケレハ、黄門ハイトト便ナク思召ケレトモ、「是マテ付随ケル厚恩難レ忘」トテ涙ヲ流サセ給ケレハ、三弥ヲ始一座ノ人々皆袖ヲ滋《ヌラ》シケル。サレトモ三弥ハ立出ケレハ、五左衛門ハ秀家ヲ「穴ヲ掘テ隠サン」ト伺ヒケレハ、秀家卿「尤」ト仰ニテ、五左衛門ハ爰カシコ穴ホル所ヲ求ケルカ、家ノ後山ノ内岩窟ノアルヲ思出シテ、能々シツラヒ構ヘテ入マイラス。懇ニカシツキ奉リ、朝夕ノ食物モ夫婦ノ者懐中シテ、召仕ノ下部ニ至マテ夢ニモシラセサルヤウニ隠ケリ。

折シモ秋ノ末ナレハ、蕭颯タル西風ニハ草木ノ栄ヲ零落シ、砰湃タル秋声ニハ万虫ノ鳴ヲ悲シマシム。錚々ト騒ケハ、敵ノ来テ我ヲ害スルカト疑ハレ、寂寥タル雨ノ夜ハ陰気身ヲ悩マス。凡人ノ世中盛ナルモノハ、衰ヘヌルモ天地ニタニ有習ナレト、我一人ニ帰スル心地シテ、日夜ノ悲傷タトヘカタシ。彼勾賎ノ土中ノ苦、我身ノ上ニ来トハ誰カ知ヘキ。夜ニ入レハ誰見トカムル人モナケレハ、潜ニ岩窟ヨリヨロホイ出給フテ、妻ヨブ鹿ノ声聞テハ、大坂ニ有シ妻ノ行末ノ思出テ、人シラス袖ヲシホラルル。小萩カ許ノ虫ノ声心ヲ慰ミ、澄上ル月ヲ灯トシ

シ給ケレハ、三弥ヲ始一座ノ人々皆袖ヲ滋《ウルホ》シケル。三弥立出ケレハ、五左衛門ハ秀家ヲ「穴ヲ掘テ隠サン」ト伺ヒ、此彼穴堀所ヲ求メケルカ、家ノ後山ノ内岩窟ノ有ヲ思出シテ、能々シツライテ入進ラセ懇カシツキ奉リ、朝夕ノ食物モ夫婦懐中シテ、召仕ノ下部ニ至迄夢ニモ知セサルヤウニ隠ケリ。

折シモ秋ノ末ナレハ蕭颯タル西風ニハ草木モ零落《レイラク》《ヲツル》シ、砰《ハウ》湃タル秋声ニハ万虫ノ鳴ヲ悲シム。錚《サウ》々ト騒ケハ敵ノ来テ我ヲ害スルカト疑ル。寂寥《セキレウ》《シツカニサビシキ》タル雨ノ夜陰気身ヲ悩マシム。凡人ノ世中盛ンナルモ衰ヘヌルモ、天地ニダニ有ル習ナレトモ、我一人ニ帰スル心地シテ、日夜ノ悲傷譬難シ。彼ノ勾践ノ土中ノ苦我身ノ上ニ来ントハ誰レカ知ヘキ。夜ニ入レハ誰見尤ル人モナケレハ、潜ニ岩窟《イハヤ》ヨリヨロホヒ出給テ、妻呼鹿ノ声聞テハ、大坂ニ在ル妻ノ行末ノ思出テ、人知ス袖ヲシボラルル。小萩カ許ノ虫声ニ心ヲ慰メ、澄上ル月ヲ燈《トモシビ》トシテ有明ノ影ニ名残ヲ惜ミ、昼ハ土中ニ埋レ給フ苦ノ程、申計リナシ。責テハ歌ナト口スサミ給ヒケル。

　やまの端の月はむかしに替らねと

テ有明ノ影ニ名残ヲ惜ミ、昼ニナレハ土中ニ埋レ給御苦ミノ程、申計ナシ。セメテハ歌ナト口スサミ給ケリ。

　山ノ葉ノ月ハ昔ニカハラネド我身ノ程ハ面影モナシ
武士ノ運ツキ果シミノノ国帰浮世トイカテ白樫
年ヲ経テ又帰ラント思キヤ命也ケリミノノ中山
ワビシラニ今ハタ思恨《ウラミ》山ヨモキカ本ノ虫ノ声々
血ノワタル流レテ跡ハ株瀬《クイゼ》川水ノ沫《アワ》トモ消ナン物ヲ
吾妻路《アヅマ》ノミノニ来リシカヒソナキ
　乾マモナクヌルル袖カナ
岩ガネハウルマノ島ノ人ナレヤ
　我入コトヲキカスカホナル
山里ノ岩ホニサカス鳴虫ノ何レ悲キコトノアルカナ
空蟬ノナキカラシテモスコス哉
　如何ニ此世ニ跡ヲ留メン

雨中ノツレツレニ夜ノモウケナト拵テ、或夜彼岩窟へ五左衛門参リテ、世上ノ物語ノ次ニ、「最早世間モオダヤカニナリテ候。加州ノ肥前殿へヲトツレヲモシ給テハ如何候ラン」ト申ケレハ、「サレハトヨ。大坂ノ屋敷ノ事ハ如何聞ツルゾ」ト宣《ノタマイ》ケル。五左衛門申ハ、「御簾中

　わかみの程は俤《ヲモカケ》もなし
武士《モノノフ》の運つきはてし美濃国
　かへるうき世といかて白樫《しらかし》
年を経てまたかへらんと思ひきや
　命なりけりみのの中山
侘しらに今はたおもひ恨みやま
　よもきかもとのむしの声々
血のわたるなかれて跡は株瀬《クヒセ》川
　水の泡ともきえなんものを
吾妻路やみのにきたりしかひそなき
　かはくまもなくぬるる袖哉
いわかねはうるまの島の人なれや
　我いふことをきかすかほなる
山里の岩ほにさかす啼虫の
　いつれかなしきことのある哉
空蟬《ウツセミ》のなきからしても過すかな
　いかに此世に跡をととめむ

雨中ノ徒然ニ夜ノ儲ナト拵テ、或ル夜五左衛門、彼岩窟ニ参テ、世上ノ物語ノ序ニ、「最早世間モ穏ニ成テ候。

ノ御事ハ加賀ノ太守利長卿ノ預リニテ、本ノ屋敷ニ無レ恙ヲハシマシ候由承」トイヘハ、秀家イト嬉ゲニテ、「左アラハ大坂ノ屋敷マテ送リタレヨカシ」ト被レ申ケレハ、「安キ事ニ候」トテ、篇輿《アンダ》ヲ拵、病人ノ体ニモテナシ、白樫村ヲ夜深ニ出。

其夜ハ武佐ノ宿ニ泊給ヘトモ、世ニマシマス時ニ引カヘテ物哀ナル有様ナレハ、御泪ハセキアヘズ。行末ノ生死モシラヌ旅ナレハ、深ク人目ヲ忍ツツ夜ヲコメテ武佐ノ駅ヲ立出、伏見ノ里京橋ニタソカレ時ニ着給。五左衛門、船場ヲ走廻リ、大坂ヘ川船ヲカリ、「病人ナレハ輿ナカラ乗マイラスベシ」トテ、夜中ニ寝ナカラ推下シテ暁ガタ大坂ヘ着ト等ク、天王寺ニ知方ノ有ケレハ、先此方ヘ申入テ屋敷ヘ案内サセ、潜ニ夜ニ紛レテ入マイラス。北ノ御方ハ夢ウツツトモ弁給ハス、御袖ニ取付テ、「コハイカニ」ト計ニテ、涙ニムセヒ給ケリ。

扨五左衛門ハ暇申テ本国ヘ帰ヘキ由申ケレハ、「此度ノ恩賞、生々世々ニ至マテ忘カタシ。若天ノ恵モアリテ安堵スルナラハ、必尋来ヘシ。其時ノ印」トテ、自筆ニ証文ヲ書給テ、手ヅカラ渡シ給ケリ。

加州ノ肥前殿エ音信モシ給テハ如何候覧」ト申ケレハ、「サレハトヨ。大坂ノ屋敷ノ事ハイカカ聞ツルゾ」ト宣ケル。五左衛門申ハ、「御簾中ノ御事ハ加賀大守利長ノ御預リニテ、本ノ屋敷ニ無レ恙ヲハシマス由承」ト云ハ、秀家最嬉《イトウレシ》ケニテ、「左アラハ大坂屋〈敷〉迄我ヲ送リクレヨカシ」ト仰ケレハ、「安御事」トテ篇輿《カゴ》ヲ拵ヘ病人ノ体ニモテナシ、白樫村ヲ夜深ニ出。

其夜ハ武佐宿ニ泊給ヘトモ、世ニ座時ニ引替テ物哀ナル有サマナレハ、深ク人目ヲ忍ツツ夜ヲコメテ武佐駅ヲ立出、伏見ノ京橋ニ黄昏時ニ著玉フ。五左衛門船場ヲ走リ廻リ、大坂エ川船ヲ借、「病人ナレハ篇輿ナカラ可レ乗」トテ、夜中ニ寝ナカラ推下ス。暁方ニ大坂エ著、天王寺ニ知方ノ有ケレハ、先此方エ申入テ屋敷エ案内サセ、潜ニ夜ニ紛テ入参スル。簾中ハ夢現トモ弁《(ヘカ)》ス給ハス、袖ニ取付、「コハイカニ」ト計ニテ涙ニ噎ヒ玉ヒケリ。

扨五左衛門ハ暇申テ本国ヘ帰ルヘキ由申ケレハ、「此度ノ厚恩、生々世々ニ至迄忘難シ。若天ノ恵有テ安堵スルナラハ、必可二尋《ネ》求一、其時ノ印」トテ、自筆ニ証文又北ノ方ヨリハ、「秀家卿ノ命ノ親ナレハ、報シテモ尽セス」トテ黄金三拾牧(枚カ)、「五左衛門カ妻子ノ方へ」トテ小袖二重賜ケレハ、五左衛門俄ニ徳付テ、在所へ帰、一家ニ配分シテ歓喜祝着スル事限ナシ。是ヨリ五左衛門富貴ノ家トナリテ、子孫マデ所ノ長者トナリケルトナリ。斯《カク》辺僻ノ賎キ農夫織《ヲリ》レ履《クツワ》出テ耕シ、妻ハ辟纑ヨリ外ハ何ノ教ヲ受ル事ハナケレトモ、夫婦諸共ニ情《ナサケ》フカク天質ノ美アラハレテ、ヨクモイタハリ進《イマラ》セツル其仁徳カ天ニ通シケン、思ノ外ニ富栄ヘケリ。

偖《サテ》秀家卿ハ屋敷ノ中ニモ居難ケレハ、軍卒ヲ少々駆《カリ》催《モヨオ》シテ、船ニ乗テ琉球国へ渡テ王トナラントテ、シラヌヒノ筑紫ノ海ニ漕出ケリ。薩摩ノ海ニ至ル比ホイ、難風吹来テ船ヲ損ケレハ、無二為方一テ薩摩ノ浦へ漕寄テ、島津竜伯ヲ頼ケレハ、色々御侘言申テ命計ヲ助リテ、終ニハ八条島へ配流セラレケリ。彼島ハ伊豆国海中数十里沖ニアル島ニテ、日本ノ人ノ行通事ハナシ。彼島ニ人居有テ絹ヲ織ケレトモ、米穀ハナクテ畠物ヲ食シテ命ヲ繋給トナリ。又進藤三左衛門、浮田ト謀テ鳥飼国次ノ刀ヲ内府へ献シ、浮田ハ伊吹山ニテ自害ト申故、強ク不尋ト也。

書テ手自渡シ給ヒケリ。

又北方ヨリハ、「秀家卿ノ命親ナレハ、報テモ尽キセス」トテ、黄金三十枚、「五左衛門カ妻子ノ方エ」トテ小袖二重賜ケリ。五左衛門俄ニ徳付テ、在所エ帰リ、一家配分シ歓喜祝著スル事限リナシ。従レ是五左衛門富貴ノ家ト成テ、子孫迄所ノ長者ト成リケルト也。此辺僻ノ賎キ農夫織《ヲリ》レ履《クツワ》出テ耕シ、妻ハ辟纑《ヘキロ》ヨリ外ハ何ノ教ヲ受ル事ハナケレトモ、夫婦諸共ニ情フカク天質ノ美アラハレテ、能モ労リ進《マイラ》セツル。其仁徳ノ天ニ通シケン、思ヒノ外ニ富栄ケリ。

偖秀家ハ屋敷ノ内ニモ居難ケレハ、軍卒ヲ少々駆催テ、船ニ乗テ琉球国エ渡ツテ王ト成ントテ、シラヌヒノ筑紫ノ海ニ漕出ケリ。薩摩海ニ至比ホヒ、難風吹来テ船ヲ損ケレハ、無二為ン方一薩摩浦エ漕寄テ、島津兵庫頭ヲ頼ミケレハ、色々御侘言ヲ申テ、命計ヲ助リテ、終八条島エ配流セラレケリ。

74　黒田如水所々攻レ城ヲ事　（十八―二）

（寛文八年本ナシ）

黒田如水大友ニ勝還路ニ、熊谷内蔵允直《ナヲ》陳ガ安喜《アキノ》城辺廿四町ヲ隔テ押通ル。城ヨリ軽卒ヲ出ス。如水計《ハカツ》テ弱々《ヨハ》ト会釈《アイシライ》廻行ヲ、慕来テ是ヲ撃ントス。如水山ノ側ニ伏兵ヲ残置二里余敵ヲ呼《オビキ》引出伏兵ヲ起シ立テ攻撃、城兵敗走ス。是ヲ追事二里余、敵兵数度踏止メ、粉骨ヲ尽ス。如水是ヲ捨置、垣見和泉守家純ガ領地富来《トミキ》ヲ囲攻、翌朝乗取ントス。城兵稠《シケ》ク矢石ヲ放、手負・死人其員ヲ不レ知。如水又是ヲ閣《サシオキ》九月廿日安喜《アキ》ニ至リ、計策ヲ以内ヲ割《ワリ》、森孫左衛門弟同右衛門反逆《ホンキヤク》シテ終ニ城ヲ開渡ス。

同廿八日富来至リ、日数十四日是ヲ囲《カコミ》攻、垣見助左衛門和泉兄也・同久兵衛無類ノ勇士堅固ニ守防ス。然ル処ニ垣見祐筆ニ江良《エラ》新左衛門ヲ城中ニ放入《ハナチ》、垣見・熊谷カ生害ヲ語ルニ因テ、十月十六日城ヲ開亘ス。垣見ハ濃州大垣ニテ生害ナリ。

爰ニ島津義弘、関ケ原ニテ万死ヲ遁レ勢北ニ出、卿(郷カ)人所々襲ト云トモ武勇ヲ以是ヲ退ク。堺ノ商人田辺屋作庵住吉ノ浜ニ出向、艤シテ鎮西ニ赴時、豊後灘《ナタ》及ニ黄昏一将ノ船ハ直ニ澳ヲ走。義弘常ニ諸将ニ命シテ、「夜ニ入テハ本船ノ篝ヲ可レ守一」ト。其時如水ハ安喜城ヲ囲攻、他方ノ援兵ヲ怪ミ、森江ノ湊ニ番船ヲ置テ守シム。薩兵三艘将船ニ後レ此湊《ミナト》ニ繫。番船ノ篝ヲ将ノ本船ト見誤テ也。番船是ヲ咎。薩人驚キ、湊《ミナト》ノ外ニ奔走ス。番船是ヲ追テ已ニ乗取ントス。漸早旦ニ及、類船返合救戦フ。薩兵抛录《ホウロク》（焙烙カ）火矢《ヒヤ》ヲ投、損二自焼一。番兵薩人七・八人搦テ豊州ニ帰ル。如水所々討随ヘ中津ニ帰リ、人馬ヲ休メ小倉ノ城ヲ襲。毛利壱岐守勝信・同勝長父子降ヲ請テ城ヲ開。後父子土佐国ニ配謫セラル。

75 和漢軍法伝授事 （十八―三）

内府公平生人ニ物ヲ問テ、邇言ヲモ善悪ヲ察シ、少善ヲモ捨給ハス。軍法ハ本多佐渡守意得テ知謀アル人ナレハ、軍陳ノ事ニハ佐渡守ニ先言セテ聞給ヒ、多クハ此人ノ言ヲ用ヒ給ヘリ。

或時、筑紫ノ人伊東某トカ云シ法体、源ノ義家ノ軍書ヲ信長公ヘ上ケルヲ聞シ召テ、彼法師ヲ召寄、御相伝有

75 和漢軍法伝授事 （十―二）

内府公平生人ニ物ヲ問テ、邇言ヲモ善悪ヲ察シ、小善ヲモ不二棄給一。軍法ハ本多佐渡守心得テ智謀有ル人ナレハ、軍法ハ先佐渡守ニ云セテ聞給ヒ、多ハ此人ノ言ヲ用給ヘリ。

或時、播磨国伊東某ト云シ法体、源義家ノ軍書ヲ信長公エ上ケルヲ聞召シテ、彼ノ法師ヲ召寄、御相伝有ケリ。

ケリ。又甲州没落シテ諸士多被二召出一、又ハ井伊兵部ニモ多ク付ケラレタルカ、信玄家ノ軍法ヲ御尋有テ、天正十三年極月六日、成瀬吉右衛門貴命ヲ請テ甲州衆へ申渡ス。折井市左衛門・米倉主計・荻原甚丞・原大隅等所持シタル軍書悉ク指上ケリ。其外、五山ノ僧ヲ召テ儒仏ニ教ノ事トモ問セ給ヘリ。

関ケ原ノ後ニ伝長老ニ問セケルハ、「天下ヲ泰平ニ治メ子孫繁昌サスル政務ハ如何」答テ云、「「天下者ハ非二一人天下一ニ、乃天下ノ天下也」ト、『六韜』ニ太公望ノ言也。今天下ノ賊徒ヲ退治有テ、四海已ニ入二掌握一ニ、四方ノ武臣悉帰伏ストノミ思召シテハ、天下又乱ノ萌《キサシ》アリテ長久ノ基ニ非ス。夫国家ヲ治ル君ハ、其身ニ道徳備リ、天地ノ心ヲ以君ノ心トシ、天地ノ万物ヲ生育スル心ヲ以テ国家ノ人ヲ恵ミ、仮初ニモ私欲・奢驕ノ御志ナク、我ハ天下ノ人ヲ生育スル任ヲ請ルト思召。又天下ノ人モ、君ノ恩ニテ斯其所ヲ安スルト云事ヲシラス、井ヲ鑿テ呑耕テ食イ、士農工商トモニ子孫ヲ愛シテ日ノ暮レヲシラス。民ニ九年ノ貯アリテ水旱ノ愁ナク、自然ニ其業ヲ勤ムル、是天長地久ノ政道、子孫万年ノ御心ナリ。只天下

又甲州没落シテ諸士多被二召出一、又ハ井伊兵部頭数多御附有、信玄家ノ軍法ヲ御尋有テ、天正十三年極月六日、成瀬吉左衛門貴命ヲ受テ甲州衆エ申渡ス。折井市左衛門・米倉主計・荻原甚之丞・原大隅守所持シタル軍書悉差上ケリ。其外、五山ノ僧ヲ召テ儒仏ニ教ノ事共ヲ問セ給。

関原ノ後ニ伝長老ニ問セ給ハ、「天下ヲ泰平ニ治、子孫可二繁昌一政務ハ如何」答曰、「「天下ハ非二一人ノ天下一、乃《スナハチ》天下之天下也」ト、『六韜《トウ》』ニ太公望ノ言也。今天下ノ賊徒退治有テ、四海既入二掌握《アク》一、武威振、天下四方武臣悉帰伏ストノミ思召シテハ、天下又乱ノ萌有テ長久ノ基ニ非ス。夫国家ヲ治君ハ其身ニ道徳備テ、天地ノ心ヲ以君ノ心トシ、天地ノ万物ヲ生育スル心ヲ以国家ノ人ヲ恵、仮初ニモ私欲奢驕ノ御志ナク、我レハ天下ノ人ヲ生育スル任ヲ受ルト思召。又天下ノ人モ、君恩ニテ如レ此其所ヲ安スルト云事不レ知、井ヲ掘テ飲《ノミ》、耕テ食シ、士農工商トモニ子孫ヲ愛シテ日ノ暮ヲ不レ知、民ニ九年ノ蓄有テ水旱ノ愁ナク、自然ニ其業ヲ勉ル、是天長地久ノ政道、子孫万年ノ御心也。只天下ノ人、我ヲ立テ

ノ人、我ヲ立テ君トスルトノミ思召給ハハ、自ヲ長久ナルヘシ」ト被レ申ケレハ、内府公大ニ御感有テ、伝長老ヲ常ニ召寄、御師範トシ給テ慇懃ニ仰ケリ。

抑異朝軍法ノ濫觴ヲ訪《タツヌ》ルニ、神農ノ世末ニナリテ政道大ニ敗レ、万民ノ困窮不レ可二勝計一。其王ヲ楡罔ト申ケル。諸国ニ乱起テ、父ヲ弑、君ヲ弑、暴虐又数カタシ。中ニモ蚩尤ト云諸侯、大ニ人ノ国ヲ奪盗賊ス。独有熊国君黄帝ハ、小典ノ子軒轅ノ丘ニ都シテ居給シカ、生テ神霊アリ。幼ヨリ能言テ徇斉ナリ。長テ敦敏ニシテ聡明ニテ通二変化一、能使レイ民、舟ト云モノヲ作リ始テ江海ヲ渡リ、牛馬ニ荷ヲ付テ重キヲ引、遠国ヲ通シ門関ニ撃レ拆ヲテ敵ノ不虞ニ備ヘ、臼杵ヲ作テ万民ヲ利シ、孤矢ヲ作テ天下ヲ威シ、棟宇ヲ作テ風雨ノ難ヲ防ク。上世ノ大聖、後世ノ綱範ナリ。天下ノ乱ヲ禁止セント欲ス。師兵ヲ以剛敵ヲ退ケントテ、仰レ天テ祷祈セラレケレハ、上天モ感動ヤマシマシケン、玄女ト云天女降テ、一巻ノ兵符ヲ黄帝ニ授ク。帝大ニ悦テ是ヲ読テ不レ怠。

爰ニ又、房宿《ホウシウ》ノ西南ニ当テ積卒ノ星アリ。十二星相連テ五営軍士ノ象アルヲ見テ兵法ヲ考ヘ、河図師卦ノ九陣

君トスルトノミ思召給ハ、自長久ナルヘシ」ト被レ申ケレハ、内府公大キニ御感有テ、伝長老ヲ常ニ召寄、御師範トシ給テ慇懃ニ仰ケリ。

抑異朝軍法ノ濫觴ヲ訪ルニ、神農代ノ末ニ成テ政道大ニ敗シ、万民ノ困窮不レ可二勝計一。其王ヲ楡罔ト申ケル。諸国ニ乱起テ、父ヲ殺シ君ヲ弑、暴虐又数ヲ不レ知。中ニモ蚩尤ト云諸侯、大ニ人ノ国ヲ奪盗賊ス。独有熊国ノ君黄帝ハ、小典子軒轅ノ丘ニ都シテ居玉ヒシカ、生テ神霊アリ。幼ヨリ能言テ徇斉也。長テ敦敏ニシテ聡明通二変化一、能ク使レヒ民、舟ト云モノヲ作始テ江海ヲ渡リ、牛馬ニ荷ヲ付テ重ヲ引、遠国ヲ通シ門関ニ撃レ拆テ敵ノ不虞《ク》ニ備ヘ、臼杵ヲ作テ万民ヲ利シ、孤矢ヲ作テ天下ヲ威シ、棟宇ヲ作テ風雨ノ難ヲ防グ。上世ノ大聖、後世ノ綱範也。天下ノ乱ヲ禁止セント欲ス。師兵ヲ以剛敵ヲ退ソケントテ、仰レ天テ祈祷セラレケレハ、上天モ感動ヤマシマシケン、玄天女降テ一巻ノ兵符ヲ黄帝ニ授ク。帝大ニ悦ンテ不レ怠。

爰ニ又、房宿ノ西南ニ当テ積卒ノ星アリ。十二星相連テ五営軍士ノ象アルヲ見テ兵法ヲ考、河図師卦ノ九陣ノ

ノ象ヲ見テ握奇陣ヲ作リ、積卒ノ象ヲ見テ井田ノ法ヲ作。能輔佐ヲ求テ鴻業ヲ立ント欲ス。或夜ノ夢ニ、大風吹散シテ、穢シキ塵垢ヲ吹払シカハ、其跡一面ニ清砂トナリテ快ヨカリケリ。覚テ帝潜ニ勘ヘ給ケルハ、「垢ノ字、土ヲ去ハ后トナル、如何様是ハ、風后ト云良臣ヲ天帝ヨリ朕ニ降給ハントノ告ナルヘシ」トテ、諸国ヲ尋給シカハ、夢想ノ如ク、大賢風后出テ黄帝ヲ扶翼シ、上台ノ官ニ昇テ帝ト相共ニ兵法ヲ考ヘ、握奇経ヲ作リ、終ニ楡罔ヲ退ケ、蚩尤ヲ殺シテ天下ヲ泰平ニ治メ給ケリ。故、握奇経ヲハ軍書ノ大経、兵法ノ祖神トス。其後、周ノ太公望此法ヲ伝ヘテ文王・武王ニ伝ヘ、井田ノ法ヲ制シテ紂王ヲ平ケ、天下ヲ治メタリ。其後、蘓秦・斉管仲・司馬穰苴・孫武子、伝㆓此法㆒。又范蠡・楽毅《ギ》・韓信・公孫弘ハ、握奇経ヲ修メテ伝註ス。又漢張良ハ太公ノ兵法ヲ伝ヘテ高祖ニ教テ天下ノ乱レヲ平ク。孫武子ハ太公ノ法ヲ得テ十三篇ヲ作テ呉王闔閭ニ師シテ、大ニ功ヲ立。

　爰ニ日本吉備公、霊亀二年、中華ニ渡テ兵法ヲ伝ヘ、孫子八陣ヲ筑紫ニテ講シ、大江惟時ハ黄石公カ一巻ノ書ヲ宗師ニテ講誦ス。是ヨリ我国ニ兵法ハ伝リケリ。源ノ

象ヲミテ握奇陣ヲ作リ、積卒ノ象ヲ見テ井田法ヲ作。能輔佐ヲ求テ鴻業ヲ立ント欲ス。或ル夜ノ夢ニ、大ニ風吹散シテ、穢シキ塵垢ヲ吹払シカハ、其跡一面ニ清砂トナツテ快キ事無㆑限。覚テ帝窃ニ勘給ケルハ、「垢ノ字、土ヲ去ハ后ト成ル、イカサマ是ハ風后ト云良臣ヲ天帝ヨリ朕ニ降給ハントノ告ケナルヘシ」トテ、諸国ヲ尋給シカハ、夢想ノ如ク、大賢風后出テ黄帝ヲ扶翼シ、上名ノ官ニ昇テ、帝ト相共ニ兵法ヲ考ヘ、握奇経ヲ作リ給テ楡罔ヲ退ケ、蚩尤ヲ殺シテ天下ヲ泰平ニ治メ給フ。故ニ握奇経ヲハ軍書ノ大経、兵法ノ祖神トス。其後周太公望此法ヲ伝ヘテ文王・武王ニ授テ、井田法ヲ制シテ紂王ヲ平ゲ、天下ヲ治メタリ。其後、蘓秦・斉《セイ》管仲・司馬穰苴《ショウショ》・孫武子、伝ヘリ㆓此法ヲ㆒。又范蠡《ハンレイ》・楽毅《ガツギ》・韓信《カンシン》・公孫弘《コウソンカウ》ハ、握奇《アツキ》経ヲ修テ伝註ス。又漢《カンノ》張良ハ太公ノ兵法ヲ伝ヘテ高祖ニ教テ、天下ノ乱ヲ平ク。孫武子ハ太公ノ法ヲ得テ十三篇ヲ作ツテ呉王闔廬ニ師シテ大功ヲ立。

　爰ニ日本吉備公、霊亀二年、中華ニ渡テ兵法ヲ伝ヘ、孫子八陣ヲ筑紫ニテ講シ、大江ノ惟時ハ黄石公カ一巻ノ書ヲ京師《ケイシ》《ミヤコ》ニテ講ス。従㆑是ヨリ我カ国ニ兵法ハ伝ケリ。

能有ハ此一巻ノ書ヲ貞純親王ニ伝へ、大江匡房ハ源義家ニ伝ヘケルトナリ。此伝、代々源家ニ伝へ、六条ノ判官為義ノ末子ニ東光坊ノ護念上人、兵法幷八陣ヲ伝ヘテ、是ヲ義経ニ伝授ス。義経ハ義家ノ軍書六巻ニ、私ニ六巻撰テ拾二巻トシテ置レケルヲ、討死ノ後頼朝へ奉リ、頼朝深ク秘セラレケルカ、此書ノ中ヨリ百首ヲ(ノカ)軍歌ヲ作ラレテ、今世マテモ残リケリ。

又一説ニ、一条堀川ニ陰陽師鬼一法眼云者、天下ノ祈祷ヲシケルカ、帝ヨリ十六巻ノ軍書ヲ賜リケル。是又太公兵書、異朝ヨリ渡リケルヲ世々ノ帝ノ宝蔵ニ有リシ書也。義経一覧ヲ願ヒケレトモ不レ許、於レ是法眼カ娘ト密通シテ、終此書ヲ読タリ。

後代ニハ楠正成、太公ノ兵法ヲ得テ、鉾ヲ象テ鑓ヲ作リ、神微ノ知謀ヲ得タリ。其後、甲州武田信玄ハ、先祖神羅三郎ヨリ軍書ヲ伝へ、長香寺ノ僧ニ七書ヲ伝授シテ、当時ノ宜シキニ随テ、一流ノ制ヲ立。家人山本勘助、城ノ縄張・備立・合戦・変化事共ヲ伝ヘテ、今ノ世マテ此道世ニ行ハル。勝頼没落シテ、先代ノ軍書悉滅シテ、射法計残リテ、今ニ武田越前守所持シケルトナリ。

源ノ能有ハ此一巻ノ書ヲ貞純親王ニ伝エ、大江ノ匡房ハ源義家ニ伝ヘケルト也。此伝、代々源家ニ伝へ、六条ノ判官為義ノ末子東光坊護念上人、兵法幷八陣ヲ伝テ、是ヲ義経ニ伝授ス。義経ハ義家ノ軍書六巻ニ私ニ六巻撰テ拾二巻トシテ置レケルヲ、討死ノ後頼〈朝〉エヘ奉レハ、頼朝深ク秘セラレケルカ、此書ノ中ヨリ百首ノ軍歌ヲ作ラレテ、今ノ世迄残ケル。

一説曰、一条堀川鬼一法眼ト云陰陽師、天下ノ祈祷ヲシケルカ、帝ヨリ十六巻ノ軍書ヲ賜ケル。是レ又太公兵書、異朝ヨリ渡リケルヲ代々ノ帝ノ宝蔵ニ在リシ書也。義経一覧ヲ願ケレトモ不レ許、於レ是法眼カ娘ト密通シテ、終ニ此書ヲ読タリ。

後代ニハ楠正成、太公ノ法ヲ得テ、鉾ヲ象テ鎗ヲ造リ、神微ノ智謀ヲエタリ。其後、甲州武田信玄ハ、先祖神羅三郎ヨリ軍書ヲ伝へ、長香寺ノ僧ニ七書ヲ伝授シテ、当時ノ宜ニ随テ、一流ノ制ヲ立ツ。家人山本勘助、城ノ縄張・備立・合戦・変化ノ事トモヲ伝ヘテ今世迄此道世ニ行ハル。勝頼没落シテ、先代ノ軍書悉滅、躰(射カ)法計残ツテ、今ニ武田越前守所持セラルト也。

又諸葛忠武侯ハ、孫子ノ八陣ヲ得テ八陣ノ図ヲ作ル。漁復（腹カ）ノ八陣、縦横ニ石ヲ塁テ八八六十四陣トス。天・地・風・雲・竜・虎・鳥・蛇八ノ名アリ。是又軍法ノ祖神トス。蜀劉備ニ教テ百万ノ敵ヲ挫ク。晋馬隆・晋桓温・大唐李靖、皆孔明ノ法ヲ伝ヘテ大功ヲ立。李靖、又孔明ノ八陣ニ象テ、六花陣ヲ作テ太宗ヲ扶テ、四海ヲ鞭撻ス。左僕射李世勣ヲ始メトシテ侯君集、異邦ノ人阿史那社爾・執失思力・契必何力等、点レ頭服レ義、信仰セズト云事ナカリケリ。

又『日本紀』ニ、「天武天皇十二年冬十一月、詔二諸国一習二陣法一」トアリ。是ハ周ノ世ニ、「春ハ振旅シ秋ハ治兵」トテ、士卒ヲ集テ軍法ヲ教、座作進退シテ金鼓旌旗ノ法ヲ立、詳ニ習ハス。孔子曰、「教レ民七年、可レ付レ兵」トアル如ク、太平ノ時モ乱ノ備ヲ忘レス、俄ノ時ニモ士卒ヲ不レ乱ノ謀ナリ。天武此例ヲ以、諸国ノ守・介以下ニ命シテ教ラレタルナリ。又『三略』古抄ニハ、醍醐天皇ノ御宇、大江惟時ニ詔アリテ遣二異朝一兵符ヲ求ニ渡サレケルニ、『六韜』『三略』「軍勝図」及四十二箇条ヲ得テ帰朝ス。又吉備大臣ハ入唐ノ時、兵書ヲ

又諸葛忠武侯ハ、孫子ノ八陣ヲ得テ八陣ノ図ヲ作ル。後八陣、縦横ニ石ヲ塁テ八々六十四陣トス。天・地・風・雲・龍・虎・鳥・蛇・八名有。是又軍法祖神トス。蜀劉備ニ教テ百万ノ敵ヲ挫《トリヒシク》ク。晋ノ馬隆《ハリウ》・晋《シン》ノ桓温《クハンウン》・大唐ノ李靖《リセイ》・皆孔明ノ法ヲ伝ヘテ、大功ヲ立。李靖、又孔明ノ八陣ニ象テ、六花ノ陣ヲ作テ大宗ヲ扶テ、四海ヲ鞭撻ス。左僕射李世勣《ホクヤリセイセキ》ヲ始メトシテ侯君集、異邦人阿史《アシ》那《タ》社《シ》爾及ヒ執失思力《シュツシツシリヨク》・契芯《ケイヒツ》阿力等、点頭シテ脈《ゲシ》（ママ）レ義、信仰セスト云事ナシ。

又『日本記』ニ、「天武十三《イニ二》年冬十一月、詔二諸国一ニ習二陣法一」トアリ。是ハ周ノ世ニ「春ルハ振旅シ秋ハ治兵」トテ、士卒ヲ集メ軍法ヲ教、座作進退シテ金鼓旌旗ノ法ヲ立テ、詳ニ習ハス。孔明曰、「教レ民七年、可レ付レ兵」ト有如ク、太平ノ時モ乱ノ備ヘヲ不レ忘、俄ノ時モ士卒ヲ不レ乱ノ謀也。天武此例ヲ以、諸国ノ守・介已下ニ命シテ教ラレタル也。又『三略』古抄ニハ、醍醐天皇ノ御宇、大江惟時ニ詔アリテ遣二異朝一兵符ヲ求ニ渡サレケルニ、『六韜《リクトウ》』『三略』「軍勝図」及四十二箇条ヲ得テ帰朝ス。亦吉備大臣ハ入唐ノ時、兵書ヲ受テ則納《イレ》二

受テ、則納《オサメ》二摂州住吉ノ神府一給ケリ。
又『著聞集』ヤ『奥羽記』ニハ、「将軍源義家、軍既ニ発レ于二金沢柵一ニ時、一行斜雁飛二雲上一ニ、雁陣忽破テ、四方へ飛去。将軍怪レ之、以二士卒一其所ヲ探候フニ、叢林中有二伏兵三十余一、悉誅レ之、義家一日、洛陽ニテ宇治殿へ参リ貞任ノ乱ヲ語リケルヲ、江師匡房是ヲ聞テ、「其器量ハ勝タル人ナレトモ合戦ノ法ヲシラヌ人也」ト云レケレハ、義家是ヲ聞テ深ク匡房ヲ貴ミ、信シテ望マレケレハ、匡房則伝授有ケリ。初奥州軍ニ九年ヲ経テ漸平治シケルカ、又軍起ケル。軍法伝授ノ後又奥州へ発向、三年ニシテ悉誅罰シ、梟将阿部貞任・宗任ヲ生虜テ上洛セラレテ後二度兵起事ナク、陸奥一円ニ治リケリ」

夫兵法ハ国ノ大事、是ヲ知人ハ百戦百勝ノ功アリ。是ヲ不レ知人ハ百戦テ百負ヘシ。タトヒ勝事アリトモ僥倖ニシテ誠ノ勝ニアラス、終ニハ負ヘシ。和漢古今ノ例皆如レ斯。謹テ思ヘシ、内府公将レ将ノ御器量マシマシケル故ニ、家々ノ軍書ヲ尋テ御身ノ工夫トシ給事、難レ有カリシ事也。但兵ノ本ハ忠義也。此本ヲ立テ学ヒハ其功大ニ行レン。此本ヲ失テ兵ヲ学人ハ利欲紛挐シテ人ノ悪

摂州住吉神府一ニ給ヘリ。
又『著聞集《チヨモンシウ》』『奥羽記《ヲウ》』ニハ、将軍源義家、軍配発ニル于金沢ノ柵《サク〈ニ〉》一時キ、一行斜雁飛《シヤガン》二雲上一雁陣《カンチン》忽チ破ツ〈テ〉、四方エ飛去ル。将軍怪《アヤシミ》レ之、以二士卒一探二—候《サクリウカヽフ》其ノ所一、叢林《サウリン》中ニ有二伏兵三十余一悉ク誅レ之。義家一日洛陽ニテ宇治殿エ参、貞任カ乱ヲ被レ語ケルヲ、江師匡房《ソツマサフサ》聴レ之、「器量骨柄《コツカラ》ハ勝レタル人ナレトモ、合戦ノ法ヲ知ヌ人也」ト云レケルヲ、義家ノ家人聞テ告二義家一。々々《ヨシイエ》是レヲ聴テ、深匡房ヲ貴ミ、信シテ望マレケレハ、江師匡房伝授有ケリ。初奥州ノ軍九年ヲ経テ漸平治シケルカ、又家衡カ乱起ル。軍法伝授ノ後、又奥州エ発向、三年ニシテ悉誅罰シ、後再兵乱起ル事ナク奥州一円ニ治ル。

夫レ兵法ハ国ノ大事、是レヲ知人ハ百戦百勝ノ功アリ。不レ知人ハ百戦百負タリ。仮全勝事有リトモ僥倖《ギヤウコウ》ニシテ誠ノ勝ニ非ス。終ニハ負ヘシ。和漢古今ノ例皆如レ斯。謹デ思フヘシ　内府公将《タ》レ将《ル》御器量座《マシマシ》ケル故ニ、家々ノ軍法ヲ尋テ御工夫シ給事、難レ有カリシ御事也。

ヲ請、功モ又立事ナシ。

76　鎮西合戦事　（十八―四）　（寛文八年本ナシ）

日向国伊東民部太輔祐隆、在大坂セシガ、志ハ内府ニアリ。重病セマリテ卒ス。其子修理大夫祐広十一歳、飯《イ》肥《ヒ》城ニアリ。郎従等人数ヲ催シ、九月晦日高橋右近カ宮崎ノ城ヲ攻。右近ハ濃州大垣ニアリ。城代近藤平左衛門《同仲右衛門・同八兵衛》父子三人出向テ戦フ。微勢叶カタク、終ニ討死ス。伊東カ兵、敵百余人ヲ討捕、大ニ勇テ、其ヨリ島津中務昌久カ佐土原ノ城ヲ攻。中書ハ大垣ニアリ、留守ノ兵尽ニ粉骨ニテ合戦ス。島津方穆佐《ムカサ》・倉岡《クラオカ》・高岡・綾《ヒシ》合四カ所者共馳合テ築《ツキ》瀬ノ渡ニテ合戦、互ニ義ヲ重シ傍輩ヲ恥テ身命ヲ塵芥ヨリモ軽ス。伊東方討勝テ首数百級ヲ得タリ。味方モ討死・手負多アリテ、翌年五月、高橋右近ハ大垣ニテ裏切ノ恩賞ニ本領安堵、宮崎四万石ヲ領ス。

又豊後国臼杵ノ城ニハ太田飛騨守政信在城ス。佐賀関ヲ持続テ海陸ヲ固ケリ。同国岡ノ城主中川修理大夫秀重、内府ノ味方ナレハ臼杵ヲ謀ル。家人中川平左衛門・吉田喜太郎・榧野五右衛門、以下惣テ千余人大坂ヨリ佐賀関ニ着岸船ヨリ騰リ、臼杵ヘ通ラントス。太田勢小垣源内・橋本伝十郎、郷人ノ人質ヲ取テ味方ヲ一同シ、中川カ兵ヘ足軽ヲ懸。太田兵ハ田畠ノ中、中川兵ハ鍋倉山鉄炮軍アリ。双方疵ヲ蒙ル者多シ。

　比ハ十月四日、中川兵永キ旅宿、兵糧尽キテ叶カタケレハ、寅ノ刻押テ通ラントス。地下人・野伏、所々ニ出向テ慕追、中川兵山ヨリ下ル処ヲ神主作之丞、矢石ヲ打懸。中川兵、通事叶レ難ケレハ、又本ノ路ヘ引返ス。地下人有屋《アリヤ》峠ヲ廻テ矢石ヲ放ツ。中川兵、前後ヲ囲マレ四面楚歌ノ声ナリ。牧勘右衛門進テカセキケルカ討死ス。雑兵三十余人足下ニ討レタリ。太田方、競テ首級ヲ臼杵ニ送ル。臼杵ヨリ追々加勢戸井田太郎右衛門ヲ大将トシテ三百余人馳来、中川方ノ船二十余艘ヲ下浦ニテ伐捕。水主・雑人等分散ス。中川兵、下浦ヘ引退テ船ニ乗トスルニ、一艘モナシ。太田勢橋本伝十郎、真先ニ進テ追懸ル。原田紹忍・宗像小助、佐賀関ニアリ。加島平右衛門ハ宮山ノ上ニ備ヲ立、中川方モ窮兵トナリ、「今ハ遁レヌ道ゾ。働キ死ニシテ名ヲ子孫ニ伝ヘヨ」ト云儘ニ取

慶長軍記を楽しむために⑤

藤堂家の表彰と芭蕉

　本書の筆者植木悦は、藤堂支藩の久居藩に仕官した。当然、本書の中で藤堂高虎とその家来の比重は重くなる。関ヶ原の戦いが、秀忠本隊の延着によって、外様大名の部隊を中心に戦わざるを得なかった以上、この戦いの記憶を整理したいのは、藤堂や黒田のような、関ヶ原に藩としての起源を持つ外様大名たちであった。本書が藤堂家の肝入りならば、これを受けて、関ヶ原軍記の集大成を行った『関ヶ原軍記大成』の筆者宮川忍斎が、福岡藩に最終的に仕官したのも偶然ではない。それればかりか、貝原益軒が中心となって改訂・増補されていった『黒田家譜』も、本書を下敷きにしていた。対して、井伊家を除く譜代大名はむしろ、彼ら三河武士が活躍した、姉川、長篠、小牧・長久手の戦いに関心を寄せ、編纂物や屏風の作成にかかわっていった。

　さて、藤堂に話をもどそう。高虎が脚光を浴びるのは、家康が前田利家屋敷を訪ねる際、家康を襲撃から守ったとする一件（6）と、家康が江戸

テ返シ、佐義長鼻ニテ散々ニ合戦ス。吉田喜太郎一番ニ進テ討死、加島平右衛門首ヲ捕、榧野五右衛門討死、姫野清助其首ヲ得タリ。中川平右衛門只一人残テ、百余人ヲ引具シテ、臼杵勢五百人ノ中ヘ切テ入、散々ニ揉《モミ》立テ、敵ヲ八方ヘ退散ス。平左衛門モ疵ヲ蒙テ暫ク休処ヲ、神主作丞、鎗付テ首ヲ捕。戸井田太郎右衛門、小松原ニテ相戦、原田紹忍・中屋宗悦・柴屋了喜等、戦テ討死ス。両日合戦、双方手負・死人其数ヲ不レ知。中川又臼杵ヲ攻ントテ襲ケレトモ窮竟ノ要害ナレハ終ニ落事ナシ。其後濃州敗北ヲ聞テ太田ハ降参シ、城ヲ開テ引退。

　又黒田如水、豊州三所ヲ打随ヘ中津ヘ引入、人馬ノ息ヲ休メ、其ヨリ小倉ヘ発向シ、毛利壱岐守勝信・同豊前守勝永父子ヲ攻、十月三日降参、後土佐国ヘ配流セラル。

にまだいる際、竹ヶ鼻を経由して赤坂に入り、紛糾した軍議をまとめる手際のあたりである（50）。

　さらに、関ヶ原と直接関係ない朝鮮の陣の唐島の戦いでは、一般に加藤嘉明の勲功が喧伝されているが、藤堂にこそ最大の功があることを紙数を割いて述べた上、それでも会津への加藤の加増・転封については高虎が家康に推薦をしている。高虎は家康と並んで仁将としても描かれている（62）。

　藤堂の家臣でその活躍が目を引くのは藤堂新七郎良勝である。芭蕉を俳句の道にいざなった藤堂新七郎良忠（蟬吟）の祖父である。本書が成立した寛文三年の前年、芭蕉は十九歳。早くも〈春や来し年や暮けん小晦日〉の発句が確認されている。本書のスポンサー、支藩久居初代の藤堂高通は、北村季吟の弟子である。こういう環境が、蟬吟や宗房（芭蕉）を連俳に誘ったと見るべきだろう。芭蕉も本書に載るような良勝の武功話は聞いていたに違いない。だとすれば、九月初旬、関ヶ原で詠んだ以下の芭蕉句も別の感慨が浮かんでこよう。

秋風や藪も畠も不破の関

77　大友義統合戦事　（十八—五）

豊後国木付城主細川越中守ハ東征ス。城代松井佐渡守・有吉四郎左衛門方ヨリ加藤主計頭清正方へ以二飛脚一申ケルハ、「大友義統浪人ト云ナカラ、本国ナレハ下向シ国人馳催シ、木付ヲ攻ン支度也。城中小勢ニ候へハ、援兵ヲ請申度」也。清正、三宅角左衛門ヲ召テ、鉄炮百挺添テ遣サントス。三宅辞申ケルハ、「近日御出馬ナレハ、願ハ御麾下ニテ尽二忠儀一度」トアリ。清正怒テ、「忠儀ニ遠近ノ替アルヘキカ、汝日来不心懸ノ故也」トテ所領ヲ放サル。坂川忠兵衛・日下部《クサカベ》与助ヲ召テ押向ケリ。

然ルニ黒田如水、中津城トハ近所ナレハ、此事ヲ聞テ不レ移二時日一ヲ木付表へ馳向フ。立石ニ陣ス。松井・有吉先立テ、立石ニテ合戦、逆徒等首数級ヲ討捕。大友カ家人吉弘加兵衛二軍ニ備テ懸リケレハ、木付勢敗北、二十余町退テ陣ス。黒田カ勢入替テ戦。先手久《ヒサ》四兵衛討死スト云トモ、強ク当ケレハ、大友軍兵敗北。九月九日、立石一揆逃散。其ヨリ石垣原へ押寄、一日一夜打囲。如水

77　大友義統合戦事　（十一—三）

豊後国杵《キ》築ノ城主細川越中守ハ東征。城代松井佐渡守・有吉四郎左衛門方ヨリ加藤主計頭エ、以二飛脚一ヲ申越ケルハ、「大友義統《ムネ》浪人ト云ナカラ、本国ナレハ下向シ国民ヲ駆催シ、木付ヲ攻ン支度也。城中小勢ニ候へハ、援《エン》《スクヒノ》兵ヲ請申度」ト也。清正、三宅角左衛門ニ鉄炮百挺添テ遣ハサントス。三宅辟申ケルハ、「近日御出馬ナレハ、願ハ御麾下ニテ忠義ヲ尽シ度」ト也。清正怒テ、「忠義ニ遠近ノ替有ヘキカ、汝日来不二心懸一ノ故也」トテ所領ヲ放サル。依レ之坂川忠兵衛・日下部与助ヲ差向ラル。

然ルニ黒田如水、中津ノ城ト近所ナレハ、此度ヲ聴テ不レ移二時日一ヲ木付表エ馳向。立石ニ陣ス。松井・有吉先ニ立テ立石ニテ合戦、逆徒等ノ首数級ヲ討捕ル。大友カ家人吉弘喜兵衛、二陣ニ備ヘテ懸ケレハ、木付勢敗北、廿余町退陣ス。黒田勢入替テ戦。先手久四兵衛討死スト云ヘトモ、強ク当ケレハ、大友軍兵敗北。九月九日、立石一揆逃散ス。夫レヨリ石垣原エ押寄、一日一夜打囲。如水計策ヲ以和睦シ、同十三日大友ヲ虜テ還ケリ。因

計策ヲ以和睦シ、同十三日大友ヲ虜テ還ケリ。依レ茲ニ、主計家ハ手ニ不レ合シテ帰ナリ。

78　宇土城攻事　（十八―六）

肥後国宇土城ハ、小西摂津守行長カ居城也。行長ハ石田ト一味シテ濃州ニアリ。加藤主計頭ハ、内府公ノ御味方、殊ニ水野和泉守息女ヲ内府公ノ御養子ニシテ、則主計頭息女ナケレハトテ賜タレハ、無二ノ忠ヲ尽ケリ。宇土ノ留守城ヲ攻抜ヘシトテ、隈《クマ》本ヲ出馬、木山峠へ押懸ル。先手早宇土ノ城へ着テ、鉄炮ヲ放懸。清正ハ大臼山ニ本陣ス。竹把ヲ以、昼夜透間モナク攻寄ル。城代南条元宅ハ、清正攻寄ト聞テ家中ノ妻子ヲ城へ取入。元宅者、伯州羽衣石南条伯耆守合弟尾鴨左衛門二万石、浪人シテ小西摂津守客分ニ七千石取テ居、後加藤肥前守へ事ヘテ七千石賜ル、其子元宅、細川越中守ニ事ヘテ七千石也

爰ニ三宅角左衛門ハ、浪人シタルヲ口惜ク思、隠レテ飯田角兵衛ニ伴ナヒ参タルカ、塩田口へ行、境節元宅妻子ヲ取入ント下知スル所へ、大身ノ鎗ヲ持テ、口ノハツレ左ノ頬耳ノハツレマテ突ハツシケルヲ、元宅角左衛門

レ茲主計衆ハ手ニ不レ合シテ帰ケリ。

78　宇土城攻事　（十一―四）

肥後国宇土城ハ、小西摂津守行長カ居城也。行長ハ石田ト一味シテ濃州ニ在リ。加藤主計頭ハ　内府公ノ御味方、殊水野和泉守息女ヲ　内府公御養女トシテ、則主計頭息女ナケレハトテ賜リケレハ、無二ノ忠ヲ含ケリ。宇土留守城ヲ可ニ攻抜一トテ、隈本ヲ出馬、木山峠エ押懸。先手早ヤ宇土城ニ着、鉄炮ヲ放懸ク。清正ハ大臼山ニ本陣ス。竹把ヲ以昼夜透間モナク攻寄ル。城代南条元宅ハ、清正攻寄ト聞テ、家中ノ妻子ヲ城エ取入ル。

爰ニ三宅角左衛門ハ、浪人シタルヲ口惜ク思隠テ、飯田角兵衛ニ伴来タルカ、塩田口エ行、折節元宅妻子ヲ取入ント下知スル所エ、大身ノ鑓ヲ以テ口ノ外《ハツ》レ左ノ頬、耳ノハヅレ迄突ハツシケルヲ、元宅角左衛門カ鎗ニ取付ク。元宅カ手ノ者取廻シ、角左衛門ヲ切ントス。不レ叶シテ鎗ヲ棄テ引退。清正終ニ三ノ丸堀ヲ埋、塀際迄竹束

カ鎗ニトリツクヲ、元宅手ノ者トリマハシ、角左衛門ヲ斬ントス。不レ叶シテ鎗ヲ捨テ引退。清正終ニ三ノ丸ノ堀ヲ埋、塀キハマテ竹束ヲ付。

然所ニ、「薩摩ヨリ本郷・能登、三百余ヲ召具八代《ヤツシロ》・宇土ノ後詰ヲス、八代出張シ、小川面ノ町屋ヲ放火シ自由ヲ働」ト告来ケレハ、吉村吉左衛門・庄林隼人二組、小川表へ押向フ。能登ト合戦ス。相田権六、能登カ乗タル馬ノフト腹ヲ鉄炮ニテ打透ス。能登不レ叶シテ歩ヨリ退所ヲ、二刀ニテ斬留ル。大将討死スレハ雑兵皆敗北ス。首三十八討取テ宇土ニ帰ケレハ、清正大ニ悦フ。

然所ニ、九月十五日関ケ原没落、小西等ヲ虜ケル由、委曲内府公ヨリ仰ヤラレタリ。小西モ書札ヲ以、「城ヲ可二開渡一」ト云送ケレハ、小西家人等無二異儀一八代・隈本両城ヲ渡ス。城代小西若狭守ヲ始、能防戦シケレハ、南条以下侍共、不レ残清正召抱ケリ。加藤与左衛門並川《ナビカ》金右衛門ヲ宇土ノ城代トス。吉村吉左衛門・堤権右衛門ヲ八代ノ城代トス。

扨宇土表ニテ粉骨ヲ尽者ニハ、伊藤新五左衛門・坂川忠兵衛・佐久間角助・井村彦右衛門・田中兵助・日下部

ヲ付。

然所ニ、本郷能登薩摩ヨリ三百余召具、八ツ代宇ロ土ノ後詰ノ為、八ッ代ロに出張シ小川表ノ町屋ヲ放火シ自由ヲ働クト告来リケレハ、吉村吉左衛門・庄林隼人二組、小川表エ押向ヒ、能登ト合戦ス。相田権六、能登カ乗リタル馬ノ太腹ヲ鉄炮ニテ打透ス。能登不レ叶シテ歩立ニ成リ退処ヲ二刀ニテ斬留ル。大将討死シケレハ雑兵皆敗北ス。首卅八討取宇土ニ帰リケレハ、清正大キニ悦フ。

然処九月十五日関ヵ原没落、小西等ヲ虜《イケトリ》ケル由、委細内府公ヨリ被二仰遣一。小西モ以二書札一、「城ヲ可二開渡一」ト云送ケレハ、小西家人等無二異儀一八代・隈本《クマモト》両城ヲ渡ス。城代小西若狭守ヲ始、能防戦シケレハ、南条以下侍共不レ残清正召抱ケリ。加藤与左衛門並河金右衛門ヲ宇土ノ城代トス。吉村吉左衛門・堤権右衛門ヲハ八代ノ城代トス。

扨宇土表ニテ尽二粉骨一ヲ者ニハ、伊藤新五左衛門・坂川忠兵衛・佐久間角助・田中平助・日下部《クサノカノベ》与助・井村彦右衛門、各加恩ス。相田権六ハ本郷ヲ討タル働キニテ、別テ加恩内匠ト名ヲ被レ改。三宅角左衛門ハ南条ヲ突シ

与助、各加恩ス。相田権六ハ本郷ヲ討タル働ニテ、別テ加恩内匠ト名ヲ改ラル。三宅角左衛門ハ南条ヲ突シ事、神妙ノ志トテ本知ヲ賜テ帰ケリ。

79　柳川《ヤナカハ》城攻事　（十八―七）

筑後国柳川城主立花左近将監統虎ハ、大坂ノ催促ニ応シテ大津ノ城ヲ攻落シ在城シケルカ、関ケ原没落ヲ聞テ、柳川ヘ引入籠城ス。鍋島加賀守《信濃守イ》モ、大坂方ニテ伏見ノ城ヲ攻破ル。是モ肥前国ヘ引入。濃関《セウクワン》敗績《セキ》ヲ聞テ内府公ヘ申ケルハ、「今度石田ニ組シテ伏見ヘ向候事、千悔万辱タリ。忽被レ免二罪科一本領安堵サセ給ハヽ、立花カ柳川ヲ攻抜進上セン」トナリ。内府公「任二其儀一可二忠節一」ト仰ケリ。因レ茲二万ノ軍兵ヲ催シ、筑後国ヘ発向ス。鉢ノ院ニ陣ス。加藤清正・黒田如水等、柳川ヘ押向。

立花ハ籠中鳥ノ如ク、何ヲ恃テ暫モ可レ働便ナケレハ、清正ヲ以降参ヲ請ケリ。清正旧友ナレハ内府公ニ無二邪心一旨ヲ申ス故、城ニハ清正家人和田備中守ヲ入置、立

事、神妙ノ志也トテ本知ヲ賜テ帰参シケリ。

79　柳川城攻事　（十―五）

筑後国柳川城主立花左近将監統虎ハ、大坂ノ催促ニ応シテ大津ノ城ヲ攻落シ在城シケルカ、関原没落ヲ聞テ柳川エ引籠城ス。鍋島加賀守モ大坂方ニテ、伏見ノ城ヲ責破ル。是モ肥前エ引入。濃関《クハン》敗北ヲ聞テ　内府公エ申上ルハ、「今度石田ニ組シテ伏見エ向候事、千悔万辱タリ。忽被レ免二罪科一、本領安堵サセ給ハヽ、立花カ柳川城ヲ攻抜進上セン」ト也。　内府公「任二其儀一可二忠節一」ト仰アリ。因レ茲二万ノ軍兵ヲ催シ、筑後国エ発向シ鉢ノ院ニ陣ス。加藤清政・黒田如水等、柳川エ押向。

立花ハ籠中ノ鳥ノ如ク、何ヲ頼テ暫クモ可レ働便ナケレハ、清正カ以降参ヲ請。清正旧友ナレハ　内府公ニ無二邪心一旨ヲ申ス故、城ニハ清正家人和田備中ヲ入レ置、立花ハ夫レヨリ上洛有ヘシトテ、一万石ヲ被レ下　内府

花ハ其ヨリ上洛有ヘシトテ、一万石ヲ被レ下、内府公ノ近習ニソ事ヘケル。後日ニ本領安堵シテ、家督ヲ子息飛騨守ニ譲リ法体、立花立斉トテ大猷院殿慈愛セラレ御伽ヲ勤ケリ。

80　景勝内隷事并最上陣事　（十八―八）

会津中納言景勝卿ハ、家臣各ヲ召集メ軍評議セラレケリ。「今度内府濃州発向アラハ、跡ヨリ攻上ラント思ヘド、仙台ノ正宗・出羽最上・越後ノ堀久太郎、隣国ニテ大名ナリ。上洛ノ跡ニテ合従連衡セハ、留守ノ難儀タルヘシ。後等ニ一塩付テ押ヲ置ヘシ。先三人ノ家風ヲ廟算スルニ、堀久太郎、三十五万千石取テ人数多トイヘトモ、微賤ノ新家、礼法猥リナリ。家老堀ノ監物、大身ニテ威ヲ振ヒ、政道心ニ任ス。一男丹後ヲ悪テ二男トシ、二男雅楽助ヲ一男トシテ家督ト定ム。因レ茲兄弟不和、寇敵ノ思ヲナス。百姓ヲ貪テ賦歛ヲ厚シ、国人多疎テ古主ヲ慕テ我家ヘ内通ス。殊ニ秀吉公ノ厚恩ヲ捨テ、内府ニ一味、是亦不義ノ至、忠士眉ヲ蹙ム故、国人ニ一揆ヲ起サ

公近習ニ事ケル。後日ニ本領安堵シ、以後家督ヲ子息飛騨守ニ譲リ、法体シ立斉トテ　大猷院殿慈愛《ジアイ》セラレ御伽ヲ勤メケリ。

80　景勝内隷《レイ》并最上陣事　（十一―六）

会津中納言景勝ハ、家臣召集、評議セラレケルハ、「今度　内府公濃州発向有レハ、跡ヨリ攻上ラント思ヘトモ、仙台ノ政宗最上義光《モカミヨシアキ》・越後ノ堀久太郎、隣国ニテ大名也。上洛ノ跡ニテ合従連衡セハ難義タルヘシ。渠等《カレラ》ニ一塩付テ押ヘヲ置ヘシ。先三人ノ家風ヲ廟算スルニ、堀久太郎卅五万千石取リ人数モ有リト云ヘトモ、仕出ノ家中作法猥也。家老堀監物大身ニテ威ヲ震、政務ヲ心ニ任ス。一男丹後ヲ悪ミ次男トシ、二男雅楽ノ助ヲ一男トシテ家督ト定メ、依レ之兄弟不和ニシテ冠讐《コウシウ》ノ思ヒヲナス。百姓ヲ貪テ賦歛ヲ厚フシ、国人多ク疎《ウトンアク》ス。古主ヲ慕テ我家ニ内通ス。秀吉ノ厚恩ヲ捨　内府ニ一味、是レ不義ノ至、忠士眉ヲ蹙ム故ニ、国人ニ一揆ヲ起サセ押寄ハ、

セ押寄ハ、勝利疑所ナシ。

又伊達政宗ハ、久シキ家六拾壱万四千石ノ世帯シ、弓箭ヲ取テ名アリ。然レトモ信玄・謙信ノ軍法ト違ヒ、荒キ弓箭ナレハ、懸ニ強シテ敗ヤスシ。家中ノ風儀・諸侍、任二我意一不レ知二義理一、辻切・強盗ヲ手柄トス。雖レ有二武勇一無二義智一可レ易《ヤスカル》レ謀《ハカリ》、東夷等、荒キ正宗ノ仕置ニ苦ム。其ノ上、関東ヨリ奥マテ、侍ノ風儀能高名一ツスレハ、後ノ勝負ヲ不レ願、引退物ノ感ナク、忠義少シ。増テ上杉家ヨリ小身ナレハ、味方七手組ノ内、三組計指向ハ、正宗ヲハ制スヘシ。殊ニ秀吉公ト北条ト鉾楯ノ時、正宗北条ニ堅ク組セシカ、秀吉ノ強兵ヲ見テ忽チ約ヲ変ス。是ヲ以計ルニ、味方勝利ノ節ハ正宗ヲ降参サスヘシ。

又最上ハ数代ノ家ナリ。然レトモ幅《ハタハリ》ナキ武変ニテ、人ノ国へ働人ニ非ス。正宗トハ一度手合シタレハ最上へ出張スヘシ。第一、内府関東下向シテ上方ヲ聞合、出馬ナシ。此内出羽守義光へ押寄へシ。大手ナレハ白川ノ城ヲ堅固ニ構へ、一番合戦安田上総介、二番合戦ハ島津下々斉ト決定ス。津川口悪所ナレハ、敵ノ武者遣成カタシ。此ニハ大将一両人被レ仰付、足軽ノ大組・小組十組計置

勝利疑ナシ。

又伊達政宗ハ、久キ家六十一万四千石取テ弓箭ニ名アリ。然トモ信玄・謙信ノ軍法ト違ヒ、荒キ弓矢ナレハ、懸ニ強シテ敗安シ。家中ノ風儀・諸侍、我意不レ知二義理一、辻切・強盗ヲ手柄トス。雖レ有二武勇一無二義智一可レ易レ謀、東夷等正宗ノ荒仕置ニ苦シム。其上、関東ヨリ奥迄侍ノ風儀ヨキ高名一ツスレハ、後ノ勝負ヲ不レ顧、引退物ノ感ナク、忠儀少シ。増テ上杉家ヨリ小身ナレハ、味方七手組ノ内三組計指向ハ、政宗ヲハ可《シ》レ制。殊ニ秀吉ト北条鉾楯ノ時、政宗北条ニ堅ク組セシカ、秀吉ノ強兵ヲ見テ忽チ約ヲ変ス、是ヲ以計ニ、味方勝利ノ節ハ、政宗ヲハ降参サスヘシ。

又最上ハ数代ノ家也、然レトモ幅ナキ武辺ニテ、人ノ国へ働ク人ニ非ス。正宗トハ一度手合シタル《(レカ)》ハ最上エ可二出張一。内府関東エ有二下向一上方ヲ聞合、出馬ナシ。此内ニ最上エ可二押寄一、大手ナレハ白川ノ城ヲ堅固ニ構へ、一番合戦安田上総介、二番ハ島津下々斉ト決定ス。津川口悪所ナレハ、敵ノ武者遣難レ成。此ニハ大将一両人、足軽大組・小組合十組計置へシ。若津川口難義ナラ

ヘシ。若《モシ》津川口難儀ナラハ、山形ノ城ヲ仕寄ニシテ早々可二引揚一。先最上ヘ一塩付テ、攻落スカ降参サスルナラハ、深シレ根ヲ固帯スル謀ナルヘシ」ト定テ、上方ノ左右ヲ待居タリ。

然ルニ石田方ヨリ、「上方一円ニ蜂起シ濃州表ヘ出張ス」ト告来ケレハ、景勝別心ノ色ヲ立兼テ隷ス事ナレハ、米沢城主直江山城ヲ大将トシテ最上ヘ働ク。

先手ハ春日右衛門五百騎、二番芋川修理、三番上泉主水七百余、都合一万三千、大関弥七郎軍奉行トシテ旗屋《ハタヤノ》城ヘ押寄ケリ。互ニ出向テ戦フ。旗屋ニハ江口五郎兵衛防戦シケルカ、直江ヨリ志賀五郎右衛門ヲ討捕テ、終ニ旗屋落城ス。（山形領分ノ城砦廿一ケ所改陥ケリ）下《シモ》次右衛門庄内ヨリ来リ、ヤチノ城・境ノ城ノ里人来テ助ケリ。直江旗屋ノ城ヘ入。又酒延越前・富南・相模・東常陸・氏江左近山形ヨリ加勢ニ来、長谷堂ノ後詰ヲス。城主ハ志村伊豆也。直江又人数ヲ出、長谷堂ヲ攻、近辺放火・刈田シテケリ。直江ハ敵ヲ引出ントテ、先手ノ内ヨリ二・三手上ノ山ヘ登《ノホセ》ケレハ、城内ヨリ人数ヲ出ス。直江方、願ニ幸イトクイ留テ迫合、最上衆敗北ス。新門備

ハ、山形ノ城ヲ仕寄ニシテ早々可二引揚一、先最上エ一塩付テ、攻落カ降参サスルナラハ、深シレ根ヲ固スルレ帯《ホソ》謀ナルヘシ」ト定テ、上方ノ左右ヲ待居タリ。

然ルニ石田方ヨリ上方一円ニ蜂起シ濃州表エ出張スト告来リケレハ、景勝別心ノ色ヲ立兼テ隷《レイ》ス事ナレハ、直江山城ヲ大将トシテ最上エ働ク。

先手ハ春日右衛門五百騎、二番芋川修理、三番上泉主水、七百余騎合テ一万三千、大関弥七郎ヲ軍奉行トシテ旗屋城エ押寄ケリ。互出向テ戦。旗屋ニハ江口五郎兵衛防戦シケルカ、直江ヨリ志賀五郎右衛門討捕テ、終ニ落城ス。下次右衛門庄内ヨリ来リ、ヤチノ城境ノ城ノ里人来テ助ケリ。直江旗屋ノ城エ入ル。又氏江左近、山形ヨリ加勢ニ来リ、長谷堂ノ後詰ヲス。城主ハ志村伊豆也。直江又人数ヲ出シ、長谷堂近辺放火・刈田ス。直江ハ敵ヲ引出サントテ、先手ノ内ヨリ二・三手上ノ山エ登ケレハ、城ノ内ヨリ人数ヲ出ス。直江方願幸ト喰留テ迫合、最上衆敗北ス。新開備前ヲ始各討死、城際迄追討ス。夫レヨリ最上領内所々毎日放火・刈田ス。少宛ノ迫合ハ記ニ不レ遑《イトマ》。最上出羽守ハ軍難儀ナルヲ聴テ、山形ヲ出張

前守ヲ始各討死、城際マテ追撃ス。其ヨリ最上領内所々、毎日放火・刈田ス。少宛ノ迫合、記ニ遑アラス。最上出羽守ハ軍難儀ナルヲ聞テ、山形ヲ出張シ川ヲ隔テ陣ス。長谷堂ノ城ハ高山ナリ。容易難レ登、洲川ノ岸ハ高シテ無レ難渡リカタシ。因レ茲日ヲ送ケリ。

又正宗ヨリ加勢、伊達上野介・石川弥兵衛、雑兵三千計、春日勢五百騎ト長谷堂ニテ合戦、志村・酒延城中ヨリ人数ヲ出シ、横ヲ入ル故ニ、会津方敗北、松本杢助討死ス。同十七日、会津方穂村造酒允・篠弥七郎、攻二里見民部カ上山城一ヲ最上方坂弥兵衛・萩田主馬出向テ合戦、会津勢打負、穂村・篠討死ス。直江方二百騎討死ス。正宗カ兵、伊達・石川ヲ始三十余騎討死ス。同日会津勢、中山式部・本村監物、上ノ山ヲ攻、城主里見越後出向テ合戦、本村城ヲ押ヘテ備ヲ立、式部ハ諸方ヘ手分シテ刈田ス。又上ノ山ノ加勢、川口ヘ来テ、前後ヨリ夾立レハ、本村進テ合戦討死ス。人数各敗北ナリ。又中山式部ハ、我人数ヲ三備ニ作テ敵ノ足ヲ乱シ追懸ルヲ貝太鼓ヲ合テ座作進退ノ法ヲ正シ、静々ト懸ルヲ見テ、不叶トヤ思ケン、上ノ山衆引入。本村衆是ヲ見テ、立直シテ懸リケリ。

シ川ヲ隔テ陣ス。長谷堂城ハ高山也。容易《タヤスク》難レ登、洲川ノ岸ハ高フシテ難レ渡。因レ茲レニ日ヲ送ケリ。

又正宗ヨリ加勢有ツテ弥進得ス。爰ニ会津方中山式部ハ上山筋ヲ攻入ル。九月十七日上ノ山ノ城主里見越後也。寄手ハ中山式部・木村監物両将也。木村ヲ押ヘテ備ヲ立レハ、式部ハ諸方エ手分シテ刈田・放火ス。式部備ヘヲ立二ノ見ヲ持ケレハ、木村備ヲ引揚ントス。城中里見是ヲミテ、門ヲ開イテ突テ出テ合戦ス。上山ノ加勢川口エ来ツテ、前後ヨリ夾立ケレハ、本村一命ヲ塵芥ヨリモ軽クシ働ケレトモ、前後猛勢ニ不レ叶シテ討死ス。木村人数敗軍。此間ニ中山式部ハ、吾カ人数ヲ三備ニ作ツテ敵ノ足ノ乱レタルヲミ、太鼓ヲ合テ座作進退ノ法ヲ正シテ、静々《シツ》トカカルヲミテ、上ノ山衆引入、本村衆立直ツテ掛リ、城際迄押寄セ付入ニスベキ所ニ、中山駿河守門ヲ固ケレハ、立出サレタル兵不レ残討捕、雑兵百三十余最上方ハ討レ、会津方ハ二百卅余討死、殊ニ侍大将木村討死也。城中ニハ首共長谷堂エ遣ケレハ、首ヲ掛並テ寄手ニ見セケル。

其後直江山城守、長谷堂ノ辺エ刈田・放火ノ為人数ヲ城際マテ押寄、付入ニスヘキ所ニ、中山駿河守門ヲ堅メケレハ、立出サレタル兵ハ不レ残撃捕、雑兵百三十余最上方ハ討死スレハ、会津衆ハ二百三十余討レ、殊ニ士大将三人討死ナリ。城中ニハ首共長谷堂へ遣ケレハ、首ヲ懸双ヘテ寄手ニ見セケル。

其後直江山城守、長谷堂ノ辺ヘ刈田・放火ノ為《タメ》人数ヲ出ス所ニ、若侍共城ヘ取懸、外曲輪ヲ攻敗テ引揚ル。城中志村伊豆人数ヲ出シテ喰止ム。会津衆取テ返セハ引入、引揚レハ喰付テ時刻ヲ移ス。直江是ヲ見テ、「放火・刈田ノ為ニコソ人数ハ出ケン、無二下知一ニ城攻何事ソヤ。誰カ行テ引揚ン」ト云ケレハ、上泉主水、「我参テ連帰ヘシ」トテ出向所ニ、大高七右衛門、上泉カ馬ヲ控ヘテ、「某罷向テ引揚ヘシ。若シ難儀ナラハ重テ出給ヘ」トテ走出ス。上泉モ続テ乗出シ、二騎敵味方ノ間ヲ二返乗廻シ、味方ヲ下知シテ繰引ニスル。上泉大剛ノ侍ニテ最上衆見知ケレハ、恐テ不二喰留一。然シテ城際三町計退ケル時、遠玉上泉ニ中《アタ》テ馬ヨリ落。上泉生年三十四死スルヲ見テ、城ヲ開テ突テ蒐リ、上泉首ヲハ里見越後カ被官金原加兵衛討二捕之一ヲ会津衆敗北ス。武勇ヲ励ム士共所々

出ス所ニ、若侍共城エ取リ懸ケ、外曲輪ヲ攻敗テ引揚ル。城中志村伊豆人数ヲ出喰留ル。会津方取テ返セハ引入、引上レハ喰付テ時刻ヲ移ス。直江是ヲミテ、「放火・刈田ノ為ニコソ人数ハ出ケレ、無二下知一ニ城攻何事ソヤ。誰レカ行テ引上ン」ト云ケレハ、上泉主水、「我レ参テツレ帰ルヘシ」トテ出向処ニ、大高七右衛門、上泉カ馬ヲ控テ、「某罷向テ可二引揚一、若難儀ナラハ重テ出給ヘ」トテ馳出ス。上泉モ続テ乗出シ、二騎敵味方ノ間ヲ二返乗廻シ、味方ヲ下知シテ繰引ニスル。上泉大剛侍ニテ最上衆見知リケレハ、恐テ不二喰留一。然シテ城際三町計退ケル時、遠玉上泉ニ中ツテ馬ヨリ落ツ。上泉行年卅四死スルヲ見テ、城ヲ開ヒテ突懸ル。上泉カ首ヲハ里見越後カ被官金原加兵衛討二捕之一、会津衆敗北ス。武勇ヲ励ム侍モ所々ニ踏留ル。二本松右京郎党百余人、相具シテ撃懸リ、天堂弥七郎ヲ討捕ル。サレトモ二ノ手備行列ヲ不レ乱故、最上衆引退ク。

依レ之直江、「明日長谷堂エ可二押寄一」ト相談ノ所ニ、上方ニ付置忍ノ者追々来ツテ、「九月十五日青野原合戦、石田失二勝利一行方不レ知、又治部虜《イケトラ》レタリ」ト注進シ

踏止ム。二本松右京郎党百余人、相具テ撃テ懸リ、景勝ノ侍大将天堂弥七郎ヲ討捕ケリ。二ノ手備行列ヲ不レ乱故ニ、最上衆引退ク。

　依レ之ニ直江、「明日長谷堂へ可二押寄一」ト相談ノ所ニ、上方ニ付置忍ノ者追々来テ、「九月十五日青野原合戦、石田失勝利往方不知、又治部虜レタリ」ト追々註進、十月朔日ニ到来ス。景勝ヨリ飛脚馳来テ、「最上表急可二引払一」ト告知ス。内府、定テ此表可レ有二発向一トテ、防戦ノ支度タリ。最上方ニハ競イ勇事無レ限。会津方ニハ失レ色テ私語《ササヤキ》アヘリ。直江則物頭・奉行等ヲ呼集、「今度上泉・本村討死スト云トモ、敵ヲ追討シ味方芝居ヲ踏タリ。其外数度ノ迫合一度モ不レ失二勝利一、自レ是初瀬《ハセ》堂ヲ乗取、山形へ可二攻入一存所ニ、此ノ注進不レ及二是非一ニ次第也。雖レ然早速引取ハ、此一左右ニ聞逃シタリト敵ノ思ハンモ口惜。イザヤ長谷堂へ押寄、手強働シテ武道ノ本意ヲ達ン。御辺達ハ如何思ハルル」ト云ケレハ、各一同ニ「可レ然」トテ、九月廿九日早旦、陣城ヲ押出、長谷堂へ押寄、弓・鉄炮、万頭ノ牛車ヲ轟スカ如ク鳴騒ク。サレトモ城中静ニシテ防戦ノ音モナケ

ケレハ、景勝ヨリ飛脚到来シテ、「最上表急可二引払一」ト告ケ知ラス。内府公、定テ此ノ表可レ有二御発向一トテ、防戦ノ支度也。最上ニハ競《キソヒ》勇ム。会津ハ失レテ色私語アヘリ。直江則物頭・奉行等ヲ呼ヒ集メ、「今度上泉・木村討死スト云ヘトモ、敵ヲ追討シ味方芝居ヲ踏ヘタリ。其外、数度ノ迫合ヒニ一度モ不レ失二勝利一、自レ是長谷堂ヲ乗捕、山形エ可二攻入一ト存処ニ、此注進不レ及二是非一次第也。雖《イヘトモ》レ然リ〈ト〉早速ニ引取ハ、此ノ一左右ニ聞逃シタリト敵ノ思ンモ口惜シ。イザヤ長谷堂エ押寄、手強働シテ武道ノ本意ヲ達セン。御辺達ハ如何思ハルル」ト云ハ、各一同ニ「可レ然」トテ、九月廿九日早旦ニ陣城ヲ押出シ。長谷堂エ押寄、弓・鉄炮万《バン》頭ノ牛車ヲ轟ス如ク也。サレトモ城中静ニシテ防戦ノ音モナケレハ、城下ノ在家・根小屋ノ曲輪迄放火シ、爰彼ニ出合スル敵百余討取、其所ニ梟首シ、晩景ニ及シテ引揚ル。山口軍兵衛、根小屋ヲ一番ニ乗テユユシキ働キナリ。

　十月朔日巳ノ刻、直江山城陣山ヨリ人数ヲ段々ニ出シテ引取ル。長谷堂ニハ軍勢出シ喰留メテ打捕ントス。政宗加勢、此所ニ来、追慕用意也。直江ハ洲川ヲ右ニ当、

レハ、城下ノ在家・根小屋ノ曲輪マテ放火ス。爰彼ニ出合スル敵百餘討取、其所ニ梟首シ、及二晩景一ニテ引揚ル。山口軍兵衛、根小屋ヲ一番ニ乗テ勇々敷働ナリ。

　十月朔日巳ノ刻、直江山城守陣山ヨリ人数ヲ段々ニ出テ引取。長谷堂ニハ人数ヲ出テ喰止テ討捕ントス。正宗加勢モ此所ニ来テ追慕ハン用意ナリ。山城守洲川ヲ右ニ当テ北方ヘ半里計押シ出ス時、最上衆・伊達衆跡ヲ慕取詰タリ。大関弥七郎・溝口左馬助、跡止引帰テ戦ケレトモ雑兵後ニ在テ逃懸ケレハ、備足乱ル所ヲ、最上・伊達ノ兵強ク当テ追崩ス。

　爰ニ前田賢次、直江ニ云ケルハ、「関東ヨリ奥方ノ士卒ノ風儀、敵弱ケレハ荒ク当テ戦、敵強ヲ見レハ主親ヲ捨テ逃ソカシ。我彼等ニ目ヲサマサセン、上方風儀見給」トテ踏止メ、厳シク突懸ケレハ敵足ヲ留ムヲ見テ、会津方守返ト等ク直江横相ヨリ縦《カカ》リテ、終ニ最上・伊達衆敗北シ、会津ヘ無レ恙引入ケリ。

北ノ方エ半里計押出ス時、最上衆・伊達衆跡ヲ慕フテ取詰タリ。会津衆引返テ戦ヒケレトモ、雑兵後ニ在テ逃懸ケレハ、備ヘ足乱ル処ヲ、最上・伊達ノ兵強ク当テ追崩ス。

　爰ニ前田賢次、直江ニ云ケルハ、「関東ヨリ奥方ノ士卒ノ風儀、敵ヨハケレハ荒当テ戦、敵強ヲミテハ主親《シウオヤ》ヲ捨テ逃ゾカシ。我渠等ニ目ヲ覚サセン。上方風儀見給」トテ、跡止《トド》シテ稠ク突懸リケレハ、敵足ヲ留ルヲミテ会津方守返ト、直江横間ヨリ掛リ、終ニ最上・伊達衆敗シケレハ、会津エ無レ恙引入ケリ。

81　毛利家由来事

（十八―九）

今度輝元中国拾箇国ノ人数ヲ催シ、惣テ五万計トソ聞エン。其身ハ大坂城中ニ在、諸勢ハ大坂天王寺・住吉、或船中ニ漫々タリ。元来父元就ノ時ハ拾三箇国太守タリ。其国々ハ、安芸・周防・長門・出雲・伯耆・備中・備後・佐渡《隠岐カ》・石見・備前・美作・因幡・但馬・播磨也。織田信長之時、羽柴筑前守ヲ使節トシテ四国・中国征罰セラル。浮多先ニ和ヲ請テ味方ニ参ル。毛利ハ防戦ノ支度ナレハ、秀吉数十ノ城塁ヲ攻落ス。輝元出向テ合戦也。

然処ニ、京都ニテ明智日向守逆意ヲ企テ、主君信長公ヲ弑奉ル故、秀吉使節ヲ以輝元へ此趣ヲ告知ヲ請、吉川・小早川相談シ、「主君ノ讎ヲ報セン」トアル事、武士ノ本意神妙ト云ツヘシ。「異儀ニ及ヘカラス」トテ同意シ、剰加勢ヲ遣セハ、筑州大ニ悦テ、則京都へ発向、明智ヲ退治也。天下秀吉ノ掌握ト成テ、毛利カ同心加勢シタルヲ恩賞トシテ、数十所抜取タル城ヲ返賜リ十ケ国安堵、残三ケ国ハ宇喜多一番ニ参ル賞トテ賜ケリ。

此人、十三ケ国ノ大将ト成ハ何ナル事ソト申ニ、父元

（寛文八年本ナシ）

慶長軍記を楽しむために⑥

近代軍隊の戦史への影響

日本における、近代的な意味での「戦史」の始発は、『日本戦史　関原役』（元真社・偕行社、明治二二年九月起稿、明治二六年六月三〇日刊）である。

参謀次長川上操六（一八四八〜一八九九）自身が編纂委員長を務めたもので、初めて「戦史」の呼称が用いられた。ドイツの戦史理論が本格的に導入され、ドイツ視察から帰った川上や田村怡与造（一八五四〜一九〇一）によって、本格的戦史編纂が試みられた成果であった、という（高橋昌明『東アジア武人政権の比較史的研究』（校倉書房、二〇一六年）第一部第五章「戦国戦史と近代陸軍」）。

本書編纂の特徴は、教育的価値を重視し、戦役の批判的研究による考察・叙述が試みられた点にある（「緒言」）。そのため対象は、軍人のみならず

就、元来芸州吉田ト申所ニテ三千貫ノ世帯タリ。先祖大膳大夫大江ノ広元ハ、源頼朝ノ執事トシテ天下ノ政道ヲ掌ル故、越後・安芸・河内三カ国ノ守護タリ。中比微少トナリテ一所懸命ノ地ヲ治居タリ。高氏将軍西国下向ノ時、石州佐波退治有ケルニ、毛利少輔太郎師親《モロチカ》江ノ川ノ先陣シタル忠功ニ依テ、芸州吉田ノ庄三千貫ヲ賜ル。此師親ヨリ六代大江元就、始ハ雲州尼子伊予守義久ニ属シテ富田ヘ参候《コウ》ス。其後義久隠居、孫尼子晴久祖父ノ世ヲ継。其性薄シテ智謀ナク已ニ元就ト中悪成テ、防州ノ大内ヘ通シケレハ、尼子大ニ怒テ、天文九年、五万ノ士卒ヲ引卒シテ芸州吉田ヘ発向ス。大内ヨリ加勢ヲ賜リ、合戦度々ナリト云トモ、本ヨリ元就、智謀世ニ勝レ、武勇ハ西海ニ其聞有ケレハ、己カ少勢ヲ以彼カ多勢ヲ挫ク事度々ナリ。自レ是又大内ト尼子ト取合始テ、或ハ尼子勝事モアリ、或ハ大内利ヲ得事モアリ。此間元就ハ尼子方ノ城郭少々攻取テ、已ニ大身トナル。

元就ノ三臣アリ、吉川元春・小早川隆景・宍戸《シシト》隆家ト云。一言出セハ必当リ、一戦スレハ必勝。元就此三臣ト共ニ謀テ向所敗北セスト云事ナシ。因レ茲備後国ニハ安

一般読者まで視野に入れられており、わが国最初の公刊戦史として、丸善・有斐閣など全国四八社から売り出された。

ところが、それでも『慶長軍記』によって作られた関ヶ原のイメージは、払拭されていない。まず関ヶ原の戦いの戦闘時間について、『日本戦史』では九月十五日早朝から開始、最初は西軍優勢であったが、小早川秀秋の裏切りにより、西軍が壊滅して戦闘が終わったのは午後二時半とされ、家康が爪を噛んで問鉄砲を命令し、秀秋の裏切りとなる展開まで、大筋これは『慶長軍記』以来変わっていない。小山評定についても、まず徳川諸将の事前合議では西へ転進して三成らを討つことを井伊直政が進言、次に豊臣恩顧の大名の集会した「評定」では、福島正則が口火を切って東軍加担を宣言する点も、これまた『慶長軍記』以来大きな変更はなく、司馬遼太郎の『関ヶ原』もこれを踏襲していた。解題に記したように、近年ようやく、小山評定や問鉄砲の信憑性は、史学の方で正面から疑義が提出されているが、科学的記述を志した『日本戦史』にしても、『慶長軍記』で確立した関ヶ原のイメージは克服されてはいなかった

田・渡辺、備前浮多ヲ始元就ヘ言通。天文十一年ニハ大内家ヨリ雲州富田ヘ発向、合戦甚広大ナリ。大内義隆勝利ヲ失ヒ引退シニ、尼子勢追懸ル。爰ニ元就モ大内ニ従ヒテ行ケルカ、能ツマリヘ引請、取テ返、合戦敵ヲ追返ス。

　其比中国ニ名アル守護人ハ、安芸国ニハ毛利・福原・熊谷・吉川・小早川・完戸・梨羽・天野、周防国ニハ大内介義隆、山口ニ在城ス。出雲国ニハ尼子晴久、冨田ニ在城ス。伯耆ハ南条・小鴨《ヲカモ》・追村上、備中国ニハ庄・石川・植木・津・伊達・穂井田・三村、備後ハ安田・渡辺・三吉・江田・祝・佐渡・草刈、石見ハ吉見、備前・美作ハ浮多、此外数多有ケレトモ難レ尽二筆紙一ニ。天文十三年ニ尼子ヨリ備後ノ三吉ヲ攻、元就人数ヲ遣シ二加勢一、三吉大ニ働テ尼子方引退ク。元就・隆元ハ防州山口ヘ折々参勤ス。又山口ニモ不二ノ味方ニセラレケリ。

　然ルニ天文廿年ノ比、大内一ノ臣陶尾張守隆房、主君義隆ヲ弑シ国ヲ奪、諸国ノ守護人、陶ヲ悪ミ背ケレハ、元就ヲ大将トシテ不順ノ輩ヲ征伐ス。西条・槌山・江田・祝等ノ城主、剛敵トモト日夜合戦、甲冑ヲ脱ニ隙ナ

のである。

　さて、興味深いことに、『日本戦史』は「本編」「補伝」「文書」「附表」「附図」から成っている。上記の主旨から言えば、「起因と戦前の形勢」から筆を起こし、この戦いの導火線となった「会津征伐」を経て、「両軍の計画と措置」「両軍の諸戦」「本戦」「本戦後の処置」「本戦前後の東西各地の諸戦」という構成を取り、戦争の正義はいずれにあったかという江戸時代以来の軍記・編纂物の関心を払拭し、地図や表を使い、兵器・衛生・兵站まで記す本書の特徴こそ重要であって、その意味で、この戦争にまつわるエピソードを集成した「補伝」は、特異な存在と見える。

　そもそも川上は、本書の「緒言」で、戦史とは何かを九頁に渡り論じ、それが旧軍の戦史概念の原型になったとされる（塚本隆彦「戦史の起源」（『戦史研究年報』一〇、二〇〇七年三月））が、そこで戦史とは、「兵を学ぶ人をして既往の得失に鑑みて将来の進歩を期」すものと定義され、勝敗の因果関係を究明するものとされている。その点から推しても、言行録の集成である「補伝」の存在は特異である。本書に対する史学からの評価の中で、

シ。終ニハ三ノ城悉ク攻取ト云トモ、陶ヨリ少賞ヲモ不レ行、一族ハ日々ニ討死、士卒ハ糧ニ乏ク、上下困窮シケレハ、元就忽チ心変シテ、陶ヲ誅セント議ケレトモ、手勢ハ三臣ヲカケテ三千計、陶ハ已ニ三万余ノ大将ナレハ、案シ煩フ処ニ、陶尾張守ハ元就カ逆心ト聞テ、「時節ヲ述テハ叶マシ」トテ、一万六千ノ士卒ヲ催シ、天文二十三年芸州ヘ乱入折敷畑ト云所ニテ合戦ス。元就性厚ク勇力健ナリケレハ、少モ動気色ナク、吉川・小早川・完戸ヲ三所ニ立テ奇兵トシ、自身ハ正兵トシテ陶カ先手ニ対ス。元就敵ノ旗色ヲ見テ哂然《ニツコトワライ》、「足軽大将両人召出、敵ヲ引寄ン為ソ、汝等出テ挑ミヲナシ、矢ヲ射懸テ逃帰ヘシ」ト也。「畏」ト申ケレハ、案ノ如ク大軍懸リ来ルヲ、元就合戦、完戸・福原横ヲ入ケレハ、敵敗北。先手大将、宮川甲斐守ヲ討取。扨小早川ハ南、吉川ハ北ヨリ不意ニ出テ、尾張守旗本ヘ切テ懸。電光ノ影ヲナシ、蛛手八花ニ馳散ケレハ、尾張守不レ叶シテ引退トヒトシク、惣崩ニナツテ首一千六百七十級討捕。元就カ折敷畑ノ合戦トハ是也。

　弘治元年十月、陶尾張守侍大将共ヲ集テ、元就カ少勢

最も新しいものの一つ（中野等『石田三成伝』（吉川弘文館、二〇一六年））を見ても、党派形勢と対立という、政局の視点を出発点として、戦争の原因を割り出した点には一定の評価を与えるものの、軍記や編纂物による「補伝」の存在や、「本編」にもそれら二次史料が活用されている点を批判して、「近世的価値観からの脱却は果たされては居ない」と結論づけている。

　近代的戦史の方法を川上らが導入しながら、なぜ「補伝」のような旧態依然の資料、言い換えれば今日では文学研究の対象となるような武家説話を集成し、自らの「戦史」の中に組み込んだのか。「補伝」を独立・編成した意図は、緒言にうたわれた「志気」の涵養に帰結する。「戦史」が軍隊教育の一環として、科学的な編成・記述に拠るものであるとしても、それだけで、軍隊のリーダーたる者の「志気」の涵養に至らないのは事実である。その時「名将勇士」の「言行」を利用する教育方法には、江戸以来の伝統がモデルとしてあったのではないか。

　詳しくは、江戸時代に書かれた軍記、及び武家説話集について展望した拙著（井上『近世刊行軍書

ニ敗北スル事モ口惜、後悔歯臍、「サラハ厳島ノ城ヲ攻ン」トテ、三万ノ人数ヲ集、彼島ヘ渡海ス。攻ル事甚急ナリ。雷銃《チウ》鯨波ノ声天地ヲ震動ス。元就父子・吉川・小早川・完戸等四千計也。又伊予ノ河野ヘ賊船ヲカリケレハ、三百余艘ヲ加勢ス。元就大ニ悦テ、厳島ヘ夜中ニ渡リ不意ニ仕懸、山ヨリヲロシテ陶ト合戦、陶カ兵終敗レテ残党不レ全、三万ノ兵悉ク敗北。陶尾張守隆房討死、首数一万計討取。此時、安芸・周防・伯耆・備中・備後・佐渡・石見・備前・美作ノ城主共、元就ヘ内通・降参成レ市、其後、出雲尼子晴久ヘ発向、尼子家大剛ノ兵多ケレハ合戦勝負ナシ。既ニ七カ年ニ及テ永禄六年、尼子終ニ討負テ、富田ノ城ヲ開渡ス。此時出雲・因幡・但馬・播磨、草ノ風ニ偃スカ如ク、悉皆元就ノ幕下ヲ親ミ寄事、タトヘハ百谷ノ流水終ニハ海ニ入カ如ナリ。

　此時嫡子隆元病死、次男輝元長子トナル。如レ斯ニ武威天下ニ聞達シ、勇力中国ヲ鞭撻ス。一十三国ノ主君トナリ位正四位ニ叙シ、永禄三年正親町即位ノ時、其料ヲ賂ニ依テ菊桐ノ紋ヲ賜リ、元亀二年六月十二日、陸奥守元就、春秋七十五歳、吉田郡山ニテ卒去。贈正三位也。

論』（笠間書院、二〇一四年）に拠られたいが、一三〇余りに上る江戸出来の軍記類から、「名将勇士」の挿話を抜粋・編集した書物で、江戸時代を通じて最も読まれたものは、熊沢正興（一六二九～九一）編の『武将感状記』（正徳六年〈一七〇六〉刊）である。正興はその妻の兄であった熊沢蕃山（一六一九～九一）の影響で兵学に凝った岡山藩主池田光政（一六〇九～八二）に抱えられ、その郷学教育の成果として本書は刊行された。本書は好評で、江戸期に十版を数えており、その続編『続武将感状記』（天保十五年〈一八四四〉刊）の序（栗原信充）によれば、漢文を修練する階梯として、本書の挿話を漢文に置き換える作業が、文章の訓練のみならず、武士教育の「修身」的効果を期待できることを伝えている。近代に至っても、本書は読み物としての命脈を保ち続け、日本古典のカノンたる帝国文庫（明治三四年〈一九〇一〉年刊）の一冊に入っている。

　翻って、『日本戦史』シリーズの実質的編纂者であった横井忠直は、陸軍大学校教授であったが、そもそも彼は、豊前中津の医者の家に生まれ、広瀬淡窓に学んだ後、中津藩藩校教授を務めた漢学

其性大器ニシテ智謀奇才アリ。学ヲ好ミ、士ヲ愛シ、神ヲ敬、禅学ヲ貴ミ、歌学ヲ愛ス。

其子輝元、太閤ノ時中納言ニ任シ、天下無双ノ大名也。其性穏便ナル人ニテ、内府公ヘ不和ノ心ハ且テナカリシガ、不慮ニ秀頼ノ命ニ一味シ、大家ヲ滅シテ周防・長門両国ヲ賜ナリ。其子長門守、其子今大膳大夫ニ至テ、両国相違ナシ。又小早川ハ大閤ノ時別ニ筑前ヲ賜テ、五十万石ノ大名タリシカ、無レ子ケレハ比ノ政所ノ姪秀秋ヲ養子トシテ世ヲ継。是筑前中納言ト申也。吉川ハ別ニ拾二万石賜ケルカ、関ケ原一戦ノ後、所領ヲ滅シテ、六万石トシテ長門守ニ属セラル。


者であった。陸軍編修書記として『日本戦史』シリーズの編纂で横井を助けた丸山正彦も、横井から漢学を学んでいた。彼等、漢学派にとって、武家説話が、漢学の初等教育における修身的効用を持つものとの認識は必ずやあったに相違ない。二松学舎で漢学を学ぶ前に夏目漱石は、明治十一年（一八七八）、十一歳で回覧雑誌に漢字片仮名交じりの「(楠) 正成論」を書いているが、これが明治に至っても学問の階梯であった事実を忘れてはならないだろう。『武将感状記』（十八世紀末成立か）・大槻磐渓常山『常山紀談』（十八世紀末成立か）・湯浅『近古史談』（嘉永六年〈一八五四〉刊）・岡谷繁実『名将言行録』（明治三年〈一八七〇〉刊）のような武家説話集は、いずれもその序文等を見る限り、漢学教育の初歩的階梯のテキストとして位置づけられていた。特に『近古史談』は、明治になっても、本文のみならず、「删修」「補正」版まで出ていることから、明治期にも一定の需要があったことと思われる。

『慶長軍記』の存在は、より説話を集成し、近代に至って国史叢書の一巻として活字化された『関ケ原軍記大成』の存在によって忘れられていった。

82　諸国黜陟事　（十九―二）

毛利輝元ト申ハ、正三位陸奥守元就ノ嫡子也。大膳大夫・大江広元後胤、始ハ勢州吉田ニテ三千貫ノ世帯タリシ。武勇中国ニ振ヒ、名ハ既ニ扶桑ノ中ニ発ス。元就ノ末子ニ小早川隆景、又一族ニ吉川元春・宍戸元清トテ、三人ノ大剛ノ侍アリ。仮令ハ蜀王ノ関羽・張飛・孔明ノ三傑ノ如ク、此三臣先行処傾スト云事ナシ。周防ノ大内

しかし、関ケ原のイメージの大枠において、『日本戦史』は『慶長軍記』のそれを結果的に踏襲しているし、こうした書物が、武士で軍人であれ、士気の涵養を目的した面があることも本質的に変わってはいなかったのである。軍人として青春時代を送った司馬遼太郎の小説世界を考える上でも、本書の残した問題は忘れることは許されないのだろう。

（井上「『日本戦史　関原役』における「補伝」の意義」「軍事史学」二〇九、二〇一七年六月から一部抜粋）

82　諸国黜《チユウ シユツ》陟《チヨク》事　（十―七）

同年十月五日、毛利輝元、今度凶徒一味、罪科雖トモレ、難トレ遁、其身大坂ニ在テ不破ノ関不ニ出張一、殊トニ安堵御免ヲ請ケレハ、周防・長門両国ヲ被ニ下行一、安芸・石見・因幡・備後・備中五ケ国ヲ被ニ召シ上一ケリ。前田能登侍従利政、搾《サシハサミ》ニ野心一、濃州エ不ニ出馬一。故ニ能州省除セラル。

家ハ源頼明以前ヨリ高種ノ大名也。老臣陶尾張守、我君ヲ弑シテ国ヲ奪ケルニ、元就度々合戦シ終陶ヲ誅罰ス。又尼子晴久、数ヶ国ノ大名タリ。元就、七年ノ戦闘、終大利ヲ得テ、中国十三国ノ覇道ヲ立給ケリ。

其中納言輝元、大閤秀吉公ニ随テ二心ナキ故、十ヶ国本領相違ナカリキ。然ルニ、今度秀頼ニ頼レ、一方大将軍ニ仰申故ニ、凶徒等ニ一味シ其罪科遁カタキ也。サレトモ其身大坂ニ在テ、イマタ不破関ヘハ出張ナク、偏安国寺ニ誘引セラレ、其身ハ張本ニアラス。頻リニ厚免ヲ請ケレハ、評定ノ上優恕アリ、同十月周防・長門両国計ヲ賜リテ、元来ノ拾ケ国ヲハ没収セラレテ、今度ノ勲功ノ人々ニ割与ラル。扨亦前田能登侍従利政、二心有テ濃州ヘ不二出馬一故ニ、能登国省除セラル。

福島左衛門大夫正則、岐阜・不破両所、先陣汗馬ノ労無双トテ、安芸・備後両国恩賜セラル。池田三左衛門輝正、川田ヲ渡シ、岐阜後ノ山ヨリ一番ニ乗入、粉骨抽二衆人一トテ、播摩国ヲ宛行ハル。浅野左京大夫幸長ハ、秀頼ノ御一族、今度無二二心一ヲ感セラレテ、紀伊国拝領ス。黒田甲斐守長政、岐阜不破ノ戦功ニテ、筑前国ヲ

福島左衛門大夫、岐阜・不破両所、先陣行馬ノ労無シレ双ヒトテ、安芸・備後両国被二恩賜一。池田三左衛門、川田ヲ渡、岐阜後ノ山ヨリ一番ニ乗リ入リ、粉骨抽二ル衆人一トテ、播摩国ヲ宛行ハル。浅野左京大夫ハ秀頼御一族、今度無二二心一ヲ被レ感、紀伊国拝領ス。黒田甲斐守、岐阜・不破ノ戦功ニテ筑前国賜ル。田中兵部大輔、江度先陣・不破戦功、石田三成ヲ虜《イケトル》故ニ、筑後国ヲ賜。

金吾中納言ハ裏切シケレハ、備前・美作恩賜也。堀尾帯刀度々奉公ノ労有トテ、出雲・隠岐二ケ国ヲ賜ル。豊前及ヒ豊後ノ杵築ヲ細川越中守拝領ス。山内対馬守ハ土佐国、中村一学ハ伯耆国ヲ賜ル。京極宰相ハ若狭ノ国、京極修理ノ亮ハ丹後国ヲ拝領。加藤左馬助ハ石田先手ヲ追崩、藤堂佐渡守ハ大谷カ先手ヲ追敗ル故ニ、伊予国ヲ両人ニ賜ル。松山ハ左馬、今治《イマバリ》ハ佐渡也。池田備中ハ川田ノ戦功ニテ、因幡鳥取《トツトリ》ヲ賜フ。金森法印ニハ飛騨ノ国、有馬玄蕃頭ニハ丹波ノ福知、徳永法印ニハ美濃高洲ヲ賜フ。一柳監物ハ川田先陣スルヲ褒美シ給、伊勢・神戸ヲ賜フ。市橋下総守、福東城乗取タルニ依テ、二万石加恩也。

賜ル。田中兵部太輔長正、江度ノ先陣・不破戦功、石田三成ヲ虜故ニ筑後国ヲ賜ル。

金吾中納言秀秋ハ裏切シケレハ、備前・美作恩賜ナリ。堀尾帯刀吉晴、度々奉公ノ労アリトテ、出雲・隠岐二国ヲ賜フ。豊前及豊後ノ木付ヲ、細川越中守忠興拝受ス。山内対馬ハ土佐国ヲ賜。因幡・伯耆両国ヲ、中村一学ニ宛行ハル。若狭国ハ京極宰相、丹後国ヲ同修理亮拝領也。加藤左馬喜明ハ、石田先手ヲ追崩シ、藤堂佐渡守高虎ハ大谷刑部少輔先手ヲ追敗ル。故ニ伊予国ヲ両人ニ賜ル。松山ハ加藤喜明、今治《ハル》ハ藤堂高虎居城トス。池田備中長吉ハ川田ノ戦功ニテ、因幡ノ鳥取ヲ賜。金森法印ニハ飛騨国、有馬玄蕃ノ頭ニハ丹波福知山、徳永法印ニハ美濃高洲ヲ賜ケリ。一柳監物八川田ノ先陣スルヲ褒美シ給。伊勢・神戸ヲ賜ル。市橋下総守、福束城乗取タルニ依テ、二万石加恩ナリ。

扨少将秀康ヘハ越前国ヲ被レ遣。下野守忠吉ハ、島津退口ニ自身ノ力戦抜群也トテ、尾張国ヲ被レ遣。前田利長、大聖寺ヲ攻抜勲功ニテ、能登國幷加州小松・大聖寺ヲ加増也。加藤主計頭、西国所々働ヲ感セラレ、肥後国

扨　少将秀康主エハ越前国ヲ被レ遣。下野守忠吉ニハ島津退口ニテ、自身ノ力戦抜群也トテ、尾張国ヲ被レ遣。前田利長大聖寺ヲ攻抜ク勲功ニテ、能登国幷加州小松・大聖寺ヲ加増也。加藤主計頭、両国所々ノ働ヲ被レ感、肥後国ヲ賜ケリ。

翌年七月廿四日、上杉景勝入洛ス。先レ是秀康主ヲ以降参ス。其罪優恕セラレハ、八月廿四日、景勝会津百万石ヲ減シテ、米沢ニテ三十万石ヲ賜フ。同廿五日、会津六十万石ヲ蒲生藤三郎秀行拝領ス。蓋直江山城守、「最前降参ノ一通ヲ捧ゲル故ニ、卅万石ヲ直江ニ賜ルト仰ケレハ、主君景勝ニ被レ下、直江ハ景勝ヨリ所領ヲ貰候ハン」ト申ニ付、「汝カ心ニ可レ任」ト仰ニテ、景勝ヲ養子トシ、直江カ嫡子平八ヲ景勝ノ子息ニ定メ、戸田左門氏鉄ノ息女ヲ後日ニ婚シケルガ、平八早世シテ、景勝ニモ子息誕生シ、後ニ上杉弾正大弼ト云、家督ヲ継。平八カ後家ハ板倉周防守妻ト成ル。

今般天下大ニ改テ、或ハ裏ヘ悲ハ、或盛ニテ合歓《カウクハン》《ヨロコフ》ス。人世ハ只如二軽塵《ケイジンノ》一、棲《スムカ》二弱《ジャク》草一耳《ノミ》。上方ノ諸将モ、秀頼ノ催促ナレハ無二為方一、義ヲ守テ戦死シ或ハ励スレ勇ミ

ヲ賜ナリ。

翌年七月廿四日、上杉景勝《カツ》入洛ス。自レ是サキ秀康ヲ以降参、其罪ヲ優恕セラル。同六年廿四日、権中納言景勝会津百万石ヲ減シテ、米沢ニテ三拾万石ヲ賜ル。同廿五日、会津六拾万石ヲ蒲生藤三郎秀行拝領ス。蓋シ直江山城守、「最前降参ノ一通ヲ捧ケル故、三拾万石ヲ直江ニ賜ルト仰ケルハ、主君景勝ニ被レ下、我等ハ景勝ヨリ所領ヲ拝〈セ〉ン」ト申セハ、「汝カ心任ヘシ」ト仰ニテ、景勝ヲ養子トシテ、直江カ嫡子直江平八ヲ景勝ノ子息ト定テ、戸田左門氏鉄息女ヲ後日婚シケルカ、平八早世シテ、景勝ニモ子息誕生シ、後ニ上杉弾正大弼ト云、家督ヲ継ケリ。平八後家ハ板倉周防守妻トナリケリ。

今般天下大ニ改テ、或ハ裏へ悲メハ、或ハ盛ヘテ合懽ス。人世ハ只如キ二軽塵一棲二弱草一ニ耳。上方ノ諸将モ秀頼ノ催促ナレハ、無二為方一守レ義テ戦死シ、或ハ励ムレ勇ヲ人々ニハ、中納言景勝・島津兵庫頭・同中務少輔・真田安房守昌幸・同左衛門尉信次・丹羽加賀守・大谷刑部少輔・石田治部少輔・戸田武蔵守・平塚因幡守・山口玄蕃・同右京・稲葉右京亮子息修理・立花左近将監・木村

人々ニハ、中納言景勝・島津兵庫頭・同中務・真田安房守・同左衛門尉・丹羽加賀守・大谷刑部・石田治部少輔・戸田武蔵守・平塚因幡・山口玄蕃・同右京・稲葉右京亮・息修理・立花左近将監・木村宗左衛門・杉浦五左衛門・南条中務・浮田中納言・岐阜黄門・福原右馬助・多賀出雲守也。此人々、西風ノ烈キニ合フテ千紫万紅《センシバンカウ》ノ草木色ヲ変スレトモ、東籬ノ菊猶盛ナル如ク、一旦頼レタル約ヲ不レ違、一命ヲ捨テ働ク勇士ト可レ謂。義者不下以二存亡一易上セ心ヲ、敵モ味方モ志ノ強キヲコソ侍トハ云ベケレ。良将ハ必此穿鑿有。

扨又甲州信玄ハ内府公ノ剛敵是レニ如クハナシ。然ニ勝頼没落ノ後、甲州ノ勇士等大半被二召出一、御普代同前ニ事ヘケリ。今度ハ夫ニ引替ヘテ廿二人ノ勇将、生残タル輩ヲハ、或命計ヲ助ラレ、或ハ所領ヲ減、又ハ切腹ス。是又御奥意アリ。若キ人々可レ有二鑑識一所也。

宗左衛門・杉浦五左衛門・南条中書・浮田中納言・岐阜中納言・福原右馬助・多加見出雲守・直江山城・太田飛騨也。此人々ハ風霜ニ逢テ千紫万紅ノ草木色ヲ変スレトモ、東籬ノ菊、猶盛ナル如ク、一旦頼レタル約ヲ不レ違、一命ヲ捨テ働ク勇士ト謂ツヘシ。義者不下以二存亡一易上、心敵モ味方モ、志ノ強キヲコソ侍トハ云ヘケレ。良将ハ、必此穿鑿アリ。

扨又甲州信玄ハ右府公ノ剛敵、是ニ如ハナシ、然ルニ勝頼没落ノ後、甲州ノ勇士等大半被二召出一、御譜代同前ニ事ヘケリ。今度ハ其ニ引替テ廿二人ノ勇将、生残タル輩ヲハ、或ハ命計ヲ助ラレ、或ハ所領ヲ減シ、又ハ切腹ス。是又御奥意アリ。若キ人々鑑識シテ、挙々服膺セラルヘキ所也。自レ是後天下平安ナリ。彼武王ノ紂ヲ討テ、干戈ヲ建櫜セラレシ時節ナリ。

其比内府公ハ、専聖賢ノ政ヲ信仰シ、博士ヲ集テ尋問給ヒ、「『貞観政要』『孔子家語』又ハ軍法至極ハ「七書」ニ如ハナシ」トテ、「武経七書」ヲ各鏤レ梓テ天下ニ行ル。「高帝天下泰平ノ後ニ漢朝ノ礼法ヲ制シ、魯国ノ博士ヲ召タル、四百年ノ基業一人ノ心ヨリ出ケル御志ハ古今一同セリ」ト、時ノ賢者感心シケリ。

83　御昇進幷年譜事　（十九―二）

慶長六年三月、世上豊饒ニシテ京洛静謐、民万歳ノ声アリ。秀忠卿叙二従二位一ニ任二大納言一ニ、同四月東国下向ナリ。佐竹義宣、武州金川ニテ御迎ニ出祝シ申也。

七月、内府公大坂御動座有テ、関東下向ナリ。井伊兵部太輔佐和山ヲ賜ル。要害不レ宜由ヲ言上シテ、彦根山ニ新城ヲ築ケリ。樹林・孤峰、湖水ノ中ニ突出ス。天主・櫓、雲間ニ交ル三方堅固ノ名城ナリ。此時御家人、各加恩宛行ハル。勢州桑名、本多中務少輔忠勝、是又縄張ヲ改メ築ケリ。濃州加納ハ奥平美作守信昌、同大垣、石川長門守康通、参州岡崎城、本多豊後守康重、参州吉良ノ城、本多縫殿助康俊、参州吉田、松平玄蕃助家清、遠州浜松ハ松平内《大イ》膳正家広、遠州掛川ハ松平隠岐守定勝、遠州横須賀ハ大須加出羽守忠政、駿州田中ハ酒井備後守忠利、駿州府中ハ内藤三左衛門信成、駿州興国寺ハ天野三郎兵衛康景、駿州沼津三枚橋ハ大久保次右衛門忠佐、

83　御昇進幷年譜事　（十一―八）

慶長六年三月、秀忠卿、叙《ジョ》二従二位一任二シ大納言一ニ給フ。四月、東国ニ御下向也。佐竹義宣、武州神奈川ニ迎奉レ祝。

七月、内府公、大坂御ヲ御動座有ツテ関東エ下向。井伊兵部大輔、佐和山ヲ拝領シ、要害不レ宜由ヲ言上シテ彦根山ニ築二新城一。

同七年九月十五日、中納言秀秋卒逝ス。

十二月四日、東山大仏殿回禄。

同八年二月、秀頼任二内府一。

三月廿五日、家康公叙二従一位一ニ、任二ス右大臣一、補二征夷大将軍、淳和・奨学両院別当、源氏長者一有二リ宣下一。

七月廿八日、秀忠公ノ長女ヲ秀頼公ノ北ノ御方ニト御契約ニテ、伏見ヨリ大坂ニ御輿入ケレハ、群臣安堵シ、諸民其所ヲ楽ミケリ。

同九年、秀忠公叙一正二位二、任二ス右大将一給。

上総小多喜ハ本多出雲守忠朝、如レ此ノツマリツマリノ要害ニハ、御譜代ノ面々城主トナツテ堅ケレハ、乱臣・賊子ノ候ヘキ地モナシ。

同七年四月十一日、大隅・薩摩安堵ノ仰ヲ島津修理大夫義久ニ賜。

五月四日ニハ、佐竹右京大夫義宣、常州八十万石ヲ解除セラレテ、秋田ノ砥沢ノ城二十万石ヲ賜ケリ。

六月朔日、伏見城経営。十一日、本多上野介正純ヲ遣シ、南都東大寺宝蔵ヲ開、勧修寺右大弁光豊・広橋右中弁総光・柳原右少弁業光、奉二勅封宝蔵一。

同九月、板倉四郎右衛門勝重ヲ伊賀守ニ任シ、加藤喜左衛門両人、京都諸司代ニ補ラル。

同十二月宇都宮ヲ奥平大膳大夫家綱ニ賜ル。

九月十五日、中納言秀秋病悩卒逝ス。或云、十月十八日秀秋卒。

十一月廿六日、公出二江戸趣洛一。十二月廿五日、伏見入御、武田信吉万千代、母ノ氏ニ依テ、武田トス。常州水戸賜レ之。

十二月廿八日、島津忠恒後号家久、伏見ニ来、家康公エ参ル。

又仰ニ曰、「勢州桑名城ハ往還ノ険要也。夫レ与レ人

同十年、藤堂和泉守高虎申云、「諸大名証人江戸エ可レ被レ召、先我等家ヲ移可レ申」トテ、妻子ヲ引越居住シケレハ、是ヨリ諸国ノ大名・小名悉妻子ヲ引越居二住于江戸一ニ両御所、高虎ノ無キ二二心一ヲ感シ玉フ。

三月、秀忠公上洛シ給。

四月廿六日、任シ二内大臣一補フシ二征夷大将軍一給。秀康卿、任ス二権中納言一。忠吉主、任セ二左中将一ラレケリ。

同十一年、江戸御城御普請。

三月、三位中将忠吉主卒逝。

閏四月、正三位越前大守秀康卿逝去。近年、西国表残党多ク、朝鮮国ニ逃渡ケルヲ、去年・当年ニ俘数千ヲ召具、来朝シケリ。

同十四年、島津家久申シ請テ琉球国ニ攻入リ、悉討平ク。今年南蛮商売ノ船、長崎ニ来リケレハ、「可二攻殺一」ト仰也。是往年有馬修理国人、交趾ノ海辺ニテ乱妨シケル罪也。大船自火を放ツテ沈ケリ。

同十五年、薩州島津家久、琉球国王ヲ召シ連レテ江戸エ参ル。

ニ見。

十二月四日、東山大仏殿回禄。

同八年正月、甲州ヲ義利ニ賜、後改二義直一任二内大臣一。備前国ヲ池田輝政ニ賜ヒ、美作ヲ森忠政、川中島ヲ上総介忠輝ニ賜也。

三月廿五日、駿河内府、従一位右大臣ニ任シ賜也。征夷大将軍、淳和・奨学両院別当源氏長者ニ補ラル。

抑昔ノ例ヲ按スルニ、神代ニハ天照太神ノ孫《ミマコ》瓊々杵尊、日本ニ降臨ノ時、天忍日神《アマノヲシヒノ》・天槵津大来目《アマクシツヲホクメ》、両将トシテ先駆シ奉ルトカヤ。人皇ニ到テ、神武天皇ノ御時、日向国ヨリ軍ヲ起、東ノ方大和国ヲ征シ給時、道臣《ミチドミノ》命将師トシテ先駆ス。崇神天皇ニ至テ、四道ノ将軍ヲ置レテ四方ノ逆臣ヲ征罰シ給。景行天皇ノ御字、皇子日本武尊始テ東夷ヲ征シ給ナリ。此等ハ将軍ノ始ナレトモ、イマタ征夷使ノ官ヲ置レス。桓武天皇延暦十三年、東国一揆蜂起シケレハ、道臣命ノ苗裔大伴ノ弟麿《ヲトマロ》、其任ニ当タリトテ、始テ征夷将軍ニ任給也。是吾朝征夷使ノ始也。

同十六年、又東国暴乱ナレハ、坂上ノ大宿祢田村麿ニ命シテ、征夷将軍ニ任シテ東方悉ク誅戮ス。是ヨリ先奥

闘不下揃二其推一ヲ拊中其背上、未レ能レ全二其勝一ヲ」本多忠務大輔ヲ召テ、「汝彼所ニ城郭・縄張堅固ニシテ可二居城一、又見二古今一、戦城多ハ勢多《タ》ノ橋ノ辺也。故ニ天下ノ三関トハ、濃州不破・勢州鈴鹿・近江勢多也。今膳所ニ城ヲ築キ、誰ヲカ可レ置」本多佐渡守申テ云、「戸田左門勇士ト云、律儀第一者ニ候。縦上方大事出来ストモ、守レ死可二籠城一者ニ候」ト有ケレハ、二万七千石ノ加恩ニテ高三万石ト也。膳所ノ城主トナル。

今年尾州清須ノ城ヲ割テ、名護屋ニ大城ヲ築、松平右兵衛佐義宣主ヲ居給。又佐竹義宣、常陸国ヲ被二没収一セテ、出羽国秋田城ヲ賜ル。於万殿《ヲマントノ》水戸城主ト成リ給ケルガ、慶長九年ニ早世シ給フ。其跡御舎弟於鶴《ヲツル》殿ニ賜、後中納言頼房ト申ス也。

州・羽州ニハ、鎮守府ノ将軍アリ。是ハ彼国ニ城郭ヲ構へ、五千人ノ軍兵師テ常ニ在ケル宦也。征夷ハ常ニ不レ置、兵事アレハ臨時ニ命セラル。其ヨリ後、弘仁ニ文屋ノ綿麿、天慶ニ藤原ノ忠文、寿永ニ源義仲、建久ニ源ノ頼朝、任レ之。但頼朝ノ時、鎮守府ヲ止テ、天下一人ノ将軍トシテ大将軍ト申也。嫡子頼家次男実朝、嘉禄ニ藤原頼経、子息頼嗣、六代親王ニテ相続テ任レ之ニ。鎌倉已ニ没落シテ暦応ノ比、源ノ尊氏征夷大将軍ニ任シテ、此子孫大繁昌シ、公方室町殿ト崇メ奉リテ、代々天下諸侯・大夫ノ主君トス。

尊氏十三代将軍源義輝、永禄八年、三好筑前守義長・松永弾正等乱ヲナシテ、忝モ天下ノ主君ヲ弑シ奉ル。義輝ノ御舎弟、南都一条院ノ門主タリシカ、長岡兵部太輔等守護シテ畿内ヲ出奔シ、越前ノ朝倉義景ヲ頼レケレトモ、朝倉承引セス。其ヨリ尾州ノ信長ヲ頼テ、再ヒ京都へ入洛、三好・松永、或降参シケルカ、信長終ニ誅戮シ、義輝ノ御弟義昭征夷大将軍ニ任シ、信長ハ大臣ニ登庸シ給へトモ、征夷使ハ義昭持給也。

秀吉ノ時、義昭へ使ヲ以申シケルハ、「征夷使ハ已ニ十四代御辺ノ家ニ伝ハル、吾今天下掌握ノ上ハ、征夷ヲ付与セラルヘシ。然ラハ父トシテ所望ノ国ヲ可ㇾ進」ト。義昭答テ云ク、「征夷ハ吾家ノ職也。天下モ又吾家ニ伝タレトモ、逆臣等乱虐スル事、暦年不ㇾ及ㇾ力次第也。将帥ノ職ハ天下一人ナリ。御辺ニ付属ハ叶ヘカラス」ト也。此「燕巣㆓於幕㆒、魚遊㆓於鼎㆒」ト云例也。忽ニ身喪ヒテハ、征夷ハ持度トモ持レマシ。「此時大閤ハ能子ナレハ、征夷ヲ譲リテ一国守護シテ世ヲ全セラレハ、子孫永久ノ基成ヘキニ」ト、聞人毎ニ危フミケリ。

斯テ秀吉、此返事ヲ大ニ怒テ、「愚ナル人カナ。我此人ヲ廃テ征夷ニナルハ安キ事ナレトモ、十四代持タル官ヲ、案内ナシニ解除サスルニイトヲシク、人ノ官ヲ奪ニ似タレハ、世ヲ憚リ道ヲ立テ、彼人ノ存分ニ計シニ、譲マシトハ何事ソヤ。此人出家落テ、信長ノ威力ヲ仮テ公方ニ仰ナカラ、又信長ヲ誅セシト謀ル。故ニ終ニ廃ラレテ堺ノ寺ヘ追籠ラレ、今ハ早一所懸命ノ地モナク、秦王子嬰カ苦ミ、生死モ知ヌ身上ニテ、征夷ヲ惜ハ何事ソヤ。高家ナレハ死罪一等ハ免許スヘシ」トテ、遠島ノ沙汰ニ及ケリ。

慶長軍記を楽しむために⑦

写本の文章の魅力

近世に大量に生み出された軍書・軍記は、軍学・記録・教訓・娯楽・考証といった多様な顔を持つ、実に雑多な性格の書物群であり、その雑種性故に近世文学の外縁に位置しながら、それ自身、読み物として、あるいは小説・演劇等に主に歴史の方面から養分を送り続ける役割を果たした。刊行軍書については、その沿革をまとめることができた（井上『近世刊行軍書論』笠間書院、二〇一四年）が、厳しい情報統制の対象となった刊行軍書からはみ出た広漠たる写本軍書の世界がある。本書もそこに含まれる。

その機能としては、一つは記録として残す点が当然ある。特に関ヶ原に関する軍記は、江戸の武家のほとんどがその戦功にかかわる戦いであるが、徳川家についての情報を刊行しにくい出版規制上、主に写本で広がった。これらの書物は、旧大名家、あるいは旧藩校の蔵書に多く、先に蔵書の節で述べたように、御家の系譜と位置づけのため、記録として書写された。

其比連歌師紹巴、御伽ヲシケルカ、年来義昭公ノ懇情ニ預タレハ、「如何ニモシテ逆鱗ヲ止ン」ト、折節ニ取成ス。秀吉次第ニ怒ヲ止ラレテ、終ニ毛利輝元卿ニ預ラル。輝元卿ハ本ヨリ寛仁アル人ニテ馳走申。備後国ニテ五千石ヲ参ラセケレハ、心易ク彼地ニテ詩歌ヲ一生ノ遊トセラレケリ。義昭公ノ子二人、兄ハ円満院ノ門主、弟ハ嵯峨大覚寺ノ門主ナリ。又義輝公ハ近衛殿ノ娘ヲ嫁シテ、男女二人アリ、男子ハ一所ニ生害、女子ハ尼ニナリテ、実教院御所ト云シナリ。一説ニハ、閨中ニ宮仕シケル小侍従ト云女アリ。此腹ニ男子一人アリ。嫉妬ヲ恐レテ、遠所ニ隠置タルカ、御生害ノ時已ニ二歳、近江国尾池伊賀守養子トス。伊州没落ノ後彷徨シテ、或ハ南都源乗院ニ往テ糊ヒ、或ハ近江ノ饗場西林《サイ》坊ヘ行テ、生ノ寄年ヲ送リケルトナン。貧若モ次第ニセマリ、勢ヒモヲトロヘ、彼韓信カ釣ヲ垂タリシ時節ナレハ、長浜ノ城主生駒雅楽頭、其時未タ三千石ヲ領ケルニ事ヘテ家人ト成ケリ。壱岐守ノ代ニ浪人シテ有ケルヲ、東叡山南光坊大僧正深ク哀憐シテ、終細川越中守ニ事ヘテ足利道閑ト云ケリ。

しかし、より個人的な読書ということになれば、実録（「書本」）につながる説話性や批評性、あるいは興味深いエピソードを冷静に伝える読み物の機能が重要である。しかも、写本は、板本に比べ音読を前提にしないことが多いから、その書写性が表現にもかかわる。本書の場合、おびただしい文書や漢籍の引用は、明らかに音読に供しない性質のものである。では、全て本書が黙読用のものであったかというと、それはどうも怪しい。

例えば関ヶ原合戦の戦語りで、ヤマ場の一つである大谷刑部の死の場面（59）など一つとっても、その会話文の多さや、文章のリズムの良さは、音読に供した可能性を捨てきれない。伏見城・福島・浅井縄手・岐阜城攻め、そして関ケ原と合戦の場面にはそうした傾向が色濃い。

本書と同時期に出来た写本軍書、宇佐美定祐『朝鮮征伐記』（寛文二年序）なども、この両生類的性格は同様である。それら写本軍書では、刊行軍書のような文飾や繰り返しの修辞こそ施されないが、冷静な抑えた記述の中に、武将の行動が再現され、刊行軍書とはまた別の魅力がある。

関ヶ原関係の軍書でいえば、『関ヶ原軍記大成』

扨秀吉ハ、与ヘヌ職ヲ奪テモ無レ専、関白職ハ征夷ニハ上ナレハ、所望アリテ補任シテ、豊臣関白ト申也。伏見ヘ隠居ノ時、姪《テイ》ノ孫七殿ヲ養子トシテ関白職ニ補シ、京都聚楽城ニ置マイラセ、自ラハ大閤ト申ナリ。其故ニ太閤モ秀次モ征夷使ニハ補給ハズ中絶、闕職トナル。今度駿府ノ右府征夷使ヲ補シ、今ノ世マテ四代ノ綱紀ヲ続給事、希代ノ勝事ト謂ヘシ。

同四月廿二日、豊臣秀頼任二内大臣一。七月廿八日ニハ、秀忠卿ノ長女ヲ秀頼ノ北ノ御方ニト契約ニテ、伏見ヨリ御輿大坂ニ入ケレハ、婚姻ノ礼儀行ハレ、群臣安堵シ、諸氏其所ヲ楽ケリ。

七月、家光公、江戸西ノ丸ニ誕生ス。

八月、朝鮮人来聘ス。

九月十一日、武田信吉逝ス、二十一才。

同九年、秀忠卿叙二正二位一、任二右大将一。十一月、常州水戸廿五万石ヲ頼宣ニ給也。

同十年、藤堂和泉守高虎申云、「諸大将証人、江戸へ被二召寄一可レ然。先吾家ヲ移シ可レ申」トテ、妻子ヲ引越居住シケレハ、諸国大名・小名、吾モ吾モト妻子ヲ城

巻二六の大谷刑部の最期の記事が本書と好一対である。

大谷吉隆は、駕籠をすへさせて後陣に在りしが、先手の隊長湯浅五助、首一つさげて馳せ帰り「五助参りたる」と云ひければ、大谷乗輿の外へ出て、「合戦の勝負はいかに」と問ふ。五助涙をはらはらと流し、「裏切の輩あるに依りて味方利を失ひ、戸田武蔵守・平塚因幡守もうたれ給ひ、軍士等数十人戦死仕候ひぬ。大学殿・山城殿は生き残りたる兵士を下知して、未だ防戦と見え申したり。此の駐進申さん為、暫く存命して馳せ参りたり」と申しければ、大谷「扨ては心得たり。時刻移らば雑人の手にかからんも計り難ければ、いそぎ切腹すべし」とて、掛硯より金子を出させ、近習の兵士に向かひ、「味方敗軍の今に至る迄、付きまとひたる志、誠に武士の勇義なり。去りながら、一陣こぞつて討ち死にせんも更に益なし。面々此の金子を路料として、何方へも離散すべし」と云ひ含め、其の後五助が方に向かひ、「汝介錯して、我が首を敵方へわた

下ヘ移ケリ。両御所、高虎二心ナキヲ感給。

三月、秀忠卿上洛、四月、与㆓奪将軍・右大将㆒。十二日、豊臣秀頼任㆓右大臣㆒。四月廿六日参内、秀忠卿、右大将・征夷大将軍ニ任ラル。是父ノ御譲也。参河守秀康、権中納言ニ任ラル。薩摩守忠吉、左中将ナリ。同十一年三月、江戸御城普請アリ。元来此城ハ官領上杉朝興在城。大永四年、北条氏綱攻抜、其後太田道歓（灌カ）縄張、平山城ニ取ヲロシ在城シケリ。

此道歓（灌カ）ハ、歌学ヲ好ミヌルカ、或人、「江戸ノ景ヲ歌ニヨメ」ト云ヘハ、「我菴ハ松原遠ク海近シ富士ノヲ山ヲ軒端ニソミル」ト詠ケリ。又或時、詠歌ヲ京都ヘ奉リケレハ、御製ニ、「武蔵野ハカルカヤノミト思シニカカル詞ノ花モアリケリ」ト賜ハリヌルトナリ。

今度普請ニ付テ、「本丸城内狭ケレハ広ケン」ト仰ナリ。藤堂高虎ニ問セ給ヘハ、答云、「本丸ハ狭ガ利多ク候」ト言上ス。「故本丸ハ昔ノ如ニシテ、二・三ハ縄張カハリケル」ト、古キ人語ラシケリ。惣テ縄ハリ、昔弓箭ノ合戦ノ時ハ、屏裏ニ武者走ヲ付テ、肩ヨリ上ハ屏ノ上ニ出テ弓ヲ射ケリ。其故ニ縄張ノ穿鑿ナク、昔ノ城ヲ

すべからず」と云ひて、おし肌脱ぎて腹一文字にかき切りければ、五助首を打ち落す。行年四十二歳とかや。首を近臣三浦喜太夫羽織に包み、その辺りの田の中へうづみ、其の身も自害せしと也。

周知のとおり、小早川秀秋が、東軍に寝返ったことで、大谷隊は殲滅の憂き目にあった。武士は、緊急事態にこそその真価を発揮するものであるから、死という一大事にも冷静に対処することが求められた。その点、この大谷の最期は実に淡々としている。名誉を重んじる武将は、身分の低い者の手にかかる不名誉を忌避し、死に時を誤らず自害して果てる。また、病で醜く崩れた顔を衆人に晒すことを避けて、首を渡さないことを最後に命じる。さらには、家来の無駄死を望まず、逃亡用の金を分配する大将としての配慮を忘れない。そのような吉隆に普段から仕えていた湯浅や三浦といった近臣もまた、主君の意を図って、乱れず行動する。写本ならではの名場面であろう。そして、この場面の原型は本書にすでに確認できる。

もう一つ、編者未詳だが、関ヶ原で絶えた家の

ミルニ、浅々敷事也。近代鉄炮セリ合ナリテ、狭間ヨリ外ニ矢玉ヲ射放事モナラス、屏裏ニ敵付テ、屏ノ上ヨリ望事モ不㆑成故ニ、掘《ママ》ヲ広クシ、横矢カヲリヲ考、陰陽ノ縄ナト堅固ヲ撰ケルトナリ。

五月十五日、榊原式部太輔卒、五十九歳。

九月廿二日、江城本丸新成、大樹移㆑之。同月常州下妻ヲ頼房ニ賜。

十二年三月、三位中将忠吉、江戸芝ニテ卒去、三十四《廿八オイニ》。石川玄蕃・稲垣将監・中川清九郎殉死。小笠原監物、増上寺ニテ殉死。

今年西国表ノ残党多ク、朝鮮ニ退渡タルヲ、去年・当年、虜数千人召具テ来朝シケリ。宗対馬守導引ス。此時朝鮮人、来朝国ノ産物ヲ献上ス。

四月八日、権中納言秀康公、越前ニ薨ス。三十四。土屋左馬助・長見右衛門、殉死。廿四日、朝鮮三使、江戸ニ来ル。廿六日、義利転㆓甲州㆒、賜㆓尾州㆒。

五月廿六日、犬山城平岩主計頭ニ賜。

十三年六月四日、中坊飛騨、訴㆓羽柴伊賀守不義㆒、除㆓伊賀国㆒。


武将の伝を集めた写本『古今武家盛衰記』巻一の石田三成の記事も挙げよう。

　此の時、洛中の貴賤老若男女、右三将（石田三成・増田長盛・安国寺恵瓊—井上注）の首を見物し皆云ふ様は、「太閤御在世の時、此人々は大名と云ひ奉行職と云ひ、仮初の往行の出仕にも、供人大勢あたりを払ひ、其の上諸侯大夫頭を地に付て腕首をさすり手を束ね尊敬する故に、我々如きの者、終に面を見る事なかりし。然るに今梟首せられ、面を見れども咎むる人なく、警固する供人もなし。況や尊敬する人なく、世の転変とは云ひながら、誠に痛わしき事也」と評す。

六条河原で、関ヶ原の首魁三名が斬首され、さらし首になった記事を受けて、諸人の評判が始まる。有為転変を嘆く声に、ある者は三成の急激な出世を批判し、ある者は家康と天下分け目の戦いができただけで本望と言う。これらを受けて、この戦いの総括が披露される。

八月、藤堂佐渡守ニ伊賀国ヲ賜。是筒井伊賀守卒ス。子ナクシテ跡絶、其闕国ナリ。此時、島津兵庫頭カ舎兄竜伯、今度ノ不義ヲ可レ有二厚免一之由、本多佐渡守ヲ以頻リニ願申也。兵庫頭ハ関ケ原ニ出テ、内府ヲ射奉ルト云トモ、竜伯ハ日来志ヲ内府ニ通スル故、薩摩国ヲ竜伯ニ給リ、御朱印頂戴ス。扨兵庫カ子息忠恒ヲ養子トシテ召連テ上洛、御礼申上也。

同十四年、竜伯申云、「琉球国ハ吾城ニ近シ、此国ヲ抜取テ奉ラン」ト也。駿府右府許シ給ケレハ、同四月朔日、手勢壱万余ヲ遣シ琉球へ攻入、大島・徳島ニテ合戦、悉討平ケ、琉球ノ中山王尚寧ヲ日本ノ家臣トス。右府公、甚島津カ忠功ヲ感給テ、琉球ヨリ貢献ノ米精拾万石ヲ島津ニ賜ル。

五月十一日、松平伯耆守卒、二十一歳。本名中村一学、無二嗣子一。

十二月、石川主殿頭総輔ニ大垣ノ城ヲ賜テ、石川家成ノ跡ヲツク。

其比、有馬修理亮家人等、三十余人売買物ヲ積テ交趾ノ海辺へ渡ルヲ、南蛮人等悉殺シテ雑物ヲ奪取。修理亮

時に五十計の僧、耳語りしけるは、「御両人の物語今朝より承り、ご尤もの評と存じ候。然れども或る人潜かに愚僧に語りけるは、今度関ヶ原大乱、石田殿一人の思案に非ず。家康公の為す所也」と云ふ。「内府公は「乱して治む」と云ふ古語を含み、連々に謀事を廻らし玉ひ、石田殿いままでに謀反を起こす様に計り玉ひ、諸大将も石田殿を憎み嫉む様に仕掛けらる故に、忽ち大乱興り、果たして逆徒悉く滅亡し、太平の御世となる。誠に有難き御賢慮也。今案ずるに、此の乱なくば、足利将軍十五代の如く世上再び乱れ、諸将亦た領々へ引き籠らば、何れの時か治世ならんに、早くも治まる。此の世界国民諸将の大悦、数ならぬ我々にまで安堵す。然れば尊むべきは家康公なり」と云ひければ、彼の者を初めとし之を聞く貴賤皆「尤も」と云ひしとかや。

評判とは、軍記の本文に評釈をする軍学者・軍談家の話法で、歴史的事件について評価をし、教訓を得るものである。三人の談話になっているのも、『太平記』以来の語り口と見てよい。最後に密

大ニ鬱憤ス。于レ時南蛮船、綾羅・錦繍・珠玉・珍器ヲ大船ニ積テ長崎ノ浜ニ着岸ス。有馬修理、子細ヲ言上シケレハ、仰云、「南船汝ニ与ヘシ、讎ヲ報ヨ」ト也。南蛮人、風ニ是ヲ聞テ、纜ヲ解テ走帰。有馬修理、兼テ用意シタレハ追懸ル。黒船不レ叶トヤ思ケン、石火・矢立替々放ケルカ、鉄炮ノ薬ニ火移テ、自ラ船ヲ焼沈ム。一人モ不レ残成ニケリ。

此年、駿河・遠江五十万石ヲ頼宣ニ賜リ、水戸廿五万石ヲ頼房ニ賜ル。

十五年二月、堀越後守忠俊、老臣堀監物与弟丹後守、権ヲ争テ駿府ニテ対決ス。越後守幼弱ニシテ、治国ノ才無レハ、没収セラレテ岩城ヘ流サル。監物非義ヲ構ケレハ、最上ヘ流サル。則越後国ヲ忠輝ニ賜也。同七月（一ニ五月ト云）、中村伯耆守卒ス。子ナカリケレハ跡絶タリ。伯耆国ヲハ、加藤左衛門・市橋下総守・関長門守三人ニ賜也。又勢州亀山ヲ松平下総守忠明賜也。

八月八日、島津中山王ヲ召連、江戸ヘ参向ス。両御所御感ナリ。

十月十八日、本多忠務少輔忠勝卒、六十三歳。

かに囁かれるのが、家康の計略である。敵を挑発し、大乱に及ぶことで敵をあぶりだしこれを一掃して、天下の覇権を一気に掌握したという。

歴史を後から評価する時、実は見事な謀略があったのだ、という見方も、歴史を彩る解釈の一つとして歓迎されよう。事実、司馬遼太郎もこの説を受けて、小説『関ヶ原』では、家康は慎重に、しかし天下を取るべく賭けに出た。その賭けの相手が三成だったのだと、いう方向でこの乱を見ている。本文で、『孫子』地形編の語（「乱して治む」）をさりげなく引用するのも、軍師の末裔を名乗ることの多かった軍学の徒の論理と言えるが、板本では制約が多くて書けない歴史の解釈を面白く語る伝統が、そこには息づいている（井上「写本軍書の機能」「日本文学」二〇一四年九月より一部抜粋）。

本書にも、「老人曰く」という形で数々の「評判」が語られ、武将の出処進退が論じられていく。史実か否かという関心とは別の所に立てば、本書はこうした「文学」としての魅力が浮かび上がる。こうした作品の先には、「以下無用の事ながら」と断って、筆者自身が小説に顔を出し、「座談」の語り口で、歴史を叙述する司馬遼太郎の小説世界が

或時本多佐渡守ヲ召テ云、「古今ノ戦場ヲ考ルニ、勢多・不破・鈴鹿也。是ヲ天下ノ三関ト云。中ニモ勢多橋辺、可下搤《クヒテ》二其肮《ノトヲ》一拊二其背一之要地也。今膳所ノ城ヲ築、誰ヲカ可レ置」。佐渡守云、「御家人英雄各居二要害之地一、少身ト申セトモ、戸田左門其器ニ当レリ。武勇ト云、律儀第一ノ者」ト云。仰ニ云、「彼世帯三千石何トシテ城ヲ守ヘキ」佐渡守云、「吾ハ人ノ吟味ヲ仕也。小身ヲ大身ニ成給事ハ君ノ心ニアリ」ト。則二万七千石ノ加恩アリテ、膳所ノ城主トナル。但城イマタ成サル内ニ、高所ヨリ落テ卒ス。其子左門氏鉄、父ノ跡ヲ継テ同城主タリ。

又其比、尾州清須城ヲ壊テ名古屋ニ大城ヲ築、松平右兵衛佐義直卿ヲ居ラル。如レ此ニ、東方ハ蘇秦カ印ヲ佩ル勢ヒ、買臣カ衣レ錦ヲ栄ヲナセバ、西方ハ旧領没収セラレテ心モ清《スマ》ヌ、子陵ガ釣ヲ垂、原憲ガトボリヲ閉ル身ト成行ケリ。

見えてくる。もはや、近代デジタルライブラリーで読むことが可能な『関ケ原軍記大成』やそれに取材した司馬の『関ケ原』と読み比べてみることは、その記事の推移のみならず、語り口の違いを味わえるという意味で、楽しい読書になることは間違いないだろう。

84　駿河右府公御上洛并秀頼公御対面事

（十九―三）

右府公ハ慶長十年ニ征夷使ノ任ヲ辞スレハ、継君秀忠公ニ勅任アリ。同十一年ニ駿河国府中ニ御隠居。十二年ニ城郭経営、塀・櫓・天主、漢ノ中天台ニモ増リツヘシ。四方石垣重塁シ堀深水広シテ鳧・鷲游泳ス。漢陽天府ノ旧鎮ト謂ツヘシ。

同十六年三月上洛アツテ、二条ノ城ニ移給ヘハ、諸国ノ大名肥馬ノ塵ヲ揚、思々ニ出立テ参候ス。北辰ノ在テ二其ノ所一ニ衆星ノ向スルカ如シ。

三月廿七日、譲位ノ御事ニテ、同四月十二日、天皇即位。昔太極殿ニ准シテ紫震殿《シシイ》ヲ用ラレ、天子高御座《タカミクラ》ニ南面シ給ヘハ、内弁・外弁儀式正シク、銅鳥・朱雀・玄武・白虎等ノ旗風ニ翻テ音シツカニ、兵庫ノ太鼓耳ニ聳、階上・階下ノ群臣、次第ノ礼拝、服冠正シキ行粧ナリ。漢唐ノ古礼ヲ訪ヒ、本朝ノ格式ヲ覓テ、治レ国平二天下一ノ幾、今日ニアリト、貴賤・上下諸共ニ回天ノ勢ヲナス。先帝ヲ後陽成院ト申也。

84　駿河右府公御上洛并秀頼御対面事

（十―九）

右府公、慶長十年、征夷使ノ任ヲ辞給。嗣君秀忠公ニ有二勅任一。同十一年ニ駿府御隠居。十二年ニ城郭経営、堀・櫓《ヤクラ》・天守、漢中天台トモ可《ニモ可レ増イ》レ謂。四方石垣重塁《ルイ》シ、堀深水広フシテ、鳧《フ》《カモ》鷲《ボク》《同》游《ユウ》《ヲヨキ》泳《エイ》《ヲヨク》ス。漢陽天府ノ旧鎮ト可レ謂。

同十六年有二上洛一テ、二条ノ城ニ移給ヘハ、諸国ノ大名、肥馬ノ塵ヲ揚、思々ニ出立テ参候ス。北辰《シン》在《アツテ》二其所一ニ衆星ノ向カ如シ。

三月廿七日、譲位ノ御事ニテ、同四月十二日、天皇御即位。昔シノ大極殿ニ准《ナソラヘ》テ、紫震殿ヲ用ヒラレ、天子高御座《タカミクラ》ニ南向シ給ヘハ、内弁・外弁規式正ク、銅鳧《トウウ》・朱雀《シュシヤク》・玄武《ケンブ》・白虎《ヒヤクコ》等ノ旗《ハタ》風ニ翻《ヒルカヘツ》テ音静ニ、兵庫ノ太鼓耳ニ聳《ソビ》ヘ、階上《カイセウ》・階下ノ群臣、次第ノ礼拝、服《フク》冠リ正シキ行粧也。漢唐ノ古礼ヲ訪、本朝ノ格式ヲ覓《モトメテ》、治国平天下ノ機今日ニ在ト、貴賤・上下諸共ニ回天ノ勢ヲ成ス。先帝ヲ後陽成院ト奉レ申。

又三月廿七日ニ右府公、加藤主計頭清正・浅野左京大夫幸長ヲ召テ仰ケルハ、「秀頼ヘ久対面セス。両人参テ供シ申サルヘシ。淀殿定テ御気遣モ候ハン。我等子共右兵衛ハ浅野ヘ婿ノ契約也。常陸ハ加藤ノ婿ナレハ、両人ヲ御辺達ヘ渡可レ申」トナリ。加藤・浅野申ケルハ、「其マテモ候ハス。両人参レハ淀殿モ御疑候マシ」トテ、伏見ヲ立テ大坂ヘ参、前田利長ヘ相談シ、則淀殿ヘ申ケレハ、「三人ノ御供ノ上ハ無二子細一」トアリ。主計頭申ケルハ、「日本ノ神祇モ御照覧アレ。此君ノ御身ニ若シ御大事アラハ、私ト左京生テ帰候マシ」トアラハ、「サラハ上洛可レ有」トテ、同廿七日秀頼公大坂川船ニ召テ上洛ナリ。

淀川右左ノ堤、一方ハ主計人数、一方ハ左京人数ヲ押、所々警固相叱ス。清正船中ニテ御膳ヲ上、種々ノ饗応ナリ。右府公ヨリ度々御使者、進物数ヲ尽シ給。此外七組ノ諸士、段々ニ供奉ス。淀ヨリ陸路ニアガリ、肩輿ニメサレ、清正歩ニテ御輿ノ傍ニ付、右兵衛佐義利・常陸介頼将、鳥羽マテ御迎ニ出給。左京ハ病気ノ由ニテ馬ニテ御供ス。洛中ヘ入レハ、主計頭左右ノ戸ヲ開テ、京童ニ

又三月廿七日ニ　右府公、加藤主計頭清正・浅野左京大夫幸長ヲ召テ仰ケルハ、「秀頼エ久シク対面セス。両人参テ供シ申サルヘシ。淀殿定テ御気遣モ候ハン。我子共右兵衛ハ浅野エ婿ノ契約也。常陸ハ加藤ノ婿ナレハ、両人ヲ御辺達エ渡可レ申」ト也。加藤・浅野申ケルハ、「其迄モ候ハス。両人参ナラハ淀殿モ御疑ハ候マシ」トテ、伏見ヲ立テ大坂エ参、前田利長エ相談シ、則淀殿エ申ケレハ、「三人ノ御供ノ上ハ、無二子細一」トアリ。主計頭申ハ、「日本ノ神祇モ御照覧アレ。若此君ニ御大事アラハ、私ト左京生キテ帰候マシ」トアレハ、「愈上洛有ルヘシ」トテ、同廿七日、秀頼公船ニ召テ上洛ナリ。

淀川左右ノ堤、一方ハ主計人数、一方ハ左京人数ヲ押ヘ、所々ノ警固相叱ス。清正船中ニテ御膳ヲ上ケ、種々ノ饗応也。　右府公ヨリ、度々御使者、進物数ヲ尽シ給。此外七組諸士、段々ニ供奉ス。淀ヨリ陸地、肩輿ニ召シ、清正歩行《カチ》ニテ御輿《ノリモノ》ノ傍ニ付ク。右兵衛ノ佐殿・常陸介殿、鳥羽迄御迎ニ出給フ。左京ハ病気ノ由ニテ、鳥羽ニテ御供ス。洛中エ入ハ、主計頭左右ノ戸ヲ開テ京童ニ拝サセケリ。

拝マセケリ。
二条城中へ入給ヘハ、右府公玄関ニ出向テ等拝ノ御礼、秀頼ノ持参ニハ真盛ノ太刀・一文字ノ脇指・黄金三百枚・駿馬一匹・猩々皮三枚・段子廿巻・錦十巻也。又右府公ヨリハ当座ノ御引出物トシテ左文字ノ刀・吉光(鍋藤四郎ト号)ノ脇指・蒼鷹三聯也。既座席右府公ト御対座。右府公仰云、「久不レ懸二御目一中ニ御成人也」ト。御次ノ間ニハ、池田三左衛門・加藤主計頭・浅野紀伊守、其次ニハ本多上野・藤堂和泉守・片桐市正等也。城門・番所ニハ大坂組衆加ハル。

座既ニ定リケレハ、秀頼公ニ向テ仰ケルハ、「今度対面申儀、別ノ子細ニ非ス。豊国太明神被二仰置一如ク、十五歳ノ時、天下ヲ可レ渡儀ニ候ヘトモ、既ニ青野合戦凶徒等ト一味、我ヲ退治セシト有条分明也。起請ハソナタヨリ御破アレハ不レ及レ力。乍レ去大閤ノ厚恩難レ忘条、何ナル御用ヲモ可レ承也。又大坂ニ相詰ル諸士、一万石以上ノ人々、向後駿府ヘ隔年ニ詰ヘシ。徒ニ日ヲ送候ヘハ、作法悪者也」ト有ケレハ、主計頭進出テ、「大坂ニハ御待候ハン。御帰可レ然」ト申ケレハ、右府公「尤」

二条ノ城中エ入給ヘハ、右府公玄関エ出向テ等同ノ御礼、既座席御対座也。右府公仰ニ、「久ク不レ懸二御目一中ニ御成人也」ト。御次ノ間ニハ池田三左衛門尉・加藤主計頭・浅野紀伊守、其次ニハ本多上野介・藤堂和泉守・片桐東市正等也。城ノ門番所ニハ大坂七組衆加ル。

座既ニ定リケレハ、秀頼公ニ向テ仰ケルハ、「今度対面申儀、非二別子細一、豊国大明神如レ被二仰置一、十五歳ノ時、天下ヲ可レ渡儀ニ候ヘトモ、既青野合戦、凶徒等ト一味、我ヲ退治セントアル条分明也。起請ハソナタヨリ御破アレハ不レ及レ力。乍レ去大閤ノ厚恩難レ忘候条、何ナル御用ヲモ可レ承也。又大坂ニ相詰諸士一万石以上ノ人々、向後駿府エ隔年ニ詰ムベシ。徒ニ日ヲ送候ヘハ作法悪キ者也。此旨淀殿エモ可レ被レ仰。態御茶ヲモ不レ進」ト有ケレハ、主計頭進出「大坂ニハ御待候ハン。御帰可レ然ヤ」ト申ケレハ、右府公「最《モツトモ》」ト有テ立出給ヘハ、群臣如レ本供奉ス。夫ヨリ豊国大明神エ参詣シ玉ヒ、川船ニテ大坂エ帰給ヒケリ。

同キ六月、清正執病、同廿四日、侍従従四位下兼肥後守藤(原)堂清正卒。播州ノ刺史《シシ》(国ノ守ノ唐名)池田三左衛門輝政卒去。

トアリテ立出給ヘハ、群臣本ノ如ク供奉ス。其ヨリ豊国太明神ヘ参詣シ玉ヒ、川船ニテ大坂ヘ帰給ケリ。

四月二日義利・頼将ヲ大坂ニ往シメ、秀頼公ノ来ヲ謝、白銀一万両秀頼公ヘ、白銀二千両・綿三百把母堂ヘ、白銀千両・綿二百把・紅三百斤夫人ヘ賜ル。

同六月、清正執病、同廿四日、侍従従四位下兼肥後守藤原清正五十歳卒。其子加藤虎助忠広、任二肥後守一父ノ世ヲ継二遺跡一賜ケリ。

九月廿七日藤堂高虎家ヘ御成有テ、御能。同十月、高虎ヲ肥後国ニ遣サル。

同十六年、浅野弾正少弼長政卒。五月、蒲生藤三郎秀行卒。

十八年正月廿五日、池田三左衛門輝政卒、年五十。宰相従四位下也。以二播磨国ヲ一嫡子武蔵守利隆ニ賜リ、備前国ヲ左衛門督忠継、淡路国ヲ宮内少輔忠雄ニ賜也。八月廿五日、浅野紀伊守幸長三十八歳也。十月八日、坂崎対馬守訴二富田信濃守一、追二出富田一。

浅野紀伊守幸長、慶長十七年ニ卒去。同五月、従四位下蒲生藤三郎秀行卒ス。

85　駿河大坂御中悪基本事　（十九―五）

慶長十三年戊申ノ春、片桐市正ヲ駿府へ召下サレ仰云、「洛陽大仏殿ハ豊国大明神ノ建立タリ。近年不慮ノ火災アツテ奪二祝融一、願クハ秀頼再興アレカシ」市正畏テ、「定テ違背ハ候マシ」トテ、急馳上テ言上ス。「内大臣秀頼公並ニ淀殿内々御願也」ト有テ、則片桐市正・雨森出雲守等ヲ奉行トシテ、九月廿二日ニ柱立初リ、関東ヨリモ御横目・下奉行ニハ、北島久右衛門・中村弥左衛門・正村次右衛門・清水久左衛門・植木久兵衛ナリ。諸国ノ良木ヲ集メ、畿内ノ工匠・人夫、数万ノ衆力ヲ以、毎日無レ怠、既ニ数年ノ経営、日ニ費二千金一ストモ、関東ヨリ御合力モ無レハ、淀殿ヲ始、「斯アラン事ニ非ス」トソ憤リ給ケル。又関東ニハ、大閤以来ノ金銀ヲ減省サセラルヘキ御奥意トソ聞エシ。

十七年、大野修理亮方ヨリ松平筑前守利長ノ家人へ書信ニテ云ケルハ、「秀頼公御用ニ候。黄金千枚借給ヘシ」トアリケレハ、利長其状ヲ駿府へ遣ス。右府公仰ケルハ、「秀頼金銀、日本ノ大社仏閣造営ナレハ尽スルモ道理」

85　駿河大坂御不和基本事　（十一―十）

慶長十三戊申年春、片桐市ノ正ヲ駿府エ召シ下シ、仰セニハ、「洛陽大仏殿ハ豊国大明神ノ建立タリ。近年不慮ノ火災有テ奪《タツス》二祝融《シクユウ》一、願ハ秀頼再興アレカシ」市ノ正、「畏テ候、定テ違背ハ候テシ」トテ、急キ馳セ上リ言上ス。「秀頼公又淀殿、内々御願也」ト有テ、則チ片桐市正・雨森出雲守奉行トシテ、九月廿二日、柱立初リ、関東ヨリモ、御横目・下奉行ニハ、北島久右《イヌ》衛門・中村弥左衛門・正村次右衛門・清水久左衛門・中村弥左衛門・正村次右衛門・清水久左衛門・植木久兵衛也。諸国ノ良木ヲ集、畿内ノ工匠・人夫、数万ノ衆力ヲ以テ毎日無シレ怠ルコト。数年ノ経営日々費《ツイヤス》二千金ヲ一ト云トモ、関東ヨリ御合力モナケレハ、淀殿ヲ始、「斯アラン事ニ非」ト憤リ給ヒケル。又関東ニハ、大閤以来ノ金銀ヲ減少サセラルヘキ御奥意トソ聞エシ。

十七年ニ大野修理亮方ヨリ、松平筑前守利長ノ家人エ書状ニテ云ケルハ、「秀頼公御用ニ候。黄金千枚、借シ給フヘシ」ト也。利長、其状駿府エ上ル。右府公仰ケ

ナト欺哂ハセ給ケリ。

同十八年ノ春、片桐市正・大野修理亮両人、五千石宛ノ加恩受ケル。大坂家老織田上野入道老犬・小出播磨守、病悩卒去ス。又片桐市正駿府へ下向シテ、加増ノ御礼ヲ申、其後申ケルハ、「大坂外曲輪多破損、御普請被二仰付一給ヘカシト、秀頼ノ志也」ト也。右府公仰云、「市正度々参府行程、遼遠ノ苦労也。先可二休息一」数日ヲ経テ、本多上野介ヲ召テ仰ケルハ、「市正カ嫡男出雲守ヲ汝カ婿ニスヘシ」トテ、則婚合ノ契約ス。斯テ四月上旬ヨリ十月下旬マテ逗留シケレハ、市正ヲ召テ仰ニハ、「汝大坂ニ帰云ヘシ。大坂破損ノ事、加二修理一マイラスヘシ。其内郡山ノ城ヘ移リ給ヘシ。又天下ノ仕置ニ候ヘハ、淀殿ヲ証人ニ在二駿府一セラルヘシ。秀頼ヘハ百万石畿内ニテマイラスベシ」

市正貴命ヲ受、急キ馳上テ件ノ旨申上ケレハ、秀頼公気色以ノ外也。「淀殿証人思ヨラス、偏ニ市正カ所為也」トテ、勘気ヲ蒙テ引籠ケリ。市正思ケルハ、「淀殿証人ハ先軽々ト、扨阿部川辺ニ大屋敷ヲ申請、普請玉ヲ鋟、年ヲ経テ成ナハアヤマチノ如ク、火ヲ懸、回禄サセ、重

ルハ、「日本ノ大社仏閣造営ナレハ、秀頼金銀竭ヌルモ理也」ト欺哂《アサムキワラ》ハセ給ケリ。

同十八年ノ春、片桐市正・大野修理亮両人、五千石宛ノ加恩受ケル。大坂家老職織田上野入道老犬・小出播磨守、病悩卒去。又片桐市正駿府エ下向シテ、加増ノ御礼ヲ申上ケ、其後申ケルハ、「大坂外曲輪多破損、御普請被二仰付一給ヘカシト、秀頼ノ志也」ト申ス。右府公仰云曰、「市ノ正、度々参府行程遼遠ノ苦労也。先可二休息一」数日ヲ経テ、本多上野介ヲ召、仰ケルハ、「市正カ嫡男出雲守ヲ汝カ婿ニスヘシ」トテ、則婚合《コンカウ》ノ契約ス。斯テ四月上旬ヨリ十月下旬迄逗留シケレハ、市ノ正ヲ召テ仰ニハ、「汝大坂ニ帰ツテ云ヘシ。大坂ノ城破損ノ事、加二修理一参ラスヘシ。其内ハ郡山ノ城エ移リ可レ給。又天下ノ仕置ニ候ヘハ、淀殿ヲ証人ニ在二駿府一セラルヘシ。秀頼ニハ百万石、畿内ニテ進ラスヘシ」

市正貴命ヲ受、急キ馳上テ件ノ旨申上ル。秀頼公気色以ノ外也。「淀殿証人不二思寄一、偏ヘニ市正カ所為也」トテ、勘気ヲ蒙リ引籠リケリ。市正思ケルハ、「淀殿証人ハ先軽々ト承引セラレテ、扨阿部川ニ大屋舗ヲ申請、

テノ普請ヲ右府公ヘナケキ、其作事出来マテハ二・三年モ光陰ヲ送ヘシ。其間ニ右府公老体、生死不㆑可㆑定事ナレハ、無双ノ智略ト思トモ、言ニ発スレハ評定衆兔ヤカクト談合ス。則東方ヘモ顕ハルヘシ。緘㆑口ヲヌレハ不忠間牒ノ佞臣タリ。如何スヘシ」ト案シ煩ヨリ外ハナシ。其比、大坂評定衆ハ大野修理亮・速水甲斐守・織田左門入道雲生寺・武田永翁・篠原又右衛門、彼等朝暮不退ノ臣也。

同十九年、大仏殿既ニ成就シテ、梟鐘ノ銘ヲ南禅寺ノ韓長老書セラル、其銘ニ曰、

欽惟

豊国神君、昔年掌㆓普天之下位㆒、億兆之上外施㆓仁政㆒、内帰㆓仏乗㆒、是故天正十六戊子夏之孟、相修於平安城東、創‐建㆓大梵刹㆒、安‐立㆓盧遮那大像㆒矣、盖夫、慕‐藺、聖武帝南京之大像㆒、晞‐顔頼朝公東大之再建㆒者也、雖㆑然慶長七年臘月初四、不㆑図罹㆓鬱修之変㆒、已為㆓烏有㆒矣、凡載髪含歯之類、無㆑不㆓歎惜㆒焉

普請玉ヌ録《チリハメ》、年ヲ経テ成ナハ、過ノ如ク火ヲ懸、回禄大神也、神社仏閣ノ火災ヲ日回録アラハ重テ普請ヲ　右府公エ嘆キ、其作事出来ル迄ハ二・三年モ光陰ヲ送ルヘシ。其間ニ　右府公御老体、生死不㆑可㆑定事ナレハ、無双ノ智略ト思ヘトモ、詞ハニ発スレハ、評定衆トヤ角ト談合ス。則東方エモ可㆑顕《アラハス》。緘《トチ》㆑口ヌレハ不忠間牒ノ佞臣也。如何スヘシ」ト案煩計也。其比、大坂評定衆ハ、大野修理亮・速水甲斐守・織田左門入道雲生寺・武田永翁・篠原又右衛門、彼等朝暮不退ノ臣也。

同十九年、大仏殿既ニ成就シテ、梟鐘《フシヤウカネ》ノ銘ヲ南禅寺ノ韓《カン》長老書セラルニ、「国家安康」ノ四文字有ケルヲ、右府公御諱《イミナ》ノ文字ヲ把タルト沙汰有リ。其上、大仏建立ノ節ヨリ付置レタル奉行ノ名一人モ不㆑載㆑之ヲ、棟札ノ銘ニモ只大坂ノ奉行計ヲ記シケレハ、右府公、御憤怒《フンド》給ケルヲ、大坂ニ聞ヘテ、棟札ニ又書入ケレトモ、自㆑是大坂・駿府ノ間隙アリケル。京・大坂ノ商売、「コハソモ天魔ノ障碍」カト騒動ス。其比ノ落首ニ、

釣鐘の音あしさまにいひならし
世に大坂へひひきこそすれ

粤前征夷大将軍、従一位右僕射源朝臣家康公謂㆓正二位右丞相豊臣朝臣秀頼公㆒曰、「舎那梵刹者、豊国之創建也、不幸而有㆑変也、不㆑能無㆓遺憾㆒焉、右丞相何不㆑継㆓先志㆒乎」 右丞相曰、「盛哉此言」 憑㆑茲丕発㆓弘願㆒、輒命㆓片桐東市正豊臣且元㆒、再㆓建舎那宝殿㆒、始㆓于慶長己酉㆒、玉㆓成于慶長癸丑㆒矣、速畢㆓其功㆒者、以㆓大樹鈞命無㆑塩、右丞相志願不㆑浅也、童子聚沙之戯、猶功用不㆑可㆑測、矧又過㆓長者㆒布金之制㆒乎、其仏身也、万徳円満之受用身、華厳岌上之教主也、台上盧舎那、葉上大釈迦、葉中小釈迦、一華百億国、一国一釈迦、三重相関、互為㆓主伴㆒、音声無辺、色像無辺之相好、不㆑移㆓寸歩㆒、可㆓立而見㆒矣、寔変㆓忍界㆒成㆓報土㆒者乎、其宝殿也、公輸削㆑墨、郢工運㆑斤、嵯峨棟宇、高秀㆓青雲之上㆒、瓘璨玉礀、深徹㆓黄泉之底㆒、千楹万柱、崢嶸其内、大梁小椽絡繹其上、繍楣焜燿、雕拱玲瓏、階墀畳㆑石、玲鐸鳴㆑風、壁門前聳、玉廊四回、訝㆓都史夜摩㆒忽現㆓下界㆒、怪㆔蓬島瀛洲已在㆓人間㆒、人天・鬼神所共㆓檐㆑礼㆒、寔天下之壮観也、緬懐・菴

其比、種々ノ怪異アル中ニ、五月上旬、天守ト千貫櫓ノ箱棟ヨリ、羽蟻風ニ翻《ヒルカヘ》ル。火災ノ煙リノ如クナレハ、「スハ城中炎上」トテ、右往左往ニ馳違リ、「是只事ニ非」ト、淀殿、京都ヱ人ヲ馳テ、易学大福菴ト云者ヲ召テ、蓍筮《シセ》ヲ揲サセ給ヘハ、「国家ノ大事」ト占ニ依テ、鎮宅ノ法ヲ行、祈祷セサセ、其符形ヲ虫ノ出所ニ押ハ、勝厭霊符ノ験ニヤ、虫ハ其侭止ニケリ。又暁天ニ、東西ヨリ旗ノ如クノ雲出テ、東ノ方ハ進メハ、西ノ方ハ早ク消エ、軍書披見シ、天文ヲ考、「正シク兵乱ノ相」ト沙汰シ合リ。

同九月・十月ニハ、伊勢神躍《ヲトリ》トテ、五畿内近国、高民・男女、一同ニ躍ケリ。又八月、片桐市正・大蔵卿局(ママ)二位ノ局・饗場《アイバ》、御使トシテ駿府ニ下向シ、申云、「被㆓仰下㆒、三ケ条承届候。サレトモ淀殿証人ノ事、不㆓思寄㆒」ト也。又市正申ケルハ、「大仏殿棟札ノ儀、秀頼曽テ無㆓御存㆒」旨言上ス。右府公曽テ御取合ナク、仰ニ曰、「三女ハ能時分参タリ。右兵衛方ヘ浅野左京娘ヲスルノ間、三人トモニ待、上臈ヲスベシ」トテ、町屋ノ旅邸《リヨテン》《タビヤ》ヲ構ヘテ逗留ス。又市ノ正ハ本多佐渡守正信ノ婚

没那爛陀大刹甲㆓于西域㆒、嘉州阿逸多大像、冠㆓于東震㆒、亦風猶在㆑下矣、加㆑旃檜㆑欲㆘鋳㆓梵鐘㆒、以備㆗晨昏㆖、金銀銅鉄・鉛錫白鑞、積如㆓丘山㆒、火官冶工、差肩而雲集、橐籥時奮、鎔範已設、万鈞洪鐘、一時新成矣、周礼所㆑謂、于鼓鉦舞、甬衡旋篆、無㆓一不㆒㆑備焉、昔在仏世梵王下、鎔㆓鋳祇桓金鐘㆒、拘留孫造㆓石鐘㆒、諸仏出興、亦不㆓多譲㆒矣、夫鐘者、禅誦之起止、斉粥之早晩、送迎緩急之節、必鳴㆑之以警㆑衆焉、顕密禅法器之制、莫㆑先㆓於鐘㆒、故建㆑寺安㆑衆、必先置㆑之、然又摧㆓折魍魎㆒、屈㆓伏摩外㆒、三宝為㆑之証明、諸天為㆑之擁護、罽賓叱王剣輪頓空、南唐李主累械勿脱、雲門七条、徳山下堂、其妙用不㆑可㆓勝計㆒矣、蒲牢一声、上徹㆓天宮㆒、下震㆓地府㆒、雷鼓霆撃、普及㆓微塵刹土㆒、使㆘人天・幽明・異類、耳根清浄、以証㆗入円通三昧㆖、其施不㆓亦博㆒乎、金索簨簴、以掛㆓著宝楼㆒、祝曰、仰冀天子万歳、台齢千秋、銘曰、

洛陽東麓　舎那道場　聳㆑雲瓊殿　横虹昼梁

姻ナレハ、一家ノ間毎日ノ振廻也。三女ハ折々登城スレトモ御対面ナキニ依テ、打腹立テヤ有ケン、市正事ヲ具サニ大坂ニ云送リケレハ、秀頼公モ淀殿モ大ニ悪ミ給テ、「市正挿㆓二心㆒ノ条無㆑疑、侵尋蠹害《シンジントカイ》シテ内ヲ破テ外ヲ助、不忠侍哉」ト、群君一同ニ悪マヌハナシ。

又一方ニハ、「イヤイヤ市正カ駿府ニテ馳走ニアヒヌルハ、思慮可㆑有ル事也。項《コウ》王ノ使ヲ范増《ハンゾウ》カ使ト誤ツテ陳平出テ馳走シケル、例ナキニ非ス。市ノ正ハ志津岳七本鑓ノ内、大野ハ関原ノ功有。両人ハ大坂ニテ目立侍大将ナレハ、右府公ヨリ禄ヲ加ヘ御馳走アリ。微妙ノ智恵深クカクレテ、人ノ不㆑知所ソ」ト私語《ササヤク》人モアレト、聴入ル者モ勿リケリ。

参差万瓦　崔嵬長廊　玲二瓏八面一　焜二燿十方一
境象二兜夜一　刹甲二支桑一　新鐘高掛　爾音于鍠
響応二遠近一　律中二宮商一　十八声緩　百八声忙
夜禅昼誦　夕灯晨香　上界聞レ竺　遠寺知レ湘
東迎二素月一　西送二斜陽一　玉筍堀レ地　豊山降レ霜
告二怪於漢一　救二苦於唐一　霊異惟夥　功用無量
所庶幾者　国家安康　四海施レ化　万歳伝レ芳
君臣豊楽　子孫殷昌　仏門柱礎　法社金湯
英檀之徳　山高水長

豈慶長十九甲寅歳孟夏十六日、大檀那正二位右大臣豊臣亜臣秀頼公奉行片桐東市正豊臣且元、冶工京三条釜座名護屋越前少掾藤原三昌　前住東福後住南禅文英叟《オキナ》清韓謹書

韓長老此銘ヲ書テヨリ博文名弥高ク、世挙テ称美シアヘリ。然レトモ「国家安康」ノ四言、大樹公ノ諱ノ文字ヲ犯タルト沙汰アリ。其上、大仏建立ノ節ヨリ付置シタル奉行ノ名ヲ一人モ不レ載シテ、棟札銘ニモ只大坂奉行

慶長軍記を楽しむために⑧

覚書・聞書から物語へ

今日の関ケ原像の大枠を成した『慶長軍記』であるが、一朝一夕に本書に載せられた情報が形成され集まったわけではない。その概要は、本書の巻末に載せた「表2　寛文三年本と寛文八年本の比較、および出典」を参照されたいが、またまだそこに挙げられていない情報ソースが想定される。特に合戦の詳細については、大名クラスの大物ではなく、その下の上士階層の覚書・聞書が考えられる。

例えば、29・30の北陸での諸戦には、前田・丹羽双方からの詳細な戦の情報が載せられており、植木悦は、直接か否かは別にして、その子孫からそれらの情報を入手していたのではないか、と思わせるだけの描写がされている。今後の大きな課題である。

武士の家格や俸禄は、戦功で決まる。当然家々では子孫がそれを家の根拠として記録し、保存する。大久保家に永く伝わった『三河物語』の存在などが、すぐに想起される。しかし、覚書・聞書

計ヲ記ケレハ、右府公御気色替テ憤リ給ケルヲ、大坂へ聞へテ棟札ニ書加ケレトモ、大坂・駿府ノ間、自レ是通路隙アリケル。京・大坂ノ士農工商、「コハソモ、天魔ノ障礙カ」ト騒動ス。イカナル者カ立ケン、

ツリカネノ音悪サマニ言ナラス世ニ大坂へヒヒキコソスレ

ト落首シケリ。

其比種々ノ怪異アル中ニ、五月上旬、天守ト千貫櫓ノ箱棟ヨリ、羽蟻風ニ翻ル。火災ノ煙ノ如ナレハ、「スハ城中炎上」トテ右往左往ニ馳違ケリ。淀殿京都へ人ヲ馳テ、易学大福菴ト云者ヲ召テ、蓍筮ヲ揲サセ給へハ、「国家ノ大事」ト占ニ依テ鎮宅ノ法ヲ行、祈祷サセテ、其符形ヲ虫ノ出所ニ押タレハ、勝厭霊符ノ験ニヤアリケン。虫ハ其侭止ニケリ。又暁天ニ東西ヨリ旗ノ如ナル雲出テ、東方ハ進メハ、西方ハ早ク消軍ヲ披見シ、天文ヲ考、「正ク兵乱ノ相」ト沙汰シアヘリ。

同九月・十月ニハ伊勢神踊トテ五畿内近国商民・男女一同ニ躍ケリ。又八月、片桐市正・大蔵卿・二位局・饗場御使トシテ、駿府へ下向ス。申テ云、「被二仰下一三ヶ

といっても、実は多種多様である。

高柳光寿「近世初期に於ける史学の展開」(『高柳光寿史学論文集下』吉川弘文館、一九七〇年)によれば、近世初期に於ける史書について、「(この時期の特色は)実に多数の覚書類にあるのである。(中略)而してこの覚書の類は勿論史学書ではないが、而も物語の類よりも史料的価値は遙に上位にあるものである」として、

(1)事件の当事者が忘備のためのもの
(2)事件の当事者が他日の為に他人に与えたもの
(3)主人のために書いたもの
(4)主人のためでなく他人の求めに応じて書いたもの
(5)純然たる第三者が、事件の渦中にあって書き与えたもの
(6)子孫が父祖の戦功を記したもの
(7)他人の話を書き留めたもの(=聞書)

の七つにこれを分類・整理した。植木悦は、これらを関ケ原の合戦について、幾つか集めて、「物

条承届候。サレトモ淀証人トシテ下向ノ事、不二思寄一トナリ。又市正申ケルハ、「大仏殿棟札ノ儀、秀頼且無二御存一」旨ヲ言上ス。右府公テ御取合ナク、仰云、「三女ハ能時分ニ参タリ。右兵衛方へ浅野左京娘ヲ嫁ス。三人共ニ待上﨟ヲスヘシ」トテ、町屋ノ旅邸ヲ構ヘテ逗留ス。又市正ハ多佐渡守相舅《アイヤケ》ナレハ、一家ノ間毎日ノ振舞ナリ。三女ハ折々登城スレトモ、御対面モナケレハ、打腹立テヤ有ケン、市正事ヲ具ニ大坂ニ言送ケレハ、淀殿・秀頼公大ニ悪ミ給テ、「市正挿二二心一ノ条無レ疑、侵尋蠧害シテ内ヲ破テ外ヲ助ク不忠ノ侍哉」ト有ケレハ、群臣一同ニ悪マヌハナシ。

又一方ニハ、「イヤイヤ市正カ駿府ニテ馳走ニアヒヌルハ思慮アルヘキ事也。項王ノ使ヲ范増カ使トアヤマツテ、陳平出テ馳走シケル、例ナキニ非ス。片桐ハ志津岳七本鎗ノ数ニ入、大野ハ関ケ原ノ功アリ。両人ハ大坂ニテ目立侍大将ナレハ、右府公ヨリ知行ヲ与ヘ御馳走アル。微妙ノ智恵深クカクシテ、人ノ不レ知所ゾ」ト私語人モアレト、聞入ル者モナカリ。

語」を成したのであろう。

覚書・聞書を踏まえた物語・編纂物の形成という動きは、『信長公記』『太閤記』など近世初期から見られたが、下って関ケ原の合戦についても、表2に挙げた記録類を、覚書・聞書によって補う方法をとったものとおぼしい。現在は、まだ記録類の探査も満足ではないが、その先にある課題は、覚書・聞書への探索なのである。

物語・編纂物と覚書・聞書との関係は、また鼬ごっこのようなものである。すなわち、広範な取材の上に、戦国・織豊期とその最終段階の関ケ原から大坂の陣についての物語を成そうとする欲求は早くからあったろうが、その集成がなされても、覚書・聞書間で食い違う内容に判定を下していかなければ物語は達成できず、それは不可避的に、物語・編纂物で、退けられ無視された記録・情報についての異議申し立てを待つべき運命にあった。

植木悦も序文で慎重に、本書の記述について、読者から異説・異論が出る懸念を漏らしている。大きな事件の「うねり」をすくい上げ、記述する行為は、副次的に「異説」を産むことを十字架として背負うものであったのだ。

86　秀頼公隠謀露顕事　（十九―五）

前内大臣織田信雄入道常真、浪人ノ身ナレハ、大坂天満ニ居ラレテ潜ニ月日ヲ送ケル。然ニ秀頼公ヨリ御使トシテ、赤座内膳・薄田隼人、淀殿ヨリハ二位局参テ云ク、「今度秀頼大儀ヲ思召立候。然ルニ貴公当地ニ御座アル事、偏ニ秀頼大慶ニ被レ存候。急城中へ御入、二ノ丸預置申度候。侍五百騎相副可レ申」トナリ、常真「畏承候。今度馳集候諸士五百御預可レ給条、恩厚不レ浅候。サレトモ集勢ハ我下知ニ付間敷候。某普代者大坂ニ数多候。自レ是侍帳ヲ認可レ致二進上一」ト返答ス。

十九年九月十六日、三夜既ニ座ヲ退ケレハ、又駿河ヨリ横目ニ付置レタル渡辺筑後守二位局ノ姪也潜ニ常真ニ参テ内意ヲ得。同十八日、常真自二天満一川舟ニテ京都へ登リ給ヘハ、板倉伊賀守、五十騎ノ士ヲ召具、道マテ御迎ニ参テ、無レ程京都ニ着レケリ。

同十月、右府公御対面、今度ノ上洛御感アリ。常真云、「国郡ヲ失ヒ無禄ノ身トナリ、廿年ノ寒苦、皆是大閤カ所為也。長久手合戦ノ時、我既ニ及滅亡所ニ、右府公ノ

86　秀頼公隠居（謀カ）露顕事　（十一―十二）

前ノ内大臣織田信雄入道常真、浪人ノ身ナレハ、大坂天満ニ居テ、潜ニ月日ヲ被レ送ケル。然ルニ秀頼公ヨリ御使赤座内膳・薄田隼人、淀殿ヨリハ二位局参テ曰、「今度秀頼大儀ヲ思召立候。然ルニ貴公、当地ニマシマス事、秀頼ノ大慶也。急キ城中エ御入、二ノ丸預ケ置申度候。侍五百騎副《ソエ》可レ申」ト也。常真「畏承候。今度馳集ル諸士五百騎、御預可レキ給条、厚恩不レ浅候。サレトモ集勢ハ我下知ニ付マシク候。某シ譜代ノ者大坂ニ数多候。自レリ是侍帳ヲ認、可レ致二進上一」ト返答ス。

十九年九月十六日、三使既ニ座退ケレハ、又駿河ヨリ横目ニ被二仰付置一、渡辺筑後守二位局ノ姪也、潜ニ常真ニ参テ内意ヲ得。同十八日、常真自二リ天満川一船ニテ上京アル。板倉伊賀守五十騎ノ士ヲ召具、道迄迎ニ参テ無レ恙京著也。

同十月、右府公御対面、今度上洛御感アリ。常真云、「国郡ヲ失ヒ無レ禄ノ身トナリ廿年寒苦《カンク》、皆是レ秀吉ガ所為也。長久手合戦ノ時、我既及二滅亡《メツホウ》一処ニ、公ノ義

義戦ヲ以、我命ヲツグ。青野合戦ノ時、上方一面蜂起シテ我ヲモ催促ス。心ハ東方ニ在ト申セトモ勢不レ叶、上方一味ス。此時又我一命ヲ助ラル。数度ノ厚恩何ノ世ニカ忘ヘキ。大閤カ我ヲ流浪サセシ恨又何ノ世ニカ忘ヘキ。何ソ大坂ヘ入テ右府公ヲ射奉ルヘキ」ト云。右府公、左文字御腰物行光脇指ヲ賜ケリ。

扨又、京都諸司代板倉伊賀守註進シケレハ、「畿内西国浪人蜂起シテ大坂ヘ馳集ル事、日々無レ限候。「合枹ノ木モ生二於毫末一ニ、九層ノ台モ起二於累土一、千里ノ行モ始二於足下一」ト申サスヤ。乱ノイマタ不レ成ヲ治メ給コソ誠ノ道ニ候ヘ。早ク被レ廻二賢慮一候ヘカシ」ト云。其外公卿・近国ノ大名各急ヲ告。因レ茲九月下旬、本多美濃守・松平下総守上洛、軍兵召具ケリ。

87　徳川家中興事　（十九―六）

夫利二スル天下一ヲ者、天下啓二ク之一ヲ。害二スル天下一ヲ者、天下閉レ之ヲ。生二スル天下一ヲ者、天下徳レス之ヲ。

駿河右府公ノ御先祖ヲ訪ルニ、新田大炊助義重子息ニ、

戦ヲ以我命ヲ継。青野合戦ノ時、上方一面ニ蜂起シ、我ヲモ催促ス。心ハ東方ニ在ルト云ヘトモ、勢不叶上方一味ス。此時又我一命ヲ助ラル。数度ノ厚恩何ノ世ニカ忘候ハン。大閤カ我ヲ流浪サセシ恨、又何ノ世ニカ可レキ忘ル。何ゾ大坂エ入リ、右府公ヲ可レ奉レ射」ト被レ申。右府公御機嫌ニテ、左文字ノ御腰物行光脇指ヲ被遣ケリ。

サテ又、板倉伊賀守注進シケルハ、「畿内・西国ノ浪人大坂エ馳集ル事、日々無二際限一。早ク可レ被レ廻二賢慮一」ト也。其外近国大名注進、櫛ノ歯ヲ引ク如クナレハ、九月下旬、本多美濃守・松平下総守上洛シケリ。

87　徳川御家中興事　（十―十三）

夫利二天下一ヲ者、天下啓レス之。害二スル天下《テンカ》者一ハ、天下閉レ之。生二天下《テンカ》一者、天下徳レ之。駿河　右府公ノ御先祖ヲ訪《タヅヌ》ルニ、新田大炊助義重ノ子息、徳川次郎義季《スエ》ノ苗裔《ヒヨウエイ》

徳川二郎義季ノ苗裔トソ聞ヘケル。然レトモ中比零落シ給テ、高氏将軍ノ世ト成テ、新田ノ一族沈淪シケレハ、或諸司ノ陪士トナリ、或ハ民間ニ降ル族モアリケリ。

爰ニ時宗徳阿弥、武勇人ニ勝レ、第一仁慈正直ナレハ、松平太郎左衛門婿トナル。此太郎左衛門ハ、参河ニ隠ナキ有徳ノ人、田畑多、家ノ子多持タル富家男子ナリ。娘アリケレハ終ニ家ヲツキ、徳阿弥ヲ改テ松平太郎左衛門親氏ト申ケリ。其性慈仁深ク人ヲ愛シ、貧ヲ恵ミ、患憂ヲ救。故ニ近郷閭里、其徳ヲ慕テ来ル。道路ヲ開テ往還ノ煩ヲ止、墾田ヲ開テ民ニアタヘ、士卒ノ罪ヲ宥免シ、妻子ヲアハレム。故ニ諸人簞食壺漿スル事夥シ。

子息太郎左衛門康親、父ノ業ヲ継テ慈愛アリ。其子信光・其子親忠・其子竹千世・長親ニ至テ慈悲ヲ表トセラレケレハ、家人皆譜代ノ御主トアカメテ、子共・中間・足軽ニナルマデモ、他所ヘハヤラス。好悪ヲ同シ、生死ヲ共ニシ親ミ依事無レ限。于レ時北条新九郎長親ヲ退治セントテ、壱万ノ兵ヲ卒テ、長親ヲ矢作《ヤハキ》川ニテ合戦。長親五百ノ勢ヲ以勝利也。此ヨリ参河衆長親ヲ頼来ル人多。大ニ家ヲ興ス。

トゾ聞エケル。然レトモ中比零落シ給テ、尊氏将軍ノ世ト成、新田一族沈淪《チンリン》シケレハ、或諸司陪士ト成リ、或民間ニ降族モ有ケリ。

爰ニ時宗徳阿弥、武勇人ニ勝レ、仁慈正直ナレハ、松平太郎左衛門婿ト成ル。此太郎左衛門ハ、参河ニ無レ隠有徳ノ人、田畑多、家子多持タル富家男子也。娘有ケレハ終ニ家ヲ継、徳阿弥ヲ改テ松平太郎左衛門親氏ト申ケリ。其性慈仁深ク、人ヲ愛シ、貧ヲ恵ミ、憂ヲ救。故ニ近郷閭里、其徳ヲ慕テ来ル。道路ヲ開イテ往還ノ煩ヲ止、墾田ヲ開イテ民ニ与エ、士卒ノ罪ヲ宥免シ、妻子ヲ憐。故ニ諸人簞食壺漿《タンシイコシヤウ》スル事夥シ。

子息太郎左衛門康親、父ノ業ヲ継デ慈愛アリ。其子信光・其子親忠・其子竹千代早世、長親ニ至テ慈悲ヲ表トセラシケレハ、足シ軽ニ至迄、他所エハヤラス、好悪ヲ同生死ヲ共ニシ、親ミ依ル事無レ限。于レ時北条新九郎長親ヲ退治セントテ、一万ノ兵ヲ卒シテ長親ト矢矧川ニテ合戦、長親五百ノ勢ヲ以勝利也。是レヨリ参河衆、長親ヲ頼来ル人多シ。大ニ家ヲ興ス。

子息信忠、暴虐義ヲ破リ、礼ヲ捨、君臣ノ間大ニ乱テ、

子息信忠、暴虜義ヲ破リ、礼ヲ捨、君臣ノ間大ニ乱テ家人等逆心ス。信忠、逆心ノ張本ヲ誅罰シテ隠居シ、子息清康ヘ代ヲ渡ス。清康又武勇世ニ勝レ、岡崎ノ城ニ居住シ、参・尾ノ間ヘ出張シ、武威既ニ近国ニ振フ。慈悲深ク、家人ノ帰伏スル事、父母ノ家ニ入カ如シ。サレトモ不慮ノ事アリテ、安部弥七郎弑シ奉ルヲ、植村出羽守即座ニ安部ヲ誅ス。

子息竹千代広忠、若年ニテマシマセハ、今川家ノ旗下ニ成テ、子息竹千代殿ヲ今川義元ヘ証人ニヤラレシケハ、道ヨリ尾州織田家ヘ奪取、広忠モ卒去。竹千代殿、其後今川ヘ御越、国ノ所領ハ悉今川ヘ没収シ、譜代衆或他家中ヘ奉公スルモアリ。或田ヲ耕テ妻子ノ飢ヲ助ルモ有ケリ。

永禄三年、今川義元ハ信長退治セントテ、駿州ヲ立テ尾州ニ発向ス。竹千世殿元康十九歳、譜代家人ヲ召集テ先手セラル。大高ノ城ハ今川ノ持ニテ、宇戸野長持在番ス。信長ヨリ捧山（一説ニ丸根）ノ取ニ、佐久間大学居城ス。

同五月十九日、義元ハ次郎三郎元康命シテ、捧山ヲ被ㇾ攻給ヘハ、元康則捧山ヲ攻ラル。城主佐久間大学、城

家人等逆心ス。信忠逆心ノ張本ヲ誅罰シテ隠居シ、子息清康エ代ヲ渡。清康又武勇世ニ勝レ、岡崎ノ城ニ居住シ、参・尾ノ間エ出張シ、武威近国ニ震ヒ、慈悲深ク家人帰伏スル事、父母ノ家ニ入カ如シ。サレトモ不慮ノ事有テ、安部弥七郎弑《シイシ》奉ルヲ、植村出羽守即座ニ弥七郎ヲ討留ル。

子息竹千代広忠、若年ニテマシマセハ、今川家ノ旗下ニ成テ、御家督竹千代殿ヲ今川義元エ証人ヤラレケレハ、道ヨリ尾州織田家エ奪ヒ取ル。広忠君モ御卒去。其後竹千代殿、今川エ御越国ノ所領ハ、悉ク今川エ没収シ、譜代ノ家人、或他家エ奉公スルモ有。或ハ田ヲ耕《タカヤシ》テ妻子ノ飢《ウエ》ヲ助モ有ケリ。

永禄三年、今川義元ハ信長ヲ退治セントテ、尾州エ発向有。竹千世殿元康公十九歳譜代ノ家人ヲ集メテ先手シ給フ。大高ノ城ハ今川ノ持ニテ、鵜殿《ウドノ》長持在番ス。一説ニ、信長ヨリ丸根山ノ取出ニ佐久間大学居城ス。

同五月十九日、義元、次郎三郎元康公ニ命シテ、丸根山ヲ攻シメ玉ヘハ、丸根山ヲ被ㇾ攻。城主佐久間大学、城ヨリ出テ合戦ス。終ニ大学敗北ス。則丸根山ヲ乗取給

ヨリ出テ合戦ス。大学終ニ敗北シテ捧山ヲ乗取給フ。義元大ニ感シテ、大高ノ城ニ居置《スヘ》。其ヨリ義元ハ、桶ハサマニテ信長ト合戦、利ヲ失、討死ス。駿河衆、道々ノ城ヲ明テ退。岡崎ノ城モ明タレハ、元康、「捨城ナラハ捨ヘシ」トテ岡崎ヘ移ラセ給テ、元康ヲ改テ家康ト申。御譜代、其外旗下ノ衆、古キ好ミヲ申テ馳集ケレハ、無レ程又大名トナリ給テ、参河・遠江ノ城々攻抜テ、御年十九歳ニテ祖父清康御在城ヘ立帰給テ、所々ノ迫合不レ可二勝計一。信長ト一味シ、今川領知ノ城々攻ラルレトモ、氏真柔弱ノ将ニテ明暮蹴鞠ノ遊ヒ、哥ノ会、或ハ佞幸盗臣ヲ用テ政道ヲ乱シ、人ノ恨多耳以敵ヲ防キ、父ノ讎ヲ射ント思志ナシ。

　家康公、忽数城ノ主トナリ給テ、姉川合戦ニ勝利、武威振二天下一、長久手ニテハ味方二万ヲ以、秀吉拾二万ノ兵ニ討勝。其後秀吉ヨリ扱ヲ入、御母公ヲ参河ヘ証人ニマイラス。故ニ家康公ハ上洛シテ、大閤ノ幕下ニ属セラル。「鷙鳥将ニ撃タントスレハ、卑ク飛ビテ斂レ翼ヲ、猛獣将ニ搏タントスレハ、弭レテ耳ヲ俯伏ス、聖人将ニ動カントスレバ、必ズ有二愚色一」ト、太公ノ兵法ナレハ、

フ、義元大ニ感シ、元康公ヲ大高城ニ居置給フ。ソレヨリ義元、桶狭間ニテ信長ト戦ヒ利ヲ失討死セラル。駿河衆、道々ノ城ヲ開イテ退、岡崎城モ開キタレハ、元康公、「捨城ナラハ捨フヘシ」トテ岡崎エ移セ給フ。元康ヲ改、家康公ト申奉ル。御普代、其外旗下ノ衆、古キ好ミヲ申テ馳集、無レ程又大名ト成給ヒテ、参河・遠江ノ城々攻抜テ、御年十九ニテ祖父清康御在城エ立帰給、所々ノ攻合難二勝計一。信長一味シテ今川領知城々攻ラルレトモ、氏真柔弱ノ将ニテ、蹴鞠ノ遊ヒニ日ヲ送リ、自筆ノ短冊・色紙ヲ書、家人トモニ与ヘ、敵ヲ防、父ノ讎ヲ射ントノ志ナシ。

　家康公次第ニ数ヶ所ノ城主ト成給ヒ、姉川合戦ニ切勝、武威ヲ天下ニ振ヒ、長久手ニテハ味方二万ヲ以、秀吉ノ十二万ノ兵ニ討勝、其後秀吉ヨリ扱《アツカヒ》ヲ入レ、御母公ヲ参州エ証人ニ進ラセウルル。故ニ家康公ハ上洛シ給ヒ、秀吉ノ幕下ニ属《ショク》セラル。「鷙鳥将ニ撃タントスレハ、卑ク飛ビテ斂レ翼ヲ、猛獣将ニ搏タントスレハ、弭レテ耳ヲ俯伏ス、聖人将ニ動カントスレバ、必ズ有二愚色一」ト、太公ノ兵法ナレハ、武勇ハ秀吉ニ勝リケレトモ、彼ハ天

武勇ハ秀吉ニ増リケレトモ、彼ハ天下ノ君、是ハ偏僻ノ国侯ナレハ、其勢不レ及故ニ、威ヲカクシ折、腰ヲ大閤ノ臣ト称シ、二十年星霜ヲ経給。

此度石田・小西等ヲ退治シテ、天下如二風草一帰順シケレトモ、猶大閤ノ旧恩ヲ思テ秀頼ヲ立テ、秀忠公ノ婿トセラル。小西・石田カ企モ、実ハ秀頼ノ催ナレハ、庸将ノ輩ナラハ、今般秀頼ヲ誅セデハ叶マシキニ、仁徳ノ及所ト云ナカラ、大閤以来旧恩ノ大名多ナレハ、天下ノ乱若ヤカン事ヲ察シ給テ、又時節ヲ待給ケルトソ。

初大閤ニ事ヘ給時、勇将ヲ選テ友トシ、勘当ノ者ヲ詫《ワビ》言シ、困窮ヲ助ケ、慈悲ヲ表トシテ、常ニ珠数ヲ取テ念仏怠給ハス。又天日ヲ拝シテ家ノ内ヘ射所ノ日ヲ踏給ハス。「愚人ノ如クニ見給ヘトモ、智深シ。機深シテ如レ忘レ機一」ト故人ノ云シ、是ヲ謂ヘシ。税斂貢賦ヲ薄シ、今ノ世ニ至テモ御蔵入ト云ヘハ、給人ノ収納トハ各別也。

或問云、「内府公ノ物語ヲ聞ニ、譜代衆主君ヘ懐キ大功ヲ立タリ。又今度青野合戦ヲ見ニ、皆是上方衆ニテ大功ヲ立タリ。然レハ侍モ国ニハヨルヘカラサル乎」答云、「漢帝、馮唐ヲ召テ、「古ヘノ廉頗・李牧ガヤウナル武将、

下君、是ハ偏僻《ヘンヘキ》ノ国侯ナレハ、其勢《イキヲヒ》不レ及。故ニ威ヲ匿シ、大閤ノ臣ト称シ、廿年ノ星霜ヲ経テ、此度石田・小西等ヲ被二退治一。天下如二風草一、帰順シケレトモ、猶大閤ノ旧恩ヲ思召シテ秀頼ヲ立、秀忠公ノ婿トセラル。小西・石田カ企モ、実秀頼ノ催シナレハ、庸将ノ輩ナラハ、此度秀頼ヲ可レ誅スニ、仁徳ノ及フ所ト云ナカラ、大閤以来旧恩ノ大名多ケレハ、天下ノ乱若ヤカン事ヲ察シ給テ、又時節ト待給ケルトゾ。

初大閤ニ事給ヘ《(フカ)》時、勇将ヲ選テ友トシ、勘当ノ者ヲ詫言シ、困窮ヲ助、慈悲ヲ表トシテ、常ニ珠数ヲ取テ念仏怠給ハズ。又天日ヲ拝シテ、家内エ射ス所ノ日ヲ踏給ハス。「愚人ナルガ如クニ見エ給ヘトモ、智深ク機深シテ、如レ忘ルレ機ヲ」ト故人ノ云シ、是ヲ謂ヘシ。税斂貢《セイレシコウ》賦《フ》ヲ薄シ、今ノ世ニ至ツテモ御蔵入ト云ヘハ給人ノ収納トハ各別也。

或人曰、「　内府公ノ物語ヲ聞ニ、譜代衆主君エ懐キ大功ヲ立タリ。又今度青野合戦ヲ見ルニ、皆是上方衆ニテ大功ヲ立タリ。然レハ、侍ヒモ国ニハ不レ可レ依乎」答曰、「漢帝、馮唐ヲ召テ、「古ノ廉頗《レンバ》・李牧《リボク》カ様成武将、

今ノ世ニホシキ事也」ト仰ケレハ、馮唐奏シケルハ、「廉頗・李牧カ世ニ出ルハ趙王アル故也。今ノ世ニ廉頗・李牧程ノ将有ベケレトモ、趙王程ノ主君アリテ、不二見出一故也」ト云如ク、侍ハ譜代・新参ニ依ヘカラス、大将ニ依事也。今度ノ英雄ヲ数フルニ、濃州表ニテハ福島左衛門大夫・池田三左衛門・田中兵部・藤堂佐渡守・黒田甲斐守・加藤左馬亮・細川越中守・市橋下総守・竹中丹後守・浅野左京・京極侍従・織田河内守・一柳監物・池田備中守・生駒讃岐守等也。此外、仙台ノ正宗・加賀利長、筑紫ニハ加藤主計・黒田如水・伊東修理等、其外、亀井武蔵・堀丹後守・溝口伯耆、皆上方ノ諸将也。下野殿ノ力戦、本多中書・同出雲守、南宮山ヨリ馳付、井伊兵部働、此四人ハ島津退口ノ合戦ナリ。水野日向守、大垣ノ城攻、此等ハ御譜代ノ将也。以レ之観レ之、一人上ニ在テ、英雄ナレハ又臣下皆英雄集レリ。三軍ノ兵可レ奪、一人心不レ可レ奪、譜代・新参ヲ論ルハ愚痴ナリ、唯大将ニ依事也。

源義家・義光、五畿内ノ兵ヲ以奥州ヲ討随シ時ハ、宦軍ト云ハ天下諸士平伏ス。源平ノ乱ニハ、東方武者ト云

今ノ世ニホシキ事也」ト仰ケレハ、馮唐《フトウ》奏シケルハ、「廉頗《レンパ》・李牧《リボク》カ世ニ出ルハ、趙王有故也。今ノ世ニ廉頗・李牧程ノ武将ハ有ベケレトモ、趙王程ノ主君有テ、不二見出一故也」ト云如ク、侍ハ譜代・新参ニ不レ可レ依、大将ニ依ル事也。今度ノ英雄ヲ数フルニ、濃州表ニテハ福島左衛門大夫・池田三左衛門・田中兵部・藤堂佐渡守・黒田甲斐守・加藤左馬助・細川越中守・市橋下総守・竹中丹後守・浅野左京・織田河内守・京極侍従・一柳監物・池田備中守・生駒讃岐守等也。此外仙台政宗、白石ノ城ヲ指、加藤主計頭、筑紫表テノ武功、亀井武蔵守・堀丹後守・溝口伯耆守、皆上方ノ諸将也。下野殿ノ力戦、本多中務・同出雲守、南宮山ヨリ馳著、井伊兵部、此四人ハ島津退口ノ合戦也。水野日向守、大垣ノ城攻、此等ハ御譜代ノ将也。以レ之観レハレ之、一人上ニ在テ、英雄ナレハ又臣下皆英雄カ集リ、三軍ノ兵可レ奪、一人心不レ可レ集、譜代・新参ヲ論ルハ、愚痴《クチ》也。只大将ニ依ル事也。

源義家・義光、五畿内兵ヲ以奥州ヲ討随シ時ハ、官軍ト云ヘハ天下ノ諸士平伏ス。源平ノ乱ニハ、東方武者ト

へハ強剛ニ聞エタリ。楠正成カ和泉・河内ノ兵ヲ以、東方百万ノ兵挫ケリ。此時和泉・河内ノ兵ヲハ、諸国ニ尋求テ召抱タリ。信玄武威ヲ振ヘハ甲州侍ヲハ諸国ニ深、信長・秀吉ノ世ニハ尾州士ヲ崇敬ス。右府公ノ御存生ノ時、参州侍ヲ崇尊スルハ断ナリ。同気相求ルニテ、善人ヲ選ミテ被㆓召仕㆒ナレハ、上ノ目利ハ好シ、ナドカ悪カラン。サレトモ其子孫ハ、又時代推移レハ、何必善士ノミナラン。ソレハ定カタシ。因㆑茲考ルニ、国々弱強ハナシ。良将ノ用ユル人ハ皆善士也。是潔矩ノ道理、万代不易也」

古老曰、「右府公、平生御生御慈悲カト思ヘハ、鷹野ヲ好ミ、禽獣ヲ殺生シ給フ。但シ是ハ御身ヲ健ニセントノ事ナルヘシ。又御気随ニシテ多ク女ヲ御シ給カト思ヘハ、少モ色ニ溺レ給ハズ。儒仏ノ教ヲ聞給ヘリ。物毎愚カニ見給カト思ヘハ御思量深シ。常人ノ知㆑処ニ非ス。子孫繁多、麟之趾、振々公子、于嗟麟兮。嫡子三郎殿ハ何ナル事カ有ケン、信長ヨリ酒井左衛門尉ヲ以、御内意自殺シ給。第二、女子奥平美作守内室、是ハ長篠籠城、勝頼ニ攻ラレ堅守タル褒美ニ、信長公ノ媒介トソ。男子

云ヘハ強剛ニ聞エタリ。楠正成、和泉・河内ノ兵ヲ以テ関東百万兵ヲ挫ク。此内和泉・河内兵ヲハ、諸国ニ尋求テ召抱ケリ。信玄威ヲ振ヘハ甲州侍ヲ諸国ニ深ミ、信長・秀吉ノ世ニハ尾州侍ヲ崇敬ス。　右府公御存生ノ時、参河士ヲ崇尊スルハ断也。同気相求ナレハ、善人ヲ撰ンテ被㆓召仕㆒ケレハ、上ノ目明《メキキ》ハヨシ、ナドカ悪カラン。去レトモ其子孫ハ、又時代推移レハ、何ゾ必シモ善士ノミナラン。夫ハ難㆑定メ。依㆑之考ルニ、国々弱強ハナシ。良将ノ用ル人ハ善士也。是潔矩ノ道理也、万代不易也」

古老曰、「　右府公、平生御生御慈悲カト思ヘハ、鷹野ヲ好ミ、禽獣ヲ殺シ給フ。是ハ御身ヲ健《スクヤカ》ニセントノ事ナルヘシ。又御気随ニシテ多クノ女ヲ御愛《アイ》シ給カト思ヘハ、少モ色ニ溺レ給ハス。儒仏ノ教ヲ聞給ヒ、物毎愚カニ見エ給ヒテ御思量深シ、常人ノ知ル所ニ非ス。御子孫繁多、麟《リン》之趾、振々公子、于嗟麟兮。嫡子三郎殿ハイカケル事カ有ケン、信長ヨリ酒井左衛門尉ヲ以、御内意自殺《サツ》シ給フ。第二、女子奥平美作守内室、是ハ長篠《ナカシノ》籠城勝頼ニ被㆑攻堅守タル褒美ニ、信長公ノ媒介《バイカイ》《ナカタチ》トゾ。男子誕生、松平下総守ト云。第三、女子北条氏直内室。第四、

誕生、松平下総守ト云。第三、女子、北条氏直ノ内室、後ニ池田三左衛門内室ナリ。第四、越前中納言秀康卿ハ、御子ニ非トテ捨ラレタルヲ、三郎殿申成ニテ、六歳ノ時始テ御対面、其後大閤ノ御養子分ニテ、結城ノ城主タリ。第五、大樹秀忠公也。第六女子、蒲生飛騨守内室。第七、薩摩守忠吉、関ヶ原ノ力戦アリ。第八、於万、水戸城主早世。第九、上総介忠輝、諏訪ヘ配流ナリ。第十ハ尾張大納言義直。第十一、紀伊大納言頼信。第十二、水戸中納言頼房也。

又台徳院殿御子七人、嫡君大樹家光公。弟駿河大納言忠長、是ハ高崎ヘ配セラル。第三女子、秀頼公北御方、後ニ天寿院ト申。第四女子、加州前田利常内室。第五女子、越前宰相ノ内室。第六女子、京若狭守内室。第七、中宮ニ立給テ女帝誕生、今ノ国母ト申是也。大猷院殿ノ御子四人。千世姫君、当大樹公、正三位左馬頭殿、同右馬頭殿。枝ニ枝ヲ連テ公姓・公族縄々、是唯代々ノ積徳、宜レ民・宜レ人ヨリ起テ、自レ天祐レ之カト、世ノ人、挙テ申アヘリ」

越前中納言秀康公ハ、御子ニ非ストテ捨ラレタルヲ、三郎殿申成ニテ、六歳ノ時始テ御対面、其後大閤ノ御養子分ニテ、結城ノ城主也。第五、大樹秀忠公。第六、女子蒲生飛騨守内室。第七、薩摩守忠吉。第八、万君水戸ノ城主也世早。第九、上総介忠輝後ニ諏訪ヘ配流也。第十、尾張大納言義直。第十一、紀伊大納言頼信。第十二、水戸中納言頼房也。

又　秀忠公御嫡君　大樹家光公。第二、駿河大納言忠長公是ハ高崎エ配流。第三、女子秀頼公ノ北ノ御方、後号二天樹院一トス。第四、女子加州前田利常内室。第五、女子越前宰相ノ室家。第六、女子京極若狭守内室。第七、中宮ニ立給、女帝降誕《ガウタン》国母《コクボ》ト奉ルレ申是レ也御門号東福院。又大猷院殿家光公ノ御嗣君大樹家綱公奉レ謚《ヲクリナシ》二厳有院殿ト一。左馬頭綱重公。当君綱吉公。枝ヲ連ネテ、公姓公族、縄縄《ジヤウジヤウ》是唯御代々ノ積徳、宜レ民・宜レ人ヨリ起ツテ、自レ天祐《タスケ玉フカト》レ之世人挙《コソツ》テ奉ルレ称《シヤウ〈シ〉》レ之ヲ」

88　内府公儒仏二教崇敬事　（十九―七）

夫日本儒法ノ行ハルル濫觴ヲ案スルニ、上古ハ神道ヲ以世ヲ治。応神天皇ノ御宇、百済国王ヨリ貢献ノ使アリ。阿直岐ト云儒者来朝シテ経典ヲ読、太子菟《ウ》道《ヂ》雅郎子ヲ始奉リ、諸王・公卿師トシテ学スト云事ナシ。天皇叡感有テ、阿直岐ヲ召テ、勅有ケルハ、「百済国ニ於テ、汝ヨリ博弁ノ才有哉」阿直岐答申ケルハ、「王仁ト云者文淵広大、臣ニ過タリ」「サラハ王仁ヲ召セ」トテ、勅命有ケレハ、十六年、王仁来朝シテ、此道ヲ弘ケリ。是日本儒法ノ始也。

其ヨリ打続テ経伝・暦書・天文・地理・遁甲・方術ノ書籍ヲ貢献ス。禁中ニハ四道ノ儒家ヲ立ラル。四道トハ、第一ニ記伝ト云。史官ノ書・文選・伝記・詩文集ヲ読家也。菅原・大江・日野・南家、此職ニ補任ス。第二、明経ト云。毛詩・尚書・周易・礼記・春秋・儀礼・公羊伝・穀梁伝・論語・孟子・孝経・周礼・爾雅、是ヲ十三経ト云。清原・中原ノ家ニ講誦ス。第三、明法ト云。和漢ノ律令・格式ヲ考読家也。坂上・中原、此宦ニ任ス。

88　右府公儒仏二教御崇敬事　（十一―十三）

夫レ日本儒法ノ行ハルル濫觴ヲ案スルニ、上古ハ神道ヲ以テ世ヲ治。応神天皇ノ御宇、百済国王ヨリ貢献ノ使有。阿直岐ト云儒者来朝シテ経典ヲ読、太子菟道雅《ワカイ》郎子ヲ始奉リ、諸王公卿師トシテ不レ学ト云事ナシ。天皇叡感有テ、阿直岐ヲ召テ、勅定ニ、「百済国ニ於テ、汝ヨリ博弁ノ才有ヤ」阿直岐答曰、「王仁ト云者、文淵広大ニシテ臣ニ過タリ」「サラハ王仁ヲ召」トテ勅命有ケレハ、十六年ニ王仁来朝シテ此道ヲ弘ケリ。是日本儒法ノ権輿也。

従レ夫打続イテ経《ケイ》伝・暦書《リヤクショ》・天文・地理・遁甲・方術ノ書籍ヲ貢献ス。禁中ニハ、四道ノ儒家ヲ立ラル。四道トハ、第一、記伝ト云。史官《クハン》ノ書・文選・伝記・諸文集ヲ読家也。菅家・江家・日野・南家等、此職ニ補任ス。第二、明経ト云。毛詩・尚書・周易・礼記・周礼・儀礼・春秋・公羊《ヨウ》伝・穀梁伝・論語・孟子・孝経・爾雅、是ヲ十三経ト云。清原・中原家ニ講誦ス。第三、明法ト言。和漢ノ律令・格式ヲ考読ノ家也。坂上・中原、此官

第四、算道ト云。『大行暦九章剰除私記』『九司算術長慶宣明暦』『新集算例』等ヲ釈読ス。三善氏伝㆑之ナリ。如㆑此ニ家々伝来テ、或遣唐使ヲ以文学ヲ習ハシ、諸国ニ学校ヲ立テ、先聖先師九哲ノ像ヲ釈奠シ奉ル。天皇自ラ聖像ヲ拝シ典籍ヲ読給ヘハ、親王・諸王・三公・六卿ヨリ下郡ノ大領・少領ノイヤシキ一族・子弟ニ至マテ、皆学校ニ入テ、十年ノ学文ヲ勤テ官ニ昇リ、器量ヲ選テ挙ラレケリ。

帝道既ニ衰㆓保元ノ乱㆒ヨリ、学校ノ教スタリ行テ、五山ノ僧侶、著述ノ為ニ儒者ヲ歴覧スル外ハ、世人、仏法計ヲ信シテ経典信仰ノ才ナシ。近代清原秀賢、儒学宏才・有識上達シヌトテ、世以外記伝ト称ケリ。此外、足利ノ学校ニテ儒ヲ広ム。其比、下冷泉家・妙寿院・惺窩、仏家ヲ出テ儒ヲ信ス。

或時右府公、惺窩ヲ召テ『大学』ヲ読セラルルニ、御茶洗髪・白衣・大胡床《ヲオアグラ》ヲカキ給ケレハ、惺窩申テ云、『大学』ハ異朝聖天子、治国平天下ノ法ナリ。然ルニ御身窮テ不正、御身不正シテ国民ヲ正シ給フ法ナシ。書ヘノ礼ニ候」ト有レハ、「尤」ト仰ニテ奥ヘ入セ給カ、御

ニ任ス。第四、算道ト云。『大行暦九章乗除私記』『九司算術長慶宣明暦』『新集算例』等ヲ釈読ス。三善氏伝㆑之。如此家々伝エ来ツテ、或ハ遣唐使ヲ以文学ヲ習ハシ、諸国ニ学校ヲ立テ先聖先師九哲ノ像ヲ釈尊シ奉ル。天皇自聖像ヲ拝シ、典籍ヲ読給ハ、親王・諸王・三公・六卿ヨリ下群ノ大領・少領ノ賎キ一族・子弟ニ至迄、皆学校ニ入テ、十年ノ学文ヲ勤メテ官ンニ昇リ、器量ヲ選ンテ挙ラル。

帝道既衰ニヘ、保元ノ乱ヨリ学校ノ教廃リ行テ、五山ノ僧侶著述ノ為、儒書歴覧スル外ハ、世人仏法計リヲ信シ、経典信仰ノ才ナシ。近代清原秀賢、儒学宏才・有識上達シヌトテ、世以ノ外紀伝ト称ジケリ。此外足利ノ学校ニテ儒ヲ広ム、其比、下冷泉家・妙寿院・惺窩老人、仏家ヲ出テ、儒ヲ信ス。

或ル時右府公、惺窩ヲ召シテ、『大学』ヲヨマセラル、御茶筅髪・白衣・大胡床《アクラ》ヲカキ給ヒケレハ、惺窩申テ曰、「大学ハ異朝聖天子ノ治国平天下ノ法也。然ルニ御身極テ不㆑正、御身不㆑正シテ、国民ヲ正シ給フ法ナシ。書エノ礼ニ候」ト申セハ、「尤」ト仰ニテ、奥エ入セ給ヒ、

髪ヲ結セ大臣ノ同服ヲ召テ聞給ケルトナリ。

妙寿院弟子林又三郎、京都ノ町ニ講釈シテ博学無双ノ聞有ケレハ、被二召出一ケリ。或時仰ニ、「足利ノ学校ハ、イカテ衰ケルソ」ト。又三郎法体シテ道春ト云ケルカ、畏テ、「夫足利学校ハ参議篁ノ建立、我国ノ庠序ニシテ書生受業ノ旧館也。社領二百五拾石アリ。近代九禾老人、此社ニテ誦講仕候。其次ニ宗銀トテ九禾カ跡ヲ継ケリ。大閤ノ時儒法漸スタレテ、相国寺ノ内円光寺ノ佶《キツ》長老ト僧、此社ヲ持タルカ、京都ニ帰ル時、文庫ヲ開テ歴代相伝ノ儒書ヲ盗取ケリ。依レ之足利ノ学スタリ候」ト申ケレハ、右府公御気色替テ、相国寺ヘ御使立ケレハ、佶長老大ニ恐懼シテ、盗タル書物悉足利ヘ返ケリ。其ヨリ社領ヲ被レ付、昔ノ如ク儒学可レ弘トナリ。

慶長十三年、大蔵大輔中原職忠、『職原抄』ヲ諸家ヨリ借集メテ清書シ、清原秀賢追加シテ録レ梓テ、禁裏ニ献シテ後、右府公ヘ奉リケレハ、御感有テ御前ヘ召ケリ。

但是ハ准后源親房ノ撰也。八省百宦ノ次第、家々勝劣、官職ノ原始明鏡ナリ。此書日本ノ故実ニテ、儒雅ニ長セル人ト云トモ扞格シテ不レ勝二講誦一スルニ、家々ノ抄有ト

御髪ヲ結セ大臣ノ同服ヲ召テ聞給ケルト也。

妙寿院弟子林又三郎、京都ノ町人ニ講釈シテ博学無双ノ聞ヘケレハ、被二召出一ケリ。或時仰ニ、「足利ノ学校ハ、何トテ沙汰モナク衰ヘケルゾ」ト上意有リ。又三郎剃髪シテ道春ト云ケルガ、畏テ申テ曰ク、「夫レ足利ノ学校ハ参議篁《タカムラ》ノ建立、我国ノ庠序ニシテ、書生受業ノ旧館、社領二百五十石アリ。近代九禾老人、此社ニテ誦講仕候。其次ニ宗銀トテ、九禾カ跡ヲ継リ。大閤ノ時儒法廃《スタレ》テ、相国寺ノ内円光寺ノ佶長老ト僧、此ノ社ヲ持タルカ、京都ニ帰ル時、文庫ヲ開イテ、歴代相伝ノ儒書ヲ盗ミ取ケリ。依レ之、足利ノ学廃候」ト申上ル。右府公御気色変シテ、相国寺エ御使立ケレハ、佶長老大ニ恐懼シテ、盗タル書物悉足利エ返シケリ。従レ夫社領ヲ被レ付、昔ノ通儒学可二弘勤一ト也。

慶長十三年、大蔵大輔中原職忠、『職原抄』ヲ諸家ヨリ借集テ清書シ、清原ノ秀賢追加シテ鏤《チリバメ》レ梓《シ》ニ、禁裡ニ献シテ後、右府公エ奉リケレハ、御感有ツテ、御前エ召シケリ。

但是ハ准后源ノ親房ノ選也。八省百官ノ次第、家々ノ

云トモ弁明シカタシ。近年ニ至テ愚謂《ヲモヘリ》、孔子曰、「謹ニ権量一、審ニ法度一、興ニ廃官一、則四方政行ル」ト、近代武家・月卿、近衛・八省・受領等ノ官ヲ任ト云トモ、其職ト違背ス。是善政ニアラス。官名ヲ正ス、則礼儀立、則政道行ハルヘシ。然ラハ此書ヲ明ニ注シテ後世歴見シナハ、政道ノ一助タルヘシ。告朔ノ羊サヘ古人ハ捨給ハス。矧此書ヲヤ。人ノ生レ世ニテ世ノ助トナツテ死ルハ死後ノ本望也トテ、和漢ノ書ヲ考テ章句シテ、『職原引事大全』ト名ケテ持。

或云、「近年火災多シ。汝ガ書、若奪ニ祝融一乎。早可ニ板行一」于レ時剞劂等来テ、「償レ金」ト云。植木常成怒曰、「我数年ノ志ヲ滅テ高価ノ業トセンヤ」トアレハ、剞厥等立去ル。終ニ一銭ヲ不レ受シテ、本屋ニ与ヘテ板行。「一年ノ間ニ、天下ニ弘ムル事、九百部也」ト、本屋来テ悦ケリ。

又尾州亜相ハ昌意ヲ召テ侍講セシム。水戸中納言ハト幽ヲ召テ五経ヲ読シム。如レ此御子孫末々マテ皆儒ヲ貴ミ給ケリ。

偖《サテ》仏法ノ原始ヲ訪フニ、欽明天皇十三年、百済国ヨリ

勝省(劣カ)、官職原始明鏡也。此書日本ノ故実ニテ、儒雅ニ長セル人ト云トモ、捍格シテ不レ勝ニ講誦スル一〈ニ〉、家々ノ鈔在ト云トモ弁明シガタシ。近年ニ至ツテ、愚謂《クヲモヘラク》、孔子曰、「謹ニ権量一審《ツマヒラカ》ニ法度《シテト》一、興《ヲコス》ニ廃官《ハイクハン》一、則四方ノ政行」ト、近代武家・月卿・近衛・八省・受領等ノ官ヲ任スト云トモ、其職ト違背ス。是レ善政ニ非。官名ヲ正ス、則礼義立、則政道可レ行。然レハ此書ヲ明ニ注シテ後世歴覧シナハ政道ノ一助タルヘシ。告朔ノ羊サヘ、古人ハ棄給ハズ、矧此書ヲヤ。人ノ世ニ生レテ世ノ助ケト成テ死ハ後ノ本望也トテ、和漢ノ書ヲ考ヘ章句シテ、『職原引事大全』ト名付テ持。

或曰、「近年火災多シ、汝書若奪ニ祝融一乎、早可ニ板行一」于レ時剞劂《キケツ》等来テ、「償《ツクノハン》レ金シテ」ト云。植木常成怒曰、「我カ数年ノ志ヲ滅テ高価ノ業トセンヤ」ト有レハ、剞劂等立去ル。終ニ一銭ヲ不レ受シテ本屋ニ与エテ板行ス。「一年ノ間ニ、天下ニ弘ル事、九百部也」ト、本屋来悦ヒケリ。

又尾州亜相ハ昌意ヲ召テ講誦セシメ、紀州亜相ハ道円ヲ召テ侍講セシム。水戸黄門ハト幽ヲ召テ五経ヲ続シム。

仏像・経論ヲ渡ス。是日本仏像・経論ノ始也。其後敏達天皇ノ時、権臣蘇我馬子仏法ヲ信ス。僧ヲ求テ祭礼セントス。諸国ヘ使ヲ遣ケルニ、播摩ノ国ニ高麗ノ僧恵便還俗シテ居ケルヲ、再ヒ辟テ祭シム。是出家ノ始也。後代打続僧侶来朝シテ、法ヲ弘、経ヲ講スル事、不㆑可㆓勝計㆒。聖徳太子、殊ニ仏学ニ長シテ、禁中ニテ勝縵経ヲ講誦シ、岡本ノ宮ニテ法華経ヲ講読ス。推古天皇崇敬シテ、天下家々持仏ヲ安置ス。自㆑是仏法繁昌シテ、諸国ニ国分寺ヲ立テ学文所トシ、別当ヲ置テ経ヲ誦セシム。畿内ニ僧正・僧都・律師ノ官ヲ置テ、衆僧ノ学ヲ選、玄蕃寮其事ヲ掌テ僧尼ヲ得度ス。

凡定額ノ僧侶、諸国ニ蔓々タリ。三論・華厳・法相・天台トワカレ、倶舎・成実・律宗・禅・真言ト法ヲ立。後代、天台ノ僧法然、浄土宗ヲ立。其〈外〉本願寺、日蓮等ノ末宗繁多、時宗・山伏・尼枝ヲ垂、葉ヲ茂シテ、寺門ハ大夫ノ門ヨリモ多シ。

右府公仏法御信仰ニテ、五山ノ僧衆ヲ召テ、古キ事トモ聞セ給。御宗旨、浄土ノ法問御祈念、天台南光坊ヲ召テ論議ヲ聞給事度々ナリ。昔参河ニ御座ノ時、後夜起ヲ

如㆑此御子孫末々迄、皆儒ヲ貴ミ給ケリ。

儲仏法ノ原始ヲ訪ニ、欽明天皇十三年、百済国ヨリ仏像・経論渡ス、是日本仏像・経論ノ始也。其後敏達天皇ノ時、雄臣蘇我馬子仏法ヲ信ス。僧ヲ求テ祭礼セントス。諸国エ使ヲ遣ケルニ、播磨ノ国ニ高麗ノ僧恵便還俗シテ居ケルヲ、再ヒ辟テ祭シム、是レ僧ノ始メ也。後代打続僧侶来朝シテ法ヲ弘シテ経ヲ講スル事、不㆑可㆓勝計㆒。聖徳太子、殊ニ仏学ニ長シテ、禁中ニテ勝曼経ヲ講誦シ、岡本ノ宮ニテ法華経ヲ講読ス。推古天皇崇敬シテ、天下家々持仏ヲ安置ス。自㆑是仏法繁昌シテ、諸国ニ国分寺ヲ建テ学文所トシ、別当ヲ置テ経ヲ講セシム。畿内ニ僧正・僧都・律師ノ官ヲ置テ、衆僧ノ学ヲ撰フ。玄蕃寮、其事ヲ掌テ、僧尼ヲ得度ス。

凡定額ノ僧侶、諸国ニ蔓《マン》々タリ、三論・華厳《コン》・法相・天台ト分レ、倶舎《クシヤ》・成実・律宗・禅・真言ト法ヲ立。後代天台僧法然、浄土宗ヲ立。其外本願寺・日蓮等、末宗繁多シ。時宗・山伏・尼枝ヲ垂《タレ》、葉ヲ茂《シケラ》シテ、寺門ハ大夫ノ門ヨリモ多シ。

右府公、仏法御信仰ニテ、五山ノ僧ヲ召テ、古事トモ

被レ成、寝所ヲ出テ持仏ニ入、古仏阿弥陀ニ向テ念仏シ給ニ、潜ニ足音シテ寝所ニ入、御枕へ斬付タル太刀音セリ。家康公其侭人ヲ起シ、穿鑿アリケレハ、小性一人信玄家ニ一族アル者、信玄ノ内意ヲ請テ今夜忍入タリ。則縲絏ノ中ニ置給事数日ナリ。家臣、「如何様ノ重刑ニ行ハルヘキヤ」ト申タレハ、家康公仰ニハ、「彼者ヲ搦タルママニ使者ヲ添、甲州へ可レ遣」トアリ。家臣、「其ハ御慈悲過テ候。群士ノ禁戒ニテ候ヘハ、四重五逆ノ罪ニ行レ候ヘカシ」ト申ケレハ、「イヤトヨ、此方ニテ殺セハ、人不レ知アナタへ使ヲ添テ遣ハ、強ノ至ト云、信玄殺サテ叶マシ。然ラハ甲州ニテモ上下隠有マシ。重テノ禁戒ニハ是ニ如ハナシ」トテ、使者ヲ以巨細ヲ述テ送ラレケレハ、信玄、「此小性悪キ奴哉。加様ノ事ヲ仕損テ、二度ハナラヌ者也。此者殺サテ返スハ、反間ニテヤ有ラン、急可二殺害一」トテ切腹シケリ。膚ノ御守ハ小キ大黒天ノ像トソ。彼聖徳太子、四天皇ノ像ヲ冑ノ中へ入テ、守屋ヲ退治シ、頼朝卿ハ観音ヲ懐中シテ、終ニ天下ヲ得ラレシ事、例多シ。

或時、伯耆国大仙住寺豪円僧正遷化ス。嫡弟円能ニ附

ヲ聞給玉（ママ）ヒ、御宗旨浄土ノ法文御祈念、天台南光坊ヲ召テ論議ヲ聴セ給事度々也。昔シ参河ニ御座ノ時、後夜逃ヲ被レ成、御寝所ヲ出テ持仏ニ入リ、古仏ノ阿弥陀ニ向念仏シ玉フニ、潜ニ足音シテ寝所ニ入ヲ、御枕ニ切リ付タル太刀音ス。家康公其侭人ヲ起シ御穿鑿有ケレハ、小姓一人信玄家ニ一族有ル者、信玄ノ内意ヲ受テ今夜忍入タリ。則縲絏《ルイセツ》ノ内ニ置給事数日也。家臣、「如何様ノ重刑《ケイ》ニ可レ被行ヤ」ト申ケレハ、仰ニハ、「搦タル仰ニテ使ヲ添、甲州エ可レ遣」ト有。家臣、「ソレハ御慈悲過キテ候。群士ノ禁戒ニテ候ヘハ、四重五逆ノ罪ニ行レ候ヘカシ」ト申ケレハ、「イヤトヨ、此方ニテ殺セハ、人不レ知アナタへ使ヒヲ添エテ遣セハ、強ノ至ト云、信玄殺サテ叶マジ。然ハ甲州ニテモ上下隠シ有マシ。重ネテノ禁戒ニハ是レニ如ハナシ」ト、使者ヲ以巨細ヲ述テ送ラレケレハ、信玄、「彼ノ小姓悪キ奴哉」ト、「ケ様ノ事ヲ仕損シテ、二度ハ不レ成者也。殺サテ返スハ返テ間ニテヤ有ラン。急可二殺害一」トテ切腹ス。膚ノ御守リハ小キ大黒天ノ像トゾ。聖徳太子ハ四天王ノ像ヲ冑《カブト》ノ中エ入テ守屋ヲ退治シ、頼朝卿ハ観音ヲ懐中シテ終キニ天

属スレトモ、学文ノ為ニ関東ニ在テ年久シ。末弟等跡ヲ貧テ、方々賄賂シテ円能ヲ入山サセズ。則駿河へ参テ愁訴シケレハ、仰ニ云ク、「夫僧侶ハ師匠ノ親疎・愛悪ニヨルヘカラス。学徳増長ノ者ヲ住寺セシムヘシ。彼ニ論議サセヨ」ト有ケレハ、南光坊大僧正題ヲ出サル。境節三井寺法師ノ訴訟ノ為ニ座ニ有ケレハ、彼ト問答ス。円能ハ能書・学匠ナレハ、弁舌察明ニ論シ勝ケレハ、御感アリ。則南光坊ノ弟子トシ給テ、三度マテ被㆓召出㆒、論議シテ、三度ナカラ法問ニ勝タリトテ、大山三千石ノ住寺職ヲ賜ケリ。此類多シ。儒ヲ以、国家治平・子孫長久ノ助トシ、仏ヲ以、神妙不識ノ祈トシ給事、難㆑有カリシ事トモナリ。

下ヲ得ラレシ事、例多シ。

或時、伯耆国大山住僧豪円僧正遷化ス。嫡弟円能ニ附属スレトモ、為㆓学問㆒関東ニ在ツテ年久。末弟等跡ヲ貧テ、方々賄賂シテ円能ヲ入山サセズ。則駿河エ参テ愁訴シケレハ、仰セニ曰、「夫僧侶ハ師匠ノ親疎・愛悪ニヨルベカラス。学徳増長ノ氏ノ者ヲ住寺セシムヘシ。彼ニ論議サセヨ」ト有ケレハ、南光坊大僧正、題ヲ被㆑出。境節三井寺ノ法師ノ訴訟ノ為メニ座ニ在ケレハ、渠ト問答ス。円能ハ能書・学匠ナレハ、弁舌察明《ベンセツサツメイ》ニ論シ勝ケレハ、御感有リ。則南光坊ノ弟子トシテ、三度迄召出サレ、論議シテ、三度ナカラ法問ニ勝タリトテ、大山三千石ノ住寺職ヲ賜リケリ。此類ヲホシ。儒ヲ以テ国家治平、御子孫永久ノ助ケトナシ給ヒ、仏ヲ以テ神妙不識《シンメウフシキ》ノ祈《イノリ》トシ給フ事、アリカタカリシ事共也。

慶長軍記第十大尾

（89 壁書百箇条事）

（十九―八）

古キ関ケ原ノ記ノ奥ニ、百ケ条ノ壁書アリ。読レ之ニ文章ハ邇言ナレトモ、其義ハ深長ナリ。誰人ノ書シタルニヤ、聞マホシ。

一 奉公ノ本ハ忠勤ノ二字ヲ第一トス、忠勤ノ本ハ、誠ノ一字ナリ

一 家老幸臣ヲハ礼敬セヨ、是君ヲ敬スル余ナリ

一 禄ヲ覓メントナラハ、人ニ求ラルルヤウニ身ヲ持ヘシ

一 君ニ得ラレントナラ、先ツ君ヲ尊信シテ二念ナカルヘシ

一 孝行ハ礼過レハ父母ノ苦ミアリ、只父母ノ心称ヲ第一トス、悪アラハ和ラカニ諫ヨ

一 友ニ交ルニハ自ラ損ヲセヨ、已カ欲ヲ忘レテ、人ニ施セハ、人又已ヲタスク

一 已レ誹謗ヲ受ルヲ悪マハ、人ヲ誹謗スヘカラス

一 已カ芸ニ誉アラントナラハ、人ノ芸ヲ誉ヘシ

一 仏神ヲハ敬スヘシ、心ノ清メトナル

慶長軍記を楽しむために⑨

絵図の位置――図上演習と屏風

近世の軍記作者は、多く軍学者であった。本書もまた例外ではない。そうした軍書にはコラム⑦でも述べたように、多様な機能がある。武士への教訓・藩の根拠としての〈歴史〉の確立と広報・兵学のテキスト等々。絵図はその中で兵学的な理解を助ける機能を持っていたのだろう。書物の中の絵図の拡大版が、軍記から独立した3～4メートル四方の合戦図である。

本書は四点の絵図を含む。すなわち、「伏見城図」「小松・浅井畷合戦図」「岐阜城合戦図」、そして「関ヶ原合戦図」で、諸本のうち、「伏見城図」のみ欠けていたり、絵図全てを取り落したりした粗雑な写本もないではないが、諸本の中でも多くは、彩色が丁寧に施され、むしろこの絵図が本書の価値を、さらに高めていたらしいことを想像させる。

特に「関ケ原合戦図」に注目すると興味深い事実が浮かびあがる。解題でも少し触れたが、白峰旬は、関ケ原合戦図を通覧した結果、大きくA系

一　巫祝ノ偽ヲ信ヘカラス、心ノ迷トナル

一　妻妾ヲ親恵ムヘシ、溺ルヘカラス

一　人ノ誹謗ヲ言事アラハ、潜ニ其座ヲ立去ヘシ

一　善ヲハ急ヘシ、悪ヲハ延テ分別セヨ

一　怒ヲハ急ヘカラス、還テ心ニ是非ヲ定ヨ

一　芸能ヲハ師ヲ求テ学ヘシ、自満ヲ禁ヘシ

一　我生ヲ養ニハ先静ニシテ、能物ヲ分別シ善心ニナルヘシ

一　積善ノ家ニハ余慶アリ

一　形ハ律儀ニ見ヘテモ理ノクラキ人ヲ愚人トス

一　形ハ廉相ニ見テモ、理ノ明ナル人ハ善人トス

一　形正シク和シテ内ノ発明ナルヲ賢人トス

一　何事モ学テ知ヘシ、人ト語ニハ知タル事ヲモ知、又体ヨシ

一　誉ヲ求メントスル人ハ、必戯《ソシリ》ヲ受ルモノ也

一　只求ヘキモノハ徳ナリ、守テ放ヘカラス

一　軍ニハ人ニ先立ントセヨ、常ニハ人ヲ先立タルヨシ

一　家人ヲ召仕ニハ、我子ヲ養如クスヘシ、内ニハ愛シテ外ノシツケ専也

統・B系統とその他に分類した（『関ヶ原合戦の真実』（宮帯出版社、二〇一四年）第四章）。白峰はA系統の図の特徴として9点、B系統の特徴として14点を挙げるが、それらと比較する時、『慶長軍記』のそれはおおむねA系統の特徴と一致する。白峰は、A系統の代表的なテキストとして、幕末藤堂藩によって編纂された藩史『高山公実録』を挙げ、B系統の代表としては、山鹿素行『武家事紀』（一六七三年序）のそれを挙げる。さらに白峰は、A系統には、桃配山の家康本陣の前に、「小幡孫兵衛・中村与兵衛・小幡勘兵衛・脇坂五右衛門」の四名の名を記すものが多くあることを記す。つまり、A系統は甲州流軍学との関連を想起させるのだが、果たして、甲州流軍学者であった植木悦によって書かれた『慶長軍記』では、桃配山の陣にこそその記述はないが、60では、島津の退却戦の折、これを追撃した井伊直政の陣の一番手木俣土佐の隊に属して、「尾畑《（ママ）》勘兵衛尉景憲《ノリ》一番ニ進テ、縨《ホロ》武者ト鎗《ヤリ》ヲ合テ突《ツキ》伏テ首ヲ捕。此勘兵衛ハ甲州信玄公侍大将小幡山城カ子小幡又兵衛、又兵衛子小幡勘兵衛也。幼少ヨリ兵道ノ嗜《タシナミ》深ク、信玄一代ノ兵法悉《コトコトク》以通達ス。其比、秀忠公ヨリ御勘気ヲ

一　傍輩ト語ルニ、馴ルニ随テ礼スヘシ、禍ハクツロクヨリ起

一　朝夕遠慮ノ二字ヲ抱ヘシ、心ニ進ムヲヒカヘ進マヌヲセヨ

一　若キ時苦ム人ハ老テ楽ヘシ、若キ時楽人ハ老テ失多シ

一　善者ヲ速ニ挙レハ悪モノ自ラ能ナル

一　俄ニ腹立ヘカラス、後ニ口ノヘルハ見苦

一　天地ハ春夏秋冬次第カハラス、人モ常ナル吉替タルハ天ニ背ケリ

一　諸人ノ誉ル人ハ善人也、交リテ学ヘシ

一　下人ニ交ヘカラス、必風俗移ルモノ也

一　侍ハ軍ヲ忘ヘカラス、又常ニイカメシキモ見クルシ

一　蓄《ヤシナフ》レ徳ニハ仁愛ヲ第一ニシテ邪欲ヲ禁ス

一　受レ禄テ不忠ナレハ、其禄邪欲トナル、能事テ恩ヲ返スハ人ノ道也

一　善ヲナス本ハ誠ト施トニアリ、悪ヲナス本ハ偽トムサホリトニアリ

一　大将ノ仕置ハ正直ヲ本トス、其本スクニシテ陰マカ

蒙テ、兵部少輔先備ニ居ケル也。脇五右衛門働アリ。強キ合戦ナレハ、向山内記ヲ始数多討死シケリ。兵部モ右ノ肩先ヘ鉄炮当テ馬ヨリ落ケルカ、又カキ乗《ノセ》ラレ、其勢拾騎計ニ成テ、横合ニ馳《ハセ》来テ忠吉ヲ助《タスケ》テ、敵ヲ追退ケリ」と焦点化された存在として描かれる。

　朝鮮の陣でも最強をうたわれた島津隊との激戦で、小幡は「兵道」を究め、「信玄一代ノ兵法」を全て体得していたと紹介されていた。

　『慶長軍記』はその他にも、明らかに甲州流の軍学を伝えんとする意図が明白な記事が散見する。たとえば、49では、真田昌幸について次のような記事がある。すなわち、昌幸の登場にあわせて、上田城合戦とは直接関係ない、信玄の陣立てと軍法について詳述し、それを体得している昌幸を「前代未聞ノ名将ノ下ニテ、忠功ヲ立タル人」とする。植木悦には、「八陣」の法を解説した『古陣秘法』（一六七二年刊）が、やはり桑名藩甲州流軍学の徒であった杉山家の旧蔵書（現東北大学附属図書館狩野文庫蔵）に確認できる。以上から白峰が整理したA系統は甲州流軍学における関ケ原陣図の一群と見て大過なかろう。

ラス

一　人ヲソシルハ敵ヲマウクル基也、仁者ニハ天下ニ敵ナシ

一　家ノ内ニ怪異アラハ、目ヲ塞テ己カ悪ヲ改、善ニ移スヘシ、夭ハ不レ勝レ徳ニ必消除スヘシ

一　初陣ニ敵ヲ見テ大ニアクムヘシ、常ニ軍学シテ案内ヲシレ

一　武芸ニハ鎗馬ヲ専一トス、其外ハ次也

一　余暇ヲ窺テ経書ヲ学スヘシ、是心ヲミカク鏡也

一　仏法ハシイテ学ヘカラス、是心ヲ治ムレトモ形儀ノ捨ル処アリ

一　隠者トナルハ志ヲ立ルヲ専トス、世捨人ノ憤リハ悪シ

一　世ヲ遁レテ徳ヲ治ルハ可ナリ、遁レ世テ放曠ナルハ悪シ

一　武勇ハ乱ヲ平クル功アリ、知恵ハ能衆人ヲ治ム、サレハ武ハ智ノ次也

一　兄ヲ尊崇スヘシ、是父ノ次也、弟ヲハ愛ヘシ、是父ノ子也

対するB系統は、『武家事紀』に載るように山鹿流のそれであった。今日、金沢市立玉川図書館には、山鹿系の有沢流兵学の資料が残るが、金沢藩では、実際に陣立てや合戦図を描いて学習した資料も残る。開祖有沢永貞（一六三八〜一七一五）は、江戸や東海道の正確な絵図を描いていた元禄期の代表的測量家藤井半智の弟子であった。果たして玉川図書館に残る関ケ原合戦図は、白峰の分類するB系統に属する内容であるとともに、陣から陣までの距離を記述するものが残る。

総じて山鹿流のB系統は、高低差を描き、陣の柵などを詳しく記述するA系統の図に比べ、フラットな描き方に終始し、むしろ、陣と陣の距離を地図に落していこうという志向が見て取れる。そこに築城や野城・柵の建設を事とした甲州流から、街道の宿駅間の距離を中心とした地図を目指す山鹿流との違いが見て取れる。もちろん、今日国文学研究資料館に蔵される旧平戸山鹿家のコレクションには、大量の城取図が収められているので、一概に築城は甲州流、街道図は山鹿流という住み分けがなされていたわけではないようだが、こと合戦図に関して言えば、甲州流は、高低差や

一　兄弟ノ中悪ナルハ利欲ノ為也、肉身同胞ノ昆弟、利欲ニ替ルハ浅増

一　法度強ケレハ、家ニ口舌《クゼツ》アリ、不法度ナレハ不作法也、中ヲ執ヲ良将トス

一　人ノ言ニ看ヲ付ヘシ、善ヲハ取テ身ノ行トシ、悪ヲ聞テ身ノ禁戒トス

一　物ノ奉行ハ先物ヲ不レ受ヨシ、受レハ必贔屓出

一　天風雨ヲ降シテ万物ヲ生育ス、人ハ困窮孤独ヲメクンテ存養セシム

一　天ノ霜雪ヲ降シテ木葉ヲ落シ虫殺ス、其跡草木実ノル事アリ、人ノ悪人ヲ刑罰ス、是其跡ヲ治平ナラシメン為ナリ

一　天ハ不レ言トモ四時行ハル、聖人ハ言ニ不レ出トモ諸人其徳ヲ知、故ニ我理ヲ言分ルハ理ノ不レ足所アリ、不レ断シテ諸人理ト知ハ実理ナリ

一　孝行ハ金銀ヲ惜マヌ吉、口上ノ尊敬ハ其次也

一　世帯ハ受ル禄ヲ二十ニワリテ、十二ヲ期年ノ節用トシ、八ヲ家作・五礼・恵施ノ用トス

一　用意ハ武具第一ナリ、其次ハ書籍、或ハ常ノ調度也、

陣の内実など合戦そのものの再現を志向し、有沢に代表的される山鹿流では、測量術のレッスンとしてのそれに傾く。いわば、戦時かそれに近い「絵」に傾いた合戦図から、平時の計数に関心持つ「図」に傾いたそれへ、という流れが一応確認できるのである。

さて、今問題とする屏風との関係で言えば、甲州流の「絵図」的合戦図こそが、屏風との親和性を有することは明らかであろう。徳川宗家とその周辺で有力だった甲州流の権威をもここに合せ考える時、武家の「権威」の表象である「合戦屏風」の情報源として甲州流が競り上がってくるのも、これまた自明と理ということになる。

十九世紀に眼を移そう。この時期は、大量の模写に特徴があるが、特にそれが盛んだった木挽町狩野家に興味深い史料があることが報告されている。すなわち、金子拓（「東京国立博物館所蔵長篠合戦図屏風について」（『東京大学史料編纂所附属画像史料解析センター通信』七一、二〇一五年一〇月））によれば、東京国立博物館所蔵（木挽町狩野家後裔から寄贈）の狩野養信の『公用日記』では、文政一二年（一八二八）七月、先代栄信没により、

茶入、墨跡ハ新シク軽キ吉
一　人ノ我ニ悪キヲ恨ムル事ナカレ、只我人ニ悪キヲ恨ミナヲスヘシ
一　学者ハ人ノ非見ユル故ニ、人ヲ批判シ謗ル、謗ルハ我身ノ非ナル事ヲシラス
一　事ヲ知テ理ヲ不ルレ知名人トナラス、理ヲ知テ事ヲ不ルレ知芸ハ用ニ不レ立、事至テ事ヲ忘レ、理致テ理ヲ忘レ、依二時宜一、心中ヨリ制ヲ立ルカ名人也
一　徳ヲ失ハ色・食・衣ノ三ヲ思故也、遠サケ軽キ吉
一　人ノ交ハ、外ヲ温和ニシテ内ニ信アル吉、戯争フハ禍ノ端也
一　弓ハ張ユルメシテ弓ノ力ヲ失ハス、人モ気ヲツメ或ハユルメテ身ヲ養ヘシ
一　奉公ハ陰ヲ専トセヨ、ウシロ暗キハ土民ノ心ナリ
一　医針ヲ学フヘシ、身ノ養生ニ便アリ
一　人相ハ面ヲ専トス、面ノ内眼専一ナリ、其外目・口ハ広ク、鼻・耳・声ハ高ク、額・ホウホネハ出タル吉、其ウラハ皆悪シ
一　大体人ノ形、大男ハ表遅ク鈍ニテ内ニ智アリ、小男

長篠長久手屏風の制作のため貸し出されていた「御書物・御絵本」類の返却を命ぜられ、制作途中の屏風と一緒に差し出す。翌月屏風作成は再開され、翌々月、長篠（東京国立博物館蔵）長久手屏風・「御書物・御絵本類」を下されている、という。さて、そのリストは以下のようなものである（［ ］で括った部分は井上注）。

御屏風一双（片長篠、認掛ケ、片長久手、白紙）
一　指物揃　壱箱
一　諸将旗旌図　三冊
一　信玄備之図　二枚
一　馬印屏風写　十二枚
外書付一通
一　大坂御陣■様子之拾枚・折屏風下絵五枚続二指、右長谷川宗也筆
一　同御陣取麁絵図　一枚
一　保元物語　三巻［木挽町狩野栄信の模写・東博蔵］
一　保元平治屏風抜写　二巻［木挽町狩野養信の模写複数・東博蔵］

ハ表ハ早ク利発ニテ内智少シ、十カ七ハ如ㇾ斯、三ハ定ラヌ所アリ

一　万巻ノ書ハ何事ヲヤ、皆心ヲ治ル為ナリ、若心ヲ治メズハ、九層ノ台ヲ築テ主人ナキカ如シ

一　人モ我モ天地ヨリ生ルルヲ、天下ノ人我兄弟ナリ、受スヘシ悪ム事ナカレ

一　出世ノ人ハ奢出ル者也、始ノ凡夫ノ時ヲ謀ルヘシ

一　物ヲ学ニハ身ノ老テ師ノ若ヲ恥ヘカラス、身ノ貴シテ師ノ賎ヲ恥ヘカラス

一　幼童ハ身弱、芸ト遊ト雑ヘシ、頻ニ教ヘカラス、女人亦同

一　物毎ニ軽キハ心安シ、分ニ過タルハ見目モクルシ

一　物ヲカサル人ハ心ニ偽アリシ、ワキ人ハ義理ヲ闘事多シ

一　多カリテ不ㇾ返ハ不徳ナリ、多カシテ聚ムルモ又不徳ナリ

一　学文ハ米ヲ精ケ酒ヲ作カ如シ、読誦ハ糟粕ナリ、意味ヲ工夫スルハ米酒ヲ得タルナリ

一　鳥獣ノ民ノ作ヲアラスヲ狩スルハ吉、鳥獣ヲムサリ

ここで注目すべきは、「信玄備之図」と「大坂陣取麁絵図」であろう。前者については、長篠を描くに際し武田の陣立てを再構成するために使用したというにとどまらない問題を含んでいる。

ここは、福岡市博物館に残る、もとは絵巻であったものを、屏風に仕立て直した、黒田家旧蔵「関ヶ原戦陣図屏風」を想起させる（解題514～515頁）。この屏風は、甲州流のA系統の関ヶ原合戦図が、中仙道を軸に上下に分かれるのに従い、左隻と右隻部分を描きわけたようで、石田陣の柵と相川、大谷陣の柵と藤川の位置など、やはりA系統の合戦図を基にしたとおぼしい。福岡藩では、香西成資一派の甲州流軍学が採用されていたことも考慮に入れるべきか。また、この屏風は旧田安家蔵（現徳川美術館蔵）の「関ヶ原合戦図屏風」や、岐阜市立歴史博物館蔵の絵巻と内容が酷似すると指摘されている（『大関ヶ原展』図録（二〇一五年）作品概説（橋本章執筆））。

それらの一群で注目すべきは、家康陣の描き方で、黒田家旧蔵のものでは右隻の大半を占めるが、これは武田の陣立てを描いた「武田備」の図と対応している。屏風と「備」図との詳細は別稿を期

テ民ノ労ヲナスハ非儀ナリ

一　理ニ叶人ハ天ノ恵アリ、理ニ背人ハ天罰ヲ受

一　物ヲナスハ、前方ニ思案ヲ究ヘシ、行アタリテハアヤマリ多シ

一　浪人セハ、先長キツツケヲ定ヘシ、恒ノ産ナケレハ放心アリ、商価ノ態ハ恥ヲ受、サレバ古人多クハ耕ス

一　敵ヲ亡サントナラハ、先我士卒ヲ治ヘシ、人ノ国ヲ討ントナラハ、先我国ヲ討シヌヤウニスベシ

一　百戦百勝ハ良将ノ事也、不レ戦シテ人ノ国ヲ帰服サスルハ聖賢ノ事也

一　敵ヲ見テ心ヲ臍下ニ治ヨ、是故人恬淡ノ所也、已ニ刃ヲ交ル時力強カラン、此時ハ鷙鳥ノ搏ツ勢ニ寄也

一　凡夫ハ我身ヲ満ス、君子ハ我身ノ悪ヲウレウ

一　人ノ芸ハ手跡ヲ始トス、万能ヲ道ヒクモノナリ

一　分別ハ利害ヲ交ユヘシ、利アル事ニハ、害ノ有所ヲ勘ヘ、害アル事ニハ利ヲ勘ヘシ

一　好事モ猥ニスレハ悪事トナル、悪事モ謹メハ善トナル

一　富貴ハ天ニアリトイヘトモ、先智恵ニアリト知ヘシ、

したいが、戦国合戦屏風には、多様な機能があって、その軍学的情報をも盛り込むものであったことがこれらからうかがえるのである。

　軍記はひとりそれ自身に止まらない問題を孕んでいる。今日の認識と違って、それがまがりなりにも戦争の記録として扱われた以上、戦争の絵画化には大きな役割を果たしていた。そして、本書はそうした関ケ原合戦のイメージに関しても、まずはその基本構造を成したものだったのである（井上泰至「軍記と屏風をつなぐもの――軍学・絵図・工房」「軍記と語り物」54、二〇一八年三月より抄出）。

古へヨリ愚人ノ重職ヲタモツ例ナシ

一　智恵ト武勇、表ヨリ見ヘヌモノ也、知恵ハ言ヲ以シル、武勇ハ嗜ヲ以知トイヘリ

一　智恵ニ大小アリ、武勇ニ大小アリ、上智是ヲ知、凡人ハ計ヘカラス

一　良将ノ言、多クハ奥意アリ、凡夫ハ偏ヘニ聞

一　聖賢ハ、未前ヲ知、凡夫ハ指当事ヲ知

一　智恵ハ、学文ヲ以知ヘシ、サレトモ身ニ不レ行ハ学者カヘツテ愚人ナリ、愚者カヘツテ智者ナリ、誠ノ神知ハ教ヲ以知ヘカラス、天ヨリ其人ニ備ハル神哉、妙哉

一　人ノ病ヲ療セハ我子ヲ療スルカ如クセヨ、報ヲ思ヘカラス、慈愛ヲ思ヘシ

一　陰徳ハ水ノ如シ、水ハ高ヲサケテ下キニ流ル、人モ善ヲハ人ニユツリ、我智ヲカクシテ謙下ス、水ハ器ニ依テ形ヲ代、人モ其人ニ依テ争アタラス、水能物ヲ生育ス、人モ人ヲ成立セン事ヲ思ヘシ、害ヲ思ヘカラス

一　神ハ心ニ清キ人ヲ守ル、心濁レハ立去

一　鏡ニ物ノ移ルカ如シ、非ヲ祈レハ非ヲ受、理ヲ祈

レハ感応アリ

一　理ト云ニ、別ノ子細ナシ、諸人聞テ能トスルハ理ナリ

一　老仏ノ理ハ、理ヲ捨テ理ヲ得、コレ理ニ作意アル所ヲキラヘバ也

一　寿命長久ノ基ハ、朝トク起テ静座シ心ヲ治メ、冬ハ焼火、夏ハ杖、良友ト楽ミ語リ、儒・医・僧ヲ席ニ加へ、是ト非トノ争ヲ忘レ、飲食・男女ノ願ヲ忘レ、禍福ノ進退ヲ忘レ、世間悶《モン》々トシテ心醇々タラシメ、身ヲ安ヘシ

解　説

井上泰至

関ヶ原もの軍記の出発点

関ヶ原の戦いの実態をめぐっては、これまでの関ヶ原像に根本的な疑問を投げかける議論が、近年なされている。白峰旬は、上杉討伐に向かった軍勢を福島正則の鶴の一声で全て徳川方に与するべく決したという「小山評定」や、慶長五年（一六〇〇）九月十五日の決戦当日午後、小早川秀秋が家康の命を受けた鉄砲発射により、裏切りを決断させた「問鉄砲」など、ポイントとなる事件を、一次資料やそれに準じる関ヶ原の合戦から遠くない時期に成立した記録に照らして、後の軍記による捏造と断じ、後者については、早朝の小早川の裏切りによって、西軍は一気に瓦解したという新説を提出した。

今その当否をここで問うことはしないが、では、そのような関ヶ原説話はどの時点で、今日知られるような形で成立・集成したのかと言えば、それは『慶長軍記』からであった。

59「大谷平戸田の合戦の事」（本文339頁）では、事前に小早川から内通の知らせがあったにもかかわらず、合戦当日松尾山を下りない状況に激怒した家康が、いまでもよくドラマで演じられるように、爪を噛むしぐさをしながら、藤堂高虎・京極高知に命じて、松尾山に鉄砲を発射させ、これによって小早川が松尾山を降りて大谷軍に襲い掛かる、関ヶ原の転機となる場面が印象的に描かれている。ただし、その描写が、「左ノ指ノ爪ヲ食切テ血ヲ出シ給ヘハ、血沫ヲカミ給ヤウニ見タリ」と、通説のように家康の小心さを示すのではなく、やや劇画的な荒々しさを表現していることは注意を要する。こうした英雄化した家康像は、52「上方衆裏切内通の事并晋謝玄の事」（本文311頁）で、戦の前日、小早川が本当に寝返るか不安だとする黒田長政に対し、「彼等ハ人数ヲ持ト云トモ、弓箭ノ道シラヌ若将ナレハ、タトヒ約束相違セハ一所ニ撃亡スヘキニ子細有ヘカラス」と自信に満ちて言い放つ家康の描写からも確認できる。

既に筆者は、本書が北は奥州から南は九州まで全国が西軍・東軍に別れて戦ったこの戦いの全体を扱う、関ヶ原もの軍記の先駆けとして、国史叢書にも活字化され、よく知られる宮川忍斎『関ヶ原軍記大成』より早いものであることを論じた(3)。白峰の研究に代表されるここ十年の研究の進展と、その後の井上および、今回の翻刻スタッフの調査により、本書の意義や位置づけについても解明が進んだので、ここにそのあらましを述べておく。

「問鉄砲」の説話については、白峰先掲書で諸資料から『井伊家慶長記』（寛文十二年写）を「初見」とするが、『慶長軍記』の成立は、それより早い寛文三年（自序）である。**表1**（本稿末尾に掲載）には、秀吉の死を発端として、関ヶ原の合戦の顛末を軸に、北は上杉氏・最上氏の争いから、西は黒田如水や加藤清正の西軍鎮圧までを扱う関ヶ原の全体像を集成した軍記を概観した。これを仮に関ヶ原モノ軍記と称す。関ヶ原の軍記といえば、『関ヶ原軍記大成』がよく知られているが、この表を見れば、『慶長軍記』が出発点となって、峯賀高亮の『関ヶ原合戦誌記』（貞享四年序）を経て、『関ヶ原軍記大成』（三〇巻本元禄三年序、四十五巻本正徳三年序）へと成長・集成されていった流れがおおよそ確認できる。

この表を見渡すと、『慶長軍記』が、関ヶ原にとどまらず、慶長十九年の大坂冬の陣の発端までを記述する、まさに「慶長」年間の「軍記」となっている点に気付く。下って『関ヶ原合戦誌記』では、巻三から四にかけて朝鮮の役を関ヶ原の前段として記述したり、巻十一から十三の美濃・伊勢の局地戦の記事を増補したりしている点が特色となっている。さらに下って『関ヶ原軍記大成』では、編者の宮川忍斎が福岡藩に仕官しただけあって、巻三十七から四十一の黒田如水の九州転戦の活躍などが増補されていることが確認できるが、小山評定や問鉄砲のような、通説の関ヶ原像のポイントとなる記事は、基本的に『慶長軍記』以来変化していないので、改めて『慶長軍記』の存在は、関ヶ原説話の生成という関心にたつ時、中心となる資料であることが確認できる。

筆者植木悦

『慶長軍記』の筆者、植木悦（?〜元禄十一年（一六九八）、長春、由右衛門、升庵・橘生斎）については、拙著『サムライの書斎』「I軍学者の想像力――植木悦」に記したので、詳述は避け、かいつまんで要点のみ記すと、備中の豪族植木氏の流れを汲み、甲州流軍学を修め、『慶長軍記』成立の前年寛文二年（一六六二）に、藤堂分家の高通に拝謁、寛文九年その久居藩に仕官して、城下の縄張りを決め、著作としては『西国太平記』（延宝六年刊）『職原抄引事大全』（万治二年刊）などを刊行していることに触れた。さらに、今回新たに紹介するのは、江田島の旧海軍兵学校蔵書（現海上自衛隊第一術科学校参考館蔵）に残る『兵家系図』（文化五年序）である。備中の甲州流軍学者正木輝雄（?〜一八二四）によって書かれた、軍学各流派の師承関係と、軍学者の略伝を記した資料で、鳥取藩軍学者兼国学者の鷲見安歆（一七八四〜一八四七）の蔵書となり、昭和初年、佐佐木竹包楼によって兵学関係書が一括して江田島に移管された際の一本である。さて、そこに載る植木の略伝を引く。

小幡勘兵衛景憲――植木由衛門悦

仕居藤堂家銀三百石。号升庵、又称橘生軒。一生不犯ノ人焉。西国出生ト云ヘリ。水戸光国卿ノ命ニヨリ江戸千駄谷ニ篭居シテ、古陣秘法若干ノ巻を著ス。或ハ職原大全・慶長軍記等ヲ著ス。

水戸光圀と関係があったという点は、ウラが取れていないが、確かに植木は兵学書『古陣秘法』（延宝二年刊）を口述・刊行はしているし、浪人中江戸千駄ケ谷に住んでいたというのは、『慶長軍記』の序文では駒込となっているのが気になるが、いずれにしろ久居藩に仕官する以前に『慶長軍記』の広範な資料集めが江戸で行われたことを十分予想させるものである。さらに、「一生不犯」の人であったという記事も、後で触れるように、『慶長軍記』の内容には大きな影を落としている。

地元の史家、岡田文雄[4]に以下のような報告がある。藤堂高虎の孫、高久が津藩を相続して、その弟高通が分封を許され、久居藩が誕生したのは寛文九年（一六六九）、分封当初に植木が計画した築城計画は、幕府によって拒否された。『藤影記』では「諸侯の城郭は幕府の重大問題であるから、築城の計画については慎重審議の上多少の干渉はむしろ当然」とし、「最初の考案通り築城できなかった」と述べている。

伊賀国名張郡出身で、伊勢国にもゆかりの深い幕府御奉行保田宗雪は、宗藩津藩主高久へ、久居の築城変更を命じて武装解除をした文書を渡している。そこには大手門も透門にして内部の見えるように、石垣、堀、塀など禁じ、土置きも低くして、人の動きの見えるように変更されたとある。最近この『久居開闢旧図』という計画図が旧家臣箕浦家で発見され、久居築城の原案が明らかになった。

この計画図は、植木悦によるもので、総構の広さは現在とほぼ同じであるが、最大の特色は大手門の南に巨大な三角土居（高さ三六メートル、根置五・四メートル）を設け、その上に銃眼の狭間があることである。この三角土居は防戦の時、敵の侵攻を側面から弓矢・鉄砲で打ちかけ死角を無くするしくみであり、軍学上「屏風折れの横矢」という重要なものである。また、大手門前と北門前に丸馬出がある。これは城門から出撃した時の拠点となるもので、内側に勢揃いした武者が打って出るための戦闘用施設である。土塁・塀の総構には四角と南北に櫓をもち、外側は堀で囲み、搦手は土俵を積み重ねて堀を造り、南の斜面下には雲出川から水を引き入れる二重堀の武装城郭であった。

しかし、遂にこの計画は許されず夢と消えてしまった。そして一間以内の土居・水路で区画した陣屋町となり、この御殿に高通が入城したのは寛文十一年（一六七一）七月十七日であった。

寛文期は、清国との琉球帰属をめぐっての対立が解消し、真の「江戸の平和」が到来した時期であると史家は認識しつつあるようだ(5)が、植木はまさにその転換期を生きた兵学者だったのである。

底本書誌と諸本

底本に採用した、寛文三年本の内閣文庫A本と、寛文八年本の内閣文庫B本の、簡単な書誌を各々以下に記す。

内閣文庫A本
請求記号一六八―一二三　二六・一×一九・八㎝
藍表紙　十九巻合五冊
題簽「慶長軍記一（～五）」無枠、書　二〇・〇×三・七㎝

印記　「内閣文庫」「大日本帝国図書印」各冊首尾・「日本政府図書」各冊首尾・各巻首「明治十五年購求」
各冊・巻首「三角文庫」
字高　二二・〇cm

内閣文庫B本
請求記号一六八―一二七　二八・一×一九・二cm
浅黄表紙菱形繋型押　十巻九冊（欠）
題簽「慶長軍記一（八、十止）」　四周単辺刷　題と冊数は書　第八冊は後装　一八・〇×二・七cm
印記「日本政府図書」「秘閣図書之章」（大小二種、明治五〜十七年）各冊首
字高　一八・五cm
本文　朱で返点・送り仮名・ルビ。また、482頁に「当君綱吉公」。

次に、諸本の簡単な分類を挙げる。

寛文三年本
内閣文庫A・大阪府立中之島図書館石崎文庫・津市立図書館

寛文八年本
十行本＝内閣文庫B・島原市図書館松平文庫A・臼杵市立図書館・国立国会図書館

八行本＝**島原市図書館松平文庫Ｂ・和歌山大学紀州藩文庫・米沢市図書館Ａ・米沢市図書館Ｂ**（**Ａ本の写し**）**・篠山鳳鳴高校青山文庫**・尊経閣文庫・東北大学附属図書館狩野文庫・京都大学附属図書館

九行本＝大阪府立中之島図書館

寛文三年の序を持つ三本は行数こそ違うが、本文や五冊の構成、本書を特徴づける四枚の彩色の絵図、即ち、伏見城の縄張り・加賀大聖寺合戦図・岐阜城攻めの図、それに関ヶ原配陣図の四点が共通し、同系統と言っていい一群である。中でも絵図の美しさは石崎文庫本がひときわ目立ち、内閣文庫Ａ本と書き入れ・本文までほぼ同じで、一部字配りも同じだが、紙質は幕末のモサモサした手触りのもので、字に疲れが見え、内閣文庫Ａ本と比べて、訓点・ルビ・書き入れが一部脱落している。津市立図書館本も、津藩の藩校有造堂文庫本だが、後に述べるように、幕末の藤堂高虎顕彰の資料となったものらしく、本文も内閣文庫本に比べルビ・訓点がかなり脱落しており（**図版1・2**参照）、まずは内閣文庫Ａ本を尊重すべきと考え、底本とした。

次に寛文八年本とは、序に「寛文八年正月」の年記と、「東林耕人」という署名のみあるもので、返り点の多い記録性の強い文章の十行本と、返り点の少ないやや読み物的な文章の、行数の少ない八行本とに大別できる（**図版3・4**参照）。

特にゴシックで記した、島原市立図書館松平文庫Ｂ本以下のものは、茶表紙で、序と総目録の首巻、本文の十九巻ごとに冊数を数える計二十冊で、伏見城図を省略して他の三つの合戦絵図を彩色で記す点まで共通し、字配りもほぼ同じものが多いので、一括りにできる。その中の松平文庫Ｂ本の箱には「江戸廻」と記している（**図版5**）ので、これらは江戸で一括して書写されたものか。鹿児島の尚古集成館には旧薩摩藩の蔵書目録が数点残るが、そこには「江戸廻」と表紙に記した書物目録もあるので、「江戸廻」とは江戸藩邸経由の蔵書という意味と

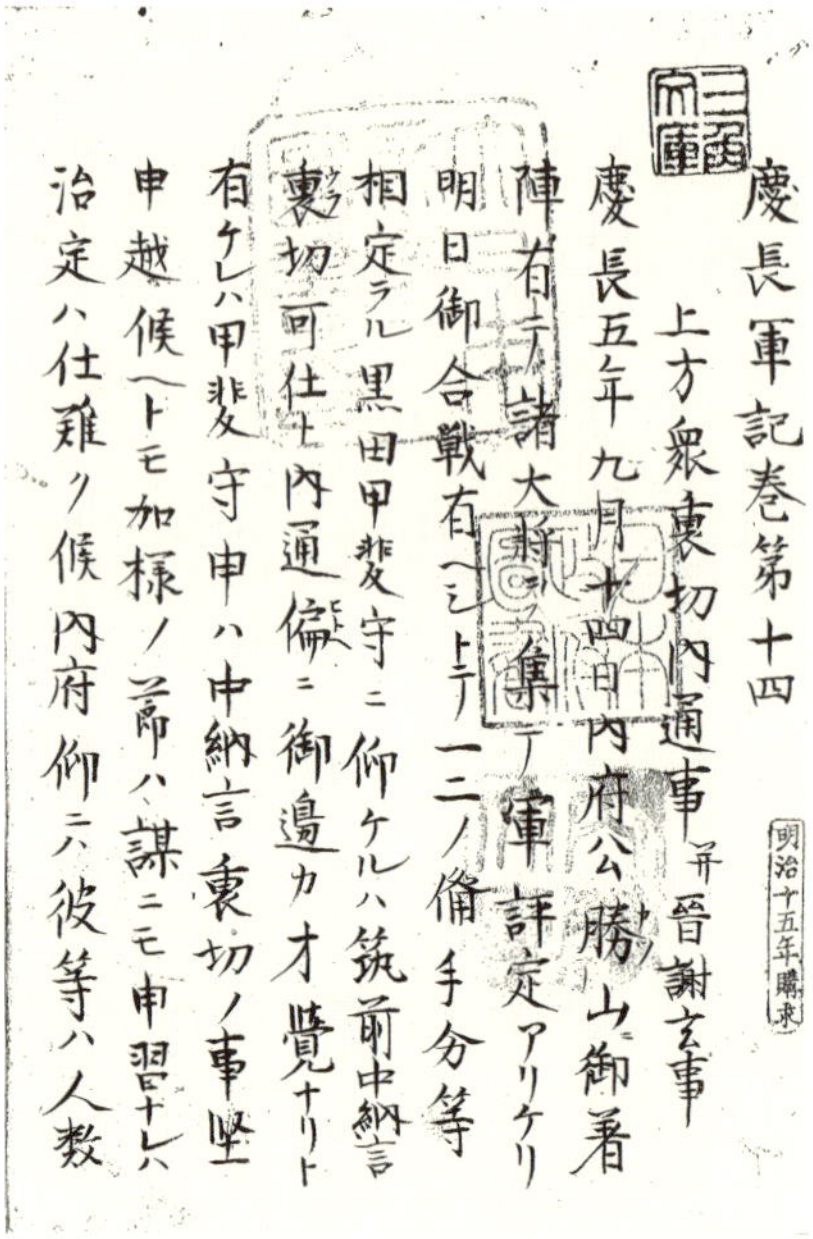

図版1　寛文三年本（内閣文庫蔵）巻第十四

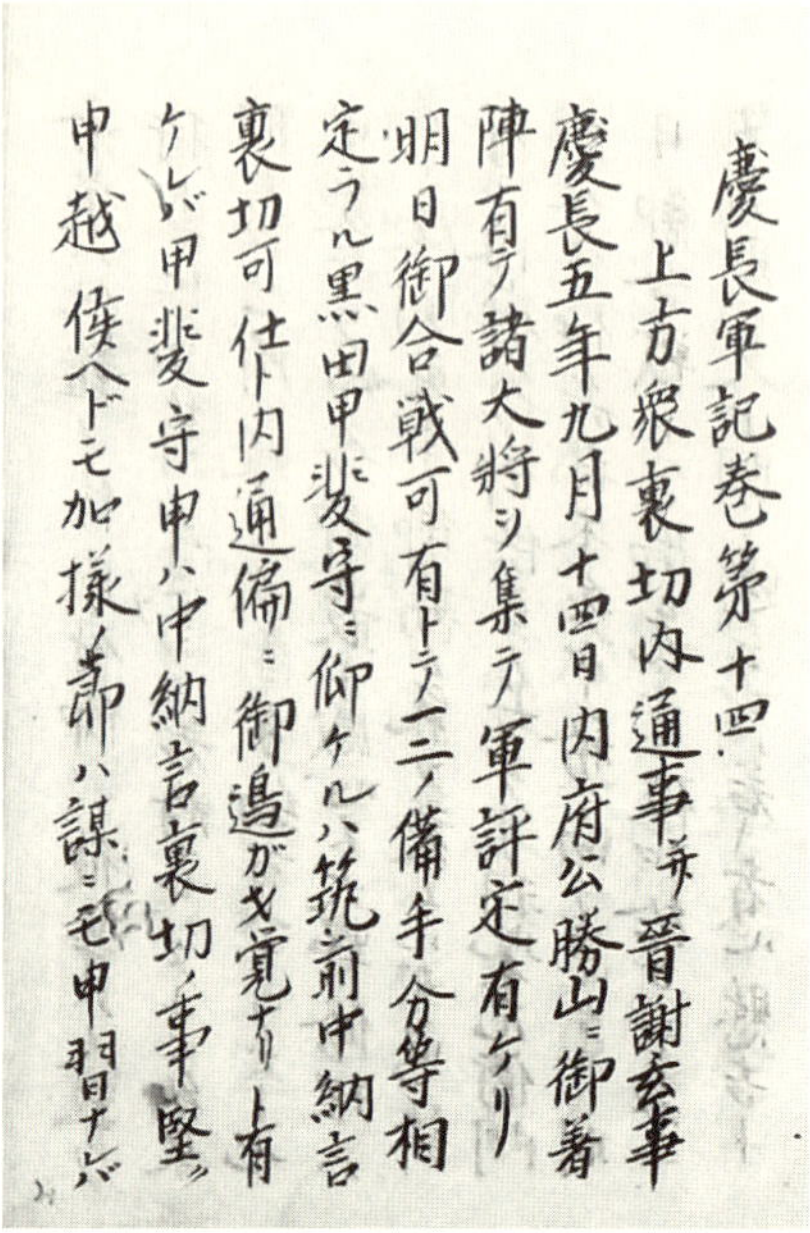

図版2　寛文三年本（津市立図書館蔵）巻第十四

一応考えておく。本書では記録性の強い十行本の中でも、訓点・ルビの脱落の少ない内閣文庫B本を底本とし、欠巻については紀州藩文庫本で補った。

諸本の特徴

次に寛文三年本と八年本の内容の相違について、簡単に見ておこう。**表2**で、段落の単位で異同のある章に○を、章段の有無の異同のあるものには◎を付けた。○も◎も、寛文三年本にあって八年本にないものである（△は八年本にあって三年本にないもの）。

特徴的な部分のみピックアップしてみる。序文（本文1頁5〜9行目）では、朝鮮・琉球の朝貢にふれた幕府の権威とその成立の過程を語る漢文の出典もある文章、15の上杉征伐の記事（本文92〜93頁）では、家康の東下に付き従った譜代・旗本の武者揃の記事、50章（本文304〜

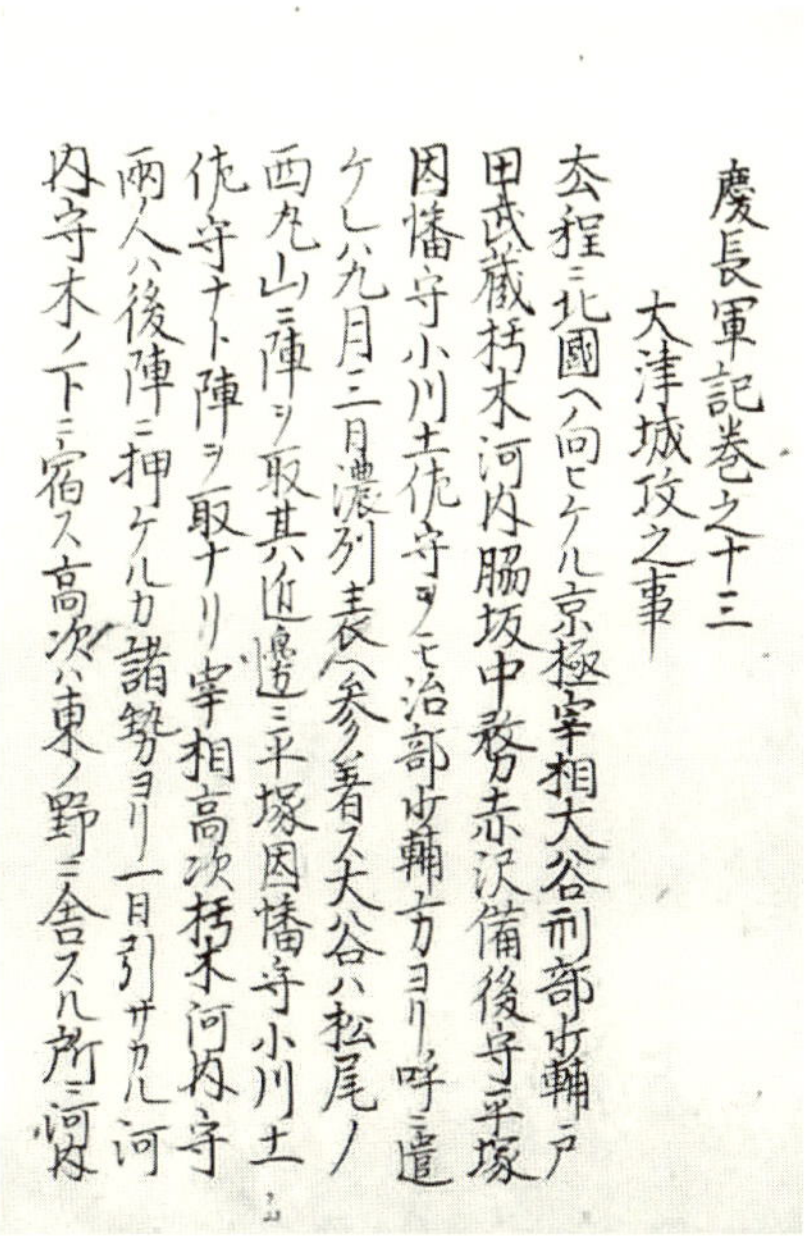
慶長軍記巻之十三
大津城攻之事
去程ニ北國ヘ向ヒケル京極宰相大谷刑部少輔戸
田武蔵朽木河内脇坂中務赤沢備後守平塚
因幡守小川土佐守ヲモ治部少輔方ヨリ呼遣
ケレハ九月三日濃州表ヘ参着ス大谷ハ松尾ノ
西丸山ニ陣ヲ取其近邊ニ平塚因幡守小川土
佐守ナト陣ヲ取ナリ宰相高次朽木河内守
両人ハ後陣ニ押ケルカ諸勢ヨリ一日引サカル河
内守木ノ下ニ宿ス高次ハ東ノ野ニ舎スル所ニ河内

図版３　寛文八年本十行本（島原市立図書館松平文庫蔵）

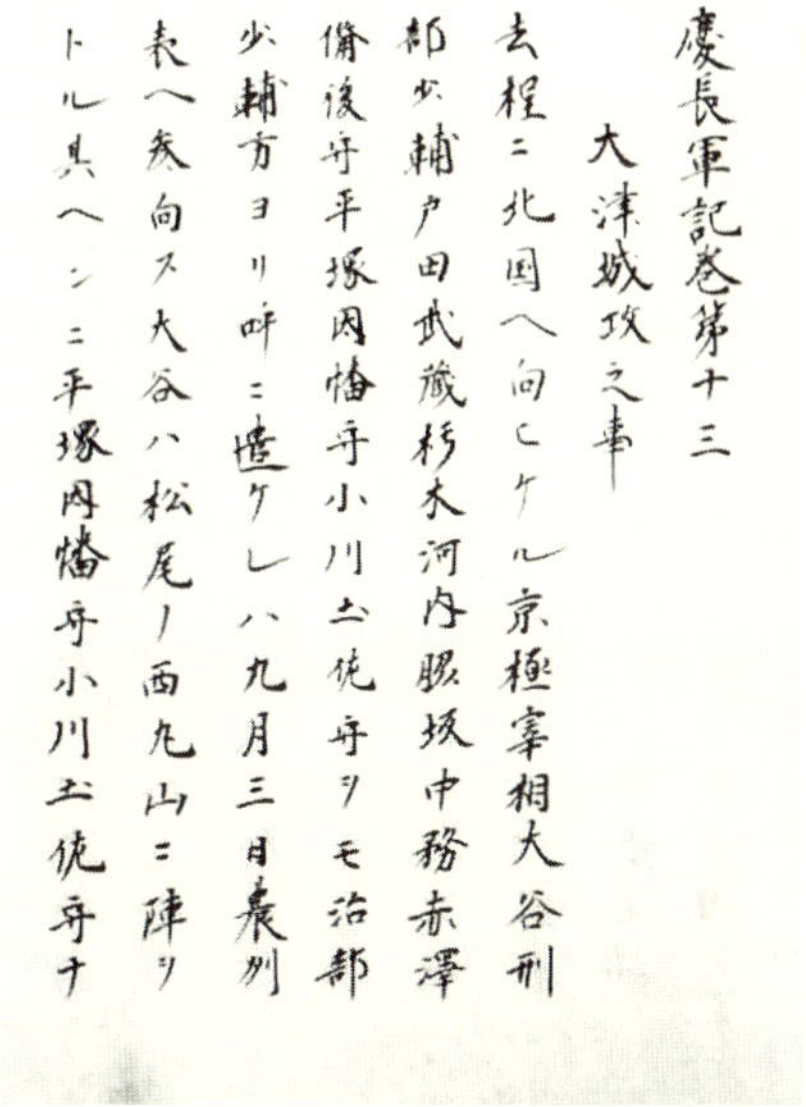
慶長軍記巻第十三
大津城攻之事
去程ニ北国ヘ向ヒケル京極宰相大谷刑
部少輔戸田武蔵朽木河内脇坂中務赤澤
備後守平塚因幡守小川土佐守ヲモ治部
少輔方ヨリ呼ニ遣ケレハ九月三日濃州
表ヘ参向ス大谷ハ松尾ノ西丸山ニ陣ヲ
トル其ヘンニ平塚因幡守小川土佐守ナ

図版４　寛文八年本八行本（島原市立図書館松平文庫蔵）

305頁）では、今日の研究でも家康発給の文書とされるもの[6]の引用などが寛文八年本では割愛されているのがわかる。こうした傾向は先ほどの○・◎を付した部分にもおおむね共通して確認できる。本書は、寛文三年本と八年本を上下対照できるよう構成しているので、詳しくはそちらに拠られたい。

　こうした内容が寛文八年本で欠落してくる意味については、まだ仮説の段階だが、今のところ、こう考えている。寛文八年本は、植木悦本人の署名に代えて、「東林耕人」の号を記すのみである。寛文三年本の序末には「謹んで書す」とあるが、この「謹んで」という表現も寛文八年本の序にはない。寛文三年本は、藤堂家のような大名かその周辺に対して記した、記録性の高いものなのに対し、寛文八年本、特に二十冊で行数の少ないものは、先程の「江戸廻」の箱書からも、おそらく江戸の本屋が近い時期に何冊も制作し流通させたテキストではなかっ

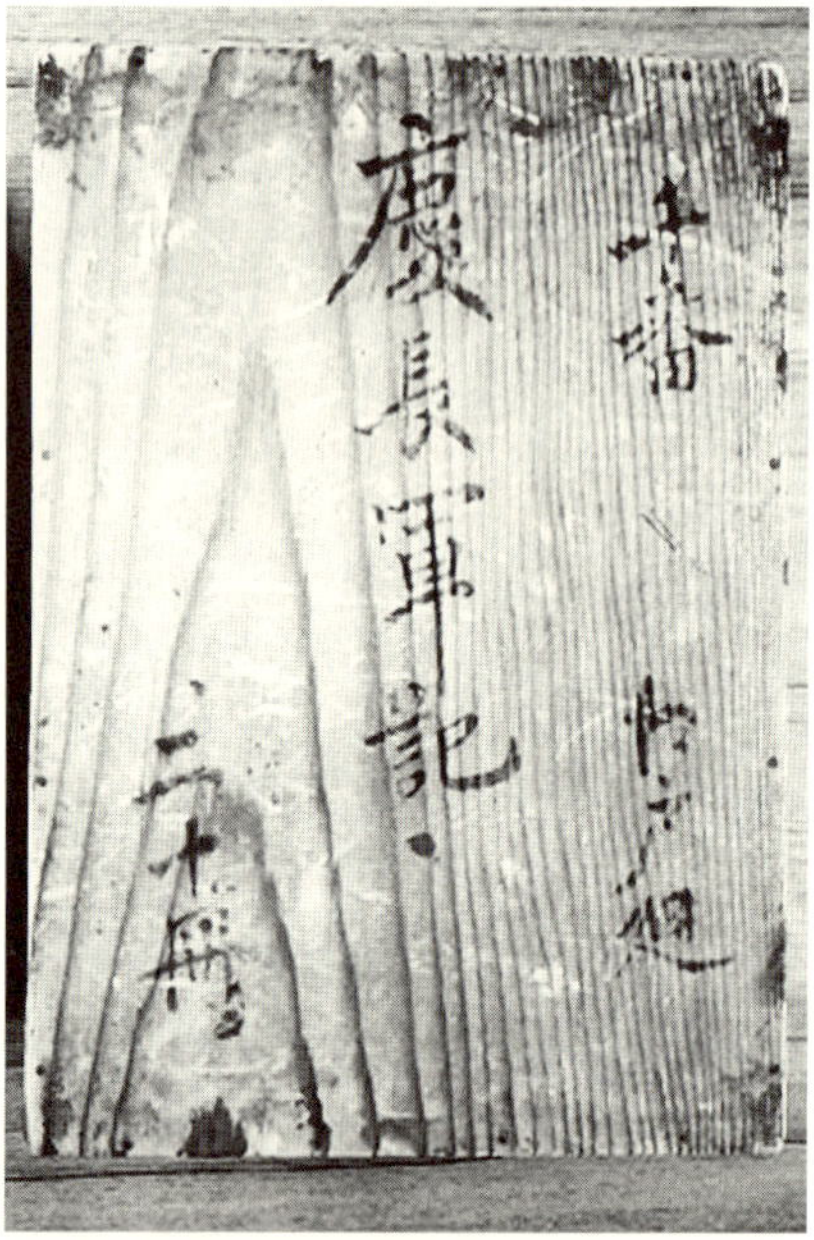

図版5　島原市立図書館蔵『慶長軍記』（寛文八年本十行本）箱

たか、と一応考えておく。

依拠資料と本書の特徴

続いて、依拠資料と先行軍記等にはないオリジナルと思しき記事の特徴について考えておく。**表2**に集約したが、『慶長軍記』の出典とおぼしき、先行すると考えられる関ヶ原全体を記述する主な軍記・記録類には四点ある。ひとつは太田牛一『内府公軍記』。蓬左文庫に、徳川義直旧蔵本として残る自筆本は、牛一の晩年の手の震えも残るが、成立は慶長の十年ごろから没年の十八年あたりだろうか。次に太田牛一が記録し所持したと伝える『関ヶ原軍記』、さらに明暦二年、老中酒井忠勝が家康の武功の記憶が薄れつつあることを憂慮して、自身の見聞や古老の話をもとに、林羅山とその子鵞峰に編集させた『関ヶ原始末記』、岡山大学図書館池田文庫蔵の慶安四年の跋文を持つ『慶長記』等が挙げられる。

その記事が『慶長軍記』と重なるものは全て**表2**に記載した。特に、『関ヶ原始末記』は、内容的にも分量からいっても、『慶長軍記』がそのままこれを使った痕跡が明確に見て取れるもので、これを軸に、植木悦が、他の資料から肉付けをしていったことがうかがえる。

他には、巻十三「真田合戦之事」のように真田と東軍との戦の記事が、第一次上田城合戦まで遡って記すのは、『三河物語』に拠っていたり、甲州流軍学者の植木らしく、武田の戦備えをわざわざ記したりしている点興味深いが、各藩に残る記録類に一つ一つあたることで、『慶長軍記』の段階でこれだけ飛躍的に情報量が増えた実態が明らかになってこよう。後考を待ちたい。なお特に本書の作者の環境から考えて、『藤堂家覚書』の記事と一致する、藤堂家の武功に関する箇所については注意しておくべきだろう。この覚書は、寛永十八年、おそらくは寛永譜の成立に絡んで、初代高虎から三代高久に仕えた西島八兵衛らによって書かれたものである。

西軍の盟主は事実上石田三成だが、本書では江戸中期以降その説話が膨らんでくるのに比してその精彩を欠いている。有名な三杯の茶を秀吉に献じた話や、斬首の前の市中引き回しの際、柿をことわったりした話など、『常山紀談』などに載る三成の見せ場は、まだ見出せない。関ヶ原で敗戦後、大坂を経由して島津を頼み再起を期す考えで、忠義の三人の近臣をも去らせて、単身逃亡するが、古橋村の与次郎にかくまわれるに及んで、追及の手から逃れられぬことを覚悟して、与次郎に自分を差し出すよう勧めて、彼に迷惑がかからないよう行動し、探索の担当者であった田中吉政には、太閤の恩義により秀頼を盛り立てようとしたと語り、大津を経て大坂に護送されてゆく（70「石田治部少輔并安国寺生擒事」）点。および、大坂では、福島正則・池田輝政・浅野幸長・細川忠興・藤堂高虎らが使者を以て、なぜ関ヶ原の戦場で死ななかったか尋問すると、三成は、それは匹夫の勇というものであり、大坂で毛利と示し合わせて再起をするつもりだったと「高声」で語り、諸将は口をつぐみ、福島に至っては、三成の所に出向き、三成の行動は恥ではないと語る点などが三成の見せ場である(7)。

代わって、注目すべきは、軍記の常として「軍師」の活躍であり、『慶長軍記』の場合、東軍では藤堂高虎、西軍では大谷吉継に焦点が当てられている。詳しくは別稿(8)に拠られたいが、本文98頁で、大谷は会津攻めに向かう途中、三成とは「成童」からの「金蘭」、即ち深い友情に結ばれた関係でもあり、「若道」、つまり男色の交わりも濃かったので、暇乞いに佐和山に立ち寄り、三成から挙兵を打ち明けられ敗北を予想しつつも、男色関係の「義」を強調して挙兵に加担すると決意を述べている。

また、本文303頁では、岐阜城攻略を終えた後、藤堂高虎は、大垣城の大敵を放置して西上しても背後を襲われるだけなので、ここは家康の出馬を待つべしと具申、井伊直政・本多忠勝もこれに同意し、関ヶ原の戦いの構図ができあがる仕組みとなっており。これは先ほど触れた『藤堂家覚書』の記事と一致する。これに加えて植木は、黒田と藤堂は、以前から男色関係の、水魚の如き交わりであり、藤堂の家紋であった黒餅を黒田に譲った説話を紹介しつつ、この軍議の行き違いなどがもとで、二人は仇のようになってしまったと伝えている

さらに、本文329頁では、西軍の小川祐忠が東軍への裏切りを計画していると聞いた息子の左馬助祐滋が、「天下無双の美男」で、三成との男色関係から東軍への裏切りを渋った記事も載るが、このように、男色の記事が多いのは、先に触れたように「一生不犯ノ人」と伝えられる植木本人の問題もあったのだろう。『慶長軍記』の成立に近い時期の武家の男色の例は枚挙に暇ないが、関ヶ原の武将の行動にもそうした男色をめぐる「義」あるいは「義理」の感覚が投影して語られ、中でも大谷は象徴的な存在として描かれたいたわけである。

従って『慶長軍記』では、大谷について、盲目ということは触れられるが、ハンセン病を患う醜貌の人という記述は全く見えない。これは、『関ヶ原軍記大成』巻二六「大谷吉隆自害戸田平塚戦死」で、ようやく輿にのって頭巾をかぶるお馴染みの大谷像が確立してくるのである。

すでに旧稿でも書いたが[9]、この大谷の決断も、九州から西上する足利軍に対し、一旦京を捨てて迎え撃つ戦略を提言しながら受け入れられず、それでも後醍醐天皇の命を受けて湊川に向かう楠正成に通じるものがある。また、29「北国合戦并びに諸葛孔明の事」では、大聖寺を落とした東軍方の前田利長に、大谷が敦賀から船で金沢を衝くという情報をばらまき、偽情報に踊らされた前田勢は退却する、軍師らしい活躍も描かれる。関ヶ原の帰趨を決定づけた小早川秀秋の裏切りについても、大谷は覚悟していたとされ、かねて大谷と昵懇の家康は、既に内応した脇坂を通じて、大谷にも内応をしかける、「裏切ノ悪名ヲ天下へ取テ侍ノ風上ニ置レマシケレハ、命ナ

カラヘテ何カセン」と返答している（本文326頁）。

小早川が裏切り、藤堂の調略により脇坂らも寝返って、大谷隊とその先鋒戸田・平塚隊は殲滅の局面を迎えるが、大谷の水際立った最期（本文345頁）も本書の見せ場であろう。大谷の首は五助によって羽織で包まれ田の中に隠匿される。この後五助は、恐らく『藤堂家覚書』のような資料に拠ったのだろう、藤堂家臣の藤堂仁右衛門に討たれ、家康から十八歳で剛の者を打ち取った仁右衛門は誉められる。

植木悦のパトロンであった藤堂家関係の記事が膨らみ、顕彰に傾くのは自明の理とも言えようが、関ヶ原に直接関係ない藤堂家の朝鮮の役での活躍まで一章を割いて語る点も含め、本書の性格を考える上で、注意しておかなければならい。戦功は敵の存在によって成り立つわけだから、敵の顕彰は自らの顕彰に通じるわけである。

本書の影響――家譜・軍記・絵図・屏風

さて、最後に、大名家譜・軍記・実録・絵図・屏風等へと多様な展開を見せる本書の受容の問題についても、簡単に触れておこう。後続の影響は先に挙げた軍記類に限定されない。『黒田家譜』貞享本の参考書目[10]や幕末の藤堂藩史『高山公実録』[11]には「慶長軍記」の名が確認できる。また、『慶長軍記』に載る四つの絵図、特に関ヶ原合戦のものは、単独の合戦絵図、ひいては屏風との関係から注目すべき資料である。白峰旬は、関ヶ原の合戦絵図を大きく二種に分類しているが[12]、フラットに陣地と道を配置したB系統と異なり、山や陣地を立体的に描き、川を配すなど「絵」と「図」の両面を持つA系統のものは、『慶長軍記』の関ヶ原図と近しい。一方合戦絵巻や屏風は、まずこれらの絵図から構図の大枠を得た可能性が高い。福岡市博物館にある黒田家旧蔵の関ヶ原合戦屏風（元は絵巻）では、伊吹山・天満山・松尾山・南宮山や相川・藤川の配置、それに絵を二枚に別けているのが、

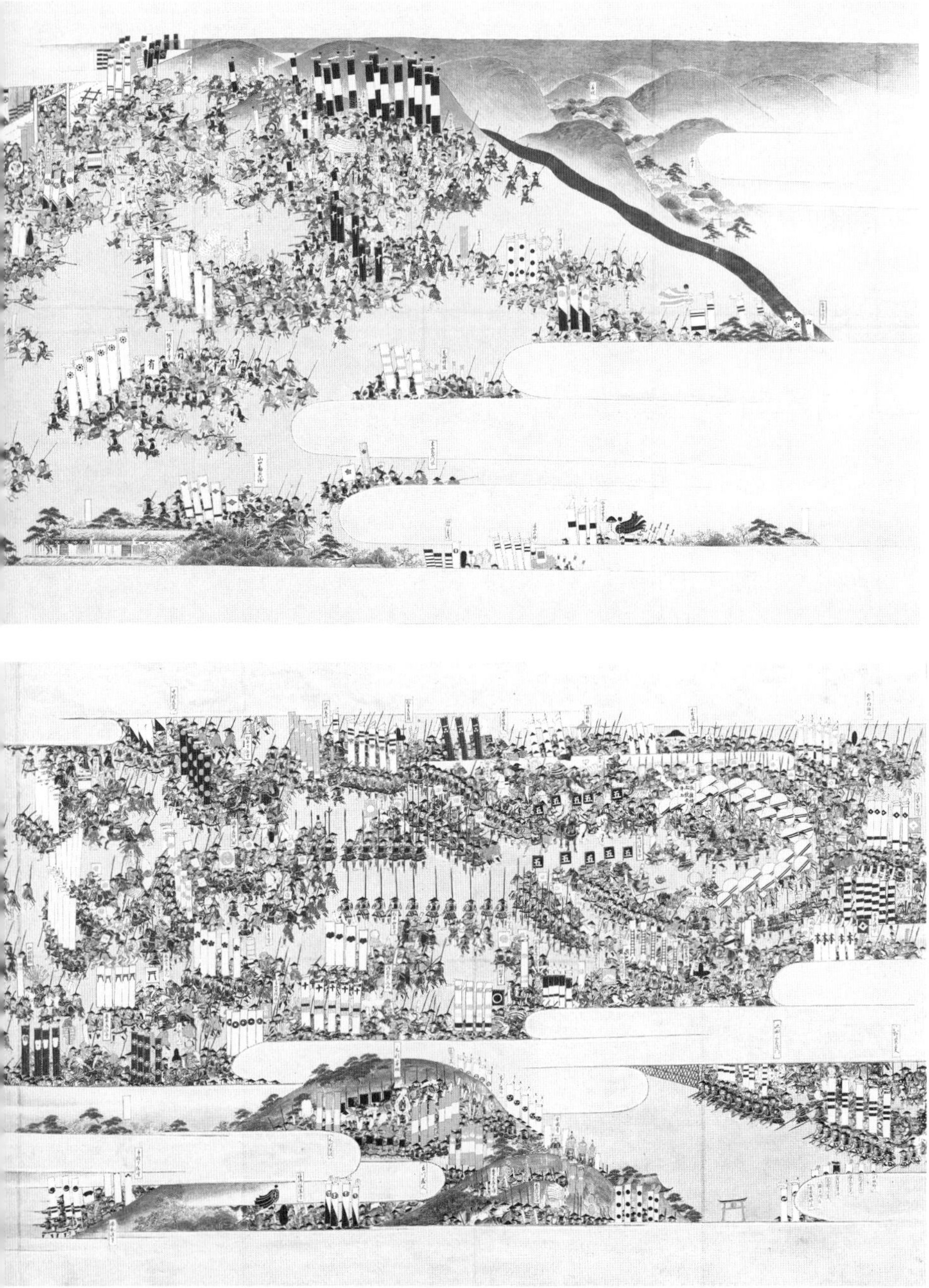

図版6　関ヶ原戦陣図屏風（福岡市博物館所蔵、画像提供：福岡市博物館／ DNPartcom）

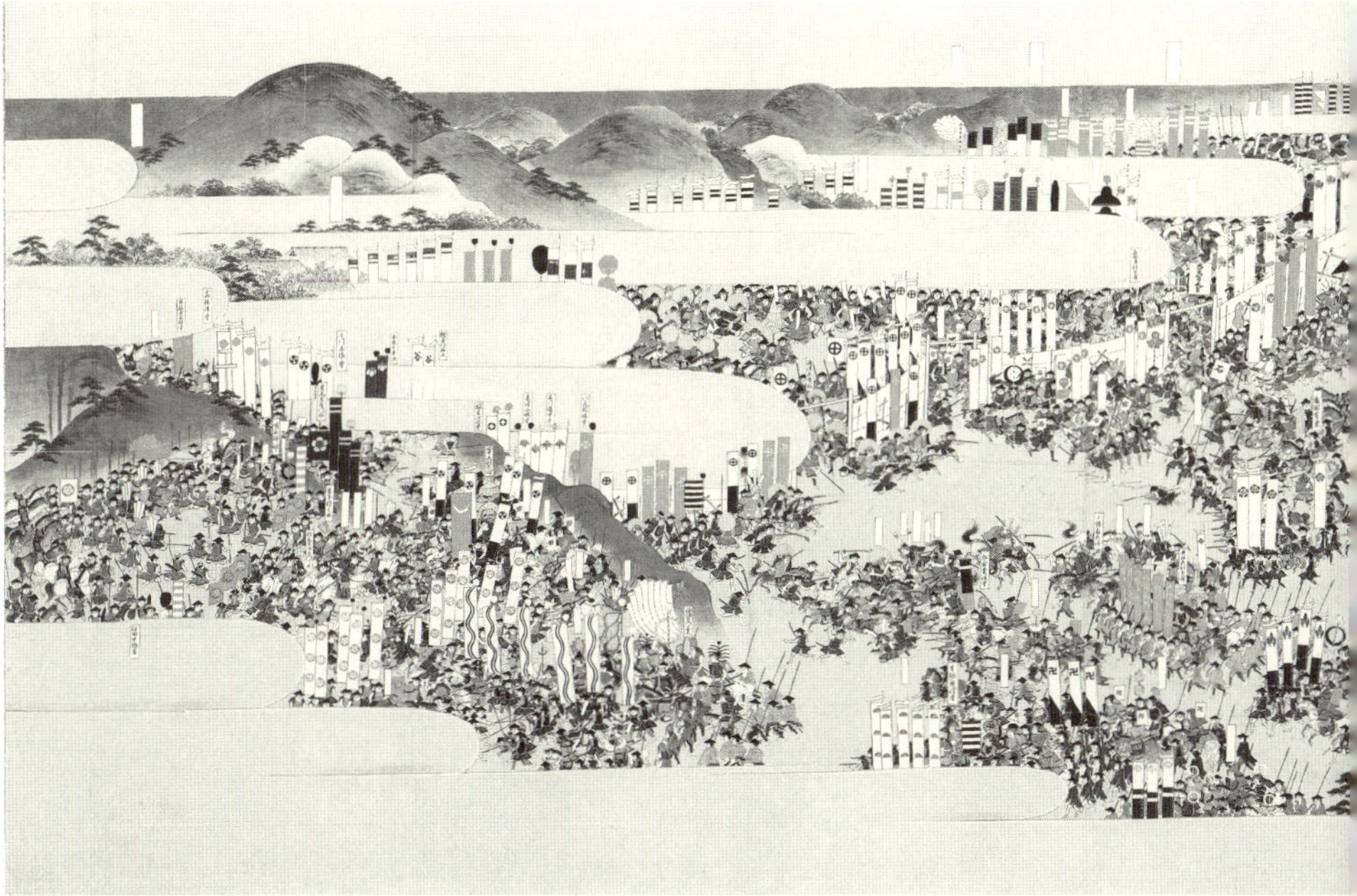

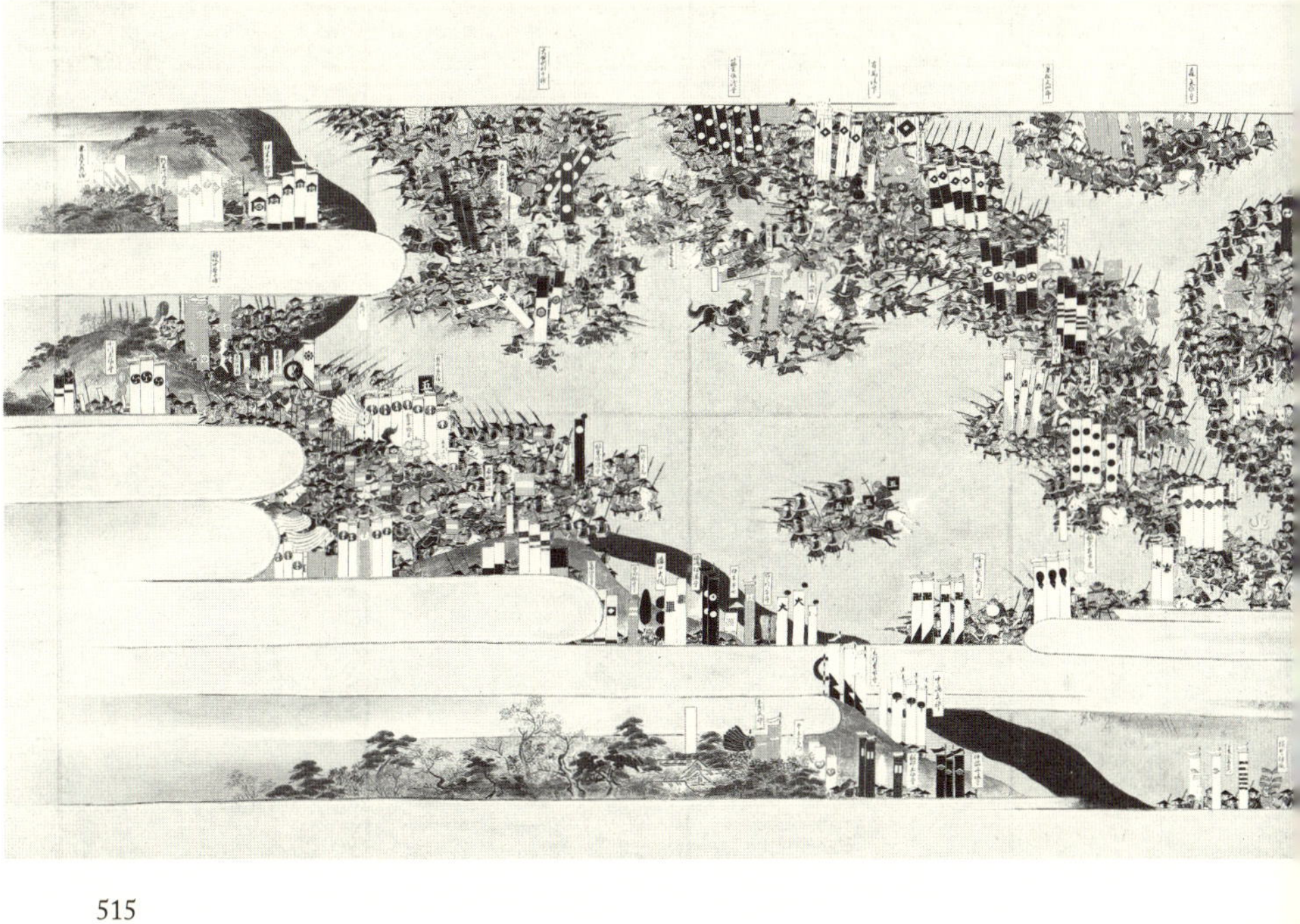

絵図の真ん中を通る中仙道である点、それに石田の陣の柵などさらに、このA系統の絵図から得たと推察される（本書354〜355頁と前頁**図版6**、及びコラム⑨参照）。以上、『慶長軍記』は、後の関ヶ原軍記の基礎となるものであるばかりでなく、藩史・絵図・屏風に至る関ヶ原のイメージ形成の出発点となるものであることを指摘しておく。(13)

注

（1）白峰旬『関ヶ原合戦の真実』（宮帯出版社、二〇一四年）。

（2）小山評定についての白峰説に対しては、笠谷和比古『徳川家康』（宮帯出版社、二〇一六年）などで、家康の浅野幸長・黒田長政・田中吉政宛書簡の存在から、批判がされている。

（3）井上泰至「1軍学者の想像力——植木悦」（『サムライの書斎』ぺりかん社、二〇〇七年）。

（4）津・久居の歴史刊行会編『図説　津・久居の歴史上巻』（郷土出版社、一九九四年）一一八〜九頁。

（5）高埜利彦「十七世紀文学研究への提言」（『近世文学史研究』一、ぺりかん社、二〇一七年一月）。

（6）山本博文・堀新・曽根勇二『徳川家康の古文書』（柏書房、二〇一五年）一九六頁。

（7）井上泰至「石田三成——テキスト批評・中野等『石田三成伝』」（井上編『関ヶ原はいかに語られたか——いくさをめぐる記憶と言説』勉誠出版、二〇一七年八月）。

（8）井上泰至「大谷吉継——軍師像の転変」（注7前掲書）。

（9）注3前掲書。

（10）『新訂黒田家譜』（文献出版、一九八三年）。

（11）『高山公実録』（清文堂出版、一九九八年）。

（12）注1前掲書、一六六〜一六七頁。

（13）関ヶ原軍記と絵図・屏風の関係については、拙稿「軍記と屏風をつなぐもの——軍学・絵図・工房」（「軍記と語り物」54、二〇一八年三月）に詳説した。

表1　関ヶ原もの軍記の章段比較対照（＊数字は巻数）

『慶長軍記』寛文三年序	『関ヶ原合戦誌記』貞享四年序	『関ヶ原軍記大成』三十巻 元禄三年序	『関ヶ原軍記大成』四十五巻 正徳三年序
1関白秀吉公御治世事	1大意	1豊臣秀吉一世之事	1豊臣太閤平治天下附薨去
1太閤薨御事	1秀吉公素性並御一門之事		
	2家康公御年譜之略		
	2家康公御親族之事		
	2太閤在世諸侯諸士之分限之事		
	3朝鮮陣之記		
	3倭軍朝鮮渡海之事		
	3小西行長加藤清正不快之事		
	4小西行長渡海並武功之事		
	4漢南人軍并丹国退治之事		
	4関白殿生害并再倭兵入異朝事		
	5太閤他界之事		
1伏見騒動之事幷秀忠関東下向事		1浅野石田藤堂筑紫下向附諸将誓詞之事	1浅野石田藤堂筑紫下向附諸将誓約
1朝鮮諸将帰朝并御遺物之事	5朝鮮在人衆入軍之事	1秀忠公関東江下向幷秀頼移住之事	1秀忠公御帰国附秀頼公大坂移徙
1石田三成与諸将確執之事		1北政所松丸殿淀殿之事	
1家康公利家五人ノ奉行確執事	5内府公与老中奉行人間議之事	1老中不和附嶋左近樫原彦左衛門異見之事	2伏見大坂騒動附左近諫事
1兵法事		2老中和睦之事	2内府亜相御和睦附内府御移居

1朝鮮軍功訴訟事		2増田石田等会議之事	2増田石田長束等会談
		2家康公御移住之事	
2利家卿逝去事并石田三成大坂退去之事	6利家卒去并石田治部少輔逼塞之事	2利長（ママ）卿卒去之事	2加賀大納言卒去附利勝利政任官
2石田三成与諸将確執内府公御扱事		2三成大坂退去之事	3加藤小西訴論附石田三成逼塞
		3石田三成佐和山下向之事	
3豊国造営并伏見城内府公御移事		3家康公伏見城御入城之事	3家康公伏見御入城附井伊直政誓書
			3内府公豊国御社参附内府御執政
3於伏見訴訟事并利長隠謀事	6家康公大坂移并利長陳謝之事	3福原直高浪篭之事	
		3利家公送葬附利勝利政任官之事	
		3家康公伏見御閑居附諸将帰国之事	3内府公伏見御写居附諸将帰国
		4家康公御参内之事	4内府御参内之事附大坂御下向
3浮田中納言家中確執并土方大野浅野被配流事		4浅野逼塞并大野土方流刑之事	4浅野逼塞附大野土方流刑
		4家康公大坂御移住附利長講和之事	4家康公大坂御移徒附利長陳謝
		4同公御威光之事	4内府御威光附御鷹狩
		4宇喜多家臣争論之事	4宇喜多家臣争論
3景勝謀叛事	7景勝反謀並征伐使下向事	5家康公会津黄門鉾楯之事	5内府黄門鉾楯

4会津表御発向事		5同公関東御下向之事	5内府公関東御下向附諸将出馬
		5諸将発向之事	
		5家康公秀忠公江戸御出陣之事	6家康公秀忠公江戸御出陣
		5景勝軍評定之事	5景勝卿防戦会議
5大谷刑部少輔佐和山江立寄事			
5加賀井弥八郎事			
5上方筋軍兵駆催事	7石田治部少大坂江登并催人数事	6石田三成起兵附堀尾帯刀危難之事	9石田三成挙兵附堀尾吉晴危難
		7上方勢手分之事	9秀家三成問答附石田帰国
6羽柴越中守簾中自害事	8関東下向之大名人質所入事	7忠興内室自害之事	9丹後侍従内室自害
6池田三左衛門妹勇力事		7黒田加藤内室之事	9黒田加藤内室帰郷
6加藤左馬助留守ノ事		7有馬加藤内室之事	10有馬加藤山崎内室去留
6若狭少将伏見城立退事			
6伏見城攻事	9城州伏見落城	8伏見城攻附落城之事	10伏見落城附鳥居内藤以下戦死
7京極高次扱事	9上方衆人数揃		
7大垣岐阜ノ城籠城事		11美濃尾張伊勢所々篭城之事	14美濃尾張伊勢所々守城
	11濃州福東城落去之事		
	12勢州岩手城責之事		
	13勢州鳥羽城事	12九鬼嘉隆父子一戦附嘉隆自殺之事	15九鬼嘉隆父子一戦附嘉隆自殺
	13勢州長島攻合之事		
	13濃州岩村并苗木落城之事		14美濃岩村苗木落城
	13勢州亀山神戸桑名伊州上野濃州今尾城々之事		

7伊勢阿濃津ノ城攻并近国城攻ノ事	15勢州津城攻之事	12阿濃津城攻同和睦之事	15勢州阿濃津城攻附和談
7上方衆居城ノ事			
	16勢州松坂城抱事		
		12秀秋虚病之事	15秀秋虚病
8丹後国田辺ノ城攻事	9丹後田辺落城	8田辺城攻附和睦之事	11丹後国田辺城攻附和睦
			8最上義康出陣附義光注進
8北国合戦并諸葛孔明事		9大聖寺城攻附落城之事	12加州大聖寺城攻附山口昌広父子死亡
8小松表浅井畷合戦事	10加州小松大聖寺之事附浅井縄手迫合事	9大谷吉隆計策之事	12大谷吉隆計策
8太田但馬逢災難事	11越前敦賀ヨリ府中北ノ庄迄之沙汰之事	10利長長重闘戦之事	13利長長重闘戦
8羽柴加賀守事		10利政変志之事	13利政虚病
8肥前守利長上洛事		10利長長重和平附再出陣之事	13利長長重和平附利長再出陣
9白石落城之事	10奥州白石落城并福島合戦之事		8政宗帰国附白石落城
9江戸御出馬并福島合戦事			
9小山ニテ軍評議並御出馬入事	8家康公御父子会津御発向附従小山引返給事		6鳥居内藤注進諸将上方発向事
	16野州表之事	7家康公野州より御帰陣之事	7家康公野州より御帰陣
	8先勢江戸発向之事	6真田夫子并田丸倶忠帰城之事	6真田父子附田丸倶忠帰城
10越後一揆蜂起事	17越後国一揆之事	25羽柴秀治会評之事	7羽柴秀治会議
10上方勢美濃馳向并福束城攻事		25下倉落城附直寄武功之事	7景勝一揆催促

10宮部兵部事		25羽柴親直戦功之事	7堀直政父子武功附小倉主膳戦死
		25溝口村上功労之事	7三条城攻附村上溝口援助
		25六郷政家軍功之事	7下田会戦附柿崎斎藤戦死
10尾州高須犬山城落居事	12濃州高須城退治散之事	11高巣落城之事	14美濃福束高巣落去
	12尾州犬山之事		8内府公自野州御帰陣
		11家康公御出陣御遅滞之事	8家康公御出陣御遅滞
10岐阜表人数配之事		13村越茂助直言附加藤嘉明発明之事	16村越茂助直言附加藤嘉明発明
10川田渡合戦之事	14濃州新加納合戦之事		16濃州米野合戦附池田長能功名
11濃州竹ヶ鼻落城事		13米津合戦附竹ヶ鼻落城之事	17濃州竹ヶ鼻落城
11岐阜落城事	14岐阜落城并瑞竜寺砦破却之事	13樫原兄弟戦死附岐阜落城之事	17樫原兄弟戦死附岐阜落城
12江渡川越付赤坂陣取之事	15江渡合戦之事	14合渡合戦之事	18濃州合渡合戦附黒田長政功名
12駒野軍勢引入事並長松開退事			
12濃州郡上城攻事	16濃州郡上城之事	15八幡城攻附和睦之事	21濃州八幡城ケ根城攻附和睦
		14両軍対陣之事	18東西対陣
13大津城攻事	18大津落城之事	16大津城攻附和平之事	22大津城攻附和平
			23六角義郷出仕辞退附六角京極二伝
13真田合戦之事		15秀忠公御出馬附上田城攻之事	21秀忠公宇都宮御出馬附上田城攻
13家康公濃州御発向事	18内府公御進発之事	15家康公御出馬附池尻合戦之事	20家康公江戸御出馬附池尻合戦
13田中兵部方へ治部少輔謀之事			20安国寺智計
	19笠縫合戦之事		23石田治部左計

14上方衆裏切内通事并晋謝玄事	19筑前中納言事之事	14秀家吉隆放言附秀秋秀元内応之事	19秀家吉隆放言
14福田縄手合戦ノ事			19秀秋広家内応附井伊本多誓書
14大垣諸将評議手分事	19大垣軍評定之事	16両軍評議之事	23東西二軍会議
14上方衆関ヶ原備立事	20敵味方御備之事		24秀家三成等諸隊分配
14東方武者押事			24内府公、岡山御出馬
15関ヶ原合戦事	20関ヶ原合戦之事	17関原合戦附秀秋裏斬之事	24秀家正則合戦
15石田治部少輔合戦事		18戸田平塚戦死附大谷吉隆自殺之事	25細川黒田力戦
15大谷平塚戸田ノ合戦ノ事			25筑前中納言反忠附奥平貞治戦死
15島津兵庫頭合戦事			26大谷吉隆自害附戸田平塚戦死
15備前中納言并残党ノ事		18秀家三成敗走并義弘後殿之事	26秀家敗走
			26三成狼狽
			27島津義弘父子後殿附豊久戦死
16藤堂家武勇付朝鮮番船事諸将評事			
16内府公諸将御対面并御陣取事		18諸将参向并秀秋安堵之事	27諸将拝謁附秀秋安堵
16牧田筋合戦事并佐和山城攻事	22佐和山落城之事	19佐和山大垣落城附福原切腹之事	30佐和山城攻附原清成等自害
16筑前中納言并津田長門事			
16鑓穿鑿事			
	21中前代御発向并伊勢崎砦破却之事		

17大垣城攻事	21大垣城落去之事	19大垣城攻并長東已下敗北之事	28大垣城攻附福原道温切腹
			28宰相秀元退去附長東安国寺敗走
			29宗茂秀包出馬附二将退去
17長東大蔵事	23和州郡山城請取并水口城明渡事	19長東父子切腹并石田小西面縛之事	30長東父子切腹附石田小西安国寺等面縛
17秀忠卿御対面并伊奈図書事		20勅使下向并秀忠公上意之事	31勅使下向并秀忠公上著
17石田治部少輔并安国寺生擒事		20本多石田問答并恵瓊面縛事	
		20伊奈図書切腹之事	31伊奈図書切腹
		20利長参向之事	31羽柴利長参向
17大坂城開渡事并郡山城開渡事	22内府公御上洛并大坂御和睦附逆徒等被囚獄事	21輝元隠居長盛逼塞之事	32輝元隠居附毛利吉川二伝
	24羽柴入道帰国并安堵之事		32増田長盛逼塞附渡辺了簡
17諸将ノ虜梟首ノ事		22秀家三成等竄殛之事	43石田小西安国寺死刑
	23福知山落城并石川掃部頭事附敵人死罪流罪之事	21福知山城攻附小野木切腹之事	32細川忠興丹州福知山発向附小野木縫殿切腹
		21嶋津忠恒御恩許之事	42嶋津義久御恩許
18浮田中納言秀家事	23浮田秀家没落之事		43浮田増田流罪
18和漢軍法伝授事			
	24予州真崎合戦并今張騒動之事	26新宮城落去之事	29土佐国恢復
	24土州一揆之事	26満浦夜襲之事	35伊予国三津浦夜襲
		26如来寺一戦之事	35如来寺合戦
18黒田如水所々攻城事		27黒田如水出陣附安岐一戦之事	36黒田如水出陣附富来安岐籠城

18鎮西合戦事	25豊後木付并富来安喜落着事	27石垣原合戦附義統降参之事	37豊後国石垣原合戦井上之房戦功
18大友義統合戦事			38大友義統降を約す
	25豊後臼杵合戦事	27安岐富来城攻附海戦之事	39安岐富来二城降伏
			39富来海戦
18宇土城攻事	25肥後宇土落城事	28宇土城攻附小川一戦之事	40加藤清正武功附小川一戦
	26豊前小倉明渡		41如水再び出陣附毛利勝信退去
18柳川城攻事	26筑後柳川合戦	28宗茂秀包出馬附帰陣之事	41宗茂奉公附本領安堵
		28江上合戦附宗茂清正講和之事	41筑後国江上合戦
		28黒田如水上洛并辞恩賞之事	31黒田如水上洛并辞恩賞
	27日州表合戦	29中川秀成伊東祐慶戦功之事	39中川秀成出馬附佐賀国合戦
			40伊東祐共戦功
18景勝内隷并最上陣事	17羽州山形会津取合之事	22上杉佐竹御赦免之事	45上杉佐竹上洛御免許附二家伝
	27奥州平均	23白石落城之事	33直江兼続出陣
		23松川一戦之事	44松川合戦附隅田長義武功
		23政宗収回之事	34政宗出馬附湯原一戦
			44伊達政宗岩代合戦
			44隅田長義武功
		24最上義光会議之事	
		24畑屋落城之事	33羽州幡屋落城
（18毛利家由来事）		24長谷堂城攻附上山一戦之事	33長谷堂城攻上泉主水戦死
		24義光出馬附長谷堂合戦之事	33義光文子追撃附溝口左馬戦死
		24酒田城攻附川村信村降参之事	34羽州酒田城攻附川村信村退去

19諸国黜陟事	27諸侯賜恩賞	22諸将恩賞之事	42諸将就封附結城秀康卿御家伝
19御昇進并年譜事		30源将軍家康公御繁栄之事	31源将軍家康公御繁栄
19駿河右府公御上洛并秀頼公御対面事			42島津義久御恩許
19駿河大坂御中悪基本事			
19秀頼公隠謀露顕事			
19徳川家中興事			
19内府公儒佛二教崇敬事			
19壁書百箇条事			

表2『慶長軍記』寛文三年本と寛文八年本の比較、及び出典

	同（寛文三年序）内閣文庫一六八—一二三	同（寛文八年）内閣文庫一六八—一二七・紀州藩文庫	出典				
○漢文出典	序	序					
	目録	目録					
	1関白豊臣秀吉公御治世事	1秀吉公御治世事	太閤記				
○文書	1太閤薨御事	1太閤薨去事	関ヶ原始末記	慶長記	秀吉没後物語		
	1伏見騒動之事并秀忠卿関東下向事	1伏見騒動并秀忠公関東下向事	慶長記	秀吉没後物語			
	1朝鮮諸将帰朝并御遺物事	1朝鮮諸将帰朝并御遺物事					
	1石田治部少輔与諸将確執之事	1石田三成与諸将不和事	関ヶ原始末記	秀吉没後物語			
	1家康公利家卿五人ノ奉行確執事	1家康公利家卿五人奉行確執事	藤堂家覚書	慶長記	秀吉没後物語		
△	1兵法事	1兵法事					
△	1朝鮮軍功訴訟事	1朝鮮軍功訴訟事					
	2利家卿逝去事并石田三成大坂退去事	2利家卿逝去事并石田三成大坂退去事	秀吉没後物語	慶長記			
	2石田与諸将確執内府公御扱事	2石田三成与諸将確執内府公御噯事	関ヶ原始末記	慶長記			

	3豊国造営并伏見城内府公御移事	3豊国造営並伏見城江内府公御移事	秀吉没後物語			
	3於伏見訴訟事并利長隠謀事	3於伏見訴訟事并利長隠議事		慶長記		
	3浮田中納言家中確執并土方大野浅野被配流事	3浮田家中確執并土方大野浅野被配流事	秀吉没後物語			
	3景勝謀叛事	3景勝謀叛事	秀吉没後物語			
○武者揃	4会津表御発向事	3会津表御発向事	内府公軍記	関ヶ原始末記	関ヶ原軍記	秀吉没後物語
			慶長記			
	5大谷刑部少輔佐和山江立寄事	3大谷刑部少輔佐和山江立寄事				
	5加賀井弥八郎事	3加賀井弥八郎事	関ヶ原始末記	慶長記	秀吉没後物語	
	5上方筋軍兵駆催事	3上方筋軍兵駆催事	関ヶ原始末記	関ヶ原軍記	慶長記	
	6羽柴越中守簾中自害事	4羽柴越中守簾中自害事	関ヶ原始末記			
	6池田三左衛門妹勇力事	4池田三左衛門妹勇力事				
	6加藤左馬助留守ノ事	4加藤左馬助留守事				
○老人物語	6若狭少将伏見城立退事	4若狭少将伏見城立退事				
○老人物語	6伏見城攻事	4伏見城攻事	内府公軍記	関ヶ原始末記	関ヶ原軍記	秀吉没後物語
			慶長記			

	7京極高次扱之事	4京極宰相高次嗳之事				
	7大垣岐阜ノ城籠城事	4大垣岐阜城籠城事				
○武者揃	7伊勢阿濃津ノ城攻并近国城攻ノ事	4伊勢阿濃津城攻并近国城攻事	内府公軍記	関ヶ原始末記	関ヶ原軍記	
			慶長記			
○武者揃	7上方衆居城ノ事	4上方衆居城事	内府公軍記	関ヶ原始末記		
	8丹後国田辺ノ城攻事	5丹後国田辺城攻事	関ヶ原始末記	関ヶ原軍記	慶長記	
	8北国合戦并諸葛孔明事	5北国合戦并諸葛孔明事	関ヶ原軍記			
	8小松表浅井畷合戦事	5小松表浅井畷合戦事	関ヶ原始末記	関ヶ原軍記	慶長記	
	8太田但馬守逢災難事	5太田但馬守遭災難事	慶長記			
	8羽柴加賀守事	5羽柴加賀守事	慶長記			
	8肥前守利長上洛事	5肥前守利長上洛事	慶長記			
	9白石落城事	5白石落城事	関ヶ原軍記			
○軍令	9江戸御出馬并福島合戦事	5江戸御出馬附福島合戦事	内府公軍記	関ヶ原始末記	秀吉没後物語	
	9小山軍評議并御出馬入事	5於小山軍評議並御出馬入事	内府公軍記	関ヶ原始末記	関ヶ原軍記	秀吉没後物語
			慶長記			
○堀監物武功	10越後一揆蜂起事	6越後一揆蜂起事	関ヶ原始末記	関ヶ原軍記		
	10上方勢美濃馳向并福東城攻事	6上方勢美濃江馳向并福東城攻事	関ヶ原軍記			
	10宮部兵部事	6宮部兵部事				

○文書	10尾州高須犬山城落居事	6尾州高須犬山落去事	関ヶ原軍記	慶長記	秀吉没後物語		
	10岐阜表人数配之事	6岐阜表人数配之事	関ヶ原始末記	慶長記	秀吉没後物語		
	10川田渡合戦之事	6川田渡合戦事	内府公軍記	関ヶ原始末記	関ヶ原軍記	慶長記	秀吉没後物語
○漢文出典	11濃州竹ヶ鼻落城居事	6濃州竹ヶ鼻落城事					
○文書	11岐阜落城事	6岐阜落城事	内府公軍記	関ヶ原始末記	関ヶ原軍記	慶長記	
	12江渡川越付赤坂陣取之事	7江渡川越附赤坂陣取事	内府公軍記	関ヶ原始末記	関ヶ原軍記	藤堂家覚書	秀吉没後物語
			慶長記				
	12駒野軍勢引入事並長松開退事	7駒野軍勢引入事並長松開退事					
	12濃州郡上城攻事	7濃州郡上城攻事					
	13大津城攻事	7大津城攻事	関ヶ原始末記	慶長記			
	13真田合戦事	7真田合戦事	三河物語	関ヶ原軍記	慶長記		
○文書・漢文	13家康公濃州御発向事	7家康公濃州御発向事	内府公軍記	関ヶ原始末記	藤堂家覚書	慶長記	秀吉没後物語
	13田中兵部方へ治部少輔謀事	7田中兵部方江石田謀事					
	14上方衆裏切内通事并晋謝玄事	8上方衆裏切内通事并晋謝玄事	関ヶ原始末記	藤堂家覚書	秀吉没後物語		
	14福田縄手合戦ノ事	8福田縄手合戦事	関ヶ原始末記	関ヶ原軍記			
○文書	14大垣諸将評議手分事	8大垣諸将評議手分事	関ヶ原始末記	関ヶ原軍記			
	14上方衆関ヶ原備立事	8上方衆関ヶ原備立事	内府公軍記	関ヶ原始末記	秀吉没後物語		
	14東方武者押事	8東方武者押事	内府公軍記	関ヶ原始末記	慶長記		

	15関ヶ原合戦事	8関原合戦事	内府公軍記	関ヶ原始末記	関ヶ原軍記	藤堂家覚書	
			慶長記				
	15石田治部少輔合戦事	8石田治部少輔合戦事	関ヶ原始末記	関ヶ原軍記	慶長記		
	15大谷平塚戸田ノ戦合戦ノ事	8大谷平塚戸田戦合戦事	内府公軍記	関ヶ原軍記	藤堂家覚書	慶長記	
	15島津兵庫頭合戦事	8島津兵庫頭合戦事	関ヶ原軍記	慶長記			
	15備前中納言并残党ノ事	8備前中納言并残党事					
	16藤堂家武勇付朝鮮番船并諸将評議事	9藤堂家武勇付朝鮮番船諸将評事	藤堂家覚書				
	16内府公諸将御対面并御陣取事	9内府公諸将御対面并御陣取事	関ヶ原始末記	関ヶ原軍記	秀吉没後物語		
	16牧田筋合戦事并佐和山城攻事	9牧田筋合戦事并佐和山城攻事	内府公軍記	関ヶ原軍記	慶長記		
	16筑前中納言并津田長門事	9筑前中納言并津田長門事					
	16鑓穿鑿事	9鑓穿鑿之事					
	17大垣城攻事	9大垣城攻事	内府公軍記	関ヶ原始末記	関ヶ原軍記	慶長記	
	17長束大蔵事	9長束大蔵事	関ヶ原始末記	関ヶ原軍記	慶長記		
	17秀忠卿御対面并伊奈図書事	9秀忠卿御対面并伊奈図書事					
	17石田治部少輔并安国寺生擒事	9石田治部少輔并安国寺生擒事	内府公軍記	関ヶ原始末記	慶長記		
	17大坂城開渡事并郡山城開渡事	9大坂城開渡事并郡山城開渡事	内府公軍記	関ヶ原始末記	関ヶ原軍記	慶長記	

○小西切支丹異説	17諸将ノ虜梟首ノ事	9諸将虜梟首事	内府公軍記	関ヶ原始末記	関ヶ原軍記	慶長記	
	18浮田中納言秀家事	18浮田中納言秀家事					
◎	18黒田如水所々攻城事		関ヶ原始末記	関ヶ原軍記	慶長記		
	18和漢軍法伝授事	18和漢軍法伝授事					
◎	18鎮西合戦事		関ヶ原軍記	慶長記			
	18大友義統合戦事	19大友義統合戦事	関ヶ原始末記	慶長記			
	18宇土城攻事	19宇土城攻事	関ヶ原始末記	関ヶ原軍記			
	18柳川城攻事	19柳川城攻事	関ヶ原軍記				
	18景勝内隷并最上陣事	19景勝内隷并最上陣事	関ヶ原軍記				
◎	18毛利家由来事						
○毛利家譜・漢文	19諸国黜陟事	19諸国黜陟事	関ヶ原始末記	関ヶ原軍記			
○将軍故実	19御昇進并年譜事	19御昇進并年譜事					
	19駿河右府公御上洛并秀頼公御対面事	19駿河右府公御上洛并秀頼公御対面事					
○方広寺鐘銘文	19駿河大坂御中悪基本事	19駿河大坂御中悪基本事					
	19秀頼公隠謀露顕事	19秀頼公隠居露顕事					
	19徳川家中興事	19徳川家中興事					
	19内府公儒佛二教崇敬事	19右府公儒佛二教御崇敬事					
◎武家家訓	19壁書百箇条事						

なお、『関ヶ原軍記』は広島市立中央図書館（旧浅野家蔵）による。

主要人名索引

凡　例

1　この索引は、戦国・織豊期・江戸前期の主要な人名に絞って作成された。

2　立項にあたっては、原則として苗字と諱を挙げ、官名・異名・通称の類いは省いた。ただし、天皇・女性・僧侶については例外とした。諱は、読者の便を考慮して通用しているものを挙げ、官名等が今日の研究に照らして明らかに誤っているものでも、該当の武将と思われるものは採択した。

3　寛文3年本と寛文8年本とで同ページに重複掲出する人名や、片方にのみ掲出する人名の区別は行わず、一括して頁数のみ掲載した。

【あ行】

【か行】

【さ行】

【た行】

【な行】

【は行】

【ま行】

編者略歴

井上泰至（いのうえ・やすし）

1961年生まれ。防衛大学校教授。

専門は日本近世文学。

主な著書に『近世刊行軍書論』（笠間書院、2014年）、『近世日本の歴史叙述と対外意識』（編著、勉誠出版、2016年）、編著に『関ヶ原はいかに語られたか―いくさをめぐる記憶と言説』（アジア遊学212、勉誠出版、2017年）などがある。

湯浅佳子（ゆあさ・よしこ）

1965年生まれ。東京学芸大学教授。

専門は日本近世文学。

主な著書に『秀吉の虚像と実像』（笠間書院、2016年）、『近世小説の研究―啓蒙的文芸の研究』（汲古書院、2017年）、『仮名草子集成』第59巻（東京堂出版、2018年）などがある。

関《せき》ヶ《が》原《はら》合《かっ》戦《せん》を読《よ》む
――慶長軍記 翻刻・解説

編者　井上泰至
　　　湯浅佳子
発行者　池嶋洋次
発行所　勉誠出版㈱
〒101-0051 東京都千代田区神田神保町三―一〇―二
電話　〇三―五二一五―九〇二一㈹
二〇一九年一月十日　初版発行
印刷
製本　太平印刷社

ISBN978-4-585-22227-9 C3021

「倭寇図巻」「抗倭図巻」をよむ

赤外線撮影による文字の解読、隣接する各種絵画資料・文献資料の分析などの多角的視点から、倭寇図巻の成立、倭寇をめぐるイメージの歴史的展開に迫る画期的成果。

須田牧子 編・本体七〇〇〇円（＋税）

戊辰戦争の史料学

明治政府が編纂した史料集「復古記」やその編纂材料を精査し、様々な史料にも着目。戊辰戦争を多角的に解明するための方法を模索する。

箱石大 編・本体三五〇〇円（＋税）

文化財としてのガラス乾板
写真が紡ぎなおす歴史像

写真史および人文学研究のなかにガラス乾板を位置付ける総論、諸機関の手法を提示する各論を通じて、総合的なガラス乾板の史料学を構築する。

久留島典子・高橋則英・山家浩樹 編
本体三八〇〇円（＋税）

近代日本の偽史言説
歴史語りのインテレクチュアル・ヒストリー

何故、このような荒唐無稽な物語が展開・流布していったのか。オルタナティブな歴史叙述のあり方を照射することで、歴史を描き出す行為の意味をあぶりだす画期的成果。

小澤実 編・本体三八〇〇円（＋税）

甲陽軍鑑校注　序冊

武田信玄・勝頼の言動・合戦記事・思想を記し、のち、甲州流軍学の聖典として親しまれた『甲陽軍鑑』。その最善本「三井家旧蔵土井忠生本」に校訂、註を付した。

酒井憲二 編著・本体四八〇〇円（+税）

長篠合戦の史料学
いくさの記憶

古文書や軍記・家譜等の分析を通じて、後世の人々が合戦をどのように認識し、語り伝えたのかを、文献と屏風の精査により明らかにする。

金子拓 編・本体五〇〇〇円（+税）

織田信長という歴史
『信長記』の彼方へ

複数残る『信長記』の自筆本や写本の系統分類と比較検討をとおして、成立・伝来に関わった中世末から近世にかけての人びとの歴史に対する向きあいかたに迫る。

金子拓 著・本体三八〇〇円（+税）

『信長記』と信長・秀吉の時代

自筆本や新出写本、秀吉の事跡を記した『大かうさまくんきのうち』など牛一著作の詳細な調査・比較検討を通じて、通説とされてきた事件・事象に光を当てる。

金子拓 編・本体三八〇〇円（+税）

近世日本の歴史叙述と対外意識

世界が可視化され広がりをみせていく近世日本において、自己と他者をめぐる言説が記憶となり、語られていく諸相を捉え、近世そして近代日本の世界観・思考のあり方を照らし出す。

井上泰至 編・本体八〇〇〇円（＋税）

海を渡る史書
東アジアの「通鑑」

二〇一四年に韓国で再発見された『新刊東国通鑑』の板木を起点に、東アジア世界の歴史叙述に大きな影響を与えた「通鑑」の思想と展開を探る。

金時徳・濱野靖一郎 編・本体二〇〇〇円（＋税）

日中韓の武将伝

個別に花開いていった日・中・韓の武将伝の「偏差」を浮かび上がらせ、三者を比較することにより、文化伝播の様相を総体的かつ相互交流的に捉える。

井上泰至・長尾直茂・鄭炳説 編・本体二〇〇〇円（＋税）

幕末明治
移行期の思想と文化

忠臣・皇国のイメージ、出版文化とメディア、国家形成と言語・思想。3つの柱より移行期における接続と断絶の諸相を明らかにし、従来の歴史観にゆさぶりをかける画期的論集。

前田雅之・青山英正・上原麻有子 編・本体八〇〇〇円（＋税）